탁사 최병헌의
만종일련 萬宗一臠

탁사 최병헌의
만종일련 ; 原文收錄

저 자 **최병헌**
역 주 **이동원**
감 수 **오세종**

초판인쇄 2022. 5. 8.
초판 2쇄 2023. 12. 25.

펴낸이   박순복
펴낸곳   삼필문화사
편 집   이동원
디자인   박은영
인 쇄   대양기획

가격 : 19,000원

등 록   1991년 11월 1일 가 제17-76호
주 소   서울시 강동구 구천면로47길 78(암사동) 빛의교회
전 화   02. 441-2087 / 010. 5584-2602
팩 스   02. 429-8864

탁사 최병헌의
만종일련萬宗一臠

최병헌 지음
이동원 역주

(오세종 감수)

삼필문화사

일러두기

1. 이 책의 저본(底本)은 최병헌(崔炳憲)의 저작인 《萬宗一臠》의 재판발행본(再版發行本)이다. 《萬宗一臠》은 1922년 6월에 초판이 발행되었고, 1927년 4월에 재판(再版)이 발행되었다.
2. 원문의 내용은 '한문 문장에 토를 단 형태'로 되어 있고, '띄어쓰기'가 되어 있지 않다. 이에 우선 원문의 뜻을 최대한 살려 번역하였고, 필요에 따라서 주석을 달아 뜻을 설명하거나, 출전(出典)을 밝혔으며, 문장 중에 구두점이 없기에 필요한 경우에 이를 첨가하였다.
3. 원문의 뜻을 보다 명확하게 밝히기 위하여 필요한 경우 원문의 한자를 병기하였다.
4. 원문에는 따로 문단을 구분하지 않았지만, 여기서는 문단을 나누었다.
5. 원칙적으로 원문의 '장(章), 절(節)' 구분을 그대로 적용했으나, 필요한 경우 전체적인 통일성을 위해 '역주자'가 임의로 '장(章), 절(節)'을 다시 구분하였다.
6. 외국인명(外國人名)과 국명(國名), 지명(地名), 기독교의 절기(節期) 등은 오늘날 통용되는 이름을 쓰고, 원문의 명칭을 [ ] 안에 함께 기재했다.
7. 인명(人名)이나 '그리스도' 등과 같은 고유명사는 '고딕체'를 사용하였다.
8. 각주(脚注)의 단어풀이는 다음을 참고하였으며, 따로 출처를 밝히지 않았다 :
   '국립국어원' 《표준국어대사전》 인터넷 판(http://stdweb2.korean.go.kr/main.jsp)
9. '역주자'의 각주(脚注)는 ' * ' 표시를 하여 구분하였다.
10. 함께 실은 〈한문 원문〉은 저본(底本)으로 삼은 《萬宗一臠》의 본문을 '한글 파일'로 다시 정리한 것이다.
11. 이 책에 사용된 부호와 기호는 다음과 같다.
    1) 원문에 ( )로 처리된 단어나 문장 : 【 】
    2) 원문의 한문 문장을 번역한 뒤 필요에 따라 한자를 병기한 경우 : [ ]
    3) 서명(書名), 신문, 잡지 : 《 》
    4) 성경의 각 책(예, 마태복음), 동양 고전(古典)의 편명(篇名) : 〈 〉
    5) 본문의 서술 내용 중에서 저자인 '탁사'의 첨언(添言) : ◉

감수의 글

옛 어른에게 물으라, 네게 말하리라
- 감수(監修)를 감사(感謝)하며 -

무불달(無不達) 오세종 목사
(감리교회 원로목사, 기독교고전번역원 원장)

　탁사(濯斯) 최병헌 목사는 충북 제천 신월리 출신 한학자로 상동교회·정동제일교회·인천내리교회에서 시무한 한국교회 초기의 목사요 신학자다.
　그는 과거시험장[棘圍]에 5번이나 나아갔던 학자로 동서양의 고전을 정심박람(精深博覽)하였다. 한역서학서(漢譯西學書)인 《영환지략(瀛環志略)》·《만국통감(萬國通鑑)》·《태서신사(泰西新史)》·《서정총서(西政叢書)》·《지리약해》·《격물탐원》·《천도소원(天道溯源)》·《심령학》·《자서조동》 등을 독서하고 《한문성경》을 애독하였다.
　한편, 탁사는 1897년 2월 2일에 한국 최초의 기독교 신문인 《죠션크리스도인회보》를 아펜젤러와 공동으로 창간하여 그 주필이 되었고, 1900년 12월에는 존스 목사와 함께 한국 최초의 신학 잡지인 《신학월보》를 간행하였다. 탁사는 《죠션크리스도인회보》·《신학월보》·《황성신문》·《대한매일신보》·《기호흥학회월보》·《신학월보》·《신학세계》·《기독신보》·《동아일보》(1920년) 등에 많은 글을 발표했다. 특히 1909년에는 《신학월보》에 〈사교고략(四敎考略)〉의 연재를 시작하였고, 1916년부터는 《신학세계》에 13회에 걸쳐(1916년-1920년) 〈종교변증설〉을 연재하였는데, 그 원고들 가다듬어 1922년에 《만종일련(萬宗一臠)》을 간행하였다. 그 밖에도 탁사는 《예수텬쥬량교변론》(번역, 1908년), 《성산명경(聖山明

鏡)》(1909년), 《한철집요(漢哲輯要)》(1922년) 등의 저술들을 간행하고 또 미간행 수필서(手筆書)도 여럿이 더 있다.

이러한 학문적 배경 하에서 연마한 정치(精緻)한 쇄금(碎金)의 문필로 휘지(揮之)한 그의 수준 높은 문필과 어휘는 웬만한 한학 실력으로는 해독하기가 그리 쉽지 않다. 동서양의 종교를 종횡무진 넘나들며 집필한 《만종일련》의 해독은 더더욱 그렇다.

필자가 탁사의 《만종일련》을 처음 접하게 된 것은 한학자이신 가엄(家嚴) 백운당(白雲堂) 오지섭 목사공의 서재에 꽂혀있는 《만종일련》(조선야소교서회, 1922년)을 청년시절부터 여러 번 독서하였는바, 그로 인해 탁사 연구에 몰두하게 되었다.

고전 한학(漢學)의 맥이 거의 쇠멸되어가는 오늘의 세태에서 동양의 한문고전을 번역해 내는 일은 그리 쉬운 작업이 아니다. 이러한 세태를 안타깝게 여기고 필자는 장왕고래(章往古來)의 의지로 2000년 봄에 한문서당인 '성실서당(聖實書堂)'을, 그 이듬해에 '삼필재(三筆齋)' 고급반 서당을 개설하여 '경사자집(經史子集)'을 강독해 왔다. 그리고 2006년 여름에는 기독교한문문적의 번역을 목표로 하여 '기독교고전번역원'를 발족하여, 지금은 140명의 번역위원들이 한문고전 번역작업에 매진하고 있다. 그동안 《이능화, 조선기독교와 외교사》(2010년), 《조선 그리스도인회보, 1897년 2월~1897년 12월》(2014년), 《서양의 하늘이 동양의 하늘이다; 탁사 최병헌 목사 문집》(2020년)를 역주하였다.

한편, 본 번역원의 공식적인 작업은 아니었지만, 위원 개인의 개인적인 사명으로 번역해낸 서적들도 몇 권 있다. 회원들이 엮은 《첫 한시를 짓는 마음; 목회자 한시집》(2006년)을 비롯하여, 《경교비문(景教碑文) 역해》(오세종, 2015년), 《애산(愛山) 김진호 목사의 북선(北鮮) 전도약사》(김주황, 2011년), 《경제사율(經題詞律), 정준모 장로 한시집(1933년)》(신광철 신동수 등 공역, 2008-2015), 《기독교 삼자경(三字經)》(전병식, 2017년), 《탁사 최병헌 목사의 충청남도 선유문안》(한규준, 2020), 그리고 이번에 간행하는 《만종일련》(이동원, 2022년) 등이 그 것이다.

　무달재(無怛齋) 이동원 목사(인자교회)는 주업(主業)인 목회에 충실하면서도 틈틈이 《만종일련》 역주작업에 자자영영(孜孜營營)하였다. 필자는 이 역주 작업이 혹여 원저자의 뜻과 어긋나는 '용(龍)대가리에 돼지다리' 하는 용수시족(龍首豕足)의 우(愚)를 범하지 않았을까 염려하며 세밀히 살펴보았으나 그 시종(始終)에 큰 흠결을 발견하지 못하였다. 오히려 무달재는 이 역주작업을 진행하면서, 간혹 원문의 오기(誤記)를 바로 잡은 일도 있고, 또 기존(旣存)에 미처 발굴하지 못했던 옛 참고문헌들을 발굴해내는 성과도 얻었다. 실로 높이 평가할 만한 일이다.
　무달재 이동원 목사는 2002년 맹춘(孟春)에 필자가 개창한 성실(聖實) 한문서당의 초대(初代) 숙장(塾長)을 지낸 학자로 필자의 서재에 승당입실(升堂入室)한 문인(門人)이다. 현재는 '기독교고전번역원'의 번역위원장 일을 맡고 있다.
　탁사의 역저 《만종일련》을 역주한 이 책을 감수하게 된 것을 매우 큰 기쁨으로 여기며 감사한다. 강호제현의 질정(叱正)과 격려를 바란다.
　이 책의 출간이 종교성이 풍부한 이 사회의 신앙진전에 다소라도 이바지 할 것으로 기대한다.

"옛날을 기억하라. 역대의 연대를 생각하라.
네 아버지에게 물으라. 그가 네게 설명할 것이요.
네 어른들에게 물으라. 그들이 네게 말하리로다."(신명기 32:7)

2022년 4월
동구릉 남록 삼필재(三筆齋)에서

옮긴이의 글[譯注者緒文]

이 책은 탁사(濯斯) 최병헌 목사의 저서인 《만종일련》(1927년 간행)을 역주(譯註)한 책입니다. 《만종일련》은 1922년 6월에 초판이 간행되었고, 1927년 4월에 재판(再版)이 간행되었습니다.

감리교회 원로목사이자 한학자인 무불달(無不達) 오세종(吳世宗)은 탁사 최병헌을 일컬어 '한국 신학의 선구자'라고 평가했습니다. 이러한 탁사의 일생은 그 자신이 《신학세계》(제12권 제1호, 1927년)에 기고한 〈자력일부(自歷一部)〉에 일부 소개되어 있습니다. 또한 《최병헌 선생 약전》(최우익 저, 정동삼문출판사, 1998년)과 《탁사 최병헌 목사의 생애와 사상》(오세종 저, 삼필문화사, 2021년) 등에 자세히 나와 있습니다. 이들 자료를 일람하면서 탁사 최병헌의 일생을 크게 세 시기로 나눌 수 있었습니다.

첫째는, 입신양명의 꿈을 안고 학문에 매진하던 시기입니다. 그는 구한말 격동기인 철종 9년(1858년)에 충북 제천의 한미한 선비 집안에서 출생했습니다. 어려서부터 문재(文才)가 엿보여 부친[최영래(崔永來)]에게서 초학을 배운 뒤에, 조순(趙洵)·원신보(元信甫)·박회양(朴淮陽) 등, 제천 일대의 여러 한학자들의 문전을 드나들며 때로는 '동냥공부'로 한학을 배웠습니다.

그가 23세 되던 해(1880년)에 양부모를 모시고 서울로 이거하여 숭례문 인근 '상동'에 터전을 잡고, 27세(1884년)에 '김노득'과 혼인하여 가정을 이루게 됩니다. 그 사이에 양부(養父)가 세상을 떠나고, '임오군란'이 일어나 잠시 충북 보은군으로 낙향하기도 했지만, 여전히 입신양명에 대한 열망을 품고 있었습니다. 이는 그가 여러 번 '과거(科擧)'에 응시한 것을 통해 잘 알 수 있는데, 18세 되던 해(1875년)에 처음 과거시험장[극위(棘圍)]에 나갔으나 낙방했고, 이후 1892

년까지 모두 다섯 차례나 과거에 응시했지만 그때마다 합격하지 못했습니다. 결국 탁사는 어릴 적부터 품었던 '입신양명'과 이를 통해 가문을 일으키고자 했던 열망을 끝내 이루지 못했습니다.

둘째, '기독교'로 개종하여 '그리스도인'이 된 시기입니다. 과거시험에 낙방한 뒤 상심하며 지내던 탁사는 친구 '윤 호'를 통해 감리교 선교사인 존스[G. H. Jones, 조원시]의 한국어 선생(1888년)으로 들어갔습니다. 이 만남이 계기가 되어 배재학당의 한문교사가 되었고(1889년), 이때부터 본격적으로 기독교 관련 한문서적을 탐독하기 시작한 것으로 봅니다. 그가 이 시기에 읽은 것으로 알려진 책들은 《한문성경》을 비롯하여 한역서학서(漢譯西學書)인 《영환지략》·《만국통감》·《격물탐원》·《천도소원》·《심령학》 등이었습니다.

그 후 탁사는 1893년 3월에 존스 목사로부터 세례를 받았고, 그해 9월에는 권사가 되어 정동제일교회에서 사역했으며, 서점인 '대동서시(大東書市)'의 책임자로 일하였습니다(1894년).

셋째, 목사와 신학자로 활동하던 시기입니다. 탁사는 '목사안수(牧師按手)'를 받기 전부터 이미 목회자와 신학자에 버금가는 활동을 하였습니다. 우선 그는 '아펜젤러' 선교사가 창간한 《조선크리스도인회보》의 주필이 되었으며(1897년), 《신학월보》의 창간과 함께 편집을 맡아 일하면서 이들 잡지에 여러 편의 글을 기고하는 등 활발하게 활동했습니다. 특히 1901년에는 한국인의 첫 신학논문으로 평가되는 〈죄도리〉를 《신학월보》(제1권 제7호, 1901년)에 발표했습니다.

그리고 마침내 1902년 5월 '집사목사' 안수를 받고, 상동교회를 1년간 담임했으며, 아펜젤러 선교사가 순직하자 그의 뒤를 이어 정동제일교회 담임목사로 파송되어 11년 동안 목회하였습니다.

아울러 1908년(2월~3월)에는 '충청남도 선유(宣諭)위원'으로 활동하였고, 1911년 12월 20일에는 협성신학교를 제1회로 졸업했습니다. 이어서 인천지방 감리사(1914년~1917년)와 서울지방 감리사(1917년~1922년)로 복무했으며, 1922년 목회직에서 은퇴한 후에는 '감리교협성신학교' 교수로 '비교종교학'과 '한국문화'를 강의했습니다.

한편 탁사는 목회 활동에 전념하면서 동시에 《죠선크리스도인회보》·《신학월보》·《황성신문》·《대한매일신보》·《신학세계》·《기독신보》·《동아일보》(1920년) 등, 여러 기독교 잡지와 신문에 많은 글들을 발표하였습니다. 이중에서 주목할 만한 것을 살펴보면, 1907년 《신학월보》에 5회에 걸쳐 〈성산유람기〉를 연재했는데, 이를 책으로 엮어서 《성산명경(聖山明鏡)》이란 제목으로 펴냈습니다. 이 책은 한국인 최초의 '비교종교학' 저서로 평가받고 있습니다. 뒤이어 1908년에는 번역서적인 《예수텬쥬양교변론》을 간행했고, 1916년에는 《신학세계》에 〈종교변증설〉을 13회에 걸쳐 연재했으며, 1922년에 이를 엮어서 《만종일련》을 펴냈고, 같은 해에 《한철집요(漢哲輯要)》를 저술했습니다. 그리고 목회일선에서 은퇴한 뒤 말년에 이르러 '케이블[기이부]' 선교사와 함께 《창세기(鮮漢文)》을 펴냈는데 이 책은 구약성경 국한문 번역의 효시로 알려져 있습니다.

이처럼 뛰어난 한학자이자 목회자로 평생을 살아온 탁사는 1922년 목회 일선에서 물러난 뒤에도 협성신학교 교수를 역임하는 등 활발하게 일하다가 1927년 5월 13일, 서울 서대문구 천연동 자택 '탁사정(濯斯亭)'에서 노환으로 별세했습니다.

이번에 역주한 《만종일련》은 탁사가 남긴 저서 중에서 가장 주목할 만한 것이라 할 수 있습니다. 왜냐하면 이 책은 그가 목회에서 퇴은하던 시기에 펴낸 책으로써 그의 목회살이와 신학적 사고의 원숙미가 잘 드러나 있다고 보기 때문입니다. 또한 1916년 《신학세계》에 〈종교변증설〉을 13회에 걸쳐 연재한 뒤, 6년 만에 이를 엮어서 《만종일련》을 펴내는 과정에서 저자가 다시 문장을 다듬고 부족한 부분에 대해서는 심혈을 기울여 보완했다는 것을 발견할 수 있었기 때문입니다.

그런데 우졸(愚拙)한 필자가 역주하는 과정에서 원저(原著)에 담긴 의미를 충실하게 담아내지 못했다는 생각이 앞섭니다. 다만 역주작업을 하면서 두 가지를 염두에 두었음을 밝혀둡니다.

우선, 원문의 뜻을 최대한 살리면서, 동시에 대중이 쉽게 읽을 수 있는 평이한 문장으로 번역해보려고 했습니다.

그 다음, 탁사가 이 책을 저술하면서 어떤 서적을 근거로 삼았는지, 그 자료를 찾아내는데 집중했습니다. 이렇게 한 까닭은 이 책의 '범례(凡例)'에서 탁사가 "각 종교의 문서를 수집하되 원본대로 인용하였고, 자의적으로 더하거나 삭제하지 아니하였다"고 말하면서 동시에 "각 종교의 서적 외에 역사와 잡지와 견문을 참고하여 집성하였다"고 밝히고 있기 때문입니다. 이에 필자는 탁사가 인용했던 자료를 찾기 위하여 동양고전은 물론이고 1920년대에 간행된 서적들을 두루 살펴보게 되었습니다. 이 과정에서 의외로 많은 책을 찾아내게 되었고, 이를 그대로 소개하려다보니 불가피하게 많은 '각주'를 통해 인용할 수밖에 없었음을 밝혀둡니다.

한편, 이렇게 찾아낸 자료를 살펴보는 과정에서 탁사가 얼마나 많은 독서와 사색을 했는지 자연스럽게 발견할 수 있었습니다. 우선 탁사에게 친숙한 '경사자집(經史子集)', 곧 유학(儒學) 관련 서책이 월등히 많았고, 그 외에 당시에 회자되던 타종교 관련 한역(漢譯) 서적들도 두루 섭렵했음을 알 수 있었습니다. 뿐만 아니라 당대의 지식인들이 펴낸 서적들도 꾸준히 독서했음을 짐작할 수 있었습니다. 그 대표적인 것이 '무능거사(無能居士) 이능화(李能和)'의 저서입니다. 탁사는 실제로 이능화의 《조선불교통사(朝鮮佛敎通史)》와 《백교회통(百敎會通)》을 읽고 이를 적극 인용한 것으로 보입니다. 물론 이 부분은 한국교회사를 연구하는 학자들이 더욱 깊이 연구해야 할 대목입니다.

《만종일련》 속에는 1920년대의 종교 상황이 그대로 드러나 있습니다. 탁사는 오랜 세월 동안 이 땅에 터를 잡고 전통을 이어온 '유(儒)·불(佛)·선(仙)'뿐만 아니라, '이슬람교[回回敎]'와 '브라만교[婆羅門敎]' 등을 상세하게 다루면서 이들 종교들의 주요한 가르침을 기독교 교리와 비교하고 있습니다. 뿐만 아니라 그 당시에 생겨난 다양한 신흥종교에 대해서도 소개하고 있습니다.

필자는 이와 같은 일련의 내용을 역주하면서 그 속에 탁사의 고민과 의도가 고스란히 담겨 있음을 알게 되었습니다. 즉 그 당시 사람들 속에 깊이 뿌리내리고 있던 기존의 여러 종교들과 다양한 신흥 종교들이 등장하는 현실 속에서, 선교역사가 오래되지 않은 기독교를 어떻게 대중에게 알리고 선교할 것인가에 대한 고민과 함께, 그리스도인들의 종교에 대한 이해의 폭을 넓혀주고 신앙의 깊이를 더해주려는 '종교교육'의 의도가 이 책 속에 담겨있다고 하겠습니다. 이는 그가 이 책의 마지막 장(章)에서 서술한 내용을 통해 잘 드러납니다. 여기서 탁사는 '기독교 교리의 요소'가 무엇인지를 다른 종교와 비교해서 정리하였고, '신앙 사다리의 덕성과 행실[信梯德行]'이라는 장(章)에서는 그리스도인이 '완전한 성결'에 이르기까지 단계적으로 추구해야할 성품과 행실을 제시하고 있습니다.

오늘날 다양한 종교가 혼재하고 있는 현실 속에서 '기독교가 과연 진리의 종교로서 역할을 제대로 하고 있는가?' 또한 '그리스도인들은 진리의 길을 제대로 가고 있는가?'에 대한 심각한 고민이 제기되는 상황이기에, 이와 같은 탁사의 고민과 시도는 오늘날에도 여전히 의미가 있다고 하겠습니다.

이제 역주작업을 모두 마치고 보니 '고루(孤陋)하고 과문(寡聞)'한 실력이 그대로 드러난 것 같아서 부끄러운 마음이 앞섭니다. 그럼에도 불구하고 용기를 내어 이 책을 내어놓기에 이른 것은 순전히 제 스승이신 무불달 오세종 목사님 덕분입니다. 스승님께서는 처음부터 끝까지 부족한 제자를 격려해주셨고, 번역 중 어려운 대목에 부딪힐 때마다 혜안(慧眼)을 뜨도록 해주셨습니다. 뿐만 아니라 이 책을 꼼꼼히 살펴보며 감수까지 해주셨으니 그 감사한 마음은 이루 다 말할 수 없습니다.

아울러 벽해 오세주 스승님과 무불달 스승님 문하에서 '경사자집(經史子集)'을 함께 공부했던 '성실서당(聖實書堂)'과 '삼필재(三筆齋) 한문서당', 그리고 '기독교 고전번역원' 동문들의 보이지 않은 도움을 크게 받았습니다. 특히 동문들과 함께 펴냈던 《서양의 하늘이 곧 동양의 하늘이다[西洋之天卽東洋之天]》(삼필문화사, 2020년) 속에 담겨있는 〈종교변증설〉을 이 책의 바탕으로 삼았음을 밝혀둡니다.

모쪼록 이 책의 간행이 한국교회사와 '탁사 최병헌 목사'를 연구하는 분들에게 조금이나마 도움이 되기를 바랍니다. 아울러 그런 마음을 담아 '원문(原文)'을 일일이 활자로 옮겨 이 책의 말미에 함께 실었습니다.

이 책의 마지막 장인 〈신제덕행(信梯德行)〉에서 탁사가 성도들에게 권면한 말을 상기하며 되새겨 봅니다.

"종교의 세계에서 진리를 닦고 배우는 성도(聖徒)들은 전날의 관습을 버리고, 늘 조심하며 공손한 마음으로 선한 것을 보면 그것을 따라야 한다. 또한 의로운 것을 들으면 즉시 따라야 하고, 뜻은 공허하고 간사한데 두지 말아야 하며, 행동은 반드시 바르고 곧게 해야 한다. 이렇게 성심으로 기도하며, 자신을 수양하여 덕을 세우는 사람은 마침내 마루에 올라 방에 들어가서, 환하게 통하여 진리를 깨달음으로써 완전히 성결(聖潔)한 반열에 뛰어 오르게 될 것이다."
아멘.

2022년 4월 16일
무달재(無怛齋)에서
이동원 謹識

> "'종(宗)'이라는 것은 '강물이 분주히 흘러
> 바다로 모여드는 것[朝宗]'과 같으며,
> '으뜸[宗]'은 그 교리를 받들어 행하는 것이다.
> '교(敎)'라는 것은 진리를 닦는 것이며,
> '가르침[敎]'은 그 백성을 감화시키는 것이다.
> **일련**(一臠)'이란, '저민 고기 한 덩어리[一臠]'로
> '온 솥 안의 맛을 알 수 있다'는 의미이다."

목차(目次)

- 감수의 글 … 5
- 옮긴이의 글[譯注者緒言] … 8

- 머리말[緒言] … 22
- 범례(凡例) … 27
- 총론(總論) … 29

- 제1장 유교(儒敎) 도리(道理)의 요소 … 43
  - 제1. 유세계(儒世界) 도서(圖書) … 44
  - 제2. 유교조(儒敎祖) 약사(略史) … 49
    1. 공자탄생(孔子誕生) … 49
    2. 공자출세(孔子出世) … 51
    3. 공자찬시(孔子贊諡) … 56
  - 제3. 유교도리(儒敎道理) … 60
    1. 천인관계(天人關係) … 60
    2. 경외상제(敬畏上帝) … 64
    3. 심성이론(心性理論) … 68
      - 공부자(孔夫子) … 69
      - 맹자(孟子), 자사(子思), 고자(告子), 순자(荀子) … 72
      - 회남자(淮南子), 동자(董子), 양자(楊子) … 78
      - 반고(班固), 무능자(无能子) … 82
      - 주자(周子), 소강절(邵康節), 이원중(李愿中) … 86
      - 장자(張子), 정자(程子) … 89
      - 주자(朱子) … 95
      - 진북계(陳北溪), 오자징(吳子澄) … 102

16 | 만종일련(萬宗一臠)

- 허자(許子), 왕자(王子) … 106
- 담약수(湛若水), 왕응교(汪應蛟) … 108
- 정요전(程瑤田), 고염무(顧炎武) … 116
- 정포은(鄭圃隱) … 121
- 이퇴계(李退溪), 이율곡(李栗谷) … 124
- 이도암(李陶菴), 이외암(李巍岩), 한남당(韓南塘), 윤병계(尹屛溪) … 125

■ 제2장 불교 도리의 요소 … 133
▫ 제1. 불세계도서(佛世系圖書) … 134
- 만물원인(萬物原因) … 137
▫ 제2. 불교조(佛教祖) 약사(略史) … 141
1. 불조탄생(佛祖誕生) … 141
2. 불타출가(佛陀出家) … 150
3. 불타성도(佛陀成道) … 155
4. 불타설법(佛陀說法) … 157
5. 불타입멸(佛陀入滅) … 163
▫ 제3. 중국불교약사[中華佛教略史] … 172
▫ 제4. 조선불교약사(朝鮮佛教略史) … 196
1. 삼국시대 불교 약사(略史) … 196
2. 고려시대 불교 약사(略史) … 213
3. 조선시대 불교 약사(略史) … 223

■ 제3장 선교(仙教) 도리의 요소 … 238
▫ 제1. 선세계도서(仙世界圖書) … 238
▫ 제2. 도조약사(道祖略史) … 250
1. 도조(道祖)의 화신(化身) … 250
2. 노자의 탄생(誕生) … 252
3. 노자의 수련(修鍊) … 255

4. 노자의 세상유람[遊世] … 256
5. 노자의 은세(隱世) … 259
6. 노자의 '함관 출현[出關]' … 261
7. 노자의 이적(異蹟) … 267
8. 노자의 은현(隱顯) … 271
▫ 제3. 선가이술(仙家異述) … 278
　■ 팽종(彭宗)　■ 태현녀(太玄女)　■ 요광(姚光)　■ 장도릉(張道陵)　■ 회남왕(淮南王)
▫ 제4. 선도요결(仙道要抉) … 291

■ 제4장 이슬람교[回敎] 도리의 요소 … 299
▫ 제1. 이슬람교[回敎] 강령(綱領)과 규례(規禮) … 300
▫ 제2. 회세계도서(回世界圖書) … 307
▫ 제3. 이슬람교조의 약사[回敎祖略史] … 311
　1. 회조탄생(回祖誕生) … 311
　2. 무함마드[摩哈默] 소시(少時) … 312
　3. 무함마드[摩哈默] 성도(成道) … 314
　4. 이슬람교[回敎] 발전(發展) … 316
▫ 제4. 무함마드[摩氏] 행정(行政) … 318

■ 제5장 브라만교[婆敎] 도리의 요소 … 323
▫ 브라만교[婆敎] 약사(略史) … 324
　■ 브라만[婆羅門種]　■ 크샤트리아[刹帝利種]　■ 바이샤[吠奢種]　■ 수드라[戌陀種]
　■ 4베다[四章陀書]

■ 제6장 기타 각교(各敎) 도리의 요소 … 335
▫ 신교(神敎) 약론(略論) … 336
▫ 천리교(天理敎) 약사(略史) … 339
▫ 페르시아[波斯] 조로아스터교[火敎] 이론(理論) … 339

- 라마교(喇嘛敎) 종지(宗旨) … 340
- 인도(印度) 구교(舊敎) 미신(迷信) … 350
- 이집트[埃及] 고교(古敎) 미신(迷信) … 350
- 그리스[希臘] 고교(古敎) 도리(道理) … 352
- 그리스[希臘] 화신교(火神敎) 논리(論理) … 353
- 백련교(白蓮敎) 창사(創史) … 354
- 태극교(太極敎) 여일제(呂一齊) … 355
- 대종교(大倧敎) 분립사(分立史) … 356
- 천도교주(天道敎主) 약사(略史) … 361
- 대종교(大宗敎) 이일부(李一夫) … 365
- 태을교(太乙敎) 환술(幻術) … 367
- 경천교(敬天敎), 청림교(靑林敎), 제우교(濟愚敎) 출처(出處) … 369
- 기타 ; 백백교, 통천교, 삼성무극도, 각세도(覺世道) … 370

■ 제7장 기독교 도리의 요소　… 373
- 제1. 천주교, 그리스정교[希臘敎], 개신교[耶穌敎] 분열사(分裂史) … 374
- 제2. 다른 종교와 기독교의 대조 … 379
- 제3. 수도요결(修道要訣) ; 신제덕행(信梯德行) … 386

■ 만종일련 원문(原文)　… 395

■ 부록
- 참고서적 목록 … 492
- 찾아보기 … 498

"이 책에서는 각 종교의 간추린 역사와
중요한 의미를 일목요연하게 서술하여,
이를 열람하는 독자로 하여금,
'저울로 달아보고 자로 재듯이[權度]'
깊이 탐구할 수 있게 하였다."

머리말[緒言]

나는 예닐곱 살 때부터 《효경》을 읽어서 그 내용을 알았고 종교의 도리에 대해서 들었다. 약관(弱冠)에 이르러 여러 성현의 글을 공부했으며 처음으로 종교의 의문점에 대하여 깊이 탐구하기 시작하였다.

'양주(楊朱)의 눈물과 묵적(墨翟)의 슬픔'[1], '염락(濂洛)'[2]의 유학자들이 성리(性理)에 대하여 치열하게 논쟁한 것과, 도교(道敎)의 '발택(拔宅)'[3]과 불교의 열반(涅槃) 등을 살펴보면서 이들 종교가 제각기 자신들의 문호를 세웠음을 알게 되었다.

유교(儒敎)의 경우, 그 동안 성명설(性命說)과 이기론(理氣論)이 뒤섞여 어지럽고 혼란스러움이 생겨났다. 어떤 이는 '본체[體]는 같으나 용도[用]는 다르다'고 주장하기도 하고, 또 어떤 이는 '이(理)는 통하고 기(氣)는 국한된다'[4]

---

1) *이는 두 가지 고사(古事)를 소개한 것이다. 하나는 "양주읍기(楊朱泣歧)", 곧 '양주(楊朱)가 선(善)과 악(惡)의 분기점에서 악의 길을 향하는 사람이 많은 것을 슬퍼하여 눈물을 흘렸다'는 고사이고, 다른 하나는 "묵비염사(墨悲染絲)"인데, '묵자(墨子)가 흰색 실이 황색과 검정색으로 물드는 것을 보고 슬퍼했다'는 고사이다. 유안 편저, 안길환 편역, 《회남자 下》·〈설림훈〉(서울: 명문당, 2013) 126-127 참조.
   *한편 "묵비염사(墨悲染絲)"는 '주흥사'《천자문》에서 "묵비사염(墨悲絲染)"이란 구절로 나온다. 오세종 편저, 《천자문 새 강해》(서울: 삼필문화사, 2002) 56~57.
2) 염락(濂洛) : 송(宋)나라 때 학자인 주돈이(周敦頤)와 정호(程顥)·정이(程頤)를 대표하여 부르는 것으로, 이들이 살던 지역 명칭이 각각 염계(濂溪)와 낙양(洛陽)인데서 유래한 것이다. **염락(濂洛)**, 한국고전용어사전 편찬위원회, 《한국고전용어사전(3권)》(서울: 세종대왕기념사업회, 2001)
3) 발택(拔宅) : '발택비승(拔宅飛升)'의 줄임말. '도를 닦아 온 가족이 선계(仙界)에 올라갔다'는 뜻이다.
4) 이통기국설(理通氣局說) : 율곡(栗谷) 이이(李珥)의 본체론과 현상론을 설명하는 핵심적인 명제. 이 이론은 궁극적인 실체와 현상계의 개체의 관계를 '이(理)'와 '기(氣)'의 개념으로 설명한 것이다. 이(理)는 하나로 통해 있지만 기(氣)는 국한되어 개별

는 주장을 펴기도 했으며, 또 다른 이는 순자(荀子)의 성악설(性惡說)과 맹자(孟子)의 성선설(性善說)을 논하기도 했는데, 이는 '향기 나는 풀[薰]과 악취 나는 풀[蕕]'5)이 동일하지 않다는 것과 같은 의미이다.

도교(道敎)에서는 노자(老子)와 장자(莊子)가 '곡신(谷神)'6)과 '정(靜)'과 '박(樸)'으로 '도(道)'를 설명했으며, '생명이 있는 것[有生]'은 '생명이 없는 것[無生]'에서 생성되고, '생성하고 소멸하는 것[生滅]'과 '생성소멸하지 않는 것[不生滅]'이 합하여 팔식(八識)7)을 이룬다고 말한다.

이처럼 논쟁하는 내용들이 지극히 심오하며 정미하고 깊어서, 비록 '덕이 높은 사람[碩德]'이나 '이름난 유학자[鴻儒]'라 할지라도 마치 지팡이를 짚고 갈림길에 서서 동서를 분별하기 어려워하듯 한다. 이와 같이 수많은 의문이 무성하여 도리어 종교의 참된 근원을 잃어버리게 되니, 바로 이것이 《만종일련》을 쓰게 된 까닭이다.

자여씨(子與氏)8)가 말하기를, "저울질한 후에야 가볍고 무거움을 알고, 자로 재어본 후에야 길고 짧은 것을 알 수 있다"9)고 했으니, 이는 진실로 이치에 맞는 말이다.

적으로 존재한다는 이기론적 학설이다. **"이통기국설(理通氣局說)"**, 철학사전편찬위원회, 《철학사전》(서울; 중원문화, 2009)

5) *훈유(薰蕕) : '향기 나는 풀과 악취 나는 풀'이라는 뜻으로, 착한 사람과 못된 사람을 비유적으로 이르는 말이다. 《공자가어》・"치사"에 "薰蕕不同器而藏"이라 하였다. 허경진 외 번역, 《譯註 孔子家語(1)》(서울; 전통문화연구회, 2019) 123-125 참조.

6) 곡신(谷神) : '골짜기의 빈 곳', '현묘(玄妙)한 도(道)'를 비유하는 말이다.
*《도덕경》・〈6장〉에 "谷神不死是謂玄牝 ; 곡신은 죽지 않으니, 이를 현빈이라 한다"라는 구절이 있다. **곡신(谷神)**, 전관수, 《한시어사전》(서울; 국학자료원, 2007)

7) 팔식(八識) : 유식설(唯識說)에서 분류한 8가지 마음 작용. 곧, 안식(眼識)・이식(耳識)・비식(鼻識)・설식(舌識)・신식(身識)・의식(意識)・말나식(末那識)・아뢰야식(阿賴耶識) 등이다. **팔식(八識)**, 곽철환, 《시공 불교사전》(서울; 시공사, 2003)

8) *맹자(孟子)의 자(字)이다. 맹자의 이름은 가(軻)이고, 자는 자여(子與)・자거(子車)이다. 공자의 인(仁) 사상을 발전시켜 성선설(性善說)을 주장하였다. 유학의 정통으로 숭앙(崇仰)되며, 아성(亞聖)이라 불린다.

9) *《맹자》・〈양혜왕 장구 上〉. 원문은 다음과 같다. "權然後. 知輕重. 度然後. 知長短." 김혁제 교열, 《孟子集註》(서울; 명문당, 2004) 26-27 참조.

'종교'는 원시의 존재이고, 만물의 어미이며, 무극의 도(道)이며, 진리[眞如]10)의 으뜸이다. 만일 마음의 저울로 이를 깊이 연구하지 않으면, 누가 능히 그 경중(輕重)과 간결함과 심오함을 분별하겠는가!

무지몽매하여 우둔한 필자가 30년간 경전을 연구하면서, '삼분(三墳)·오전(五典)과 팔색(八索)·구구(九邱)'11)를 힘써 찾으려고 하였다. 마침내 오늘에 이르러 비록 그것을 온전히 얻지는 못했어도, 그 숨은 뜻을 찾고 심오한 것을 건져낼 수 있었다. 이제 이를 바탕으로 여러 논의를 참작하고 살펴서 이 책을 '저술'했을 뿐이며, 새로운 책을 '창작'한 것이 아님을 밝혀둔다. 다만 여기에 더하여 간혹 내 생각을 덧붙여서 감히 '변증설[證說]' 한 편을 엮어내고 보니, 어느새 5년의 세월이 흘렀다.

이 책에서는 각 종교의 간추린 역사와 중요한 의미를 일목요연하게 서술하여, 이를 열람하는 독자로 하여금, '저울로 달아보고 자로 재듯이[權度]' 깊이 탐구할 수 있게 하였다. 아울러 도교[玄門]의 '공덕과 행업의 원만함[功行圓滿]'과, 불교[釋氏]의 '더없이 뛰어난 깨달음[無上正覺]'과, 브라만교[婆敎]의 '4종 베다[韋陀]'12)와 이슬람교[摩氏]의 '코란[古蘭]' 전편에 대해 소개하였다.

---

10) 진여(眞如) : 우주 만유의 평등하고 차별이 없는 있는 그대로의 모습을 보는 참되고 한결같은 마음을 가리키는 불교용어. 우리나라에서는 《대승기신론》에 입각하여 신라의 원효(元曉)가 주장한 설을 널리 채택하고 있다. **"진여(眞如)"** 한국정신문화연구원 편집부, 《한국민족문화대백과사전(19권)》(서울; 한국정신문화연구원, 1995)

11) *중국의 고서(古書) 이름이다. 고대 역사·문화·문물과 관련한 내용을 기록한 책이라고 알려져 있는 《삼분(三墳)》, 《오전(五典)》, 《팔색(八索)》, 《구구(九邱)》 등이다. 《좌전(左傳)》·〈소공(昭公), 12년조〉에 나온다. 문선규 역저, 《春秋左氏傳 下》(서울: 명문당, 2009) 220-227 참조.
   ※한편 '주흥사' 《천자문》에 이와 관련된 구절인 "기집분전(旣集墳典)"이 나온다. 오세종 편저, 《천자문 새 강해》 119~120 참조.

12) *'위타(韋陀)'는 '브라만교'의 경전인 '베다(Vedas)'를 지칭한다.
   ※베다 : 'vid'에서 나온 말로, '지(知)·지식(知識)'이라는 뜻이며, 뒤에 성전(聖典)을 가리키는 말이 되었다. '베다'에는 《리그베다》, 《사마베다》, 《야주르베다》, 《아타르바베다》 등이 있다. **"베다(吠陀, Veda)"**, 김승동, 《불교·인도사상사전》(부산; 부산대학교출판부, 2000)

참된 종교는 참된 교리가 있고, 이단(異端)은 기이한 주장이 있어서, 자연스럽게 밝히 드러나게 되므로, 구태여 스승을 기다리지 아니하여도 '얼음이 녹듯이 의혹(疑惑)이 풀린다.'13) 또한 갈림길에서 주저하는 사람으로 하여금 돌아갈 길을 알게 해주고, 거울을 걸어놓고 명주실을 살펴보는 사람이 능히 본래 색깔을 분별하도록 해준다.

'은 주발에 가득 담긴 눈[雪]'14), 그리고 '복기수(福氣樹)15)가 물건을 공급한다'는 논설이 공허함에서 자연히 소멸되듯이, '송나라 유학자[宋儒]'16)의 이기론(理氣論)17)과 '호락(湖洛)의 사칠논쟁'18)이 마침내 화의(和議)의 영역으로 귀결되었다.

'종(宗)'이라는 것은 '강물이 분주히 흘러 바다로 모여드는 것[朝宗]'19)과

---

13) *'환연빙석(渙然氷釋)'은 '얼음이 녹듯이 마음에 한 점의 의심도 남기지 않고 의혹이나 미혹(迷惑)이 풀린다'는 뜻이다. 출전은 《소학》·〈가언〉이다. 다음을 참조하라. 성백효 역주, 《小學集註》(서울; 전통문화연구회, 2011) 359-360 참조.
14) *《만종일련》의 원문은 "銀椀裡之盛雪"이다. 이는 《벽암록(碧巖錄)》에 나오는 내용이다. 벽암록의 원문은 다음과 같다. "擧. 僧問巴陵, 如何是提婆宗. 巴陵云, 銀椀裏盛雪." 안동림 역주, 《벽암록》(서울; 현암사, 2018) 120-121.
15) *《만종일련》의 원문은 "福氣樹之供物"이다. 여기서 '복기수(福氣樹)'는 《코란》에서 언급하고 있는 '낙원의 나무'를 뜻하는 것으로 보인다. 김용선 역주, 《코란》(서울; 명문당, 2020) 460, 517, 557, 558, 661 참조.
16) 송유(宋儒) : 정호(程顥)·정이(程頤)·주희(朱熹) 등, 중국 송(宋)나라 때의 학자.
17) 이기론(理氣論) : 이(理)와 기(氣)의 원리, 그리고 그 관계를 통해 우주와 인간의 존재 구조와 그 생성근원을 유기적으로 설명하는 성리학의 이론체계. "이기론(理氣論)", 한국정신문화연구원 편집부, 《한국민족문화대백과사전(17권)》.
18) 호락논쟁(湖洛論爭) : 18세기 초, 한국성리학의 보편논쟁인 '인물성동이논변(人物性同異論辨)'을 가리키는 말이다. 인간과 동물 혹은 식물의 본성이 같다고 주장하는 인물성동론(人物性同論)과 근본적으로 서로의 본성은 다른 것이라고 주장하는 인물성이론(人物性異論)으로 나뉘었다. 전자를 주장하는 사람들의 대표자는 이간(李柬)인데, 학자들 대부분이 서울에 살고 있었기 때문에 낙학(洛學) 또는 낙론(洛論)이라 했다. 후자의 대표자는 한원진(韓元震)인데, 학자들이 충청도지방에 살고 있어 호학(湖學) 또는 호론(湖論)이라고 했다. "호락논쟁(湖洛論爭)", 김승동, 《유교·중국사상사전》(부산; 부산대학교출판부, 2003)
19) 조종(朝宗) : ① 제후가 천자를 우러러 뵙고 따름. 봄에 뵙는 것을 朝, 여름에 뵙는 것을 宗이라 한다. ② 강물이 분주히 흘러 바다로 모여드는 것을 '조종'에 빗대어 말하기도 한다. 이는 《詩經》·〈小雅, 沔水〉에서 유래했다. "沔彼流水 朝宗于海." 풀

머리말[緒言] | 25

같으며, '으뜸[宗]'은 그 교리를 받들어 행하는 것이다.

'교(敎)'라는 것은 진리를 닦는 것이며, '가르침[敎]'은 그 백성을 감화시키는 것이다.

'일련(一臠)'이란, '저민 고기 한 덩어리[一臠]'로 '온 솥 안의 맛을 알 수 있다'는 의미이다.

삼위일체(三位一體)의 심오함에 이르게 되면, 세상의 모든 것[七輪]이 '형성되고[成] 지속되며[住], 쇠퇴하고[壞] 사라진다[空]'20)는 말을 알게 된다.

재주와 학문이 얕거나 보잘 것 없지 않아서 감히 탐구한 것을 논하는 바이니, 그러므로 나는 오직 지금 세상의 지덕(智德)이 지극히 뛰어난 성인(聖人)을 기다릴 뿐이다.

세재(歲在)21) 병진(丙辰, 1916년)
중여월(仲呂月, 4월) 상한(上澣)22)
화도정사(花島精舍)23)에서 최병헌 씀

이하면, '철철 넘치는 저 물은 흘러서 바다로 들어가나니'이다. **"조종(朝宗)"**, 전관수, 《한시어사전》; 김혁제 교열, 《詩傳》(서울; 명문당, 2000)
20) 성주괴공(成住壞空) : 세계가 성립되는 극히 긴 기간인 성겁(成劫), 머무르는 기간인 주겁(住劫), 파괴되어 가는 기간인 괴겁(壞劫), 파괴되어 아무 것도 없는 상태로 지속되는 기간인 공겁(空劫)을 말함. **"성주괴공(成住壞空)"** 곽철환, 《시공 불교사전》
21) 세재(歲在) : 세차(歲次)와 같은 뜻. '간지(干支)를 좇아 이르는 해의 차례'라는 의미.
22) 상한(上澣) : 초하루에서 초열흘까지의 열흘 동안을 말함. [유사어] 상순(上旬). 상완(上浣). 초순(初旬).
23) * '탁사'가 이 책의 '서언(緒言)'을 쓴 시기는 '제물포지방 감리사'로 봉직하고 있을 때이다. 당시에 거처하던 곳을 '화도정사(花島精舍)'라고 명명한 것으로 보인다. '탁사'가 '제물포지방 감리사'로 봉직한 것에 관해서는 다음을 참고하라. Methodist Episcopal Church. Korea Conference, 《Official Journal Minutes of the Korea Annual Conference of the Methodist Episcopal Church(1915)》(Seoul; Press of the Methodist Publishing House, 1915) 72 참조.

범례(凡例)

하나. 각 종교의 문서를 수집하되 원본대로 인용하였고, 자의적으로 더하거나 삭제하지 아니하였다.

하나. 제자백가(諸子百家)의 논리도 근본이 되는 학설만 취하여 변증하였다.

하나. 성리(性理)의 논변(論辨)은 독일 사람인 '화지안(花之安)'24)선생의 《성해편(性海篇)》에서 보충하고 요약하였다.

하나. 각 종교의 서적 외에 역사와 잡지와 견문을 참고하여 집성하였다.

하나. '안(按)' 글자 다음에 외람되게 내 뜻을 부가한 것은 보잘것없는 선비의 이상(理想)이 재단되기를 은근히 바라기 때문이다.

하나. 한자와 한글[鮮文]을 함께 사용한 것은 우리 동포들이 편하고 쉽게 읽도록 하기 위함이다.

하나. 이 책의 마지막 부분에 첨부한 흑백의 권점(圈點)25)은 수도(修道)의 '승고자비(升高自卑)'26)와 '유범입성(由凡入聖)'27)을 표시한 것이다.

---

24) 화지안(花之安, 1839~1899) : 독일[德国] 출신의 선교사[傳教士]로 독일 이름은 Ernst Faber이다. 코부르크(Coburg)에서 출생했고, 19세에 바르멘(Barmen)신학교에 입학, 23세에 졸업 후 바젤대학과 튀빙겐대학교를 거쳐, 고타(Gotha) 대학에서 식물학을 연구했다. 25세에 독일기독교[德国基督教] 예현회(札賢會, Rhenish Missionary Society)에 참가해, 1865년 중국의 광동성[廣東]으로 들어왔다. 그는 문서선교를 펼치기 위해 유학연구에 몰두했으며, 19세기 최고의 외국인 한학자(漢學者)로 평가되며, 《自西徂東》, 《人心論》, 《性海淵源》 등 많은 저서를 남겼다. 顾长声, 《从马礼逊到司徒雷登》(上海; 上海书店出版社, 2005) 257-260 참조.

25) 권점(圈點) : ① 글이 잘 된 곳이나 중요한 곳 또는 글을 맺는 끝에 찍는 고리 모양의 둥근 점 따위. ② 한자 옆에 찍어서 사성(四聲)의 구별을 나타내는 둥근 점.

26) *승고자비(升高自卑) : '높은 곳에 이르기 위해서는 자신을 낮추어야 한다'는 뜻.

27) *유범입성(由凡入聖) : '평범함으로 말미암아 거룩함에 들어간다'는 의미이다.

정증(訂增)

만종일련(萬宗一臠)

총론(總論)

○ 하늘과 땅의 풀무질[橐籥]28)에 온갖 만물이 어우러져 펼쳐있고, 끝없이 이어진 세계는 5주(五洲)29)로 나뉘어졌으며, 그 사회에 여러 가지 학설은 감히 '군더더기 같은 말[贅論]'로 서술할 수 없지만, 종교가의 도리(道理)에 한하여 간략하게 서술하자면, 이 세상의 선비[士子]와 학자들은 반드시 종교에 대하여 말한다는 것이다.

○ 공자(孔子)와 맹자(孟子)를 숭상하는 사람은 존심양성(存心養性)30)과 '인의예지(仁義禮智)'31)로 윤리 요소의 '본체[體]'32)를 삼고, 삼강오상(三綱五常, 삼강오

---

28) 탁약(橐籥) : 대장간에서 불을 일으키는 데 쓰는 풀무. 사물의 계기를 비유함. "**탁약(橐籥)**", 한국고전용어사전위원회 편, 《한국고전용어사전(5권)》
29) 오주(五洲) : 오대주(五大洲). 지구상의 다섯 대륙. 즉, 아시아주, 유럽주, 아프리카주, 오세아니아주, 아메리카주. 또는 아시아주, 유럽주, 아프리카주, 북아메리카주, 남아메리카주를 말하기도 하는데 이에 오세아니아주를 넣어 6대주라 일컫는다.
30) *존심양성(存心養性) : 본심을 보존하여 천성(天性)을 기름. 송대(宋代) 신(新)유학의 실천 명제로, 욕망 등에 의해서 본심을 해치지 않고 항상 그 본연의 상태를 유지하는 일. 《맹자》·〈진심 上〉에 나오는 구절이다. "存其心 養其性, 所以事天也." 김혁제 교열, 《孟子集註》 341.
31) *인의예지(仁義禮智) : 사람이 날 때부터 마음에 지닌 네 가지 덕. '어질고[仁], 의롭고[義], 예의를 지킬 줄 알고[禮], 지혜로움[智].' '주자(朱子)'는 이를 성(性)이라

륜)과 수제치평(修齊治平)33)으로 도리(道理) 요소의 본체[體]를 삼고, 인의예지(仁義禮智)로 덕(德)을 세우며, 수행(修行)함에 있어서 '용(用)'34)을 삼는다. '《대학(大學)》의 도(道)는 덕(德)을 밝히고, 백성을 새롭게 하며, 지극한 선(善)에 머무르게 하는 것'35)이라 하며, 《중용》의 도(道)는 '한쪽으로 기울거나 치우치지 않아서'36) 천명(天命)의 성(性)을 따르며, 마음[心]과 기운[氣]과 몸[形]이 조화함으로써 천지의 중화(中和)37)를 궁구한다고 하여 기강을 세우며 명분을 바르게 하여 말하기를, "세계의 윤상(倫常)38)을 밝히는데 가치가 있는 도(道)는 우리 '유교'가 천하에 제일가는 종교이다"라고 한다.

○ 부처[佛陀]를 숭배하는 자는 명심견성(明心見性)39)과 삼귀(三歸)40)와 사제(四諦)41)의 법을 깨달음으로 원인과 결과를 말하며, '아뇩다라삼먁삼보리'42)

고 했다. 《맹자》·〈공손추 上〉에 나온다. 김혁제 교열, 《孟子集註》 88-89참조. ; 성백효 역주, 《孟子集註》(서울; 전통문화연구회, 2006) 151.
32) 체(體) : 형이상학적인 본체적 존재를 가리키는 유교 철학 용어.
33) * '수제치평(修齊治平)'은 '수신(修身)·제가(齊家)·치국(治國)·평천하(平天下)'의 줄임말이다. 《대학》에 나오는데, 원문은 다음과 같다. "古之欲明明德於天下者 先治其國, 欲治其國者 先齊其家, 欲齊其家者 先修其身." 김혁제 교열, 《大學集註》(서울; 명문당, 2001) 14-15.
34) 용(用) : 형이하학적 세계에 속하며 오관(五官)으로 감지할 수 있는 현상을 가리키는 유교 철학 용어.
35) *《대학》에 나오는 말로 원문은 다음과 같다. "大學之道 在明明德 在親民 在止於至善." 김혁제 교열, 《大學集註》 9.
36) * 원문 : "不偏不倚."《중용》·〈중용장구대전〉에 나온다. "中者, 不偏不倚, 無過不及之名" 김혁제 교열, 《中庸》(서울; 명문당, 2001), 〈中庸章句大全〉 1쪽 참조.
37) 중화(中和) : ① 덕성(德性)이 중용(中庸)을 잃지 아니한 상태. ② 이성(異性)의 물질이 서로 융합하여 서로의 특징이나 작용을 잃음.
38) 윤상(倫常) : 인륜의 떳떳하고 변하지 않는 도리.
39) 명심견성(明心見性) : ① 모든 잡념을 물리치어 불성(佛性)을 깨달음. ② 견성(見性); 모든 망혹(妄惑)을 버리고, 자기의 타고난 심성(心性)을 사무쳐 알고, 모든 법의 실상(實相)인 당체(當體)와 일치하는 정각(正覺)을 이루어 부처가 됨을 일컫는 말.
40) 삼귀(三歸) : 삼귀의(三歸依). 불(佛)·법(法)·승(僧), 삼보에 귀의한다는 맹서. 즉, ① 부처에게 귀의. ② 불법(佛法)에 귀의. ③ 승려에게 귀의를 말한다.
41) 사제(四諦) : 제(諦)는 산스크리트어 satya의 번역으로 진리를 뜻함. 괴로움을 소멸

로도 '무상정편상정각'43)을 논(論)하며, '금강반야바라밀(金剛般若波羅密)'로 피안(彼岸)에 도달한다고 한다. '가비라(迦毗羅) 왕국'44)에서 '석가(釋迦)'가 출생할 때 한 손으로 하늘을 가리키고 한 손으로는 땅을 가리키며 이르기를, "온 세상에 오로지 내가 홀로 존귀하다"45)고 하였다. 《금강경(金剛經)》에서 말하기를, "무릇 '상이 있는[有相]'46) 바는 모두 거짓으로 꾸며 속이는 것이니, 만약 모든 상(相)이 상(相)이 아님을 본다면, 곧 여래(如來)47)를 보리라"48)

시켜 열반에 이르는 네 가지 진리. ① 고제(苦諦). 괴로움이라는 진리. 생로병사(生老病死)의 괴로움과, 사랑하는 사람과 헤어져야 하는 괴로움, 미워하는 사람과 만나거나 살아야 하는 괴로움, 구하여도 얻지 못하는 괴로움, 오온(五蘊)에 탐욕과 집착이 있으므로 괴로움. ② 집제(集諦). 괴로움의 원인이라는 진리. 괴로움이 일어나는 원인은 몹시 탐내어 집착하는 갈애(渴愛)라는 진리. 집(集)은 집기(集起)·기인(起因)·원인을 뜻함. ③ 멸제(滅諦). 괴로움의 소멸이라는 진리. 갈애를 남김없이 소멸하면 괴로움이 소멸되어 열반에 이른다는 진리. ④ 도제(道諦). 괴로움의 소멸에 이르는 길이라는 진리. 팔정도(八正道)는 갈애를 소멸시키는 수행법이라는 진리. **"사제(四諦)"**, 곽철환, 《시공 불교사전》

42) 아뇩다라삼먁삼보리(阿耨多羅三藐三菩提) : 무상정각(無上正覺)·무상정등각(無上正等覺)이라고 번역. 범어(梵語) anuttarā-samyak-saṃbodhi를 한자로 적은 것인데, 부처의 깨달음의 경지를 나타내는 말이다. **"아뇩다라삼먁삼보리[阿耨多羅三藐三菩提]"**, 곽철환, 《시공 불교사전》
43) 무상정각(無上正覺) : 최상의 올바른 각지(覺智). 부처의 깨달음. 무상보리(無上菩提).
44) 가비라국(迦毗羅國) : 석가모니의 부친 정반왕(淨飯王)이 다스리던 나라. 석가모니가 태어난 곳. 가비라위(迦毗羅衛)라고도 하고, 가유위(迦維衛)라고도 함. **"가비라국(迦毗羅國)"**, 한국고전용어사전 편찬위원회, 《한국고전용어사전(1권)》
45) * 원문 : "천상천하 유아독존(天上天下 唯我獨尊)." 이는 〈불설태자서응본기경(佛說太子瑞應本起經)〉에 나오는 말인데, 원문은 "天上天下 唯我獨尊 三界皆苦 何可樂者"이다. 김진철 외 옮김, 《大乘入楞伽經 외》·〈佛說太子瑞應本起經〉(서울; 동국역경원, 2004) 620.
 * 한편 〈수행본기경〉에도 비슷한 말이 나오는데, "天上天下, 唯我爲尊. 三界皆苦, 吾當安之"라고 되어있다. 佛光大藏經編修委員會 編, 《佛光大藏經 本緣藏》·〈修行本起經〉(臺灣 高雄; 佛光出版社, 2016) 17. ; 대한불교조계종역경위원회, 《한글대장경 18, 과거현재인과경 외 8경》·〈수행본기경〉(서울; 동국역경원, 1972) 565 참조.
 * 또한 〈방광대장엄경(方廣大莊嚴經)〉의 전법륜품(轉法輪品)에는 "天上天下 唯我最勝"이라고 되어있다. 대한불교조계종역경위원회, 《한글대장경 11, 방광대장엄경 외》·〈방광대장엄경〉(서울; 동국역경원, 1972) 332.
46) 유상(有相) : ① 생성 변화하는 차별 현상. ② 고유한 형체나 모양을 지니고 있음. 특징이 있음. ③ 집착함. 얽매임. **"유상(有相)"**, 곽철환, 《시공 불교사전》

고 하였다.【여래(如來)는 '여실(如實)한 도(道)를 좇아서 정각(正覺)을 이루었다는 뜻이다】.

또한 부처[佛陀]를 기리며 말하기를, "하늘 중의 하늘[天中天]이요, 성인 중의 성인[聖中聖]이다. '삼계(三界)의 큰 스승이요, 사생(四生)의 자비하신 어버이'49)이다"라고 말한다. 그러면서 천하에 제일 고상(高尙)하고, 더할 나위 없이 깊고 미묘한 법은 우리 불교가 동서양의 제일 종교라고 한다.

○ 선술(仙術)을 따르는 자는 '수심연성'50)과 '삼가삼원'51)과 '삼정구령'52) 으로 진결(眞訣)을 짓고, '기운을 변화시켜 몸을 나누는 것[化氣分身]'과 '세대를 건너 오래 사는 것[度世長生]'으로 문호(門戶)를 따로 세웠다. 또한 정호53)에서 용(龍)을 타고 하늘로 승천한 '황제(黃帝) 헌원씨(軒轅氏)'와 함관54)에

---

47) 여래(如來) : 부처의 다른 이름. 여실한 진리에 수순하며 이 세상에 와서 진리를 보여 주는 이.
48) * 이는 《금강경(金剛經)》에 나오는 구절이다. 다음을 참고하라. 법륜, 《금강경 강의》 (서울; 정토출판, 2012) 97-99.
49) * 《만종일련》의 원문은 "三界大師요 四生慈父라ᄒ야"인데, 《부모은중경(父母恩重經)》에 나온다. 광덕역, 《父母恩重經 · 觀音經》(서울: 불광출판사, 2008) 18 참조. 같은 책의 말미에 수록된 〈한자(漢字) 원문〉은 3쪽 참조.
 ※삼계(三界) : 불교의 세계관 가운데 하나. 삼유(三有). 미혹한 중생이 윤회(輪廻)하는 욕계(欲界) · 색계(色界) · 무색계(無色界)의 세계. "**삼계(三界)**", 한국정신문화연구원 편집부, 《한국민족문화대백과사전(11권)》
 ※사생(四生) : 생물이 생겨나는 4가지 형식. 태생(胎生), 난생(卵生), 습생(濕生), 화생(化生)을 총칭함. "**사생(四生)**", 곽철환, 《시공 불교사전》
50) 수심연성(修心鍊性) : 마음을 닦고 성품을 연단함.
51) * 삼가삼원(三家三元) : 신(身) · 심(心) · 의(意)를 '삼가(三家)'라 하고, '삼가'가 서로 합성(合成)하여 도태(道胎)가 이뤄진다고 한다. '삼원(三元)'은 '정(精) · 기(氣) · 신(神)'인데, 삼원(三元)을 하나로 합성시키면 단(丹)이 되고, '삼원'을 허무(虛無)의 자리에 들여보내어, 마음을 적멸의 경지에서 안정시키면 신(神)과 성(性)이 서로 화합하고, 몸과 정기가 화합하여 혼연일체가 되면 대정(大定)한다. 윤진인의 제자 지음, 이윤홍 번역, 《性命圭旨》(서울; 한국문화사, 1995) 177 참조.
52) * '삼정구령(三精九靈)'은 일종의 주문(呪文)을 말한다. '삼정(三精)'은 '삼혼(三魂)'과 같은 의미이다. 삼혼(三魂)은 사람의 몸속에 있다는 3가지 정혼(精魂), 곧 태광(胎光) · 상령(爽靈) · 유정(幽精)을 말한다.

서 '소를 타고 관문을 나간'55) 현원성군56) '노백양(老伯陽) 씨'를 교조(教祖)로 받들고 있다.57)

경전(도덕경)에서 말하기를, "도(道)를 가히 도(道)라고 할 수 있지만 언제나 도(道)가 아니며, 이름[名]을 가히 이름할 수 있으나 언제나 그 이름은 아니다"58)라고 하였다.

또 말하기를, "'무(無)는 천지의 시원(始原)을 이름하는 것이요, 유(有)는 만물의 어미를 이름하는 것이다.'59) '그런 까닭에, 늘 어떤 이름을 붙이고자 하지 않으면 그것의 묘함을 보고, 언제나 그 이름을 붙여놓고자 하면 그것의 결말을 보고자 한다. 이 두 가지는 같이 나왔으나 다른 이름이다. 이것도 가물하고 저것도 가물한 것이 여러 묘함이 나오는 문이다.'60) 곡신(谷神)61)과 현빈(玄牝)62)이 천지의 뿌리이다"라고 하였다.

---

53) 정호(鼎湖) : 황제(黃帝)가 용을 타고 승천했다는 곳.
54) 함관(函關) : 함곡관(函谷關)의 줄임말. 중국 하남성(河南省) 신안현(新安縣) 북동쪽에 있는 관문. 동쪽의 중원(中原)에서 서쪽의 관중(關中)으로 통하는 요지이다. 한(漢)나라 무제(武帝) 때 영보현에 있던 진대(秦代)의 관(關)을 이곳으로 옮겼다.
55) *《만종일련》의 원문은 다음과 같다. "函關에셔 駕牛出門ᄒ던 玄元聖君老伯陽氏로 教祖를 奉ᄒᆞ지라."
56) 현원성군(玄元聖君) : 당(唐)나라 시대에 노자(老子)를 이르는 말.
57) * '이능화'의 《백교회통(百教會通)》·〈제3장, 신선지교여불교대조(神仙之教與佛教對照)〉에 나온다. 이능화 저, 《백교회통(百教會通)》(경성; 불교서관, 1912년) 9 참조
58) * 원문은 다음과 같다. "道可道면 非常道요 名可名이면 非常名이라." 이에 대한 풀이는 다양하다. '김시천 교수'는 "도(道)는 문자로 표현하면 영원한 도(道)가 아니고, 이름[名]은 문자로 규정하면 영원한 이름[名]이 아니다"라고 풀이했고, '장일순 선생'은 "도(道)를 말로 표현하면 말로 된 도(道)가 도(道) 그 자체는 아니다. 이름[名]을 붙이면 이름[名]이 곧 이름[名]의 주인은 아니다"라고 풀이했다. 필자는 '오강남 교수'의 풀이를 참고했다. 오강남 풀이, 《도덕경》(서울; 현암사, 2000) 19-22 참조. ; 김시천 역주, 《노자 도덕경》(서울; 전통문화연구회, 2020) 17. ; 이현주 정리, 《노자 이야기(1)》(서울; 다산글방, 1993) 9.
59) * 원문은 다음과 같다. "無는 名天地之始, 有는 名萬物之母라."《도덕경》의 이 구절은 "無名 天地之始, 有名 萬物之母"라고 읽기도 한다. 오강남 풀이, 《도덕경》 19.
60) * 원문은 다음과 같다. "故로 常無는 欲以觀其妙요 常有는 欲以觀其徼라. 此兩者는 同出而異名이니 玄之又玄이 衆妙之門이라." 오강남 풀이, 《도덕경》 19-22 참조.
61) 곡신(谷神) : 골짜기의 빈 곳. 현묘(玄妙)한 도(道)를 비유하는 말임. 곡(谷)은 허(虛)

공행(功行)을 닦아 유지하는 신선[仙]에는 다섯 등급이 있는데, 채정문(採精門)63)과 염주문(念呪門)64)이 있으며, 단전(丹田)의 태(胎)를 이룬 사람은 천상의 선관(仙官)이 육정(六丁)을 거느리고, 금동옥녀(金童玉女)65)로 임신[成胎]한 사람을 영접하여 구름 위의 하늘을 날아다닌다고 하니, 제일 신기하고 묘하며, 깊고 심오한 도(道)는 선문(仙門)이 참된 종교라고 한다.

○ 브라만교[婆羅門敎]66)를 따르는 자는, 대범천왕(大梵天王)67)의 묵시(默示)로 4부 '베다[費大書]'68)가 저작되었다고 믿으며, 이를 '지혜의 책'이라고 부른

로 사람의 정신이 빈 데서 나왔으므로 늘 존재하여 없어지지 않는다 함. **"곡신(谷神)"**, 전관수, 《한시어사전》
*《도덕경》에 다음과 같은 구절이 나온다. "谷神不死 是謂玄牝." 오강남 풀이, 《도덕경》 43-44.
62) 현빈(玄牝) : 새끼 낳는 암컷. 만물을 생성하는 도(道). 현(玄)은 그 작용이 미묘하고 심오함을 나타내고, 빈(牝)은 암컷이 새끼를 낳듯 도가 만물을 냄을 뜻함. **"현빈(玄牝)"**, 전관수, 《한시어사전》
*《도덕경》에 다음과 같은 구절이 나온다. '玄牝之門 是謂天地之根.' 오강남 풀이, 《도덕경》 43-44.
63) 채정(採精) : 남자의 정액을 모음.
64) 염주(念呪) : 주문을 외움.
65) 금동옥녀(金童玉女) : 선동선녀(仙童仙女). 신선을 시중드는 소년과 소녀.
66) 브라만교(Brahmanism) : 힌두교의 전신으로, 그 핵이 되어 있는 종교, 사회사상. 브라만교는 베다의 종교라고 할 수 있다. 브라만교는 〈리그베다〉, 〈사마베다〉, 〈야주르베다〉, 〈아타르바베다〉의 '4베다'와 그에 부수하는 브라마나, 아라냐카, 우파니샤드를 이를 절대권위로 받들었다. 또한 주로 거기에 규정되어 있는 제식을 충실히 실행해서, 현세의 다양한 소망, 또한 궁극적으로 죽은 후의 생천(生天)을 실현하고자 했다. **"브라만교[婆羅門敎]"**, 한국사전연구사, 《종교학대사전》(서울; 한국사전연구사, 1998)
67) 대범천왕(大梵天王) : 대범천의 우두머리. 이름은 시기(尸棄). 사바세계(娑婆世界)를 주관함. **"대범천왕(大梵天王)"**, 한국고전용어사전편찬위원회, 《한국고전용어사전(2권)》
※대범천(大梵天) : '범왕(梵王)・범천(梵天)'이라고도 한다. 불교의 33천(天) 중 색계(色界) 초선천(初禪天)의 왕이다. 원래 힌두교의 신이었으나 불교가 일어나면서 불교적 선신(善神)으로 수용되었다. 불교에서는 늘 제석천(帝釋天)과 짝을 이루며 불교를 옹호하는 신으로 묘사된다. **"대범천(大梵天)"**, 한국정신문화연구원 편집부, 《한국민족문화대백과사전(6권)》
68) 비대(費大) : Veda 경전. 지금은 '페타(吠陀)'로 쓰고 있다. Veda는 '지(知)'를 의미

다. '제1부는 리그베다[理哈費大, Rig Veda], 2부는 아주르베다[雅古費大, Yajur Veda], 3부는 사마베다[薩馬費大, Sama Veda], 4부는 아타르바베다[阿大費大, Atharva Veda]인데,'69) 이 모두를 묶어서 '베다[韋陀]'라고 부른다. 이를 모두 모으면 1천28편(編)인데, 후세의 사람들이 한 글자도 더하거나 빼지 못하게 하여 '완벽'이라 일컫는다. 이것은 상제의 입에서 나와서 성인(聖人)의 귀에 들어갔으니 '지극히 정밀하고 지극히 순수하다[至精至純]'는 의미이다. 그 교문(敎門)의 신자들은 '팔명(八明)의 신(神)'이 '둘도 없이 오직 하나[獨一無二]'이신 주재(主宰)70)라고 한다. 또한 '팔명의 신'이 또 삼위(三位)로 나눠지니, "'브라마[巴馬, Brahma]'와 '비쉬누[衛世努, Vishinu]'와 '쉬바[息罷, Shiva]'의 신(神)"71)이다. 브라마는 세계 만물을 창조한 신이요, 비쉬누는 만물을 보우(保佑)하며 유지하는 신이요, 쉬바는 '만물을 파괴하는 신'72)이다.

'리그베다' 제7권 89편에서 말하기를, "법로아아(法路那哦)73)가 나타나 우

하는 것인데, 성전(聖典)이란 의미로 전용(轉用)되었다. **비대(費大)**, 김승동, 《불교・인도사상사전》; 유정기, 《동양사상사전》(서울; 대한공보사, 1975)

69) *'리그 베다'는 '찬송의 베다', '야주르 베다'는 '제문의 베다', '싸마 베다'는 '예식의 베다', '아타르바 베다'는 '주술의 베다이다. 오강남, 《세계 종교 둘러보기》(서울; 현암사, 2010) 37.

70) '브라만' 사상은 '범아불이(梵我不二)'의 사상에 근거하고 있다. '범아불이'는 외적 세계에 있는 '범(梵, Braman)'과 내적 세계에 있는 '아(我, Atman)'는 따로 존재하는 것이 아니고, 유일불이(唯一不二)하다는 것이다. 梵은 우주의 실재요, 아(我)는 개인의 자체이니, 梵에는 본질적인 것과 현상적인 것의 2면이 있는 동시에 我에도 大我적인 실재요, 我는 현상적인 개인이다. **범아불이(梵我不二)**, 유정기, 《동양사상사전》

71) *'브라마'는 창조의 신(神)이요, '비쉬누'는 보존의 신(神)이요, '쉬바'는 파괴의 신(神)이다. 오강남, 《세계 종교 둘러보기》 46-47.

72) *원문에는 "萬物을 剝落肅殺케ᄒᆞ는 神이라"로 되어 있다. 여기서 '박락(剝落)'은 '깎고 떨어짐', '숙살(肅殺)'은 '풀이나 나무를 꺾고 누름'을 뜻한다고 본다.

73) *"법로아아(法路那哦)"는 《리그 베다》에 나오는 '바루나(Varuna)' 신(神)을 뜻하는 것으로도 본다.
   ※바루나(Varuna) : 힌두교의 신명으로 '수천(水天)'이라고 한역된다. 인도 최고의 성전《리그 베다》에서 바루나에게 바쳐진 찬가의 수는 많지 않지만, '인드라' 다음으로 중요한 신이었다. **바루나(Varuna)**, 한국사전연구사, 《종교학대사전》(서

리를 가르침으로써 무덤으로 나아갈 필요가 없게 되었고, 전능하신 상제께서 우리를 불쌍히 여기셨다"고 하였다.

또한 제7권 86편에서 말하기를, "법로나아가 우리 조종(祖宗)의 죄악과 자기 죄와 허물을 모두 사면(赦免)하여 우리를 놓아 세상에 나가게 하기를, 묶어놓은 소를 풀어주는 것과 같이 하소서"라고 하였다.

이를 보면 브라만교 사람들도 역시 복을 구하기를 상제께 간절히 기도하는 신도들이다.

그 밖에 굉장히 허황된 말과 글이 많지만 그 경향을 보면, 천하의 거룩한 책[聖書]은 베다[費大書] 외에 완전한 것이 없다고 하며, 세계의 여러 종교 중에서 자기의 교(敎)가 참된 종교라고 한다.

○ 이슬람교[回回敎]를 따르는 자는, 교조(敎祖) 무함마드[摩哈默]74)가 저술한 코란[古蘭經]을【일명 고이아니(古爾阿呢)】믿고 따른다. 책(코란)은 114장(章)으로 구분되고, 하나로 합하여 숫자를 세어보면 8만 언(言)이다. 그 요소가 네 가지 있는데, 하나는 우상을 숭배하지 아니하며 '둘도 없는 오직 하나[獨一

울; 한국사전연구사, 1998)
74) * '마합묵(摩哈默)'은 이슬람교의 창시자인 '무함마드(Muhammad)'를 지칭하며, '마호메트'라고 칭하기도 한다. 한편 '탁사'는 이슬람교를 소개하는 여러 글에서 창시자 '무함마드'를 몇몇 다른 이름으로 소개하고 있다. 우선《만종일련》원본에서는 '마합묵(摩哈默)'이라 적고 한글로 '모함메드'라고 나란히 쓰고 있다. 그리고《신학월보》(제7권 제2·3호, 1909년)의 〈사교고략(四敎考略)〉에서는 '모하못'이라고 적고 있고,《대한 크리스도인 회보》(1899년 2월 8일자)에서는 '모함맥덕'이라고 적고 있으며,《신학세계(神學世界)》(제1권 제2호)의 〈종교변증설〉에서는 '마합묵(摩哈默)'이라 적고 있다. 이 책에서는 '무함마드'로 쓰고 한자 '[摩哈默]'을 나란히 적었다.
※ 무함마드(Muhammad, 570~632) : 이슬람을 주장한 예언자. 코란에서 그는 〈신의사도(rasūl Allāh)〉, 〈예언자〉, 〈경고자〉 등의 이름으로 불리며, 아브라함, 모세, 예수 등 일련의 예언자 계열에서 〈최후의 예언자〉로 위치한다. 이슬람교도와 그 사회에 있어서, 일상생활에서 국가의 정치에 이르기까지 신의 의지가 절대적인데 그 의지는 예언자에게 내려진 계시에 제시된다. **"무함마드(Muhammad)"**, 한국사전연구사,《종교학대사전》

無二]'인 신(神)을 숭상하고 받드는데, 천지만물을 창조하신 주재(主宰)이시다. 둘째로, 무함마드는 참 신(神) 상주께서 홀로 보내신 선지자(先知者)요 세상을 구하는 사도(使徒)라고 한다. 셋째로 신도들은 죽은 후에 반드시 부활하여 천신(天神)의 심판을 받는다고 한다. 넷째로 천당 지옥이 있음을 믿어서 말하기를, "선한 사람은 천당으로 '살아서 올라가고[活升]'75), 악인은 지옥으로 죽어서 들어간다"고 한다.76)

아라비아(亞喇非亞) '메카[米迦] 성(城)'에 큰 사원[廟宇]77) 하나가 있는데 '카바[迦阿巴]'78)이다. 그 사원에는 '검은 돌[黑石]' 하나가 있는데, 이슬람교인[回教人]들은 지금까지 이를 숭배하며 제사하고 있다. 이 돌은 원조(元祖) 아담[亞當]이 '에덴동산[埃田]'에서 가지고 나온 것이라 한다. 또한 '카바[迦阿巴] 사원'은 사람이 만들어 세운 것이 아니고 하늘에서 내려온 것이라고 하며, 홍수가 범람했을 때 사원이 무너지고 돌이 훼손되자, 상주께서 천사 가브리엘[加富列]로 하여금 그 돌을 주워 거두게 하셨다고 한다. 그 후에 아브라함[亞富羅含]이 카바[迦阿巴] 사원을 고쳐지을 때 돌의 한 귀퉁이가 깨졌으며[缺], 돌은 본래 흰색이었으나 후에 죄를 저지른 사람의 성품을 따라 검은색이 되었다고 한다.79)

---

75) * '활승(活升)'은 '살아서 올라가다'는 의미로 보이는데, 이 경우 원문의 '승(升)'은 '오르다'는 뜻을 가진 '승(昇)'으로 써야 한다.
76) * '이능화'의 《백교회통(百敎會通)》·〈제6장, 회회교여불교대조(回回敎與佛敎對照)〉에 나온다. 이능화 저, 《백교회통(百敎會通)》 44 참조
77) * 묘우(廟宇) : 신위(神位)를 모신 집. 사당. 여기서는 이슬람의 사원인 '모스크(Mosque)'를 가리키는 것으로 보인다.
78) * 가아파(迦阿巴) : '카바' 신전을 가리키는 것으로 보인다.
※ 카바[Ka'ba] : 메카에 있는 이슬람의 가장 신성한 신전. 카바라는 것은 입방체를 의미하며 〈신의 관(Bayt Allāh)〉이라고도 한다. 무슬림은 하루에 5회의 예배를 카바를 향해 행하며, 순례도 카바를 향해서 행한다. 1630년 개수를 거쳐서 오늘날에 이르고 있다. 동쪽 구석, 지면에서 1.5m 정도 높은 곳에 흑석(黑石)이 끼워져 있다. **카바[Ka'ba]**, 한국사전연구사, 《종교학대사전》
79) * '이능화'의 《백교회통(百敎會通)》·〈제6장, 회회교여불교대조(回回敎與佛敎對照)〉에 나온다. 이능화 저, 《백교회통(百敎會通)》 44 참조

무함마드가 이슬람교를 창립할 때 소리쳐 말하기를, "유대교와 기독교가 '하늘의 도리[天道]'를 어기거나 배신한 것은 없지만, 세분하여 논하자면, 유대교는 나무의 밑뿌리와 같고 기독교는 나무의 줄기가지와 같은데, 우리 이슬람교는【영문(英文) 음(音)이 '이시남(以施南)'80)이니 '상주께 완전히 복종한다'는 뜻이다】 나무의 결실과 같다. 농부가 나무를 심는 것은 바로 좋은 열매를 얻기 위해서이다. 그 열매를 먹고자 하는 자는 모두 다 나를 따르라"고 하였다.

이슬람교인[回回敎人]이 말하기를, "교조(敎祖) 무함마드는 모태에서 할례(割禮)를 받고, 태어날 때 모친의 배꼽에서 탄생하고, 태어나자마자 땅에 엎드려 백성을 위하여 기도했다"고 하며, "그 등에 '상제선지(上帝先知)'81) 네 글자의 무늬가 있었다"고 한다. 무함마드가 출생할 때에는 나무와 돌이 나열하여 절을 했고, 사막에서 전투할 때에는 반석이 물을 내어 수많은 군사를 해갈(解渴)시켜 주었다고 한다.

그들은 항상 말하기를, "어느 나라 어떤 사람이든지 구원을 얻고자 하는 자는 이슬람교[回敎]를 믿고 따르라"고 하며, 또 말하기를, "천하에 제일 종교는 이슬람교이다"라고 한다.

○ 유대교[猶太敎]를 믿고 따르는 자들은 자기 가문의 중조(中祖)가 되는 아브라함[亞富羅含]을 신뢰하며, 모세[摩西]의 율례와 '시조가 되는 조상[祖宗]'의 유전(遺傳)을 정중하게 지키는 민족들인데, 곧 이스라엘[以色列]의 12지파 사람들이다. 아울러 그 중에 특별한 교파가 있는데, 바로 '바리새[吔唎賽]' 교인이다. 이는 주(主) 강생(降生) 150년 전에 시작된 교파인데, 여호와[耶和華] 하나님[上主]께서 아브라함[亞富羅含]에게 약조하신 할례(割禮)를 반드시 행하며, 시내산[西乃山]에서 모세에게 내려주신 십계명(十誡命)을 수행하여 소유 중의

---

80) ＊'이슬람'이란 말은 아랍어 '복종한다' '헌신한다' '희생한다'는 말에서 유래했다.
81) ＊상제선지(上帝先知) : '하나님의 선지자'란 의미로 해석할 수 있다.

십일조를 하나님[上主]께 드리며, 일주일에 두 번씩 금식하며, 불의와 음란을 행하지 않는다고 한다. 또한 장로의 유전(遺傳)으로 정결예식[潔禮]을 지켜 집집마다 물 항아리[水缸]를 두고, 맑은 물을 채워놓아 그 손과 팔을 씻지 않으면 먹지도 않고, 시장에서 돌아와도 씻지 않으면 먹지 않으니, 이 종교도 '둘도 없는 오직 한 분[獨一無二]'이신 하나님[上主]의 신(神)을 받들어 섬긴다. 또한 상고(上古)의 모든 예언서[先知書]를 통독(通讀)하며, 하나님[上主]께서 허락하신 메시아[彌賽亞]가 강생(降生)하시기를 지금까지 희망하는 교인들이다. 이들은 천당과 지옥이 있음도 알며, 사람의 영혼이 영원히 존재하고 소멸되지 않는 것도 믿고, 부활(復活)도 믿는 자들이다. 그 신도들은 항상 말하기를, "하나님[上主]께서 아브라함과 모세와 모든 선지자들에게 허락하심을 보더라도, 우리 유대교가 제일 종교이다"라고 한다.

○ 천주교(天主教)와 【서로마교[西羅馬教]】, 희랍교(希臘教)와 【동로마교[東羅馬教]】, 종고교(宗古教)와 【런던교[倫敦教]】82) 예수교는 【장로(長老)·감리회(監理會)·조합회(組合會)·복음전도회(福音傳道會)】 동일한 교파로 구세주 '예수 그리스도[基督]'께서 '사람들을 대신하여 속죄하심'을 신앙한다. 또한 천지만물의 대주재(大主宰) 여호와[耶和華]를 숭배하니, 삼위일체의 '시작도 없고 끝도 없으신[無始無終]' 신(神)이시다. 원리의 '근본이 되는 중요한 뜻[宗旨]'을 논하면, 주(主)도 하나이시고 성령[聖神]도 하나이시며, 믿음도 하나요, 세례도 하나요, 소망도 하나인데, 교파[門戶]를 제각기 세워 서로 화합하지 않는 것은 실로 탄식할 일이다.

주후(主后)83) 4백여 년에 교회에서 주(主)를 위해 순교[致命]한 자의 절기를 지키며 기념회당도 세우고 순교자의 유골을 예배당 안에 안치하기도 했다.

---

82) * '영국 성공회[The Anglican Domain, 聖公會]'를 지칭하는 것으로 본다.
83) * '주후(主后)'는 '예수 그리스도의 탄생 이후'라는 뜻이다. 보통 주후(主後)라고 표기하지만, '후(后)'가 '뒤'라는 뜻도 있기에, '주후(主後)'와 같은 의미라고 본다.

6백여 년에 이르러 로마[羅馬]의 첫 번째 회독(會督)84)이 된 '그레고리[基禮古利]'85)는 덕이 높고 명망이 드러나며 뛰어난 재능을 발휘하여 교회를 세우고 전도했다. 그는 특히 '목회 규정[章程]'과 교회를 치리하는 규범[規箴]을 잘 정비하여 만들고, 미사[彌撒祭]의 예식을 잘 살피고 제정하여 창언(倡言)하기를, "신도의 영혼이 연옥(煉獄)86)을 반드시 거친 후에 천당에 들어간다"고 하며, "미사[彌撒祭]는 능히 연옥의 영혼을 속량[贖]한다"고 하였다.

그 후에 교회규범이 점점 변하여 교회의 성인(聖人)들을 중보(中保)로 섬기고, 12사도와 '마리아'의 형상을 교회당에 안치했는데, 동(東)·서(西) 교회의 회독(會督, 감독)의 의견이 같지 않았다. 아울러 그리스도[基督] 예수의 신성(神性)과 인격(人格)을 놓고 서로 다른 주장을 펼치면서 다투고 비난하다가 각기 다른 교파[黨派]로 갈라졌다. 그리하여 서로마교회[西敎]에서는 동로마교회

---

84) *여기서 '회독(會督)'은 '로마가톨릭교회'의 수장(首長)인 교황(敎皇)을 지칭한다.
85) *《만종일련》본문에는 '첫 번째 회독(會督, 교황)'이라고 되어 있으나, 가톨릭교회의 역사에 따르면 '교황 그레고리 1세'는 제64대 교황에 해당한다.
   ※그레고리오 1세(Gregorius I, 540?~604) : 제64대 교황(509~604). 교회학자. 로마의 귀족 가정 출신. 573년경 로마시장이 되었으나 아버지의 사후, 상속받은 재산을 수도원에 기부하고 베네딕도 수도회에 입회하여 수도자가 되었다. 이후 로마 수도원 원장(587년)을 거쳐 '펠라지오 2세(Pelagius II)'의 뒤를 이어 교황에 추대되었다(590년). 그는 즉위 후에도 전과 다름없이 수도자와 같은 단순한 생활을 계속하면서 '하느님의 종들 중의 종(Servus servorum Dei)'이라 칭했다. 또한 《사목지침서(Regula pastoralis)》를 써서 사목자의 덕목과 양심 성찰 방법을 제시했으며, '그레고리오 성가'도 제정했다. 그는 중세 교황권의 창시자로 평가된다. 저서에는 《이탈리아 교부들의 생활과 기적에 관한 대화집(Dialogus de vitaet miraculis patrum italicorum)》, 《복음서에 대한 설교집》, 《그레고리오 전례서》 등이 있다. "**그레고리오 1세[Gregorius I]**", 한국가톨릭대사전 편찬위원회, 《한국가톨릭대사전(1권)》(서울; 한국교회사연구소, 1995)
86) 연옥(煉獄) : [라] purgatorium, [영] purgatory. 가톨릭 교리에서 죽은 사람의 영혼이 살아있는 동안 지은 죄를 씻고 천국으로 가기 위해 일시적으로 머문다고 믿는 곳이다. 예수 그리스도 안에서 의롭게 된 사람들이 죽은 후에 하느님과의 영원한 일치를 충만히 누리는데 장애되는 온갖 흠들을 제거하기 위해 거쳐야 하는 정화 과정의 상태. 예전에는 '단련교회(鍛鍊敎會)', '단련지교회(鍛鍊之敎會)'라고 했으며, 연옥에 있는 영혼을 '연령(煉靈)'이라고 했다. "**연옥(煉獄)**", 한국가톨릭대사전 편찬위원회, 《한국가톨릭대사전(9권)》

[東敎]를 '분교(分敎)'라고 부르고, 1216년에 이르러 로마[羅馬] 주교[敎主]를 교왕(敎王)으로 특별히 세워, 예수 그리스도[基督]의 일을 대리하여 만국의 제왕(帝王)을 주관하고자 하였다.

그러다가 1500여 년에 '마르틴 루터[路得馬丁] 씨'87)가 교황의 '대사문빙(大赦文憑)'88)과 영혼을 초도(超度)89)한다는 가르침[說]을 반대하여 개신교[維新敎]를 개정(改定)했다. 이에 천주교에서는 예수교를 핍박하여 말하기를, "저들은 열교(裂敎)90)이다. 역적의 교(敎)에는 영혼을 구원하는 도리가 없다"고 하며, "우리 천주교는 원래 구교(舊敎)로 교황도 있으시고, 율례도 엄정하여 천하에 제일가는 종교이다"라고 하였다.

그리스정교회[希臘敎]나 종고교(宗古敎, 영국 성공회)나 예수교는 역시 자기의 신앙하는 교(敎)가 천하의 참 종교라고 하니, 성령[聖神]의 지혜와 총명이 아니면 각 교회의 '장단점과 높낮이[長短高下]'와 '오묘하고 심오한 이치[微奧玄理]'를 도저히 분변(分辨)하기 어렵다.

○ 그 밖에 페르시아[波斯國]의 조로아스터교[火敎]와, 인도국(印度國)의 태양교(太陽敎)는 원리가 제대로 드러나 있지 않고, 종지(宗旨)가 탁월하지 못하여

---

87) *《만종일련》의 본문에는 '로득마정(路得馬丁)'이라고 나온다. 여기서 '로득(路得)'은 '루터(Luther)' '마정(馬丁)'은 '마르틴(Martin)'의 한자음역으로 본다.
   ※마르틴 루터(Martin Luther, 1483~1546) ; 독일의 '종교개혁자'이자 신학자. 중부 독일의 '아이슬레벤'에서 태어났다. '아우구스티누스 수도회'에 들어가 사제가 되었고, '슈타우비츠'의 지도를 받아 신학박사가 되었으며, 이후 '비텐베르크 대학'의 '교수'가 되었다. 가톨릭교회의 '면벌부 판매'에 대하여 '95개조 논제'를 발표하면서 교황에 맞섰으며 이는 종교개혁의 발단이 되었다. 신약성경을 독일어로 번역하여 독일어 통일에 공헌했으며 새로운 교회 형성에 힘써 '루터파 교회'를 성립하였다. 주요저서에는 《그리스도인의 자유에 대하여》, 《로마서 강의》 등이 있다. **"마르틴 루터 (Martin Luther)"**, 한국사전연구사, 《종교학대사전》
88) * 대사문빙(大赦文憑) : 사면해 준다는 증빙문서, 곧 '면죄부(免罪符)'를 말한다.
89) 초도(楚度) : 죽은 사람의 영혼을 지옥의 고통에서 벗어나게 함을 이르는 말.
90) 열교(裂敎) : 천주교회(天主敎會) 쪽에서 개신교(改新敎)를 부르는 말. 천주교회에서 분열(分裂)되어 나간 교회(敎會)라는 뜻.

족히 '거론할 만한 논리[齒論]'라 할 것이 없다.

한편 오늘날 우리 한반도에 천도교(天道教)와 대종교(大宗教)와 단군교(檀君教)와 대종교(大倧教)와 시천교(侍天教)와 천리교(天理教)와 청림교(青林教)와 태을교(太乙教)와 제화교(濟化教)가 각각의 교단(門戶)을 따로 세우고 있다. 그리고 모두 말하기를 "우리 교(教)는 천하에 참 종교이다"라고 한다.

자사(子思)가 말하기를, "《시전》에 이르되, 모두가 다 내가 성인이라 말하는데, 누가 까마귀의 암수를 알겠는가!"91)라고 한 것은, 진실로 이를 두고 말한 격언이라 하겠다.

오늘날 종교를 언급하는 자가 수십 명이나 활동하며, '온갖 말로 떠들어대지만 종교의 중요한 뜻에는 철저히 미달하며, 말이나 문장이 조리가 있다거나 뜻이 두루 통한다거나'92) 하지 않는다. 따라서 '물고기 눈[魚目]의 구슬'93)과 무부(碔玞)94)의 옥(玉)을 분간할 수 없는 상황과 같다고 하겠다.

종교의 이치는 3대 관념이 있으니, 첫째는 유신론(有神論)의 관념이고, 둘째는 내세론(來世論)의 관념이며, 셋째는 신앙적 관념이다. 어떤 종교를 막론하고 이것에서 하나라도 모자라면 완전한 도리가 되지 못할 것이다.

이제 유교(儒教)로 그것을 논하고자 한다.

---

91) *원문 : "俱曰予聖이라하나니 誰知烏之雌雄고." 풀이하면 '모두가 다 내가 성인이라고 말하는데, 누가 까마귀의 암수를 알 것인가'이다. 출전(出典)은 《시전》·〈소아〉 '정월(正月)'이다. 김혁제 교열, 《詩傳》(서울; 명문당, 2000) 267 참조.
92) *《만종일련》의 원문 : "鳴以百舌이로되 宗教의 宗旨를 徹底未達ᄒ며 曲暢旁通치 못홈으로."
93) 어목혼주(魚目混珠) : 물고기의 눈알이 구슬에 뒤섞임. 물고기의 눈과 중국의 연산(燕山)에서 나는 돌은 구슬 같으면서도 아니라는 뜻에서, 가짜가 진짜를 어지럽힘을 비유함. 어목혼진(魚目混珍). 어목간주(魚目間珠)로도 쓴다.
94) 무부(碔玞) : 옥과 비슷한 돌.

제1장

유교(儒教) 도리(道理)의 요소

제1장

유교(儒敎) 도리(道理)의 요소

제1, 유세계도서(儒世界圖書)

○ 《주역(周易)》에서 말하기를, "태극(太極)이 양의(兩儀)95)를 낳고, 양의가 사상(四象)96)을 낳고 사상이 팔괘(八卦)97)를 낳았다"98)고 하였다.

이는 '하락도서(河洛圖書)'99)의 수(數)를 성인(聖人)이 모범으로 삼아 '하늘의 수[天數]' 스물다섯과 '땅의 수[地數]' 서른으로 건곤(乾坤)100)의 괘상(卦象)101)을

---

95) 양의(兩儀) : 양(陽)과 음(陰). 또는 하늘과 땅.
96) 사상(四象) : ① 일월성신(日月星辰)의 총칭. ② 음양(陰陽)의 네 가지 상징. 곧 태양(太陽), 소양(少陽), 태음(太陰), 소음(少陰). ③ 땅속의 물, 불, 흙, 돌.
97) 팔괘(八卦) : 중국 상고시대에 복희씨가 지었다는 8가지의 괘. 《주역》에서 세상의 모든 현상을 음양을 겹치어 8가지의 상으로 나타낸 ☰[건(乾)], ☱[태(兌)], ☲[이(離)], ☳[진(震)], ☴[손(巽)], ☵[감(坎)], ☶[간(艮)], ☷[곤(坤)]"을 말한다.
98) *《만종일련》의 원문은 "太極이生兩儀ᄒ고兩儀가生四象ᄒ고四象이生八卦라ᄒ니"이다. '주역'에 나오는 구절이다. 명문당 편찬, 《正本周易》·〈本義圖說〉(서울; 명문당, 2001) 3 참조.
99) *'하락도서(河洛圖書)'는 곧 '하도낙서(河圖洛書)'를 가리키는 것으로 본다.
※하도낙서(河圖洛書) : 고대 중국에서 서상(瑞祥)이나 수명(受命)의 심벌이 된 신비적인 다이아그램. 〈하도(河圖)〉와 〈낙서(洛書)〉는 본래는 별도의 것으로, 〈하도〉는 황하에서 출현한 용마의 등에, 〈낙서〉는 낙수에서 출현한 신귀(神龜)의 등에 각각 쓰여졌다고 한다. 《역》의 팔괘는 〈하도〉에서 나왔으며, 《서경》의 홍범(洪範)은 〈낙서〉가 기본이 되었다는 설이 오랫동안 믿어졌다. 그림에 든 것은 송대의 학자가 복원한 것으로, 주희가 이를 《주역본의》나 《역학계몽》에 도입한 후에 부동의 권위를 가지게 되었다. **"하도낙서(河圖洛書)"**, 한국사전연구사, 《종교학대사전》
100) 건곤(乾坤) : 주역(周易)의 두 가지 괘명(掛名). 건괘(乾卦)와 곤괘(坤卦). 하늘과

만들었으니, 태극(太極)102)은 무극(無極)103)에서 기원하였다. 태극이 움직여 양(陽)을 생성하고 움직임이 극(極)에 이르면 고요해지며, 태극이 고요하면 음(陰)을 생성하고 고요함이 극에 이르면 다시 움직여서, 한 번 움직이고 한 번 고요함이 서로에게 그 근원이 되니, 음으로 나뉘고 양으로 나뉘어져 음(陰)과 양(陽), 곧 양의(兩儀)가 세워진다. 양이 변하고 음이 합하여 오행(五行)이 생성되고, 오기(五氣)가 골고루 배포되어 네 계절이 운행한다. 오행은 하나의 음양이요, 음양은 하나의 태극이니, 태극은 본래 무극인 것이다. '이오(二五)', 곧 '음양[二]과 오행[五]'의 정묘(精妙)가 합해지고 응집되면서 건도(乾道)는 남성이 되고 곤도(坤道)는 여성이 된다. 음(陰)과 양(陽)이 서로 감응하여 만물을 변화 생성케 하고, '원(元)·형(亨)·이(利)·정(貞)'의 덕(德)은 '막힘없이 통하고 마땅히 견고하며[大通宜固]', '봄·여름·가을·겨울'의 이치는 '나서 자라고 거두어 저장하여[生長收藏]' 변화가 무궁하다.

그러므로 《주역》에서 말하기를, "크구나, 하늘[乾]의 큼이여[元]! 만물이 이를 바탕으로 비롯하니, 그리하여 하늘을 다스린다. 지극하구나, 땅[坤]의 큼이여[元]! 만물이 이를 바탕으로 생겨나니, 그리하여 순리대로 하늘의 작용을 이어 받는다"104)라고 하였다.

○ "천지만물 중에 오직 사람이 빼어남을 얻어서 가장 신령하고 지각(知覺)이 있으므로 오성(五性)105)이 감동하여 선악을 분별하게 되고 온갖 일들

땅. 양(陽)과 음(陰). 서북(西北)과 서남(西南).
101) 괘상(卦象) : 역괘(易卦)에서, 길흉을 나타내는 상(象).
102) 태극(太極) : 우주 만물이 생긴 근원이라고 보는 본체. 하늘과 땅이 아직 나뉘기 전의 세상만물의 원시(元始)의 상태. 역학(易學)에서 시작하여 송(宋)나라 때에 대성(大成)한 철학 사상임.
103) 무극(無極) : 끝이 없음. 동양철학에서 태극의 처음 상태를 일컫는 말.
104) *이는 《주역》의 '중천건'과 '중지곤'의 卦辭에 나오는 내용이다. 원문은 다음과 같다. "大哉 乾元 萬物資始乃通天. (중략) 至哉 坤元 萬物資生乃順承天." 해석은 다음을 참고하였다. 이기동 역해, 《周易講說 上》(서울; 성균관대학교출판부, 2002) 54, 81 참조. ; 김석진 저, 《대산주역강의 1》(서울: 한길사, 2004) 165, 220 참조.

이 나타나게 된다. 성인(聖人)이 치우침이 없이 곧고 올바르며[中正], 어질고 의로우며[仁義], 고요함[靜]을 위주로 하여 지극함을 세웠다. 그러므로 천지(天地)와 더불어 그 덕을 합치하며, 일월(日月)과 더불어 그 밝음을 합치하고, 귀신과 더불어 그 길흉을 합치시키니, 하늘의 도(道)를 세워 말하기를 음(陰)과 양(陽)이요, 땅의 도를 세워 말하기를 유(柔)와 강(剛)이요, 사람의 도(道)를 세워 말하기를 인(仁)과 의(義)이다"106) 라고 하였다.

○ 《서명(西銘)》에서 말하기를, "하늘[乾]은 아버지[父]라 칭하고 땅[坤]은 어머니[母]라 칭한다. 나는 매우 작은 존재로서 혼연히 그 가운데 자리하고 있다. 그러므로 천지 사이에 충만한 것[塞]은 나의 몸[其體]이며, 천지를 이끄는 원리[帥]는 나의 본성[性]이다. 모든 사람들[民]이 나의 동포요, 모든 사물이 나와 더불어 있으니, 이는 정자(程子)가 '이치[理]는 하나이지만 다양하게 나누어짐[分殊]'을 밝힌 것이다. 하늘[乾]을 아버지[父]로 삼고 땅[坤]을 어머니[母]로 삼는 것은, 생물이라면 모두 그렇지 않은 것이 없다. 이것이 이른바 이치[理]가 하나라는 것이다. 그러나 사람과 동물 등, 혈맥을 가진 생명체가 어버이를 어버이로 섬기고 자식을 자식으로 기르니, 그 분별됨이 어찌 서로 다르지 아니하겠는가! 비록 친하고 소원(疏遠)한 정(情)의 차이가 있고, 귀하고 천한 등차가 있으나, 무아(無我)의 공덕을 넓힘으로써 사사로움에 갇히지 않으며, 어버이를 섬기는 정성으로 하늘을 섬기는 길을 밝히면, 하늘과 사람이 마주하고 간여(干與)함에 있어서 만 가지로 다르면서도 또한 하나의 이치로 관통한다."107)

---

105) 오성(五性) : 사람의 다섯 가지 성정. 기쁨, 노함, 욕심(慾心), 두려움, 근심.
106) *이는 퇴계(退溪) 이황(李滉)의 〈성학십도(聖學十圖)〉에 나온 글을 '탁사'가 발췌하고 요약한 것으로 보인다. 장기근 역저, 《퇴계집》(서울; 명문당, 2003) 224-229. ; 이황 저, 윤사순 역주, 《退溪選集》(서울; 현암사, 1993) 310-315.
107) *이는 퇴계(退溪)의 〈성학십도〉에 나온 글을 '탁사'가 발췌하고 요약한 것이다. 장기근 역저, 《퇴계집》 229-234. ; 이황 저, 윤사순 역주, 《退溪選集》 316-323.

○ 〈계사(繫辭)〉에서 말하기를, "하늘이 높고 땅이 낮으니 건(乾)과 곤(坤)이 정해졌고, 낮은 것과 높은 것이 나열하니 귀한 것과 천한 것이 자리 잡는다. 건(乾)은 위대한 시작을 주관하고 곤(坤)은 만물을 완성시키니, 건(乾)은 쉬운 작용으로 주관하고 곤(坤)은 간편한 작용으로 완성한다"108)고 하였다.

〈홍범(洪範)〉109)에서 말하기를, "물[水]은 '윤택하고 아래로 내려감[潤下]'이며, 불[火]은 '불타고 올라감[炎上]'이며, 나무[木]는 '굽고 또 곧음[曲直]'이며, 쇠[金]는 그대로 '따르고 또 변함[從革]'이요, 흙[土]은 '심고 또 거두는 것[稼穡]'이다. 윤하(潤下)는 짠 것이 되고, 염상(炎上)은 쓴 것이 되며, 곡직(曲直)은 신 것이 되고, 종혁(從革)은 매운 것이 되고, 가색(稼穡)은 단 것이 된다"110)고 하였다.

이처럼 《주역》의 음양(陰陽)과 《서경》의 오행(五行)이 서로 살리고 도와서 만물이 생성하고 번식함의 근원이 된다. 그러므로 말하기를, "태극(太極)이 처음 판별되어 하늘과 땅[陰陽]이 비로소 나누어졌다"111) 하고, "하늘이 여러 백성을 내시니, 사물이 있음에 법이 있다"112)고 하였다.

그러므로 '덕이 높고 지혜가 밝은 임금[聖帝明王]'이 하늘을 본보기로 삼아 도를 행하여, 삼강(三綱)과 오상(五常)의 이치[理]와 인의예지(仁義禮智)의 성품[性]으로 '입교(立敎)와 명륜(明倫)과 경신(敬身)'113)을 가르치고, '명덕(明德)·신

---

108) * 명문당 편찬, 《正本周易》 353~355 참조.
109) 홍범(洪範) : 《서경(書經)》·〈주서(周書)〉의 편명. 중국 하(夏)나라 우(禹)임금이 홍수를 다스릴 때 하늘로부터 받은 낙서(洛書)를 보고 만들었다고 하는 홍범구주(洪範九疇)가 전함. '홍범'은 세상의 큰 규범이라는 뜻이며, 구주는 9개의 조항으로 곧 9조목의 큰 법, 또는 정치이념을 말함. **"홍범(洪範)"**, 한국고전용어사전 편찬위원회, 《한국고전용어사전(5권)》.
110) * 성백효 역주, 《書經集傳 下》(서울; 전통문화연구회, 2011) 56~58.
111) * 성백효 역주, 《童蒙先習·擊蒙要訣》(서울; 전통문화연구회, 2001) 34.
112) * 성백효 역주, 《詩經集傳 下》(서울; 전통문화연구회, 2002) 322.
113) * 이는 《소학(小學)》의 목차이다. '입교(立敎)'는 교육하는 방법과 내용이 수록되어 있고, '명륜(明倫)'은 오륜(五倫)을 통해 교육의 목적과 기본 방향을 설명하였으며, '경신(敬身)'은 몸과 마음을 단속하는 요체와 절차를 밝히고 있다.

민(新民)·지선(止善)'114)을 행하여, '뜻을 성실히 하고 마음을 바르게 가짐[誠意正心]'으로, 몸과 마음을 닦아 수양하고 집안을 가지런하게 하며 나라를 다스리고 천하를 평안하게 함[修齊治平]'115)에 이르게 된다. 이는 유가(儒家)에서 삼강오륜[倫常]의 이치와 만물의 근원을 창론(創論)한 것이다.

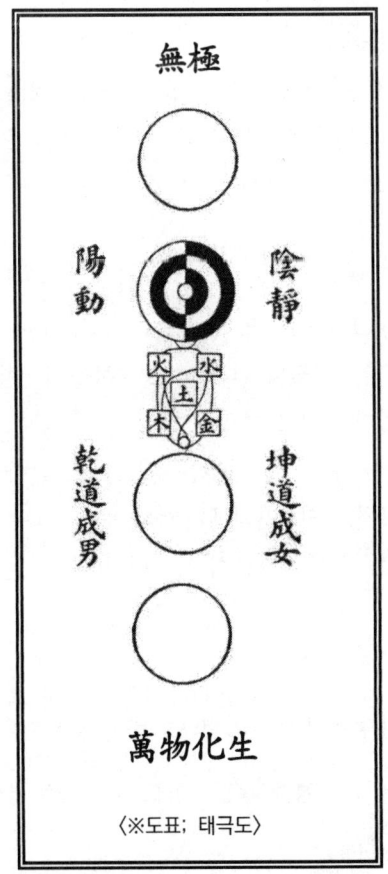

〈※도표; 태극도〉

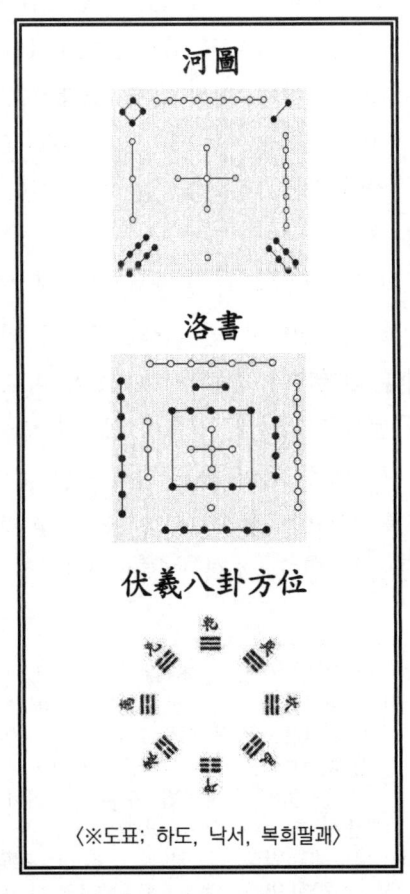

〈※도표; 하도, 낙서, 복희팔괘〉

---

114) *《대학(大學)》의 본문 첫 구절이다. "大學之道 明明德 在新民在止於至善", "대학의 도는 밝은 덕을 밝힘에 있으며, 만민을 새롭게 함에 있으며, 지극한 선에 머물도록 함에 있다." 김혁제 교열, 《大學集註》 9 참조.
115) *《大學》의 8조목 중 6가지를 소개학고 있다. 김혁제 교열, 《大學集註》 14-18.

제2. 유교조(儒敎祖)의 약사(略史)

1. 공자(孔子)의 탄생

선니씨(宣尼氏)의 이름은 구(丘)요, 자(字)는 중니(仲尼)이며, 그의 선조는 송(宋)나라 사람이다. 은(殷)나라 주(紂)116)임금의 서형(庶兄)인 미자개(微子啓)가 훗날 송나라의 제후로 봉(封)해졌는데, 그 후손인 정고보(正考甫)가 공보가(孔父嘉)117)를 낳아서 공(孔)으로 성씨를 삼았으며, 공보(孔父)라는 것은 그가 살았을 때에 하사받은 호(號)이다. 이후 3세대가 지나 방숙(防叔)에 이르러 난리를 피해 노(魯)나라로 도망하여 살게 됨으로써 노(魯)나라 사람이 되었다. 방숙이 백하(伯夏)를 낳았고, 백하는 숙량흘(叔梁紇)을 낳았는데, 숙량흘은 신장(身長)이 9척(尺)이었고, 그 힘을 당해낼 사람이 없었다. 다만 아들 없이 딸만 아홉 명을 두었으며, 그의 첩이 아들 맹피(孟皮)를 낳았으나 그 아이에게는 발병[足疾]이 있었다. 이에 숙량흘은 안씨(顏氏) 댁에 혼인을 청했는데 안씨에게는 딸 셋이 있었다. 안씨가 세 딸에게 물었다. "숙량흘은 성왕(聖王)의 후예이다. 비록 나이가 많지만 성품이 엄정함에는 의심할 것이 없다. 너희

---

116) 주왕(紂王) : 중국 은조(殷朝) 최후의 왕. 달기(妲己)를 사랑하여, 그녀의 말이라면 어떤 일이라도 들었으며 세금과 형벌을 무겁게 하여 백성들을 괴롭혔다. 제후들은 포악한 그를 비판하고 주나라의 무왕을 도와 은나라를 멸망시키고 그를 죽였다. 하(夏)나라의 마지막 군주인 걸(桀)과 함께 폭군의 전형으로 불린다. **"주왕(紂王)"**, 인명사전편찬위원회 편,《인명사전》(서울; 민중서관. 2002)
117) 공보가(孔父嘉) : 춘추시대 송나라 사람. 자는 공보(孔父)고, 이름이 가(嘉), 공자(孔子)의 6대조(祖)이다. 목공(穆公) 때 대사마(大司馬)가 되었는데, 목공이 죽자 목공의 유촉(遺囑)을 받아 상공(殤公)을 세웠다. 상공이 재위하는 10년 동안 11번이나 전쟁을 일으켜 백성들을 고통 속으로 몰아넣었다. 태재(太宰) 화보독(華父督)이 공보가를 살해하자, 공보가의 아들은 노(魯)나라로 달아났다. **"공보가(孔父嘉)"**, 임종욱 김해명,《중국역대인명사전》(서울; 이회문화사, 2010)

중에 누가 그에게 시집가겠느냐?"

이에 두 딸은 아무 대답이 없었는데 오직 징재(徵在)가 나서서 말하기를, "아버지의 뜻에 따르겠습니다"라고 하니, 그녀를 숙량흘에게 시집보냈다.

징재가 남편의 나이가 많고 아들이 없어 근심하는 것을 보고 니구산(尼丘山)에서 기도하고 임신하였다. 그 때가 주(周)나라 영왕(靈王) 31년 경술(庚戌)이요, 노(魯)나라 양공(襄公) 25년이요, 서양에서는 기원전 551년이요, 일본국의 완정천황(緩靜天皇) 31년이요, 기자조선(箕子朝鮮)의 수성왕(壽聖王) 10년이었다.

공자는 그 해 11월 27일 경자(庚子)에 주(周)나라 노국(魯國)의 창평향(昌平鄕) 추읍(陬邑)에서 태어났다.【곧 산동성(山東省) 연주부(兗州府) 곡부현(曲阜縣)】그리고 태어날 때 가슴에는 '제작하여 정하면 세상이 부합하리라'[118]는 글자가 있었다.

공자가 세 살이 되던 해에 부친인 숙량흘이 세상을 떠나 방원(防原)에 묻혔다. '공자는 어렸을 때에 제사그릇[俎豆]을 나열하고 예를 올렸다.'[119] '공자가 장성하니 허리둘레가 열 아름이나 되었고, 손을 내리면 무릎에 닿을 정도였으며, 강 같은 눈과 바다 같이 큰 입에다가 큰 입술에 얼굴은 빛이 났다. 일어서 있으면 봉황이 우뚝 선 듯하고 앉아 있으면 용이 웅크린 듯했다.'[120] '온화하고 겸손하며 공손하고 검소했으며, 위엄이 있으나 사납지

---

118) *《만종일련》의 원문에는 "제작정세부(制作定世符)"라고 되어 있다. 이는 《공자성적도(孔子聖蹟圖)》에 나온다. 김기주 외 역주, 《공자성적도(孔子聖蹟圖)》(서울; 예문서원, 2003) 28-29 참조.

119) *《만종일련》의 원문에는 "爲兒時에 陳俎豆設禮容이러니"라고 되어 있다. 이는 《논어집주》의 "서설(序說)"과 《공자성적도》에 나오는 내용이다. 성백효 역주, 《論語集註》(서울; 전통문화연구회, 2002) 11. ; 사마천 지음, 김기주 외 역주, 《공자세가·중니제자열전》(서울; 예문서원, 2003) 16-17. ; 김기주 외 역주, 《공자성적도》30-31.

120) *《만종일련》의 원문에는 "及長에 腰大十圍요 垂手過膝ᄒ며 河目海口와 斗脣蒼顔으로 立如鳳峙ᄒ고 坐如龍蹲이라"라고 되어 있다. 이는 《공자가어》·〈신간소왕사기(新刊素王事記)〉에 나온 내용을 요약 발췌한 것으로 본다. 허경진

않았으며, 겸손했으나 올바르고 철저하였다.'121) 그리하여 공자는 만세에 사표(師表)가 되었고 도덕이 천하에 뛰어났다.

2. 공자의 출세(出世)

  공자는 하늘이 내려준 훌륭한 성품을 타고나서 어릴 때부터 재능과 지혜가 뛰어났고 예의가 있었다. 15세에 학문에 뜻을 두었고, 19세에 송(宋)나라의 상관씨(上官氏)122)에게 장가들어 20세에 백어(伯魚)를 낳았다. '백어가 태어났을 때 노(魯)나라 소공(昭公)이 잉어[鯉]를 선물로 보냈는데, 공자가 군주의 선물을 영광스럽게 여겨 아들의 이름을 이(鯉)라고 지었다.'123) '그해에 계씨(季氏)집안의 창고관리직인 '위리(委吏)'가 되었는데, 저울질이 공평하고 정직했으며, 21세에 노(魯)나라의 '사직리(司樴吏)'가 되어 가축을 관리했는데 가축이 번성하였다.'124) 22세에 제자를 가르치기 시작했으며, 27세에 '주(周)나라에 가서 노자(老子)에게 예(禮)를 물었고, 장굉(萇宏)125)에게는 악(樂)에

외 번역, 《譯註 孔子家語(2)》(서울; 전통문화연구회, 2019) 195-196 참조.
121) *《만종일련》의 원문에는 "溫讓恭儉ᄒ며 威而不猛ᄒ고 讓而嚴厲ᄒ야"라고 되어 있다. 이는 《논어집주》·〈술이〉에 나온다. 성백효 역주, 《論語集註》 148.
122) *상관씨(上官氏) : 공자 부인의 이름은 책의 종류와 판본에 따라 표기가 상이한데, '丌官氏', '亓官氏', '幷官氏', '井官氏' 등으로 나온다. 허경진 외 번역, 《孔子家語 2》(서울; 전통문화연구회, 2019) 201 참조.
123) *이는 《공자가어》·〈본성해(本姓解)〉와 《공자성적도》에 나온다. 허경진 외 번역, 《譯註 孔子家語(2)》 89-90. ; 김기주 외 역주, 《공자성적도》 36-37.
124) *이는 《사기(史記)》·〈공자세가(孔子世家)〉와 《공자성적도(孔子聖蹟圖)》에 나오는 내용이다. 사마천 지음, 김기주 외 역주, 《공자세가 · 중니제자열전》 21. ; 사마천 지음, 김진연 편역, 《사기(史記) 2》(서울; 서해문집, 2007) 50. ; 김기주 외 역주, 《공자성적도》 34-35, 38-39 참조.
125) 장홍(萇弘, 미상~BC 492) : 춘추시대 주(周)나라 경왕(景王)과 경왕(敬王) 때 사람. 대부(大夫)를 지냈다. 장굉(萇宏)으로도 불리며, 자가 숙(叔)이라 장숙(萇叔)으

대해 물었으며, 명당(明堂)126)의 법칙을 깊이 연구했다.'127)

【제사(祭祀)에 있어서 명당(明堂)은 오제(五帝) 시대에, 적(赤)은 명당(明堂)이요, 황(黃)이 신두(神斗)요, 백(白)은 총장(總章)이요, 흑(黑)은 현당(玄堂)이며, 청(靑)은 청양(靑陽)이다. '주(周)나라에는 사학(四學)이 있었는데' 곧 북(北)에 우학(虞學), 동(東)에 하학(夏學), 서(西)에 은학(殷學), '중앙의 벽옹(辟雍)'128)이 곧 주(周)나라의 학(學)이다】

아울러 '종묘와 조정[廟朝]'의 법도를 살펴보고, '금으로 주조(鑄造)된 사람의 등에 새겨진 명문[金人背銘]'129)을 살펴본 후에 노(魯)나라로 돌아왔는데, 제자가 더욱 많아졌다.130)

29세에 악(樂)을 배우고 금(琴)을 연주했으며, 34세에 주(周)나라에 가서 풍속을 자세히 살펴보고 돌아왔다.

'공자가 35세 되던 해는 노(魯)나라 소공(昭公) 25년 갑신(甲申)인데, 소공이 제(齊)나라로 달아나서 노(魯)나라가 혼란했다. 이에 공자가 제(齊)나라로 가서 제(齊)나라 대부(大夫) 고소자(高昭子)의 가신이 되었고, 그를 통해 경공(景公)을 만나게 되었다. 경공이 공자에게 정치에 대하여 묻고 공자가 현명하게 조언하여 등용되는 듯했으나, 안영(晏嬰)131)이 이를 저지하여 끝내 기용되지

로도 불린다. 공자(孔子)가 일찍이 그에게 악(樂)을 배웠다. **"장홍(萇弘)"**, 임종욱 김해명, 《중국역대인명사전》

126) 명당(明堂) : 주(周)나라 때 왕자(王者)가 정치적 종교 의례를 행한 장소.《맹자》·〈양혜왕 하〉에 '왕자(王者)의 당(堂)'이라 되어 있다. 위는 둥글고 밑은 네모난 모양의 건축으로서,《주례(周禮)》"고공기(考工記)"에서는 '5실제(五室制)'를 말하고,《대대례기(大戴禮記)》에서는 9실제를 말하여, 어느 것이 정확한 것인지 알 수 없다. **"명당(明堂)"**, 김승동,《유교·중국사상사전》

127) *이는《공자가어》·〈관주(觀周)〉와《공자성적도》에 나오는 내용이다. 허경진 외 번역,《譯註 孔子家語(1)》176-178. ; 김기주 외 역주,《공자성적도》48-53.

128) *주(周)나라에서는 '거중남면(居中南面)'한 천자의 학을 '벽옹(辟雍)'이라 했다.

129) *허경진 외 번역,《孔子家語(2)》176~186 참조.

130) *이는《공자가어》·〈관주(觀周)〉와《공자성적도》에 나오는 내용이다. 허경진 외 번역,《譯註 孔子家語(1)》182-186. ; 김기주 외 역주,《공자성적도》54-55.

131) 안영(晏嬰) : 중국 춘추시대 제(齊)나라의 정치가로 이름[諱]는 영(嬰), 자(字)는 중(仲)이다. 시호(諡號)는 평(平)으로 보통 평중(平仲)이라고도 불리며, 안자(晏子)라고 존칭(尊稱)되기도 한다. 제(齊) 나라 영공(靈公)과 장공(莊公), 경공(景公) 3대에

못하였다.'132)

'42세에 제(齊)나라에서 노(魯)나라로 돌아왔는데, 그때에 계씨가 강포하여 참람하였고 그 가신(家臣) 양호(陽虎)가 난(亂)을 일으켜 정권을 독단했다. 이에 공자는 벼슬을 하지 않고 물러나《시전(詩傳)》과《서전(書傳)》을 편집하고 [刪削] 예(禮)와 악(樂)을 바르게 하였다.'133) 이에 제자가 더욱 많아졌다.

노(魯)나라 정공(定公) 9년은 공자가 51세 되던 해였다. '중도(中都)의 읍재(邑宰)134)가 되어 1년 만에 어른과 아이가 먹는 음식을 다르게 하고, 힘센 사람과 약한 사람이 할 일을 다르게 하고, 남녀가 다니는 길을 다르게 하고, 길에 물건이 떨어져 있어도 줍지 않게 하고, 그릇에 조각하거나 거짓된 모양을 만들지 못하게 하였다. 이에 사방에서 이를 본받으니, 마침내 사공(司空)135)이 되었고 나아가 대사구(大司寇)136)가 되었으며, 노(魯)나라가 차츰 안정이 되었다. 정공이 협곡(夾谷)에서 제(齊)나라 군주(경공)와 회합하여 제(齊)나라 사람들이 노나라를 침공해서 빼앗은 땅을 돌려주었다.'137)

'정공 14년에 재상의 일을 임시로 수행[攝行]할 때 국정에 참여하여 자문

걸쳐 몸소 검소하게 생활하며 나라를 바르게 이끌어 관중(管仲)과 더불어 훌륭한 재상(宰相)으로 후대(後代)에까지 존경을 받았다. 저서로는《안자춘추(晏子春秋)》가 있다. "**안영(晏嬰)**", 김승동,《유교·중국사상사전》

132) *이는《사기》·〈공자세가〉와《공자성적도》에 나오는 내용이다. 사마천 지음, 김기주 외 역주,《공자세가·중니제자열전》 29-33 참조. ; 사마천 지음, 김진연 편역,《사기(史記) 2》 53. ; 김기주 외 역주,《공자성적도》 68-69 참조.
133) *이는《사기》·〈공자세가〉와《공자성적도》에 나오는 내용이다. 사마천 지음, 김기주 외 역주,《공자세가·중니제자열전》 38-39. ; 사마천 지음, 김진연 편역,《사기(史記) 2》 55. ; 김기주 외 역주,《공자성적도》 70-71 참조.
134) 재(宰) : 읍장, 지방장관.
135) 사공(司空) : 중국(中國) 고대(古代)의 벼슬 이름. 삼공(三公)의 하나로, 토지(土地)와 민사(民事)를 맡아보았음.
136) 대사구(大司寇) : 형조판서(刑曹判書)를 예스럽게 이르는 말.
137) *이는《공자가어》·〈상노〉와《공자성적도》,《사기》·〈공자세가〉에 나오는 내용이다. 허경진 외 번역,《譯註 孔子家語 1》 39-56 참조. ; 김기주 외 역주,《공자성적도》 98-99, 104-105 참조. ; 사마천 지음, 김기주 외 역주,《공자세가·중니제자열전》 43-45 참조. ; 사마천 지음, 김진연 편역,《사기 2》 56-57.

했고, 조정의 정치에 참여한지 7일째 되는 날 정치를 어지럽힌 대부(大夫) 소정묘(少正卯)를 주벌(誅罰)하니, 3개월 만에 노(魯)나라가 크게 안정되었다.'138) 그 때는 공자가 55세 되던 해인데, '제(齊)나라 사람들이 이를 두려워하여 여악(女樂)139)을 보내 미혹하여 방해[沮戲]하려고 했다. 그런데 계환자(季桓子)140)가 어리석게도 이를 받아들였고, 더욱이 계환자는 교제(郊祭)에서 제사지낸 고기를 대부들에게 주지 않았다.'141) 이에 공자는 물러나 위(衛)나라로 가서 자로(子路)의 처형(妻兄)인 안탁추(顔濁鄒)의 집에 머물렀다.

'그 다음 해에 공자가 진(陳)나라로 가는 길에 광(匡) 땅을 지나게 되었는데, 그곳 사람들이 공자를 억류했다가 풀어주자 위(衛)나라로 돌아왔다.'142) '그 후 거백옥(蘧伯玉)의143) 집에 머물다가 57세에 위(衛)나라를 떠나 송(宋)나

---

138) *이는《공자가어》·〈시주(始誅)〉와《공자성적도》에 나온다. 허경진 외 번역,《譯註 孔子家語(1)》57-63. ; 김기주 외 역주,《공자성적도》98-99, 102-103.
139) 여악(女樂) : 여자 악대. 궁중에서 여기(女妓)들이 악기를 연주하고 노래부르며 춤추는 일. 여자들을 모아 놓고 하는 음악. 공자가 55세 때 노(魯)나라의 사구(司寇)로 재상의 실권도 겸해 정도(正道)로 정치를 하여 노나라가 날로 발전하자, 제(齊)나라에서 노나라 정공(定公)과 계환자(季桓子)가 좋아하는 여악대(女樂隊)를 공자와 그 둘 사이를 이간시키는데 성공했다. **"여악(女樂)"**, 전관수,《한시어사전》
140) *계손사(季孫斯)의 다른 이름이다.
※계손사(季孫斯) : 계환자(季桓子). 노(魯)나라 사람. 계손여의(季孫如意)의 아들. 부친을 이어 노나라의 대부(大夫)가 되었다. 제나라의 여악(女樂)을 받아들여 정공과 함께 구경하고 조례(朝禮)를 폐했다. 공자가 당시 대사구(大司寇)를 맡았는데, 이로 인해 노나라를 떠나 위(衛)나라로 갔다. **"계손사(季孫斯)"**, 임종욱 김해명,《중국역대인명사전》
141) *이는《공자가어》·〈자로초견(子路初見)〉과《공자성적도》와《사기》의 〈공자세가·중니제자열전〉에 나오는 내용이다. 허경진 외 번역,《譯註 孔子家語(1)》284-287 참조. ; 김기주 외 역주,《공자성적도》98-99, 112-113 참조. ; 사마천 지음, 김기주 외 역주,《공자세가·중니제자열전》51.
142) *이는《공자가어》·〈곤서(困誓)〉와《공자성적도》에 나온다. 허경진 외 번역,《譯註 孔子家語(1)》320-322. ; 김기주 외 역주,《공자성적도》98-99, 120-121.
143) 거백옥(蘧伯玉) : 위(衛)나라의 대부(大夫).《논어》·〈위령공편〉에 공자가 이르기를 "군자로다. 거백옥이여. 나라에 도가 있으면 벼슬하고, 나라에 도가 없으면 거두어 숨길 수 있다. [君子哉 蘧伯玉 邦有道則仕 邦無道則可卷而懷之]"라고 하면서 그의 덕을 칭송하였다. **"거백옥(蘧伯玉)"**, 한국고전용어사전 편찬위원회,《한국고전

라로 건너가 큰 나무 아래에서 예(禮)에 대하여 강론하였다. 그러자 사마(司馬)144) 환퇴(桓魋)가 공자를 죽이고자 하여 그 나무를 베어버렸다.'145) 이에 공자는 미복(微服) 차림으로 송(宋)나라를 떠나 진(陳)나라로 가서 사성정자(司城貞子)의 집에 머물다가 3년이 지나 위나라에 돌아왔는데, 영공(靈公)이 공자를 등용하지 않았다. 이에 공자는 또다시 진(陳)나라에 갔다가 채(蔡)나라 섭(葉) 땅에 이르렀다.

그의 나이 63세에 이르러 초(楚)나라 소왕(昭王)이 공자가 진(陳)나라와 채(蔡)나라 사이에 머물고 있음을 알고 사람을 보내 그를 청빙했는데, 진나라와 채나라가 이를 알고 모의하여 말하기를, "만일 공자가 초나라에 등용된다면 진나라와 채나라가 위태롭게 될 것이다" 하고, 마침내 들판에서 그를 포위하였다. 그 후 양식이 떨어진지 7일이 지나자 제자들이 굶주리고 병이 들었으나 공자는 거문고를 타며 노래를 불렀다. 그러자 자로(子路)가, "이런 상황에서 선생님[夫子]께서 노래하시는 것이 예(禮)에 맞습니까?"라고 묻자, 공자가 말하기를, "군자가 음악을 좋아하면 교만함[驕]이 없어지고 소인(小人)이 음악을 좋아하면 두려움[懾]이 없어진다"라고 했다. 그러자 자로가 기뻐하여 악기[戚]를 잡고 춤을 추었다. 그때에 초나라에서 '군사를 일으켜[興師]' 공자를 구출하고 그를 맞이하려 했으나, 자서(子西)가 끝내 저지하고 나섬으로 역시 등용되지 못했다. 이에 공자는 위(衛)나라로 돌아갔다.146)

노(魯)나라 애공(哀公) 11년 정사(丁巳)에 공자를 불러 노나라로 돌아가니, 그 때 공자의 나이 68세였다. '공자는 오히려 벼슬을 구하지 않고, 《서전(書傳)》과 《예기(禮記)》를 펴내고, 《시전(詩傳)》을 산정(刪定)하며, '악(樂)'을 바로잡

용어사전(1권)》; 성백효 역주, 《論語集註》(서울; 전통문화연구회, 2002) 309-310.
144) 사마(司馬) : 중국 주(周)나라 때 벼슬로, 육경(六卿)의 하나. 나라의 군정(軍政)을 맡아보았음.
145) *《공자성적도》와 《사기》의 〈공자세가·중니제자열전〉에 나온다. 김기주 외 역주, 《공자성적도》 130-131. ; 김기주 외 역주, 《공자세가·중니제자열전》 58.
146) *《공자가어》·〈곤서(困誓)〉와 《공자성적도》에 나온다. 허경진 외 번역, 《譯註 孔子家語(1)》 317-319. ; 김기주 외 역주, 《공자성적도》 148-149.

고, 《주역(周易)》을 편찬하였다.'147) 이에 제자가 3천명에 이르렀고, 몸소 육예(六藝)에 통달한 자가 72명이었다.

71세에 《춘추(春秋)》를 저술했는데, 공자가 서쪽으로 사냥을 나갔다가 기린[麟]을 잡았던 때이다.

【《가어(家語)》에서 말하기를, 숙손씨(叔孫氏)의 마부가, '자서상(子鉏商)이 넓은 들에서 땔나무를 하다가 기린을 잡아 다리를 부러뜨린 채 싣고 돌아왔다'고 숙손에게 고하니, 숙손이 상스럽지 못하다고 여겨 성곽 밖에 버려두고 사람을 시켜 공자에게 이 사실을 고하여 이르기를, '뿔 달린 기린이 있습니다'라고 하자, 공자가 가서 보고 눈물을 흘리며 이르기를 '네가 나올 때가 아닌데, 어찌하여 여기에 왔느냐?'라고 하였다.】148)

애공 16년 임술(壬戌) 4월 18일 기축(己丑)에 공자가 세상을 떠났는데, 그때 나이가 73세였다. 노나라 도성 북쪽 사수(泗水) 가에 장사(葬事)하였다.

3. 공자 찬시(贊諡)149)

자사(子思)가150) 말하였다. "중니(仲尼, 공자)는 요(堯)임금과 순(舜)임금의 말씀

---

147) *《공자성적도》에 나오는 내용이다. 김기주 외 역주, 《공자성적도》 174-175.
148) *《공자가어》·〈변물〉과 《공자성적도》에 나온다. 허경진 외 번역, 《譯註 孔子家語 1》 254-256. ; 김기주 외 역주, 《공자성적도》 208-209.
149) *찬시(贊諡) : '諡'는 '시(諡)'의 속자(俗字)이다. 따라서 '찬시(讚諡)'는 '시호(諡號)를 기리다'로 풀이할 수 있다. 이는 '공자의 죽음 이후 그를 찬양하고 기리는 글'이라는 의미라고 할 수 있다.
150) 자사(子思, 483-402) : 전국 시대 노(魯)나라 추읍(陬邑) 사람. 이름은 급(伋)이고, 자(字)는 '자사', 공자(孔子)의 손자이다. 사서(四書)의 하나인《중용(中庸)》의 저자로 알려져 있다. 전 생애를 고향인 노나라에 살면서 증자(曾子)의 학문을 배워 유학의 전승에 힘썼다. **"자사(子思)"**, 임종욱 김해명, 《중국역대인명사전》

을 근본으로 삼아 서술하며 그 뜻을 밝혔고, 문왕(文王)과 무왕(武王)을 법과 모범으로 삼았으며, 위로는 하늘의 때를 따르고 아래로는 자연[水土]을 그대로 따랐다. 비유하자면 하늘과 땅이 실어 주지 않음이 없고, 덮어주지 않음이 없는 것과 같으며, 사계절[四時]이 교대하여 운행함과 같고 해와 달이 교대하여 밝음과 같다."151)

재아(宰我)152)가 말하였다. "내가 스승님[夫子]을 관찰해 본 바로는 요임금이나 순임금보다 더 현명하시다."153)

유약(有若)154) 말하였다. "성인(聖人)이 같은 부류 중에서 빼어나며, 그 모인 무리들 중에서 뛰어났으나, 사람이 생겨난 이래로 공자보다 더 훌륭한 분은 계시지 않다."155)

자공(子貢)156)이 말하였다. "스승님[夫子]께서는 온순하고 어질고 공손하고 검소하고 겸양하여 이것을 얻으셨다."157)

안연(顔淵)158)이 한숨을 쉬며 크게 탄식하면서[喟然歎] 말하였다. "스승님의

---

151) *김혁제 교열, 《中庸》 121~122 참조.
152) 재아(宰我) : 재여(宰予)를 말함. 그는 춘추시대 공자의 제자 가운데 학행이 뛰어난 십철(十哲) 중 한 사람으로 자(字)는 재아(宰我)이다. **"재여(宰予)"**, 한국고전용어사전 편찬위원회, 《한국고전용어사전(4권)》
153) *김혁제 교열, 《孟子集註》 81 참조.
154) 유약(有若) : 춘추시대 말기 노(魯)나라 사람. 자는 자유(子有)고, 유자(有子)로 불린다. 공자보다 43살 연하다. **"유약(有若)"**, 임종욱 편, 《중국역대인명사전》
155) *김혁제 교열, 《孟子集註》 82 참조.
156) 자공(子貢) : 춘추시대 위(衛)나라 사람. 성은 단목(端木)이고, 이름은 사(賜)며, 자가 자공이다. 공문십철(孔門十哲)의 한 사람으로 재아(宰我)와 더불어 언어와 사령(辭令)에 뛰어났다고 한다. 이재가(理財家)로서도 알려져 많은 재산을 모았다. 공문(孔門)의 번영은 그의 경제적 원조에 힘입은 바가 컸다고 한다. **"자공(子貢)"**, 임종욱 김해명, 《중국역대인명사전》
157) *김혁제 교열, 《論語集註》(서울; 명문당, 2003) 16 참조.
158) *안회(顔回)의 자(字)이다.
※ 안회(顔回) : 춘추시대 노(魯)나라 사람. 자가 자연(子淵)이라 안연(顔淵)으로도 불린다. 공자가 가장 신임했던 제자로, 공자보다 30살 어렸지만 공자보다 먼저 죽었다. 학문과 덕이 높아서 공자도 그를 가리켜 학문을 좋아하는 사람이라고 칭찬했고, 또 가난한 생활을 이겨내고 도를 즐긴 점을 높이 샀다. **"안회(顔回)"**,

도(道)는 우러러볼수록 더욱 높고, 뚫을수록 더욱 견고하며, 바라봄에 앞에 있는 듯하더니, 홀연히 뒤에 계셨다."159)

자공이 말하였다. "중니(仲尼, 공자)께서는 해와 달과 같아서 넘을 수가 없다. 사람들이 비록 스스로 관계를 끊고자 하여도 어찌 해와 달에 해가 되겠는가?"160)

공자는 '배우기를 싫어하지 않았고 남을 가르치기를 게을리 하지 않았으며'161), 성현의 가르침을 이어받아 후손에게 전하였다. 이에 노나라 애공이 공자를 애도[誄]하며 말하기를, "니부(尼父)"162)라고 했다.

또한 한(漢)나라와 당(唐)나라 시대에는 '성선니공(成宣尼公)'이라, '문성니부(文聖尼父)'라 했다. 또 칭하기를 '선사니부(先師尼父)'라, '태사융도공(太師隆道公)'이라, '현성문선왕(玄聖文宣王)'이라고 했다. 또 말하기를 '목탁(木鐸)'이라, '일태극(一太極)'이라 했다.

원(元)나라 성종(成宗) 대덕(大德) 11년에 이르러 시호[諡]를 다시 고쳐 말하기를, '대성지성문선왕(大成至聖文宣王)'이라 하고, 명(明)나라 세종(世宗) 가정(嘉靖) 9년에 이르러 공자의 소상(塑像)163)을 고치고 수리할 때 위패[木主]를 만들고 칭하기를 '지성선사공씨지신위(至聖先師孔氏之神位)'라고 했다.

당나라의 왕발(王勃)은 공자[夫子]의 묘비(廟碑)를 지으며[撰] 말하였다. "자연의 조짐(兆朕)은 소왕(素王, 공자)164)이 천명(天命)의 증표를 받아서 열었고, 천지의 기운이 서로 합하여 왕성한 것은 현성(玄聖, 공자)165)께서 때에 맞는 계

임종욱 김해명,《중국역대인명사전》
159) *김혁제 교열,《論語集註》 171~172 참조.
160) *김혁제 교열,《論語集註》 401 참조.
161) *김혁제 교열,《孟子集註》 78 참조.
162) *《예기(禮記)》에 나오는 말이다. 원문과 풀이는 다음과 같다. "魯哀公誄孔子曰 哀哉**尼父** ; 노나라 애공이 공자의 조문弔文에 이르기를 '슬프다, **니부**여!'라고 했다." 이상옥 역저,《禮記 上》(서울: 명문당, 2014) 282-283 참조.
163) 소상(塑像) : 정제한 점토로 만든 형상.
164) 소왕(素王) : 왕위에 있지 않으면서 임금의 덕망이 있는 사람. 공자(孔子)를 말함.
"소왕(素王)" 한국고전용어사전위원회 편,《한국고전용어사전(3권)》

책을 헤아려 행한 것이다. 생황(笙簧)과 금석(金石)이 궐리(闕里)166)의 사당에 길게 걸려있고, '가시나무와 쑥[荊棘蓬蒿]'167)이 창평(昌平)168) 마을 어귀[閭]에 들어가지 못했다."

그가 또 말하였다. "하늘과 땅의 크고 바른 원기가 소왕(素王, 공자)이 살아있을 때 '금(金)으로 소리를 퍼뜨리고 옥(玉)으로 거두어서 집대성하였다.'169) 인(仁)을 도탑게 하고 의(義)를 널리 행함으로 하늘과 사람이 바로 서고, 어버이에게 효도하고 임금에게 충성함으로 나라가 평안해진다."

---

165) 현성(玄聖) : ① 가장 뛰어난 성인(聖人). ② 공자(孔子)의 존칭.
166) 궐리(闕里) : ① 중국 산동성(山東省) 서남부의 곡부현(曲阜縣)에 있는 공자(孔子)의 출생지로 그의 가묘(家廟), 사당(祠堂)인 궐리사(闕里祠) 등이 있음. 공자의 사당을 뜻하기도 함. ② 공자(孔子)를 의미함. **"궐리(闕里)"** 한국고전용어사전위원회 편, 《한국고전용어사전(1권)》.
167) *《만종일련》 원문에는 '고(蒿)'가 '菓'로 되어 있다. 이는 오기(誤記)로 보인다.
168) *공자의 고향인 창평향(昌平鄕)을 말한다. 지금의 산동성(山東省) 곡부(曲阜)의 남동쪽이다.
169) *《맹자》에 나오는 구절인데, 어순이 원문과 다르게 되어있다. 원문과 그 풀이는 다음과 같다. "孔子之謂集大成 集大成也者 金聲而玉振之也. 金聲也者 始條理也 玉振之也者 終條理也 始條理者 智之事也. 終條理者 聖之事也니라." "공자를 집대성(集大成)이라 이르니, 집대성은 (음악을 연주할 적에) '金으로 소리를 퍼뜨리고 玉으로 거두는 것이다.' 金으로 소리를 퍼뜨리는 것은 條理를 시작함이요 玉으로 거두는 것은 條理를 끝냄이니, 조리를 시작하는 것은 智의 일이요 조리를 끝내는 것은 聖의 일이다." 김혁제 교열, 《孟子集註》 262 참조. ; 성백효 역주, 《孟子集註》 411~412 참조.

제3. 유교(儒敎)의 도리(道理)

1. 천인(天人)의 관계(關係)

《시전(詩傳)》에서 말하기를, "하늘이 백성들을 낳으시고, 사물에 법칙이 있게 하셨다"170)하고, 또 "하늘의 명[天命]은 아름답기 그지없다"171) 하고, "하늘의 위엄을 두려워하며 문왕의 유업을 보전하리라"172)고 하며, "푸른 하늘이여, 푸른 하늘이여, 저 교만한 자를 보시고, 이 수고하는 사람들을 가엾게 여기소서"173)라고 하였다.

공자는 "하늘에 죄를 얻으면 빌 곳이 없다"174)고 하고, 또 말하기를 "하늘의 도(道)는 선한 자에게는 복을 내리고, 욕심이 넘치는 자에게는 재앙을 내린다.175) 선한 일을 하는 사람은 하늘이 그에게 복으로써 갚아주고, 선하지 않은 일을 하는 사람은 하늘이 그에게 재앙으로써 갚는다"176)고 하였다.

---

170) *원문 : "天生蒸民에 有物有則이라." 성백효 역주, 《詩經集傳 下》 322.
171) *원문 : "維天之命이 於穆不已라."《詩傳》·〈周頌〉·"淸廟"에 나온다. 김혁제 교열, 《詩傳》 484 참조.
172) *원문 : "畏天之威하여 于時保之라."《詩傳》·〈周頌〉·"淸廟"에 나온다. 김혁제 교열, 《詩傳》 488 참조.
173) *원문 : "蒼天蒼天아 視彼驕人하며 矜此勞人이라."《詩傳》·〈小雅〉·"小旻"에 나온다. 김혁제 교열, 《詩傳》·〈小雅〉·"小旻" 308.
174) *원문 : "獲罪於天이면 無所禱也니라."《논어》·〈팔일편〉에 나온다. 김혁제 교열, 《論語集註》 53 참조.
175) *원문 : "天道는 福善禍淫이라."《書傳》·〈商書〉·"湯誥"에 나온다. 성백효 역주, 《書經集傳 上》 286~287 참조.
176) *원문 : "爲善者는 天이 報之以福하고, 爲不善者는 天이 報之以禍라." 성백효 역주, 《明心寶鑑》(서울; 전통문화연구회, 2002) 11.

또 말하기를, "하늘이 선천적으로 덕을 나에게 부여해 주셨다.177) 하늘이 나를 버렸다178)"고 하고, "부귀는 하늘에 달렸다"179)고 했다. 또 말하기를, "하늘이 무슨 말을 하더냐? 사계절이 바뀌어 돌고, 만물이 살아서 자란다"180)고 하였다.

이는 상제(上帝)께서 선지자[先知]에게 진지하고 간곡하게 명령하심을 듣지 못한 것이다. 그러므로 '자공(子貢)'이 말하기를, "공자[夫子]의 말씀에 인간의 본성이나 천도(天道)에 대한 말씀은 좀처럼 들을 수 없는 것이다"181)라고 하였다.

맹자(孟子)가 말하기를, "하늘로부터 '복되고 영화로운 삶[祿]'을 받았다"182)고 하고, "하늘이 백성들[下民]을 내리시고, 그들에게 임금을 마련해 주시고, 또 그들에게 스승을 마련해 주셨다"183)고 하였다. 또 말하기를, "'하늘이 사물을 내시고, 그 근본은 하나로 하셨으니'184), '혈기(血氣)는 어버이를 근본으로 하고, 혈기가 없는 것은 하늘을 근본으로 한다'185)"고 하고, "큰 나라이면서도 작은 나라를 섬기는 자는 하늘의 뜻을 즐기는 사람이요, 작은 나라이면서도 큰 나라를 섬기는 자는 하늘의 뜻을 두려워하는 자이다"186)라고 하였다. 또 말하기를, "그 마음을 보존하고 그 본성을 기

---

177) * 원문 : "天生德於予라."《논어》·〈술이편〉. 김혁제 교열,《論語集註》 137 참조.
178) * 원문 : "天喪予라."《논어》·〈선진편〉. 김혁제 교열,《論語集註》 211 참조.
179) * 원문 : "富貴在天이라."《논어》·〈안연편〉. 김혁제 교열,《論語集註》 239 참조.
180) * 원문 : "天何言哉시리요 四時行焉하며 萬物이 育焉이라."《논어》·〈양화편〉에 나오는 말이다. 김혁제 교열,《論語集註》 367 참조.
181) * 원문 : "夫子之言 性與天道는 不可得而聞焉이라."《논어》·〈공야장편〉에 나오는 말이다. 김혁제 교열,《論語集註》 89 참조.
182) * 원문 : "受祿于天이어늘 保佑命之하시고 自天申之라 하니라."《중용》에 나오는 말이다. 김혁제 교열,《中庸》 55 참조.
183) * 원문 : "天降下民에 作之君 作之師라." 여기서 '하민(下民)'은 '서민(庶民)', 곧 일반 백성을 의미한다. 이에 '백성들'이라고 번역했다.《맹자》·〈양혜왕장구下〉에 나오는 구절이다. 김혁제 교열,《孟子集註》 39 참조.
184) * 원문 : "天之生物也 使之一本이어늘." 김혁제 교열,《孟子集註》 145 참조.
185) * 원문 : "夫血氣者는 本於親而요 無血氣者는 原本於天이라."

르는 것이 하늘을 섬기는 방법이 된다"187)고 하고, 또 "순(舜)임금은 밭에 나가시면 하늘을 향하여 소리 내어 우셨다"188)고 하였다.

《중용(中庸)》에서 말하기를, "하늘의 명(命)함을 일러 성(性)이라 한다"189)고 하며, 《서전(書傳)》에서 말하기를, "하늘이 보실 때는 우리 백성들을 통하여 보시고, 하늘이 들으실 때도 우리 백성들을 통하여 들으신다"190)고 했다.

또한 《주역(周易)》에 말하기를, "하늘의 도[天道]를 세우니 음(陰)과 양(陽)이요, 땅의 도[地道]를 세우니 부드러움[柔]과 강함[剛]이요, 사람의 도[人道]를 세우니 인(仁)과 의(義)이다"191)라고 했다.

'동중서(董仲舒)'192)의 책(策)에서 말하기를, "도(道)의 큰 근원이 하늘에서 나왔으니, 하늘이 불변이면 도(道) 역시 불변이다"193)라고 했다.

'주문공(朱文公)'194)이 말하기를, "오직 성인[聖]은 천성 그대로 하시는 분

---

186) *원문 : "以大事小者는 樂天者也요, 以小事大者는 畏天者也라."《맹자》·〈양혜왕장구 下〉에 나오는 말이다. 김혁제 교열, 《孟子集註》 38 참조.
187) *원문 : "存其心養其性은 所以事天이라."《맹자》·〈진심장구上〉에 나온다. 김혁제 교열, 《孟子集註》 341 참조.
188) *원문 : "舜이 往于田하사 號泣于旻天이라."《맹자》·〈만장장구上〉에 나온다. 김혁제 교열, 《孟子集註》 233 참조.
189) *원문 : "天命之謂性이라." 김혁제 교열, 《孟子集註》 2 참조.
190) *원문 : "天視自我民視 天聽自我民聽이라."《서경(書經)》·〈주서(周書)》·"태서(泰誓)"에 나온다. 성백효 역주, 《書經集傳 下》 23~24 참조.
191) *원문 : "立天之道하니 曰陰與陽이요, 立地之道하니 曰柔與剛이요, 立人之道하니 曰仁與義라." 이황 저, 윤사순 역주, 《退溪選集》 313~315 참조.
192) 동중서(董仲舒, B.C. 179~104) : 전한(前漢)의 춘추학자. 어려서 '춘추'를 공부하여 공양학(公羊學)에 정통했다. 그는 윤리설을 설명함에도 오행(五行)을 사용하여 인의예지신 오상(五常)과 삼강오륜의 '오륜'(五倫)을 제창하였다. 그는 유학을 존숭하고 제자백가의 파출(罷黜)을 주장하여 중국 학술사상의 신기원을 이루었다. **동중서(董仲舒)**, 김승동, 《유교·중국사상사전》
193) *이는 《한서(漢書)》·〈동중서 전(董仲舒 傳)〉에 나오는 내용이다. 원문은 다음과 같다. "道之大元이 出於天하니 天不變이면 道亦不變이라." 진기환 역, 《漢書(4)》(서울: 명문당, 2016) 400-402 참조.
194) 주문공(朱文公, 1130-1200) : 주자(朱子). 송나라의 유학자. 주희(朱熹). 송나라 휘주(徽州) 사람. 자는 원회(元晦) 또는 중회(仲晦)고, 호는 회암(晦庵), 운곡산인(雲谷山人) 등을 썼다. 존칭하여 주자(朱子)라 한다. 저서에는 《사서장구집주(四書

[性者]이다. 넓고 넓은 그 하늘이시다"195)라고 하며, "원(元)·형(亨)·이(利)·정(貞)은 천도(天道)의 떳떳함[常]이다"196)라고 하였다. 또 말하기를, "하늘은 푸르고 푸른 하늘이라 말하지 않고, 또한 '지극히 깊고 그윽한' 하늘이 아니다. 무극(無極)과 태극(太極)의 허황된 명성과 꿈틀거리며 움직이는[蠢然] 한 사물의 이기(理氣)가 아니요, 하늘에 계신 조권주(操權主)197)를 칭함이다"라고 하였다. 이는 유가(儒家)에서 하늘[上天]의 주재(主宰)를 '천(天)' 자(字)로 바꾸어 사용한 것이다.

《성경(聖經)》에서 말하기를, "태초에 하나님[上主]께서 천지를 창조하시다"198)라고 하였고, 구세주[救主] 예수께서 말씀하시기를, "하늘을 가리켜 맹세하지 말라. 하늘은 곧 하나님[上帝]의 보좌요, 땅을 가리켜 맹세하지 말라. 땅은 하나님[上帝]의 발등이다"199)라고 하셨다.

이는 천지는 집[家屋]에 비유하고 하나님[上帝]께서 집 주인이 되셔서, 집안의 모든 일을 관리하시는 것이 분명하다. 어찌 '집'을 가리켜 '주인 늙은이'라 칭할 수 있겠는가?

비록 그러하지만 '정명도(程明道)'200) 선생이 논하기를, "그 형체로 말하면 천(天)이라 하고, 그 주재(主宰)로 말하면 상제[帝]이다"201)라고 하였다. 또 말

　　章句集注)》,《자치통감강목(資治通鑑綱目)》,《초사집주(楚辭集注)》 등이 있다. **주희(朱熹)**, 임종욱 김해명,《중국역대인명사전》
195) *원문: "惟聖은 性者라 浩浩其天이라."《소학(小學)》의 "소학제사(小學題辭)"에 나오는 구절이다. 김성원 교열,《小學集註》(서울; 명문당, 2000) 7 참조. ; 성백효 역주,《小學集註》 18-19 참조.
196) *원문: "元亨利貞은 天道之常이라."《소학》의 "소학제사(小學題辭)"에 나오는 구절이다. 김성원 교열,《小學集註》 6 참조. ; 성백효 역주,《小學集註》 17 참조.
197) 조권주(操權主) : 권세를 잡고 다루는 분.
198) *《창세기》 1장 1절.
199) *《마태복음》 5장 34-35절.
200) 정명도(程明道, 1032-1085) : 중국 북송(北宋)의 성리학자. 낙양(하남성) 사람. 이름은 호(顥), 휘(諡)는 순공(純公), 명도는 그의 호. 아우 이천(伊川)과 함께 이정자(二程子)라고 일컬어진다. **정명도(程明道)**, 철학사전편찬위원회,《철학사전》
201) * '정명도'의《河南程氏遺書》에 이런 내용이 있다. "天者理也, 神者妙萬物而爲言者

하기를 "하늘에 상제(上帝)가 있는 것은 사람 몸의 심주(心主)와 같다"202)고 하였다. 한편 주문공(朱文公)은 논하기를, "사람은 하늘과 같고, 마음은 상제[帝]와 같다"고 했으니, 이는 유교[儒門]에서 천인(天人)의 관계됨을 엄격하게 밝힌 것이다. 따라서 이는 번잡하지 않은 췌론(贅論)203)이라 하겠다.

2. 상제(上帝)를 경외(敬畏)함

예로부터 '덕이 높고 지혜가 밝은 임금[聖帝明王]'과 '현명한 사람[賢士]'과 '이치에 밝은 사람[達士]'이 하늘[上天]의 주재(主宰)를 존경하지 않은 이가 없고, 봉사하지 않은 것이 없었다. 따라서 《상서(尙書)》204)에는 상제를 존칭(尊稱)한 것이 49곳이요, 《모시(毛詩)》205)에는 39곳이다. 지금 다 기술(記述)할 수 없으나 그 중 가장 요긴한 것을 개론하면 다음과 같다.

〈순전(舜典)〉206)에서는 "드디어 상제(上帝)께 유제사[類]를 지낸다"207)고 하였고, 〈탕서(湯誓)〉208)에서는 "나는 상제를 두려워하니, 감히 바로잡지 않을

也, 帝者以主宰事而名." 풀이하면 다음과 같다. "천(天)은 리(理)이다. 신(神)은 만물을 오묘하게 하는 것을 말한 것이며, 제(帝)는 일을 주재(主宰)하는 것에 대하여 이름을 붙인 것이다."《河南程氏遺書》(권11)·〈明道先生語〉(1) ; 장덕린 저, 박상리 외 역, 《정명도의 철학》(서울; 예문서원, 2004) 92에서 재인용.
202) *'정명도'의 《河南程氏遺書》에 다음과 같은 구절이 있다. "只心便是天, 盡之便知性, 知性便知天." 풀이는 다음과 같다. "심(心)이 곧 천(天)이므로, 그것을 다하면 곧 성(性)을 알게 되고, 성(性)을 알면 곧 천(天)을 안다."《河南程氏遺書》(권2上)·〈明道先生語〉(2上) ; 장덕린 저, 박상리 외 역, 《정명도의 철학》 126에서 재인용.
203) 췌론(贅論) : 쓸데없는 군더더기 같은 이론(理論). 췌언(贅言).
204) *상서(尙書) : 《서경(書經)》을 말함.
205) *모시(毛詩) : 《시경(詩經)》을 말함.
206) *《서경(書經)》의 〈순전(舜典)〉을 말한다.
207) *원문 : "肆類于上帝." 성백효 역주, 《書經集傳 上》 44 참조.
208) *《서경(書經)》의 〈탕서(湯誓)〉를 말한다.

수가 없다"209)고 하고, "감히 검은 황소를 제물로 써서 크신 상제께 밝게 고한다"210)고 하였다.

또한 〈탕고(湯誥)〉에서 말하기를, "위대한 상제께서 백성에게 바른 길을 내려 보이셨다. 잘 살펴서 상제의 마음에 들도록 행하리라"211) 하고, 또 말하기를, "상제는 일정하지 않아서, 선한 일을 하면 그에게 온갖 복을 내리시고, 선하지 않은 일을 하면, 그에게 온갖 재앙을 내리신다"212)고 하였다. 또 말하기를, "나 같은 소자(小子)는 이미 어진 사람을 얻어서 감히 상제를 공경하고 받들어, 어지러운 일을 못하게 한다"213)고 하였다.

《시전》에서 말하기를, "문왕께서는 삼가고 조심하시고, 상제를 밝게 섬겼다"214)고 하였다. 또 말하기를, "위대하신 상제는 누구를 미워하는가?"215) 하며, "위대하신 상제는 밝게 땅 위에 임하셨다"216)고 하였다. 또 말하기를, "위대하신 상제는 백성을 다스리는 임금이다"217) 하고, "상제가 버리시

---

209) * 원문 : "予畏上帝 不敢不正." 성백효 역주, 《書經集傳 上》 269 참조.
210) * 원문 : "敢用玄牡 敢昭告于皇皇后帝." 성백효 역주, 《書經集傳 上》 287-288 참조.
211) * 원문 : "維皇上帝降衷于下民이라. 惟簡이 在上帝之心이라." 한편 이 문장에서 '강충(降衷)'은 '선을 베풀다. 복을 내리다'의 뜻이고, '간(簡)'은 '잘 살피다'는 뜻으로 쓰였다. 김학주 역주, 《書經》(서울: 명문당, 2009) 174. ; 성백효 역주, 《書經集傳 下》(서울: 전통문화연구회, 2011) 285-286 참조.
212) * 원문 : "惟上帝不常하사 作善이면 降之百祥하시고 作不善이면 降之百殃이라."《서전(書傳)》·〈이훈(伊訓)〉에 나온다. 《서전》의 원문은 다음을 참고하라. 김학주 역주, 《書經》 181. ; 성백효 역주, 《書經集傳 上》 301-302 참조.
213) * 원문 : "予小子敢祇承上帝하여 以遏亂略이라."《書傳》·〈武成〉에 나온다. 《서전》의 원문은 다음을 참고하라. 김학주 역주, 《書經》, 277. ; 성백효 역주, 《書經集傳 下》 42-43 참조.
214) * 원문 : "惟此文王은 小心翼翼하여 昭事上帝하사."《詩傳》·〈大雅〉, "大明"에 나오는 말이다. 김학주 역주, 《詩經》(서울: 명문당, 2012) 698 참조.
215) * 원문 : "有皇上帝는 伊誰云憎고."《詩傳》·〈小雅〉, "正月"에 나오는 말이다. 김학주 역주, 《詩經》 544 참조.
216) * 원문 : "皇矣上帝가 臨下有赫이라."《詩傳》·〈大雅〉, "皇矣"에 나오는 말이다. 김학주 역주, 《詩經》 718 참조.
217) * 원문 : "蕩蕩上帝는 下民之辟이라."《詩傳》·〈蕩之什〉에 나오는 말이다. 김학주 역주, 《詩經》, 777 참조.

니 백성들 모두 고생이다"218)라고 하였다. 또 말하기를, "'상제가 너희와 함께 하시니, 너희들의 마음이 변치 말아라.'219) '문왕이 하늘과 땅을 오르내리며, 상제의 좌우에 계신다.'220) '밝으신 상제가 안락한 한 해를 마련해 주셨다.'221) '상제가 그곳 산을 살피시니,222) 상제가 훌륭하게 여기신다.223)' '하늘의 상제는 내게 백성을 남겨주지 않으려는 듯하네.'224) '상제가 명(命)을 새롭게 내리셔서, 그들이 주(周)나라에 복종하게 되었다'225)"라고 하였다.

공자가 말하기를, "은(殷)나라가 아직 민심을 잃지 않았을 때에는 능히 상제와 짝이 될 수 있었다"226)고 하고, 또 말하기를, "교사(郊社)227)의 예(禮)는 상제를 모시기 위함이다"228)라고 하였다. 이는 공자 당시에 제례가 '뒤섞여 혼란하고 참람함[混僭]'을 특별히 분별하여 말한 것이다.

맹자가 말하기를, "비록 추악한 사람이라 하더라도 재계(齋戒)하고 목욕하

---

218) *원문 : "上帝板板에 下民卒癉이라.'《詩傳》·〈大雅〉, "板"에 나오는 말이다. 김학주 역주, 《詩經》, 771 참조.
219) *원문 : "上帝臨汝시니 無貳爾心이라."《詩傳》·〈大雅〉, "대명"에 나오는 말이다. 김학주 역주, 《詩經》, 700 참조.
220) *원문 : "文王陟降이 在帝左右라."《詩傳》·〈大雅〉, "文王"에 나오는 말이다. 김학주 역주, 《詩經》, 692 참조.
221) *원문: "明昭上帝가 迄用康年이라."《詩傳》·〈頌〉, "臣工之什"에 나오는 말이다. 김학주 역주, 《詩經》, 863 참조.
222) *원문 : "帝省其山."《詩傳》·〈大雅〉, "皇矣"에 나오는 말이다. 김학주 역주,《詩經》, 718 참조.
223) *원문 : "昊天上帝이라."《詩傳》·〈頌〉, "執競"에 나오는 말이다. 김학주 역주,《詩經》, 860.
224) *원문 : "昊天上帝則不我遺라."《詩傳》·〈大雅〉, "雲漢"에 나오는 말이다. 김학주 역주, 《詩經》, 804 참조.
225) *원문 : "上帝旣命이라, 侯于周服이라."《詩傳》·〈大雅〉, "文王"에 나온다. 김학주 역주,《詩經》, 69 참조2.
226) *원문 : "殷之未喪師에 克配上帝라." 김혁제 교열, 《大學集註》63 참조.
227) 교사(郊社) : 郊는 제천(祭天), 곧 하늘에 지내는 제사를 말하고, 社는 제지(祭地), 곧 땅에 지내는 제사이다.
228) *원문 : "郊社之禮는 所以事上帝也라." 김혁제 교열, 《中庸》65 참조.

면 곧 상제께 제사지낼 수 있다"229)고 했다.

이에 '주자(朱子)'가 말하기를, "마음을 가라앉혀 가지고 있기를 마치 상제를 대하듯 하라"230)고 했다. 이는 상제의 인자하심이 악인이 '허물을 고치고 선행을 실천하면[改過遷善]' 그를 '기꺼이 받아들이심[嘉納]'을 알았던 것이다.

◉ 이를 논하자면, 유교[儒家]의 '현인과 성인[賢聖]' 중에서 상제를 경외하며 숭배하지 않은 이가 없다. 또한 유교[儒家]에서 경외하는 상제는 도교[道家]에서 숭배하는 옥황상제나 현천상제231)나 원시천존232)이 아니요, 천지를 관리하시는 조화의 주재(主宰)를 칭함이다. 따라서 예수교회[耶穌教會]의 '홀로 한 분이시고 둘이 아니시며[獨一無二]', 전지전능하신 여호와[耶和華] 하나님[上主]과 동일하시다.

우(虞)나라 순(舜)임금과 은(殷)나라 탕(湯)임금과 주(周)나라의 문왕(文王)과 무왕(武王)은 상주(上主)를 경외함이 유대[猶太]의 '다윗[大衛] 왕'과 '솔로몬[所羅門]'과 대체로 같고, 공자·맹자·정자(程子)·주자(朱子)는 유대[猶太]의 '선지자들'과 그리스[希臘]의 철학자와 동일한 이상(理想)이 많다.

다만 《시전[詩]》·《서전[書]》·《논어[論]》·《맹자[孟]》의 책을 연구하여 살펴보면, 사람과 신(神)의 관계와 제사를 숭상하고 경외함에 불과하고, 상주(上主)의 친애하신 '은혜 베푸심'과 '응답하여 허락하심'의 확고한 약속이 없으

---

229) *원문 : "雖有惡人이나 齋戒沐浴則可以祀上帝라."《孟子》·〈離婁章句 下〉에 나온다. 김혁제 교열,《孟子集註》220 참조.
230) *《심경부주(心經附註)》·〈주자(朱子) 경재잠(敬齋箴)〉에 나오는 말이다. 원문은 다음과 같다. "朱子敬齋箴 曰 正其衣冠 尊其瞻視 潛心以居 對越上帝." "주자(朱子)의 '경재잠'에 이르기를 의관을 바르게 하고 시선을 공손히 하여, 마음을 가라앉히고 거처하여 상제(上帝)를 대하라." 성백효 역주,《譯註 心經附註》(서울; 전통문화연구회, 2018) 368-370 참조. ; 이황 저, 윤사순 역주,《退溪選集》356-360 참조.
231) 현천상제(玄天上帝) : 도교에서 북극성(北極星)을 신격화한 것. **현천상제(玄天上帝)**, 김승동,《도교사상사전》(부산; 부산대학교출판부, 2009)
232) *'만종일련'의 원문에는 '元是天尊'으로 되어 있다. 이는 '원시천존(元始天尊)'의 오기(誤記)로 보인다. '원시천존'은 '도교에서 숭상하는 최고의 신'을 가리킨다.

며, 천국의 백성과 영생의 도리(道理)가 없다. 이는 우리 주 예수의 '대속구령(代贖救靈)'233)하신 도리(道理)를 알지도 못하고 듣지도 못함이다.

유교[儒家] 서적(書籍)의 '중심이 되는 가르침[宗旨]'에 유신적(有神的) 관념이 없다고 말하지는 못하지만, 자비(慈悲)의 은혜가 없고, 장래의 재앙[禍]과 복(福)은 선악을 따라 자손에게까지 미친다고 하였다.

3. 심성(心性)의 이론(異論)

유교[儒家]에서 심성의 이치를 연구하며 변론하는 '현인과 성인[賢聖]'이 많았는데, 공자와 맹자 이후 명(明)나라와 청(淸)나라에 이르러 '왕응교(汪應蛟)'234)의 '성제심궁지설(性帝心宮之說)'과 '정요전(程瑤田)'235) · '고염무(顧炎武)'236)의 '술성절성지설(述性節性之說)'이 있다.

우리나라에서는 퇴계와 율곡의 사칠지변(四七之辨)237)과 '호락(湖洛)의 동이

---

233) *대속구령(代贖救靈) : 예수 그리스도가 십자가에 매달려 죽음으로써 만민의 죄를 대신 속죄(贖罪)하여 영혼을 구원하였다는 뜻.
234) 왕응교(汪應蛟) : 명(明)나라 휘주(徽州) 사람. 애국심이 깊었으며, 분수에 넘치게 묘지를 구하는 황제의 유모 객씨(客氏)의 청을 들어주지 아니하여 황제의 미움을 받자 치사(致仕)했다. 저서로《문정집(文定集)》이 있다. "**왕응교(汪應蛟)**", 단국대학교출판부 편,《漢韓大辭典(8)》(서울; 단국대학교동양학연구소. 2006)
235) 정요전(程瑤田, 1725-1814) : 청(淸)나라 안휘(安徽) 사람. 호는 양당(讓堂) 또는 수장인(壽丈人) 등을 썼다. 그는 특히 명물(名物)과 훈고(訓詁)에 정통했고, 고증(考證)에 뛰어났다. "**정요전(程瑤田)**", 임종욱 외,《중국역대인명사전》
236) 고염무(顧炎武, 1613-1682) : 중국 청(淸)나라 고증학의 시조. 일찍부터 학문에 전념, 문명을 얻었으나 관직에 나가지 않고 학문을 연구했다. 그는 특히 실증(實證)과 실용(實用)을 중시하는 학풍을 건설하였다. 광범위하게 연구 논증하여《천하군국이병서(天下郡國利病書)》120권을 저술하였다. "**고염무(顧炎武)**", 인명사전편찬위원회 편,《인명사전》
237) 사칠지변(四七之辨) : 사단칠정론(四端七情論).

지설(同異之說)'238)로 당론(黨論)까지 일어났다. 그 고명(高明)한 '석의(釋義)와 박의(博議)'239)를 반복해서 낱낱이 말하기 어렵지만 그 개요를 간략하게 논하면 다음과 같다.

○ 공자[孔夫子]

〈서백감려(西伯戡黎)〉240)에서 말하기를, "그러므로 하늘이 우리를 버리셨으므로, 천성을 헤아리지 않게 되었다"241)고 했다.

【"주왕(紂王)이 스스로 하늘의 명(命)을 끊었으므로 하늘이 은(殷)나라를 버려서, 천성을 헤아리지 않게 하여 백성이 떳떳한 마음을 잃었다."242)】

---

238) 조선유학사에서 제천의 강문 8학사 중 '이간'은 인간이나 사물이 부여 받은 타고난 성품은 모두 이(理)로서 같다고 보는 인물성구동론(人物性俱同論)을 주장하고, '한원진'은 타고난 성품에는 기(氣)도 내포되어 있고, 기(氣)가 다른 존재는 성품도 다르다고 보아 인물성상이론(人物性相異論)을 주장했다. '이간'의 주장을 따르는 이들이 충청도 근방에 많이 살았기 때문에 '호론(湖論)'이라 하고(湖西, 충청도), '한원진'의 주장은 서울에 사는 낙론 계열이었으므로 '낙론(洛論)'이라고 부른다(낙하洛下, 즉 서울 부근). 이들의 논쟁은 집단적 논쟁 성격을 띠면서 조선조 말기까지 계속되었다. 자세한 내용은 다음을 참고하라. 문석윤,《호락논쟁 형성과 전개》(서울: 동과서, 2006) 15. ; 금장태,《유교사상과 종교문화》(서울: 서울대학교 출판부, 1997) 59.
 * 한편 '탁사'는 호락논쟁에서 인성과 물성의 차이를 주장하는 호론(湖論)의 입장에 서 있었다. 최병헌 저, 차옥승 편,〈宗敎辨證說(종교변증설)〉,《한국종교사 자료집 대계-기독교 사료집(권1)》(서울: 한국종교사회연구소, 1993) 316-317. ; 오세종,〈최병헌 목사의 한시에 대한 일고〉, 아펜젤러·최병헌 목사 탄생 150주년 기념 사업위원회 편,《탁사 최병헌 목사의 생애와 신학》(서울: 정동삼문출판사, 2008) 577.
239) * '석의(釋義)'는 '글의 뜻을 풀이함'을, '박의(博議)'는 '널리 의논함'을 뜻한다.
240) * '서백감려(西伯戡黎)'는《서전(書傳)》의 '편명(篇名)'이다.
241) * 원문 : "故天棄我는 不虞天性이라."《서전(書傳)》·〈서백감려〉에 나온다. 김학주 역,《書經》, 245. ; 성백효 역주,《書經集傳 上》392-393 참조.
242) *《만종일련》의 원문에는 "紂自好絶於天故天棄殷, 處度也 民失常心"라고 되어 있으나, 원문 가운데 '處度也'는 오기(誤記)로 보인다.《서경(書經)》의 해당 본문은 "紂

그리고 〈악기(樂記)〉243)에는 "'사람의 마음이 고요한 것은 하늘로부터 받은 본래의 성품이요, 사물에 의해 느껴서 움직이는 것은 성품의 욕망이니,'244) '슬픔[哀]·즐거움[樂]·기쁨[喜]·성냄[怒]·공경[敬]·사랑[愛], 이 여섯 가지는 성(性)이 아니다'245)"라고 하였다.

《주역》의 〈단(彖)〉246)에는 "건도(乾道)가 변화하여 각기 '사람의 천성과 천명[性命]'을 바르게 한다"247)고 하였고, 〈계사(繫辭)〉248)에는 "'한 번 음(陰)하고 한 번 양(陽)하는 것을 도(道)'249)라고 하니, '성품을 이루고 성품을 보존함'250)이 도의(道義)의 문(門)이다"라고 하였다.

공자가 말하기를, "'인간의 본성은 서로 비슷하지만, 배우고 익힘에 따라 서로 달라지고 멀어진다.'251) '태어나면서부터 스스로 아는 사람은 으뜸 지혜이고, 배워서 아는 사람은 다음이요, 막힐 때 애써 배우는 사람은 그 다음이요, 막혀도 배우지 않는 사람은 너무 어리석어서 변하지 않는다.'252)"고 하였다.

이는 한문공(韓文公)253)이 성삼품설(性三品說)을 논한 것과 그 대략이 같다.

自好絶於天故天棄殷, (중략) 不虞天性 民失常心"로 되어 있다. 여기서는 《書經》 본문을 참조하여 번역했다. 성백효 역주, 《書經集傳 上》 393 참조.
243) * '악기(樂記)'는 《예기(禮記)》의 편명이다.
244) * 원문 : "人生而靜은 天之性也요, 感物而動은 性之欲也니."《禮記》·〈樂記〉에 나오는 구절이다. 이상옥 역저, 《예기(禮記) 中》(서울; 명문당, 2014) 973 참조. ; 지재희 해역, 《예기(禮記), 中》(서울: 자유문고, 2000) 306 참조.
245) * 원문 : "哀樂喜怒敬愛六者는 非性也라." 이상옥 역저, 《예기(禮記) 中》 990 참조.
246) 단전(彖傳) : 〈단전〉은 〈괘사(卦辭)〉 주석인 '효사(爻辭)'에 대한 해설이다.
247) * 명문당 편찬, 《正本周易》·〈上經〉·"乾", 5 참조.
248) *《주역(周易)》·〈계사편(繫辭篇)〉.
249) * 김석진, 《대산주역강의(3)》(서울: 한길사, 1999) 54 참조.
250) * 원문 : "成性存性." 명문당 편찬, 《正本周易》·〈繫辭上〉·"右第七章", 366.
251) * 원문 : "性相近也나 習相遠也니라."《논어》·〈양화편〉에 나온다. 장기근 역저, 《논어》(서울: 명문당, 2002) 546. ; 김혁제 교열, 《論語集註》 354.
252) * 원문 : "生而知之者는 上智요, 學而知之者는 次也요, 困而學者는 其次也요, 困而不學者는 下愚不移라."《논어》·〈계씨편〉에 나온다. 장기근 역저, 《논어》 537. ; 김혁제 교열, 《論語集註》 347 참조.

그 설(說)에서 말하기를, "성(性)이란 출생[生]과 더불어 생겨난 것이고, 정(情)이란 사물[物]과 접촉하여 생겨난 것이다. 성(性)의 품격[品]에는 3가지가 있으니, 그 상(上)은 선(善)할 따름인 것이요, 그 중(中)은 상하(上下)의 사람을 인도할 수가 있고, 그 하(下)는 악(惡)할 뿐이다. '인(仁)·의(義)·예(禮)·지(智)·신(信)'은 다섯 가지 성(性)이라 말하고, '희(喜)·노(怒)·애(哀)·구(懼)·애(愛)·오(惡)·욕(欲)'은 일곱 가지 정(情)이라고 말한다"254)라고 하였다.

◉ 이상에서 논한 바를 살펴보자면, 〈악기(樂記)〉와 《희경(羲經)》255)의 말은 《중용》에서 "하늘이 명(命)하신 것을 성(性)이라 이르고, 성(性)을 따르는 것이 도(道)이다"256)라고 함과 같지만, '불이(不移)'257) 두 글자는 성(性)이 가깝다는 의미로 서로 모순되는 것이니, '불이(不移)의 성(性)은 가장 어리석은 자를 따르지 않는 것이다.'258) 나면서부터 터득한 자도 역시 불이자(不移者)니, 상지(上智)와 하우(下愚)를 어찌 밝게 판단하겠는가! 반드시 관습(慣習)으로

---

253) 한문공(韓文公, 768-824) : 중국 당나라 때의 정치가이며 사상가, 시인이며 문장가로 활약한 한유(韓愈)의 이칭(異稱). 당송팔대가(唐宋八大家)의 제1인자로 그의 최대 업적은 산문 문체의 개혁이었다. 사상으로서는 유교 중심주의를 강조하여 불교·도교를 맹렬히 공격하였고, 도통(道統)을 중히 여겨 문자의 해석보다 사상에 중심을 두었다. **"한유(韓愈)"**, 인명사전편찬위원회 편, 《인명사전》
254) *'한유(韓愈)'의 글 중에 〈원성(原性)〉에 나오는 내용이다. 정태현 역주, 《譯註 唐宋八大家文鈔 韓愈 (2)》(서울; 전통문화연구회, 2017) 191-193 참조.
255) 희경(羲經) : 《주역(周易)》의 별칭. 복희씨(伏羲氏)가 처음으로 팔괘(八卦)를 만들었다고 하는데서 유래함. **"희경(羲經)"**, 전관수, 《한시어사전》
256) *원문 : "天命之謂性 率性之謂道." 김혁제 교열, 《中庸》2. ; 성백효 역주, 《大學·中庸 集註》(서울; 전통문화연구회, 2011) 81-82 참조.
257) *불이(不移) : '옮기지 않는다.' 또는 '변하지 않는다'는 뜻으로 해석할 수 있다. 이는 〈논어〉·〈양화편(陽貨篇)〉의 "子曰 唯上知與下愚不移"에서 온 것으로 보인다. 뜻을 새기면 "공자가 이르되, 오직 가장 지혜로운 사람과 가장 어리석은 사람만이 자신의 생각을 다른 데로 옮기지 않는다"가 된다. 이 말의 뜻은 '자신의 지혜에 자신이 있는 지혜로운 사람도 자신의 생각을 고집하지만 어리석은 사람도 고집이 세다'는 것이다. 저자인 '탁사'는 여기서 바로 이 구절을 바탕으로 자신의 주장을 전개하고 있다고 본다. 김혁제 교열, 《論語集註》355 참조.
258) *《만종일련》의 원문에는 "非徒下愚(비도하우)"라 되어 있다.

좇아 가히 볼 수 있을 것이다. 그러므로 지혜[智]와 어리석음[愚]의 분별이 관습에 연계(連繫)되고 성(性)에 연계되지 않음을 알 수 있다. 그런데 어찌하여 "성(性)이 서로 같지 않다"고 말하는가?

그러므로 자사자(子思子)가 말하기를, "부부의 어리석음으로도 가히 참예(參詣)할 수 있고, 부부의 불초(不肖)함으로도 능히 행할 수 있다"259)고 하였다. 또한 자공(子貢)이 말하기를, "공자의 말씀에 인간의 본성이나 천도에 대한 말을 좀처럼 들을 수가 없다"260) 하였으니, 공자가 말씀하지 않은 것을 맹자가 추후에 엄히 밝힌 것이라 하겠다.

《중용》에서 말하기를, "오직 천하에서 가장 성실한 성인이라야 천명으로 주어진 본성의 천리(天理)를 다할 수 있으니, 본성의 천리를 다한즉 능히 인간 본성의 도리를 다 할 수 있고, 인간 본성의 도리를 다한즉 사물의 도리를 알고 처리할 수 있다"261)고 하였다.

○ **맹자**(孟子), **자사**(子思), **고자**(告子), **순자**(荀子)

맹자는 '성선설[性善]'을 주장했는데, 말할 때마다 반드시 요임금과 순임금을 언급하였다.262) 맹자가 일찍이 말하기를, "요임금과 순임금은 본성(本性)에 따라 인의(仁義)를 행하였고, 탕왕과 무왕은 몸의 수양을 통하여 인의(仁

---

259) * 원문 : "夫婦之愚로도 可以與知焉이며 夫婦之不肖로도 可以能行이라." 김혁제 교열, 《中庸》 32 참조. ; 성백효 역주, 《大學·中庸 集註》 96-97 참조.
260) * 원문 : "夫子之言 性與天道는 不可得而聞也니라." 《論語》·〈公冶長篇〉에 나온다. 장기근 역저, 《論語》 227 참조. ; 김혁제 교열, 《論語集註》 89 참조.
261) * 원문 : "惟天下至誠이요, 爲能盡其性이니, 能盡其性則能盡人之性이오. 能盡人之性則能盡物之性이라." 장기근 역저, 《中庸章句》(서울: 명문당, 2008) 333. ; 김혁제 교열, 《中庸》 92.
262) * 《맹자》·〈등문공장구 上〉에 나오는 구절이다. 김학주 역주, 《孟子》(서울: 명문당, 2002) 181.

義)를 행하였고, 5패(五覇)의 제후(諸侯)들은 인의(仁義)를 빌려 행하였다"263)고 했다. 또 말하기를, "그 마음을 다하는 자는 그 본성을 아는 것이요, 그 본성을 알면 곧 하늘에 대해서도 알게 된다. 그 마음을 보존하고 그 본성을 기르는 것은 하늘을 섬기는 방법이 되고, 자신을 수양하며 천명을 기다리는 것이 천명을 받드는 길이다"264)라고 하였다.

이는 자사자의 논의와 대략 같아서, "성(誠)으로 말미암아 밝아짐을 성(性)이라 말한다"265)고 했다. 또 말하기를, "의지[志]는 기(氣)의 장수(將帥)요, 기(氣)는 몸에 충만한 것이다. 의지[志]가 최고요 기(氣)가 그 다음이니, 그러므로 그 의지[志]를 잘 잡아서 그 기(氣)를 포악하게 하지 말라. 나는 나의 호연지기(浩然之氣)를 잘 기른다"266)고 했다. 또 말하기를, "인(仁)이란 사람의 마음이요, 의(義)란 사람의 길이다. 그런데 그 길을 버리고도 연유를 모르고, 그 마음을 놓아버리고도 찾을 줄 모르니 슬픈 일이다"267)라고 했다. 또한 "대인(大人)이란 어린아이의 마음을 잃지 않는 사람이다"268)라고 했다. 또 말하기를, "군자의 성(性)하는 바는, 인의예지(仁義禮智)가 마음에 근거하고 있는 것이다. 따라서 측은지심(惻隱之心)과 수오지심(羞惡之心)과 사양지심(辭讓之心)과 시비지심(是非之心)이 없는 자는 사람도 아니다. 그러므로 '인·의·예·지(仁·義·禮·智)'의 4단(四端)이 있다"고 하였다.

---

263) * 원문: "堯舜은 性之也요, 湯武는 身之也요, 五覇는 假之也라." 《맹자》·〈진심장구上〉에 나온다. 김학주 역주, 《孟子》447.
264) * 원문 : "盡其心者는 知其性也요, 知其性則知天矣라. 存其心養其性은 所以事天也요, 脩身以俟之는 所以立命也라." 《맹자》·〈진심장구上〉에 나오는 구절이다. 김학주 역주, 《孟子》423.
265) * 원문: "自誠明謂之性." 《中庸》21장에 나오는 구절이다. 김혁재 교열, 《中庸》(서울: 명문당, 2001) 90.
266) * 원문 : "志氣之帥也 氣體之充也, 志至則氣次焉. 故 曰 持其志하여 無暴其氣라. … 我善養吾浩然之氣라." 《맹자》·〈공손추장구上〉에 나온다. 김학주 역주, 《孟子》124.
267) * 원문 : "仁은 人心也요, 義는 人路也라. 舍其路而弗由하고, 放其心而不知求하니 哀哉라." 《맹자》·〈고자장구上〉에 나온다. 김학주 역주, 《맹자》381.
268) * 원문 : "大人者 不失其赤子之心者라." 《맹자》·〈이루장구下〉에 나온다. 김학주 역주, 《孟子》278.

'고자(告子)'269)는 논하기를, "본성[性]은 버드나무[杞柳]270)와 같고, 의(義)는 버들 소쿠리[桮棬]271)와 같으니, 사람의 본성으로 인의(仁義)를 행함은 버드나무[杞柳]를 가지고 버들 소쿠리[桮棬]를 만드는 것과 같다"272)고 하였다. 또 말하기를, "본성[性]은 여울물과 같으니, 동쪽으로 터놓으면 동쪽으로 흐르고 서쪽으로 터놓으면 서쪽으로 흐른다. 그러므로 인성(人性)이 선하고 선하지 않음에 구분이 없는 것은 마치 물이 동서(東西)에 분별이 없는 것과 같은 것이다"273)라고 하였다. 또 말하기를, "생(生)의 본능을 성(性)이라 한다. 식(食)과 색(色)이 성(性)이다"274)라고 했다. 또 말하기를, "인(仁)은 내면에 있고, 의(義)는 외면에 있다"라고 했다.275)

맹자가 그 설(說)을 논박하여 말하기를, "그대가 버드나무[杞柳]의 성질을 해친 뒤에야 버들 소쿠리[桮棬]를 만든다면, 이는 또한 사람을 해쳐서 인의(仁義)를 한다는 말인가? 천하 사람을 몰아서 인의(仁義)를 해치게 할 것은 반드시 그대의 이 말일 것이다"276)라고 했다. 또 말하기를, "물이 진실로

---

269) 고자(告子) : '고'는 성이고, 이름은 불해(不害). 유가와 묵가의 사상을 겸하여 공부했으며, 맹자와 토론하는 인물로 등장하지만 맹자의 제자는 아닌 것으로 보인다.
270) 기유(杞柳) : 버드나무, 곧 그릇을 만드는 가늘고 부드러운 버들가지. *여기서 '기(杞)'는 '고리버들, 냇버들'을 지칭한다. "기(杞)", 단국대학교출판부 편, 《漢韓大辭典(6)》(서울; 단국대학교동양학연구소. 2003)
271) 배권(桮棬) : 버들가지를 굽히고 엮어서 만든 나무그릇.
272) *원문 : "性은 猶杞柳也요, 義는 猶桮棬也니, 以人之性으로 爲仁義가 杞柳로 桮棬이니라." 《맹자》·〈고자장구 上〉에 나온다. 김학주 역주, 《孟子》 361-363. ; 성백효 역주, 《孟子集註》 444-445 참조.
273) *원문 : "性은 猶湍水也, 決諸東方則東流하고 決諸西方西流하나니, 人性之無分於善不善이 猶水之無分於東西라." 《맹자》·〈고자장구上〉에 나온다. 성백효 역주, 《孟子集註》 446-447 참조. ; 김학주 역주, 《孟子》 362.
274) *원문 : "生之謂性이라. 食色이 爲性이라." 《맹자》·〈고자장구 上〉에 나온다. 김학주 역주, 《孟子》, 361-362 참조. ; 성백효 역주, 《孟子集註》 446-447 참조.
275) *원문 : '仁內義外'. 《맹자》·〈고자장구 上〉에 나온다. 김학주 역주, 《孟子》 363. ; 성백효 역주, 《孟子集註》 448 참조.
276) *《맹자》·〈고자장구 上〉에 나온다. 김학주 역주, 《孟子》 361. ; 성백효 역주, 《孟

동(東)과 서(西)에 분별이 없거니와, 어찌 상하(上下)에도 분별이 없단 말인가? 인성(人性)의 선함은 물이 아래로 흘러내려가는 것과 같다"277)고 했다.

맹자가 "생(生)의 본능을 성(性)이라고 하는 것은, 흰색을 흰색이라고 하는 것과 같은 것인가?"278)라고 묻자, 고자가 "그러하다"라고 대답했다.

맹자가 "그러면, 흰색 깃털이 흰색인 것은 백설(白雪)이 흰색인 것과 같고, 백설이 흰색인 것은 백옥(白玉)이 흰색인 것과 같은 것인가?"279)라고 묻자, 고자가 "그러하다"라고 답했다.

이에 맹자가 말하기를, "그렇다면, 개[犬]의 성(性)이 소[牛]의 성(性)과 같고, 소[牛]의 성(性)은 사람의 성(性)과 같다는 말인가?"280)라고 하였다.

'순자(荀子)'가 말하기를, "사람의 본성은 악(惡)한 것이니, 그것이 선(善)하다고 하는 것은 거짓이다. 지금 사람들의 본성(本性)은 나면서부터 이익을 좋아하는데, 이것을 따르기 때문에 쟁탈이 생기고 사양(辭讓)하는 것이 없어진다. 또한 사람은 나면서부터 질투하고 미워하는데, 이것을 따르기 때문에 남을 해치고 상하는 일이 생기고 충성과 믿음이 없어진다. 아울러 사람은 나면서부터 귀와 눈의 욕망이 있어 아름다운 소리와 빛깔을 좋아하기 때문에 음란이 생기고 예의가 없어진다. 따라서 사람의 본성이 악한 것이 분명하다"281)라고 했다.

또 말하기를, "굽은 나무는 반드시 도지개[檃栝]282)를 대고 난 뒤에 심

子集註》 444-445 참조.
277) *《맹자》·〈고자장구 上〉에 나온다. 김학주 역주,《孟子》 362. ; 성백효 역주,《孟子集註》 445-446 참조.
278) *《맹자》·〈고자장구 上〉에 나온다. 성백효 역주,《孟子集註》 447 참조.
279) *《맹자》·〈고자장구 上〉에 나온다. 성백효 역주,《孟子集註》 447 참조.
280) *《맹자》·〈고자장구 上〉에 나온다. 김학주 역주,《孟子》 363. ; 성백효 역주,《孟子集註》 447-448 참조.
281) * '저자'인 '탁사'는 '성악설(性惡說)'에 대한 서술 전체를,《순자(荀子)》에서 인용했는데, 문장 전체를 인용하지 않고 취사선택한 것으로 보인다.《순자(荀子)》의 원문은 다음을 참고하라. 김학주 역주,《荀子》(서울; 을유문화사, 2009년) 774.

고, 무딘 쇠는 숫돌에 간 뒤에야 날카로워지며, 사람의 본성이 악한 것은 스승과 법도를 대한 후에 바르게 되며 예의를 대한 후에 다스려진다. 그러므로 본성이 악함은 분명하며, 그 본성이 선(善)하다는 것은 거짓이다"283)라고 하였다.

또 말하기를, "사람의 본성이 배고프면 먹고자 하고, 추우면 따뜻하고자 하며, 노동하면 쉬고자 하는 것인데, 배고픈 사람이 어른을 보고 감히 먼저 먹지 않는 것은 사양(辭讓)하는 마음이 있기 때문이요, 노동한 뒤에도 감히 쉬려고 하지 않는 것은 대신 일하려는 마음이 있기 때문이니, 이 두 가지는 모두 본성에 반(反)하고 감정에 어긋나는 것이다. 만약 그 본성과 감정을 따르게 되면 사양하지 않게 될 것이니, 이 또한 본성의 악함이 분명함이다. 따라서 그 본성이 선하다는 것은 거짓이다.284) 귀와 눈이 소리와 색깔을 좋아하는 것과 마음이 이익을 좋아하는 것과 몸이 상쾌함을 좋아하는 것은 모두 사람의 성정(性情)에 느껴서 저절로 생겨난 것인데, 느껴도 능히 행하지 못하는 것은 작위(作爲)가 생겨나는 것이다. 그러므로 성인(聖人)은 사람의 본성을 교화(敎化)하여 작위(作爲)를 일으키며, 작위를 일으켜 예의[禮]가 생겨나게 한다. 만약 사람[人民]으로 하여금 그 본성과 감정을 따르게 하면 형제라도 이익을 두고 경쟁하여 반드시 서로 성내며 다툴 것이다. 그런데 예의(禮義)의 교화를 받으면 나라 안의 다른 사람에게라도 사양할 것이니, 사람들이 선해지고자 하는 것은 본성이 악하기 때문이다. 사람에게 예의가 없다면 어지러워질 것이며, 예의를 알지 못한다면 이치에 어긋나는 짓을 하게 되니, 이를 통해서 보자면 사람의 본성은 악한 것이 분명하며 그것이 선하다는 것은 거짓이다"285)라고 하였다.

---

282) 은괄(檃栝) : 도지개, 댈나무, 휘어진 나무를 바로잡으려 덧대는 나무, 또는 틀.
283) *김학주 역주,《荀子》 775-776.
284) *김학주 역주,《荀子》 780-781.
285) *김학주 역주,《荀子》 783-785 참조.

◉ 이제 위의 세 사람의 논설을 살펴보자면, 그 편견에 대한 아쉬움이 없지 않다.

맹자가 말하기를, "인성(人性)의 선(善)함은 물이 아래로 흐르는 것과 같아 자연에 속하는 것이요, 악을 행함은 '억지로 하게 함[勉强]'으로 말미암은 것이니 재주가 없는 것이 죄(罪)이다"라고 하였다. 그러므로 사람이 선(善)을 행하는 것은 '물이 아래로 흘러가기[順流]' 쉬운 것과 같고, 악을 행하는 것은 역류(逆流)하기가 어려운 것과 같은 것이라 할 수 있다. 그런데 무슨 연고로 선을 행하는 것이 어렵고 악을 따르는 것이 쉽다고 하는가? 이는 단지 위에서 형성된 '본연지성(本然之性)'286)을 언급하고 아래에서 형성된 가라앉은 찌꺼기[渣滓]287)의 정(情)을 분별하지 못함이니, 이러한 주장은 편벽(偏僻)이 있음을 면하기 어렵다.

고자가 말하기를, "성품이 여울물[湍水]과 같아서 동서(東西)를 나눌 수 없다"고 하고, 또 말하기를 "버드나무[杞柳]를 가지고 버들 소쿠리[桮棬]를 만드는 것과 같다"고 했다. 이는 '공자'가 '습원(習遠)'288)의 논설로 서로 분류하여 선악의 구별이 없고, 훈도(訓導)와 교습(敎習)에 있다고 함과 같은 것이다. 과연 이 주장과 같다면 '고수(瞽瞍)'의 아들 순임금은 어디에서 선행(善行)을 학습하여 성역(聖域)에 올랐고, 그의 아들 '상균(商均)'은 어디에서 악행을 학습하여 (순임금을) 닮지 못한 책임이 있겠는가? 따라서 그 주장도 또한 편벽이 있음을 면할 수 없다.

순자가 말하기를, "사람의 성품이 본래 악(惡)한데, 그 선(善)은 거짓된 것이다"라고 했다. 이는 형이하(形而下)289)의 성질만 연구하여 논(論)하고 천명

---

286) 본연지성(本然之性) : 사람이 본디부터 가지고 있는 심성이란 뜻으로, 지극히 착하고 조금도 사리사욕(私利私慾)이 없는 천부자연의 심성.
287) 사재(渣滓) : 가라앉은 찌끼. 찌꺼기.
288) *습원지론(習遠之論) : '습원(習遠)'에서 '습(習)'은 '학이시습지불역열호(學而時習之不亦說乎)'를, '원(遠)'은 '유붕자원방래불역락호(有朋自遠方來不亦樂乎)'를 가리키는 것으로 보인다. 성백효 역주, 《論語集註》 17. ; 김도련 역주, 《논어》 13-15.
289) 형이하(形而下) : 갖추어 감각으로 알 수 있는 것으로서 시간이나 공간 속에 형체

(天命) 원리의 본래 면목(面目)을 포기한 것이다.

지극히 자비하신 하나님[上主]께서 태초에 인류를 창조하실 때, 자기의 형상과 닮게 하셨는데, 어찌 인성(人性)을 악하게 조성(造成)하셨겠는가!

순자[筍氏]는 다만 육체의 욕망과 혈기의 법(法)으로써 사람의 본성(本性)을 악하다 했는데, 이는 격화파양(隔靴爬癢)290)의 탄식을 면할 수 없다.

○ **회남자(淮南子), 동자(董子), 양자(楊子)**

회남자(淮南子)가 말하기를, "사람이 태어나면서 고요한[靜] 것은 하늘의 성품이며, 바깥 사물에 의해 움직이는 것은 성품이 해(害)를 입었기 때문이고, 사물에 접하여 정신이 반응하는 것은 지(知)의 움직임이다.291) 이제 나무를 옮겨 심으려는 자가 그 음양의 성질을 무시하면 반드시 말라죽이기 때문에 귤나무[橘]가 회수(淮水)292)를 건너면 탱자나무[枳]가 되고, '담비[貂]'는 문수(汶水)를 건너면 죽게 되니, 정해져 있는 천성(天性)은 바꿀 수 없고 자연스럽게 만들어진 거처는 옮길 수 없다. 그러므로 도(道)에 다다른 사람은 평온(平穩)함으로써 천성을 수양하고 고요함으로 정신을 살피게 하여 천문(天門)에 들어갈 수 있다"293)고 했다. 또 말하기를, "성인(聖人)의 마음은 성명(性

를 가지고 나타나는 자연현상이나 사회 현상을 이르는 말.
290) 격화파양(隔靴爬癢) : '격화소양(隔靴搔癢)'과 같은 말. '신을 신고 발바닥을 긁는다'는 뜻. 일을 하느라고 애를 쓰되 정통을 찌르지 못해 답답함. 일이 철저하지 못하여 성에 차지 않는다는 말.
291) *《회남자》의 원문은 다음과 같다. "人生而靜 天之性也 感而後動 性之害也 物至而神應 知之動也." 유안 편저, 안길환 편역,《淮南子 上》(서울: 명문당, 2013) 26-27. 이하 본문의 번역은 위의 번역본을 참고하여 다듬었음을 밝혀둔다.
292) *《회남자》 원문에는 회수(淮水)가 아니라 강북(江北)으로 되어 있다.
293) *《회남자》 원문 : "今夫徙樹者 失其陰陽之性 則莫不枯槁 故橘樹之江北 則化而爲枳 鴝鵒不過濟 貉渡汶而死 形性不可易 勢居不可移也 是故達於道者 反於淸淨 究於物者 終於無爲 以恬養性 以漠處神 則入于天門." 유안 편저, 안길환 편역,《淮南子 上》32-34.

命)과 정신을 의지하여,294) 본성을 어지럽히지 않고 덕성(德性)을 잃지 않아서,295) 밖으로는 풍속을 따르고 안으로는 그 본성을 지키니,296) 성인(聖人)의 학문은 성(性)을 태초의 근원으로 돌리며 마음을 태허(太虛)에 머물게 하고, 달인(達人)의 학문은 성(性)을 무한의 경지에 통하게 하며 마음을 적막함에 끌어들여 깨우치게 한다.297) 물의 본성은 참으로 맑음에 있는데 티끌과 흙에 의하여 흐려지고 사람의 본성은 안정에 있는데 즐기려는 욕망 때문에 어지러워지니,298) 고요하게 무욕의 상태에 있는 것은 천성(天性)을 기른 까닭이요, 마음 부드럽게 무심히 있음은 덕(德)을 기른 까닭이다. 바깥사물[外物]에 의해 속마음을 흩트리는 일이 없으면 천성은 그 마땅함을 얻었고 천성이 조화로움을 동요시키지 않으면 덕(德)은 그 자리에 안주할 것이다.299) 그러므로 이르기를 '온화한 마음으로 즐기며 편안하고 차분한 것은 그 본성에 의한 것이요, 뜻을 얻어 도를 행하는 것은 명(命)이니, 성(性)은 명(命)을 만난 이후에 능히 행할 수 있고 명(命)은 성(性)을 얻은 후에야 능히 밝혀지는 것'300)이다"라고 했다. 또 말하기를, "혼탁한 기운은 동물[虫]301)이 되었고 정기(精氣)302)는 사람이 되었으니, 정신은 하늘의 것이요 뼈[骨骸]는

---

294) *《회남자》 원문: "夫聖人用心 杖性依神." 유안 편저, 안길환 편역, 《淮南子 上》 74.
295) *《회남자》》 원문 : "於是在下位者 左右而使之 毋淫其性 鎭撫而有之 無遷其德." 유안 편저, 안길환 편역, 《淮南子 上》 76.
296) *《회남자》 원문 : "外從其風 內守其性." 유안 편저, 안길환 편역, 《淮南子 上》 83.
297) *《회남자》 원문 : "是故聖人之學也 欲以返性於初 而游遊心於虛也. 達人之學也 欲以通性於遼廓 而覺於寂漠寬也." 유안 편저, 안길환 편역, 《淮南子 上》 102-103.
298) *《회남자》 원문 : "水之性清 而土汨之 人性安靜 而嗜欲亂之." 유안 편저, 안길환 편역, 《淮南子 上》 103.
299) *《회남자》 원문 : "靜漠恬澹 所以養成也. 和愉虛無 所以養德也. 外不滑內 則性得其宜 性不動和 則德安其位." 유안 편저, 안길환 편역, 《淮南子 上》 107-108.
300) *《회남자》 원문 : "古之聖人, 其和愉寧靜性也. 其志得道行命也. 是故性遭命而後能行, 命得性而後能明." 유안 편저, 안길환 편역, 《淮南子 上》 11~112.
301) *여기서 충(虫)은 모든 조수개충(鳥獸介蟲), 곧 모든 동물의 총칭이라고 본다.
302) 정기(精氣) : ① 만물의 생성하는 원기(元氣). ② 생명의 원천이 되는 원기(元氣). 정력(精力). ③ 정신과 기력. ④ 사물의 순수한 기운.

땅의 것이다. 정신은 하늘의 문으로 들어가고 뼈는 땅의 근원으로 돌아가니, 성인(聖人)은 천성을 본받아 진정으로 순종하여 세속에 구애받지 않으며 세속에 유혹당하지 않는다.303) 진인(眞人)이란 그 성품이 도(道)와 일치된 사람이므로 유(有)이면서 무(無)와 같으며 실(實)이면서 허(虛)와 같아서,304) 도(道)로써 교제하고 덕(德)으로 이웃을 삼는다"라고 하였다.

'동자(董子, 동중서)'가 말하기를, "성(性)은 벼[禾]와 같고 선(善)은 쌀[米]과 같으니, 벼가 비록 쌀을 내지만 벼는 쌀이라고 말하지 않는다.305) 또한 옥(玉)은 옥돌[璞]에서 나오지만 옥돌은 옥(玉)이라고 말하지 않는다.306) 그러므로 말하기를, 성(性)이 비록 선(善)을 내지만 성(性)은 선(善)이라고 말하지 않으니,307) 명(名)이란 성(性)의 열매[實]요, 열매[實]는 성(性)의 바탕[質]이다. 바탕[質]이 성인(聖人)의 가르침을 받지 않으면 어느 곳에서 선(善)을 능히 행하겠는가!308)"라고 하였다.

'양자(楊子, 양웅)'309)가 말하기를, "사람의 본성은 선악(善惡)이 섞여있으니,

---

303) *《회남자》원문 : "煩氣爲蟲 精氣爲人 是故精神者天之有也 而骨骸者地之有也. 精神入其門 而骨骸反其根 我尙何存. 是故聖人法天順情 不拘於俗 不誘於人." 유안 편저, 안길환 편역, 《淮南子 上》305-306.
304) *《회남자》원문 : "所謂眞人者 性合于道也. 故有而若無 實而若虛." 유안 편저, 안길환 편역, 《淮南子 上》317-318.
305) *이는《춘추번로(春秋繁露)》(實性, 第三十六)에서 인용한 것으로 본다. 원문은 다음과 같다. "善如米 性如禾 而禾未可謂米也 性雖出善 而性未可謂善也." 동중서 저, 남기현 해역, 《春秋繁露》(서울: 자유문고, 2005년) 313.
306) *《춘추번로》의 원문은 다음과 같다. "玉出於璞 而璞不可謂玉." 동중서 저, 남기현 해역, 《春秋繁露》314.
307) *《춘추번로》의 원문은 다음과 같다. "善出於性 而性不可謂善." 동중서 저, 남기현 해역, 《春秋繁露》314.
308) *《춘추번로》의 원문은 다음과 같다. "且名者性之實 實者性之質 質無教之時 何遽能善." 동중서 저, 남기현 해역, 《春秋繁露》313.
309) 양웅(楊雄 또는 揚雄, BC 53년-18년) : 전한 말의 학자 겸 문인. 청년시절 동향의 선배인 사마상여(司馬相如)의 작품을 통해 배운 문장력을 인정받아, 성제(成

그 선(善)을 닦으면 선한 사람이 되고 악(惡)을 닦으면 악한 사람이 된다.310) 기(氣)라는 것은 선악(善惡) 사이에 만나게 되는 말[馬]이다311)" 라고 하였다. 또 말하기를, "천하에 세 가지 문(門)이 있으니, 정욕(情欲)을 따르는 사람은 짐승의 문에 들어가고, 예의(禮儀)를 따르는 자는 사람의 문에 들어가며, 독지(獨知)312)를 따르는 사람은 성인(聖人)의 문에 들어간다"313)고 하였다.

● 이상 세 사람의 논리를 살펴보자면, 회남자(淮南子)는 도교(道敎)를 숭상하여 노자(老子)와 장자(莊子)에 가까우므로, 그 높고 특이한 논지가 명확하여 유교(儒敎)의 범상한 언론(言論)과 같지 않다. 비록 그러하지만 천지의 주재(主宰)를 숭배함이 없고, 성령[聖神]의 함육(涵育)314)하심을 받지 않으며, 자신의 마음과 힘으로 성역(聖域)에 오를 수 있다고 주장한 것이 결점이라 하겠다.

'동자(董子, 동중서)'가 논한 것은, 사람의 성품 속에 선(善)한 열매가 감추어져 있으나 능히 선(善)을 이루지 못하고 성인(聖人)의 훈계와 인도(引導)를 인하여 능히 선을 행할 수 있다는 것인데, 이는 알 수 없는 일이다! 만일 그렇다면 성인(聖人)은 어디서 본연(本然)의 성품과 미묘한 학문을 얻어 만세(萬世)의 사표(師表)가 되었단 말인가?

帝) 때 궁정문인의 한 사람이 되었다. 각 지방의 언어를 집성한 《方言》과 《易經》에 기본을 둔 《太玄經》과 《論語》의 문체를 모방한 수상록 《법언(法言)》 등을 저술하였다. **"양웅(楊雄, 揚雄)**", 임종욱 김해명, 《중국역대인명사전》
310) *《양자법언(揚子法言)》·〈수신(修身)〉에 나오는 말이다. 원문은 다음과 같다. "人之性也 善惡混, 修其善則爲善人, 修其惡則爲惡人." 양웅 저, 박승주 해역, 《揚子法言 (1)》(서울: 전통문화연구회, 2017) 124.
311) *《양자법언》의 원문은 다음과 같다. "氣也者 所適善惡之馬也歟." 양웅 저, 박승주 해역, 《揚子法言 (1)》 128.
312) 독지(獨知) : 남은 모르고 혼자만 깨달아 앎.
313) *《양자법언》의 원문: "天下有三門, 由於情欲 入自禽門, 由於禮義 入自人門, 由於獨知 入自聖門." 양웅 저, 박승주 해역, 《揚子法言 (1)》 156.
314) 함육(涵育) : ① 서서히 양성함. 차차 길러 냄. ② 학문과 식견을 넓혀서 심성을 닦음. ※ '함양(涵養)'과 같은 말이다.

하나님[上主]께서 선지자(先知者)·사도(使徒)와 철학(哲學)·이학(理學)의 현인(賢人)·성인(聖人)을 '세상에 보내셔서[命世]'315) 모든 백성을 가르치고 이끌게 하였으니, 만물(萬有)의 본원(本原)이 되시는 하나님[上主]을 존경함이 옳은 일이다.

양자(楊子)가 논한 것은, '선악이 섞여있어 선을 수양하여 선을 행하고 악을 길러서 악을 행한다'는 것이다. 하지만 이는 '삼밭에 난 쑥[麻中之蓬]'316)과 '여울물이 흘러간다'는 말과 같아서, 말은 이치에 가깝지만 역시 논리의 근거를 추론할 수 없다. 식물을 배양(培養)하는 사람이 웃자란 가지와 어지러운 잎을 잘라내고 정리하며 비료를 줘서 울창하고 무성하게 한다면, 이는 곧 그 성품을 유순하게 하는 선(善)과 같은 것이요, 아침저녁[朝夕]으로 가지와 잎을 자르고 해를 끼치며 소와 양[牛羊]이 발로 짓밟고, 가뭄에 물을 대주지 않아서 자연히 말라죽게 하는 것은 그 성품을 거스르게 하는 악(惡)이다.

인성(人性)의 근본이 어찌 악하다고 하겠는가? '첫 사람[元祖]' 아담[亞當]이 하나님[上主]의 명령을 지키지 않고 죄를 범한 후로 부패한 심성이 후예(後裔)에게 유산으로 남게 된 것은 참으로 애석한 일이다. 비록 그러하지만 '사람의 성품이 악하다' 하는 것은 결점이 있는 논지(論旨)라 할 것이다.

○ 반고(班固), 무능자(无能子)

유교(儒敎)의 심성론(心性論)을 위에서도 진술했는데, 한(漢)나라 때 '반고(班固)'317)의 원편(原篇)을 참고하자면, "성(性)이라는 것은 양(陽)의 베풂이요, 정

---

315) *'명세(命世)'의 원래 뜻은 '일세(一世)에 뛰어나 유명한 사람'이지만, 여기서는 문맥상 '세상에 보내다'로 해석해야 할 것으로 본다.
316) 마중지봉(麻中之蓬) : '삼밭에 난 쑥'이라는 뜻으로, 선량한 사람과 사귀면 그 영향을 받아 자연히 선량하게 된다는 말

(情)이라는 것은 음(陰)의 변화이다. 사람이 음양(陰陽)의 기(氣)를 타고나기에 오성육정(五性六情)318)과 오장육부(五臟六腑)가 있다. 오성(五性)이라는 것은 '인(仁)·의(義)·예(禮)·지(智)·신(信)'이요, 육기(六氣)라는 것은 '희(喜)·노(怒)·애(愛)·락(樂)·애(哀)·오(惡)'인데, 이는 인정(人情)이 육률(六律)319) 오행(五行)의 기(氣)를 포함한 것이다"320)라고 했다.

한편 동자(董子)가 말하기를, "하늘의 큰 법칙[大經]은 하나의 음(陰)과 하나의 양(陽)이요, 사람의 큰 법칙[大經]은 일정일성(一情一性)이다. 성(性)은 양(陽)에서 생기고, 정(情)은 음(陰)에서 생기는 것이다"321)라고 했으니, 이는 반고

---

317) 반고(班固, 32~92) : 중국 후한의 역사가·문장가. 자는 맹견(孟堅). 난태령사(蘭臺令史)가 되어, 궁중의 비밀 서류를 살펴가면서 정통사상과 전한(前漢) 일대의 단대사(斷代史)인 《한서(漢書)》를 20여년에 걸쳐 편찬했다. 또 79년(建初 4), 학자를 조정에 모아 유교의 교의를 통일시킨 백호관주의(白虎觀奏議)의 토의 내용을 《백호통의(白虎通義)》라는 이름으로 편집하였다. 이 책은 《한서(漢書)》·《오행지(五行志)》와 더불어 한대(漢代) 지배계급에서 지지된 휴상재이(休祥災異)의 예언설을 아는 좋은 자료가 되고 있다. "반고(班固)", 김승동, 《유교·중국사상사전》

318) ① 오성(五性) : 사람의 5가지 성정(性情). 곧 기쁨, 노함, 욕심, 두려움, 근심.
    ② 육정(六情) : 사람의 6가지 감정. 곧 기쁨, 노여움, 슬픔, 즐거움, 사랑, 미움.

319) 육률(六律) : 12율(律) 가운데 양성(陽性)에 속하는 여섯 가지 소리. 곧 태주(太簇), 고선(姑洗), 황종(黃鐘), 이칙(夷則), 무역(無射), 유빈(蕤賓)의 총칭.

320) * '반고'의 저서인 《백호통의(白虎通義)》·《卷下》, "정성(情性)"에 나오는 내용을 《만종일련》의 '저자'인 '탁사'가 발췌 요약한 것으로 본다. 여기에 인용한 원문은 '北京'의 '中國書店'에서 펴낸 《欽定四庫全書 白虎通義》 '영인본'이다. 《백호통의》의 원문은 다음과 같다. "情性者 何謂也 性者 陽之施 情者 陰之化也 人稟陰陽氣而生 故內懷五性六情. 情者靜也 性者生也 此人所稟六氣以生者也. 〈중략〉 五常者何謂 仁義禮智信也. 〈중략〉 六情者何謂也 喜怒哀樂愛惡謂六情 所以扶成五性 性所以五情 所以六者何 人本含六律五行氣而生 故內有五藏六府 此情性之所由出入也 樂動聲儀曰 官有六府 人有五藏." 班固 撰, 《白虎通義》(北京; 中國書店, 2018) 194-195 참조. ; 班固 撰, 김만원 역주, 《백호통의(白虎通義)》(서울; 역락, 2018) 287-289 참조.

321) * 원문의 내용 중 "天地大經은 一陰一陽이오"는 '동중서'의 《춘추번로》 제12권 49편 "음양의(陰陽義)"에 나오는 내용을 '탁사'가 발췌하고 요약한 것으로 본다. 《춘추번로》의 원문과 풀이는 다음과 같다. "天地之常 一陰一陽. 陽者天之德也. 陰者天之刑也." "천지의 불변의 도[常]는 하나의 음(陰)과 하나의 양(陽)이다. 양(陽)이란 하늘의 덕(德)이요, 음(陰)이란 하늘의 형벌[刑]이다." 동중서 저, 남기현 해역, 《春秋繁露》 355-357 참조.

제1장 유교(儒敎) 도리(道理)의 요소 | 83

의 이론이 동자의 논설을 바탕으로 한 것임을 보여주는 것이다.

《무능자(无能子)》322)의 〈석혹편(析惑篇)〉에서 말하기를, "성(性)이라는 것은 신(神)이요, 명(命)이라는 것은 기(氣)이니, 음양(陰陽)이 서로 조화함과 같고, '몸과 뼈[形骸]'는 성명(性命)의 그릇이므로 불이 땔나무에 있는 것과 같아서 땔나무에 불이 붙지 않으면 타지 않고, 불이 땔나무를 태우지 않으면 빛이 없게 된다. 따라서 '몸과 뼈[形骸]'는 성명(性命)이 없으면 존립할 수 없고, 성명(性命)은 '몸과 뼈[形骸]'를 빌려야 나타난다. 성명(性命)이라는 것은 자연 속에 조화를 이루며 어디에나 존재하고, '몸과 뼈[形骸]'는 자연에 머무르며 일상적으로 사멸한다. 오늘날에 사람들이 죽음[死]에 더욱 관심을 기울이고 삶[生]을 점점 소홀히 하니, 이는 '욕침우이부석(欲沉羽而浮石)'323)이다"324)라고 하였다.

◉ 이제 두 사람의 논지를 살펴보자면, '반고(班固)'는 한(漢)나라 시대의 뛰어난 유학자로서 문장(文章)이 세상을 덮었을 정도였다. 그런데 성정론(性情論)325)에 이르러서는 동자(董子, 동중서)를 근본으로 삼아 '정(情)'과 '성(性)'으

---

322) 무능자(无能子) : 중국 당나라 때 도교학자. 성명과 생애에 대해서는 알 수 없다. 유(儒)・불(佛)・도(道) 삼교(三敎)에 통했고, 희종(僖宗) 시대에 《무능자(无能子)》 3권을 지었다. **"무능자(无能子)"**, 김승동, 《유교・중국사상사전》
323) *"날개를 가라앉히고자 하여 돌을 띄우다"로 풀이할 수 있다.
324) *《무능자(无能子)》・〈卷上, 析惑 第三〉에 나오는 내용이다. 여기에 인용한 원문은 1960년에 '왕명(王明)'이 교주(校注)한 《无能子校注》이다. 원문은 다음과 같다. "夫性者神也 命者氣也. 相須於虛無 相生於自然 猶乎塤篪之相感也. 陰陽之相和也. 形骸者性命之器也, 猶乎火之在薪 薪非火不炎 火非薪不光. 形骸非性命不立 性命假形骸以顯 則性命自然 沖而生者也. 形骸自然 滯而死者也. 自然生者 雖寂而常生 ; 自然死者 雖搖而常死. 今人莫不好生惡死 而不知自然生死之理. 睹乎不搖而僵者則憂之 役其自然生者 務存其自然死者. 存之愈切 生之愈疏. 是故沈羽而浮石者也. 何惑之甚歟!" 王明 校注,《无能子校注》(北京: 中華書局, 1997) 7.
325) 성정론(性情論) : 성리학에서의 인간의 성(性)과 정(情)에 관한 이론. 인간의 본성과 구체적 감정의 시원(始源)에 대한 해석과 양자의 관계 및 선악에 대한 이론을

로 '음양(陰陽)'과 '동정(動靜)'의 이치에 잇대어 있고, 성(性)의 본원(本原)을 알지 못하여 의논이 전도(顚倒)되었으니 가히 탄식할만한 일이다.

무능자(无能子)는 당(唐)나라의 광계(光啟)326) 때 사람으로 도가(道家)의 현묘(玄妙)한 이치를 숭상하여 탁월하게 높은 견해가 진리에 근접하니, "성(性)은 신(神)이요 형(形)은 신(神)의 용기(用器)이다. 신(神)은 곧 '영원한 생명[常生]'이요 형(形)은 곧 '영원한 죽음[常死]'이다"라고 하니, 신(神)은 곧 천신(天神)이요, 기(器)는 곧 형질(形質)이다. 형질(形質)이 신(神)의 올바른 도리를 따르면 곧 선(善)하고, '몸과 뼈[形骸]'의 욕망을 좇아서 '서로 가리게[交蔽]' 되기에 악한 것이다. 몸이 신(神)으로 합하여 사람을 이루었으니, 능히 올바른 도리를 따름으로써 그 신(神)을 보호한다면, 곧 그 신(神)은 항상 맑고 그 몸[身]은 항상 정결하다.

열자(列子)327)가 말하기를, "삶은 세상에 잠시 머무는 것이며 죽음은 돌아가는 것이다"328)라고 했다. 또한 공자가 말하기를, "노(魯)나라가 한 번 변하면 도(道)에 이른다"329)고 했다. 그러므로 만일 무능자로 하여금 한 번

말한다. 유학에 있어 성정(性情)에 관한 학설은 중국에서 맹자(孟子)에 의해 시작되었고, 이후 송(宋)나라 때 철학적인 논의가 활발하였다. **"성정론(性情論)"**, 한국정신문화연구원 편집부, 《한국민족문화대백과사전》

326) 광계(光啟) : 당나라 희종(僖宗)의 4번째 연호로 885년~888년까지 사용되었다.
327) 열자(列子) : 중국 고대 도가의 사상가. 이름은 어구(禦寇)이고 전국시대 사람으로 알려지고 있다. 원본《열자(列子)》는 전한(前漢)시대에 편집되었으나, 곧 유실되었으므로, 진(晉)시대(3~4세기)에 가필(加筆)되어 오늘에 전하고 있다. 통일된 사상을 이루고 있지는 않지만, 사상사(思想史)상의 자료적 가치는 매우 높다. **"열자(列子)"**, 철학사전편찬위원회, 《철학사전》(서울; 중원문화, 2009)
328) *《만종일련》의 원문에는 "以生爲寄하며 以死爲歸하고"로 되어 있다. 이는《열자(列子)》·〈천서(天瑞)〉에 나오는 내용을 발췌한 것으로 본다.《열자》의 원문은 다음과 같다. "古者謂死人爲歸人. 夫言死人爲歸人. 則生人爲行人矣." "옛날에는 죽은 사람을 가리켜 돌아가는 사람이라 말했다. 무릇 죽는 사람을 두고 돌아가는 사람이라 말한다면, 살아있는 사람은 길을 가는 사람이 된다." 열자 지음, 김학주 옮김,《열자(列子)》(고양; 연암서가, 2011) 63-64 참조.
329) *《만종일련》의 원문은 "魯一變이면 至於道라"이다. 이는《論語》·〈雍也〉에 나온다. 김혁제 교열,《論語集註》117.

변하여 우리 주님의 속죄의 도리(道理)를 믿게 하였다면, 영생에 들어갔을 것이다.

○ **주자**(周子), **소자**(邵子), **이원중**(李愿中)

주자(周子)330)가 말하기를, "성(性)이라는 것은 '강함과 부드러움[剛柔]', 그리고 '선과 악[善惡]' 가운데 있어서 오성(五性)이 감동하여 선악(善惡)이 나누어진다"331)고 하였다.

소자(邵子)332)가 말하기를, "성(性)이라는 것은 도(道)의 형체요, 심(心)이라는 것은 성(性)의 성곽[郭郭]이요, 신(身)이라는 것은 심(心)의 거처[區宇]요, 물(物)이라는 것은 몸[身]의 '배와 수레[舟車]'이다"333)라고 했다. 또 말하기를

---

330) * '주자(周子)'는 '주렴계(周濂溪)'라고도 불리는 '주돈이(周敦頤)'를 가리킨다.
※주렴계(周濂溪, 1017~1073) : 이름은 돈이(敦頤). 염계(濂溪)는 호. 중국 북송(北宋) 때의 유학자. 주자(朱子)에 의해 송학(宋學)의 시조로 되었다. 그의 저서 《태극도설》과 《통서(通書)》는 송대의 철학을 형성하는 기초가 되었다. **주렴계(周濂溪)**, 김승동, 《유교・중국사상사전》
331) *《만종일련》의 원문 : "性者 剛柔善惡中在 五性感動善惡分." 여기서 '五性感動善惡分'은 《근사록》에 나오는 구절이다. 자세한 내용은 다음을 참고하라. 성백효 역주, 《近思錄集解 1》(서울: 전통문화연구회, 2011) 62-63 참조.
332) 소강절(邵康節, 1011~1077) : 중국 송대(宋代)의 유학자. 이름은 옹(雍), 자는 요부(堯夫). 강절은 그의 시호이다. 이정지(李挺之)에게 도가(道家)의 《도서선천상수(圖書先天象數)》의 학을 배워 신비적인 수학을 설파하였으며 또 이를 기본으로 한 경륜(經綸)을 주장했다. **소강절(邵康節)**, 인명사전편찬위원회 편, 《인명사전》
333) * '소강절(邵康節)'의 저작인 《이천격양집(伊川擊壤集)》의 〈序〉에 나온다. 원문은 다음과 같다. "性者道之形體也 性傷則道亦從之矣 心者性之郭郭也 心傷則性亦從之矣 身者心之區宇也 身傷則心亦從之矣 物者身之舟車也." 邵雍 著, 《伊川擊壤集》・〈序〉 [출판연대미상, 국립중앙도서관 고서(古書) 소장본] 5-6.
* 한편 《朱子語類》・〈理氣 上〉・"太極天地 上"에 나온다. 원문은 "故康節云, 性者 道之形體, 心者, 性之郭郭, 身者, 心之區宇, 物者, 身之舟車"이다. 자세한 내용은 다음을 참조하라. [宋]黎靖德 편, 《朱子語類 (第一冊)》(香港; 中華書局, 1983) 3.

"'이치를 궁구하고 성품을 다함으로써 천명(天命)에 이르나니,'334) '성(性)은 체(體)가 아니면 이루어질 수 없고, 체(體)는 성(性)이 아니면 생존할 수 없다. 양(陽)이 음(陰)으로 체(體)를 삼고 음(陰)이 양(陽)으로 성(性)을 삼아서, 움직이는 것은 성(性)이요 고요한 것은 체(體)이다'335)"라고 하였다.

《성리대전(性理大全)》336)에 이원중(李愿中)337)의 말이 있다. 그가 말하기를, "천지간 생물 중에 사람이 최고의 영(靈)이 된 것은 오상(五常)338)과 중화(中和)339)의 기운을 얻었기 때문이다. 금수(禽獸)는 편중되어 있는 기(氣)만 얻는

---

334) * '소강절(邵康節)'의 저작인 《황극경세서(皇極經世書)》에 나온다. 원문은 다음과 같다. "易曰 窮理盡性以至于命 所以謂之理者物之理也 所以謂之性者天之性也 所以謂之命者慶理性考也."(卷之四, 觀物篇之五十三). 邵康節, 《皇極經世書(冊四)》(上海; 中華書局, 未詳)[국립중앙도서관 소장본] 15.
 * 한편 《周易》·〈說卦傳〉에도 나오는데, 원문은 "窮理盡性하여 以至於命하니라"이다. 명문당 편, 《正本 周易》 420.
 *《論語集註》에서는 "知天命 窮理盡性也"라고 나온다. 성백효 역주, 《論語集註》 35-36 참조.
335) * '소강절(邵康節)'의 저작인 《황극경세서(皇極經世書)》에 나온다. 원문은 다음과 같다. "性非體不成 體非性不生 陽以陰爲體 陰以陽爲體 動者性也 靜者體也."(卷之八下, 闕疑十二). 邵康節, 《皇極經世書(冊五)》(上海; 中華書局, 未詳)[국립중앙도서관 소장본] 115.
336) 성리대전(性理大全) : 중국 명(明) 나라 때, 영락제(永樂帝)의 칙명을 받들어 호광(胡廣) 등이 성명(性命)·이기(理氣)의 학설을 모아 편찬한 책. 송(宋) 나라의 주자(朱子)·장자(張子) 등 120가(家)의 설을 모아 영락 13년(1415) 70권으로 완성하였음. **"성리대전(性理大全)**, 한국고전용어사전 편찬위원회, 《한국고전용어사전》
337) 이동(李侗, 1093년~1163년) : 남송 남검주(南劍州) 사람. 자는 원중(願中)이고, 호는 연평선생(延平先生), 시호는 문정(文靖)이다. '나종언'에게 정자(程子)의 이학(理學)을 배워 이정(二程)의 삼전제자(三傳弟子)가 되었다. 평생 은거하며 제자를 양성했다. 양시, 나종언과 함께 '검남삼선생(南劍三先生)'으로 불렸고, 그의 문하에서 주희(朱熹)와 나박문(羅博文), 유가(劉嘉) 등이 배출됨으로써 이정(二程)의 학문이 주희에게 이어지는 교량적 역할을 했다. 저서에 주희가 편찬한 《이연평집(李延平集)》이 있다. **"이동(李侗)**, 임종욱 김해명, 《중국역대인명사전》
338) 오상(五常) : 사람이 지켜야 할 다섯 가지의 떳떳한 도리란 뜻으로, ① 인(仁), 의(義), 예(禮), 지(智), 신(信) 또는 오륜(五倫) : 父義, 母慈, 兄友, 弟恭, 子孝). ② 선남(善男) 선녀(善女)들이 지키는 다섯 가지 계율.
339) 중화(中和) : 덕성(德性)이 중용(中庸)을 잃지 아니한 상태(狀態).

다"340)고 했다. 또 말하기를 "기(氣)는 맑고 혼탁함[淸濁]이 있어서 기품(氣稟)에도 편중됨과 바름[正]이 있으니, 사람은 그 바름[正]을 얻어서 인(仁)의 이치를 알게 되고, 물(物)은 그 편중됨만을 얻음으로 인(仁)을 모르게 된다. 희노애락(喜怒哀樂)이 발(發)하기 이전을 보면, 곧 성(性)이 고요함을 볼 수 있으며, 거짓됨에 앞서 참[眞]을 구하면 성(性)이 진실함[眞]을 볼 것이요, 악함[惡]에 앞서 선(善)을 구하면 성(性)이 선함[善]을 보게 된다"341)고 하였다.

◉ 이제 세 사람의 논지를 살펴보자면, 주렴계(周濂溪) 선생이 '강함과 부드러움[剛柔]', 그리고 '선과 악[善惡]'으로 성(性)의 근원과 요소를 삼은 것은 '좁은 식견[管窺]'342)이라는 아쉬움이 없지 않고, 또한 선생(주렴계)의 주된 논지(論旨)인 태극(太極)의 설(說)을 볼 때, 유교의 종지(宗旨)가 여기에 있다고 하기가 어렵다.

소강절 선생은 성(性)·심(心)·신(身)·물(物)을 '층계를 따라 차례로 그 논리를 전개하여[隨層遞勘]' 본원(本原)을 '도(道)' 자(字)에 총괄하였으니, 도(道)는 '하늘의 도[天道]'요, 성(性)은 '하늘의 성[天性]'이다. 천성(天性)으로 천도(天道)에 근거하면 도(道)가 선하지 않을 수 없고, 성(性) 역시 선하지 않을 수 없다. 따라서 소자(邵子, 소강절)의 고견(高見)을 따를 수 있지만, 음양(陰陽)과 동정(動靜)의 설(說)은 주재(主宰)의 진리와 위반이 된다. 이는 송(宋)나라 유학자들의 잘 알려진 '공통된 이론[通論]'이다.

---

340) *《성리대전》·〈卷四, 西銘〉과 〈卷三十五, 性理七〉에 나오는 내용이다. "但人得其秀而最靈五常中和之氣所聚禽獸得其偏而已此其所以異也若謂流動發生自然之機與夫無頃刻停息間斷即禽獸之體亦自如此若以爲此理惟人獨得之即恐推測體認處未精於他處便見差也." 편집실 편,《성리대전(性理大全)》(서울; 보경문화사, 1984) 88, 578.
341) *《성리대전》·〈卷四, 西銘〉에 다음과 같은 내용이 있다. "延平李氏曰有有血氣者有無血氣者更體究此處又問氣有淸濁故禀有偏正惟人得其正故能知其本具此理而存之而見其爲仁得其偏故雖具此理而不自知而無以見其爲仁然則仁之爲仁人與物不得同知仁之爲仁而存之人與物不得不異." 편집실 편,《성리대전(性理大全)》 88.
342) 관규(管窺) : 대롱 구멍으로 표범을 보면 그 가죽의 얼룩점 하나밖에 보이지 않는다는 뜻으로, 견식이 좁음을 일컫는 말.

'이원중[李伺] 씨'의 말은 기(氣)의 '맑고 흐림[淸濁]'이 있으므로 '선천적으로 타고난[稟賦]' 편파(偏頗)와 공정(公正)이 있다는 것이다. 이는 정자(程子)와 주자(朱子)의 논지(論旨)와 같은 것이다. 기(氣)로써 성(性)을 논함이 성(性)의 본연(本然)이라고 말하기 어렵고, 인륜(人倫)과 물륜(物倫)이 같지 않음을 알지 못하기에, 다만 기(氣)의 맑고 흐림으로 물성(物性)을 분별하였다. 또한 희노애락(喜怒哀樂)이 발(發)하기 전에 성(性)의 '정(靜)과 진(眞)과 선(善)'을 본다고 하니, 발(發)하지 않을 때에 어떻게 기상(氣像)343)을 만드는지, 어느 곳을 따라야 얻어 볼 수 있겠는가? 만일에 정(情)이 발(發)하면 문득 악(惡)에 들어간다는 것인데, 이는 석가모니[釋氏]의 '적적미묘법(寂寂微妙法)'344)에 가깝다고 할 수 있겠다.

○ 장자(張子), 정명도(程明道)

장자(張子)345)가 말하기를, "태허(太虛)346)는 하늘의 이름[名]이 있고 기화(氣

---

343) 기상(氣像) : 사람의 타고난 기질이나 마음씨. 또는 그러한 성정(性情)이 겉으로 드러난 모습.
344) * '적적(寂寂)'은 '지극히 고요한 상태'를, '미묘(微妙)'는 '불교의 진리, 교리의 심오함, 그런 것들을 깨닫는 지혜의 뛰어남을 형용하는 말'이다.
345) *중국 송나라 때의 유학자인 '장재(張載)'를 말한다. 그는 주렴계·정명도·정이천과 더불어 주장이정(周張二程)이라고 불리는 도학(道學)의 건설자이며, 저서에는 《서명》, 《동명》, 《정몽》, 《장자전서》 등이 있다.
※장재(張載, 1020~1077) : 중국 송(宋)나라의 철학자. 자는 자후(子厚), 호는 횡거(橫渠). 그의 설은 예(禮)를 숭상하고 역(易)으로서 종(宗)을, 중용(中庸)으로서 체(體)를 삼았으며, 우주의 본체를 태허(太虛)라고 하였다. **장재(張載)**, 인명사전편찬위원회 편, 《인명사전》(서울: 민중서관, 2002)
346) 태허(太虛) : 중국에서 천공, 또는 큰 허공을 말한다. 후한의 황헌은 일원의 궤도 밖을 태허라고 하였다. 북송의 장재는 무형의 우주공간을 태허라고 하고, 만물은 거기에 충만한 기(氣)의 자기운동에 의해서 형성되며, 소멸하면 다시 태허로 돌아간다는 기의 철학을 수립하였는데 명(明)의 왕수인(양명)은 〈양지의 허는 바로 하늘의 태허〉라고 하였다. **태허(太虛)**, 한국사전연구사, 《종교학대사전》

化)는 도(道)의 이름이 있으며, 허(虛)와 기(氣)가 합하여 성(性)의 이름이 있고, 성(性)과 지각(知覺)에서 심(心)의 이름이 생겨난다"347)고 했다. 또 말하기를, "형(形)이 있은즉 체(體)가 있고, 성(性)이 있은즉 정(情)이 있나니, 성(性)에서 발생한즉 정(情)을 가히 볼 것이요, 정(情)에서 발생한즉 색(色)을 가히 볼 것이다"라고 하며, "성(性)은 기(氣) 밖에서 통하고, 명(命)은 기(氣) 안에서 운행한다. 천성(天性)이 사람에게 있음이 물[水]의 성(性)이 얼음[冰]에 있음과 같아서, '얼고 녹는 것[凝釋]'은 비록 다르지만 물질적[物] 성격은 하나이다. 모두가 하늘[天]이 아님이 없으니, '양의 밝음[陽明]'이 이기면 덕성이 작용하고, '음의 탁함[陰濁]'이 이기면 물욕이 행해진다"348)고 하였다.

정명도(程明道)349)는 말하기를, "'낳는 것[生]'을 성(性)이라 하니, 성(性)은 곧 기(氣)요, 기(氣)는 곧 성(性)이다. 사람이 태어날 때 받은 '기질과 품성[氣稟]'에 이치상 선악이 있게 마련이어서 어려서부터 선한 이도 있고, 어려서부터 악한 이도 있으니, 이는 '기질과 품성[氣稟]'의 자연함이다. 성(性)은 오로지 선(善)이 되지만 악(惡)도 또한 성(性)이 아니라고 말하지 못하니, 성(性)의 선(善)이 아래로 흐르는 물[水]과 같아서 멀리까지 흘러가지 못하면 점점 탁해지다가, 심히 멀리 흘러가면 마침내 탁해져서, 맑고 흐린 것이 같지 않지만, 탁한 것을 물[水]이 아니라고 말하지는 못한다. 그러므로 '맑게 다스리는[澄治]' 공력[功]을 민첩하게 이용하는 자는 빠르게 맑아지고, '게으름을

---

347) * '장재(張載)'의 저서인 《정몽(正蒙)》·〈태화(太和)〉에 나온다. 《正蒙》의 원문은 다음과 같다. "由太虛, 有天之名, 由氣化, 有道之名, 合虛與氣, 有性之名, 合性與智覺, 有心之明." 장재 저, 정해왕 역주, 《正蒙》(서울; 명문당, 1991) 21.
348) *《정몽(正蒙)》·〈성명(誠明)〉에 나온다. 《正蒙》의 원문은 다음과 같다. "性通乎氣之外, 命行乎氣之內." "天性在人, 正猶水性之在氷, 凝釋雖異, 爲物一也." "莫非天也, 陽明勝則德性用, 陰濁勝則物欲行." 장재 저, 정해왕 역주, 《正蒙》 64-65, 72 참조
349) 정명도(程明道, 1032~1085) : 송나라의 유학자. 낙양 사람. 이름은 호(顥), 자는 백순(伯淳), 휘(諡)는 순공(純公), 명도는 그의 호. 아우 이천(伊川)과 함께 이정자(二程子)라고 일컬어진다. **"정명도(程明道)"**, 철학사전편찬위원회, 《철학사전》

피우는[緩怠]'자는 맑게 되는 것이 늦어지게 되는데, 그 맑음에 이르러서는 원초(元初)의 물[水]일 뿐이다"350)라고 하였다. 또 말하기를, "'성(性)을 논하면서 기(氣)가 구비되지 못한 것을 논하지 않고, 기(氣)를 논하면서 성(性)이 밝지 못한 것을 논하지 않으니'351), 하늘이 부여한 것을 명(命)이라 말하고, 바탕[稟]이 내게 있음을 성(性)이라 말하고, 사물을 보는 것을 이(理)라 하며, '궁리진성(窮理盡性)한즉 천명(天命)을 안다'352)"고 했다. 또한 "성(性)의 '기쁨과 분노[喜怒]'는 물[水]의 '움직임과 고요함[動靜]'과 같아서 '맑아서 조용하고[湛然]'353) '평안하여 고요함[平靜]'354)이 거울과 같은 자는 물[水]의 본성이요, 모래와 돌이나 땅의 형세나 바람이 불어와서 파도가 흉용(洶湧)함은 물[水]의 성(性)이 변한 것이다"라고 했다. 또 말하기를, "성(性)은 선(善)하지 않음이 없다 하고, 재능에는 선악이 있다고 하니, 성(性)은 곧 이(理)이다. 이(理)는 요(堯)임금·순(舜)임금과 공자·맹자로부터 길 가는 사람에게 이르기까지 똑같은 한 가지 이(理)인데, 재능[才]은 기(氣)에서 받으니[稟], 맑은 기(氣)를 받

---

350) *이 부분은 '저자'가 《근사록》에서 발췌하고 요약한 것으로 본다. 성백효 역주, 《近思錄集解 1》 121-132 참조.
351) *《주자어류》에는 나오는데, 원문과 풀이는 다음과 같다. "程子曰 論性不論氣 不備 論氣不論性 不明. 二之則不是. ; 정자(程子)가 이르되, 성(性)만 논하고 기(氣)를 논하지 않으면 구비하지 못하고, 기(氣)만 논하고 성(性)을 논하지 않으면 밝지 못하고, 둘로 나누면 옳지 않다." 黎靖德 編, 《朱子語類 (第一册)》 70.
  *《맹자집주》에는 다음과 같은 구절이 있다. "又曰 論性不論氣不備 論氣不論性不明 二之則不是." 성백효 역주, 《孟子集註》 457-458.
  *《근사록집해》에는 다음과 같이 나온다. "論性不論氣면 不備요 論氣不論性이면 不明이요, 二之則不是." 성백효 역주, 《近思錄集解 1》 268-269.
352) *'궁리진성(窮理盡性)'이란 '천지만물의 이치와 본성을 속속들이 연구한다'는 의미이다. 《이정전서(二程全書)》〈卷23, 遺書, 附師說後〉에 나온다. 원문은 다음과 같다. "理也性也命也三者 未嘗有異 窮理則盡性 盡性則知天命矣." 정호 정이 지음, 최석기 강도현 옮김, 《二程全書(3권)》(서울: 전통문화연구회, 2021) 103.
  *《논어집주》에 다음과 같은 구절이 있다. "程子曰 孔子는 生而知者也로되, 〈중략〉 知天命은 窮理盡性也요." 성백효 역주, 《論語集註》 35.
353) 담연(湛然) : ① 맑고 깨끗한 모양. ② 조용함.
354) 평정(平靜) : 평안하고 고요함. 침착하여 마음의 동요가 없음.

은 자는 '현명한 사람[賢人]'이 되고, 흐린[濁] 기(氣)를 받은 자는 '어리석은 사람[愚人]'이 된다. 본성이 선한 것은 바꿀 수가 없으나, 그 재능은 곧 '성질이 변하지 않는 어리석고 못난 사람[下愚不移]'355)의 것이 되니, 자기를 포기(暴棄)하는 자는 불신(不信)으로 거부하고, 자신을 버리는 자는 행하지 않음으로 절망하여, 비록 성인(聖人)이 함께 거(居)하더라도 변화되지 않는다"356) 라고 했다. 또 말하기를, "'사람의 마음은 사사로운 욕심이라서 위태롭고 불안하며, 도심(道心)은 하늘의 이치라서 미묘하여 얻기 어려우니, 오로지 하나로 정(精)357)한 후에 능히 그 중심에 집중할 수 있으니'358), 배움은 평심(平心)보다 큰 것이 없고, 마음은 '바름[正]'보다 큰 것이 없으며, '바름[正]'은 성(誠)보다 큰 것이 없음이다. '권세가 많은 자는 성(誠)을 해치고, 공(功)을 좋아하는 자는 의(義)를 해치고, 명예를 얻고자 하는 자는 마음을 도적질한다'359)"고 했다.

어떤 사람이 "갓난아이[赤子]의 마음과 성인(聖人)의 마음이 어떻게 다르고

---

355) 하우불이(下愚不移) : 아주 어리석고 못난 사람은 늘 그대로 있고 변하지 않는다는 말.
356) *이 부분은 '저자'가 《맹자집주》·〈고자장구上〉에서 발췌하고 요약한 것으로 본다. 아울러 이 구절은 '정이천(程伊川)'이 한 말이라고 보기도 한다. 성백효 역주, 《孟子集註》 457-458 참조.
357) 정(精) : ① 완전하다. ② 정밀하다. ③ 사물에 내재된 본질. ④ 알맹이.
358) *《이정전서(二程全書)》〈卷20, 遺書, 楊遵道錄〉에 나온다. "人心私欲也 道心正心也. 危言不安 微言精微. 惟其如此 所以要精一. 惟精惟一者 專要精一之也. 精之一之 始能允執厥中." 정호 정이 지음, 최석기 강도현 옮김, 《二程全書(3권)》 49.
　*《주자어류》에도 비슷한 내용이 나온다. 여기서는 '人心私慾'을 '人心人慾'이라, '道心正心'을 '道心天理'라 했다. "程子曰 人心人欲 故危殆. 道心天理 故精微. 惟精以致之 惟一以守之 如此方能執中." 黎靖德 編,《朱子語類(第五册)》 2014-2015.
　*《서경(書經)》·〈우서(虞書)〉·"대우모(大禹謨)"에 나오는 다음의 구절을 '정자(程子)'가 해설한 것이다. 《서경》·"대우모"의 원문과 풀이는 다음과 같다. "人心惟危 道心惟微, 惟精惟一 允執厥中." "인심(人心)은 위태롭고 도심(道心)은 은미하니, 정(精)하게 하고 한결같이 하여야 진실로 그 중도(中道)를 잡을 것이다." 성백효 역주, 《書經集傳 上》 94-95 참조.
359) *《이정전서(二程全書)》〈卷28, 遺書, 暢潛道本〉에 나온다. "多權者害誠 好功者害義 取名者賦心." 정호 정이 지음, 최석기 강도현 옮김, 《二程全書(3권)》 247.

어떻게 같은가?"하고 물었다. 이에 정자(程子)가 말하기를, "갓난아이의 마음은 이미 발(發)하였으나 도(道)에서 벗어남이 멀지 않고, 성인(聖人)의 마음은 맑은 거울과 고요한 물[明鏡止水]과 같다"360)고 하였다.

◉ 이제 두 사람의 설(說)을 살펴보자면, 장횡거[橫渠] 선생은 젊었을 때 '노자와 석가[老佛]'에 종사하다가, 늦은 나이에 정명도[明道]의 학문을 믿고 따라서 성리(性理)를 연구했기 때문에 그 말과 논설이 대체로 정명도 선생의 의견과 같다. 그런데 '양(陽)은 밝고 음(陰)은 흐리다[陽明陰濁]'는 서술은 송(宋)나라 시대의 뛰어난 유학자들이 관행적으로 사용하던 말이니 다시 논할 것이 없다. 그리고 정명도 선생은 "성(性)이 곧 기(氣)이다"라고 하고, 정이천 선생은 "성(性)이 곧 이(理)이다"라고 했으니, 두 사람의 논지가 같지 않다.

'성(性)이 곧 기(氣)'라 함은 '기질(氣質)의 성(性)'을 말함이다. 그런데 또 말하기를, "성(性)이 곧 이(理)이다"라고 하니, 이(理)는 생(生)하는 바의 이(理)를 일컫는 것이다. 아울러 성(性)・이(理)・명(命), 이 셋은 일찍이 다르지 않은 것이니, 이론의 모순됨이 어찌 이와 같겠는가? 또 말하기를, "인생의 기품(氣稟)에 이(理)에는 선악이 있다고 하고, '성(性)이 곧 이(理)'라고 하니, 이것은 성(性) 또한 선악이 있다는 것이요, 성(性)의 본래 선(善)은 바꿀 수 없다 하고, 맑은 기(氣)를 받은 자는 현인(賢人)이 되고 탁한 기(氣)를 받은 자는 우인(愚人)이 된다"고 하고, 또 말하기를, "기(氣)가 맑은즉 재(才)가 선(善)하

---

360) *이 부분은 명나라 말기에 '진룡정(陳龍正)'이 저술한 《정자상본(程子詳本)》〈卷一, 道體二, 道理德性等名目〉에 나온다. "赤子之心爲已發是否 曰已發而去道未遠也. 赤子之心若何 曰取其純一近道也. 曰赤子之心與聖人之心若何 曰聖人之心如鏡如止水." 陳龍正,《程子詳本》[慶應義塾大學校, 古書 소장본] 92.
*한편《심경부주》에도 이 내용이 나온다.《심경부주》의 원문은 다음과 같다. "或問雜說中에 以赤子之心爲已發이라하니 是否잇가 程子曰 已發而去道未遠也니라. 大人이 不失其赤子之心은 如何잇가 曰 取其純一近道也니라. 曰 赤子之心與聖人之心이 若何잇가 曰 聖人之心은 如明鏡하고 如止水하니라." 성백효 역주,《譯註 心經附註》 245-246 참조.

고, 기(氣)가 탁(濁)한즉 재(才)가 악(惡)하다"고 하여, 물[水]로 성(性)을 비유하였다. 그러므로 '성즉기(性卽氣)', 이는 곧 '성(性)에 맑고 탁함[淸濁]이 있다'는 것이요, '성즉리(性卽理)' 이는 곧 '이(理)에 맑고 탁함[淸濁]이 있다'는 것이다. 그러므로 어찌 변하여 탁(濁)한 것이 맑은[淸] 것으로 되며, 모래와 돌이 바람에 까불려짐으로써 수성(水性)의 선(善)을 변화시킨다 하니, 이는 외물(外物)361)의 교류와 접촉으로 본성(本性)의 선(善)이 변한다는 것이다.

조심스럽게[愚] 이를 살펴보자면, 천지만물을 조화주(造化主)께서 창조하실 때에, 일기(一氣)가 있음에 또한 일리(一理)가 있고, 이(理)가 같으면 기(氣)가 반드시 같고, 기(氣)가 같으면 이(理)도 역시 같다.362) 사람이 한 평생 살면서 사람을 대하고 사물을 접하는 것을 하루도 그만두지 못할 일인데, 발현[發]하지 않는 정(情)도 없고, 움직이지 않는 기(氣)도 없을 것이다.

또한 "물의 성질[水性]이 바람이나 돌로 인하여 변함과 같이 사람의 성품[人性]이 변한다"고 하고, 또 말하기를 "성(性)이 바뀔 수 없다"는 것은 무엇을 가리키는 것인가?

"길흉(吉凶)·득실(得失)과 시비(是非)·평란(平亂)에 생각[思想]을 '느끼고 촉발하여[感觸]' 희(喜)·노(怒)·애(哀)·오(惡)를 발현[發]하거니와, '발현[發]하여 절도(節度)에 맞으면'363) 불선(不善)을 왕래하는 것이 없다"고 하는 것과 같이, 나의 마음이 내 속마음에 주재(主宰)하여 '선을 택해 굳게 잡으며'364), '사물이 다가오면 순리대로 응하여'365) 이(理)를 따라 명(命)에 순응한즉 기(氣)

---

361) 외물(外物) : ① 외계(外界)의 사물. ② 의식에 반영되는 객관적 세계에 존재하는 모든 대상(對象).
362) *《만종일련》의 원문은 다음과 같다. '理同者는 氣必同하며, 氣同者는 理亦同이라.'
363) *《중용》에 나오는 구절이다. "喜怒哀樂之未發을 謂之中이요, 發而皆中節을 謂之和니" 김혁재 교열, 《中庸》 9.
364) *'택선고집(擇善固執)'을 풀이하면 '선을 택하여 굳게 잡다'이다. 이는《중용》에서 인용한 것으로 보인다. '誠者天之道也誠之者之道也, 誠者不勉而中不思而得從容中道聖人也, 誠之者擇善而固執之者也.' 김혁재 교열, 《中庸》 84.
365) *원문은 '廓然大公 物來順應'이며, '마음을 확 트이게 크고 공정하게 하여 사물이 다가오면 순리대로 응할 뿐이다'로 풀이할 수 있다.

와 무관하고, 재(才)와도 무관한 것이다.
정명도[程] 선생의 '적절한 논의[格論]'는 자포자기(自暴自棄)한 사람은 '성질이 변하지 않는 어리석고 못난 사람[下愚不移]'이란 것이다. 따라서 비록 성인(聖人)이 함께 거하더라도 들어가서 변화되기가 불가능하다는 것은 진실로 우리가 '조심하고 각성해야 할[警醒]' 교훈이라 하겠다.

○ **주문공**(朱文公)

주문공(朱文公)이 말하기를, "'명(命)이 곧 성(性)이요, 성(性)이 곧 리(理)요, 리(理)는 곧 천(天)이니, 천(天)은 그 자연스러운 것에 나아감을 말한 것이요, 성(性)은 그 만물이 생(生)하는 것에 나아감을 말한 것이요, 명(命)은 그 물(物)에 부여된 것에 나아감을 말하는 것이다.'366) '천지의 성(性)을 논하자면, 오로지 이(理)를 가리켜 말함이요, 기질의 성(性)을 논하자면, 이(理)와 기(氣)가 섞여 있음을 말한 것이니, 기(氣)를 성명(性命)이라 말하지 못할지라도 성(性)은 다만 이(理)일 뿐이요'367) '생겨남도 없고 소멸함도 없는[不生不滅]' 괴연물(塊然物)368)이 아니다"라고 하였다.
또 말하기를, "'석가모니[釋氏]는 성(性)으로 공(空)을 삼았고, 우리 유학은 성(性)으로 실(實)을 삼았으니, '인(仁)·의(義)·예(禮)·지(智)'가 그것이다.'369) '하늘의 이치[天理]에는 본래 사람의 욕망[人欲]이 없으니,'370) '인성(人性)은

---

366) *《만종일련》의 원문은 "命即性이오 性即理오 理即天이니 天은 就其自然者言之오, 性은 就其萬物의 爲生者言之요, 命은 就其賦于物者言之라"이다. 《주자어류》에 나오는 내용이다. 黎靖德 編,《朱子語類 (第一册)》82.
367) *'인물지성(人物之性)'과 '기질지성(氣質之性)'에 대한 '주자(朱子)'의 주장은 《주자어류》에 잘 정리되어 있다. 黎靖德 編,《朱子語類 (第一册)》56-81.
368) *괴연물(塊然物) : 감정이 없는 물질.
369) *《주자어류》에 나온다. "蓋性中所有道理 只是仁義禮智便是實理. 吾儒以性爲實 釋氏以性爲空 若是指性來微心說, 則不可." 黎靖德 編,《朱子語類 (第一册)》64 참조.

선하지 않은 것이 없다. 비록 걸주(桀紂)371)의 악(惡)이라도 행한 일의 악함은 알지만, 그 행한 악은 인간욕망[人欲]의 (범주를) 벗어난[奪] 것이다.'372) 정이천[伊川]이 일찍이 말하기를, '천지가 정기(精氣)를 쌓아 (만물을 낳는데) 오행(五行)의 빼어난 (정기를 얻은) 것이 사람이다. 그 근본은 진실하고 고요하여 오성(五性)이 갖추어졌고 바깥사물(外物)에 닿은즉, 그 중심[中]이 움직여 칠정(七情)을 이룬다'373)고 하였다. 이 말을 찬찬히 음미해 보면, 하늘의 성(性)이 사물(物)에 감동되어 움직여 '옳고 그름[是非]'과 '진실함과 망령됨[眞妄]'이 자연스럽게 분별되니, 그 기준[節]에 중(中)과 부중(不中)이 있다. 성(性)이 치우침 없이 '반드시 중심에 있음[必中]'은 물[水]이 '반드시 차갑고[必寒]' 불[火]이 '반드시 뜨거운 것[必熱]'과 같으나, 사람이 그 성(性)을 잃어서 습성이 혼미해지면 그 중심[中]을 얻지 못하는 것이니, 성(性)이 부중(不中)한 것이 아니다. 사람과 사물[物]이 생겨남에 '편정(偏正)과 청탁(淸濁)과 혼명(昏明)'374)이 있어서, 이(理)는 같으나 기(氣)는 다르며, 기(氣)는 가깝지만 이(理)는 끊어졌

---

370) *《주자어류》[卷第十三, 學七]에 나오는 내용을 요약한 것으로 본다. 원문은 다음과 같다. "人之一心, 天理存, 則人欲亡, 人欲勝, 則天理滅, 未有天理人欲夾雜者. 〈중략〉 有天理自然之安, 無人欲陷溺之危." 黎靖德 編, 《朱子語類 (第一冊)》 224 참조.

371) 걸주(桀紂) : 중국 하(夏)왕조와 은(殷)왕조의 악역무도(惡逆無道)한 왕들로, 요순(堯舜)과 대비된다. 걸(桀)은 은(殷) 탕왕에게 정벌되어 명조(鳴條)에서 죽었고, 주(紂)는 경국지색 달기(妲己)에게 빠져 주지육림에서 헤어나지 못했다. 세금과 형벌을 무겁게 하고 포락(炮烙)의 형(刑)으로 충신들을 죽였다. 그의 악행이 그칠 줄 몰랐기 때문에 제후들이 들고 일어나, 주(周) 무왕(武王)과 목야(牧野)에서 싸워 멸망되었다. **"걸주(桀紂)"**, 김승동, 《유교·중국사상사전》

372) *《주자어류》에 나온다. "人性無不善 雖桀紂之爲窮凶惡, 也知此事是惡. 但則是我要恁地做, 不奈何, 便是人欲奪了." 黎靖德 編, 《朱子語類 (第六冊)》 2420 참조.

373) *이 부분은《논어집주》에 나오는 내용을 '탁사'가 요약한 것으로 본다. 《논어집주》의 원문은 다음과 같다. "天地儲精에 得五行之秀者爲人이니, 其本也眞而而靜하여 其未發也에 五性具焉하니 曰仁義禮智信이요 形旣生矣에 外物觸其形而動於中矣호라. 其中動而七情出焉하나니." 성백효 역주, 《論語集註》 107-108 참조.

374) *편정(偏正)은 '치우침과 바름', 청탁(淸濁)은 '맑고 흐림', 혼명(昏明)은 '어둡고 밝음'을 말한다. 이는《주자어류》에 나온다. 다음을 참고하라. 黎靖德 編, 《朱子語類 (第一冊)》 56-60 참조.

으니, 기(氣)가 서로 가까운 것은 '춥고 따뜻한 것[寒暖]과 굶주리고 배부름[飢飽]'을 알며, '살기를 좋아하고 죽기를 싫어하는 것'과 '이로움을 추구하고 해로움을 피하는 것'과 같은 것이다. 이(理)가 같지 않은 것은 '벌과 개미[蜂蟻]'의 군신(君臣)이 의(義)라는 글자 위의 한 점(點)이 명백하며, 호랑이[虎狼] 부자(父子)는 인(仁)이라는 글자 위의 한 점(點)이 분명하되, 그 밖에는 도무지 어두운 것과 같다. 사람과 사물[物]이 모두다 천지의 이(理)를 부여받아 성(性)이 되고, 천지의 기(氣)를 받아 형(形)을 이룬다. 그러므로 이(理)로 말하자면 온전하지 않음이 없고, 기(氣)로 말하자면 치우치지 않음이 없으니, 그런고로 사물[物]의 성(性)이 인성(人性)에 가까운 것도 있고, 인성(人性)이 물성(物性)에 가까운 자도 있다. 기질(氣質)의 성(性)으로 논하자면. 기(氣)가 '어둡고 밝음[昏明]·두텁고 얇음(厚薄)'의 치우침이 있다. 비유하자면 거울은 질(質)이고 빛은 성(性)이며, 물[水]은 질(質)이요 빛은 성(性)이다. 그렇다고 해도 거울과 물이 없으면 빛도 역시 흩어지게 된다. '인성(人性)이 모두 선(善)이지만 날 때부터 선한 사람과 악한 사람이 있는 것은 기품(氣稟)이 다르기 때문이다. 해와 달이 청명하고 기후가 때마침 온화할 때 기품이 생긴 자는 좋은[好] 개인(個人)을 형성하고, 해와 달이 혼탁하고 어두우며 사악한 기운이 일상을 거스르는 때에 기품이 생긴 자는 좋지 않은[不好] 개인을 형성하게 된다. 용감하게 나아가고 학문을 좋아하는 사람은 능히 기품(氣稟)의 성(性)을 변화시키므로 기(氣)의 치우침을 소멸케 한다.'375) 기(氣)의 핵심이라도 성(性)이 될 수 없으며, 성(性)의 '거친 것[粗者]'이라도 기(氣)가 될 수 없으니, 기(氣)는 스스로의 기(氣)요, 성(性)은 스스로의 성(性)이다"라고 하였다.

또 말하기를, "'기품(氣稟)이 맑은 자는 성현(聖賢)이 되니, 보배로운 진주

---

375) *《주자어류》에 나오는 내용이다. 《주자어류》의 원문은 다음과 같다. "人之性皆善. 然而有生下來善底, 有生下來便惡底, 此是氣稟不同. 且如天地之運, 萬端而無窮, 其可見者, 日月淸明氣候和正之時, 人生而稟此氣, 則爲淸明渾厚之氣, 須做箇好人; 若是日月昏暗, 寒暑反常, 皆是天地之戾氣, 人若稟此氣, 則爲不好底人, 何疑!" 黎靖德 編, 《朱子語類 (第一冊)》 73, 97 참조.

가 맑은 물에 있는 것과 같고, '기품이 혼탁한 자는 완고하고 어리석게 되니, 밝은 진주가 혼탁한 물에 있음과 같은데, 진주를 닦는 기술은 밝은 덕을 밝히는 것이다.'376) '비록 인성(人性)이 같으나 기품이 치우쳐 있으니, 목(木)의 기(氣)를 거듭 얻는 자는 측은지심(惻隱之心)이 항상 많아서 수오(羞惡)377)와 사양(辭讓)과 시비(是非)의 마음이 발(發)하지 않고, 금(金)의 기(氣)를 거듭 얻는 자는 수오지심(羞惡之心)이 항상 많아서 측은(惻隱)과 사양(辭讓)과 시비(是非)의 마음이 발(發)하지 않으니, 수(水)와 화(火)도 역시 그러하다. 음양이 덕(德)을 합하고 오성(五性)이 모두 갖추어진 후에 성인(聖人)이 된다.'378) 하늘이 사람을 낸 것은 조정(朝廷)에서 관리를 임명함과 같고, 사람에게 성(性)이 있음은 관(官)에서 직책이 있음과 같으니, 조정의 명(命)은 백성을 다스리고 법을 집행하지 않는 것이 없게 하는 것이다. 그러므로 어찌 선(善)하지 않은 것이 있겠는가! 또한 하늘이 사람을 낸 것은 인의예지(仁義禮智)의 이치[理]이다. 그러므로 어찌 선(善)하지 않은 것이 있겠는가! '기품(氣稟)의 맑고 탁함[淸濁]과 음양(陰陽)의 고르지 않음[不齊]이 있어서, 오복(五福)과 육극(六極)379)이 일치하지 않는다.'380) 사람의 '존귀와 빈천[貴賤]', '장수와 요절[壽夭]'을 논하자면, '이는 아무래도 하늘의 명(命)이니 깨끗하고 빼어난

---

376) *《주자어류》에 나오는 내용이다. "有是理而後有是氣, 有是氣則必有是理. 但稟氣之淸者, 爲聖爲賢, 如寶珠在淸冷水中; 稟氣之濁者, 爲愚爲不肖, 如珠在濁水中. 所謂"明明德者. 〈중략〉 理在氣中, 如一箇明珠在水裏. 理在淸底氣中, 如珠在那淸底水裏面, 透底都明; 理在濁底氣中, 如珠在那濁底水裏面, 外面更不見光明處 〈중략〉 得淸明之氣爲聖賢, 昏濁之氣爲愚不肖." 黎靖德 編,《朱子語類 (第一册)》73, 97 참조.
377) 수오(羞惡) : 불의(不義)를 부끄러워하고 불선(不善)을 미워하는 마음.
378) *《주자어류》에 나오는 내용이다. "人性雖同, 稟氣不能無偏重. 有得木氣重者, 則惻隱之心常多, 而羞惡·辭遜·是非之心爲其所塞而不發; 有得金氣重者, 則羞惡之心常多, 而惻隱·辭遜·是非之心爲其所塞而不發. 水火亦然. 唯陰陽合德, 五性全備, 然後中正而爲聖人也." 黎靖德 編,《朱子語類 (第一册)》74.
379) 육극(六極) : 여섯 가지 크게 불길한 일.
380) *《주자어류》에 나온다. "性者萬物之原, 而氣稟則有淸濁, 是以有聖愚之異. 命者萬物之所同受, 而陰陽交運, 參差不齊, 是以五福·六極, 値遇不一." 黎靖德 編,《朱子語類 (第一册)》76.

[精英] 기(氣)를 받은 자는 성현(聖賢)이요, 돈독하고 두터운[敦厚] 기(氣)를 받은 자는 온화하고, 맑고 고매한[淸高] 기(氣)를 받은 자는 귀(貴)하고, 넉넉하고 두터운[豊厚] 기(氣)를 받은 자는 부(富)하고, 장구[久長]한 기(氣)를 받은 자는 장수(長壽)하고, 쇠퇴(衰頹)하고 박탁(薄濁)381)한 기(氣)를 받은 자는 못나고 어리석게 되고[不肖], 가난하고 천하게 되며[貧賤], 일찍 죽게 되는 것[夭折]이다.'382) 재(才)와 심(心)을 논하자면, 재(才)는 심(心)의 힘이 되고, '심(心)은 일신(一身)의 주재(主宰)가 된다.'383) 심(心)은 비유하자면 물[水]과 같고, 성(性)은 물[水]의 이(理)가 되니, 성(性)이 서는[立] 것은 물[水]의 정(靜)이요, 행(行)은 물[水]의 동(動)이요, 욕(欲)이 발(發)하는 것은 물[水]이 넘치는 것이요, 재(才)는 물[水]의 기력(氣力)이니, 물[水]의 흐름에 완급이 있음은 재(才)가 같지 않기 때문이다. 성(性)이 체(體)가 되고 정(情)이 용(用)이 되며, 마음이 그것을 관통하고 있으니, '원형이정(元亨利貞)384)은 성(性)이요,'385) '낳고 성장하고 거두고 저장하는 것[生長收藏]'은 정(情)이다. 원(元)으로써 낳고[生], 형(亨)으로써 성장[長]하며, 이(利)로써 거두고[收], 정(貞)으로써 저장[藏]하니, '성(性)은 심(心)의 이(理)요, 정(情)은 심(心)의 용(用)이요, 심(心)은 정(情)의 주(主)이니,'386) 바른

---

381) * 쇠퇴(衰頹)는 '쇠하고 퇴락함', 박탁(薄濁)은 '박하고 흐림'
382) *《주자어류》에 나오는 내용이다.《주자어류》의 원문은 다음과 같다. "都是天所命. 稟得精英之氣, 便爲聖, 爲賢, 便是得理之全, 得理之正. 稟得淸明者, 便英爽; 稟得敦厚者, 便溫和; 稟得淸高者, 便貴; 稟得豊厚者, 便富; 稟得久長者, 便壽; 稟得衰頹薄濁者,〈一本作: "衰落孤單者, 便爲貧爲賤爲夭."〉 便爲愚·不肖, 爲貧, 爲賤, 爲夭." 黎靖德 編,《朱子語類 (第一冊)》 77.
383) *《주자어류》에 나온다. "性者, 卽天理也, 萬物稟而受之, 無一理之不具. 心者, 一身之主宰." 黎靖德 編,《朱子語類 (第一冊)》 96.
384) 원형이정(元亨利貞) : 사물의 근본 되는 도리. 주역에서 말하는 천도(天道)의 네 가지 원리. 즉 만물이 처음 생겨나서 자라고 삶을 이루고 완성된다는 뜻으로, '하늘이 갖추고 있는 네 가지 덕'을 일컫는 말.
385) *《주자어류》에 나온다. "乾之, 元亨利貞, 天道也, 人得之, 則爲仁義禮智之性." 黎靖德 編,《朱子語類 (第二冊)》 725.
386) *《주자어류》에 나온다. "嘗曰, '性者 心之理, 情者 性之動, 心者 性情之主." 黎靖德 編,《朱子語類 (第一冊)》 89. 한편 같은 책의 다른 대목에는 "蓋性卽心之理, 情卽性之用"라고 나온다. 黎靖德 編,《朱子語類 (第一冊)》 91.

형(形)이 있은즉 바른 마음[心]이 있는 것이다"라고 하였다.

◉ 이제 주문공(朱文公, 주자)의 성론(性論)을 살펴보자면, 반복되는 상세한 논지가 이(理)와 기(氣) 두 글자를 넘지 않는다.

주자가 말하기를, "성(性)이 곧 이(理)이니, 이(理)는 같으며 기(氣)는 다르다"고 하고, "성(性)이 체(體)가 되고 정(情)이 용(用)이 된다"고 하였다. 이는 '이(理)는 체(體)가 되고 기(氣)가 용(用)이 된다'는 것이지만, 형이상(形而上)을 도(道)로 삼고, 형이하(形而下)를 기(氣)로 삼은 것이다. 그러므로 중간에 있는 형(形)은 어느 곳을 작위(作爲)하는지 나는 알기 어렵다.

또 말하기를, "기(氣)가 음양을 바르게 하여 만물을 화생(化生)387)한다"고 하니, 이는 더욱 알 수 없는 일이다! 형(形)이 기(氣)로 말미암으나, 기(氣)가 능히 형(形)을 낳지 못하고, 이(理)가 기(氣) 가운데 들어간 후에 비로소 형(形)을 이루는 것을 얻게 되는데, 이(理)의 다른 곳은 논하지 않고 단지 기(氣)가 다름을 말하고 있으니, 이 어찌 논리의 결함이 아니겠는가!

세계 만물이 모두 천리(天理)로 '나고 또 나고[生生]' 한다면서, '모든 짐승[禽獸]'과 곤충(昆蟲)과 초목(草木)과 어별(魚鼈)388)은 다만 기(氣)가 편중됨으로써 저들처럼 꿈틀거리며 떼를 지어 달아난다고 한 것은, '모든 일에 밝아도 오직 한 부분만은 서툰 것이라 하겠다.'389)

이 세상에 3대 윤리(倫理)가 있으니, 천륜(天倫)과 인륜(人倫)과 물륜(物倫)이다. 하늘과 사람[天시]의 윤리가 어떻게 물륜(物倫)의 도리[理]와 같다고 하겠는가?

하나님[上主]께서 천상천하(天上天下)에 유형무상(有形無像)의 윤리를 창조하시니, 눈으로 볼 수 없고 귀로 들을 수 없고 손으로 만질 수 없는 천사의 부

---

387) 화생(化生) : 생물의 몸이나 그 조직의 일부가 형상이나 기능을 바꾸어 달리 되는 일. 몸이나 의탁할 곳이 없이 홀연히 생겨나는 일. 또는, 그렇게 생겨난 귀신.
388) 어별(魚鼈) : ① 고기와 자라. ② 해산 동물의 총칭.
389) * '만종일련' 원문에는 "미달일간(未達一間)"이라 되어 있다.

류가 있다. 또한 첩미지초(捷眉之鷦)390)와 부미지균(附黴之菌)391)은 형체가 극히 세미하여 눈으로 볼 수 없고 귀로 들을 수 없으며 손으로 만질 수도 없어서 만일에 현미경을 사용하지 않는다면 그 형체를 도저히 분별할 수 없다. 이와 같은 귀신의 부류와 '균과 벌레[菌虫]'는 질색하고 '덮어서 감추는[蒙蔽]' 일이 많은데, 주부자(朱夫子, 주자)는 윤리가 서로 단절됨을 깨닫지 못하고, 다만 의리지성(義理之性)과 기질지성(氣質之性)으로만 논하였으니, 후세 학자의 귀와 눈을 가리며, 사리(事理)를 밝게 보는 눈을 가진 사람의 비웃음[莞爾]392)을 면하기 어렵다. 또한 기품의 '맑고 탁함[淸濁]'과 음양의 가지런하지 않음으로써 '현명함과 우매함[賢愚]'·'고귀함과 미천함[貴賤]'의 구별이 있다고 하며, '학문에 용맹정진 하는 사람[勇學者]'은 기(氣)로 치우치는 것이 사라진다 하였다. 아울러 이(理)와 기(氣)를 함께 보자면, 이(理)는 작위(作爲)하는 바가 없고, 기질의 호(好)와 불호(不好)를 따라서 행한다 하였다. 그런데 여기서 기질(氣質)이 악한 자는 어떤 공부(工夫) 방법으로 변화하게 하며, 기(氣)가 탁한 자는 어떤 공부 능력으로 맑게 하겠는가?

또한 음양이 교차하며 운행하는 것은 사계절에 차이가 없고, 천지의 해와 달은 만고에 불변한 것인데, 가지런하지 않은 곳은 어디에 좇아서 오며, 누가 '가지런하지 않게[參差]' 하였는가? 이는 사람이 사람된 것과 사람과 만물의 본래 근원이신 대주재(大主宰) 하나님[上主]을 알지 못하기 때문이다.

사람이 한 세상을 살면서 자신이 스스로를 주관하여, 욕망을 따르는 것이 고쳐지지 않는 자는 완악하고, 천명에 순응하여 이(理)를 따르는 자는 어질고 사리에 밝은 사람이다. 비록 그렇다고 하더라도 혼탁하게 흐르는 물의 성질을 물이 스스로 맑게 할 능력이 없기에, 반드시 사람을 의뢰하여

---

390) * 첩미지초(捷眉之鷦) : '눈썹에 꽂혀있는 뱁새'라는 뜻으로 해석할 수 있다.
391) * 부미지균(附黴之菌) : '곰팡이에 붙어있는 세균'이라는 뜻이다.
392) * '완이(莞爾)'는 '빙그레 웃는 모습'이다. 《논어》·〈양화〉에 다음과 같은 구절이 나온다. "夫子莞爾而笑曰 割鷄에 焉用牛刀리요." "夫子께서 빙그레 웃으며 말했다. '닭을 잡는데, 어찌 소잡는 칼을 쓰느냐?'" 성백효 역주, 《論語集註》 342-343.

혼탁한 것이 변하여 맑게 되는 것과 같이, 인류가 자기 스스로의 능력이 없으므로 성령[聖神]의 권능을 의뢰하며 구세주[救主]의 은혜를 입으면 능히 원래 성품의 청결함을 회복하게 될 것이다.

○ **진북계(陳北溪), 오자징(吳子澄)**

유교[儒家]의 성리설(性理說)을 다시 논하자면, '진북계(陳北溪)'393) 선생이 말하기를, "성(性)이 곧 이(理)인데, 어찌하여 이(理)라 하지 않고 성(性)이라 하는가? 이(理)는 천지 사이에 있는 만물의 공공(公共)한 이(理)요, 성(性)은 하늘로부터 받아서 나에게 있는 것이기에 성(性)이라고 하는 것이다. 성(性)이라는 글자는 '마음이 낳는 것[心生]'을 따르는 것이므로 '인의예지(仁義禮智)'일 따름이다. 명(命)은 두 가지 의(義)가 있으니 곧 이(理)와 기(氣)이다. 이(理)가 기(氣) 가운데 주재(主宰)하여 핵심[樞紐]394)을 만들기에 '큰 덕화[大化]'가 유행하여 만물이 '끊임없이 생장하고 번성하게 되니[生生不息]', '하늘이 사람에게 부여한 것을 본성이라 한다'395)는 것과, '오십(五十)에 천명을 안다[知天命]'는 것과 '성(性)을 다하는 것이 곧 명(命)에 이르는 것'396)이라는 말은 온전히 이(理)를 가리킨다. '부귀빈천(富貴貧賤)과 수요화복(壽夭禍福)을 명(命)이라 한다'고 했을 때의 '명(命) 자(字)'와 '죽고 사는 것이 명(命)에 있다'라고 할 때의 '명(命) 자(字)'는 기(氣)를 받는 것의 '길고 짧음[長短]'과 '두텁고 얇음[厚薄]'을

---

393) 진순(陳淳, 1158~1223) : 남송 영종 때의 학자. 주자의 문인 중에 이름 높은 사람으로, 학자들은 '북계선생'이라 불렀다. 저서로 《논맹학용구의(論孟學庸口義)》, 《북계자의(北溪字義)》 등이 있다. **"진순(陳淳)"**, 김승동, 《유교・중국사상사전》
394) 추뉴(樞紐) : ① 핵심으로 함. 관건으로 삼음. ② 북극성의 중추인 천추성(天樞星). 또는 임금을 비유하는 말. ③ 문지도리와 인끈. 사물의 관건이나 서로 관련된 사물의 중심이 되는 부분을 비유하는 말.
395) *《만종일련》의 원문은 다음과 같다. "천명지위성(天命之謂性)."
396) *《만종일련》의 원문은 다음과 같다. "진성즉지명(盡性則至命)."

가리키는 것이다"397)라고 했다.

'오자징(吳子澄, 오징)'398)이 말하기를, "선(善)이라는 것은 하늘의 도(道)요 사람의 덕(德)이니, '하늘의 도[天道]'는 어찌하여 선(善)한가? '원(元)·형(亨)·이(利)·정(貞)'이 4계절[四時]에 유행하는 것을 명(命)이라 한다. '사람의 덕[人德]'은 어찌하여 선(善)한가? '인(仁)·의(義)·예(禮)·지(智)'가 한마음[一心]에 모두 갖춘 것을 성(性)이라 말한다. 이 선(善)은 하늘이 사람에게 준 것과 사람이 하늘에서 받은 것이니, 공적(公的)이면서도 사사롭지 않고, 같으면서도 다르지 않아 기질(氣質)의 가지런하지 않음이 혹시 있으나, 그 선(善)은 곧 하나다"399)라고 했다.

---

397) *이 부분은 '저자'가 《성리대전》·〈卷二十九, 性理一 性命〉에 나오는 내용을 요약한 것으로 보인다. "北溪陳氏曰 性即理也. 何以不謂之理而謂之性. 蓋理是汎言天地間人物公共之理 性是在我之理只這道理受於天而為我所有故謂之性 性字從生從心是人生來具是理於心方名之曰性 其大目只是仁義禮智四者而已. 〈중략〉 命一字有二義有以理言者有以氣言者其實理不外乎氣 蓋二氣流行萬古生生不息. 〈중략〉 理是也理在其中為之樞紐故大化流行生生未嘗 〈중략〉 如天命之謂性 五十知天命 窮理盡性至於命. 〈중략〉 貧富貴賤 壽夭禍福如所謂死生有命與莫非命也之命是乃就受氣之短長厚薄不齊上論是命分之命." 편집실 편, 《성리대전(性理大全)》 498-499.

398) *원나라의 저명한 학자인 '오징(吳澄)'을 달리 부르는 말이다.
※오징(吳澄, 1249~1333) : 원나라 무주(撫州) 사람. 자는 유청(幼淸) 또는 백청(伯淸)이고, 학자들은 초려선생(草廬先生)이라 부르며, 시호는 문정(文正)이다. 주희의 사전제자(四傳弟子)로, 이학(理學)을 위주로 하면서 심학(心學)도 아울러 취하여 주륙이가(朱陸二家)의 사상을 조화시켰다. 《도통도(道統圖)》를 지어 주자 이후의 도통을 계승한 사람이 자신이라 했다. 허형(許衡), 유인(劉因)과 더불어 원나라의 저명한 학자다. 저서에 《오경찬언(五經纂言)》, 《오문정집(吳文正集)》 등이 있다. **오징(吳澄)**, 임종욱 김해명, 《중국역대인명사전》

399) *이 부분은 '저자'가 《성리대전》·〈卷二十九, 性理一, 性命〉에 나오는 내용을 요약한 것으로 본다. "臨川吳氏曰 夫善者天之道也 人之德也 天之道孰為善 元亨利貞流行四時而謂之命者也 人之德孰為 善仁義禮智備具一心而謂之性者也 是善也天所付於人 人所受於天也 天之付於人者公而無私 人之受於天也 同而不異 雖或氣質之不齊而其善則一也" 편집실 편, 《성리대전(性理大全)》 498.
*'오징'의 문집(文集)인 《오문정집(吳文正集)》·〈卷 二〉에도 나온다. "夫善者天之道也 人之德也 天之道孰為善 元亨利貞流行四時而謂之命者也 人之德孰為善 仁義禮智

또 말하기를, "성(性)은 곧 천리(天理)인데 어찌 불선(不善)이겠는가? 다만 사람이 아버지에게서 기(氣)를 받을 때 '맑고 탁함[淸濁]'이 사람마다 같지 않고, 어머니에게서 바탕[質]을 이룰 때 '아름다움과 추함[美惡]'이 사람마다 같지 않은 것이 있으니, 지극이 맑고 지극히 아름다운 자는 '최상의 성인[上聖]'을 이룬다. 이는 원기(原氣)가 맑은 기운[氣]과 좋은 바탕[質] 중에 있어서 '오염되고 손상됨[汚壞]'이 없으므로, 요(堯)임금과 순(舜)임금의 성(性)은 지극히 선(善)한 것이요, 지극히 탁(濁)하고 지극히 악(惡)한 기질은 '가장 어리석은[下愚]' 성(性)이 옮겨가지 않은 것이다. 성(性)에는 '관대함과 편협함[寬偏]·느림과 빠름[緩急]'에서 같지 않은 것이 있고, 기(氣)에는 '맑고 탁함[淸濁]'과 '아름답고 미움[美惡]'이 가지런하지 않은 것이 있으나, 본성의 선(善)은 하나이다. 그러므로 학자는 마땅히 '더럽혀서 손상된[汚壞]' 성(性)을 바로잡아 회복하도록 해야 한다. 천하에 맑은 것 중에 물[水]과 같은 것이 없다. 그러므로 '앞선 유학자[先儒]'들이 물[水]이 맑은 것으로 성(性)의 선(善)을 비유했으나, 황하(黃河)의 물[水]은 만리(萬里)를 혼탁하게 흘러서 바다에 들어가되 능히 맑게 할 수 없음은 어찌된 것인가? 그 본원(本源)을 찾으면, 맑고 시원한 물이 바위틈에서 솟아나지만 진흙탕에 흘러감으로써 혼탁하게 되었다. 사람의 본성도 바위틈에서 솟는 물과 같은데 기질 가운데 국한되고 물욕(物慾)에 가려져서 탁류가 된다. 탁한 물을 그릇에 모아두고 갖풀[膠]을 던지면 탁한 것이 변하여 맑게 된다. 그러므로 근원이 맑은 것은 하늘[天]이요, 흐름이 탁(濁)한 것은 사람이다"400)라고 하였다.

備具一心而謂之性者也 是善也 天所賦於人 人所受於天也 天之賦於人者 公而不私 人之受於天也 同而不異 雖或氣質之不齊而其善則一也." 吳澄,《吳文正集》〔欽定四庫全書本, 浙江大學圖書館 所藏 古書〕

* 위의 《吳文正集》 '영인본'은 "中國哲學書電子化計劃(https://ctext.org/zh)"을 통해 확인하고 참고했음을 밝혀둔다.

400) * 이 부분은 '저자'가 《성리대전》·〈卷三十一, 性理三, 氣質之性〉에 나오는 내용을 요약한 것으로 본다. "天下之清莫如水 先儒以水之清喩性之善 人無有不善之性則世無有不清之水也 然黃河之水渾渾而流以至于海竟莫能清者何也. 〈중략〉 雖然原之清

◉ 이제 두 사람의 설(說)을 살펴보자면, 진북계의 설(說)은 주문공의 이기론(理氣論)과 거의 같아서 다시 그 이치를 밝히지 않아도 된다. 그리고 천명(天命)의 명(命)과 사생(死生)의 명(命)을 이(理)와 기(氣)로 나누어 근거를 들어 논(論)했으니, 사람의 삶과 죽음은 어찌 천명(天命)이 아니며, '장수·요절[壽夭]'과 '재앙·복락[禍福]'에는 설마 천리(天理)가 없겠는가? 학자는 깊이 연구해야 할 것이다.

오자(吳子)의 논지는 맹자의 성선설(性善說)과 송(宋)나라 유학(儒學)의 청탁(清濁)의 논변[辨]에 의거하여 미봉(彌縫)401)했으니, 논(論)하는 바가 당당하고 언사가 도도하다. 하지만 기(氣)가 탁(濁)하고 바탕[質]이 악한 자는 반드시 본성을 오염시키고 손상시킨다고 하니, 이는 실로 알 수 없는 일이다. 기질이 능히 그 이(理)를 무너지게 한다는 말인가? 대개 이(理)로써 그 기질을 절제하여 본성을 순(順)하게 하면 이것이 곧 선(善)이 되고, 이(理)가 기질에게 억제되어 욕망[欲]을 따른즉 악(惡)이 된다. 원래 선악(善惡)은 기질의 맑고 흐림과는 관계없는 것이며, '마음 바탕[心才]'이 오르고 내림을 따라 현명하거나 어리석게 된다. 그러므로 위에 도달한 자도 악한 사람으로 전락할 수도 있고, 매우 어리석은 자도 선한 사람으로 변화될 수 있다.

《성경》에서 말하기를, "육체의 소욕(所欲)은 성령[聖神]을 거스르고, 성령[聖神]의 소욕은 육체를 거슬러 양자(兩者)가 서로 대적이 된다"402)고 하였다.

  天也流之濁人也. 人者克則天者復亦在乎用力以清之者何如爾." 편집실 편, 《성리대전(性理大全)》 526-528.
 * '오징'의 문집(文集)인 《오문정집(吳文正集)》·〈卷 二〉에도 나온다. "性即天理 豈有不善 但人之生也 受氣於父之時 既有或清或濁之不同 成質於母之時 又有或美或惡之不同 氣之極清 質之極美者爲上聖, 蓋此理在清氣美質之中 本然之眞無所污壞. 此堯舜之性所以爲至善.〈중략〉其氣之至濁質之至惡者爲下愚上聖以下 下愚以上 或清或濁 或美或惡分數多寡有萬不同.〈중략〉夫世俗言人性寬性褊性緩性急 皆是指氣質之不同者爲性而不知氣質中之理謂之性.〈중략〉故學者當用反之之功反之如湯武反之也." 吳澄, 《吳文正集》
401) 미봉(彌縫) : 임시변통으로 얽어 맞추어 탈이 없이 하여감.

또 말하기를, "육신을 따르는 자는 육신의 일을 생각하고, 성령[聖神]을 따르는 자는 성령[聖神]의 일을 생각한다"403)고 했다. 그러므로 이 세상 인류가 귀천과 남녀를 막론하고 천상(天上) 주재(主宰)의 명령을 순종하거나 거역하며 살아가고 있는데, 송나라 유학자들은 매번 '맑고 탁함[淸濁]'의 기질로 사람의 '현명함과 어리석음'을 판정했으니, 참으로 슬프고 안타까운 일이라 할 것이다.

○ 허자(許子), 왕자(王子)

'허자(許子)'404)의 어록에서 말하기를, "'성(性)을 말하는 것은 곧 명(命)이 있음이요, 명(命)을 말하는 것은 곧 성(性)이 있음이다.'405) '인(仁)이라는 것은 성(性)의 지극함이요 애(愛)의 이치(理致)이며, 애(愛)라는 것은 정(情)의 발현이요 인(仁)의 작용이다.'406) '그렇게 된 까닭[所以然]'을 명(命)이라 하고, '마땅히 그러한 바[所當然]'를 의(義)라 하니, '하나의 일[一事]과 하나의 사물[一物]'에는 반드시 '그렇게 된 까닭[所以然]'과 '마땅히 그러한 바[所當然]'가 있

---

402) * 〈갈라디아서〉 5장 17절.
403) * 〈로마서〉 8장 5절.
404) 허자(許子) : 허노재(許魯齋, 1209~1281). 원나라 회맹(懷孟) 사람. 자는 중평(仲平)이고, 호는 노재(魯齋)며, 시호는 문정(文正)이다. 성격이 배우기를 좋아했다. 조복(趙復)의 문인 요추(姚樞)에게 이정(二程)과 주희(朱熹)의 저작을 얻어 소문(蘇門)에 살면서 요추와 함께 강습하면서 도학을 실천하는 것으로 임무를 삼았다. 저서로는 《노재집》이 있다. **"허형(許衡)"**, 임종욱 김해명, 《중국역대인명사전》
405) *《성리대전》·〈卷二十九, 性理一, 性命〉에 나온다. "魯齋許氏曰 凡言性者便有命 凡言命者便有性." 편집실 편, 《성리대전(性理大全)》 498.
406) * 이 부분은 '저자'가 《성리대전》·〈卷三十五, 性理七, 仁〉에 나오는 내용을 요약한 것으로 본다. "魯齋許氏曰 仁爲四德之長元者 善之長前人訓元爲廣大 直是有理心曾不廣大. 安能愛敬安能敎思容保民無疆 仁與元俱包四德而俱列並稱所謂合之不渾離之不散 仁者性之至而愛之理也. 愛者情之發而仁之用也." 편집실 편, 《성리대전(性理大全)》 591.

다"고 하였다.

'왕자(王子, 왕양명)'407)의 어록에서 말하기를, "성(性)은 하나뿐이니 그 형체를 일컬어 천(天)이라 하고, 그 주재(主宰)를 일컬어 제(帝)라 하며, 유행(流行)을 일컬어 명(命)이라 하고, 몸의 주인[主]를 일컬어 심(心)이라 하니, 심(心)이 발현하여 부모에게 효도하고 임금에게 충성하여 그 이름이 무궁하되 본성[性]은 하나뿐이다"408)라고 하였다.

◉ 이제 두 사람의 논설[說]을 살펴보자면, '허노재(허자)'의 설(說)은 성(性)과 명(命)을 서로 반론하고 조력하여 하나에 귀결하였으며, 인성(人性)의 이(理)와 애정의 발용(發用)을 명확히 논하였으니 사물(事物)에 당연하다.

그리고 '왕양명'의 '윤론(潤論)'은 성(性)으로 천지의 큰 근원을 지어서 '천(天)·제(帝)·명(命)·심(心)' 네 글자[四字]로 하나의 성(性)에 속하도록 했다. 이는 석가모니[釋氏]의 '깨달음의 법[悟法]'에서 나온 것이요, '온 세상에 홀로 존재한다[天上天下獨存]'는 뜻이 포장된 것이다.

왕양명[王氏]의 시(詩)에, "험이원불체흉중(險夷元不滯胸中)에 하이부운과태공(何異浮雲過太空)가 야정해도삼만리(夜靜海濤三萬里)에 월명비석천하풍(月明飛錫天下風)이

---

407) 왕양명(王陽明, 1472~1528) : 명(明)나라 중기의 대표적 철학자, 정치가이다. 이름은 수인(守仁). 그는 독자적인 유학 사상을 내세우고 특히 육상산(陸象山)의 사상을 계승하였다. 그의 사상은 '지행합일', '정좌법(靜坐法)' 등을 원리로 한다. 그의 사상을 통해 일관하고 있는 것은 '심즉리(心卽理)'라는 주관적 관념론의 입장이다. 저서에는 《전습록(傳習錄)》이 있으며, 《왕문성공전서(王文成公全書)》가 전서산에 의하여 편집되었다. **왕양명(王陽明)**, 철학사전편찬위원회, 《철학사전》

408) *이 부분은 '저자'가 《전습록(傳習錄)》·〈卷上, 門人陸澄錄〉에 나오는 내용을 요약한 것으로 본다. "仁義禮智也是表德. 性一而已. 自其形體也, 謂之天. 主宰也, 市之帝. 流行也, 謂之命. 賦於人也, 謂之性. 主於身也, 謂之心. 心之發也, 遇父便謂之孝, 遇君便謂之忠. 自此以往, 名至於無窮, 只一性而已." 김학주 역주, 《전습록(傳習錄)》(서울; 명문당, 2005) 119-120.

라"409)고 했다. 이는 모두 불타[佛氏]의 견성설(見性說)이지 유교의 언설(言說)은 아니다.

○ 담약수(湛若水), 왕응교(汪應蛟)

'담약수(湛若水)'410) 선생이 말하기를, "천지의 성(性)은 기질(氣質) 밖에 있는 것이 아니다. 그러므로 천하에 본성[性]을 말함은 곧 기질을 논하는 것이니, 기질이 없다면 성(性)을 확인할 수 없다. 그러므로 생명[生]이 있은 후에 성(性)이라는 이름이 있게 된 것이다"411)라고 했다. 또 말하기를, "우주 안에 기(氣)는 하나뿐이니 음과 양의 내면[中]을 도(道)라 하고, 형체를 이룬 것들 중에서 큰 것을 하늘과 땅이라 하며, 그 안의 주재(主宰)를 상제[帝]라 하고, 공용(功用)412)을 귀신(鬼神)이라 하며, 생물들의 내면[中]을 본성이라 하고, 허령(虛靈)한 지각(知覺)을 마음[心]이라 하며, 성(性)이 움직여 반응하는 것을 정(情)이라 하고, 지극히 공변되고 바른 것을 이(理)라고 하니, 성(性)은

---

409) * 이를 풀이하면 다음과 같다. "험하고 평이함이 원래 가슴에 맺혀 있는 게 아니니, 뜬 구름이 하늘을 지나감과 어이 다르랴. 밤은 고요한데 3만리 파도 달 밝은데 천하의 바람이 불어온다."
410) 담약수(湛若水, 1466~1560) : 명(明)나라 광동(廣東) 사람. 자는 원명(元明)이고, 호는 감천(甘泉)이며, 시호는 문정(文正)이다. 진헌장(陳獻章)에게 배웠다. 왕수인(王守仁)과 함께 강학했지만, 왕수인은 치양지(致良知)를, 담약수는 수처체인천리(隨處體認天理)를 종지로 삼아 각각의 학파를 세웠다. 저서로는 《감천문집》,《감천신론(甘泉新論)》 등이 있다. **담약수(湛若水)**, 임종욱 김해명,《중국역대인명사전》
411) * '담약수'의 저서인 《泉翁大全集》·〈卷二, 新論, 性情章 第十一〉에 나온다. "天地之性也, 非在氣質之外也, 其中正焉者, 即天地之中賦於人者也. 故曰 天地之性. 是故天下之言性也. 皆即氣質言之者也. 無氣質則性不可得而見矣. 故生而後有性之名." 湛若水 著, 鍾彩鈞 游騰達 點校,《泉翁大全集(一)》(台北 ; 中研院-中國文哲研究所, 中華民國一〇六年, 2017) 49.
412) 공용(功用) : ① 공효(功效), 공을 들인 보람이나 효과. ② 몸과 입과 뜻으로 짓는 행위, 말, 생각 따위를 이르는 말.

기(氣)요 감응하는 것은 정(情)이다. 성(性)이란 천지만물로 일체가 된 것이니 혼연한 우주에 그 기(氣)가 같음이요, 심(心)이란 천지만물을 몸으로 삼아 빠트리지 않는 것이니, 심성(心性)이 '한 이치[一理]'이다"413)라고 했다. 또 말하기를 "사람이 성(性)이 있으므로 '희·노·애·오(喜·怒·愛·惡)'의 욕망이 자연히 생기게 된다. 따라서 욕망도 또한 성(性)이다. 일[事]의 선악은 마음에 존재하여 '거두고 다스림[收攝]'이요, '본성에 따른 욕망[性欲]'의 죄가 아니다"라고 하였다.

〈왕자류편(汪子類篇)〉414)에서 말하기를, "인의예지(仁義禮智)는 기(氣)이며 마음의 덕(德)이다. 만물에 발휘(發揮)한 후에 성(性)의 본체[體]를 볼 수 있으니, 성(性)은 그것의 임금[帝]이요, 마음은 그것의 궁궐이요, 물(物)은 그것의 '신하와 서민[臣庶]'이다. 성(性)이 물(物)을 통하여 격물(格物)415)로써 본성을 알게 되는 것은 임금[帝]이 만방에 군림하는 것과 같다. 성(性)은 하나일 뿐인데 천지(天地)의 성(性)과 기질(氣質)의 성(性)이 있다고 하는 것은, 비유하자면 태양과 같아서, 태양이 중천에 내리비치면 아주 밝고 환하게 되고, '정원과

---

413) * '담약수'의 저서인 《泉翁大全集》·〈卷一, 序〉에 나온다. "宇宙間一氣而已. 自其一陰一陽之中者謂之道, 自其成形之大者謂之天地, 自其主宰者謂之帝, 自其功用者謂之鬼神, 自其妙用者謂之神, 自其生生者謂之易, 自其生物而中者謂之性, 自其精而神, 虛靈知覺者謂之心, 自其性之動應者謂之情, 自其至公至正者謂之理, 自其理出於天之本然者謂之天理, 其實一也.." 湛若水 著, 鍾彩鈞 游騰達 點校,《泉翁大全集(一)》50.
414) * '왕자(汪子)'는 명(明)나라의 유학자인 '왕응교(汪應蛟)'를 지칭한다.
※왕응교(汪應蛟, 1550 - 1628) : 자(字)는 '잠부(潛夫)', 호(號)는 등원(登原), 명(明)나라 만력(萬曆) 2년(1574년)에 관직에 나아간 이후 공부우시랑(工部右侍郎), 병부좌시랑(兵部左侍郎), 남경병부상서(南京兵部尚書) 등을 역임했다. 평생 많은 저작을 남겼는데, 《시례학약(詩禮學略)》, 《향약기(鄉約記)》 등 백여권이 있다. "汪應蛟",《百科知識》(百科知識中文網, https://www.easyatm.com.tw/wiki/)
415) * 격물(格物) : 《대학(大學)》에 제시된 8조목의 첫 번째 항목인데, 이에 대한 주자학과 양명학의 해석이 다르다. 주자학에서는 '격물'을 사물이 담고 있는 이치를 탐구한다는 의미로 해석했고, 양명학에서는 사물을 바로잡는다는 의미로 해석했다. 참고로 8조목은 격물(格物), 치지(致知), 성의(誠意), 정심(正心), 수신(修身), 제가(齊家), 치국(治國), 평천하(平天下)이다. 김혁제 교열,《大學集註》15 참조.

집[庭屋]'에 비치면 화평하고, 집안 깊숙한 곳에 비치면 그 광채가 흐릿하게 된다. 이는 태양이 밝지 않아서가 아니라 비추는 장소가 다르기 때문이다. 이처럼 성(性)이 불선(不善)함이 아니라 기(氣)에 가려져서 그런 것이다. 따라서 기질(氣質)은 성(性)이 아닌 것이 분명하다"416)고 했다.

또 말하기를, "물(物)이 있으면 성(性)이 있기 마련이지만 물(物)을 성(性)이라 말하지 못하고, 기(氣)가 있으면 이(理)가 있기 마련이지만 기(氣)를 이(理)라고 말하지 못한다. 물(物)은 성(性)에 어긋나는 경우가 있고, 기(氣)는 이(理)를 거스르는 경우가 있으니, 하늘의 폭풍(暴風)이나 장맛비[淫雨], 그리고 사람의 방자한 마음이나 끝없는 욕망을 이(理)라고 말할 수 있겠는가? 도적은 병장기로 포학한 짓을 하고, 간악한 관리는 조문(條文)과 법령으로 악한 짓을 하니, 이를 도(道)라고 말할 수 있겠는가? 군자(君子)는 이(理)를 궁구하고 성(性)을 극진히 함으로써 어디를 가든지 이(理)를 보며 어떤 일을 당하든지 성(性)을 본다. 그러므로 성(性)에 어긋나는 물(物)을 제어하여 순종케 하며, 이(理)를 거스르는 기(氣)를 바로잡아 순종케 해야 한다."417)

---

416) *《왕자중전(汪子中詮)》에 나온다. 원문의 출처는 '하버드대학교 옌칭도서관(Harvard University-Yenching Library)'에서 소장하고 있는 고문본(古文本)으로 '만력무오년(萬曆戊午年, 1618년)'에 간행되었다. '원본'은 '하버드대학교 전자도서관(https://curiosity.lib.harvard.edu/chinese-rare-books)'에서 확인할 수 있다. 한편 1978년에 '타이베이[臺北]'의 중국자학명저집성편인기금회(中國子學名著集成編印基金會)'에서 이 원본[敬思堂藏板]을 영인하여 《王子中詮》 영인본(影印本)을 펴냈다. 이 책에서는 이 두 자료 모두를 참조하여 인용했다. 원문은 다음과 같다. "仁義禮智性也. 心之德也. 發揮於萬物而後 性體見焉 以物則言秉彝者眞知性命之情矣. 性藏用 物顯仁 性其帝, 乎心其宮闕, 乎物則萬方臣庶. 乎性通於物而格物卽所以知性 其猶帝臨萬方. 乎萬方克綏位乃不疚. 〈중략〉 性一也 謂有天地之性有氣質之性者過也. 人之生也 氣以成形性寓於氣 氣有淳漓淸濁 故其具性有偏全 譬之太陽 中天明一也 寓之於廖 廓則炳炳然寓之於庭屋則融融然寓之於突奧屋漏則濛濛然其所寓殊也. 故日未有不明者也. 性未有不善者也. 有不善氣質蔽之氣質非性也." 汪應蛟, 《汪子中詮》·〈卷一〉[敬思堂藏板, 萬曆戊午年(1618年) 鐫] 1-2. ; 汪應蛟, 《汪子中詮》(臺北: 中國子學名著集成編印基金會, 民國67[1978]) 13.

417) *《왕자중전(汪子中詮)》에 나온다. "有物斯有性 物不可謂之性. 有器斯有道 而器不可謂之道. 有氣斯有理 而氣不可謂之理. 夫物固有拂性者矣. 器固有畔道者矣. 氣固有逆

또 말하기를, "그 성(性)을 능히 극진하게 하는 자는 인물(人物)의 성(性)도 극진하게 하니, '맹자가 성선(性善)을 말함은 참된 본체[眞體]가 하나임을 말한 것이고, 공자가 서로 가까움[相近]418)을 말한 것은 분수와 도량[分量]이 특별함을 이른 것이다. 성(性)이 반드시 선한 것은 불의 뜨거움이나 물의 촉촉함과 같은데, 보통사람은 가물가물하나 성인(聖人)은 큰 화로[洪爐]의 불꽃이 들판을 사르는 것과 같으며, 보통사람은 연연(涓涓)419)하지만 성인(聖人)은 깊은 샘에서 물이 끊임없이 흘러나와 바다에 이르는 것과 같다"420)고 하였다.

또 말하기를, "하늘과 땅의 생물들 중에 사람이 가장 신령스러워 만물의 주재(主宰)가 되고, 성스러운 지혜[聖智]는 만민의 주재가 되니 하늘의 뜻이 아닌 것이 없다 하겠다. 그리고 성(性)은 마음으로 좇아 생겨난 것이니, 마음에서 생겨난 것은 모두 성(性)이다. 귀와 눈[耳目]이 각각 소리와 빛깔[聲色]을 분별하고, 입과 코[口鼻]는 각각 냄새와 맛[臭味]을 분별하는 것과 같아서 악한 것도 성(性)이 아니라고 말하지 못할 것이다"421)라고 하였다.

理者矣. 天之暴風滛雨 人之恣情極欲 可謂理乎. 盗以干戈爲虐 吏以文法 爲奸 可謂道乎. 儉壬亂國虎豹噬人 可謂性乎. 惟君子窮理盡性則無適而不見理. 無適而不見性. 故拂性之物可制而馴也. 畔道之器可矯而直也. 悖理之氣 可格而順也." 汪應蛟, 《汪子中詮》·〈卷一〉4-5. ; 汪應蛟, 《汪子中詮》(臺北: 中國子學名著集成編印基金會, 民國 67[1978]) 20-21.

418) * 공자는 "인간의 타고난 본성은 서로 비슷하지만 습관에 의해 현격한 차이를 갖게 된다"고 말했다. 《논어》·〈양화〉에 나온다. "子曰, 性相近也, 習相遠也." 김혁제 교열, 《論語集註》354~355 참조.
419) 연연(涓涓) : (시냇물 따위의) 흐름이 가늚.
420) *《왕자중전(汪子中詮)》에 나온다. "盡性斯聖也. 〈중략〉 孟氏言性善眞體一也. 夫子言性相近分量殊也. 夫性之必善猶 火之炎而水之潤 衆庶星星 聖人則洪爐焰焰欲燎原矣. 庶人涓涓 聖人則原泉 混混欲放海矣." 汪應蛟, 《汪子中詮》·〈卷一〉8-9. ; 汪應蛟, 《汪子中詮》(臺北: 中國子學名著集成編印基金會, 民國67[1978]) 28-31.
421) *《왕자중전(汪子中詮)》에 나온다. "惟天生物惟人最靈. 中國蠻貊人也. 麟鳳龜龍與豹虎蛇蝎皆物也. 人居物中爲萬物宰. 聖智居人之中爲萬民宰. 皆天也. 夫人性亦猶是焉 性從心生. 凡生於心者 皆性也. 如耳目之於聲色口鼻之於臭味安可謂非性. 故謂性則心可也. 惡亦不可謂非性也." 汪應蛟, 《汪子中詮》·〈卷一〉37-38. ; 汪應蛟, 《汪子中

또 말하기를, "성(性)이 물(物)을 떠나서 능히 성(性)이 될 수 없으므로 만물이 각각 나에게 갖추어져 본성의 실체(實體)가 되고, 물(物)은 성(性)을 떠나서 물(物)이 될 수 없으므로 병이(秉彝)422)에서 나오니, 물(物)의 '참된 근원[眞源]'이 된다. 그러므로 이치[理]를 궁구하는 자는 사물에 있는 이치[理]를 궁구하는 것이 아니라, 내가 '사물을 거느림[御物]'에 있어서 그 이치[理]를 궁구하는 것이다. 또한 격물(格物)하는 자는 물(物)에 있는 물(物)을 '바로잡는 것[格]'이 아니라, 스스로 구비되어 있는바 나의 물(物)을 바로잡을[格] 뿐이다. 그러므로 '사물을 구비하고 있는 나[備物之我]'와, '내게 구비되어 있는 사물[備我之物]'을 능히 알면 '깨끗하고 순수하여[精粹]' 허물이 없게 된다. 이는 '아는 것에 이르고 그칠 데를 아는 것[知至知止]'423)과 '본성을 알게 되고 하늘을 알게 되는 것[知性知天]'424)이다"425)라고 하였다.

또 말하기를, "지극히 심오하지만 싫증내서는 안 되는 것은 물(物)이요, 지극한 하나이지만 빠뜨려서는 안 되는 것은 성(性)이요, 지극히 변화하지만 '멋대로 방치[放逸]'해서는 안 되는 것은 마음이다. 마음이 방일(放逸)하면 성(性)이 이탈하게 되니, '경계하고[戒] 삼가고[慎] 두려워하고[恐] 조심하는[懼] 것'426)과 '배우고[學] 묻고[問] 생각하고[思] 분변하는[辨] 것'427)은 성(性)을 보

詮》(臺北: 中國子學名著集成編印基金會, 民國67[1978]) 86-87.
422) 병이(秉彝) : 타고난 천성을 그대로 지킴.
423) *지지(知至)와 지지(知止) : 《대학》에 나오는 말로, 지지(知至)는 앎이 최고의 경지에 이르게 됨을 말하며, 지지(知止)는 머물러야 할 곳으로서의 지선(至善)을 알게 됨을 말한다. 김혁제 교열,《大學集註》12, 17 참조.
424) *지성(知性)과 지천(知天) : 《맹자》·〈진심상〉에 나오는 말이다. "盡其心者, 知其性也; 知其性, 則知天矣." 풀이하면 다음과 같다. "그 마음을 극진히 하면 그 본성을 알게 되고, 그 본성을 알면 하늘을 알게 된다." 김혁제 교열,《孟子集註》341 참조.
425) *《왕자중전(汪子中詮)》에 나온다. "性不能離物而爲性 萬物各備於我 性之實體也. 物非能離性而爲物 物則出於秉彝物之眞原也. 窮理者非窮在物之理. 窮吾所御物之理而已. 格物者非格在物之物 格吾所自備之物而已. 能知備物之我與備我之物 渾合而不二也. 精粹而無疵也. 是謂知至知止 是調知性知天." 汪應蛟,《汪子中詮》·〈卷二〉 13-14. ; 汪應蛟,《汪子中詮》(臺北: 中國子學名著集成編印基金會, 民國67[1978]) 130-131.

존하려는 것이요, '본성을 이루어 보존하고 보존하는 것[成性存存]이 도의(道義)의 문'428)이다"429)라고 했다.

또 말하기를, "양의(兩儀, 음陰과 양陽)는 영원불변한 위상이 있고, 해와 달은 영원불변한 밝음이 있으며, 4계절[四時]은 영원불변한 질서가 있고, 만물은 영원불변한 성(性)이 있는데, 모든 사물에 영원불변한 본성이 있는 것은 '참되고 거짓이 없는[眞實無妄]' 연유이다. 본성은 '선하지 않는 것[不善]'이 없어서 하늘이 진실로 명하신 것이지만, 불선(不善)이 있게 된 것은 기(氣)가 가려졌고 습(習)이 옮겨졌기 때문이지 성(性)의 본체는 아니다. 오늘날 해와 달이 어두워지며[晦蝕], 여름에 우박이 내리거나 겨울에 우레가 치기도 하여 오기(五氣)430)가 어지러우며 차질을 빚기도 하지만, 영원불변한 밝음과 질서는 영원토록 한결 같다. 그러므로 말하기를, 성(性)을 논함에 기(氣)를 아울러 논하는 것은 가능하거니와, '천지의 성(性)'이 있고 또한 '기질의 성(性)'이 있다고 하는 것은 불가능한 것이다. 대개 기질은 성(性)이라고 할 수 없으니, 영원불변한 성(性)이 어찌 둘이 있다 하겠는가?"431)라고 하였다.

---

426) *《만종일련》의 원문에는 "戒愼恐懼"라고 나온다. 이는《중용》에 나오는 말이다. 《중용》의 원문은 다음과 같다. "君子 戒愼乎其所不睹 恐懼乎其所不聞, 군자는 그 보지 않는 바에도 경계하고 삼가며, 그 듣지 않는 바에도 두려워하고 조심하는 것이다." 성백효 역주,《大學·中庸 集註》60.

427) *《만종일련》의 원문에는 "學問思辨"이라고 나온다. 이는《중용》에 나오는 말이다.《중용》의 원문은 다음과 같다. "博學之 審問之 愼思之 明辨之 篤行之, 널리 배우며, 자세히 물으며, 신중히 생각하며, 밝게 분변하며, 독실하게 행하여야 한다." 성백효 역주,《大學·中庸 集註》94.

428) *《주역》·〈계사상〉에 나오는 말인데, 원문은 다음과 같다. "天地設位 而易行乎其中矣 成性存存 道義之門." 명문당 편찬,《正本周易》366 참조.

429) *《왕자중전(汪子中詮)》에 나온다. "至頤而不可厭者物也. 至一而不可遺者性也. 至變而不可逸者心也. 心逸則性離矣. 戒愼恐懼無寂減顯微一也. 愼獨嚴乎其寂感顯微之交也. 學問思辯 篤行致戒懼之實功也. 夫戒懼所以存性 成性存存 道義之門." 汪應蛟,《汪子中詮》·〈卷一〉9-10. ; 汪應蛟,《汪子中詮》(臺北: 中國子學名著集成編印基金會, 民國67[1978]) 31-31.

430) *오기(五氣): ① 우리 몸의 다섯 장기인 오장(五臟)의 기운을 가리킴. ② 오행(五行: 金, 木, 水, 火, 土)의 기운을 가리킴.

◉ 이제 두 분의 설(說)을 살펴보면, '담감천(湛甘泉)'432) 선생은 '기질(氣質)의 성(性)'만 주로 논의하여 말하기를, "기질이 없으면 성(性)을 볼 수 없다"고 하였으니, 이는 "물(物)이 없으면 이(理)가 없으니 이(理)를 어디에 의거해서 논의하며, 일월(日月)이 없으면 음양을 어디에서 증거하겠는가?"라고 한 것이다.

이 설(說)이 이치에 가까운 듯하지만, 다만 형이하(形而下)를 논한 것이며, 형이상(形而上)은 언급하지 않았다. 천지가 없다고 해서 어찌 영존(永存)하신 주재(主宰)가 존재하지 않는다고 하며, 볼 수 없다고 해서 어찌 이(理)가 없다고 말할 수 있는가?

또 말하기를, "욕(欲)은 또한 성(性)이요, 정(情)은 감응(感應)에 속한다"고 했으니, 정욕(情欲)433)은 육체에 속한 악이요 죄를 잉태하는 원인인데, 어찌 성(性)이라 하는가? 이를 타당하다고 단언하기가 어렵다.

'왕응교(汪應蛟) 씨'가 성리(性理)를 논한 것은 고견(高見)이 탁월하고 연구와 논변이 심오하여, 송나라 유학자에 비할 바가 아니다. 그렇지만 그 중에 모순되는 말이 없지 않으니, "천명(天命)의 항성(恒性)434)은 순진(純眞)하고 반드시 선(善)하므로 유일무이하다"라고 하며, 또 말하기를, "성(性)에 치우침과 완전함이 있는 것은 비유하자면 태양이 방안 깊숙한 곳에 비침과 같다"고 하니, 이는 '기폐지설(氣蔽之說)'435)을 주장한 것이다.

---

431) *《왕자중전》에 나온다. "兩儀有恒位 二曜有恒明 四時有恒序. 萬彙有恒性. 凡物之有恒者. 必其眞純無妄. 故能恒也. 故性無不善. 天實命之 其有不善焉者 氣蔽之而習遷之 非性之本體也. 氣蔽之而幾希猶近習遷之而聖狂始遠. 今夫日月晦蝕 夏雹冬雷 五氣紛揉 偶成愆戾而恒明恒序者 亘古如一. 此氣蔽之說也. 故謂論性當兼論氣則可謂有天地之性. 又有氣質之性. 氣質不可言性 且旣曰恒性又安有二也." 汪應蛟,《汪子中詮》·〈卷四〉 19-20. ; 汪應蛟,《汪子中詮》(臺北: 中國子學名著集成編印基金會, 民國 67[1978]) 321-322.
432) * '감천(甘泉)'은 '담약수(湛若水)'의 아호(雅號)이다.
433) 정욕(情欲) : ① 마음에 생기는 온갖 욕망. ② 사욕(四欲)의 하나. 물건을 탐내고 집착하는 마음.
434) 항성(恒性) : ① 늘 한결같은 성질. ② 누구에게나 있는 공통적인 성품.

그러나 '성(性)은 마음을 따라 생겨난 것'이라 하고, '성(性)은 물(物)을 떠날 수 없다'고 하며, '기질(氣質)은 성(性)이라고 말할 수 없다' 하고, '악(惡) 또한 성(性)이 아니라고 말할 수 없다'고 하니, 성(性)의 핵심을 잡기가 어렵다. 태양이 정원이나 방안 깊숙한 곳에서 훤한 정도이거나 어둑어둑한 것은 그 빛이 동일하지 않음을 논하는 것이니, 이는 개[犬]의 성(性)이 고양이[猫]와 같지 않고, 소[牛]의 성(性)이 사람과 같지 않은 것과 비교할 수 있다. 물(物)이 있으면 반드시 법칙이 있고 이(理)가 있으니, 상제께서 사람과 물(物)의 성(性)을 같지 않게 조성하신 것이다.

인성(人性)으로 말하자면 동일하다고 하겠지만 '마음바탕[心才]'이 동일하지 않은 것은 '벽돌과 기와[磚瓦]'와 같아서, 모두 진흙에서 만들어져 나오지만 그 모양을 동일하지 않게 한다. 또한 사기그릇[磁器]과 같아서 장인이 같은 흙으로 귀하고 천한 그릇을 각각 만들어 가장 정교한 것은 상등의 그릇으로 완성하고 지극히 탁한 것은 하등의 그릇으로 완성케 하되, 진흙이 자연 운행의 권한이 없고 또한 '지음 받은 물건[受造物]'이 되어서 조성하신 분에게 감히 대소(大小)와 귀천(貴賤)을 힐난하지 못할 것이다.

그러므로 '왕응문 씨[汪氏]'의 수준 높은 담론이 합당치 않은 것은 아니지만, 원조(元祖) 아담[亞當]의 범죄 이전의 원래 성(性)을 논하고 범죄 이후의 부패한 성(性)을 알지 못함으로써, 다만 기(氣)의 가림과 습(習)의 옮김에 관한 설(說)로 자신의 주장을 밝힌 것이라 할 수 있다.

○ 정요전(程瑤田), 고염무(顧炎武)

'정요전(程瑤田) 씨'가 〈술성편(述性篇)〉[436]에서 이르기를, "천지(天地)가 있은

---

435) *기폐지설(氣蔽之說) : 기(氣)가 가려졌다는 설설)
436) *〈술성편(述性篇)〉은 정요전의 책, 《논학소기(論學小記)》의 '편명'이다. 《논학소

뒤에 천지의 성(性)이 있고, 사람이 있은 뒤에 사람의 성(性)이 있고, 만물이 있은 뒤에 만물의 성(性)이 있다. 만물이 있으면 '질(質)·형(形)·기(氣)'가 반드시 있고, '질(質)·형(形)·기(氣)'가 있으면 반드시 그 성(性)이 있는 것이니, 이는 성(性)이 '질(質)·형(形)·기(氣)'를 좇아서 있는 것이다. 그러므로 천지의 자리에는 곧 '원(元)·형(亨)·이(利)·정(貞)'의 덕(德)이 반드시 있으니, 이는 천지의 성(性)이 선(善)함이요, 사람이 태어나면 '인(仁)·의(義)·예(禮)·지(智)'가 반드시 있으니 이는 사람의 성(性)이 선함이요, 모든 만물은 '인(仁)·의(義)·예(禮)·지(智)'의 덕이 완전하지 못하므로 만물의 성(性)이 인성(人性)의 선함에 미치지 못한다. 가령 성(性)으로 하여금 '질(質)·형(形)·기(氣)' 밖에 초월하도록 하면, 천지도 있기 전에 이 성(性)이 먼저 있어서 이 성(性)이 천지를 만들고, 천지가 또한 이 성(性)을 구비하여 사람과 만물을 낳았으니, 이와 같은즉 단지 사람의 성(性)만 선한 것이 아니라 만물의 성(性)도 역시 선하다고 할 수 있다. 호랑이[虎狼]는 부자(父子)의 정이 있고, '벌과 개미[蜂蟻]'는 군신(君臣)의 의리가 있지만, 그 성(性)이 선하지 않은 것은 어찌된 것인가? 이는 그 '질(質)·형(形)·기(氣)'가 물(物)이고 사람이 아니기 때문이다. 사람이 만물과 다른 것은 '인(仁)·의(義)·예(禮)·지(智)'의 덕이 갖추어진 '질(質)·형(形)·기(氣)'가 있기 때문이다"라고 하였다.437)

기)》는 '상권(上卷)', '중권(中卷)', '하권(下卷)'으로 되어 있는데, '상권'에는 '지학편(志學篇)'과 '신독편(愼獨篇)' 등이 있고, '중권(中卷)'에는 '술성편(述性篇)'과 '술정편(述情篇)'이 있으며, '하권'에는 '술명편(述名篇)'과 '술진편(述眞篇)' 등이 있다. 역자(譯者)가 인용한 《논학소기》는 '국립중앙도서관'이 소장한 '고서(古書) 영인본(影印本)'으로 1803년에 발행된 책이다.

437) * '정요전'의 책, 《논학소기(論學小記)》에 나오는 내용을 《만종일련》의 저자인 '탁사'가 발췌하여 정리한 것으로 본다. 《논학소기》의 원문은 다음과 같다. "有天地然後 有天地之性. 有人然後 有人之性. 有物然後 有物之性. 有天地人物則必有其質有. 其形有其氣矣. 有質有形有氣. 斯有其性 是性從. 其質其形其氣而有者也. 是故天地位矣. 則必有元亨利貞之德. 是天地之性善也. 人生矣 則必有仁義禮知之德. 是人之性善也. 若夫物則不能全其仁義禮知之德. 故物之性 不能如人性之善也. 使以性爲超乎質形氣之上則未有天地之先. 先有此性 是性生天地. 天地又具 此性以生人物如是則不但人之性善卽物之性亦安得不善. 惟指其質形氣而言. 故物之性斷乎不能如人性之善. 雖虎狼有

또 말하기를, "생강[薑]의 성질은 뜨겁고, 물[水]의 성질은 차갑다. 그러므로 말하기를, '만물의 기질은 그 성(性)이 선할 수 없고 사람의 기질은 그 성(性)이 선하지 않을 수 없다'고 하는 것이니, 길 가는 사람 누구라도 우(禹)임금이 될 수 있는 것은 사람의 기질이 있기 때문이요, 기질의 맑고 탁함으로 인하여 '지혜로움과 어리석음[智愚]'의 차별이 있기는 하지만, 또한 사람의 '지혜로움과 어리석음[智愚]'이 개[犬]나 소[牛]의 '지혜로움과 어리석음[智愚]'과는 같지 않고, 지극히 어리석은 사람이라도 '인(仁)·의(義)·예(禮)·지(智)'의 실마리가 전혀 없다고 못할 것이다. 야인(野人)이 자신들의 관습으로 인해 의관(衣冠)의 바름을 알지 못하나, 군자를 보고난 후에는 그 마음에 불안하여 자신의 의관을 반듯하게 하려고 한다. 그러므로 이르기를, '배우지 않으면 안 된다고 하는 것이며, 습관에 따라 큰 차이가 생긴다438)'라고 하였다. 옛날 유현(儒賢)439)들이 의리(義理)의 성(性)과 기질(氣質)의 성(性)을 구별한 까닭은 성(性)이 선하다는 근본 뜻이 손상될까 두려워함이나, 성(性)은 하나일 뿐이다"440)라고 하였다.

父予, 蜂蟻有君臣, 而終不能謂其性之善也. 何也. 其質形氣物也. 非人也. 物與物雖異均之不能全乎. 仁義禮智德也. 人之質形氣莫不有仁義禮知之德. 故人之性斷乎其無不善也. 然則人之所以異於物者. 異於其質形氣而已矣." 程瑤田,《論學小記》·〈中卷, 述性篇, 述性一〉〔간행처 미상, 1803년 간행, 국립중앙도서관 所藏 影印本〕 34.

438) * '습상원(習相遠)'은 '성상근습상원(性相近習相遠)'에서 온 말이다. '천성(天性)은 원래(原來) 별로 큰 차이(差異)가 없으나, 습관(習慣)에 따라 큰 차이(差異)가 생긴다'는 뜻으로, 습관(習慣)이 매우 중요(重要)함을 이르는 말이다.《논어》·〈양화편〉에 나오는 말인데, 원문은 "性相近也 習相遠也"이다. 김도련 역주,《논어》(서울; 현음사, 2008) 522.

439) 유현(儒賢) : 유학에 정통하고 언행이 바른 선비.

440) *《논학소기(論學小記)》·〈中卷, 述性 二〉에 나오는 내용을 '탁사'가 발췌하여 정리한 것으로 본다. "是薑則性熟. 是水則性寒. 是人之氣質則性善 是物之氣質則性不能善. 塗之人可爲禹以其爲人之氣質也. 人之氣有淸濁. 故有知愚然人之知. 不同於犬牛之知 人之愚亦不同於犬牛之愚. 犬牛之愚 無仁義禮知之端. 人之愚未嘗無 仁義禮知之端. 故曰乃若其情則可以爲善也. 乃所謂善也. 性善不可驗 以情驗之人 人皆可自驗者也. 是故 知者知正 其衣冠矣. 愚者亦未嘗不欲正其衣冠也. 其有不然者則野人之習於鄕俗者也. 然野人亦自有知愚. 其知者亦知當正其衣冠而習而安焉. 此習於惡則惡之事也.

또 말하기를, "'사람이 태어날 때 어찌 두 개의 성(性)을 가지고 태어났겠는가?'441) 기질 가운데 하나의 성(性)이 있고 기질 외에 거듭 또 하나의 성(性)이 있다. 실제로 존재하는 것을 위주로 논하자면, 하늘도 '형상과 기운[形氣]'이 있은 후에 천도(天道)를 말하며, 운행하는 기(氣)가 쉬지 않음으로 음양(陰陽)의 이치를 증거하고 있다"442)고 하였다.

또 말하기를, "물[水]이 맑은 것은 ''질(質)·형(形)·기(氣)'가 맑은 것이니 '맑음'이 곧 그 성(性)이요, 거울[鏡]이 밝은 것은 '질(質)·형(形)·기(氣)'가 밝은 것이니 '밝음'이 곧 그 성(性)이다. 물[水]이 탁할 때라도 맑음은 그 가운데 있고, 거울[鏡]이 어두울 때라도 밝음은 그 가운데 있나니, 맑음도 성(性)이 선한 사람의 맑음이요, 탁함도 성(性)이 선한 사람의 탁함이다. '지혜로움과 어리석음[智愚]'은 부여받은 기(氣)가 맑은지 탁한지에 달려 있고 성(性)에 달려 있지 않으니, 그 지혜로움[智]과 그 어리석음[愚]도 역시 성(性)이 선한 사람의 '지혜로움과 어리석음[智愚]'이다"443)라고 하였다.

또 말하기를, "인정(人情)은 생각에서 일어나고, 생각은 마음에서 생겨나,

其愚者見君子之正其衣冠也. 亦有所不安於其心 及欲往見君子 必將正其衣冠焉. 此習於善則善之事也. 此人所以不可不學 學者習於正也. 不習於正則習於邪. 彼此相遠習爲之也. 此人所以當謹所習專習事於此自不習於彼也." 程瑤田, 《論學小記》·〈中卷, 述性篇, 述性 二〉 37.

441) *이 구절은 《논학소기》·〈中卷, 述性 一〉에 나온다. "夫人之生也. 烏得有二性哉." 程瑤田, 《論學小記》·〈中卷, 述性篇, 述性 一〉 35.
442) *《논학소기(論學小記)》·〈中卷, 述性 二〉에 나오는 내용을 '만종일련'의 저자인 '탁사'가 발췌하여 정리한 것으로 본다. "安得謂氣質中有一性 氣質外復有一性哉. 且無氣質則無人 無人則無心 性具於心 無心. 安得有性之善. 故溯人性於未生之前. 此天地之性乃天道也." 程瑤田, 《論學小記》·〈中卷, 述性篇, 述性 二〉 36.
443) *《논학소기(論學小記)》·〈下卷, 述性 一〉에 나오는 내용을 '만종일련'의 저자인 '탁사'가 발췌하여 정리한 것으로 본다. "譬之水其清也. 質形氣之清也. 是卽其性也. 譬之鏡其明也. 質形氣之明也. 是卽其性也. 水清鏡明能鑑物. 及其濁與暗時則不能鑑物. 是卽人之知愚所由分也. 極濁不清而清自在其中. 極暗不明而明自在其中. 是卽下愚不移者其性之善自若也. 知愚以知覺言全在稟氣清濁上見. 性則不論清濁. 不加損於知覺. 但稟氣具質而爲人之形. 卽有至善之性其清. 人性善者之清. 其濁亦 人性善者之濁也. 其知其愚. 人性善者之知愚也." 程瑤田, 《論學小記》·〈中卷, 述性篇, 述性 一〉 35.

선한 생각이 악한 생각이 되기도 하고, 악한 생각이 선한 생각이 되기도 하여, 성(性)이 기질을 따라 정해지며, 생각은 기질에 따라 있게 된다. 그러므로 사람은 성(性)도 하나요, 마음도 하나요, 생각도 하나다"444)라고 했다.

'고염무(顧炎武)'는 《절성론(節性論)》445)에서 말하기를, "'모든 백성들에게 선한 본성을 내려주셨다'446)는 것은 영원불변한 본성이 있기 때문에 '본성은 선하다[性善]'는 설(說)이 나왔고, '본성을 조절하면 날마다 선한 방향으로 매진하게 될 것'447)이라고 함으로써 '습관에 의해 현격한 차이를 갖게 된다[習相遠]'는 설(說)이 나왔다"448)고 하였다.

또 말하기를, "사람이 태어날 때부터 선하지 않은 자가 있으니, 초(楚)나라 '자량(子良)'이 아들 '월초(越椒)'를 낳자 '자문(子文)'이 말하기를 '이 아이의 목소리는 승냥이 같고 형상은 호랑이 같으니 약오씨(若敖氏)449)를 반드시 멸망케 할 것이라'450) 하였고, 상(商) 왕조의 주(紂)임금451)은 '포락(炮烙)의 형

---

444) *《논학소기(論學小記)》·〈中卷, 述性 三〉에 나오는 내용을 '만종일련'의 저자인 '탁사'가 발췌하여 정리한 것으로 본다. "性不可見於情見之 情於何見 見於心之起念耳. 人只有一心 亦只有一念 善念轉於惡念 惡念轉於善念. 只此一念耳. 性從人之氣質而定. 念從人之氣質而有. 若有兩念 便可分性有善惡. 今只此一念." 程瑤田,《論學小記》·〈中卷, 述性篇, 述性 三〉 38.

445) *'고염무(顧炎武)'의 책,《일지록(日知錄)》의 〈卷 二〉에 "節性"이 나온다. 이하의 내용은《만종일련》의 저자인 '탁사'가《일지록》에서 발췌하여 정리한 것으로 본다. 여기서 인용한《일지록》은 '국립중앙도서관'이 소장한 '고서(古書) 영인본(影印本)'인데, 청나라 동치8년(1869)에 간행된 서적이다. 顧炎武 著, 黃汝成 集成,《日知錄》[刊記: 同治八年(1869)冬 廣州述古堂重刊, 국립중앙도서관 소장 영인본]

446) *원문은 "降衷于下民"이다. 이는《서경》·〈탕고〉에 나오는 말이다. 성백효 역주,《書經集傳 上》 285 참조.

447) *원문은 "節性, 惟日其邁"이다.《서경》·〈소고〉에 나온다. 성백효 역주,《書經集傳 下》 188.

448) *'고염무(顧炎武)'의 책,《일지록(日知錄)》에 나오는 내용을 '탁사'가 발췌하여 정리한 것으로 본다. 원문은 다음과 같다. "降衷于下民 若有恒性 此性善之說所自出也. 節性惟日其邁. 此性相近之說所自出也. 豈弟君子俾爾彌爾性似先公酋矣. 命也有性焉, 君子不謂命也." 顧炎武 著, 黃汝成 集成,《日知錄》·〈卷二, 節性〉 19-20.

449) 약오씨(若敖氏) : 춘추시대 초(楚)나라 왕실에서 분파되어 나온 가문으로, 월초의 집안을 말한다.

벌'452)을 시행하였으며, 도척(盜跖)453)은 날마다 무고한 사람을 죽이고 인육을 먹었다. 이와 같은 본성은 여느 사람들의 그것과는 현격하게 다른 것이며, '어린아이가 우물로 들어가도'454) 가여워하지 않으며, '욕을 하고 발로 차면서 주는 밥'455)을 웃으면서 받아먹는 자도 있나니, 이는 사람의 감정이 변한 것이다"456)라고 하였다.

◉ 이제 두 사람의 입장을 살펴보면, 정씨(程氏)는 경영(經營)이 참담(慘淡)하고 의논이 치밀하지만, 그 근본 요지는 '송나라 유학자들[宋儒]'의 이성설

---

450) *실제로 월초는 반란을 일으켰다가 멸문지화를 당하게 되었다.
451) *상(商) 왕조는 고대 중국의 왕조로서 은(殷) 왕조라고도 한다. 주(紂) 임금은 상(商) 왕조를 멸망시킨 마지막 임금이다.
452) 포락(炮烙)의 형벌 : 구리로 만든 기둥에 기름칠을 하고 이글거리는 숯불 위에 걸쳐 놓고는 사람들이 그 위를 지나가다가 숯불에 떨어져서 죽게 만드는 형벌.
453) *고대 중국에서 잔인하기로 유명했던 도둑.
454) *맹자(孟子)는 인간의 본성이 선하다는 증거로서 '어린아이가 우물로 들어가는 상황'(孺子入井)에 직면하게 되면 누구 할 것 없이 모든 사람이 안타까워하게 된다는 이야기를 하였다. 《맹자》·〈공손추 上〉에 나오는데, 원문은 "今人 乍見孺子 將入於井 皆有怵惕惻隱之心"이다. 성백효 역주, 《孟子集註》 149-150 참조.
455) *맹자(孟子)는 인간이 정의롭지 못한 상황에서 분노하고 증오하는 마음을 갖는다는 증거로 '아무리 곧 죽게 되었더라도 욕을 하거나 발로 차면서 주는 밥은 먹으려 하지 않는다'고 했다. 《맹자》·〈고자장구 上〉에 나오는데, 원문은 "一簞食, 一豆羹, 得之則生, 弗得則死. 嘑爾而與之, 行道之人弗受 蹴爾而與之, 乞人不屑也(한 그릇의 밥과 한 그릇의 국을 얻으면 살고 얻지 못하면 죽더라도, 혀를 차고 꾸짖으면서 주면 길 가는 사람도 받지 않으며, 발로 차서 주면 걸인도 달갑게 여기지 않는다)"이다. 성백효 역주, 《孟子集註》 149-150 참조.
456) *'고염무(顧炎武)'의 책, 《일지록(日知錄)》에 나오는 내용을 '탁사'가 발췌하여 정리한 것으로 본다. 원문은 다음과 같다. "性之一字 始見於商書曰 惟皇上帝降衷于下民 若有恒性 恒即相近之義相近 近於善也. 相遠遠於善也. 故夫子曰人之生也. 直罔之生也. 幸而免人之生也. 直即孟子所謂性善. 人亦有生而不善者. 如楚子良生子 越椒子文知其必滅 若敖氏是也. 然此千萬中之一耳. 故公都子所述之三說 孟子不斥其非而但曰乃若其情則可以爲善矣. 乃所謂善也 蓋凡人之所大同而不論其變也. 若紂爲炮烙之刑 盜跖日殺不辜肝人之肉. 此則生而性與人殊亦 如五官百骸 人之所同然亦 有生而不具者 豈可以一而槩萬乎. 故終謂之性善也. 孟子論性 專以其發見乎 情者言之且. 如見孺子入井 亦有不憐者 嘑蹴之食 有笑而受之者. 此人情之變也 若反從而 喜之吾知其無是人也.." 顧炎武 著, 黃汝成 集成, 《日知錄》·〈卷 七, 性相近也〉 13.

120 | 만종일련(萬宗一臠)

(二性說)을 논박한 것이다. 기질(氣質)의 성(性)을 홀로 주장한 것은 '한쪽으로 치우치는 것[無不偏]'을 조심한 것이니, 사람도 이 기질이 있고 만물도 또한 이 기질을 갖고 있지만, 단지 사람의 형상과 만물의 형상으로만 선악의 성(性)을 나누는 것이 천리에 부합하다고 할 수 있겠는가? 맹자가 기질의 성(性)을 말하지 않은 것은 인의예지(仁義禮智)가 인성(人性) 중에만 갖추어져 있고 물성(物性)에는 없기 때문이다. 그러므로 말하기를, "인성(人性)이 모두 선(善)이다. 사람이 만물의 영장이다"라고 하였다. 또 말하기를, "천지가 생기기 전에 이 성(性)이 먼저 있어서 천지를 생성하며, 사람과 만물을 생성하였다"고 하였다. 이는 사람의 성(性)으로 천지만물의 주재(主宰)를 삼고자 하는 것이니, 결코 올바른 주장이 아니다.

고씨(顧氏, 고염무)의 성(性)에 대한 논의는 주된 논증이 별로 없는데, 월초(越椒)의 악행과 도척(盜跖)의 소행으로 그 성(性)이 본래 악하다고 하였다. 하지만 내 생각에는 이 두 사람(월초와 도척)의 악(惡)이 그 본성[性]의 죄가 아니라 마음속[心宮]에서 의로움을 버리고 악을 행하여 그 본성[性]에 반(反)하게 된 것이다. 또한 이와 같은 특별한 성정(性情)은 하나님[上帝]께서 이집트[埃及] 왕 '파라오[法老]'의 마음을 강퍅하게 하신 것과 같이 지극히 악하여 보통 사람의 성정(性情)과 완전히 다르게 하신 것이라고 말할 수 있다.

○ **정포은**(鄭圃隱)

우리나라[東方半島]에서 유교를 진흥하고자 했던 학자로는 고려 중엽에 '문성공(文成公) 안유(安裕)'[457]와 '문헌공(文憲公) 최충(崔沖)'[458]이 있으나 강담(講

---

457) 안유(安裕, 1243~1306) : 어렸을 때 이름은 유(裕)였으나 나중에 향(珦)으로 고쳤다. 시호는 문성(文成). 충렬왕 15년(1289) 11월 충렬왕과 공주를 호종하여 원나라에 갔다가 주자전서(朱子全書)를 손수 베끼고 공자와 주자의 화상을 그려 돌아왔다. 그 뒤 공자와 주자의 화상을 모시며, 주자(朱子)의 초상을 항상 벽에

談)459)과 학술(學術)460)에 불과하고, 고려 말엽에 '정자와 주자[程朱]'461)의 학문이 처음 들어와서 '정포은(鄭圃隱) 선생'462)이 깊이 연구하고 성리(性理)의 심오함을 깊이 궁구(窮究)하여 우리나라 성리학[理學]의 시조가 되었다.

그러므로 '이목은(李牧隱) 선생'463)이 크게 경탄하며 말하기를, "달가(達可, 정포은)의 논리는 '횡설(橫說)과 수설(竪說)'464)에 있어서 그 이치가 합당하지 않음이 없다"고 하였다.

걸어 두고, 주자의 호(號)인 회암(晦庵)의 회(晦)자를 따서 스스로 호를 회헌(晦軒)이라 할 정도로 숭배했다. 보통 그를 우리나라에 주자학을 받아들인 최초의 '주자학자'라 본다. **"안향(安珦)"**, 인명사전편찬위원회 편, 《인명사전》

458) 최충(崔沖, 984~1608) : 고려의 학자. 자는 호연(浩然), 호는 성재(惺齋), 시호는 문헌(文憲). 한림학사·형부시시·문하시중 등을 역임했다. 1053년 관직에서 물러나 후진을 양성하며 여생을 보냈는데, 학도들을 9재(齋)로 나누었으며, 우수한 제자를 많이 배출했다. 이를 문헌공도(文憲公徒)라 하며, 그를 해동공자(海東孔子)라고 불렀다. **"최충(崔沖)"**, 인명사전편찬위원회 편, 《인명사전》

459) 강담(講談) : 강연이나 강의하는 말투로 하는 담화(談話) 전기(傳記)나 소설, 세상사 따위를 여러 사람 앞에서 하는 이야기.

460) 학술(學術) : ① 학문의 기술. ② 학문의 방법이나 이론.

461) 정주(程朱) : 성리학을 집대성한 주자(朱子)와 주자에게 큰 영향을 끼친 정자(程子)를 함께 일컫는 말.

462) 정몽주(鄭夢周, 1337~1392) : 고려의 정치가, 학자. 초명(初名)은 몽란(夢蘭)·몽룡(夢龍), 자는 달가(達可), 호는 포은(圃隱). 고려 말기 새로운 이념으로서 주자학을 확립한 삼은(三隱) 중의 한 사람으로 불교이념에 대치되는 주자학의 연구와 보급에 힘썼으나, 온건개량파의 입장을 견지하여, 조준, 정도전 등의 급진적인 개혁에는 반대했다. 성리학에 뛰어나 동방이학(東方理學)의 시조로 추앙되었으며, 주자가례(朱子家禮)를 따라 사회윤리와 도덕의 합리화를 기하였다. **"정몽주(鄭夢周)"**, 철학사전편찬위원회, 《철학사전》

463) 이색(李穡, 1328~1396) : 호는 목은(牧隱). 고려말기 원(元)에 유학하여 고려에 성리학을 소개, 보급한 주자학자. 학문적으로는 불교와 대립된 주자학에 심취하여 원(元) 허노제(許魯齊)의 성리학을 이어받았다고 자부했다. 그의 성리학에 대한 이해는 매우 깊어 조선 초기의 뛰어난 주자학자들은 대부분 이색의 제자였다. **"이색(李穡)"**, 철학사전편찬위원회, 《철학사전》

464) *횡설수설(橫說竪說) : 대체로 '가로로 말하다가 세로로 말한다는 뜻으로, 내용을 알 수 없게 정신없이 떠드는 말이나 행동을 가리킨다'는 의미로 알려져 있지만, 원래 의미는 '여러 가지로 비유를 하거나 예를 들어서 듣는 이로 하여금 쉽게 깨우쳐 이해하도록 하는 것'이다. 여기서는 후자의 의미이다.

그 후에 사문(斯文)465)의 연원이 조정암(趙靜庵)466), 이퇴계(李退溪)467), 이율곡(李栗谷)468)에 이르러 이치를 궁구하고 본성을 함양하는 학문이 지극히 융성[闡發]하였으니, 옥(玉)처럼 윤택하고 금(金)처럼 정밀하며 난초처럼 향기롭고 달빛처럼 빛나는 자도 있었고, 사숙(私淑)469)을 통해 덕을 이루어 그 덕이 태양처럼 빛나는 자도 있었다.

그 중에 퇴계와 율곡, 두 분 선현의 논의가 서로 맞지 않은 부분이 있었으니, 곧 '사칠이기(四七理氣)'의 논변(論辯)이다.

〇 이퇴계(李退溪), 이율곡(李栗谷)

'이황(李滉) 씨'가 말하기를, "심성(心性)에 있는 '인(仁)·의(義)·예(禮)·지

---

465) 사문(斯文) : 유학에서 유학의 도의(道義)나 문화를 일컫는 말.
466) 조광조(趙光祖, 1482~1519) : 조선의 성리학자·정치가. 호는 정암(靜菴), 시호는 문정(文正). 1515년(중종 10)에 급제한 뒤 사간원 정언(正言)·승지(承旨), 대사헌(大司憲)을 지냈다. 그는 소격서(昭格署)의 폐지를 단행하는 등, 성리학적 도덕정치를 실현하려 함으로써 '중종'에게 각별한 대우를 받았다. 그러나 '남곤' 일파의 현실세력에 패하여 38세의 젊은 나이에 독배를 들었다(기묘사화). 조광조에 의한 도학정치(道學政治)의 시도는 그 이후 조선 성리학이 심성론(心性論)에서 크게 발전하게 되는 계기가 되었다. **"조광조(趙光祖)"**, 철학사전편찬위원회,《철학사전》.
467) 이황(李滉, 1501~1570) : 자는 경호(景浩), 호는 퇴계(退溪)·퇴도(退陶), 시호는 문순(文純). 조선 주자학의 확립자. 조선시대 정통 주자학의 이식과 확립에 노력하고, 이기이원론(理氣二元論)의 입장을 견지했다. **"이황(李滉)"**, 철학사전편찬위원회,《철학사전》.
468) 이이(李珥, 1536~1584) : 조선 전기의 정치가, 철학자. 호는 율곡(栗谷). 정치적으로는 사림파(士林派)에 속했다. 봉건사회의 틀은 인정하면서도, 애민·애국의 입장에서 건설적인 정책을 제기했다. 특히 왜구의 침입을 예견하고 상비군 10만의 양성책, 해방책(海防策)을 주장했지만 받아들여지지 않았다. 유교 철학 이론에서도 많은 독자성을 보였다. '이기겸발(理氣兼發)'을 주장하여 이퇴계의 '이기호발(理氣互發)'에 반대했다. **"이이(李珥)"**, 철학사전편찬위원회,《철학사전》.
469) 사숙(私淑) : 어떤 사람으로부터 직접 가르침을 받지는 않았지만, 그 사람의 행적이나 사상 따위를 마음속으로 본받아서 도나 학문을 닦음을 이르는 말.

(智)'의 사단(四端)은 이(理)가 발(發)함에 기(氣)가 따르는 것이며, '희(喜)·노(怒)·애(哀)·락(樂)·애(愛)·오(惡)·욕(欲)'의 칠정(七情)은 기(氣)가 발(發)함에 이(理)가 타는[乘] 것이다"470)라고 하였다.

'이이(李珥) 씨'는 그 이론에 반대하여 말하기를, "사단(四端)과 칠정(七情)을 발(發)하는 것은 기(氣)이고, 그렇게 발(發)하도록 하는 것은 이(理)이다"471)라고 하였다.
이렇게 율곡과 퇴계 두 분 선현이 사칠(四七)의 논변으로 장황하게 설법(說法)하며 다시 거듭하여 토론을 하였다.472)

---

470) * 이는 '이황'의 〈성학십도(聖學十圖)〉·"심통성정도(心統性情圖)"에 나온다. 〈성학십도〉의 원문은 다음과 같다. "如四端之情. 理發而氣隨之. 自純善無惡. 必理發未遂. 而掩於氣. 然後流爲不善. 七者之情. 氣發而理乘之. 亦無有不善. 若氣發不中. 而滅其理. 則放而爲惡也. 夫如是." 이황 저, 윤사순 역주, 《退溪選集》 342-344 참조.

471) * 《율곡전서》(영인본, 1958년), 〈卷之十四, 說〉에 다음과 같은 내용이 나온다. "臣按. 天理之賦於人者. 謂之性. 合性與氣而爲主宰於一身者. 謂之心. 心應事物而發於外者. 謂之情. 性是心之體. 情是心之用. 心是未發已發之摠名. 故曰心統性情. 〈중략〉理氣渾融. 元不相離. 心動爲情也. 發之者. 氣也. 所以發者. 理也. 非氣則不能發. 非理則無所發. 安有理發氣發之殊乎." 성균관대학교 대동문화연구원 편, 《栗谷全書》(서울; 성균관대학교, 1958) 282 참조.
* 한편 《율곡전서》, 〈卷之三十五, 附祿 三〉에는 다음과 같은 내용이 나온다. "四端七情. 果爲二情 而理氣果可互發乎. 夫以心性爲二用. 四端七情爲二情者. 皆於理氣. 有所未透故也. 凡情之發也. 發之者. 氣也. 所以發者. 理也. 非氣則不能發. 非理則無所發. 理氣混融." 성균관대학교 대동문화연구원 편, 《栗谷全書》 850 참조.

472) * 사단(四端)과 칠정(七情)에 관한 논변은 실제로는 퇴계 이황과 고봉 기대승 간에 수년 동안의 왕복서신으로 전개되었고, 퇴계와 율곡 사이에 토론이 있지는 않았다. '율곡'이 주장한 것을 흔히 "기발이승일도설(氣發理乘一途說)"이라고 하는데, 이는 율곡이 '성혼(成渾)'과 주고받은 서신에서 언급하였다. 그는 성혼과 이기, 사단칠정, 인심도심에 대해 왕복 서신으로 토론하면서, '기발이승'(氣發理乘), '이통기국'(理通氣局), '심시기'(心是氣), '성심정의일로'(性心情意一路) 등 이기론과 심성론 상의 핵심 명제를 제시한다. 본 역자는 '성균관대학교 대동문화연구원'에서 펴낸 《율곡전서》(영인본, 1958년), 〈卷之十, 書 二〉, '答成浩原'을 참고하였다. 아울러 원문 일부와 풀이를 소개하면 다음과 같다. "理氣元不相離 似是一物 而其所以異者 理無形也 氣有形也 理無爲也 氣有爲也 無形無爲而爲有形有爲之主者 理也 有形有爲而爲無形無爲之器者 氣也 理無形而氣有形 故理通而氣局 理無爲而氣有爲 故

● 이제 두 선현의 논의를 살펴보자면, 나의 생각에는 '이(理)가 발(發)하고 기(氣)가 따르며, 기(氣)가 발(發)하고 이(理)가 주재한다'는 설(說)이 한때 견해자의 궁구한 바와 같지 않은 것에 불과하다고 본다. 그런데 다음 세대에 이르러 당론(黨論)을 주장하는 자들이 두 분의 본의(本意)를 존중하지 않고 도리어 분쟁을 일삼아, 서론(西論)을 따르는 자는 율곡의 설(說)을 주창하고 남론(南論)을 따르는 자는 퇴계의 설(說)을 주창하여 서로 배척하며 승부를 겨루기에 이르렀으니, 이는 당파의 논쟁일 뿐이요 결코 유학의 풍모가 아니라 하겠다.

○ **이도암**(李陶庵), **이외암**(李巍巖), **한남당**(韓南塘), **윤병계**(尹屛溪)

호락(湖洛)의 논쟁을 살펴보면, '도암(陶庵) 이재(李縡)'473)와 '외암(巍巖) 이간(李柬)'474)은 '서울 인근[京洛]'에 거주했고, '남당(南塘) 한원진(韓元震)'475)과 '병

氣發而理乘." "이(理)와 기(氣)는 원래 서로 떨어지지 않아 한 물건인 것 같으나 다른 까닭은 '이'는 무형(無形)이고 '기'는 유형(有形)이며, '이'는 무위(無爲)이고 기는 유위(有爲)이기 때문입니다. 무형과 무위이면서 유형과 유위의 주(主)가 되는 것은 이(理)이고, 유형과 유위이면서 무형과 무위의 기(器)가 되는 것은 기(氣)입니다. 이(理)는 무형이고 기(氣)는 유형이므로 <u>이는 통하고 기는 국한되는 것[理通氣局]</u>이며, 이는 무위이고 기는 유위이므로 <u>기가 발하면 이가 타는 것[氣發理乘]</u>입니다." 성균관대학교 대동문화연구원 편,《栗谷全書》208-209 참조.

473) 이재(李縡, 1680~1746) : 자는 희경(熙卿), 호는 도암(陶菴)·한천(寒泉), 시호는 문정(文正). 조선의 학자. 1702년(숙종 28) 문과(文科)에 급제, 형조 참판·공조 판서 등을 역임. 신임사화(辛壬士禍) 때 벼슬을 버리고 인제(麟蹄)의 설악(雪岳)에 들어가 성리학을 닦는데 힘썼으며, 말년에 용인(龍仁)에 퇴거하니 그를 찾아와 학문을 배우는 선비가 많았다. **"이재(李縡)"**, 인명사전편찬위원회,《인명사전》

474) 이간(李柬, 1677~1727) : 조선 후기의 학자. 본관은 예안(禮安). 자는 공거(公擧), 호는 외암(巍巖)·추월헌(秋月軒). 송시열의 학맥을 이은 권상하(權尙夏)의 문인이며, 강문팔학사(江門八學士) 중 한 사람이다. 호락논쟁(湖洛論爭)에서 낙론(洛論)인 인물성동론(人物性同論)을 주장한 대표적 인물이다. **"이간(李柬)"**, 한국정신문화연구원 편집부,《한국민족문화대백과사전(17권)》

계(屛溪) 윤봉구(尹鳳九)'476)는 충청지역[湖中]에 거주했기 때문에 '호락'이라는 명칭이 생겨났다. '영조(英祖) 시대'477)에 호락의 제현들이 '성명이기(性命理氣)'의 논변으로 인하여 서로 분쟁하며 각자 자신들의 주장을 내세웠는데, 그 당시의 다툼[爭鬪]은 율곡과 퇴계 두 선현의 변설보다 더욱 심했다. 도암과 외암 두 사람은 율곡의 변론을 따라 자신들의 주장을 내세웠는데, 그 설(說)에서 말하기를 "이(理)는 통하고 기(氣)는 국한된다"고 하였다. 대개 이(理)가 통하기 때문에 사람과 만물의 본연지성(本然之性)478)은 같지 않을 수 없고, 기(氣)는 국한되기 때문에 사람과 만물의 기질지성(氣質之性)479)은 다르지 않을 수 없다. 그러므로 《중용》에서 말하기를, "천명(天命)을 성(性)이라 하고, 성(性)을 따르는 것을 도(道)라 한다"480)고 한 것은 주자(朱子)의 《중용장구》에 '이(理)가 통한다'는 설을 전적으로 주장한 것이다. 그리고 맹자가

---

475) 한원진(韓元震, 1682~1751) : 본관은 청주(淸州). 자는 덕소(德昭), 호는 남당(南塘). 권상하(權尙夏)의 문인으로 강문팔학사(江門八學士) 중 한 사람이다. 호락논쟁(湖洛論爭)에서 호론(湖論)인 인물성이론(人物性異論)을 주장한 대표적 인물이다. **"한원진(韓元震)"**, 한국정신문화연구원 편집부, 《한국민족문화대백과사전(24권)》
476) 윤봉구(尹鳳九, 1681~1767) : 자는 서응(瑞膺), 호는 병계(屛溪), 시호는 문헌(文獻). 한원진(韓元震) · 이간(李柬) · 현상벽(玄尙璧) · 채지홍(蔡之洪) 등과 더불어 권상하의 문하에서 수학한 강문팔학사(江門八學士)의 한 사람으로서 호락논쟁(湖洛論爭)의 중심 인물로 꼽힌다. **"윤봉구(尹鳳九)"**, 한국정신문화연구원 편집부, 《한국민족문화대백과사전(17권)》
477) *《만종일련》 원문에 '원릉지제(元陵之際)', 곧 '원릉의 시기'라고 되어 있다. 여기서 '원릉(元陵)'은 '조선왕조 21대 왕인 영조(英祖)와 그의 계비인 정순왕후(貞純王后)의 왕릉'을 말한다. 따라서 '원릉 시기'란, '영조의 재위시기를 말한다.
478) 본연지성(本然之性) : 사람이 본디부터 가지고 있는 심성이란 뜻으로, 지극히 착하고 조금도 사리사욕이 없는 천부(天賦) 자연의 심성. 기질의 성에 상대해 일컫는 성리학 용어. 천지지성(天地之性)이라고도 한다. 맹자 이후로 성선설(性善說)과 성악설(性惡說), 성선악혼륜설(性善惡混淪說)이 나와서 논란이 분분하였다. **"본연지성(本然之性)"**, 한국정신문화연구원 편집부, 《한국민족문화대백과사전(10권)》
479) 기질지성(氣質之性) : 정주학파(程朱學派)의 설. 본연의 성(性)이 순수한 것에 대하여 후천적인 혈기(血氣)의 성을 말함. 기질(氣質)의 성(性)은 기(氣)에서 생기므로, 기(氣)의 청탁(淸濁) · 혼명(昏明) · 후박(厚薄)에 의하여 성(性)에도 자연히 차별이 생겨 사람의 선악(善惡) · 현우(賢愚)가 생긴다고 했음.
480) 김혁제 교열, 《中庸》 2. ; 성백효 역주, 《大學 · 中庸 集註》 59-60.

"개의 본성이 소의 본성과 같으며, 소의 본성이 사람의 본성과 같겠는가?"라고 한 말은 《맹자집주》의 해석에 '기(氣)는 국한된다'는 설을 전적으로 주장한 것이다. 도암과 외암, 두 사람은 이 설(說)로 정법안장(正法眼藏)481)을 삼아 경전들 중에 이(理)와 부합하는 곳은 '관통'으로 해석하고, 기(氣)와 부합하는 곳은 '국한'으로 논하였다.

남당과 병계, 두 사람은 맹자가 이야기한 '개와 소의 본성과 사람의 본성은 같지 않다'는 설을 낙안금설(落眼金屑)482)로 여겨 말하기를, "천리가 아득하여 아무런 조짐도 없을 때 사람과 만물의 성리(性理)는 이미 나뉘어져서 차이를 갖게 된다"고 하였다.

'호파'와 '낙파'는 이러한 논리를 가지고 자신들의 주장은 옳다고 고집하고 상대방의 주장은 틀렸다고 배척하여 결국은 서로 원수가 되었다. 그리하여 호당(湖黨)에서는 낙파(洛派)를 향해 말하기를, "선생[율곡]이 이(理)는 소통한다는 설을 주창하셨으니, 선생 할아버지의 성(性)은 개이고, 춘부장(春府丈)의 성(性)은 소가 되는 것인가? 개와 소의 성(性)을 품부한 자들과 어찌 자리를 함께 하겠는가?"483)라고 하여 귀신을 활로 쏘아 구렁텅이에 집어 던지듯 하는 모습이 갈수록 더하였다.

◉ 이제 '호(湖)·락(洛)' 두 파(派)의 당론(黨論)을 살펴보자면, 나의 생각은 이(理)를 배움에 있어 의견이 합치되지 않는 것이 커다란 관건이 아님에도

---

481) 정법안장(正法眼藏) : 청정법안이라고도 한다. 부처님의 바른 교법이라는 뜻. 모든 것을 꿰뚫어 보고 모든 것을 간직하는, 스스로 체득한 깨달음을 뜻함. 석가모니불이 깨친 진리의 비밀. 직지인심·견성성불·교외별전의 심인. 석가모니불이 삼처전심으로 마하가섭에게 정법안장을 전했다. 정법을 알아보는 안목을 가진 이에게 함장 되어 있는 진리의 내용이라는 의미이다. **정법안장(正法眼藏)**, 원광대학교 원불교사상연구회, 《원불교대사전》
482) 낙안금설(落眼金屑) : 금가루가 아무리 귀하다고 해도 눈에 떨어지면 앞을 보지 못한다는 뜻을 담고 있는 '금설수귀, 낙안성예(金屑雖貴, 落眼成翳)'의 준말.
483) *《맹자》·〈고자장구 上〉에 나온다. 원문은 "然則犬之性, 猶牛之性。牛之性, 猶人之性與"이다. 성백효 역주, 《孟子集註》 447-448.

불구하고 이와 같이 목숨 걸고 치열하게 싸움하는 것은 도리어 당파의 원한을 만드는 것이지 결코 군자의 논변이 아니라 하겠다. 또한 '이(理)는 관통하고 기(氣)는 국한된다'는 설을 논변하자면, 사람과 만물의 본연의 성(性)이 같지 않을 수 없다고 하니, 이는 '만물이 나와 동포이고 천지가 나와 한 뿌리'라고 한 것과 같다고 할 수 있다.

율곡선생은 어렸을 때 불가에 입문하여 참선(參禪)과 정계(定戒)가 특히 견고하였다. 그러다가 나중에 뉘우치고 깨달아 《자경문(自警文)》484)을 지었으며, 도산(陶山)에 가서 퇴계(退溪)를 '좇아 교유했으니[從遊]', '이(理)는 관통한다'는 설은 본래의 면목을 논한 것이고 '기(氣)는 국한된다'는 말로 사람과 만물의 성(性)이 다르다고 한 것이다.

비록 그러하지만, 무릇 만물들만 기질의 국한이 있고 사람 홀로 기질이 없다는 것인가? 이는 '정요전(程瑤田) 씨'가 '질(質)·형(形)·기(氣)'로 사람과 만물을 구분한 것과 같은 것이다.

하나님[上帝]께서 만유를 창조하실 때 어찌 인성(人性)과 물성(物性)을 같게 하셨겠는가! 산닭[山鷄]과 들오리[野鶩]는 모두 날짐승들이지만 집에서는 길들일 수 없으니, 그 천성이 진실로 그러한 것이다. 그리고 '남만(南蠻)과 북적(北狄)'485)은 이하(夷夏)486)의 구별이 있지만, 어버이를 사랑하고 신(神)을 공경하는 양심은 동일하니, 이는 자연스러운 종교이다. 어찌 사람과 만물의 성(性)이 동일하다고 하겠는가!

대개 이(理)는 수목(樹木)과 같고 성(性)은 '옳고 그름[曲直]'과 같으며, 명(命)은 '옳고 그름[曲直]'을 행하는 것과 같으니, 사람과 사물의 성(性)을 동일하

---

484) 자경문 : 율곡이 어머니를 여읜 채 상심하여 19세에 불교를 연구해 보려고 금강산으로 들어갔다가 20세 되던 해 봄에 강릉의 외가로 돌아와 자기 수양의 조문을 삼고자 지은 글.
485) *남만(南蠻)과 북적(北狄) : 고대 중국에서 남쪽과 북쪽 변방지역의 이민족들을 오랑캐라며 부르던 말.
486) 이하(夷夏) : 동이(東夷)와 화하(華夏)를 일컫는 말로 동이족과 중화민족 지칭함.

지 않도록 하신 것은 조화주(造化主)의 명(命)이 부여된 것이다. 다만 이(理)로써 통하고 기(氣)가 국한되는 것으로 논해서 판단하는 것이 원리에 맞지 않는 것이다.

유교의 요소를 개론하자면, 먼 옛날 성현들이 상주(上主)를 존경한 것은 유신론의 관념이 있었던 것으로 보이지만, 예수교의 '천부(天父)라', '자비하신 주(主)라' 하는 것이 없다. 다만 상주(上主)를 존경한 것은 '존엄(尊嚴)'으로서 일뿐이지 친애(親愛)로서는 아니라 했으니, 상주(上主)와 밀접한 관계가 없다. 또한 '주(主)의 성령[聖神]께서 우리들의 마음 중심에 거하셔서 신체는 성전(聖殿)이 되고 모든 일을 인도하신다' 하는 글귀가 없다.

전욱(顓頊)487)이 제사(祭祀)의 의례[禮]를 창시함으로 순(舜)임금이 문조(文祖)488)께 수종(受終)489)하였으며, 상제(上帝)께 '유(類) 제사'를 지내고 육종(六宗)에게 '인(禋) 제사'를 지내고 산천(山川)에 '망(望) 제사'를 지내고 군신(群神)들에게 두루 제사를 지냈다.490) 이는 일월성신(日月星辰)과 '오악(五嶽)'·'사독(四瀆)'491)과 '바람·비·우레'의 신(神)과 무덤과 '큰 언덕[丘陵]'의 여러 신(神)들에게 제사한 것이니, 다신교(多神敎)라 해도 옳을 듯하다.

하물며 이 말세에 풍속이 퇴폐하여 성황(城隍)과 무격(巫覡)과 '나무로 만든 우상[木偶]'과 석상(石像)을 숭배하고, 하늘에 계신 주재(主宰)께는 경배함이 없었으니, 어긋나고 어지러움이 극에 달했다고 하겠다.

---

487) 전욱(顓頊) : 중국 고대의 전설상의 임금. 오제(五帝) 가운데 한 사람. 황제(黃帝)의 손자이자 창의(昌意)의 아들로서, 20세에 즉위하여 78년간 재위하였다 함. 처음에 고양(高陽)에서 나라를 일으켰기 때문에 고양씨(高陽氏)라고도 불림. **전욱(顓頊)**, 한국고전용어사전 편찬위원회,《한국고전용어사전》
488) 문조(文祖) : 순(舜)임금에게 천하를 양위한 요(堯)임금의 시조를 모신 사당.
489) 수종(受終) : 요(堯)임금이 임금의 일을 끝마치고 순(舜)임금에게 천하를 넘기자 순임금이 요임금의 끝마침을 인계해 받았다는 말이다.
490) *《서경》·〈순전〉에 나온다. 성백효 역주,《書經集傳 上》44~50 참조.
491) 사독(四瀆) : 중국의 네 큰 강. 동의 양자강(揚子江), 서의 황하(黃河), 남의 회수(淮水), 북의 제수(濟水). 이를 '강하회제(江河淮濟)'라고 함. **사독(四瀆)**, 전관수,《한시어사전》

또 유가 경전에서 말하기를, "하늘이 무슨 말씀을 하시리요? 사시가 운행하고 만물이 생육한다"492)고 하였고, 또 "하늘이 어찌 조곤조곤 말하듯 명하시겠는가?"493)라고 하였으니, 이는 식견이 미치지 못하고 진리가 아득하여 상주(上主)의 훈계와 가르침을 듣지 못하고 알지 못해서 그런 것이다.

《성경》에서 말하기를, "사람의 이목구비(耳目口鼻)를 만드신 주(主)께서 말씀하시고[言語] '보고 들으시는 것[視聽]'을 능히 못하시겠는가?"라고 하였으니, 원조 아담[亞當]부터 노아(魯亞)와 아브라함과 모세[摩西], '엘리야[엘니야],' 이사야[以塞亞] 등, 선지자에게는 하나님[上帝]께서 친히 임하셔서 조곤조곤 말하듯 귀에 대고 마주보며 명하셨다. 또한 여호수아, 기드온, 삼손, 사무엘, 그리고 사사(士師)들과 다윗과 솔로몬 왕에게도 여호와께서 친히 명령하셨으니, 하나님[上帝]께서는 곧 우리 신도들의 자비로우신 천부(天父)이시다.

〈시편〉에서 말하기를, "주의 음성이 우주에 두루 미치며, 주의 훈사(訓辭)가 땅 끝에 이른다"【시편 19편】 하였으니, 푸른 하늘은 말이 없지만 하나님[主宰]의 거룩한 가르침은 밝게 빛나셔서 듣는 이들로 하여금 공경하며 복종하지 않는 이가 없게 하셨다.

그러므로 유교에서 상제(上帝)를 경외한다고 하지만, 자비로우신 성부(聖父)로 능히 신앙하지 못하니 유신론의 관념이 있다고 말하기 어렵다.

또 말하기를, "성인은 본성대로 하시는 분이라 넓고 넓음의 하늘과 같다"494)고 했으니, 성인을 하늘이라고 여기는 것이 가당한 일인가? 하늘을 주재로 여기는 것이 가당한가? 성인도 능히 만물을 창조하는 권능이 있다고 하는가?

만일 유교의 설명이 이와 같다면, 이는 조화주(造化主)의 권능을 듣지도

---

492) 《논어》·〈양화〉. 김혁제 교열, 《論語集註》 367~368 참조.
493) 《맹자》·〈만장 上〉. 김혁제 교열, 《孟子集註》 245참조.
494) * 원문은 "惟聖性者 浩浩其天"이다. 이는 《소학제사(小學題辭)》에 나온다. 성백효 역주, 《小學集註》 19 참조.

못하고 알지도 못해서 하늘과 사람과 주(主)를 혼돈해서 설명한 것이다. 또한 내세론(來世論)의 관념이 없어서 다만 말하기를, "천도(天道)는 선한 사람에게는 복을 주고 음탕한 사람에게는 화를 내린다.495) 재앙이 자손에게까지 미칠 것이다"라고 했으니, 순전(純全)하고 무결(無缺)한 종교라고 말하기 어렵다.

만일 눈이 있는 사람들이 이를 본다면 나의 군더더기 같은 말을 익숙하게 이해할 필요도 없을 것이라고 생각한다.

○ 제1회에 석가모니의 '명심견성(明心見性)'과 '삼귀(三歸, 佛·法·僧)'와 '사제(四諦, 苦·集·滅·道)'의 '깨닫는 법[悟法]'을 개론하였다.

이제 그 요소를 이어서 논하도록 하겠다.

---

495) *원문: "天道는 福善禍淫이라." 성백효 역주, 《書經集傳 上》 286~287 참조.

제2장
불교(佛敎) 도리(道理)의 요소

제2장
불교(佛教) 도리(道理)의 요소

제1, 불교계도서(佛教界圖書)

○ 불교의 삼천대천세계(三千大千世界)496)와 '팔만사천법문(八萬四千法門)'497)이 지극히 미묘하고 그 도리(道理)가 깊고 비밀스러워, '정확하게 이해하고 설명하기를 바라는 것[覬覦]'은 어렵지만, 그 대강을 대략 말하자면 다음과 같다.

《화엄경(華嚴經)》498)에서 말하기를, '철위산(鐵圍山)499) 일곱 향수해(香水海)500) 가운데 수미산(須彌山)501)이 있는데'502), 그 높이가 8만4천 유순(由

---

496) 삼천대천세계(三千大千世界) : 고대 인도의 세계관에서, 수미산(須彌山)을 중심으로 구산팔해(九山八海)와 사주(四洲)와 일월(日月) 등을 합하여 1세계(世界)라 하고, 1세계의 천 배를 소천세계(小千世界), 소천세계의 천 배를 중천세계(中千世界), 중천세계의 천 배를 대천세계(大千世界)라고 함. 삼천(三千)은 소천(小千)·중천(中千)·대천(大千)을 가리킴. 따라서 삼천대천세계라는 말은 하나의 대천세계를 뜻함. "**삼천대천세계(三千大千世界)**", 곽철환, 《시공 불교사전》
497) 팔만사천법문(八萬四千法門) : 부처의 일대 교법을 통틀어 이르는 말. 중생들의 팔만사천 번뇌를 물리치기 위한 부처의 법문이 팔만사천이나 될 만큼 많다는 뜻. "**팔만사천법문(八萬四千法門)**", 원광대학교 원불교사상연구회, 《원불교대사전》.
498) 화엄경(華嚴經) : 본이름은 대방광불화엄경(大方廣佛華嚴經)이며 3가지 번역이 있는데, 60권은 동진(東晉)의 불타발타라(佛馱跋陀羅) 번역이고, 80권은 당(唐)의 실차난타(實叉難陀) 번역, 40권은 당(唐)의 반야(般若) 번역임. "**화엄경(華嚴經)**", 곽철환, 《시공 불교사전》
499) 철위산(鐵圍山) : 산스크리트어 cakravāḍa, 수미산의 사주(四洲)를 둘러싸고 있는 쇠로 된 산. "**철위산(鐵圍山)**", 곽철환, 《시공 불교사전》

旬)503)【40리(里)가 1유순(由旬)】이다. 산(山)의 동쪽은 불파제주(弗婆堤州)요, 산(山)의 남쪽은 염부제주(閻浮提洲)요, 산(山)의 서쪽은 구야니주(瞿耶尼州)요, 산(山)의 북쪽은 울단월주(鬱單越州)이니, 이것을 4천하(天下)라고 한다.【일설에 따르면 동쪽은 성신주(聖神州), 서쪽은 우화주(牛化州), 남쪽은 염부주(閻浮州), 북쪽은 구로주(俱盧洲)라고 한다】

4천하(天下)의 수가 1천까지 쌓이면 이것이 소천세계(小千世界)가 되고, 소천세계가 1천까지 쌓이면 중천세계(中千世界)가 되며, 중천세계가 1천까지 쌓이면 대천세계(大千世界)가 되니, '대천세계'라는 것은 '한 부처[一佛]'의 화토(化土)504)이다.

석가모니 부처가 '화토'에 대해 말하기를, "'사바(婆婆)'505)요, 번역어는 곧 감인(堪忍)이니, 그 땅의 중생이 능히 고난을 참는다"고 하였다. 이는 '말할 수 없는, 티끌과 같이 무수한 숫자'506)의 '삼천대천세계'가 있는 것과 같으니, '삼천대천세계'는 하나의 세계종(世界種)이 되었다. '끝없이 묘하고 빛나는 광명[無邊妙華光],' 향수해(香水海) 가운데 커다란 연꽃 하나가 있으니, 그

---

500) 향수해(香水海) : 향해(香海), 수미산을 둘러싸고 있는 여덟 바다 가운데 맨 바깥 쪽의 바다만 짠물이고 나머지 일곱 바다는 민물이라고 하는데, 그 일곱 바다를 말함. "**향수해(香水海)**", 곽철환,《시공 불교사전》
501) 수미산(須彌山) : 산스크리트어 su meru의 음사. 묘고(妙高)·안명(安明)이라 번역. 고대 인도인들의 세계관에서 세상의 중심에 솟아 있다는 거대한 산이다. "**수미산(須彌山)**", 곽철환,《시공 불교사전》
502) *'철위산, 향수해, 수미산' 등은《華嚴經》"第五品, 華藏世界品"에 나온다. 無―우학 감수,《華嚴經 (제1권)》(대구 : 좋은인연, 2010) 307-313 참조.
503) 유순(由旬) : 산스크리트어 yojana의 음사. 고대 인도의 거리 단위로, 실제 거리는 대략 8km로 간주함. "**유순(由旬)**", 곽철환,《시공 불교사전》
504) 화토(化土) : 부처가 중생(衆生)의 근기에 맞추어 방편(方便)으로 나타낸 세계.
505) *《만종일련》원문에는 '婆婆'라고 되어 있다. 이는 '사바(娑婆)'의 오기로 보인다. ※사바세계(娑婆世界) : '사바'는 산스크리트어 sahā의 한자음역. 인토(忍土)·인계(忍界)·감인계(堪忍界)라고 번역. 중생이 갖가지 고통을 참고 견뎌야 하는 이 세상. "**사바세계(娑婆世界)**", 곽철환,《시공불교사전》
506) *《만종일련》원문에는 "不可說佛刹微塵數"라고 되어 있다. 이 구절은《화엄경》에 여러 차례 나온다. '佛刹微塵數'는 '티끌과 같이 셀 수 없이 무한한 제불(諸佛)의 국토'라는 뜻이다. 無― 우학 감수,《華嚴經 (제1권)》316, 336 참조

이름은 '일체향 마니왕 장엄(一切香摩尼王莊嚴)'507)이다. '온 천지[十方]'508)에 두루 비치는 불길 같은 보배광명[寶光]이 세계종(世界種)이 되었으니, 하나의 세계종(世界種)에 20종의 층(層)이 있고, 그 최하층을 일러 '최승광편조세계(最勝光編照世界)'509)라 하고, 그 최상층을 일러 '묘보염세계(妙寶焰世界)'510)라 하니, '이 사바세계는 제13 중층(重層)에 있어서 13찰진세계(刹塵世界)가 둘러싸고 있다고 하였다.'511) 【화엄경(華嚴經)】

사왕천(四王天)512)은 수미산(須彌山) 중심에 있고, 도리천(忉利天)513)은 수미산 꼭대기에 있으며, 그 위[再上]는 수염마천(須餤摩天)514)이요, 그 위는 도솔타천(兜率陀天)515)이요, 다음 위쪽은 낙변화천(樂變化天)516)이요, 그 위는 타화자재천(他化自在天)517)이니, 이를 욕계육천(欲界六天)518)이라 한다. 그리고 욕계

---

507) *無一 우학 감수, 《華嚴經 (제1권)》 334 참조.
508) 시방(十方) : 사방(四方), 사우(四隅), 상하(上下)를 통틀어 일컫는 말.
509) *'최승광편조(最勝光徧照)'는 '가장 훌륭한 빛이 두루 비침'이란 뜻이다. 無一 우학 감수, 《華嚴經 (제1권)》 334.
510) *'묘보염(妙寶焰)'은 '묘한 보배 불꽃'이란 뜻이다. 無一 우학 감수, 《華嚴經 (제1권)》 341 참조.
511) *無一 우학 감수, 《華嚴經 (제1권)》 394 참조.
512) 사왕천(四王天) : 육욕천(六欲天)의 하나. 사천왕(四天王)과 그 권속들이 사는 곳. 곧, 수미산 중턱의 동쪽에 있는 지국천(持國天), 남쪽에 있는 증장천(增長天), 서쪽에 있는 광목천(廣目天), 북쪽에 있는 다문천(多聞天)을 일컬음. **"사왕천(四王天)"**, 곽철환, 《시공 불교사전》
513) 도리천(忉利天) : 육욕천(六欲天)의 하나로 33신(神)들이 사는 곳. 수미산 정상에 있으며, 중앙에 왕인 제석(帝釋)이 있고 사방의 봉우리에 각각 8신(神)이 있어 33신이다. **"도리천(忉利天)"**, 곽철환, 《시공 불교사전》
514) *야마천(夜摩天)을 가리킨다. '야마천'에서 야마(夜摩)는 범어(梵語) yāma의 음사, 시분(時分)이라 번역. 육욕천(六欲天) 가운데 제3천으로, 이곳에 있는 신(神)들은 때때로 즐거움을 누린다고 함. **"야마천(夜摩天)"**, 곽철환, 《시공 불교사전》
515) 도솔타천(兜率陀天) : 6욕천(六欲天) 가운데 제4천으로 내원(內院)과 외원(外院)이 있다고 함. 내원에는 미륵보살이 수행중이고 외원에는 신(神)들이 흡족해 하면서 살고 있다고 함. **"도솔천(兜率天)"**, 곽철환, 《시공 불교사전》
516) 낙변화천(樂變化天) : 육욕천(六欲天) 가운데 제5천으로, 이곳에 있는 신(神)들은 바라는 대상을 스스로 만들어 놓고 즐긴다고 함. **"낙변화천(樂變化天)"**, 곽철환, 《시공 불교사전》

(欲界)519) 위에 색계(色界)520)가 있는데, 초선삼천(初禪三天)에는 범중천(梵衆天), 범보천(梵補天), 대범보천(大梵補天)이 있고, 이선이천(二禪二天)에는 광천(光天), 무량광천(無量光天), 광음천(光音天)이 있으며, 삼선삼천(三禪三天)에는 소정천(少淨天), 무량정천(無量淨天), 편정천(遍淨天)이 있다. 또한 사선구천(四禪九天)에는 복생천(福生天), 복수천(福受天), 광과천(廣果天), 무상천(無想天), 무번천(無煩天), 무열천(無熱天), 선견천(善見天), 선현천(善現天)과 색구경천(色究竟天)이 있으니, 이것이 색계18천(色界十八天)을 이루고 있다. 무색계(無色界)는 공무변처(空無邊處), 식무변처(識無邊處), 무소유처(無所有處), 비비상처(非非想處)이니 이것이 무색사천(無色四天)을 이루고 있다. '불교의 개조[佛祖]'인 '석가(釋迦) 씨'의 화토(化土) 사바세계는 남염부제(南閻浮提)에 있다고 한다.

○ 세계만물의 원인

《능엄경(楞嚴經)》521)에서 말하기를, "세계의 오탁(五濁)522)이 사대(四大)의 번

---

517) 타화자재천(他化自在天) : 자재천(自在天), 육욕천(六欲天) 가운데 제6천으로, 이곳에 있는 신(神)들은 바라는 대상을 스스로 만들어 놓고 즐길 뿐만 아니라 다른 신들이 만들어낸 대상도 자유롭게 즐긴다고 함. "**타화자재천(他化自在天)**", 곽철환, 《시공 불교사전》
518) * 욕계육천(欲界六天) : '육욕천(六欲天)'을 말함. '육욕천'은 욕계에 있는 6천(天). 사왕천(四王天), 도리천(忉利天), 야마천(夜摩天), 도솔천(兜率天), 낙변화천(樂變化天), 타화자재천(他化自在天) 등이 있다. "**육욕천(六欲天)**", 곽철환, 《시공 불교사전》
519) 욕계(欲界) : 불교에서 말하는 욕계(欲界)·색계(色界)·무색계(無色界)의 삼계(三界) 중 하나. 욕계는 유정(有情)이 사는 세계로 맨 아래에 있으며 오관(五官)의 욕망이 존재하는 세계로 지옥·아귀(餓鬼)·축생(畜生)·아수라(阿修羅)·인간 등 5가지와 사왕천(四王天)·도리천·야마천·도솔천·화락천·타화자재천 등 육욕천(六欲天)이 여기에 속한다. "**욕계(欲界)**", 원광대학교 원불교사상연구회, 《원불교대사전》
520) 색계(色界) : 삼계(三界)의 하나. 탐욕에서는 벗어났으나 아직 형상에 얽매여 있는 세계로, 여기에 십칠천(十七天)이 있음. "**색계(色界)**", 곽철환, 《시공 불교사전》
521) 능엄경(楞嚴經) : 본이름은 대불정여래밀인수증료의제보살만행수릉엄경(大佛頂如來密因修證了義諸菩薩萬行首楞嚴經). 당(唐)의 반자밀제(般刺蜜帝)가 번역. 마음은 어

제2장 불교 도리의 요소 | 137

뇌[纏]523)에서 기인한다고 하니, 비유하자면 흙을 가지고 맑은 물에 집어넣는 것과 같다고 하겠다. 오탁(五濁)은 겁탁(劫濁), 견탁(見濁), 번뇌탁(煩惱濁), 중생탁(衆生濁), 명탁(命濁)이요, 사대(四大)는 '땅·물·불·바람[地·水·火·風]'을 말하는 것인데, 세계의 만물이 이 4가지 질료[質] 외에는 없다"524)고 하였다. 【창세기 1장, 3장 대조】

또 말하기를, "제8아뢰야식525)이 생인(生因)526)이 되었으니 '진실하게 항상 머무는 법[眞常]'이 '생성과 소멸[生滅]'에서 흘러들어가, 비유컨대 진흙덩어리[尼團]와 '티끌먼지[微塵]'가 '서로 다른 것도 아니고 다르지 않은 것도 아닌 것[非異非不異]'과 같다"라고 하였다.

또 말하기를, "참 부처[眞佛]는 형체가 없고 '법신527)은 상(相)이 없으나[法

디에 있는가에 대한 세존과 아난(阿難)의 문답으로 시작하여 깨달음의 본성과 그 깨달음으로 나아가는 과정을 설하고 여래장(如來藏)이 무엇인가를 밝힘. "**능엄경(楞嚴經)**", 곽철환, 《시공 불교사전》

522) 오탁(五濁) : 말세에 일어나는 다섯 가지 혼란. ① 겁탁(劫濁)은 말세에 일어나는 재앙과 재난. ② 번뇌탁(煩惱濁)은 번뇌가 들끓음. ③ 중생탁(衆生濁)은 악한 중생이 마구 날뜀. ④ 견탁(見濁)은 그릇된 견해가 걷잡을 수 없이 퍼짐. ⑤ 명탁(命濁)은 인간의 수명이 단축됨. "**오탁(五濁)**", 곽철환, 《시공 불교사전》

523) 전(纏) : 중생의 마음을 속박하는 번뇌, 특히 근본번뇌(根本煩惱)에 부수적으로 일어나는 수번뇌(隨煩惱)를 말함. "**전(纏)**", 곽철환, 《시공 불교사전》

524) *이는《楞嚴經》'제4권'에 나오는데, '저자'인 '탁사'가 그 내용을 요약 발췌해서 정리한 것으로 본다.《楞嚴經》의 원문은 다음과 같다. "則汝身中 堅相爲地潤濕爲水 煖觸爲火動搖爲風, 由此四纏 分汝湛圓妙覺明心 爲視爲聽 爲覺爲察 從始入終五疊渾濁. 云何爲濁 阿難譬如清水清潔本然 卽彼塵土灰沙之倫 本質留礙 二體法爾性不相循 有世間人取彼土塵 投於淨水 土失留礙 水亡清潔 容貌汩然 名之爲濁 汝託五重亦復如是." 이운허 역주,《楞嚴經 註解》(서울; 동국역경원, 2018) 175-177 참조.

525) 아뢰야식(阿賴耶識) : 아뢰야(阿賴耶)는 산스크리트어 ālaya의 음사로, 거주지·저장·집착을 뜻함. 식(識)은 산스크리트어 vijñāna의 번역. 과거의 인식·행위·경험·학습 등에 의해 형성된 인상(印象)·잠재력, 곧 종자(種子)를 저장하고, 육근(六根)의 지각 작용을 가능하게 하는 가장 근원적인 심층 의식. "**아뢰야식(阿賴耶識)**", 곽철환, 《시공 불교사전》

526) 생인(生因) : 어떠한 현상이 생기게 된 원인. 어떠한 결과를 초래한 원인. "**생인(生因)**", 곽철환, 《시공 불교사전》

527) 법신(法身) : ① 삼신(三身)의 하나. 진리 그 자체. ② 부처가 설한 여러 가르침.

身無相]', 32상(三十二相)528)과 80종호(八十種好)529)를 드러내 보여주어서 세상의 정(情)을 따르게 되었다고 하니, 이는 '스스로 생긴 것도 아니고[不自生]', '다른 것에 의해 생긴 것도 아니고[不他生]', '함께 생겨난 것도 아니고[不共生]', '원인 없이 생겨난 것도 아니다[不無因生].' 세계만물이 도합 '열두 가지 유형[十二類]'530)로 '생생(生生)'531)했으니, 삼계(三界) 중에 '사생(四生)'과 '여덟 가지 원인[八因]'으로 이루어졌다. '사생(四生)'은 태생·난생·습생·화생[胎卵濕化]이니 습생은 합함으로 감(感)하고[濕以合感], 화생은 분리됨으로 응하였다[化以離應].'532) '날짐승과 물고기와 길짐승[飛潛走物]'과 3백 곤충(昆蟲)이 사생(四生) 중에 일어난다. '팔인(八因)은 유색(有色), 유상(有想), 무상(無想), 비유색(非有色), 비무색(非無色), 비유상(非有想), 비무상(非無想)이니, 유상(有想)과 무상(無想)의 세계 중생이 모두 12가지 유형[類]에서 생성된다.'533) 또한 욕계(欲界)의 만물

---

③ 부처가 갖추고 있는 뛰어난 능력. ④ 부처의 성품을 유지하는 주체. ⑤ 있는 그대로의 진실한 모습. ⑥ 중생이 본래 갖추고 있는 청정한 성품. **"법신(法身)"**, 곽철환,《시공 불교사전》

528) 삼십이상(三十二相) : 부처가 갖추고 있다는 32가지 뛰어난 신체의 특징. 고대 인도의 신화에 나오는 전륜성왕이 갖추고 있는 신체의 특징을 불교에서 채용한 것임. 각각의 특징에 대해서는 여러 설이 있는데, '① 족하이륜상(足下二輪相). 발바닥에 두 개의 바퀴 모양의 무늬가 있음. ② 장지상(長指相). 손가락이 김' 등이 있다. **"삼십이상(三十二相)"**, 곽철환,《시공 불교사전》

529) 팔십종호(八十種好) : 부처와 보살이 갖추고 있다는 80가지 신체의 미세한 특징. 각각의 특징에 대해서는 여러 설이 있는데, 그중《方廣大莊嚴經》3권의 것을 소개하면, ① 手足指甲皆悉高起, 손톱과 발톱이 모두 높이 솟아 있음. ② 指甲如赤銅, 손톱과 발톱의 빛깔이 붉은 구리와 같음. ③ 指甲潤澤, 손톱과 발톱이 윤택함' 등이 있다. **"팔십종호(八十種好)"**, 곽철환,《시공 불교사전》

530) 십이유생(十二類生) : 중생이 태어나는 열두 가지 형태. 태생(胎生), 난생(卵生), 습생(濕生), 화생(化生), 유색(有色), 무색(無色), 유상(有想), 무상(無想), 비유색(非有色), 비무색(非無色), 비유상(非有想), 비무상(非無想)이다.

531) 생생(生生) : 현상을 생기게 하는 원리. **"생생(生生)"**, 곽철환,《시공 불교사전》

532) *《楞嚴經》'제4권'에 다음과 같은 내용이 나온다. "胎卵濕化隨其所應 卵唯想生胎因情有 濕以合感化以離應." 이운허 역주,《楞嚴經 註解》157.

533) *《楞嚴經》'제4권'에 다음과 같은 내용이 나온다. "阿難云何名為世界顛倒 是有所有分段妄生因此界立 非因所因無住所住 遷流不住因此世成 三世四方 和合相涉變化眾生成十二類. (중략) 是有世界卵生胎生濕生化生 有色無色有想無想 若非有色若非無色

은 서로 접촉하고 서로 합함으로써 생성되고, 색계(色界)의 만물은 '서로 대조하고[相對]' '서로 비춤[相照]'으로써 감응하고 길러서 성장하고, 무색계(無色界)의 만물은 '서로 생각하고[相想]' '서로 감응함'으로 생성한다"고 하였다.

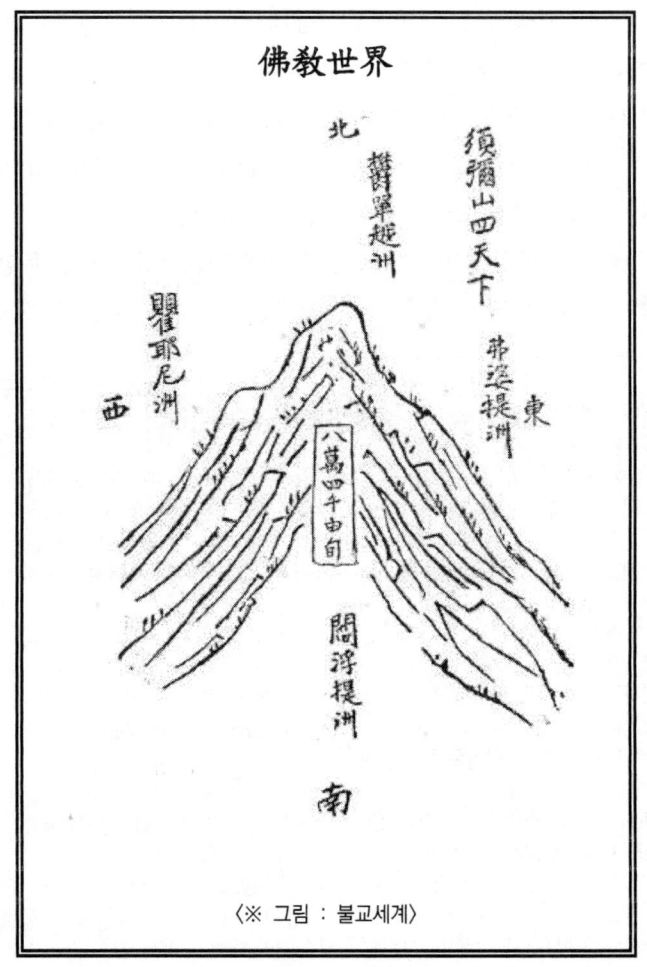

〈※ 그림 : 불교세계〉

若非有想若非無想." 이운허 역주, 《楞嚴經 註解》 323-324 참조.

제2. 불교조(佛敎祖)의 약사(略史)

1. 불조(佛祖)의 탄생(誕生)

불타(佛陀)는 다섯 개의 성(姓)이 있는데, 감자씨(甘蔗氏),534) 일종씨(日種氏),535) 구담씨(瞿曇氏), 석가씨(釋迦氏), 사리씨(舍利氏)이다.

지금으로부터 2950여 년 전에 '불타 세존'이 아시아[亞細亞] 대륙 '중인도(中印度)'의 '가비라국(迦毘羅國, 카필라왕국)'에서 탄생하였다. 처음의 성씨는 '찰제리(刹帝利, 크샤트리아)536)씨 구담(瞿曇, 고타마)537)'인데【번역하면 '지상에서 가장 뛰어남'이다】, 곧 왕족의 후손이요, 부친은 '정반왕(淨飯王)'이요 모친은 '마야부인(摩耶夫人)'이다.【일설에 의하면, 정범왕(淨梵王)이요, 마야부인(摩耶夫人)은 구리성(拘利城)의 성주(城主) 선각왕(善覺王)의 딸이라고 한다.】

그 시조는 '왕선(王仙)'인데, 그가 사냥꾼에게 죽임을 당해 피가 땅에 스며들었고, 그곳에서 감자(甘蔗, 사탕수수) 두 뿌리가 생겨났다. 그 '감자'에 햇볕

---

534) 감자왕(甘蔗王) : 산스크리트어 ikṣuvāku. 석가족(釋迦族)의 시조(始祖). "**감자왕(甘蔗王)**", 곽철환, 《시공 불교사전》
535) 일종(日種) : 석존(釋尊)의 속성 5가지(구담, 감자, 일종, 서가, 사이) 가운데 하나. 정반왕의 6대조왕(六代祖王)이 출가걸식하며 산중에 거주하던 중에 사냥꾼에게 백조(白鳥)로 오인되어 사살되었는데, 그 핏덩이에서 두 줄기 감자(甘蔗)가 볕에 쪼여 성장하고, 한 남자와 한 여자가 되었다고 한다. 그래서 '감자씨(甘蔗氏)'라고 하고, 볕에 쪼여서 '일종(日種)'이라고 전한다. "**일종(日種)**", 김승동, 《불교·인도사상사전》(부산: 부산대학교출판부, 2000)
536) 찰제리(刹帝利) : 산스크리트어 '크샤트리아(kṣatriya)'의 음사. 고대 인도의 사성(四姓) 가운데 둘째 계급으로, 왕족·귀족·무사 그룹. 정치와 군사를 담당함. "**찰제리(刹帝利)**", 곽철환, 《시공 불교사전》
537) 구담(瞿曇) : 팔리어(巴里語) 'Gotama'의 음역(音譯). 범어 'Gautama'. ① 인도의 성(姓) 가운데 하나로 '가장 훌륭한 소'라는 뜻. ② 석가의 성명. ③ 고타마 선인의 후예. ④ 여래(如來)와 동일어. "**구담(瞿曇)**", 김승동, 《불교·인도사상사전》

이 내리쬐어 자라났고, 남자 아이 하나가 나왔으니 호(號)를 '감자왕(甘蔗王)'이라 하고, 여자 아이 하나가 나왔으니 '선현비(善賢妃)'이다. (이들이) 아들을 낳아 '전륜왕(轉輪王)'538)이라 이름을 지었다.

'일자(日炙)'는 일명 '일종(日種, 태양의 종족)'이니, 7백 세대[世]를 이어 내려가 정반왕에 이르러 석가를 낳았다. 【번역하면 '능인(能仁)'539)이다】

처음에 '마야부인'이 후원의 '무우수(無憂樹)'540) 아래에 편안히 앉아있었는데, 비몽사몽하는 사이 환상 중에 흰 코끼리가 뱃속으로 들어오자 깜짝 놀라 눈을 떴다. 이때부터 몸이 무거워지고 임신[懷孕]하게 되었다.541)

불교역사에서 말하기를, 불타가 오랜 세월 '공로와 덕행[功行]'이 가득함으로 도솔천(兜率天)의 궁(宮)을 떠나 '마야부인'에게 강생(降生)했는데, 룸비니[藍毘尼] 동산 인비수(隣鞞樹) 아래 【또는 남비니(嵐毘尼)동산 무우수(無憂樹) 아래라고 함】에서 오른쪽 갈비뼈를 통해 탄생하니, 이때가 중국 주(周)나라 소왕(昭王) 26년 갑인(甲寅) 4월 8일이다.542)

---

538) 전륜왕(轉輪王) : 전륜성왕(轉輪聖王), 윤왕(輪王), 전륜(轉輪)이라고도 부른다. 산스크리트어 cakravarti-rāja. 칠보(七寶)를 갖추고 정법(正法)으로 수미산(須彌山)의 사방에 있는 대륙을 다스리는 왕으로, 하늘로부터 받은 윤보(輪寶)를 굴려 모든 장애를 물리친다고 한다. **"전륜성왕(轉輪聖王)"**, 곽철환, 《시공 불교사전》
539) 능인(能仁) : 석가모니의 다른 이름으로 '석가'를 '능(能)'으로 한역(漢譯)했다. 《수행본기경(修行本起經)》에서 '석가모니는 한자로 능인(能仁)이라고 한다'고 했다. **"능인(能仁)"**, 김승동, 《불교·인도사상사전》
540) 무우수(無憂樹) : 산스크리트어 aśoka. 인도 중부에서 자라는 관목으로, 잎이 무성하고 꽃대에 여러 개의 붉은 꽃이 서로 어긋나게 붙어서 핌. **"무우수(無憂樹)"**, 곽철환, 《시공 불교사전》
541) *《방광대장엄경》 제2권 "처태품(處胎品)"과 《불설보요경》 제2권, "강신처태품(降神處胎品)"과 《불본행경(佛本行經)》 제1권 "강태품(降胎品)"과 《불소행찬(佛所行讚)》 제1권 "생품(生品)"에 나온다. 다만 그 내용은 차이가 있다. 역경위원회, 《한글대장경 11, 방광대장엄경 外》(서울; 동국역경원, 1972) 58-59, 381 참조. ; 홍영의 김달진 옮김, 《불본행경(佛本行經) 外》(서울; 동국역경원, 1995) 30-31 참조. ; 역경위원회, 《한글대장경 20, 법구경 外》(서울; 동국역경원, 1993) 327-328 참조
542) *《방광대장엄경(方廣大莊嚴經)》 제3권, "탄생품(誕生品)"과 《불설보요경(佛說普曜經)》 제2권 "욕생시32품(欲生時三十二品)"과 《불본행경(佛本行經)》 제1권 "강태품(降胎品)"과 《불소행찬(佛所行讚)》 제1권 "생품(生品)"에 나온다. 다만 장소에 차

《보요경(普曜經)》543)에서 말하기를, "불타께서 태어나실 때 땅에서 금빛 연꽃이 솟아나와 그 두 발을 받쳐 들었으며, 사방(四方)과 사유(四維)544)로 각각 일곱 걸음씩을 걸어간 다음 한 손으로는 하늘을 가리키고 다른 한 손으로는 땅을 가리키며 사자후(獅子吼) 소리를 내어 '천상천하(天上天下)에 유아독존(唯我獨尊)이라' 하였다. 그때 하늘의 풍악소리가 구름 사이에서 울리며 팔방세계가 같은 소리로 찬미했으나, 오로지 욕계(欲界)의 대마왕은 홀로 시기했다"545)라고 하였다.

불타의 어릴 적 이름은 '살파 실달다(薩婆 悉達多, 살바 싯타르타)'요 【번역어, 일체의성(一切義成)546)】, 법성명(法性名)은 석가모니(釋迦牟尼)이니 【번역어, 능인적묵(能仁寂默)547)】, 설산(雪山)에서 사과(辭過)하고 돌아오지 않음으로 인해 부왕(父王)이 명(命)을 내려 석가(釋迦)라고 하였다. 태어난 지 7일 만에 어머니 마야부인은 세상을 떠나고 이모인 마하파제(摩訶波提, 마하프라자파티)가 그를 양육했다. 그 때 숲속에 살며 관상을 잘 보는 브라만[婆羅門]548)이 와서 보고 말하기

이가 나는 등, 내용에는 차이가 있으며, 탄생일이 '4월 8일'이라는 것과 '오른쪽 옆구리로 태어났다'는 내용은 《불소행찬》에 나온다. 역경위원회, 《한글대장경, 방광대장엄경 外》 84-85, 391-394 참조. ; 홍영의 김달진 옮김, 《불본행경(佛本行經) 外》 34 참조 ; 역경위원회, 《한글대장경 20, 법구경 外》 327-328 참조

543) 보요경(普曜經) : 8권. 서진(西晉)의 축법호(竺法護) 번역. 방광대장엄경(方廣大莊嚴經)의 다른 번역. "**보요경(普曜經)**", 곽철환, 《시공 불교사전》
544) 사유(四維) : 사방의 네 방위인 건(乾)·곤(坤)·간(艮)·손(巽). 곧 서북·서남·동북·동남의 네 방위를 이른다.
545) *《방광대장엄경(方廣大莊嚴經)》, 제3권, "탄생품(誕生品)"과 《불설보요경(佛說普曜經)》, 제2권, "욕생시32품(欲生時三十二品)"에 나오는 내용이다. 역경위원회, 《한글대장경 11, 방광대장엄경 外》 80-87, 388-393 참조.
546) 일체의성(一切義成) : 모든 일이 뜻대로 이루어진다는 뜻으로, 붓다의 출가 전의 이름인 '싯다르타'를 번역한 말. "**일체의성(一切義成)**", 《시공 불교사전》
547) 능인적묵(能仁寂默) : 능히 인(仁)을 행하는 사람이라는 뜻으로, 석가모니를 달리 이르는 말. 능인(能仁)이라고도 한다. "**능인적묵(能仁寂默)**", 《시공 불교사전》
548) 바라문(婆羅門) : 산스크리트어 브라만(brāhmaṇa)의 음사. 고대 인도의 사성(四姓) 가운데 가장 높은 계급으로, 제사와 교육을 담당하는 바라문교의 사제(司祭) 그룹. "**바라문(婆羅門)**", 《시공 불교사전》

를, "왕자의 얼굴은 사람과 하늘의 기이함을 갖추었으니 만일 출가하면 반드시 무상정각(無上正覺)549)을 이루어 삼세(三世)550) 중생(衆生)의 사표(師表)가 되겠다"고 하고, 고행(苦行)하는 선인(仙人) '아사타(阿私陀)'551)는 '실달다(悉達多, 싯다르타)'를 묵묵히 바라보다가 다리 아래 엎드려 울었다. 이를 본 부왕(父王)이 괴이하여 그 까닭을 묻자 선인이 말하기를, "이 왕자는 사람과 하늘 삼계(三界)에 복덕(福德)552)이 원만한 좋은 관상입니다. 그 눈은 세계를 두루 비추고, 그 얼굴은 천지 육합(六合)의 주인이 될 징조입니다. 내 나이가 많아 그 훌륭한 세상을 보지 못하겠기에 저도 모르는 사이에 눈물이 났습니다"553)라고 하였다.

부왕(父王)이 태자를 책봉하여 세울 적에 흰 코끼리와 푸른 말에 칠보로 장식한 수레를 타고 태자를 안고서 천신께 봉헌하니 신민들이 구름처럼 몰려들고 환호하는 소리가 땅에 진동하였다.554)

태자가 점점 장성하면서 덕망과 용모가 날로 새로워지고 본성이 침착하고 중후하여 금이나 옥(玉) 등, 진귀한 보물들을 깨진 기와나 자갈을 보듯 하며, 총명하고 배우기를 좋아하였다. 나이 17세에 이르러 재미있고 즐거

---

549) 무상정등각(無上正等覺) : 부처의 깨달음의 경지를 나타내는 말. 곧, 위없는 바르고 원만한 깨달음이라는 뜻. **"무상정등각(無上正等覺)"**, 곽철환, 《시공 불교사전》
550) 삼세(三世) : ① 아버지, 아들, 손자의 3대. ② 과거, 현재, 미래의 총칭. 전세(前世), 현세(現世), 내세(來世)의 삼계(三界). 삼제(三際).
551) 아사타(阿沙陀) : 산스크리트어 asita의 음사. 무비(無比)·단정(端正)이라 번역. 싯다르타(siddhārtha)가 태어났을 때 그의 관상을 보고, 출가하여 부처가 될 것이라고 예언한 선인(仙人). **"아사타(阿沙陀)"**, 《시공 불교사전》
552) 복덕(福德) : 〈불교〉 선행의 과보(果報)로 받는 복스러운 공덕.
553) *《방광대장엄경》 제3권, "탄생품(誕生品)"과 《불설보요경》 제2권, "욕생시32품(欲生時三十二品)"에 나오는 내용이다. 다만 《방광대장엄경》에서는 그 선인이 '아사타(阿斯陀)'로, 《불설보요경》에는 '아이두(阿夷頭)'라고 나온다. 역경위원회, 《한글대장경 11, 방광대장엄경 外》 97-102, 397-401 참조.
554) *《방광대장엄경》 제4권, "입천사품(入天詞品)"과 《불설보요경》 제3권 "입천사품(入天詞品)"에 나오는 내용이다. 역경위원회, 《한글대장경 11, 방광대장엄경 外》 103-105, 406-409 참조.

운 것들에는 생각을 끊고, 아무도 없는 후원의 염부수(閻浮樹)555) 아래에 앉아 세상의 의문스러운 것들을 깊이 궁구하였다.556)

어느 날 부왕이 친족과 문무(文武) 명사(名士)들을 염부수 아래 큰 학교로 불러 모아 학술을 시험케 하였는데, 한 사람도 능히 태자를 대적할 자가 없었다. 태자가 말을 타고 활을 쏠 때는 백보 떨어진 곳에서 일곱 개의 쇠북[鐵鼓]을 화살 하나로 능히 꿰뚫으니 이를 보던 많은 사람들이 모두 무엇인가에 홀린 듯하였다.557)

부왕(父王)은 태자가 지혜와 용기를 겸비한 것을 기뻐하였고, 예언자는 칭하기를, "언젠가 천하를 정복하고 인계오천(人界五天)【5인도(印度)】에 뛰어난 주인이 될 자는 태자 이외에는 없다"고 하였다. 그러자 제후들 중에 자신의 딸을 바치고자 하는 자가 많았다. 그러나 태자는 그의 사촌 여동생 아쇼다라[耶輸陀羅]를 아내로 맞이했고,558) 얼마 지나지 않아 옥동자를 낳았는데, 그 이름은 '라후라(羅睺羅, 라훌라)'559)이다.

부왕(父王)이 태자에게 염세(厭世)하는 마음이 있음을 알고 웅장하고 화려한 궁궐을 경치가 수려한 곳에 짓고 아름다운 궁녀들과 재미있고 좋은 것들로 쾌락을 누리게 하였다. 하지만 태자는 음악과 여색에는 마음이 없

---

555) 염부수(閻浮樹) : 인도에 널리 분포된 교목. 학명은 'Eugenia jambolana'. 엽맥이 가늘고 광택이 있다. 불전(佛典) 안에서는 염부제(閻浮提)의 북에 있는 거대한 나무를 말한다. **염부수(閻浮樹)**, 김승동, 《불교·인도사상사전》
556) *《불설보요경》 제3권 "좌수하관려품(座樹下觀犁品)"에 나오는 내용이다. 역경위원회, 《한글대장경 11, 방광대장엄경 外》 413-416 참조.
557) *《불설보요경》 제3권 "시예품(試藝品)"에 나오는 내용이다. 역경위원회, 《한글대장경 11, 방광대장엄경 外》 423-426 참조.
558) *《방광대장엄경》 제4권, "현예품(現藝品)"과 《불설보요경》 제2권, "왕위태자구비품(王爲太子求妃品)"에 나오는 내용이다. 다만 《방광대장엄경》에서는 그 선인이 '야수타라(耶輸陀羅)'로, 《불설보요경》에는 '구이'(俱夷)'라고 나온다. 역경위원회, 《한글대장경 11, 방광대장엄경 外》 118-132, 420 참조.
559) 라후라(羅睺羅) : 범어(梵語)로 'Rāhula'. 석존(釋尊)의 아들. 석존이 성도(成道)한 뒤에 출가(出家)하여 제자가 됨. 석가의 큰 열 제자 가운데 한 사람. 밀행(密行)에 제일. 사미(沙彌)의 시초. **라후라(羅睺羅)**, 김승동, 《불교·인도사상사전》

고 인생의 비애관(悲哀觀)을 항상 한탄하며 말하기를, "해와 달이 사라지고 사시(四時)가 변하니 인생의 즐거움이 어찌 청춘에만 있다 하겠는가?"라고 하며, 궁궐을 벗어나 수도할 마음이 매우 간절하였다.

〈휘참(彙參)〉에서 말하기를, 석가의 또 다른 이름은 '살합목나(薩哈木那)'인데, 글을 읽고 도(道)에 밝은 것이 그 스승을 넘어섰다. 항상 숲속 깊은 곳에 마음을 침잠하고 도(道)를 생각하며 말하기를, "천지간에 그 어떤 것도 장구한 것은 없구나. 인생도 부싯돌과 같아서 한 순간에 소멸하니, 어디에서 왔는지도 모르고 또 어디로 가는지도 모르겠구나. 오직 지극히 총명하여 털끝만큼이라도 마음속에 장애가 없는 자만이 능히 만물을 비출 것인데, 나는 사사로운 욕심을 모두 없애지 못하였으니 어찌 이 세계를 구원하기를 바라겠는가?"라고 하였다.

이에 부왕(父王)이 근심을 풀어주고자 성(城) 동쪽으로 유람하러 나갔는데, 따르는 말과 수레가 아주 성대하고 꾸밈이 찬란하였다. 문득 한 노인을 보게 되었는데, 몸은 잔뜩 굽어있고 머리는 서리가 내린 듯 하얗고 눈은 안개가 낀 것처럼 어두우며, 모습은 바짝 마르고 치아는 흔들거리며 지팡이를 짚고 절룩거리며 걸어가고 있었다. 태자가 이를 보고 괴이하게 여겨 마부에게 물었다. "이 사람이 어떤 죄를 범하여 이처럼 낭패를 보는 것인가?" 이에 마부가 대답하였다. "나이는 늙고 집은 가난한데 정력은 이미 다하였으니, 마치 마른 나무와 시든 풀이 무서운 서리가 내리는 날을 맞아 무성하게 피어날 기회가 없는 것과 같습니다. 저 노인도 지난날에는 아름답고 젊었을 테지만 지금은 저렇게 서글픈 지경에 이르고 말았으니, 인생은 병들고 늙으면 원래 이렇게 되는 것이며, 그가 죄를 범했기 때문이 아닙니다." 태자가 다시 말하였다. "심하구나, 사람의 어리석음이여! 나이가 젊었을 때 하고 싶은 대로 쾌락만 추구하고, 늙어서 맞게 될 고초를 생각하지 못하는구나!" 이에 마부에게 명하여 수레를 돌려 궁으로 들어와 말하기를, "나 역시 이런 지경이 멀지 않았구나!"라고 하니, 이는 풍요롭고 화

려한 가비라(伽毘羅, 카필라) 성(城)도 미래에는 빈터로 돌아가게 될 것임을 생각했기 때문이다.560)

부왕(父王)이 다시 남문으로 유람하러 나갈 적에 시가지의 장엄하고 화려함을 둘러보다가 뜻밖에 길가에 병들어 누워있는 자를 만났다. 그런데 그는 입이 마르고 혀는 텁텁하며 피부는 쭈글쭈글하고 몸에 온통 진흙이 묻은 채 숨이 곧 끊어질 것처럼 보였다. 태자가 물었다. "저 사람은 누구인데 이런 지경이 되었는가?" 이에 마부가 대답하였다. "이 사람 역시 죄 때문에 그런 것이 아니고 병들었기 때문입니다. 부귀빈천을 막론하고 사람은 보통 반드시 병이 드는 때가 있습니다." 태자가 다시 말하였다. "아! 신체가 건강한 것은 비유하자면 꿈속의 쾌락과 같고, 사람의 병환은 술이 깬 뒤의 고뇌와 같으니, 즐거움은 잠깐이고 괴로움은 긴 것이구나! '덕이 지극한 사람[至人]'과 '이치에 통달한 사람[達士]'은 마땅히 살았을 때의 쾌락만을 생각하지 말고 죽은 뒤의 무궁한 도리를 깊이 탐구하지 않는 것은 불가하구나!"561)

그 뒤에 서문 밖 화원에서 놀 적에 화원 밖에 한 시신이 판자 위에 눕혀져 있고 친척들이 그 곁에서 목 놓아 큰소리로 우는 자도 있고 자기 머리카락을 쥐어뜯는 자도 있으며 발을 구르고 가슴을 치는 자도 있었다. 태자가 마부에게 물었다. "어찌하여 저러는 것이냐?" 이에 마부가 대답하였다. "저 자는 죽은 사람이니, 쾌락이 없어지고 이런 고뇌를 당하는 인생의 말로가 모두 이와 같습니다." 태자가 다시 말하였다. "사람이란 어떤 존재인가? 병들지 않는 사람이 없고 죽지 않는 사람이 없으며 영원히 사는 사람도 없으니, 고뇌를 반드시 먼저 겪은 뒤에 쾌락을 얻게 되는 것이구나!" 이에 속히 수레를 돌리라고 명하면서 말하였다. "나는 반드시 묘술을 궁구

---

560) *《방광대장엄경》 제5권, "감몽품"과 《불설보요경》 제3권 "사출관품"에 나오는 내용이다. 역경위원회, 《한글대장경 11, 방광대장엄경 外》 151-153, 429-430 참조.
561) *《방광대장엄경》 제5권, "감몽품"과 《불설보요경》 제3권 "사출관품"에 나온다. 역경위원회, 《한글대장경 11, 방광대장엄경 外》 153-154, 430 참조.

하여 이 세 가지를 없애리라!"562)

이때부터 태자는 홍안의 미인을 보면 백발의 노인을 생각하고, 쾌락과 유희를 접하면 고통과 사망을 생각하였다. 그러던 어느 날, 성 북쪽을 나가다가 '가난한 선비[寒士]' 한 사람을 만났는데, 그는 기개가 높고 태도는 공손했으며 '승려의 옷[禪衣]'을 입고 집집마다 돌아다니며 탁발(托鉢)을 하였다. 태자가 마부에게 물었다. "저 사람은 누구인가?" 마부가 대답하였다. "저 사람은 행동거지가 단정한 것을 보니, 분명 훌륭한 선비입니다. 세간의 쾌락은 마음속에서 완전히 사라지고, 음식을 가리고 계율을 지키며 욕망을 이기고 선을 행하기로 신 앞에 맹세하여, 질투와 탐욕과 원망을 없애기로 기도하며, 매일 문을 나아가 걸식을 합니다." 태자가 다시 말하였다. "저 사람은 선량한 사람이다. 예로부터 성현이 모두 고통에 배부르고 선을 행함으로 질병의 재앙과 노년의 고초를 면하며 장생불로의 영존(永存) 세계를 얻었나니, 내 마음도 이와 같아서 사관(四觀)을 두루 지나 큰 깨달음을 이루고 정과(正果)563)를 맺어서 육근(六根)564)을 내쫓고 육진(六塵)565)을 버리고, 소리와 색과 향기와 맛에 머무르지 않겠다."566)

옛날 전하는 말에 의하면, 브라만[婆羅門]의 아들 '우타이(優他夷)'567)는 훌륭한 말솜씨로 정반왕에게 등용된 자이다. 그가 왕의 명을 받들어 모든 궁

---

562) *《방광대장엄경》 제5권, "감몽품"과 《불설보요경》 제3권 "사출관품"에 나온다. 역경위원회, 《한글대장경 11, 방광대장엄경 外》 154-156, 430-431 참조.
563) 정과(正果) : 불교적 수행을 통해 바른 깨달음을 얻게 된 결과.
564) 육근(六根) : 안(眼) · 이(耳) · 비(鼻) · 설(舌) · 신(身) · 의(意) 등, 6가지 식근(識根).
565) 육진(六塵) : 육근(六根)을 통해 만나게 되는 여섯 가지 상황. 색진(色塵) · 성진(聲塵) · 향진(香塵) · 미진(味塵) · 촉진(觸塵) · 법진(法塵).
566) *《불설보요경》 제3권 "사출관품"에 나온다. 역경위원회, 《한글대장경 11, 방광대장엄경 外》 431-432 참조.
567) *'우타이(優陀夷)'라는 인물은 《방광대장엄경》 제4권, "현예품(現藝品)"과 《수행본기경(修行本起經)》 상권(上卷) "시예품(試藝品)"에 나온다. 하지만 그 내용은 《만종일련》과 차이가 있다. 아울러 《수행본기경》에는 그 이름이 '우타(優陀)'라고 나온다. 역경위원회, 《한글대장경 11, 방광대장엄경 外》 131 참조. ; 역경위원회, 《한글대장경 18, 과거현재인과경 外 8경》 573-576 참조.

녀를 가르치면서 말하였다. "미인은 한 번 찡그리고 한 번 웃는 것으로 능히 남자의 마음을 녹게 만든다고 했는데, 태자가 비록 배움이 넓고 지혜가 높다고 하나 어찌 그 감정을 움직이지 못하겠는가. 옛날에 '손타리(孫陀利)'라는 미녀는 대선인(大仙人)의 깨달음을 파괴하였고, '비시파범선(毘尸婆梵仙)'은 1만년의 수도(修道)가 '천비(天妃)' 때문에 하루아침에 파기되었으니, 태자의 고심을 깨뜨리게 하라."568)

그러나 태자는 반석처럼 견고한 마음이 털끝만큼도 동요하지 않고, 크게 탄식하며 말하였다. "슬프다, 인생이여! 봄의 화려함만 알고 가을의 메마름을 알지 못하니, 장차 닥치게 될 '늙고 병들고 죽는' 세 가지 고통을 어찌 면할 수 있겠는가?"569)

'우타이'가 말하였다. "인생이 쾌락을 추구하는 것은 자연스러운 정서입니다. '제석구담(帝釋瞿曇)'과 '파라타(婆羅墮)' 등 모든 선인(仙人)들도 이를 면치 못하였는데, 태자께서는 항상 근심하는 낯빛을 띠고 계시니, 대인(大人)의 도를 이루시는데 장애가 될까 두렵습니다."570)

태자가 말하였다. "저런 선인들은 티끌 같은 세상에 타락한 범부(凡夫)이다. 그대는 어찌 나에게 권하여 세 가지 고통 속에 빠지게 하는가?"571)

그 말의 기운이 격절(激切)572)하여 폐부(肺腑)를 찌르니 '우타이'와 궁녀, 악공들이 부끄러워하며 스스로 물러갔다.573)

---

568) *《불소행찬(佛所行讚)》 제4장, "이욕품(離欲品)"에 나온다. 역경위원회, 《한글대장경 20, 법구경 外》 356-358 참조.
569) *《불소행찬(佛所行讚)》 제4장, "이욕품"에 나온다. 역경위원회, 《한글대장경 20, 법구경 外》 358-359 참조.
570) *《불소행찬(佛所行讚)》 제4장, "이욕품"에 나온다. 역경위원회, 《한글대장경 20, 법구경 外》 359-361 참조.
571) *《불소행찬(佛所行讚)》 제4장, "이욕품"에 나온다. 역경위원회, 《한글대장경 20, 법구경 外》 361-363 참조.
572) 격절(激切) : 말씨가 격렬하고 엄격함.
573) *《불소행찬(佛所行讚)》 제4장, "이욕품"에 나온다. 역경위원회, 《한글대장경 20, 법구경 外》 363 참조.

2, 불타(佛陀)의 출가(出家)

하루는 부왕(父王)이 태자와 교외로 나갔다가 얼굴이 시커멓고 뼈만 앙상한 농부를 보았다. 그 농부는 땀을 흘리며 밭을 갈고 있었고 그 옆에는 죽은 벌레가 수없이 많았으며 밭을 가는 소[牛]는 지쳐서 숨을 헐떡이며 침을 흘리고 있었다. 이에 태자가 말하였다. "아, 사람과 소[牛]여! 살아있는 벌레를 너무 많이 죽였으니 도대체 자비가 없구나!"574)

궁으로 돌아온 뒤 출가할 마음이 더욱 굳어져서 부왕에게 나아가 아뢰었다. "저는 반드시 화려한 궁궐을 버리고 소박한 집으로 들어가 삼계(三界)의 고통을 떠나 영원한 쾌락을 도모하고자 합니다."575)

왕이 자리에서 일어나 손을 잡으니, 몸은 떨리고 입은 머뭇거리며 눈에서는 피눈물이 하염없이 흘러내렸다. 태자 역시 슬퍼하고 근심하며 후원의 염부수 아래로 가서 앉으니 밤이 깊어갈수록 세상은 적막하였다. 눈을 감고 홀로 앉아 있는데, 문득 환영(幻影)이 나무 아래에 나타나 말하였다. "저는 출가한 사람입니다. 세상을 제도(濟度)576)할 사명을 안고 태자의 결심을 촉구합니다."577)

태자가 말하였다. "즐거움과 사랑의 헛됨과 세 가지 고통의 일은 나도

---

574) *《불소행찬(佛所行讚)》 제5장, "출성품(出城品)"과 《수행본기경(修行本起經)》 하권(下卷), "유관품(遊觀品)"과 《불본행경(佛本行經)》 제2권, "염부제수음품(閻浮提樹蔭品)"에 이와 관계된 이야기가 나온다. 하지만 그 내용은 《만종일련》의 본문과 다소 차이가 있다. 역경위원회, 《한글대장경 20, 법구경 外》 365 참조. ; 역경위원회, 《한글대장경 18, 과거현재인과경 外 8경》 581-583 참조. ; 홍영의 김달진 옮김, 《불본행경(佛本行經) 外》(서울; 동국역경원, 1995) 64-70 참조.
575) *《불소행찬(佛所行讚)》 제5장, "출성품(出城品)"과 《불본행경(佛本行經)》 제2권, "출가품(出家品)"에 나오는 이야기이다. 하지만 그 내용은 《만종일련》의 본문과 다소 차이가 있다. 역경위원회, 《한글대장경 20, 법구경 外》 368 참조. ; 홍영의 김달진 옮김, 《불본행경(佛本行經) 外》 70-72 참조.
576) 제도(濟度) : 중생(衆生)을 고해(苦海)에서 건져내 극락세계로 이끌어 줌.
577) *《불소행찬(佛所行讚)》 제5장, "출성품(出城品)"에 나온다. 역경위원회, 《한글대장경 20, 법구경 外》 366-367 참조.

깨달은 바이지만, 무상원각(無上圓覺)을 이 세상에서도 얻을 수 있겠는가?"

출가인이 말하였다. "태자는 의심치 말고 일념을 확고히 하여 열반의 【니르바나】 일대영호(一大靈湖)를 구하십시오. 그곳은 삶도 없고 죽음도 없으니, 무궁무진한 고통에서 벗어나며, '가장 좋은 정락[無上淨樂]' 받아 누리실 것입니다."

태자가 다 듣고 나자 한 줄기 밝은 빛이 마음[靈臺]을 비추는 것 같았다. 이에 그 환영인(幻影人)이 태자의 결심을 보고 말하였다. "위대하도다, 싯타르타여! 부처[佛陀]로서 일체 중생의 종사(宗師)가 되고 삼계(三界) 호겁(浩劫)[578]의 법주(法主)가 될 것이다. 엄청난 우레가 앞에 떨어지고 수많은 마귀가 귀에 소곤거려도 정진하여 물러서지 말라. '삼세사방(三世四方)'에 모든 선한 신들이 불타를 옹호할 것이다!"

말이 끝나고, 환영(幻影)이 점차 사라지자 태자가 말하였다. "천신 보살의 말씀이 어찌 나를 속이겠는가? 오호라! 나는 반드시 불타가 될 것이다!"

태자가 출가를 결심하고 아내와 아들과 이별하려고 침전으로 들어갔는데, 아쇼다라[耶輸陀羅]가 어린 아들과 편안히 잠을 자고 있었다. 한참을 우두커니 서 있다가 말하였다. "아쇼다라[耶輸陀羅]여, 설산(雪山)의 높은 고개와 항하(恒河, 갠지스 강)의 깊은 근원보다 깊이 사랑하는 나의 짝이여, 나를 대신하여 아비 없는 라후라(羅睺羅, 라훌라)를 잘 길러서 부왕의 외로운 마음을 위로해주시오. 나는 나중에 삼법계(三法界)의 주인이 되어 중생을 구제하고자 합니다."

애정의 굴레를 끊고, 마부 '차익(車匿)'【잔나】을 불러서 건척마(乾陟馬) 【말 이름: 간닥가】를 끌어 내오라 하면서 말하였다. "내 마음이 심히 갈증이 나니 감로천의 샘물을 마시고자 한다."[579]

---

578) 호겁(浩劫) : 엄청나게 긴 시간. 불교에서는 천지의 생성부터 소멸할 때까지를 일대겁(一大劫)이라고 한다.

태자가 조용히 궁성을 빠져나가 말을 재촉하여 달리고 또 달리니, 그 때 나이 19세, 12월 7일이었다.

2백리를 가서 여명이 밝을 즈음에, 미니가(彌尼迦)라는 마을을 지나, '발가파(跋伽婆)' 선인이 사는 숲에 당도하였다. 깊은 숲 속에 들어가 '옥구슬 목걸이'와 '보배로운 구슬이 달린 의관(衣冠)'을 벗고, 반지와 팔찌 등의 물건들을 '차닉'에게 주어 돌려보내고, 칼로 머리카락을 자르고 맨손과 맨발로 사냥꾼[獵師]을 따라가 검은색 가사를 사서 입으니, 어제까지 국왕의 영화롭고 귀한 태자가 오늘은 외로운 사문(沙門)580)의 비구(比丘)가 되었다.581)

지금도 이 숲속에는 비문[碑誌]이 있는데 다음과 같이 적혀있다. "살합목나(薩哈木那)가 세계의 쾌락을 버리고 청정한 법문에 드신 곳이다."

원래 '발가파' 선인(仙人)은 원근에 저명한 고행선(苦行仙)으로서 제자[門徒]가 3백 명이 넘었고, 바라문의 일파로 인도(印度)의 정락(淨樂)만 구하는 자였다. '싯타르타'가 '발가파' 선인을 알현하고 그 제자[門徒]들의 행위를 가만히 살펴보니, 풀이나 나무껍질을 입고, 풀뿌리와 나무열매를 먹으며, 어떤 이는

---

579) *《방광대장엄경》 제6권, "출가품"과 《불설보요경》 제4권 "출가품", "고차익피마품(告車匿被馬品)", 그리고 《불본행경》 제2권, "출가품"에 나오는 내용이다. 특히 여기에는 '말 이름'이 언급된다. 역경위원회, 《한글대장경 11, 방광대장엄경 외》 171, 440, 444 참조. ; 홍영의 김달진 옮김, 《불본행경(佛本行經) 외》 75 참조.
*《불소행찬》 제5장, "출성품(出城品)"에도 나온다. 다만 여기서는 '말 이름'이 없다. 역경위원회, 《한글대장경 20, 법구경 외》 372 참조.
580) 사문(沙門) : 출가 수행자. '노력하는 사람'이라는 뜻의 범어 '쉬라마나(śramaṇa)'의 음역. '사문'이란 말은 인도에서 예부터 가정을 떠나 수도하는 종교생활자를 통칭하는 말로 사용되다가, 불교가 일어난 후에는 불교의 승려들만을 가리키는 말로 쓰이게 되었다. '비구(比丘)'와 같은 말로 사용되기도 한다. **사문(沙門)**, 서울대학교교육연구소, 《교육학용어사전》(서울; 하우동설, 1995)
581) *《불소행찬》 제5장, "차익환품(車匿還品)"과 《방광대장엄경》 제6권, "출가품"과 《불설보요경》 제4권 "출가품" · "고차익피마품(告車匿被馬品)", 그리고 《불본행경》 제2권, "병사왕문사품(甁沙王問事品)"에 나오는 내용이다. 역경위원회, 《한글대장경 20, 법구경 외》 375-383 참조. ; 역경위원회, 《한글대장경 11, 방광대장엄경 외》 169, 451 참조. ; 홍영의 김달진 옮김, 《불본행경(佛本行經) 외》 81-82 참조.

새처럼 날거나 벌레처럼 기고, 또 어떤 이는 물고기처럼 헤엄치고 짐승처럼 엎드리는 등, 그 형태가 같지 않아 도리(道理)가 몹시 마음에 차지 않았다. 이를 보고나서 태자가 물었다. "이러한 고행은 무엇을 구하는 것인가?" 이에 한 제자가 말했다. "고행을 잘 참고 경문을 잘 따르면 마침내 천상의 즐거운 열매를 얻을 것이다." 태자가 다시 말했다. "천상의 즐거움도 기한이 있는데, 다음 번 윤회에 커다란 고통의 응보를 어떻게 해탈할 것인가! 살기를 구하면 삶을 얻을 것이나 죽음을 면하지 못하고, 즐거움을 구하면 즐거움을 얻을 것이나 뜻이 고통의 지경에 붙어 있으니, '최상의 지혜[無上智慧]'를 닦으며 '영원한 참 즐거움[絶世眞樂]'을 영원토록 구하는 것이 옳다."582)

'마가타(摩迦陀) 왕국'583)의 미루산(彌樓山) 속에 들어가니 이 산에 사는 '아라라(阿羅邏)' 선인(仙人)은 덕행이 고결하고 깨달음이 심원한 도인(道人)이었다. 제자가 7백 명이요, 함께 사는 '울타라마(鬱陀羅摩)' 선인도 고명한 도인이었다. 태자가 그 오두막에 이르니, 선인이 태자의 용모가 비범함을 보고 크게 기뻐하며 말하였다. "예전에 명승왕(明勝王)이 왕위를 버리고 도(道)를 따랐는데, 오늘날 그대가 한창 나이에 오욕(五慾)584)을 버리고 도를 닦기로 결심을 하니 기이한 일이다."585)

---

582) *《불소행찬》제7장, "입고행림품(入苦行林品)"과 《방광대장엄경》제7권, "고행품(苦行品)"과 《불본행경》제2권, "병사왕문사품(甁沙王問事品)"에도 나온다. 다만 그 내용에는 제각기 차이가 있다. 역경위원회, 《한글대장경 20, 법구경 外》 384-392 참조. ; 역경위원회, 《한글대장경 11, 방광대장엄경 外》 193-196 참조. ; 홍영의 김달진 옮김, 《불본행경(佛本行經) 外》 82-83 참조.
583) 마가타국(摩伽陀國) : '마갈타국(摩竭陀國)' 산스크리트어 magadha의 음사. 중인도의 동부, 지금의 비하르(Bihar)의 남쪽 지역에 있던 고대 국가로, 도읍지는 왕사성(王舍城)이다. **"마갈타국(摩竭陀國)"**, 《시공 불교사전》
584) 오욕(五慾) : 인간의 5가지 욕망. 재물[財]·색[色]·음식[食]·명예[名]·수면[睡].
585) *《불소행찬(佛所行讚)》제12장, "아라람울두람품(阿羅藍鬱頭藍品)"에 나온다. 역경위원회, 《한글대장경 20, 법구경 外》 433-442 참조.

태자가 그 선인의 도를 모두 닦아 관통하였으나 광명한 원각(圓覺)을 얻지 못하자, 니연선하(尼連禪河, 네란자라 강) 동쪽 언덕에서 하루 종일 좌정한 채 궁리하면서[着意] 진리 찾기[觀法]를 하였다.

그 후 몇 달 뒤에 고행림(苦行林) 【울일뿌】의 다섯 비구를 찾아가니 이 다섯 사람은 감정을 조절하고 욕망을 억제하며 몸가짐을 엄정하게 하고 고요한 가운데 침묵하였다. 태자는 그들과 친밀히 교류하여 계율을 지키고 밥 먹는 것도 잊은 채 점점 삼매(三昧)586)에 들어갔다. 【삼매(三昧)는 범어(梵語)인데, 모든 인연을 물리쳐 끊고 오로지 텅 비어 고요한 상태를 말한다】

전후 6년 동안 바람, 비, 서리, 눈과 매서운 추위와 더위가 살갗을 에고 뼈에 스며들었지만 확고한 심지는 태산처럼 움직이지 않고, 하루에 쌀 한 톨만 먹고서 정기를 이어가니 혈육이 마르고 형해(形骸)가 초췌했으며, 큰 바다를 뛰어넘는다는 의지로 눈을 감고 정좌를 하니 헤진 옷과 흐트러진 머리카락은 죽은 인형과 같이 되었다.587)

---

*《불설보요경》제5권 "이학삼부품(異學三部品)"에도 나온다. 다만 그 내용에는 약간의 차이가 있다. 역경위원회, 《한글대장경 11, 방광대장엄경 外》460-462 참조.
586) 삼매(三昧) : 범어(梵語) 사마디(samādhi)의 음역. 삼마제(三摩提), 삼마지(三摩地)라고도 음역(音譯)한다. 의역(意譯)르오는 정심행처(正心行處), 식려응심(息慮凝心)이라고 한다. 선정(禪定), 즉 마음을 한 곳에 모아 움직이지 않게 하며, 마음을 바르게 하여 망념에서 벗어나는 것으로, 불교의 중요한 수행방법 가운데 하나이다. "**삼매(三昧)**", 김승동, 《불교・인도사상사전》
587) *《불소행찬(佛所行讚)》제12장, "아라람울두람품(阿羅藍鬱頭藍品)"에 나온다. 역경위원회, 《한글대장경, 법구경 外》442-444 참조.
*한편 《방광대장엄경》제7권, "왕니련하품(往尼連河品)"과 《불설보요경》제5권 "육년근고행품(六年勤苦行品)"에도 나온다. 다만 그 내용에는 차이가 있다. 역경위원회, 《한글대장경 11, 방광대장엄경 外》202-206, 462-467 참조.

3. 불타(佛陀)의 성도(成道)

태자는 6년의 고행 끝에 사욕(私慾)을 모두 씻어 없애고 도리를 깊이 연구했으나, 세 가지 고뇌를 벗어나게 할 방법이 없었다. 이에 엄중하게 자신을 돌아보며 말하였다. "만일 몸을 파리하게 만들어서 도를 취하면 저 외도들은 스스로 굶는 것이 열반(涅槃)의 원인이라 할 것이다." 그리고 나서는 니연하(尼連河)588)【일명 선하수(禪河水)】에서 목욕을 했는데, 피곤하고 힘이 없어서 강가의 나뭇가지를 겨우 붙잡고 나와서 죽은 사람처럼 엎어져 있었다. 때마침 근처에 소를 치는 아가씨 '난타(難陀)'가 있어서 향유미(香乳糜)를 바쳤는데, 태자가 받아먹은 뒤 원기[神氣]를 회복하였다. 이때 비구(比丘) 다섯 사람은 태자가 먹을 것을 구하는 것을 보고 각자 이별을 고하였다.589)

태자가 보리수 아래로 물러나 거하니, 석제환인(釋提桓因)590)이 길상초(吉祥草)를 펼치고 앉자, 동쪽을 향해 가부좌를【불타가 앉은 것이다[佛坐也]】하고서 말하기를, "만일 도를 이루지 못하면 종신토록 이 자리를 떠나지 않으리라" 하고는 생각과 정신을 집중하며 매 순간을 기도하였다. 그렇게 지낸 지 오래되어, 하늘과 땅이 상서로움을 드러내고, 삼십육 하늘의 모든 선한 신들이 기이한 현상을 나타내어 고뇌를 제거할 방법을 알려주며 묵시로 지

---

588) *니연선하(尼連禪河)를 말한다.
※니연선하(尼連禪河) : 범어(梵語) nairañjanā의 음사. 갠지스 강의 지류로, 벵갈 지방에서 발원하여 북쪽으로 흘러, 붓다가야(buddhagayā)을 거쳐 화씨성(華氏城) 부근에서 본류와 합류함. **"니련선하(尼連禪河)"**, 곽철환, 《시공 불교사전》
589) *《불소행찬》 제12장 "아라람울두람품(阿羅藍鬱頭藍品)"에 나온다. 역경위원회, 《한글대장경 20, 법구경 外》 444-445 참조.
*한편 《방광대장엄경》 제7권, "왕니련하품(往尼連河品)"과 《불설보요경》 제5권 "육년근고행품(六年勤苦行品)"에도 나온다. 다만 그 내용에는 약간의 차이가 있다. 역경위원회, 《한글대장경 11, 방광대장엄경 外》 206-209, 467-471 참조.
590) 석제환인(釋提桓因) : '제환인(提桓因)'이라고도 하고, 제석(帝釋)·천제석(天帝釋)이라고도 함. 수미산 정상에 있는 도리천의 왕, 사천왕(四天王)과 32신(神)을 통솔하면서 불법(佛法)을 지킨다고 함. **"석제환인(釋提桓因)"**, 곽철환, 《시공 불교사전》

혜를 더하게 했다. 하지만 욕계(欲界)의 대마왕은 홀로 증오하여 한 계책으로 다음과 같이 시험했는데, '가비라 왕국'의 전사(戰士)로 하여금 난리를 피해 도망하게 해서 태자에게 급히 알리기를, "나라가 크게 혼란하여, 역적이 부왕을 하옥하고 왕위를 찬탈하였으며 태자비를 잡아갔으니 급히 구해주소서"라고 하며, 친척이 직접 쓴 편지를 바쳤으나 태자는 전혀 동요하지 않았다. 마왕은 다시 아름다운 무희(舞姬)를 보내 그 앞에서 춤추게 하고, 아귀(餓鬼), 수라(修羅), 야차(夜叉), 나찰(羅刹) 등을 보내 백방으로 방해를 했음에도 안색이 변하지 않자, 사자처럼 화를 내고 이를 갈며 번개를 치고 우박을 퍼부었으나 그것들이 모두 다섯 빛깔의 꽃들로 변화하였다. 태자가 손을 펴서 땅을 가리키니 손바닥 안의 광명이 태양과 같고, 큰 소리로 꾸짖어 물리치니 마군(魔軍)들이 구름처럼 흩어지며 대천세계(大千世界)에 불광(佛光)이 두루 비쳤다. 이에 태자가 크게 환히 깨달으며 말하였다. "얻었도다! 이제 이후로는 세 가지 괴로움을 없앨 수 있겠다."591)

이에 동방의 밝은 별이 나타나며 평생소원이었던 무상정각(無上正覺)을 얻어 석가모니의 불타가 되었으니, 그 때 나이 서른이었다. 번뇌의 굴레를 벗고 윤회의 고리를 끊어 삶과 죽음의 큰 바다에 비추어진 빛이 일체중생을 제도(濟度)하며, 원만(圓滿) 법계(法界)에 살지도 않고 죽지도 않으며, 적멸(寂滅) 낙토(樂土)에 대열반(大涅槃)이 되었다.592)

---

591) *《불소행찬》제12장 "아라람울두람품(阿羅藍鬱頭藍品)"과 제13장 "파마품(破魔品)"에 나온다. 역경위원회, 《한글대장경 20, 법구경 外》 445-455 참조.
* 한편 《방광대장엄경》제9권, "항마품(降魔品)"과 《불설보요경》제6권 "항마품(降魔品)"과 《불본행경》제3권, "항마품(降魔品)"에도 나온다. 대한불교조계종역경위원회, 《한글대장경 11, 방광대장엄경 外》 234-254, 498-508 참조. ; 홍영의 김달진 옮김, 《불본행경(佛本行經) 外》 103-116 참조.
592) *《불소행찬》제14장, "아유삼보제품"에 나온다. 역경위원회, 《한글대장경 20, 법구경 外》 455-465 참조.
* 한편 《방광대장엄경》제9권 "성정각품"과 《불설보요경》제6권 "행도선사품"에도 나온다. 다만 그 내용에는 약간의 차이가 있다. 대한불교조계종역경위원회, 《한글대장경 11, 방광대장엄경 外》 255-262, 508-513 참조.

4. 불타(佛陀)의 설법(說法)

불타는 '마갈타(摩竭陀)593) 왕국' '아란야법보리장(阿蘭若法菩提場)'594)에서 처음 포교(布敎)를 시작하여, '법륜비대방광불(法輪庇大方廣佛) 화엄경(華嚴經)'으로 설법의 근본을 삼았다. 이에 소기(小機)595)는 귀머거리와 벙어리처럼 들어오지 못하게 하여, 삼·칠일[21일] 동안 나무를 보며 사유하여 편안하게 열반에 들어갔다. 그러자 '범천제석(梵天帝釋)'이 은근히 권면하며 묘법륜(妙法輪)을 굴리기를 청하였다. 이에 바라나사(波羅奈斯)596) 왕국의 녹야원(鹿野園)597) 【무링아다푸】에 이르렀는데, 그곳은 전에 고행림(苦行林)에서 함께 고행하던 다섯 명의 승려[比丘]가 거처하는 동산이었다. 승려들이 불타가 오는 것을 보

---

593) 마갈타국(摩竭陀國) : 산스크리트어, 팔리어 magadha의 음사. 중인도의 동부, 지금의 비하르(Bihar)의 남쪽 지역에 있던 고대국가로, 도읍지는 왕사성(王舍城)이다. "마갈타국(摩竭陀國)", 곽철환, 《시공 불교사전》
594) 아란야(阿蘭若) : 난야(蘭若). 산스크리트어 araṇya의 음사. 공한처(空閑處)·원리처(遠離處)라고 번역. 한적한 삼림. 마을에서 떨어져 수행자들이 머물기에 적합한 곳. "아란야(阿蘭若)", 곽철환, 《시공 불교사전》
※보리도량(菩提道場) : 붓다가 깨달음을 이룬 곳, 곧 우루벨라(uruvelā) 마을의 네란자라(nerañjarā) 강변에 있는 붓다가야(buddhagayā)의 보리수(菩提樹) 아래를 말함. "보리도량(菩提道場)", 곽철환, 《시공 불교사전》
595) 소기(小機) : 소승 불교의 가르침을 신봉하는 이를 낮잡아 부르는 말.
※또는 부처의 가르침을 깨닫기 어려운 열등한 능력이나 소질, 또는 그것을 갖춘 사람. "소기(小機)", 곽철환, 《시공 불교사전》
596) * 본문에는 바나라사국(波奈羅斯國)으로 기록되어 있는데, 이는 바라나사국(波羅奈斯國)의 잘못된 표기된 듯하다.
※바라날(婆羅捺, 波羅捺) : 중인도 갠지스 강 중류 지역에 있는 '바라나시'의 옛 이름. 이곳에서 북동쪽 약 7km 지점에 붓다가 처음으로 설법한 녹야원(鹿野苑)이 있음. '동의어'로 파라날(婆羅捺, 波羅捺), 바라나(波羅奈), 바라나시(bārāṇasī), 바라날사(婆羅疿斯) 등이 있음. "바라날[婆羅捺, 波羅捺]", 곽철환, 《시공 불교사전》
597) 녹야원(鹿野苑) : '녹원(鹿苑)'이라고도 함. 산스크리트어 mṛgadāva. 붓다가 처음으로 설법한 곳. 갠지스 강 중류, 지금의 바라나시(Varanasi)에서 북동쪽 약 7 km 지점에 있는 동산. 붓다가 깨달음을 이룬 우루벨라(uruvelā) 마을의 붓다가야(buddhagayā)에서 녹야원까지는 직선 거리로 약 200km됨. "녹야원(鹿野苑)", 곽철환, 《시공 불교사전》

는데, 그 혁혁한 광휘와 늠름한 위용이 장엄하여 경외심이 저절로 일어났
다. 불타가 그들의 고행이 끝내는 무익하다는 것과 건전한 신체로 지혜가
원만한 도(道)를 설교하여 삼승(三乘)598)의 법으로 대법륜(大法輪)을 굴리니 비
구들이 접족(接足)599)을 하고 예를 갖추며 가르침을 받기를 원하였다. 이에
불타가 번뇌를 끊어 없애고 열반에 이르는 삼귀(三歸) 사제(四諦)의 진리와
육도(六道)600) 윤회(輪廻)601)의 십이인연(十二因緣)602)을 설파(說破)하였다. 사제

---

598) 삼승(三乘) : 성문(聲聞), 연각(緣覺), 보살(菩薩)에 대한 세 가지 교법(教法). ① 성
문승; 4제(諦)의 법문, 부처의 소리를 듣고 이를 관(觀)하여 해탈을 얻음. ② 연
각승; 12인연의 법문, 스승에게 가지 않고 스스로 잎이 피고 꽃이 지는 따위의
이치를 관(觀)하여 깨닫는 것. ③ 보살승; 6바라밀의 법문, 보살은 이 법문에 의
하여 스스로 해탈하고 남을 해탈케 하여 부처를 이룸.
599) 접족(接足) : 인노에서 질하는 법의 하나로, 두 손으로 절 받을 이의 발을 받들어
자기의 머리에 대는 것. 두면예족(頭面禮足), 계수예족(稽首禮足)이라고도 함.
600) 육도(六道) : 도(道)는 상태·세계를 뜻함. 중생이 저지른 행위에 따라 받는다고
하는 생존상태, 또는 미혹한 중생의 심리상태를 6가지로 나누어 형상화한 것.
중생이 생각에 따라 머물게 되는 6가지 세계. ① 지옥도(地獄道). 뜨거운 불로
형벌을 받는 팔열지옥(八熱地獄)과 혹독한 추위로 형벌을 받는 팔한지옥(八寒地
獄)으로 나뉨. ② 아귀도(餓鬼道). 재물에 인색하거나 음식에 욕심이 많거나 남을
시기·질투하는 자가 죽어서 가게 된다는 곳으로, 늘 굶주림과 목마름으로 괴로
움을 겪는다고 함. ③ 축생도(畜生道). 온갖 동물들의 세계. ④ 아수라도(阿修羅
道). 인간과 축생의 중간에 위치한 세계, 수미산과 지쌍산 사이의 바다 밑에 있
다고 함. ⑤ 인도(人道). 수미산 동쪽에 있는 승신주(勝身洲), 남쪽에 있는 섬부주
(贍部洲), 서쪽에 있는 우화주(牛貨洲), 북쪽에 있는 구로주(俱盧洲)의 4대륙을 말
함. ⑥ 천도(天道). 신(神)들의 세계라는 뜻으로, 사왕천(四王天)에서 무색계의 유
정천(有頂天)까지를 말함. **"육도(六道)"**, 곽철환, 《시공 불교사전》
601) 윤회(輪廻) : 산스크리트어 saṃsāra의 음사. ① 함께 흘러감. ② 바퀴가 돌고 돌
아 끝이 없듯이, 중생은 자신이 저지른 행위에 따라 삼계(三界)와 육도(六道)를
돌고 돌면서 생사(生死)를 끊임없이 되풀이한다는 견해. ③ 번뇌 때문에 괴로운
생존을 끝없이 되풀이함. ④ 과거의 인식·행위·경험·학습 등에 의해 형성된
인상(印象)과 잠재력이 아뢰야식(阿賴耶識)에 스며들어 종자(種子)로 저장되어 있
다가 그 종자가 근원이 되어 다시 여러 인식을 되풀이하는 과정. **"윤회(輪廻)"**,
곽철환, 《시공 불교사전》
602) * '십이인연(十二因緣)'은 '십이연기(十二緣起)'라고도 한다.
※십이연기(十二緣起) : 괴로움이 일어나는 열두 과정. ① 무명(無明). 사제(四諦)
에 대한 무지. ② 행(行). 무명으로 일으키는, 의도하고 지향하는 의식 작용. 무
명에 의한 의지력·충동력·의욕. ③ 식(識). 식별하고 판단하는 의식 작용. 인식

(四諦)의 첫 번째는 고(苦)이니 생로병사(生老病死)요, 두 번째는 고(苦)의 원인이니 오욕(五慾)이요, 세 번째는 고(苦)의 소멸이니 오욕을 벗어남이요, 네 번째는 고(苦)를 소멸시키는 '팔도(八道, 팔정도)'603)이다. '팔도'란 '정견(正見)・정사(正思)・정어(正語)・정업(正業)・정명(正命)・정진(正進)・정념(正念)・정심(正心)'이다. 대개 도를 배우고 법에 귀의하는 자는 이 사제(四諦)를 지켜야 할 것이다. '육도(六道)'는 '천인(天人)과 세간(世間)과 아귀(餓鬼)와 아수라(阿修羅)와 축생(畜生)과 지옥(地獄)'이요, '삼귀(三歸)'는 '부처에게 귀의함[歸依佛]・법에 귀의함[歸依法]・승에 귀의함[歸依僧]'이니, '불・법・승' 삼계(三戒)는 후세 사람들이 삼보(三寶)604)라고 부르게 되었다. 비구 다섯 사람 중에 첫 번째는 교진여(憍陳如, 곤냐야)이니 불타의 가르침을 가장 먼저 깨달아 수제자가 되었

작용. ④ 명색(名色). 명(名)은 수(受)・상(想)・행(行)・식(識)의 작용, 색(色)은 분별과 관념으로 대상에 채색하는 의식 작용. 곧, 오온(五蘊)의 작용. ⑤ 육입(六入). 대상을 감각하거나 의식하는 안(眼)・이(耳)・비(鼻)・설(舌)・신(身)・의(意)의 작용. ⑥ 촉(觸). 육근(六根)과 육경(六境)과 육식(六識)의 화합으로 일어나는 마음 작용. ⑦ 수(受). 괴로움이나 즐거움 등을 느끼는 감수 작용. ⑧ 애(愛). 갈애(渴愛). 애욕. 탐욕. ⑨ 취(取). 탐욕에 의한 집착. ⑩ 유(有). 욕계・색계・무색계의 생존 상태. ⑪ 생(生). 태어난다는 의식. ⑫ 노사(老死). 늙고 죽는다는 의식. "**십이연기(十二緣起)**", 곽철환, 《시공 불교사전》

603) 팔정도(八正道) : 산스크리트어 āryāṣṭāṅgika-mārga. 괴로움의 소멸에 이르는 8가지 바른 길. ① 정견(正見). 바른 견해. 연기(緣起)와 사제(四諦)에 대한 지혜. ② 정사유(正思惟). 바른 생각. 곧, 번뇌에서 벗어난 생각, 노여움이 없는 생각, 남에게 해를 끼치지 않는 생각 등. ③ 정어(正語). 바른 말. 거짓말, 남을 헐뜯는 말, 거친 말, 쓸데없는 잡담 등을 삼감. ④ 정업(正業). 바른 행위. 살생이나 도둑질 등 문란한 행위를 하지 않음. ⑤ 정명(正命). 바른 생활. 정당한 방법으로 적당한 의식주를 구하는 생활. ⑥ 정정진(正精進). 바른 노력. 이미 생긴 악은 없애려고 노력하고, 아직 생기지 않은 악은 미리 방지하고, 아직 생기지 않은 선은 생기도록 노력하고, 이미 생긴 선은 더욱 커지도록 노력함. ⑦ 정념(正念). 바른 마음챙김. 신체, 느낌이나 감정, 마음, 모든 현상을 있는 그대로 통찰하여 마음챙김. ⑧ 정정(正定). 바른 집중. 마음을 하나의 대상에 집중・통일시킴으로써 마음을 가라앉힘. "**팔정도(八正道)**", 곽철환, 《시공 불교사전》

604) 삼보(三寶) : 불교도가 존경하고 섬기는 가장 중요한 세 가지 보배. 곧 불(佛)과 법(法)과 승(僧)이니, 이는 깨달음・교법・교법 수행을 말함. "**삼보(三寶)**", 한국고전용어사전 편찬위원회, 《한국고전용어사전》

고, 나머지 네 사람도 공히 삼계(三戒)를 서원(誓願)하였다.605)

〈불타행록(佛陀行錄)〉에 이르기를, "하루를 다섯으로 나누어서, 제1시(時)는 새벽 일찍 일어나 세수를 한 다음 옷을 입고 선실(禪室)에 들어가 관상(觀想)606)을 마친 다음 길거리로 나가 밥을 빌어서 먹는다. 제2시는 발을 씻고 법당에 올라 사문(沙門)의 제자들과 법의(法義)에 대해 논하며 풀이한다. 제3시는 대중들을 상대로 불법(佛法)을 이야기하고, 이를 마친 뒤에는 목욕을 하고 동산에 들어가 숲속을 거닐다가 돌아와 제자들의 의문에 답을 해준다. 제4시는 모든 하늘의 선신(善神)을 위하여 설법하고, 제5시는 설법을 마친 뒤 잠자리에 드는 것이다. 또 하늘이 맑고 아름다운 계절에는 멀고 가까운데서 탁발을 하며 돌아다니고, 여름에 비가 많이 올 때에는 돌아와 안거하시니, 오늘날 하안거(夏安居) 제도가 여기에서 시작되었다"고 하였다.

마가타(摩伽陀) 왕국의 도성을 일러 왕사성(王舍城)이라 한다. 【라쟈꾸리하】607) 가사산(伽闍山)에 【까쟈】 세 명의 고행(苦行)하는 선인(仙人)이 거주하고 있었다. 첫째는 '우루빈라가섭파(優樓頻羅迦葉波)'인데 일명 '하력보(河力補)'이고, 둘째는 '나제가섭파(那提迦葉波)'인데 일명 '격대하나(格大呀哪)'요, 셋째는 '가야가섭파(伽倻迦葉波)'인데 일명 '마격아나(馬格牙拿)'이다. 이들은 덕이 높고 학식이 뛰어나 일세의 종사(宗師)가 됨으로서 그 나라 사람들이 존경하여 받들면서 가르침을 받는 이들이 많았으며, 그 가르침은 화신(火神)이다. 불타가 방문하여 하룻밤 묵기를 요청하자 '가섭파'가 말하였다. "이곳 화굴(火窟)에

---

605) *《과거현재인과경(過去現在因果經)》제3권에 나온다. 역경위원회, 《한글대장경 18, 과거현재인과경 外 8경》 114-123 참조.
*《불설보요경》 제6권 "범천근조설법품(梵天勤助說法品)"과 《불소행찬(佛所行讚)》 제15장 "전법륜품(轉法輪品)"과 《불본행경(佛本行經)》 제4권, "도오비구품(度五比丘品)"에도 나온다. 다만 그 내용에는 차이가 있다. 역경위원회, 《한글대장경 11, 방광대장엄경 外》 536-542 참조. ; 홍영의 김달진 옮김, 《불본행경(佛本行經) 外》 117-118 참조. ; 역경위원회, 《한글대장경 20, 법구경 外》 465-473 참조.
606) 관상(觀想) : 사물을 마음에 떠오르게 하여 관찰하는 것.
607) 왕사성(王舍城) : 범어(梵語) Rāja-gha. 중인도 마갈타국 고대의 수도.

악룡(惡龍)이 서식하니 그대가 묵을 곳이 아니다." 하지만 불타가 굳이 청하여 굴에 들어갔는데, 한밤중에 악룡(惡龍)이 불타에게 독한 연기를 방출하여 온 방이 불타는 듯하였으나, 불타는 단정히 앉아 동요하지 않았다. 이에 악룡이 감복하여 불타 앞에 머리를 조아렸다. '섭파'가 굴 안에서 불이 이는 것을 보고 '불타는 불에 타 죽었을 것'이라고 생각하고 이튿날 아침에 무리와 함께 가서 보니, 불타가 악룡을 제압하여 바리때[鉢] 속에 담아두었다. '가섭파' 세 사람이 불타를 경외하여 화교(火敎)를 버리고 사성제(四聖諦)와 팔정도(八正道)의 오묘한 이치를 따르게 되었고, 그 제자[門徒] 5백여명도 모두 귀의하여 가르침을 받들었다. 그들이 지팡이 하나와 바리때 하나만 가지고 불타를 따라 산을 내려오자, 마가타 왕국 사람들이 세 명의 '가섭파'가 불타에게 귀의함을 보고 온 도성 사람들이 놀라워하며 불타에게 귀의한 자가 많았다. 또한 '마가타 왕국'의 국왕 '빈비사라(頻毘沙羅)'608)도 브라만[婆羅門]의 옛 법을 버리고 불타를 공경하여 받들었다. 이때 불타의 나이는 스물 남짓이었다.609)

불타가 그 나라의 강대함과 문화의 높은 수준을 보고 더없이 좋은 기회로 알고 설법의 근거지로 삼았다. '가란타가(迦蘭陀伽)'라고 하는 제자가 '대나무동산[竹園]'을 【예누나】 불타에게 바치고, '빈비사라' 왕은 커다란 사원[廟宇]을 새로 지어 불타가 머무르게 하였다. 불타가 겨울과 여름에는 도량[道場]을 정사(精舍)에 마련하고 봄과 가을에는 성 밖 오봉산(五峰山)에 올라 설법

---

608) * 빈파사라왕(頻婆娑羅王)의 다른 이름이다.
  ※빈파사라왕(頻婆娑羅王) : 마가다국(magadha國)의 왕. '왕사성' 부근에 '죽림정사'를 지어 붓다에게 바침. 만년에 그의 아들 아자타샤트루(ajātaśatru, 아사세)에 의해 감옥에 갇혀 죽음. **"빈파사라왕(頻婆娑羅王)"**, 곽철환, 《시공 불교사전》
609) *《과거현재인과경》제4권과《불설보요경》제8권 "십팔변품"과《불본행경》제4권 "광도품"과《불소행찬》제16장 "병사왕제제자품"에 나온다. 다만 그 내용에는 차이가 있다. 역경위원회,《한글대장경 18, 과거현재인과경 外 8경》142-148 참조. ; 역경위원회,《한글대장경 11, 방광대장엄경 外》548-551 참조. ; 홍영의 김달진 옮김,《불본행경(佛本行經) 外》129-131 참조. ; 역경위원회,《한글대장경 20, 법구경 外》474-485 참조.

하였다. 이때 나라 안에 바라문의 두 파가 있어서, 하나는 사리불(舍利佛)610)이라 하고, 또 하나는 건연자(犍連子)인데, 그 무리 삼백여명을 이끌고 귀의하고, 큰 부자인 '마하가섭파'는 덕행이 원만하고 지혜가 뛰어나 불타의 제일 주제자(主弟子)가 되니, 불교의 법화가 점점 진흥하였다.611)

궁궐을 떠난 지 12년째에 정반왕이 불타의 옛 친구 '우타이(優陀夷)'를 왕사성 죽림정사에 보내 본국으로 돌아오라고 전하게 했다. 이에 불타가 부왕(父王)의 명을 좇아서 돌아올 때에, 질박한 도의(道衣)를 입고 오른손에는 여섯 개의 고리가 달린 지팡이를 짚고, 왼손에는 바리때 하나를 들었다. 왕은 불타에게 원만하고 장엄한 얼굴빛이 비취는 것을 보고, 더할 수 없이 미묘한 설법을 들으면서 옛날의 우려와 영원한 고뇌가 벗어져 사라지는 것을 깨달았고, '야수타라(아쇼다라)'는 물나를 좇아 삭발을 하고 비구니가 되니 불타가 그녀의 등을 어루만지며 삼세인과(三世因果)612)의 이치를 가르쳐 마음에 깨닫게 하고, 시가지 바깥 숲속에서 밤을 지낸 뒤, 아침에 깨어 시가지로 나와 탁발걸식을 하니 지인들이 경탄하였다.613)

---

610) 사리불(舍利弗) : 산스크리트어 śāriputra의 음사. 추로자(秋露子)라 번역. 십대제자(十大弟子)의 하나. 마가다국(magadha國)의 바라문 출신으로, 지혜가 뛰어나 지혜 제일(智慧第一)이라 일컬음. 원래 목건련(目犍連)과 함께 육사외도(六師外道)의 한 사람인 산자야(sañjaya)의 수제자였으나 붓다의 제자인 아설시(阿說示)로부터 그의 가르침을 전해 듣고, 250명의 동료들과 함께 붓다의 제자가 됨. 붓다보다 나이가 많았고, 병이 들어 고향에서 동생의 간호를 받다가 입적함. "**사리불(舍利弗)**", 곽철환, 《시공 불교사전》
611) *《방광대장엄경》 제12권 "전법륜품"과 《불설보요경》 제8권 "불지마갈국품"과 《과거현재인과경》 제4권과 《불본행경》 제4권 "억선품"과 《불소행찬》 제17장 "대제자출가품"에 나온다. 다만 '가란타가(迦蘭陀伽)'라는 제자의 이름은 《방광대장엄경》에서만 직접 언급되는 등, 내용에는 다소 차이가 있다. 역경위원회, 《한글대장경 11, 방광대장엄경 外》 331, 561 참조. ; 역경위원회, 《한글대장경 18, 과거현재인과경 外 8경》 149-151 참조. ; 홍영의 김달진 옮김, 《불본행경(佛本行經) 外》 129-131 참조. ; 역경위원회, 《한글대장경 20, 법구경 外》 486-491 참조.
612) 삼세인과(三世因果) : 과거·현재·미래를 통해 길이 유전되는 인과관계.
613) *《방광대장엄경》 제12권 "전법륜품"과 《불설보요경》 제8권 "불지마갈국품"·"우타야품"과 《불소행찬》 제19장 "부자상견품"에 나온다. 다만 그 내용에는 다소

7일 뒤 부왕께 이별을 고하고 수달장자(須達長者)614)의 기원정사(祇園精舍)615)로 가니, 이곳은 중인도의 유화지(游化地)였다. 남쪽으로는 스리랑카[錫蘭]616)와 붙어있고 북쪽으로는 설산(雪山)과 통하기에 불타가 여러 해를 순석(巡錫)617)하여 중생을 제도(濟度)하던 곳이었다.618)

5. 불타(佛陀)의 입멸(入滅, 열반)

'불교의 세계[法海]'619)가 점점 넓어지고 사문(沙門)이 발전하니, 불타가 편협한 소승(小乘)의 가르침을 배격하고 원만한 대승(大乘)의 가르침을 포괄하여, 유마(維摩)620)와 능가(楞伽)621)와 능엄(楞嚴)과 원각(圓覺)622)과 반야대승(般

　　　차이가 있다. 역경위원회,《한글대장경 11, 방광대장엄경 外》323-343, 565-576 참조. ; 역경위원회,《한글대장경 18, 과거현재인과경 外 8경》149-151 참조. ; 역경위원회,《한글대장경 20, 법구경 外》403-512 참조.
614) 수달장자(須達長者) : '수달(須達)'을 말함. 사위성(舍衛城)의 부호. 파사닉왕(波斯匿王)의 신하. 기타(祇陀) 태자에게 황금을 주고 구입한 동산에 기원정사(祇園精舍)를 지어 붓다에게 바침. **"수달(須達)"**, 곽철환,《시공 불교사전》
　　　* 한편 수달장자가 기원정사(祇園精舍)를 지어 붓다에게 바치는 이야기는《불소행찬》제18장 "화급고독품"과 제20장 "수기원정사품"에 나온다. 역경위원회,《한글대장경 20, 법구경 外》502, 512-513 참조.
615) 기원정사(祇園精舍) : '기수급고독원(祇樹給孤獨園)'의 약칭이다. 중인도(中印度) 사위성 남쪽에 있던 절. 석가모니의 수도와 설법을 위해 수달장자(須達長者)가 성주(城主) 파사닉왕(波斯匿王)의 태자인 '기타'에게 황금을 주고 매입하여 이곳에 '기원정사'를 지어 붓다에게 바쳤다고 한다. **"기원정사(祇園精舍)"**, 김승동,《불교・인도사상사전》; **"기수급고독원 (祇樹給孤獨園)"**, 곽철환,《시공 불교사전》
616) 석란(錫蘭) : '스리랑카(Sri Lanka)'의 이전 명칭. '실론(Ceylon)'의 음역어.
617) 순석(巡錫) : 승려가 석장(錫杖)을 짚고 순행한다는 뜻으로, 각지를 돌아다니며 교법을 펴거나 수행하는 일을 이름.
618) *《불소행찬(佛所行讚)》제20장 "수기원정사품(受祇園精舍品)"에 나온다. 다만 그 내용은 다소 차이가 있다. 역경위원회,《한글대장경20, 법구경 外》512-519 참조.
619) 법해(法海) : 넓고 깊은 불교(佛敎)의 세계(世界).

若大乘)623) 등의 경(經)을 설파하여 30년을 펼치고[又] 법화경(法華經)624)을 설법하였다. 아울러 모든 제자들로 하여금 이를 기록하게 하였다.

불타 43년경에 마가타(摩伽陀) 왕국에 사교(邪敎)가 들어오고 용사 제바달다(提婆達多)625)가 태자 아사세(阿闍世)626)를 유혹하여 부왕(父王) 빈비사라를 시해하고 모후(母后)를 유폐하며 불타를 해치려고 하였다. 이에 불타가 설법의 큰 장애를 피하여 가비라(伽毘羅) 본국의 기원정사(祇園精舍)와 영취산(靈鷲山)을

---

620) 유마경(維摩經) : 세존이 십대제자와 보살들에게 유마(維摩)의 병문안을 가도록 권하나 이들은 지난날 유마에게 훈계 받은 경험을 말하면서 문병을 사양하는데, 마지막으로 문수보살이 세존의 청을 받들어 병문안을 가서 유마의 설법을 듣는 형식으로 전개됨. 유마는 중생을 위한 방편, 집착 없고 걸림 없는 보살의 중생 제도, 보살이 중생을 관찰하는 법, 진정한 불도(佛道)와 그것을 성취하는 방법에 대해 설함. "유마경(維摩經)", 곽철환,《시공 불교사전》
621) 능가경(楞伽經) : 능가산에서 대혜(大慧)와 세존이 질문하고 응답하는 형식을 취하고 있다. 대승의 여러 가르침의 요지를 모은 듯하여 경 전체의 흐름이 불연속적임. 마지막에 세존은 깨달음을 성취하여 반열반(般涅槃)에 들 때까지 그 중간에 한 자(字)도 설하지 않았다는 일자불설(一字不說)을 선언하여 문자에 집착하지 말고 유심(唯心)을 체득할 것을 강조함. "능가경(楞伽經)", 곽철환,《시공 불교사전》
622) 원각경(圓覺經) : 본이름은 대방광원각수다라요의경(大方廣圓覺修多羅了義經). 1권. 당(唐)의 불타다라(佛陀多羅)가 번역. 부처가 12명의 보살에게 원각의 청정한 경지와 그 경지에 도달하기 위한 수행방법을 설(說)한 경. "원각경(圓覺經)", 곽철환,《시공 불교사전》
623) 반야경(般若經) : 반야바라밀(般若波羅蜜)을 설한 경전을 통틀어 일컬음. 반야부 경전의 대부분은 당(唐)의 현장(玄奘)이 번역한 대반야바라밀다경(大般若波羅蜜多經) 600권에 포함됨. "반야경(般若經)", 곽철환,《시공 불교사전》
624) 법화경(法華經) : 요진(姚秦)의 구마라집(鳩摩羅什) 번역. 28품으로 되어 있고 전체를 전반부와 후반부로 나눌 수 있는데, 전반부에서는 회삼귀일(會三歸一)을, 후반부에서는 세존을 법신(法身)과 동일시함으로써 영원한 존재로 상정하여 신앙의 대상을 확립함. "법화경(法華經)", 곽철환,《시공 불교사전》
625) 제바달다(提婆達多) : 산스크리트어, 팔리어 devadatta의 음사. 붓다의 사촌 동생으로, 출가하여 그의 제자가 됨. 붓다에게 승단을 물려줄 것을 청하여 거절당하자 500여 명의 비구를 규합하여 승단을 이탈함. 여러 번 붓다를 살해하려다 실패함. "제바달다(提婆達多)", 곽철환,《시공 불교사전》
626) 아사세왕(阿闍世王) : 산스크리트어 ajātaśatru의 음사. 부왕(父王) 빔비사라(bimbisāra)를 감옥에 가두어 죽이고 즉위한 마가다국(magadha國)의 왕. 이후 아들 '우다야바드라'에게 살해됨. "아사세왕(阿闍世王)", 곽철환,《시공 불교사전》

왕래하며 제자들에게 법을 교육하였다.

불타는 19세에 출가하고, 6년 동안을 고행하며, 30세에 성도(成道)하고, 49년 동안 설법(說法)으로 중생을 제도(濟度)하니, 79세에 오진(五塵)627) 형해(形骸)가 점차 무거워져 입멸할 시기가 가까워졌다.

제자들을 인솔하고 '발제하(跋提河) 강(江)'가에 있는 사라쌍수(沙羅雙樹)628) 아래에서 휴식을 취하다가, 아난타(阿難陀)에게 누울 침상을 만들라 하고 북쪽을 향해 누웠다. 그러자 모든 제자들이 울면서 말하였다. "불타께서 입멸하신 뒤에는 누구를 스승으로 섬겨야 합니까?" 이에 불타가 말하였다. "나의 사랑하는 제자들이여! '가비라 왕국'의 왕자 '실달다(悉達多, 싯다르타)'는 죽지만 불타는 영구히 불멸하나니 불타를 귀의하라. 지금 나는 육체를 떠나 삼계(三界) 고통의 경계를 벗어나고 일체 윤회 작업을 모두 멸하였다."629)

이 말을 마치고 대열반(大涅槃)에 들어가니, 때는 주(周)나라 목왕(穆王) 53년 임신(壬申) 2월 15일이었다.

전설(傳說)에 이르기를, 우전왕(優填王)630)이 금으로 불상을 주조했는데, '부처가 도리천(忉利天)에 가서 어머니를 위해 설법하고 내려올 때'631) 금불상이 맞이했다고 하고, '마하파제(摩訶波提)'632) 5백 비구니와 사리불(舍利弗)과

---

627) 오진(五塵) : 중생(衆生)의 진성(眞性)을 더럽히어 번뇌(煩惱)를 일으키는 다섯 가지 더러움. 색욕(色慾) · 성욕(聲慾) · 향욕(香慾) · 미욕(味慾) · 촉욕(觸慾).
628) 사라쌍수(沙羅雙樹) : 견고림(堅固林), 학림(鶴林)이라고도 한역(漢譯)한다. 석가가 구시나가라에서 열반에 들어갔을 때, 사방에 이 나무가 2그루씩 있었다고 해서 '사라쌍수'라고 한다. **사라쌍수(沙羅雙樹)**, 김승동,《불교 · 인도사상사전》
629) *《불소행찬》 제25장 "열반품" · 제26장 "대반열반품"과《불본행경》제7권 "대멸품"에 나온다. 단 그 내용에는 차이가 있다. 역경위원회,《한글대장경, 법구경 外》 546-569 참조. ; 홍영의 김달진 옮김,《불본행경(佛本行經) 外》 231-243 참조.
630) 우전왕(優填王, 優顚王) : 갠지스(Ganges) 강과 야무나(Yamuna) 강이 합류하는 알라하바드(Allahabad) 지역에 있던 발사국(拔沙國) 구섬미성(拘睒彌城)의 왕. **우전왕(優填王, 優顚王)**, 곽철환,《시공 불교사전》
631) *부처가 어머니께 설법하기 위해 '도리천'에 올라갔다는 이야기는《불소행찬(佛所行讚)》제20장 "수기원정사품(受祇園精舍品)"에 나온다. 역경위원회,《한글대장경 20, 법구경 外》 519 참조.

목건련(目犍連)633)의 7만 아라한 등이 부처의 열반을 참지 못해 동시에 입멸하였고, 보살사중(菩薩四衆)과 천인팔부(天人八部)와 조수제왕(鳥獸諸王)이 모두 모여 무상고공(無常苦空)634)의 설법[說]을 받았으며, 무상정법(無上正法)을 '마하가섭(摩訶迦葉)'635)에게 모두 부탁하시고 신신당부하시기를, "너희 비구들은 내가 입멸한 뒤에 '파라제목차(波羅提木叉)'636)를 존중하라. 이는 나의 큰 스승이니 내가 세상에 머물렀을 때와 다름이 없다"637)라고 하셨다. 【번역하면 '별별해탈성(別別解脫成)'】

그 후 칠보상에 오른쪽으로 누우시니 적막하게 아무 소리가 없었다. 이때 가섭이 5백 제자와 함께 기도굴(耆闍窟) 산중에서 슬퍼하며 예식을 치렀

---

632) *나하파제(摩訶波提): '마하파사파제(摩訶波闍波提)'를 가리키는 것으로 보인다.
 ※마하파사파제(摩訶波闍波提): 싯다르타의 어머니 '마야'의 여동생. 마야가 싯다르타를 낳은 지 7일 만에 세상을 떠나자 그를 양육함. 정반왕(淨飯王)과 결혼하여 난타(難陀)를 낳았고, 왕이 세상을 떠나자 싯다르타의 아내 야쇼다라와 함께 출가하여 비구니가 됨. **"마하파사파제(摩訶波闍波提)"**, 곽철환, 《시공 불교사전》

633) 목건련(目犍連): 십대제자(十大弟子)의 하나. '마가다국'의 바라문 출신. 신통력이 뛰어나 신통제일(神通第一)이라 일컬음. 원래 '산자야'의 수제자였으나 '사리불'과 함께 붓다의 제자가 됨. 붓다보다 나이가 많았고, 탁발하는 도중에 바라문 교도들이 던진 돌과 기왓장에 맞아 입적함. **"목건련(目犍連)"**, 곽철환, 《시공 불교사전》

634) *'고공무상무아(苦空無常無我)'를 말하는 것으로 보인다.
 ※고공무상무아: 고제(苦諦)의 경계를 관찰하여 일어나는 4가지 지해(智解). 이 세상의 사물은 중생의 몸과 마음을 핍박하여 괴롭게 하므로 고(苦), 만유는 모두 인연의 화합으로 생기는 것이어서 실체나 제 성품이 있는 것이 아니므로 공(空), 만유는 인연이 흩어지면 갑자기 없어지므로 무상(無常), 모두 공하고 무상하여 나, 혹은 나의 소유물이라고 고집할 것이 없으므로 곧 무아(無我)라 관찰함을 말함. **"고공무상무아(苦空無常無我)"**, 한국고전용어사전 편찬위원회, 《한국고전용어사전》

635) 마하가섭(摩訶迦葉): 산스크리트어 mahākāśyapa의 음사. 대음광(大飮光)이라 번역. 가섭(迦葉)과 같다. **"마하가섭(摩訶迦葉)"**, 곽철환, 《시공 불교사전》

636) 바라제목차(波羅提木叉): 산스크리트어 prātimokṣa의 음사. 별해탈(別解脫)이라 번역. 계본(戒本)을 말함. 불살생계(不殺生戒)를 지켜 살생에서 벗어나고, 불망어계(不妄語戒)를 지켜 거짓말에서 벗어나는 것처럼, 행위와 말로 저지르는 각각의 허물을 방지하여 거기에서 벗어나게 하는 계율을 모아 종류별로 나누어 열거한 조문(條文). **"바라제목차(波羅提木叉)"**, 곽철환, 《시공 불교사전》

637) *《불소행찬(佛所行讚)》·〈第五卷, 第二十五章〉 "열반품(涅槃品)"에 나온다. 역경위원회, 《한글대장경 20, 법구경 外》 559 참조.

는데, 금으로 된 관(棺)에서 다시 '쌍부천폭륜(雙趺千輻輪)'638) 형상이 나타났다. 천인(天人)이 각각 '향나무 섶[香薪]'을 가지고 다비(茶毘)하는 곳에 이르니 저절로 불이 붙어 7일 만에 소진(燒盡)하였다. 【신선감(神仙鑑)에 이르되, '불이 꺼진 후에 금관(金棺)이 공중으로 날아오른 것처럼 되어 높이가 사적수(娑繽樹)의 일곱 배였다' 하고, '삼매(三昧)의 참불[眞火]이 재[灰]가 되어 사리(舍利)가 비같이 내려서 이를 수습하니 여덟 휘[斛] 네 말[斗]이 되었다'】고 하였다.

사람들이 사리(舍利)를 수습하여 자금함(紫金函)에 담아 오항하(五恒河)에 탑을 만들어 이를 보관하였다고 한다.

◉ 이제 불타의 가르침을 살펴보자면, 심오하고 미묘하며 법설이 난해하여 가히 분별해서 밝히기 어렵다. 옛날에 순임금은 부모에게 사랑을 받지 못했다는 이유로, 존귀한 천자(天子)가 되었어도 그 근심을 풀지 못했고, 요임금의 두 따님을 아내로 맞았으면서도 그 근심을 풀지 못하는 등, 부귀와 여색으로도 그 마음을 위로하지 못했다.

불타는 삼고(三苦)를 우려하여 야쇼다라[耶輸陀羅]의 아름다움과 부왕의 사랑과 태자의 영화를 헌신짝처럼 버리고, 높은 산 깊은 숲속에서 맨손과 맨발로 고행을 수련하였다. 이는 유학의 입장에서 논하자면, 부모의 뜻을 거스르고 윤리를 저버린 것이라 하겠다. 그러나 삼고를 벗어나고 중생을 제도하기 위하여 금과 옥을 기왓장이나 벽돌조각처럼 여기고 부귀와 영화를 죽음으로 생각하여 용단과 결심을 하였기에 능히 진겁(塵劫)639)을 벗어날 수

---

638) * 쌍부천폭륜(雙趺千輻輪) : '쌍부(雙趺)'는 '양쪽 발뒤꿈치'을 말하고, '천폭륜(千輻輪)'은 '1천개의 바퀴살이 있는 수레바퀴'이다. 부처의 발바닥 형상을 그리거나 조각한 것을 '불족적(佛足跡)'이라 하는데, '불족적'에 주로 표현한다. 이에 관해서는 다음을 참고하라. **여래불적도(如來佛蹟圖)**", 한국정신문화연구원 편집부, 《한국민족문화대백과사전(15권)》

639) 진점겁(塵點劫) : 줄여서 '진겁(塵劫)'이라고 한다. 무한히 긴 시간을 비유한 말. 삼천대천세계(三千大千世界)의 모든 땅을 갈아 먹물로 만들어 1천 국토 지날 때마다 티끌만한 먹물 한 방울을 떨어뜨려 그 먹물이 다 없어졌을 때, 지나온 모

있었다. 이와 같은 탁월한 의지와 확고한 심성은 보통사람들이 미칠 수 없는 것이다.

'제비와 참새[燕雀]'는 '기러기와 고니[鴻鵠]'의 뜻을 알 수 없고, '여름 벌레[夏虫]'는 얼음[氷]이란 말을 이해할 수 없다. 마찬가지로 범부(凡夫)가 실달다(悉達多, 싯다르타)의 본뜻을 어떻게 안다고 하겠는가. 진실로 무상정각(無上正覺)의 묘법을 얻으며, 삼계(三界) 중생의 큰 스승이 되어 법천법해(法天法海)의 교조가 될 만하다. 다만 그 가운데 불가사의한 일이 섞여있다. 마야부인은 정반왕의 왕비로 코끼리 꿈을 꾸고 임신을 했다 하였으니 결코 신성한 잉태가 아닌데도 불타가 도솔천(兜率天) 궁(宮)에서 강생하였다고 하고, 태어날 때 사방(四方)과 사유(四維)로 각각 일곱 걸음을 걸었다고 한 것은 허탄한 것으로 보인다. 신생아가 지각도 없고 힘도 없음은 만고에 똑같은 것인데 과연 일곱 걸음을 걸었겠는가? 초(楚)나라 고현(苦縣)의 노담씨(老聃氏, 노자)는 어머니 뱃속에서 81년을 살다가 왼쪽 겨드랑이를 통해 태어났고, 자두나무[李樹]를 가리키면서 "저것이 나의 성(姓)이다" 하고, 맥가성(麥加城, 메카)의 마합묵(摩哈默, 무함마드)은 태어나자마자 땅에 엎드려 백성들을 위해 기도를 했다고 전해지는데, 불타의 역사도 이와 가깝고 비슷하다고 할 수 있겠다.

'오래전 옛날부터 전해져오는 이야기에 대하여 그 진실 여부를 단정할 수는[千古斷案]' 없지만, 오늘날의 철학대가(哲學大家)들과 윤리교육자들은 이러한 이야기를 황당무계한 것으로 치부한다. 그래서 '약색비(約塞斐) 별(別) 복음(福音)'640)에서 말하기를, "예수가 어릴 적에 포대기를 취하여 병자에게 덮어주자 병자가 즉시 나았다"고 하며, "어려서 놀 적에 진흙으로 새나 당나귀를 만들면 당나귀가 걷고 새가 날았다"641)고 하니, 철학 선생들이 해

든 국토를 부수어 티끌로 만들어 그 티끌 하나를 1겁으로 한 무한히 긴 시간. **"진점겁(塵點劫)"**, 곽철환, 《시공 불교사전》
640) * '별(別) 복음(福音)'이란 《외경(外經)》을 가리키는 것으로 본다.
641) * 이 대목은 《신약(新約) 외경(外經)》 '토마 유년기 복음'에 나온다. 송혜경 역주, 《신약 외경》·〈상권: 복음서〉(의정부; 한님성서연구소, 2016) 403~404쪽.

당 복음을 삭제하고 따르지 않는 것은 후세의 황탄(荒誕)642)함을 방지하기 위함이었다.

'실달(싯다르타)' 태자가 도(道)를 깨닫고 성장한 뒤에 기이한 일을 행한 것은 가하다 하겠지만 태어난 즉시 걸음을 걸었다는 것은 어리석은 사람들을 현혹시키는 사설(邪說)에 불과하다. 또한 한 손으로 하늘과 땅을 가리키며 이르되 "천상천하에 오직 나만이 존귀하다"643)라고 했는데, 하늘의 주재자께서도 불타 아래에 있는 것이란 말인가? 하늘과 땅이 있은 뒤에 천궁(天宮)도 있고 보살들도 살 수 있는 것인데, 천지만유를 창조하신 주재자 외에 오직 나만이 존귀하다고 한 것은 실로 불가사의한 일이다. 그러므로 후한(後漢) 시대의 운문선사(雲門禪師)가644) 시(詩)에서 말하기를, "내가 만약에 그 당시에 있었다면 (부처를) 한 몽둥이에 때려죽여서 개에게나 던져주어 천하의 태평을 도모했을 것이다"라고 하였다. 이 역시 그 불조(佛祖)의 허탄함을 덮는 것이라고 할 수 있다.

여호와 하나님[上主]께서 가르침을 베푸시기를, "나 이외에 다른 상주(上主)가 없으니 우상을 숭배하지 말 것이며 다른 신을 섬기지 말라"고 하셨다.

따라서 '유아독존'의 설(說)은 혹 상주로 자처하심인지? '유아(唯我)'는 '물질(物質)의 아(我)'와 '형색(形色)의 아(我)'가 아니라 오직 '진아(眞我)'를 가리키는 것이니, 천지의 주재를 '유아'로 바꾸어 칭한 것인가? 실로 불가사의한 일이라고 하겠다.

《능엄경(楞嚴經)》에서 말하기를, "원시(元始)에 가장 청정한 진리의 법계(法

---

642) 황탄(荒誕) : 말이나 하는 짓이 근거(根據)가 없고 허황(虛荒)함.
643) *《만종일련》의 원문에는 "天上天下에 惟我獨尊"이라고 되어 있고 이어지는 본문에서도 '유아독존(唯我獨尊)'의 '유(唯)'를 '유(惟)'라고 쓰고 있다. 그런데 '惟我獨尊'에서 '惟'가 아니라 '唯'를 써서 '唯我獨尊'이라 하는 것이 맞다.
644) 운문(雲門) : 문언(文偃). 중국 당송오대(唐宋五代)의 승려. 중국 선종(禪宗)·운문종(雲門宗)의 개조(開祖). 휘(諱)는 문언(文偃). 설봉의존(雪峰義存)에게서 법을 이어받음. 광동성(廣東省) 운문산(雲門山)에 광태선원(光泰禪院)을 창건하고 이곳에서 선풍(禪風)을 크게 일으킴. **문언(文偃)**, 곽철환, 《시공 불교사전》

제2장 불교 도리의 요소 | 169

界)가 있는데, 지(地)·수(水)·화(火)·풍(風)의 네 가지 큰 질료가 오탁세계(五濁世界)를 이룬다"645)고 하였으나, '지·수·화·풍'이 어디에서 비롯되어 생성된 것인지는 말하지 않았고, 또한 불타께서 천지를 창조하였다는 말은 없으니, 주재라 칭하기 어렵다.

전설에 이르기를, "정반왕이 태자를 안고서 천신(天神)께 바쳤다"고 하였으니, 천신(天神)은 어찌 상주(上主)가 아니시며, 불타가 성도(成道)할 때 보리수 아래에서 가부정좌를 하고서 매 순간 기도를 했다고 하였으니, 어느 신(神)에게 기도한 것인가? 이는 상주(上主)께 기도한 것이 아닌가?

또 이르기를, "삼십육 천(天)의 모든 선신(善神)들이 기이한 현상을 드러내며 와서 도왔다"고 했는데, '모든 신'은 어떤 신들인가? 이는 여러 천사들을 가리키는 것이니, '독존(獨尊)'의 설은 실로 불가사의한 것이다.

'유아(惟我)'를 '무아(無我)'나 '진아(眞我)'를 제외하고 단지 '육아(肉我)'나 '가아(假我)'로 논한다면, 내가 태어나기 전에 하늘과 땅이 있었지만 나와는 무관하니 부모나 형제도 없고 친구나 '밭과 집[田宅]'도 없을 것이며, 내가 죽은 뒤에 만물이 있겠지만 나와는 무관하니 엄청난 황금과 화려한 전각도 나에게는 쓸데없고 진수성찬과 금수강산도 나에게는 쓸모가 없는 것이다. 오직 내가 태어난 뒤에야 '자황(雌黃)646)·웅백(雄白)'과 '영췌(榮悴)·고락(苦樂

---

645) *《능엄경》·〈제4권〉에 '세계와 중생이 생기던 일'에 대한 내용이 나온다. 이 책의 저자인 '탁사'가 이를 참고한 것으로 본다.《능엄경》원문의 일부를 인용하면 다음과 같다. "又如來說 地水火風 本性圓融 周遍法界 湛然常住.〈중략〉起爲世界 靜成虛空 虛空爲同 世界爲異 彼無同異 眞有爲法. 覺明空昧 相待成搖, 故有風輪 執持世界.〈중략〉寶明生潤 火光上蒸, 故有水輪 含十方界. 火騰水降 交發立堅 濕爲巨海 乾爲洲潭. 以是義故 彼大海中 火光常起 彼洲潭中 江河常注. 水勢劣火 結爲高山, 是故 山石擊則成燄 融則成水. 土勢劣水 抽爲草木, 是故 林藪遇燒成土 因絞成水. 交妄發生 遞相爲種. 以是因緣 世界相續." 이운허 역주,《楞嚴經 註解》148-155 참조.
646) 자황(雌黃): 비소와 유황의 화합물로 선명한 황색을 띰. 주로 약용이나 안료(顔料)로 사용됨. 중국에서는 오기(誤記)하였을 때 자황(雌黃)으로 지우고 다시 썼기 때문에 조공물품(朝貢物品)으로 자황을 요구하였음. **자황(雌黃)**, 한국고전용어사전 편찬위원회,《한국고전용어사전》
※한편, '자황(雌黃)'은 '계관석(鷄冠石)'이라고도 불렀다. **자황(雌黃)**, 윤영수,《동

)'647)이 관념 속에 들어와 사단칠정(四端七情)에 감촉이 있는 것이다. 따라서 태어나기 전과 죽은 뒤에는 천지가 진탕(震蕩)하고 만물이 '변하여 바뀐다[變易]'고 할지라도 도무지 알 수가 없으며 아무런 관계나 소용이 없다.

그러므로 이르기를, "내가 '나' 된 것이 실로 귀하고 소중하여, 천하 인간에 홀로 존귀하다"고 한 것인지, 불타(佛陀)의 이 설(說)은 참으로 불가사의 한 것이라 하겠다.

○ 지금까지 불타(佛陀)의 약사(略史)를 논하였고, 이제부터는 불교가 동방에 전래된 역사를 이어서 싣고자 하니 누만게일(漏萬揭一)648)의 탄식이 없지 않다.

양고전번역용어용례사전(6)》(대구; 경북대학교퇴계학연구소, 2016)
647) * '영췌(榮悴)'는 '영화와 초췌함', '고락(苦樂)'은 '고난과 즐거움'이란 뜻이다.
648) * '누만게일(漏萬揭一)'은 '일만 개를 빠뜨리고 한 개를 겨우 걷어 올린다'로 새길 수 있다. 저자인 '탁사'가 부처의 약사(略史)를 논했지만, 부족함이 많다는 것을 겸손하게 표현한 것으로 보인다.

제3. 중국[中華] 불교 약사(略史)

중국[中華]에 불교가 전래된 과정을 살펴보면 다음과 같다.

석가세존[世尊]이 입멸(入滅, 입적)한 뒤에 '마하가섭(摩訶迦葉)'이 마가타국(摩伽陀國) 비파라산(毘婆羅山)의 칠엽암굴(七葉岩窟)649)에서 5백 성도를 소집하여 유교(遺敎)650)를 결집(結集)651)했는데, 성덕(聖德)과 감화(感化)가 사람의 마음을 침염(浸染)652)하였다. 그 후 일백년에 화씨성(華氏城)653) 계원사(鷄園寺)654)에서 큰 분쟁이 일어나 두 개의 부(部)로 분열하니, 곧 상좌부(上座部)655)와 대중부(大衆部)656)이다.

'북천축(北天竺, 북인도)'으로 이주한 기숙(耆宿)657)의 무리를 '상좌부'라 하고, 대천(大天)658)의 무리를 '대중부'라 하였다. 그 뒤 200년경에 8부(部)로

---

649) 칠엽암굴(七葉岩窟) : 칠엽굴(七葉窟), 왕사성(王舍城) 부근 비파라산(毘婆羅山)에 있는 석굴. 이곳에 500여 명의 비구들이 모여 경(經)과 율(律)을 합송함으로써 제1차 결집이 행해졌다. 굴 앞에 칠엽수(七葉樹)가 있었으므로 칠엽굴이라 한다. **"칠엽굴(七葉窟)"**, 곽철환,《시공 불교사전》
650) 유교(遺敎) : 부처와 조사(祖師)가 후인을 위해 남긴 교법. 유명(遺命).
651) 결집(結集) : ① 석가가 죽은 뒤에 제자들이 석가의 언행을 결합, 집성하여 경전을 만든 일. ② 한데 모여 뭉침, 또는 한데 모아 뭉침.
652) 침염(浸染) : 좋은 영향을 받아 마음이 점점 변화함.
653) 화씨성(華氏城) : 지금의 파트나(Patna) 지역으로, 고대 인도에 있던 마가다국(magadha國)의 아자타샤트루(ajātaśatru) 왕이 축조함. **"화씨성(華氏城)"**, 곽철환,《시공 불교사전》
654) *계원사(鷄園寺) : 화씨성(華氏城)에 위치한 사찰.
655) 상좌부(上座部) : 붓다 입멸 후 100년경에 계율 문제로 교단 내에 보수파와 진보파가 서로 대립하다가 분열했다. 보수파를 상좌부라 하고 진보파를 대중부(大衆部)라고 한다. **"상좌부(上座部)"**. 곽철환,《시공 불교사전》
656) 대중부(大衆部) : 붓다 입멸 후 100년경에 계율 문제로 교단 내에 보수파와 진보파가 서로 대립하다가 분열했다. 보수파를 상좌부라 하고 진보파를 대중부(大衆部)라고 한다. **"대중부(大衆部)"**, 곽철환,《시공 불교사전》
657) 기숙(耆宿) : 늙어서 덕망과 경험이 많은 사람. **"기숙(耆宿)"**, 곽철환,《시공 불교사전》

계파가 나누어져서 일설부(一說部)659)·출세부(出世部)·계윤부(鷄胤部)660)·다문부(多聞部)661)·설가부(說假部)662)·제다산부(製多山部)663)·서산주부(西山住部)664)·북산주부(北山主部)665)가 되었다.

300년 후에는 유명한 '아육왕(阿育王)'666)이 중천축(中天竺, 중인도)에 나타나 포교에 진력하였다. 그리하여 유럽[歐羅巴], 아프리카[亞非利加], 미얀마[緬甸], 마래도(馬來島)667)에까지 불교가 전파되어 그 교선(敎線)668)이 수 천리에 걸

---

658) 대천(大天) : 산스크리트어 mahā-deva. 기원전 5세기, 중인도 마투라국(摩偸羅國) 출신의 승려. 대중부(大衆部)를 창설함으로써 불교 교단이 상좌부(上座部)와 대중부(大衆部)로 분열됨. "**대천(大天)**", 곽철환, 《시공 불교사전》
659) 일설부(一說部) : 붓다가 입멸한 후 200년경에 대중부(大衆部)에서 갈라져 나온 파(派). 모든 현상은 여러 인연의 일시적인 화합에 지나지 않기에, 불변하는 실체가 없고 이름뿐이라고 주장함. "**일설부(一說部)**", 곽철환, 《시공 불교사전》
660) 계윤부(鷄胤部) : 붓다 입멸 후 200년경에 대중부(大衆部)에서 갈라져 나온 파(派). 경(經)과 율(律)은 방편에 지나지 않으므로 오직 논(論)에 의거하여 수행할 것을 주장함. "**계윤부(鷄胤部)**", 곽철환, 《시공 불교사전》
661) 다문부(多聞部) : 붓다가 입멸한 후 200년경에 대중부(大衆部)에서 갈라져 나온 파(派). 부처의 가르침을 세간(世間)과 출세간(出世間)으로 나누고, 무상(無常)·고(苦)·공(空)·무아(無我)·열반적정(涅槃寂靜)만이 출세간의 가르침이라고 주장함. "**다문부(多聞部)**", 곽철환, 《시공 불교사전》
662) 설가부(說假部) : 붓다가 입멸한 후 200년경에 대중부(大衆部)에서 갈라져 나온 파(派). 모든 것은 임시로 설정한 이름에 지나지 않는다고 주장함. "**설가부(說假部)**", 곽철환, 《시공 불교사전》
663) 제다산부(制多山部) : 붓다가 입멸한 후 200년 말에 대중부(大衆部)에서 갈라져 나온 파(派)로, 제다산(制多山)에 거주하였으므로 이와 같이 일컬음. 마하제바(摩訶提婆)가 창설하였다고 함. "**제다산부(制多山部)**", 곽철환, 《시공 불교사전》
664) 서산주부(西山住部) : 붓다 입멸 후 200년 말에 대중부(大衆部)에서 갈라져 나온 파(派)로, 제다산(制多山)의 서쪽 산에 거주하였으므로 이와 같이 일컬음. "**서산주부(西山住部)**", 곽철환, 《시공 불교사전》
665) 북산주부(北山住部) : 붓다가 입멸한 후 200년 말에 대중부(大衆部)에서 갈라져 나온 파(派)로, 제다산(制多山)의 북쪽 산에 거주하였으므로 이와 같이 일컬음. "**북산주부(北山住部)**", 곽철환, 《시공 불교사전》
666) 아육왕(阿育王, 재위, BC. 270년경-BC. 230년경.) : 마우리야 왕조의 제3대 왕. 인도 남단부를 제외한 전 인도를 통일함. 비폭력과 정의에 기초한 다르마(dharma)에 의한 통일을 시도했고, 불교에 귀의해 수많은 탑과 사원을 세우고, 수많은 사절들을 인도 전역에 파견하여 불교를 전파함. 자신의 자녀를 스리랑카에 파견하여 그곳에 불교를 전했다. "**아육왕(阿育王)**", 곽철환, 《시공 불교사전》

치게 되었다.

400년경에 8부가 또 20부로 나누어졌는데, 이를 소승부(小乘部)669)라고 【부(部)의 명칭은 모두 기록하지 않음】 칭하였다. 그리고 600년경에 북천축의 가니색가왕(加膩色迦王)670)이 나타나 서방을 정복하고 석존(釋尊)의 바리때[鉢]671)와 마명보살(馬鳴菩薩)672)을 데리고 돌아왔다[携歸]. 마명(馬鳴)은 도덕과 문예가 당세(當世)에 비할 데가 없는 고승(高僧)이었다. 그는 대승불교(大乘佛敎)673)를 창시하였으나, 중남천축(中南天竺, 중남인도)의 소승교(小乘敎)는 편견에

---

667) *마래도(馬來島) : '말레이제도(Malay諸島)'의 한자 이름으로 보인다. '말레이제도'는 동남아시아의 인도차이나반도와 오스트레일리아 대륙 사이에 있는 도서군(島嶼群)의 명칭이다. '말라야제도(Malaya諸島)'라고도 하는데, 한자식(漢字式) 음사(音寫)는 '마레제도(馬來諸島)'이다. '동인도제도(東印度諸島)'라고도 한다.
668) *여기서 '교선(敎線)'은 '불교가 전파된 나라를 잇는 선(線)'을 의미한다고 본다.
669) 소승부(小乘部) : 산스크리트어 hīna-yāna. 승(乘)은 중생을 깨달음으로 인도하는 부처의 가르침이나 수행법을 뜻함. 소승불교(小乘佛敎). ① 기원 전후에 일어난 불교 개혁파들이 스스로를 대승(大乘)이라 하고, 전통의 보수파들을 낮추어 일컬은 말. ② 기원전 5세기에서 기원전 2세기 사이에 분열된 불교 교단의 여러 부파, 곧 부파 불교(部派佛敎)를 말함. ③ 자신의 깨달음만을 구하는 수행자, 또는 그를 위한 부처의 가르침. 자신의 해탈만을 목표로 하는 성문(聲聞)·연각(緣覺), 또는 그들에 대한 부처의 가르침. ④ 열등한 능력이나 소질을 갖춘 자를 위한 부처의 가르침. "소승(小乘)", 곽철환,《시공 불교사전》
670) 가니색가왕(迦膩色迦王, 迦尼色迦王) : 건타라국(乾陀羅國)의 제3대 왕. 지금의 아프가니스탄 북동부와 파미르(Pamir) 고원 남부와 펀자브(Punjab) 지역을 점령하여 영토를 확장하고 불교를 크게 부흥시킴. "가니색가왕(迦膩色迦王, 迦尼色迦王)", 곽철환,《시공 불교사전》
671) 발(鉢) : 출가자가 이용하는 식기로 응기(應器), 응량기(應量器)라고도 한다. 산스크리트의 파트라(pātra)의 음사인데 상세하게는 발다라(鉢多羅)라고 한다. "발(鉢)", 한국사전연구사 편,《종교학대사전》
*한편 발(鉢)은 불가(佛家)에서 스승이 제자에게 전하는 물건(가사와 바리때), 대대로 전하는 법도를 일컫기도 한다.
672) 마명(馬鳴) : 사위성(舍衛城) 출신의 승려. 처음에는 외도(外道)에 입문하였으나 부나사(富那奢)를 만나 그의 제자가 됨. 건타라국(乾陀羅國)의 가니색가왕(迦膩色迦王)이 군사를 이끌고 중인도를 점령했을 때 마명을 데리고 귀환함. 마명은 그곳에서 왕의 보호 아래 불교를 전파함. "마명(馬鳴)", 곽철환,《시공 불교사전》
673) 대승(大乘) : 산스크리트어 mahā-yāna. 승(乘)은 중생을 깨달음으로 인도하는 부처의 가르침이나 수행법을 뜻함. ① 기원 전후에 일어난 불교 개혁파들이 스스

빠져 석존(釋尊)의 정신이 안개연기[烟霧]에 감추어지거나 닫혔다.

700년경에는 용수보살(龍樹菩薩)674)이 오직 대승교(大乘敎)를 선양(宣揚)함으로써 소승(小乘)의 고집을 깨트리고 진정한 광휘(光輝)를 오천(五天)675)에 오르게 했는데, 주된 요지는 제법실상론(諸法實相論)676)이며 반야경(般若經)677)을 중심으로 한 교리이다. 만유의 실상을 일체개공(一切皆空)678)이라고 하니, 곧 중관론(中觀論)679)의 12문파[門]이다. 한편으로는 정토(淨土) 법문(法門)과 밀교

로를 일컬은 말. 이에 반해, 그들은 전통의 보수파들을 낮추어 소승(小乘)이라 함. ② 자신도 깨달음을 구하고 남도 깨달음으로 인도하는 수행자, 또는 그를 위한 가르침. 깨달음을 구하면서 중생을 교화하는 보살을 위한 부처의 가르침. 자신의 구제에 앞서 남을 먼저 구제하는 보살의 수행법. ③ 부처의 가르침에 대한 존칭. 위대한 가르침. **대승(大乘)**, 곽철환, 《시공 불교사전》

674) 용수보살(龍樹菩薩) : '용수(龍樹)'를 가리킴. 산스크리트어 Nāgārjuna. 인도의 대승불교를 연구하여 대승불교를 크게 선양하였다. 인도 제14조이며, 공종(空宗)의 시조이다. 기원전 2~3세기의 남인도(혹은 서인도) 사람. 용맹(勇猛)·용승(龍勝)이라 번역. 어려서부터 총명하여 일찍이 4베다·천문·지리 등 모든 학문에 능통하였다고 한다. **용수(龍樹)**, 한국사전연구사 편, 《종교학대사전》

675) 오천(五天) : ① 동·서·남·북과 중앙의 다섯 하늘을 아울러 이르는 말. ② 예전에, 고대 인도에 있던 다섯 개의 정치 구획. 동·서·남·북과 중앙의 천축국(天竺國)을 이른다.

676) 제법실상(諸法實相) : ① 모든 현상의 있는 그대로의 참모습. 대립이나 차별을 떠난 있는 그대로의 참모습. ② 모든 현상의 본성. ③ 자신이 본디부터 지니고 있는, 천연 그대로의 심성. **제법실상(諸法實相)**, 곽철환, 《시공 불교사전》

677) 반야경(般若經) : 반야바라밀(般若波羅蜜)을 설한 경전을 통틀어 일컬음. 반야부 경전의 대부분은 당(唐)의 현장(玄奘)이 번역한 대반야바라밀다경(大般若波羅蜜多經) 600권에 포함됨. **반야경(般若經)**, 곽철환, 《시공 불교사전》

678) 일체개공(一切皆空) : '모든 것이 공(空)이다'라는 뜻. 모든 현상은 실체가 텅 빈 것. 이 세계가 없어질 때 모든 물질이 사라지는 현상을 말한다. 〈공〉이라는 것은 산스크리트어로 수니야(śūnya, 형용사)라고 하며, 일반적으로는 어떤 것에 다른 것이 없을 때, 전자는 후자에 대해서 공이라고 표현한다. '공(空)'에 대해서는 다음을 참고하라. **공관(空觀)**, 한국사전연구사 편, 《종교학대사전》

679) 중관론(中觀論) : 용수보살이 저술하고, '구마라집(鳩摩羅什)'이 번역함. 줄여서 '중론(中論)'이라 함. 27품 446게(偈)로 되었고, '구마라집'은 여기에 범지(梵志) 청목(靑目)의 해석을 붙였다. 그 내용은 가장 철저한 중도(中道)를 주장하여 공(空)과 가(假)를 파(派)하고 다시 중도(中道)에 집착하는 견해도 파(派)하여 팔불중도(八不中道), 곧 무소득(無所得)의 중도(中道)를 말하는 것이다. **중관론(中觀論)**, 한국사전연구사, 《종교학대사전》

(密敎)680)를 주창(主唱)했으며, 그 제자는 제바(提婆)681)와 용지(龍智)682)이고, 그 후에 라후라(羅睺羅)와 청목(靑木)과 지광(智光) 등이 계승했다.

불후(佛後) 900년경에 무착보살(無着菩薩)683)과 세친보살(世親菩薩)684)이 북천축(北天竺, 북인도)에 나타나 대승유심연기론(大乘惟心緣起論)을 창도(唱導)했는데, 해심밀경(解深密經)685)을 중심으로 한 법문(法門)이며, 그 요지는 '우주의 본체는 일대(一大) 정신이니 이를 진여심(眞如心)686)이라고 한다'는 것이다.

그 후 1100년경에 호법론사(護法論師)687)가 나와 세친(世親)의 계통을 계승

---

680) 밀교(密敎) : 대일여래(大日如來)의 비밀스런 가르침이란 뜻. 중관(中觀)·유식(唯識)·여래장(如來藏)의 사상을 발전시키면서 힌두교와 민간신앙까지 폭넓게 수용해 7세기경에 싱립된 대승불교의 한 분파. "밀교(密敎)", 곽철환, 《시공 불교사전》
681) 제바(提婆) : 3세기경의 인도 대승불교 철학자. 산스크리트명은 '아리야데바'라고 한다. 남인도나 세일론 출신으로 중관파의 선조 용수(龍樹)의 제자로, 공관(空觀) 사상을 선양했다. "제바(提婆)", 한국사전연구사 편, 《종교학대사전》
682) 용지(龍智) : 남 인도의 전설적 인물. 진언종부법(眞言宗附法)의 제4조 용수(龍樹)로부터 밀교(密敎)를 받아, 수백 년 동안 이것을 간직하여 금강지(金剛砥)에게 전수(傳授)했다고 함. 나가보디.
683) 무착(無著) : 4-5세기, 북인도 건타라국(乾陀羅國) 출신의 승려. 세친(世親)의 형. 설일체유부(說一切有部)에 출가하여 빈두로(賓頭盧, piṇḍola)에게 소승의 공관(空觀)을 배우고, 인도 유식파(唯識派)의 개조(開祖)인 미륵(彌勒, maitreya)의 가르침을 받아 유식학(唯識學)에 정통함. "무착(無著)", 곽철환, 《시공 불교사전》
684) 세친(世親) : 4-5세기, 북인도 건타라국(乾陀羅國) 출신의 승려. 설일체유부(說一切有部)에 출가하여 가습미라국(迦濕彌羅國)에 가서 아비달마대비바사론(阿毘達磨大毘婆沙論)를 배우고 본국으로 돌아와 대비바사론을 강의함. "세친(世親)", 곽철환, 《시공 불교사전》
685) 해심밀경(解深密經) : 대승불교경전의 하나. 티베트역, 한역이 현존한다. 한역은 보시류지역 《심밀해탈경》 각 5권의 2종이 있는데, 후자가 많이 이용된다. 인도의 유식파, 중국, 일본의 법상종에 의해서 중시되며, 여러 종의 주석서가 현존한다. "해심밀경(解深密經)", 한국사전연구사 편, 《종교학대사전》
686) 진여심(眞如心) : 진여(眞如)는 산스크리트어 tathatā. ① 모든 현상의 있는 그대로의 참모습. 차별을 떠난, 있는 그대로의 참모습. ② 있는 그대로의 본성·상태. ③ 궁극적인 진리. 변하지 않는 진리. 진리의 세계. ④ 모든 분별과 대립이 소멸된 마음 상태. 깨달음의 지혜. 부처의 성품. ⑤ 우주 그 자체. ⑥ 중생이 본디 갖추고 있는 청정한 성품. "진여(眞如)", 곽철환, 《시공 불교사전》
687) 호법(護法, dharmapāla) : 십대논사(十大論師)의 하나. 남인도 달라비도국(達羅毘

하고, '법변(法辯) 대덕사(大德師)'가 나와 용수(龍樹)의 계통을 선양하니, 인도 불교계에는 용수(龍樹)와 세친(世親), 두 파(派)가 분쟁하여 물과 불의 전쟁 상황을 일으켰다.

진시황(秦始皇) 시대에 이르러 승려[沙門] 실리방(室利防) 등 18인(人)이 인도(印度)로부터 경전을 가져와 설법했는데, 이들은 인도 '아육왕'이 파견한 교사(教師) 등이었다. 그러나 진시황이 핍박[窘逐]하였고, 한(漢)나라 무제(武帝) 때에 교통(交通)이 있었으나 환영을 받지 못했다.

후한(後漢)시대의 명제(明帝) 영평(永平) 7년은 서력(西曆)으로 기원 67년인데, 명제(明帝)의 꿈에 금인(金人)688)이 '대궐의 뜰(殿庭)'을 날아다녔다[飛行]. 이에 감상(感想)이 일어나 중랑장(中郞將) 채음(蔡愔)과 박사(博士) 왕준(王遵) 등 18인(人)을 서역(西域)에 보내 불교를 구했다. 이에 그들이 월지국(月支國)689)에 이르러 가섭마등(迦葉摩騰)690)과 축법란(竺法蘭)691) 두 법사(法師)를 만나 불상(佛像)과 경전[經卷]을 백마(白馬)에 싣고 두 법사와 낙양(洛陽)에 돌아왔다. 그러자 황제가 홍려시(鴻臚寺)에 맞아들이고 백마(白馬) 예처(瘞處)692)에 가람(伽藍)을

茶國) 출신의 승려. 마갈타국(摩竭陀國)의 나란타사(那爛陀寺)에서 경론(經論)을 강설하고, 대보리사(大菩提寺)에 은둔하여 수행하면서 세친(世親)의 유식삼십송(唯識三十頌)에 대한 주석서를 지었다고 한다. "호법(護法)", 곽철환, 《시공 불교사전》
688) 금인(金人) : 부처, 불상.
689) 월지국(月支國) : 중앙아시아에 있던 나라. 월저국(月氏國). "월지국(月支國)", 한국고전용어사전 편찬위원회, 《한국고전용어사전》
690) 가섭마등(迦葉摩騰) : 산스크리트어 kāśyapa-mātaṅga의 음사. 중인도 출신의 승려로, 후한(後漢) 영평(永平) 10년에 축법란(竺法蘭)과 함께 낙양(洛陽)에 옴. 명제(明帝)가 낙양에 백마사(白馬寺)를 지어 그들을 머물게 함. 축법란과 함께 사십이장경(四十二章經)을 번역함. "가섭마등(迦葉摩騰)", 곽철환, 《시공 불교사전》
691) 축법란(竺法蘭) : 중인도 출신의 승려로, 후한(後漢) 영평(永平) 10년(67)에 가섭마등(迦葉摩騰)과 함께 낙양(洛陽)에 옴. 명제(明帝)가 낙양에 백마사(白馬寺)를 지어 그들을 머물게 함. "축법란(竺法蘭)", 곽철환, 《시공 불교사전》
692) *예처(瘞處) : 예(瘞)는 '제사지내는 곳', '무덤'의 의미가 있다. 따라서 예처(瘞

세웠다. 그곳이 바로 백마사(白馬寺)인693)데, 이는 중국 사원(寺院)의 효시이다. 한편 두 법사가 42장의 '경전'을 번역하여 출간했는데, 이는 중국[中華] 불경(佛經)의 시초이다.

그 후 동진(東晋)에 이르기까지 300여 년 간에 천축(天竺)·월지(月氏)694)·안식(安息)695) 등, 여러 나라에 다수의 삼장(三藏)696)이【경(經), 율(律), 논(論)을 삼장(三藏)이라 한다】각각 경전을 싣고 동쪽으로 와서 1천여 부(部)의 경질(經帙)697)을 점차적으로 번역하여 출간하였다. 동진(東晋)의 '도안(道安)'698)은 반야경(般若經)을 중심으로 연구하고, 그 법족(法足) 혜원(慧遠)699)은 여산(廬山)700)에 있어 안

處)는 '무덤'을 가리키는 것으로 보이며, 특히 본문에서는 백마(白馬)를 묻은 곳을 의미한다고 본다.
693) 백마사(白馬寺) : 중국, 낙양성의 서문 밖에 있는 절[寺]. 후한 명제가 금인(金人)을 꿈에 보고, 사자를 보내서 불법을 천축에서 구해오게 하고, 천축에서 온 볼승 섭마등(攝摩騰), 축법란(竺法蘭)을 위해서 67년에 창건했다고 전해진다. 절[寺] 이름은 불전을 백마에 싣고 왔기 때문이라고도 하는데, 중국 최초의 사찰(寺刹)이라고 일컬어진다. **"백마사(白馬寺)"**, 한국사전연구사 편, 《종교학대사전》
694) *월지(月氏) : '월지국(月支國)'을 가리킴.
695) 안식(安息) : 고대 이란의 왕국(BC 247~AD 226)인 파르티아(Parthia), 곧 이란 고원 동북부에 파르니족이 세운 왕국이다. 창시자 아르사케스(Arsakes)의 이름을 따서 '아르사크 왕조'라고 불렀는데, 중국에서는 이 말에서 '안식(安息)'이라고 음사(音寫)하였다. **"파르티아(Parthia, 安息)"**, 정수일, 《실크로드사전》(서울; 창비사, 2013) ; **"안식국(安息國)"**, 곽철환, 《시공 불교사전》
696) 삼장(三藏) : ① 불전(佛典)을 세 종류로 분류한 것. 부처의 가르침을 기록한 경장(經藏), 부처가 제정한 계율을 기록한 율장(律藏), 부처의 가르침과 그가 제정한 계율을 주석·연구·정리·요약한 논장(論藏)을 말한다. ② 소승의 가르침. 소승의 성전. ③ 성문장(聲聞藏)·연각장(緣覺藏)·보살장(菩薩藏). ④ 삼장법사(三藏法師)의 줄임말. **"삼장(三藏)"**, 곽철환, 《시공 불교사전》
697) *경질(經帙) : 경(經)은 '경전(經典)'을, 질(帙)은 '여러 권으로 된 책의 한 벌을 세는 단위'를 말한다. 따라서 '경질(經帙)'은 '경전 한 질'로 해석할 수 있다.
698) 도안(道安, 314~385) : 진(晋)의 승려. 12세에 출가하여 불도징(佛圖澄)의 제자가 됨. 오호(五胡)의 전란을 피하여 여러 곳으로 다니면서 주로 반야경(般若經)을 연구하여 그에 대한 여러 주석서를 지음. **"도안(道安)"**, 곽철환, 《시공 불교사전》
699) 혜원(慧遠, 334~416) : 동진(東晋)의 승려. 21세에 도안(道安)을 만나 그의 제자가 되었고, 386년에 여산(廬山) 동림사(東林寺)에 들어가 30년간 수행했다. 402년에 동료 123명과 함께 백련사(白蓮社)라는 정토 신앙 단체를 결성하였고, 장안(長安)의 '구마라집'과 불교 교리에 대한 서신을 주고받았는데, 그것을 정리하여

밖의 이름난 승려(僧侶)와 '조정과 민간[朝野]'의 어진 선비(賢士)를 규합하여 백련사(白蓮社)701)를 결사(結社)해서 염불을 닦았다. 구마라집(鳩摩羅什)702)은 중관론(中觀論)과 십이문론(十二門論)703)과 대지도론(大智度論)704)을 번역하여 출간했는데, 이를 삼론종(三論宗)705)이라 일컫고, 하리발마(訶梨跋摩)706)는 성실론(成實論)707)을 번역했는

편찬한 것이 《구마라집법사대의(鳩摩羅什法師大義)》이다. "혜원(慧遠)", 곽철환, 《시공 불교사전》

700) 여산(廬山) : 중국 강서성에 위치한 명산. 광산(匡山) 또는 광려(匡廬)라고도 한다. 예부터 은일(隱逸)의 땅으로 이름이 높았으며 동진(東晋)의 승려 혜원(慧遠)이 신자 123인과 더불어 백련사(白蓮社)를 결성하고 염불을 수행한 후부터 강남불교의 한 중심지가 되었다고 한다. "여산(廬山, Lushan)", 한국사전연구사 엮음, 《미술대사전; 용어편》(서울; 한국사전연구사, 1998)

701) 백련사(白蓮社) : 정토왕생을 위한 염불수행을 도모하기 위하여 조직된 신행결사(信行結社). 본산(本山) 동림사(東林寺)에 백련이 많고, 여기에 모이는 사람들이 명리(名利)에 물들지 않는 것을 연꽃에 비유한 데서 온 말이다. 동진(東晉)의 명승(名僧) 혜원(慧遠)이 402년 여산(廬山)에 동림사를 세우고 시작했다. "백련사(白蓮社)", 한국고전용어사전 편찬위원회,《한국고전용어사전》

702) 구마라집(鳩摩羅什, 344~413) : 산스크리트어 kumārajīva의 음사. 동수(童壽)라고 번역. 인도 출신의 승려 구마라염(鳩摩羅炎)의 아들로 구자국(龜玆國)에서 태어남. 7세 때 출가하고, 20세에 구자국의 왕궁(王宮)에서 구족계(具足戒)를 받고, 사원에서 여러 대승경론(大乘經論)을 연구함. 그 후 그의 학문적 명성이 널리 알려져 중국에까지 미치게 됨. 후진(後秦)의 왕 요흥(姚興)이 구마라집을 국사(國師)로 예우하고 서명각(西明閣)과 소요원(逍遙園)에서 경전을 번역하게 함. 그는 12년 동안 대품반야경(大品般若經)·법화경(法華經)·금강경(金剛經)·중론(中論) 등 35종 294권을 번역함. "구마라집(鳩摩羅什)", 곽철환, 《시공 불교사전》

703) 십이문론(十二門論) : 용수(龍樹)가 지은 책을 '구마라집'이 번역한 책. 흔히 중론(中論)의 입문서로 불린다. "십이문론(十二門論)", 곽철환, 《시공 불교사전》

704) 대지도론(大智度論) : 용수(龍樹)가 짓고, '구마라집'이 번역한 책인데《대품반야경(大品般若經)》의 주석서이다. "대지도론(大智度論)", 곽철환, 《시공 불교사전》

705) 삼론종(三論宗) : 용수(龍樹)의 중론(中論)과 십이문론(十二門論), 제바(提婆)의 백론(百論)에 의거하여 성립된 학파. 구마라집(鳩摩羅什) 문하의 승조(僧肇)와 승도(僧導) 등이 삼론에 정통하였다. 고구려 승려인 '승랑'이 5세기 말에 중국으로 가서 삼론을 연구하여 그 체계를 세웠다. "삼론종(三論宗)", 곽철환, 《시공 불교사전》

706) 하리발마(訶梨跋摩) : 산스크리트어 harivarman의 음사. 사자개(獅子鎧)·사자주(師子冑)라 번역. 3-4세기, 중인도 바라문 출신으로 인도철학에 정통하고, 구마라타(鳩摩羅駄)에게 발지론(發智論)을 배웠다. 화씨성(華氏城)에서 대승 불교를 연구한 후에 성실론(成實論)을 저술하였다. "하리발마(訶梨跋摩)", 곽철환, 《시공 불교사전》

707) 성실론(成實論) : 하리발마(訶梨跋摩)가 짓고, '구마라집'이 번역했다. 사제(四諦)를

데, 그를 따르는 무리가 3천명이었다.

그 가운데 특히 도생(道生)708)과 승조(僧肇)709)와 도융(道融)710)과 승예(僧叡)711)는 4의(依)라 칭하였다. 이때로부터 용수(龍樹)의 법문이 중국 전역에 널리 퍼졌고, 비담(毗曇)712)의 학설도 강남과 강북에서 '나란히 서로 경쟁하면서 전파되었다[幷鑣相馳].'713) 그 당시 담무참(曇無讖)714) 삼장(三藏)이 북양(北洋)715)에서 열반경(涅槃經)716)을 번역하였고, 이를 혜관(慧觀)717)과 혜엄(慧嚴)718) 등이 깊이 탐구함

기본 골격으로 하여 번뇌의 소멸과 열반의 성취를 분석한 저술로, 부파 불교의 교리를 거의 망라하고 대승의 교리도 언급하고 있으며, 바이셰시카(vaiśeṣika)학파·상캬(sāṃkhya)학파·냐야(nyāya)학파·자이나교(jaina敎) 등의 학설도 상세히 설명하고 있다. "성실론(成實論)", 곽철환, 《시공 불교사전》

708) 도생(道生, 미상~434) : 동진(東晋)의 승려. 어려서 출가하여 20세에 구족계(具足戒)를 받고, 400년경에 여산(廬山)에 가서 7년 동안 경론(經論)을 연구하고, 혜원(慧遠)의 제자 혜예(慧叡)·혜엄(慧嚴)·혜관(慧觀)과 함께 장안(長安)에 가서 구마라습(鳩摩羅什) 문하에 들어갔다. "도생(道生)", 곽철환, 《시공 불교사전》

709) 승조(僧肇, 384~414) : 동진(東晋)의 승려. 노장(老莊)에 밝았고, '구마라집'이 감숙성(甘肅省) 고장(姑臧)에 머물 때, 그곳에 가서 그와 함께 401년에 장안에 돌아왔다. 요흥(姚興)의 칙명으로 승예(僧叡) 등과 함께 소요원(逍遙園)에서 구마라집의 역경(譯經)을 도왔다. "승조(僧肇)", 곽철환, 《시공 불교사전》

710) 도융(道融) : 요진(姚秦)의 승려. 12세에 출가하고 요흥(姚興)의 칙명으로 소요원에서 '구마라집'의 경전 번역을 도왔다. "도융(道融)", 곽철환, 《시공 불교사전》

711) 승예(僧叡) : 동진(東晋)의 승려. 18세에 출가해 승현(僧賢)의 제자가 되고, '구마라집'의 역장(譯場)에 참여해 그를 도왔다. "승예(僧叡)", 곽철환, 《시공 불교사전》

712) * '아비달마(阿毘達磨)'를 가리킴.
※아비달마(阿毘達磨, 阿鼻達磨) : 산스크리트어 abhidharma의 음사. 대법(對法)·무비법(無比法)·논(論)이라 번역. 부처의 가르침에 대한 주석·연구·정리·요약을 통틀어 일컫는 말이다. 불전(佛典)을 경·율·논의 삼장(三藏)으로 나눈 가운데 논장(論藏)을 말함. "아비달마(阿毘達磨, 阿鼻達磨)", 곽철환, 《시공 불교사전》

713) * 병오상치(幷鑣相馳) : 사전에는 나오지 않는 말로써, 한자의 뜻으로 미루어 보건데 '나란히 서로 경쟁하듯 전파되다'로 풀이할 수 있다.

714) 담무참(曇無讖, 385~433) : 산스크리트어 dharma-rakṣa의 음사. 법풍(法豊)이라 번역한다. 중인도 바라문 출신의 승려로 6세에 달마야사(達摩耶舍)의 제자가 되었다. "담무참(曇無讖)", 곽철환, 《시공 불교사전》

715) 북양(北洋) : 청말(淸末)에 선양[瀋陽]·즈리[直隸:허베이]·산둥[山東]의 3성(省)을 총칭한 호칭. 외교·통상의 사무처리 상으로 연해(沿海) 각 성을 편의상 남북으로 2분하고, 산둥 이북을 베이양[北洋], 저장[浙江], 이남을 난양[南洋]이라 한 데서 비롯되었다. "북양(北洋)", 두산동아백과사전연구소, 《두산세계대백과사전》

으로써 열반종(涅槃宗)719)이 강남(江南)에서 크게 일어났다. 또한 위(魏)나라의 영안(永安) 원년(元年)에 륵나마제[勒那摩提]720)와 보제류지[菩提流支]721) 두 법사(法師)가 위(魏)나라 수도(首都)에 이르러, 십지론(十地論)722)을 번역하여 출판했는데, 이것이 지론종(地論宗)이다.

'달마(達摩) 존사(尊師)'723)는 양(梁)나라 무제(武帝)가 불교를 숭상한다는 말을

---

716) 열반경(涅槃經) : 석가모니가 세상을 떠날 때의 설법을 기록한 책. "**열반경(涅槃經)**", 한국고전용어사전 편찬위원회,《한국고전용어사전》
717) 혜관(慧觀) : 남조 유송(劉宋) 때의 승려. 청하(淸河) 사람. 후진(後秦) 홍시(弘始) 3년 '구마라집'이 들어오자 그를 따라 수학함. "**혜관(慧觀)**", 한보광 임종욱,《중국역대불교인명사전》(서울; 이회문화사, 2011)
718) 혜엄(慧嚴, 363~443) : 남조 유송(劉宋) 때의 승려. 16세에 출가하여 불리(佛理)를 깊이 연구했다. 경론(經論)을 깊이 이해했고, 언설(言說)에도 능해 식자(識者)들이 모두 존경했다. "**혜엄(慧嚴)**", 한보광 임종욱,《중국역대불교인명사전》
719) 열반종(涅槃宗) : 모든 중생은 다 부처가 될 성품을 지니고 있고, 그 성품은 영원하다고 설하는 열반경을 연구한 학파. '수(隋)나라 말기에 쇠퇴하였다. "**열반종(涅槃宗)**", 곽철환,《시공 불교사전》
720) 륵나마제(勒那摩提) : 중인도의 역경승. 보의(寶意)로 번역. 학식이 고명하고 사리에 밝으며, 선관(禪觀)에 통달했다. 508년 중국의 낙양 영녕사(永寧寺)에서《법화론》등 6부를 번역했다. "**륵나마제(勒那摩提)**", 인명사전편찬위원회,《인명사전》
721) 보제류지(菩提流支, Bodhiruci, 미상~535) : 소위 역경(譯經)의 원장(元匠)인 북인도 사람. 508년 중국 낙양(洛陽)에 들어가, 후위(後魏)의 선무제(宣武帝)의 숭경(崇敬)을 받아 영녕사(永寧寺)에 영접되어 7백 명의 범승(梵僧)을 데리고 역경에 종사하였다.《십지경론(十地經論)》등 많은 불경을 번역한 일로 정토교적(淨土教的)으로 존숭되고 있다. 당대(唐代)에 입국한 '보뎨류지(菩提流志)'와는 다른 사람이다. "**보제류지(菩提流支)**", 인명사전편찬위원회,《인명사전》
722) 십지(十地) : ① 성문・연각・보살의 삼승이 공통으로 닦는 열 가지 수행 단계. 건혜지(乾慧地), 성지(性地), 팔인지(八人地), 견지(見地), 박지(薄地), 이욕지(離欲地), 이작지(已作地), 벽지불지(辟支佛地), 보살지(菩薩地), 불지(佛地). ② 보살이 수행 과정에서 거치는 열 가지 단계. 환희지(歡喜地), 이구지(離垢地), 발광지(發光地), 염혜지(焰慧地), 난승지(難勝地), 현전지(現前地), 원행지(遠行地), 부동지(不動地), 선혜지(善慧地), 법운지(法雲地). "**십지(十地)**", 곽철환,《시공 불교사전》
723) 달마(達磨) : 보리달마(菩提達摩)의 줄임말. 산스크리트어 bodhi-dharma의 음사. 선종(禪宗) 제1조. 남인도 향지국왕(香至國王)의 셋째 아들로서, 출가하여 반야다라(般若多羅)의 법(法)을 이어받고 6세기 초에 바닷길로 광동성(廣東省) 광주(廣州)에 이르고, 남경(南京)에 가서 양(梁)의 무제(武帝)를 뵙고 문답한 후, 양자강을

듣고는 배[舶]를 타고 바다를 건넜다. 그가 황제를 알현(謁見)했으나 볼일이 없게 되었고, 이에 소림산(小林山) 아래에서 면벽(面壁)하고 7년 동안 수행했다. 당시에 이름이 널리 알려진 신광(申光)이 달마를 모신지 7일 만에, 차가운 눈보라[雪寒]를 피하지 않고, 검을 뽑아 자신의 팔뚝을 잘라서 결심을 드러내보였다. 이에 달마(達磨)가 고개를 돌려 말하기를, "혜가(慧可)724)라"고 하였고, 불상(不尙)725) 문학(文學)의 선종(禪宗)726)을 특별히 세웠다.

그 후 얼마 지나지 않아 진체(眞締)727) 삼장(三藏)은 대승론(大乘論)728)과 기신론(起信論)729)을 굳건히 지키면서, 경전을 번역하고 출판하여 널리 유통하니,

---

건너 북위(北魏)의 숭산(崇山) 소림사(少林寺)에 가서 9년 동안 벽관(壁觀)하였다고 함.(달마의 전기에 대해서는 여러 설이 있음.) 그는 마음을 집중함으로써 번뇌가 들어오지 못하도록 벽(壁)과 같이 하여, 여러 망상을 쉬고 심신(心身)을 탈락시켜 자신의 청정한 본심을 보는 안심(安心)을 가르침. 날마는 혜가(慧可, 487-593)에게 '능가경(楞伽經)' 4권과 가사(袈裟)를 주면서 그의 법(法)을 전하고, 536년에 입적함. 전등록(傳燈錄) 30권에 수록되어 있는 '보리달마약변대승입도사행(菩提達摩略辨大乘入道四行)'은 달마의 사상을 알 수 있는 문헌임. "보리달마(菩提達摩)", 곽철환, 《시공 불교사전》

724) 혜가(慧可, 487~593) : 선종(禪宗) 제2조. 북제(北齊)의 승려. 어릴 때 이름은 신광(神光). 40세에 숭산(崇山) 소림사(少林寺)의 '달마'를 찾아가 그의 제자가 되고, 달마의 법을 이어받음. "혜가(慧可)", 곽철환, 《시공 불교사전》

725) 불상(不常) : 끊임없이 변하여 달라짐. 영원히 존속하지 않음. "불상(不常)", 곽철환, 《시공 불교사전》

726) 선종(禪宗) : 문자에 의존하지 않고, 오로지 좌선을 통해 자신이 본래 갖추고 있는 부처의 성품을 체득하는 깨달음에 이르려는 종파. 6세기 초 인도에서 중국에 온 '보리달마'를 초조(初祖)로 한다. 달마는 마음을 집중함으로써 번뇌가 들어오지 못하도록 벽(壁)과 같이 하여, 여러 망상을 쉬고 심신을 탈락시켜 자신의 청정한 본심을 보는 안심(安心)을 가르쳤다. "선종(禪宗)", 곽철환, 《시공 불교사전》

727) 진체(眞締, 499~569) : 인도 유식학파(唯識學派)의 논사(論師).

728) 대승(大乘) : 산스크리트어 mahā-yāna. 승(乘)은 중생을 깨달음으로 인도하는 부처의 가르침이나 수행법을 뜻함. 기원 전후에 일어난 불교 개혁파들이 스스로를 일컬은 말. 이에 반해, 그들은 전통의 보수파들을 낮추어 소승(小乘)이라 함. "대승(大乘)", 곽철환, 《시공 불교사전》

729) 기신론(起信論) : 대승기신론(大乘起信論)의 약어(略語). 대승기신론(大乘起信論)은 마명(馬鳴)이 지음. 다섯 부분으로 구성되어 있는데, 인연분(因緣分), 입의분(立義分), 해석분(解釋分), 수행신심분(修行信心分), 권수이익분(勸修利益分) 등이다. "대승기신론(大乘起信論)", 곽철환, 《시공 불교사전》

그 당시 세상에 존재한 불교 법문(法門)이 중국에 전부 옮겨지게 되었다.

수(隋)나라 초기에 이르러 강남(江南)의 천태산(天台山)에 지자대사(智者大師)730)가 출현하여 남조(南朝) 불교의 여러 법론(法論)을 핵심으로 주창(主唱)하고, 북조(北朝) 불교를 화회(和會)731)하여 크고 기이한 빛을 비추었는데, 이것이 천태종(天台宗)732)이 되었다. 그 후에 가상대사(嘉祥大師)733)가 강남(江南)에 출현하여 구마라집[羅什]이 전파한 법문(法門)을 계승하고 남북의 여러 종파를 합하여 삼론종(三論宗)을 크게 주창하였다. 도작(道綽)734)은 북방에 출현해서 담란(曇鸞)735)의 유풍(遺風)736)을 계승하여 염불을 부흥시켰고, 두순(杜順)737)은 화엄(華嚴)738) 법문(法門)을 발휘하였다.

당(唐)나라 태종(太宗) 정관(貞觀) 19년에 현장삼장(玄奘三藏)739)이 인도(印度)에서

---

730) 지자대사(智者大師) : 수(隋)나라 때 천태종(天台宗)의 조사(祖師). 그의 스승은 남악(南岳)의 혜사대사(慧思大師)이다. 지자선사(智者禪師)라고도 한다. "**지자대사(智者大師)**", 전관수, 《한시어사전》
731) 화회(和會) : 다툼질을 풂. 경이나 논의(論議) 해석(解釋)에 있어서, 서로 다른 말과 뜻의 일치점(一致點)을 찾는 일.
732) 천태종(天台宗) : 수(隋)의 천태지의(天台智顗, 538-597)가 법화경을 중심으로 천태학을 완성함으로써 형성된 종파. "**천태종(天台宗)**", 곽철환, 《시공 불교사전》
733) 가상(嘉尙) : 당나라 때 자은사(慈恩寺)의 승려. 현장문하사철(玄奘門下四哲)의 한 사람이다. "**가상(嘉尙)**", 한보광 임종욱, 《중국역대불교인명사전》
734) 도작(道綽, 562~645) : 수(隋)·당(唐) 시대의 승려. 14세에 출가하고, 48세에 정토종에 귀의한 후 매일 '아미타불'을 7만 번 부르고, 관무량수경(觀無量壽經)을 약 200번 강의했다고 한다. "**도작(道綽)**", 곽철환, 《시공 불교사전》
735) 담란(曇鸞, 476~542) : 담만(曇巒)으로도 쓴다. 북위(北魏)의 승려. 중국 정토교(淨土敎) 초조(初祖)이다. "**담란(曇鸞)**", 한보광 임종욱, 《중국역대불교인명사전》
736) 유풍(遺風) : ① 옛날부터 전하여 내려오는 풍속. ② 돌아간 조상이나 선배를 닮은 기풍. ③ 후세까지 남겨진 교화(敎化).
737) 두순(杜順, 557~640) : 당나라 때의 승려. 중국 화엄종의 개조다. 《화엄법계관문》 등의 저서가 있다. "**두순(杜順)**", 한보광 임종욱, 《중국역대불교인명사전》
738) 화엄(華嚴) : 《화엄경(華嚴經)》 또는 이를 소의(所依) 경전으로 하는 종파와 법문을 이름. "**화엄(華嚴)**", 한국고전용어사전 편찬위원회, 《한국고전용어사전》
739) 현장(玄奘, 602?~664) : 당나라 때의 승려. 세칭 삼장법사(三藏法師)로 불리고, 유식종(唯識宗)을 창시한 사람 중 하나임. 중국 중북부의 여러 도시를 여행하고

돌아와 인도 문학과 불교 지식을 전파하고 포교함으로써 조정의 대우와 세상 사람들의 촉망을 얻었다. 현장(玄奘)의 '탁월한 설법[舌鋒]'이 종래의 여러 종파에게 대대적으로 타격을 줌으로써 '그 기세가 갑자기 꺾이게 되고[頓挫]', 현장(玄奘)이 설립한 법상종(法相宗)740)만 홀로 성행하였다. 그 후에 타력(他力) 염불종(念佛宗)741)과 도선(道宣)742)의 계율종(戒律宗)743)과 홍인(弘忍)744)의 선종(禪宗)이 마침내 남산(南山)에 거점을 두고는 법(法)을 널리 포교하였다. 그리고 홍인(弘忍) 문하의 신수(神秀)745)와 혜능(慧能)746), 두 선사(禪師)가 출현하여 신수는 강북으

고승들을 찾아뵈면서 불교 연구에 진력한 뒤, 불교 경전을 가져오기 위해 태종 정관(貞觀) 3년 장안(長安)을 거쳐 인도로 떠나 각지를 여행했다. 경전 6백여 부(部)와 불상을 가지고 645년 1월에 장안으로 돌아왔다. 이후 태종의 후원을 받아 제자들과 함께 75부(部) 1,335권의 경전을 번역했고, 인도 여행기인 《대당서역기》 12권을 저술했다. **"현장(玄奘)"**, 한보광 임종욱, 《중국역대불교인명사전》

740) 법상종(法相宗) : 유식(唯識)에 대한 여러 경론(經論)을 기본으로 하면서, 특히 현장(玄奘)이 번역한 해심밀경(解深密經)과 성유식론(成唯識論)에 의거하여 호법(護法) 계통의 유식학을 정립한 학파. 마음 작용 곧 식(識)을 여덟 가지로 분류하였다. **"법상종(法相宗)"**, 곽철환, 《시공 불교사전》

741) 염불종(念佛宗) : 아미타불의 명호(名號)를 불러서 극락왕생하기를 바라는 불교의 한 종파. 정토종(淨土宗)이 대표적이다. 일반적으로 염불을 수행의 중요한 방법으로 삼는 종파를 염불종이라고 한다. **"염불종(念佛宗)"**, 원광대학교 원불교사상연구회 편, 《원불교대사전》(익산; 원불교출판사, 2013)

742) 도선(道宣, 596~667) : 당나라 초기 율종(律宗)의 승려. 계율종(戒律宗) 남산파(南山派)의 개조로, 세칭 남산율사(南山律師)라고도 한다. **"도선(道宣)"**, 한보광 임종욱, 《중국역대불교인명사전》

743) *계율종(戒律宗) : 불교의 한 종파. 도선(道宣)이 시조라고 본다.

744) 홍인(弘忍, 601~674) : 당나라 초기의 선승(禪僧). 중국 선종의 제5조로, 동산(東山)에 살았기 때문에 교단을 '동산법문'이라 했고, 선풍(禪風)을 크게 일으켰다. '달마'에서 '혜가'로 시작되는 중국 선종의 실제적인 확립자로, 문하에서 '신수'와 '혜능' 등의 제자가 배출되었고, 두 제자에 의해 남종선(南宗禪)과 북종선(北宗禪)의 계통이 나뉘어졌다. **"홍인(弘忍)"**, 한보광 임종욱, 《중국역대불교인명사전》

745) 신수(神秀, 605~706) : 당나라 때의 선승(禪僧). 스승을 찾아 여러 곳을 다니다가 기주(蘄州) 쌍봉(雙峰) 동산사(東山寺)에 이르러 5조(五祖) 홍인(弘忍)을 만나 도(道)를 구했고, 이후 5조 문하의 제일위(第一位)에 올라 신수상좌(神秀上座)란 이름을 얻었다. **"신수(神秀)"**, 한보광 임종욱, 《중국역대불교인명사전》

746) 혜능(慧能, 惠能, 638~713) : 당나라 때의 승려. 중국 선종(禪宗)의 제6조로, 육조대사(六祖大師)라고도 한다. 시호는 대감선사(大鑑禪師)다. 제5조 홍인(弘忍)을

로 가고 혜능은 강남으로 건너갔는데, 이것이 '남·북종(南·北宗)'이 되었다.

이때로부터 선종(禪宗)이 점점 성행했는데, 측천무후(則天武后)747) 시기에 '현수(賢首) 법장대사(法藏大師)'748)가 출현하여 화엄(華嚴) 법문(法門)을 발흥케 하였다. 현종(玄宗) 개원(開元) 4년에 천축(天竺, 인도)에서 선무(善無) 외 삼장(三藏)과 금강지(金剛智)749)와 불공(不空)750) 등이 들어와 대일경(大日經)751)과 밀교(密敎) 경전을 번역하고 출판하였다. 이때에 강남(江南)에는 형계대사(荊溪大師)752)가 있어서 천태종(天台宗)을 부흥시키고, 북지(北地)에는 '징관청량(澄觀清凉) 국

찾아가 노역에 종사하기를 8개월, 그런 다음에야 의법(衣法)을 받았다. "**혜능(慧能, 惠能)**", 한보광 임종욱, 《중국역대불교인명사전》
747) 측천무후(則天武后, 624~705) : 중국 당(唐) 고종(高宗)의 황후. 성은 무(武)씨. 고종이 죽은 뒤에 중종(中宗)·예종(睿宗)을 폐하고, 스스로 제위에 올라 신성(神聖) 황제라 칭하고 국호를 주(周)로 개칭했으나, 후에 재상 장간지(張柬之) 등에 의하여 폐위됨. "**측천무후(則天武后)**", 인명사전편찬위원회, 《인명사전》
748) 현수(賢首, 647~714) : 당나라 때의 승려. 법호는 현수대사(賢首大師) 또는 국일법사(國一法師)고, 이름은 법장(法藏)이다. 《화엄오교장(華嚴五敎章)》 등 여러 저서가 있다. "**현수(賢首)**", 한보광 임종욱, 《중국역대불교인명사전》
749) 금강지(金剛智, 669~741) : 산스크리트어 vajrabodhi를 발왈라보데(跋曰羅菩提)라 음역(音譯)한다. 중인도(中印度) 사람이며 성은 '찰데리'다. 20살 때 비구계를 받았고, '가비라 성'에서 승현(勝賢)에게 유가(瑜伽)와 유식(唯識)을 들었다. 그 뒤 남인도의 용지(龍智)에게 가서 5부의 관정(灌頂)을 받아 밀교의 깊은 뜻을 모두 깨달았다고 한다. "**금강지(金剛智)**", 한보광 임종욱, 《중국역대불교인명사전》
750) 불공(不空, 705~774) : 산스크리트어 amoghavajra 불공금강(不空金剛)이라 번역하고, 줄여서 불공(不空)이라 함. 남인도 사자국(師子國) 출신의 승려. 720년에 스승 금강지(金剛智)를 따라 바닷길로 당(唐)의 낙양(洛陽)에 와서 스승의 번역 작업을 도왔다고 한다. 767년에 산서성(山西省) 오대산에 금각사(金閣寺)를 창건하여 이곳을 중심으로 밀교를 전파함. "**불공(不空)**", 곽철환, 《시공 불교사전》
751) 대일경(大日經) : 본 이름은 《대비로자나성불신변가지경(大毘盧遮那成佛神變加持經)》이다. 당(唐)의 선무외(善無畏)·일행(一行) 번역했다. 대일여래(大日如來)의 지혜는 보리심(菩提心)을 원인으로 하고 대비(大悲)를 근본으로 하며 방편을 구경으로 한다고 설하고, 만다라를 제작하는 방법, 아자관(阿字觀), 인계(印契)를 맺는 방법, 호마(護摩) 등에 대해 설하였다. 이 경(經)의 세계를 상징적으로 묘사한 것이 태장계만다라(胎藏界曼茶羅)이다. "**대일경(大日經)**", 곽철환, 《시공 불교사전》
752) 형계대사(荊溪大師, 711~782) : 담연(湛然)을 말함. 그가 형계(荊溪) 출신이어서 '형계대사'라고도 한다. 당(唐)의 승려이며, 38세에 출가하여 삭발한 후 저술에 몰두하면서 천태종을 부흥시켰다. 《법화현의석첨(法華玄義釋籤)》 등의 저서가 있

사(國師)'753)와 '종밀주봉(宗密主峰) 선사(禪師)'754)가 서로 계승하고 일어나 유풍(遺風)을 선양했으며, 이에 화엄종(華嚴宗)이 진흥하였다. 선종(禪宗)에는 '남악(南岳) 회양(懷讓)'755)과 '청원(青原) 행사(行思)'756) 등이 혜능(慧能) 문하에서 배출되었고, 마조도일(馬祖道一)757)과 석두희천(石頭希遷)758)이 계승하여 일어났으며,

---

다. **"담연(湛然)"**, 곽철환, 《시공 불교사전》
753) 징관(澄觀) : 당나라 때의 승려. 오대산(五臺山) 청량사(清凉寺)에서 살았는데, 경론에 해박했고, 헌종(憲宗) 때에 청량국사(清凉國師)란 호를 하사받았다. 저서에 《화엄강요》 등이 있다. **"징관(澄觀)"**, 한보광 임종욱, 《중국역대불교인명사전》
754) 종밀(宗密, 780~841) : 당(唐)의 승려. 28세에 도원선사(道圓禪師)를 만나 출가했다. 원각경(圓覺經)에 정통하고, 징관(澄觀)에게 화엄학을 배웠다. 821년부터 종남산(終南山) 규봉(圭峰) 초당사(草堂寺)에서 저술에 전념하면서 교선일치(教禪一致)를 제창하였다. 시호는 정혜선사(定慧禪師), 《원각경과문(圓覺經科文)》 등의 저서가 있다. **"종밀(宗密)"**, 곽철환, 《시공 불교사전》
755) 회양(懷讓, 677~744) : '남악(南岳)', 또는 '남악회양'이라고도 함. 당나라 때의 선승(禪僧). 시호는 대혜선사(大慧禪師)이다. 15살 때 숭산(嵩山)의 혜안(慧安)에게 구족계를 받고, 20살 무렵 조계산(曹溪山)에 들어가 육조혜능(六祖慧能) 밑에서 돈오법(頓悟法)을 수도하여 마침내 대오했다. 개원(開元) 2년(714) 호남성 남악(南岳) 반야사(般若寺) 관음대(觀音臺)에 있으면서 30년 동안 혜능의 학설을 펼치며 독자적인 선풍을 떨쳤다. 제자에 마조도일(馬祖道一) 등이 있다. **"회양(懷讓)"**, 한보광 임종욱, 《중국역대불교인명사전》
756) 행사(行思, 미상~740) : 당(唐)의 승려. 강서성(江西省) 길주(吉州) 출신. 어려서 출가하고, 혜능(慧能, 638-713)을 사사(師事)하여 그의 법을 이어받았고, 길주 청원산(青原山) 정거사(靜居寺)에 머물면서 선풍(禪風)을 크게 일으켰다. **"행사(行思)"**, 곽철환, 《시공 불교사전》
757) 도일(道一, 709~788) : 당나라 때의 선승. 속성(俗姓)은 마(馬)씨로, 보통 마조도일(馬祖道一)로 불린다. 시호는 대적선사(大寂禪師)이다. 19살 때 출가하여 혜능(慧能) 문하 남악회양(南岳懷讓)의 법을 이었다. 일찍이 강서(江西)에서 선학(禪學)을 널리 떨쳐 강서마조(江西馬祖)로도 불린다. '평상심시도(平常心是道)'라 주창했고, 일상생활 속에서 선(禪)을 실천하는 선풍(禪風)이 이 무렵 시작되었다. **"도일(道一)"**, 남악회양으로 불린다. 한보광 임종욱, 《중국역대불교인명사전》
758) 희천(希遷, 700~791) : 당나라 때의 승려. 육조혜능(六祖慧能)에게 사사하고 혜능이 입적한 뒤에 청원행사(青原行思)에게 배우고 인가를 받았다. 호남(湖南) 형산(衡山)에 있는 남사(南寺)에서 바위 위에 암자를 짓고 좌선한데서 석두화상(石頭和尙)으로 불렸다. 강서의 마조도일(馬祖道一)과 나란히 '호남(湖南)의 석두'라고 불리게 되었다. 그의 사상은 후세 조동종(曹洞宗)의 기원이 되었다. **"희천(希遷)"**, 한보광 임종욱, 《중국역대불교인명사전》

북(北) 선종(禪宗)에도 이름난 승려가 출현하여 중국 불교계는 삼월 봄바람에 백화(百花)가 다투어 피어나는 것과 같았다.

그러나 당(唐)나라 무종(武宗) 회창(會昌) 5년에 큰 어려움이 갑자기 닥쳐서 불교를 배척하고 훼손하는 일이 대대적으로 벌어졌다. 무종(武宗)은 원래 불교를 좋아하지 아니하고, 도사(道士) 조귀진(趙歸眞)759)을 스승으로 섬기면서 선(仙)을 구했다. 이때에 조서(詔書)를 내려 불교 사원 4만여 구역을 훼파(毁破)하며 승니(僧尼)760) 26만 인(人)을 환속(還俗)케 하고 사탑(寺塔)을 모두 해체하여 관청[官廨]을 건축[建造]하고 종경(鐘磬)761)을 모두 녹여서 농기구[農器]를 주조(鑄造)하였다. 따라서 불교계는 홀연히 황폐해졌다.

2년 뒤에 무종(武宗)이 세상을 떠나고[崩] 선종(宣宗)이 '천자의 자리를 계승하자[繼祚]'762) 불교는 부흥을 꾀하였다. 그러나 얼마 지나지 않아 5대의 난(亂)이 일어나 천하가 요란함으로써 사찰이 더욱 황폐해지고 경전과 문적(文籍)을 소실하였다. 그리하여 수(隋)나라와 당(唐)나라 3백년간에 크게 성행하던 불교가 이때에 이르러서 형체와 그림자도 보기 어렵게 되었다. 다만 선종(禪宗) 일파(一派) 홀로 깊은 산속 궁벽한 골짜기에 칩거하여 불립문자(不立文字)의 종지(宗旨)로 점점 더 발전했다. 이 시기에 임제의현(臨濟義玄)763)은 임제종(臨濟宗)764)을 열었고, 동산양

---

759) 조귀진(趙歸眞, 미상~846) : 당나라 때의 도사(道士)로 연홍술(鉛汞術)에 정통했다. 회창(會昌) 5년(845) 무종(武宗) 황제를 충동하여 훼불(毁佛) 사건을 일으켰다. 선종(宣宗)이 즉위하자 불교를 부흥시키고 그는 주살(誅殺)당했다. **"조귀진(趙歸眞)"**, 한보광 임종욱, 《중국역대불교인명사전》
760) 승니(僧尼) : '비구(남자 승려)'와 '비구니(여자 승려)'를 가리킴.
761) *종경(鐘磬) : 종(鐘)과 경쇠. '경쇠'는 '부처 앞에 예불(禮佛)을 드릴 때 흔드는 작은 종'을 말한다.
762) *계조(繼祚) : '조(祚)'는 '복'이라는 뜻 외에 중국의 '천자(天子)', 곧 황제를 뜻하기도 한다. 따라서 '계조'는 '천자의 자리를 계승하다'는 의미로 해석할 수 있다.
763) 의현(義玄, 미상~867) : 당나라 때의 선승(禪僧). 임제종(臨濟宗)의 개조. 매우 엄격해서 제자를 가르치는데 방(棒, 몽둥이)을 사용한 덕산선감(德山宣鑑)과 쌍벽을 이루어, "덕산의 방, 임제의 할(德山棒 臨濟喝)"이라는 말이 유행했었다고 한다. 후인들이 임제선종(臨濟禪宗)이라 불렀고, 선종(禪宗) 5대 종파(宗派)의 하나가 되었다. **"의현(義玄)"**, 한보광 임종욱, 《중국역대불교인명사전》

개(洞山良价)765)는 【개(价)는 선(善)하다는 뜻이다】 조동종(曹洞宗)766)을 세웠으며, 위산대원(潙山大圓)767)과 앙산혜적(仰山慧寂)768)이 서로 계승(繼承)하여 위앙종(潙仰宗)769)을 세웠다. 이어서 5대(代) 후한(後漢)시대에 운문문언(雲門文偃)770)이 운문종(雲門宗)771)을 일으키고, 후주(後周) 시대에 청량문익(清凉文益)772)이 법안

---

764) 임제종(臨濟宗) : 오가칠종(五家七宗)의 하나. 임제(臨濟) 의현(義玄)에 의해 비롯된 종파이다. 깨달음으로 가는 구체적인 수행은 '밖에서 구하지 마라'로 요약된다. 일상 속에서 자신의 본성을 자각하는 주체적 자유의 실현을 강조했으며, 북방에서 널리 성행했다. "임제종(臨濟宗)", 곽철환,《시공 불교사전》
765) 양개(良价, 807~869) : 당나라 때의 선승(禪僧). 조동종(曹洞宗)의 개조 흔히 동산(洞山) 양개로 불린다. 시호는 오본선사(悟本禪師)이다. 저서에《보경삼매(寶鏡三昧)》등이 있다. "양개(良价)", 한보광 임종욱,《중국역대불교인명사전》
766) 조동종(曹洞宗) : 오가칠종(五家七宗)의 하나. 동산(洞山) 양개(良价, 807-869)에 의해 형성된 종파로, 그 특색은 인간만이 설법하는 것이 아니라 산천초목도 설법한다는 무정설법(無情說法)과 주도면밀한 수행에 있다. "조동종(曹洞宗)", 곽철환,《시공 불교사전》
767) 위산(潙山, 771~853) : 선종(禪宗) 5가(五家)의 하나인 위앙종(潙仰宗)의 개조. 이름은 영우(靈祐)고, 시호는 대원선사(大圓禪師)다. 호남성 영향현(寧鄉縣)에 있는 위산에서 7년 동안 법을 닦아 위산이라는 법호를 얻었다. 저서에《위산영우어록》등이 있다. "위산(潙山)", 한보광 임종욱,《중국역대불교인명사전》
768) 혜적(慧寂, 807~883) : 당나라 때의 승려. 위산영우(潙山靈祐)와 함께 위앙종(潙仰宗)의 개조(開祖)가 되었다. 앙산혜적(仰山慧寂) 또는 앙산선사(仰山禪師)로도 불린다. 시호는 지통선사(智通禪師)이고 저서로《앙산법시성도상(仰山法示成圖相)》이 전한다. "혜적(慧寂)", 한보광 임종욱,《중국역대불교인명사전》
769) 위앙종(潙仰宗) : 오가칠종(五家七宗)의 하나. 위산영우(潙山靈祐)와 그의 제자 앙산혜적(仰山慧寂)에 의해 비롯된 종파. 오가(五家) 가운데 가장 먼저 쇠퇴하여 송초(宋初)에 이미 소식이 끊어짐. "위앙종(潙仰宗)" 곽철환,《시공 불교사전》
770) 문언(文偃, 미상~949) : 당나라 말기의 승려. 중국 선종오가(禪宗五家)의 하나인 운문종(雲門宗)의 개조다. 설봉의존(雪峰義存)에게 참선하여 인가를 얻은 다음, 운문산(雲門山)에 광태선원(光泰禪院)을 창건하고 선풍(禪風)을 선양했기 때문에 운문이란 이름이 붙었다. "문언(文偃)", 한보광 임종욱,《중국역대불교인명사전》
771) 운문종(雲門宗) : 오가칠종(五家七宗)의 하나. 운문(雲門) 문언(文偃)에 의해 비롯된 종파. 문언은 고착 관념과 말장난을 내팽개치고, 간결하고 기상천외한 말로 선(禪)의 핵심을 드러내었는데, 특히 한 글자로써 관문을 통과한다는 일자관(一字關)으로 수행자들의 잠재 능력을 일깨웠다. 이 종파의 선사들은 북방에서 활약하였는데 문언의 3대 제자인 설두(雪竇) 중현(重顯)이 종풍(宗風)을 중흥시켰으나 남송에 이르러 쇠퇴했다. "운문종(雲門宗)", 곽철환,《시공 불교사전》
772) 문익(文益, 885~958) : 오대(五代) 때의 승려. 시호는 대법안(大法眼)이고, 법안종

종(法眼宗)을 주창하니, 이것이 오종(五宗)773)의 파(波)가 되었다.

오월(吳越)774) 일대에는 다행히 그곳의 왕(王)인 '전류(錢鏐)' 【'鏐'의 음(音)은 '류'이고 '좋은 황금[美金]'을 뜻한다】775) 전숙(錢俶)'776)이 불교를 존숭하였다. 이를 힘입어 여러 종파의 학문이 부흥하였다. 5대(五代) 말기에는 주(周)나라 세종(世宗)이 불교를 배척하는 정책을 시행하여 오월(吳越) 이외에는 다시 위기를 맞이했다.

송(宋)나라 태조(太祖)는 불가(佛家)의 응신(應身)777)을 믿음으로써 건륭(建隆) 원년에 조서를 내려 황폐해진 사원을 수리하며 불상을 세우고, 8천명을 도승(度僧)778)하였다. 또한 승려[沙門] 행근(行勤)779) 등 157인(人)을 인도에 파견

(法眼宗)의 개조가 되었다. **"문익(文益)"**, 한보광 임종욱, 《중국역대불교인명사전》
773) 오종(五宗) : 이를 학계에서는 '오가칠종(五家七宗)'이라고 한다. 오가칠종(五家七宗)은 당송대(唐宋代)에 형성된 선종(禪宗)의 일곱 종파이다. 무종(武宗)의 폐불사건(廢佛事件) 이후, 석두(石頭)와 마조(馬祖)의 문하에서 갈라진 위앙종(潙仰宗)·임제종(臨濟宗)·조동종(曹洞宗)·운문종(雲門宗)·법안종(法眼宗)을 오가(五家)라 하고, 여기에 '임제종'에서 갈라져 나온 황룡파(黃龍派)·양기파(楊岐派)를 합하여 칠종(七宗)이라 한다. **"오가칠종(五家七宗)"**, 곽철환, 《시공 불교사전》
774) 오월국(吳越國) : 중국 5대10국 시대, 10국 중 하나로, 907년부터 당나라 절도사 전류(錢鏐)가 현재의 항주(杭州)을 중심으로 저장 지역을 지배했던 나라이다. 영토는 현재의 저장성, 장쑤 동남부 및 푸젠 동북부에 위치하였고, 5명의 군주(君主)가 통치하였으며, 987년 북송(北宋)에 멸망하였다. **"오월국(吳越國)"**, 이현국, 《중국시사문화사전》(서울; 인포차이나, 2008)
775) *"류(鏐)"는 '순금(純金)', '자마금(紫磨金)'을 뜻하기도 한다. **"류(鏐)"**, 단국대학교출판부, 《漢韓大辭典(14권)》(서울; 단국대학교동양학연구소. 2006)
776) 전류(錢鏐, 852년~932년) : 당말오대(唐末五代) 때 항주(杭州) 사람. 오월(吳越)의 창건자. 당나라 소종(昭宗) 2년 월왕(越王)에, 천우(天祐) 원년 오왕(吳王)에 봉해졌으며, 후량(後梁) 태조 개평(開平) 원년 오월왕에 봉해지고, 회남절도사(淮南節度使)를 겸했다. 나중에 스스로 오월국왕이라 불렀고 41년 동안 재위했다. **"전류(錢鏐)"**, 한보광 임종욱, 《중국역대불교인명사전》
777) 응신(應身) : 불교에서 부처를 3가지의 불신(佛身)으로 표현한 것 중의 하나. 삼신(三身), 또는 사신(四身)의 하나. 삼신은 법신(法身)·보신(報身)·응신(應身)이고, 사신은 법신·보신·응신·화신(化身)이다. **"응신(應身)"**, 한국고전용어편찬위원회, 《한국고전용어사전》

하여 묘법(妙法)780)을 구하고, 대장경을 조각하였다. 태종(太宗) 시대에는 17만 인(人)을 도승(度僧)하며, 오대산과 아미산에 강경원(講經院)781)을 설치하고, 천축(天竺)의 삼장법현(三藏法賢) 등으로 여러 경전을 번역케 하였다. 아울러 여산(廬山)의 백련사(白蓮寺)도 다시 열어 불교의 융성하는 기운이 다시 커지고, 대중상부(大中祥符)782) 3년에 조서를 내려 승려가 계(戒)를 받는 계단(戒壇)을 72곳에 세우고, 천희(天禧)783) 3년에 승려 32만 인(人)과 비구니 1만5천 인(人)을 도승(度僧)하였고, 역경원(譯經院)784)을 설치하였다. 이에 범승(梵僧)785)이 궐하(闕下)786)에 많이 모여 여러 종파가 부흥하니, 불교가 매우 왕성하게 성행함[興盛]이 이때와 같은 적이 없었다.

오호라! 국운이 쇠퇴해 휘흠(徽欽)787)이 굶주려 죽으니, 그 영향이 자연히 불교계[法門]에 파급되어 점점 부진(不振)에 이르고 밀있다.

원(元)나라 세조(世祖)는 라마종(喇嘛宗)788)의 고승(高僧) 발사팔(發思八)789)을

---

778) 도승(度僧) : 관(官)에서 도첩(度牒)을 얻은 승려(僧侶).
779) 행근(行勤) : 생몰연대 미상. 오대(五代) 말기와 송(宋)나라 초기의 학승(學僧). 송(宋) 태조(太祖)의 명(命)으로 '불교서적'을 구하러 서역 인도에 다녀왔다. "行勤", 賴永海主編,《中華佛敎百科全書 (參)》〈敎义卷, 人物卷〉(上海; 古籍出版社, 2000)
780) 묘법(妙法) : 신기(神奇)하고 묘한 법문(法門).
781) *강경원(講經院) : 강경(講經), 곧 불경을 강독(講讀)하는 교당.
782) 대중상부(大中祥符) : 북송(北宋)의 진종(眞宗)인 조덕창(趙德昌)의 치세에 쓰였던 연호(年號)이다. 1008년에서 1016년까지 쓰였다.
783) 천희(天禧) : 북송(北宋)의 진종(眞宗)인 조덕창(趙德昌)의 치세에 쓰였던 연호(年號)이다. 1017년에서 1021년까지 쓰였다.
784) *역경원(譯經院) : 역경(譯經), 곧 불교 경전을 역술(譯述)하는 교당.
785) 범승(梵僧) : 계행(戒行)을 지키는 승려, 행동이 단정하고 깨끗한 승려.
786) 궐하(闕下) : '대궐 아래'라는 뜻으로, '임금 앞'을 이르는 말.
787) *휘흠(徽欽) : 북송(北宋) 말기의 황제인 '휘종(徽宗)'과 그의 아들로서 마지막 황제가 된 '흠종(欽宗)'을 말한다.
788) *라마종(喇嘛宗) : 티베트 불교를 말함. 티베트 불교는 티베트를 중심으로 중국·인도·몽골의 일부 지방에서 발달한 대승불교의 종파이다. 티베트 불교에서는 스승(라마)을 중시하여 라마교라고도 불린다.
789) 발사팔(發思八) : 라마교의 승려. 팔사파(八思巴)·발사팔(發思八)·발합사파(拔合思

청하여 국사(國師)로 삼고 포교하였다.

　명(明)나라 태조(太祖)는 불교를 깊이 신앙하여 힘을 다해 지지하고 보호했다. 중엽에 이르러 자백달관(紫栢達觀)790)이 출현하여 방책대장경(方冊大藏經)791)을 판각(板刻)하고, 운서주굉(雲棲袾宏)792), 감산덕청(憨山德淸)793)【'憨'의 음(音)은 '감'이고 '어리석다[愚]'는 뜻이다】, 영봉지욱(靈峯智旭)794) 등이 서로 계승하고 분발하여 일어났다. 이들은 선정일치(禪淨一致)를 주창하며, 혹은 성상융회(性相融會)795)를 설파하고, 혹은 유불합일(儒佛合一)을 논하여 최후의 광휘

巴)라고도 한다. 티베트에서 출생. 쿠빌라이(Khubilai)의 최초의 스승이 되었고, 라마교를 국교로 하여 여러 종파(宗派)를 통할(統轄)하였다. 파스파 문자(文字)는 원(元)나라의 국자(國字)로서 1269년에 제정하였다. **"파스파[Hplagspa, 八思巴, 發思八]"**, 인명사전편찬위원회, 《인명사전》

790) 자백달관(紫栢達觀, 1543~1603) : 중국, 명대(明代)의 걸승. '만력(萬曆) 4대사(四大師)'의 한 사람. 자백존자라고도 함. 《萬曆版大藏經》 간행에 온 정력을 기울여 제자인 도개(道開)와 함께 이를 완성시킴. **"자백진가(紫柏眞可)"**, 한국사전연구사, 《종교학대사전》

791) *방책대장경(方冊大藏經) : '자백달관' 완성한 《萬曆版大藏經》을 가리킴. "만력판"이란, 명나라 제13대 황제인 신종(神宗)이 재위당시 만력(萬曆, 1573~1620)이라는 연호를 사용했는데, 그 시기에 완성된 판본(板本)이기에 붙여진 이름이다.

792) 운서주굉(雲棲袾宏, 1533~1615) : 명나라 때의 학승(學僧). 운서대사(雲棲大師)로도 불린다. 자백(紫柏), 감산(憨山), 우익(蕅益)과 함께 명나라 4대 고승(高僧)으로 불린다. 선(禪)과 염불의 일치를 주창하여 운서염불종(雲棲念佛宗)을 일으켰고, 유불도(儒佛道) 삼교일치설(三敎一致說)도 주장했다. 저서에 《능엄경(楞嚴經)》 등이 있다. **"주굉(袾宏)"**, 한보광 임종욱, 《중국역대불교인명사전》

793) 감산덕청(憨山德淸, 1546~623) : 명나라 때의 승려. 이름이 덕청(德淸)이고 호가 감산이다. 염불(念佛)과 화두(話頭)를 함께 닦을 것을 주장하며, 선종(禪宗)을 널리 알렸다. 주굉(袾宏), 진가(眞可), 지욱(智旭)과 함께 명나라 4대 고승(高僧)으로 손꼽힌다. 《능엄경통의(楞嚴經通議)》 10권 등의 저서가 있다. **"감산(憨山)"**, 한보광 임종욱, 《중국역대불교인명사전》

794) 영봉지욱(靈峯智旭, 1599~1655) : 명나라 때의 학승(學僧). 연지(蓮池)와 자백(紫柏), 감산(憨山)과 함께 명나라 4대 고승(高僧)으로 불린다. 후세에 정토 제9조(祖)로 추존되었다. 《열장지진(閱藏知津)》 44권 등의 저서가 있다. **"지욱(智旭)"**, 한보광 임종욱, 《중국역대불교인명사전》

795) *성상융회(性相融會) : 성상(性相)은 만물의 본성과 현상을 말한다. '성상융회'는 '공(空)'을 뜻하는 '성(性)'과 '색(色)'을 의미하는 '상(相)'을 원만하게 융합하는 것이다.

(光輝)를 펼쳤다.

청(淸)나라에 이르러서도 역시 불교를 받들었으며, 서장(西藏)796)의 라마교(喇嘛敎)를 으뜸으로 삼았다.

중국 불교의 각 종파는 다음과 같은데, 삼론종(三論宗)과 성실종(成實宗)과 섭론종(攝論宗)과 열반종(涅槃宗)과 지론종(地論宗)과 법상종(法相宗)과 계율종(戒律宗)과 화엄종(華嚴宗)과 천태종(天台宗)과 선종(禪宗)과 임제종(臨濟宗)과 조동종(曹洞宗)과 위앙종(潙仰宗)과 운문종(雲門宗)과 법안종(法眼宗)이 있다.

◉ 이제 불교의 역사를 살펴보자면, 세존(世尊, 석가세존)이 입멸(入滅, 입적)한 후에 마하가섭(摩訶迦葉)이 유교(遺敎)797)를 수집(修輯)798)하였으나, 계원사(鷄園寺)에 큰 분쟁이 일어나 2부(部)로 분열하였다. 그 뒤에 8부(部)・20부(部)와 소승(小乘)・대승(大乘)의 편견으로 석존(釋尊)의 정신이 연기와 안개 속에 감춰지고 닫혀버렸다. 그 뒤에 용수보살(龍樹菩薩)이 대승교(大乘敎)를 선양하는 일에 전념하여 소승(小乘)의 고집을 타파하였고, 세친보살(世親菩薩)은 북천축(北天竺, 북인도)에 출현하여 대승연기론(大乘緣起論)을 주창하였다. 그 뒤에 호법론사(護法論師)는 세친(世親)의 전통을 계승하고 청변대사(淸辯大師)799)는 용수(龍樹)의

---

796) *'서장(西藏)'은 청대(淸代) 이후에 사용한 '티베트(Tibet)'에 대한 호칭인데, '당송(唐宋)시대'에는 '토번(吐蕃)'으로, '명대(明代)'에는 '오사장(烏斯藏)'이라 불렀다. '혜초(慧超)'의 《왕오천축국전(往五天竺國傳)》에 '토번'에 대한 내용이 나온다. 혜초 지음, 정수일 역주, 《왕오천축국전》(서울; 학고재, 2020) 263-265참조. ; "**서장(西藏)**", 곽철환, 《시공 불교사전》 참조.
797) 유교(遺敎) : 석가모니나 조사(祖師)가 후인을 위하여 남긴 교법. 특히 임종 때에 한 설교를 말한다. 불교 전체를 '석가모니의 유교'라고 이르기도 한다. 같은 말로 '유명(遺命)'이 있다.
798) *수집(修輯) : '거두어 모으다'는 의미로 쓰일 때는 '수집(收集)'이라고 쓴다. 하지만 본문에서 '수집(修輯)'이라 쓴 것은 '수찬(修撰)하고 집철(輯綴)하다'는 의미인 것으로 보인다. '수찬(修撰)'은 '서책(書冊)을 펴내서 편집하다'는 뜻이고, '집철(輯綴)'은 '모아서 철하다'는 의미이다.
799) 청변(淸辯, 490~570) : 인도의 불교사상가. 남인도 크샤트리아 출신. 출가하여

전통을 선양하니, 이때부터 인도 불교에 용수(龍樹)와 세친(世親) 두 파가 서로 분쟁하여 물과 불의 전쟁 상황을 일으켰으니, 위아래[上下]로 1천여 년에 인도의 법화(法化)는 무족괘치(無足掛齒)800)이다.

중국[中華]을 논하자면, 진시황 시대에 승려[沙門] 선리방(宣利防) 등이 인도로부터 불경을 가지고 들어왔으나 진(秦)나라 황제에게 잡혀 쫓겨났다. 그 후 한(漢)나라 명제(明帝)시대에 '금불상'801)에 대한 꿈으로 감상이 일어나서 서역에 관리를 파견하여 불경(佛經)과 법사(法師)를 영입했으니, 이때가 중국 불교의 효시이다. 위로는 한(漢)나라와 당(唐)나라로부터 아래로는 명(明)나라와 청(淸)나라에 이르기까지, 수천 년 이래에 불교의 '흥왕과 지체[興替]', 그리고 법화(法化)의 오륭(汙隆)802)을 자세히 논하면 다음과 같다.

첫째, 자치권과 독립의 힘이 없고, 조정의 돌봄[顧護]과 국왕의 존상(尊尙)을 따라 각종 법문(法門)이 나아가 흥하기도 하고, 사원(寺院)의 남녀승려가 증가하다가 하루아침에 타격을 입기도 했으며, '깊은 산속으로 바쁘게 도망하기도 하며[奔竄窮谷]', '구름이 날아가듯 이리저리 흩어져서[渙散雲飛]' 그 형체와 그림자를 발견하기 어려우니 어찌 한심하지 않겠는가!

당(唐)나라 '무후(武后) 측천(則天)'과 양(梁)나라 '무제(武帝) 소연(蕭衍)'803)은 부처를 숭배하여 숭상하고 받듦으로 가람(伽藍, 사찰)도 광대하게 건설하고 여러 종

중인도로 가서 중호(衆護)에게 대승 경전과 용수(龍樹)의 학설을 배웠다. 저서에 《중관심론(中觀心論)》 등이 있다. "청변(淸辯, Bhāvaviveka, Bhavya)", 한국사전연구사, 《종교학대사전》

800) * 무족괘치(無足掛齒) : 국어사전에는 '부족괘치(不足掛齒)'로 나온다. 뜻은 '함께 말할 가치(價値)가 없음'이다.

801) 금인(金人) : 금으로 만든 부처. 금불상. "금인(金人)", 한국고전용어사전 편찬위원회, 《한국고전용어사전》

802) 오륭(汙隆) : 땅의 높낮이. 오륭(污隆)과 동자(同字).

803) 소연(蕭衍, 464~549) : 중국 남북조시대 양(梁)나라의 무제(武帝). 제(齊)나라 황제 자리를 물려받은 후 국호를 양(梁)이라 고쳤다. 만년에는 불전(佛典)을 좋아하여 불교에 통달했으며, 많은 절을 세웠다. 549년 후경(侯景)이 난을 일으켜 경사(京師)를 포위하자 음식을 전폐하다가 아사(餓死)했다. 48년간 재위에 있었으며, 많은 저서를 남겼다. "소연(蕭衍)", 인명사전편찬위원회, 《인명사전》

파가 부쩍 흥하였으며, 강남과 강북에 선사(禪師)가 잇따라 일어나 중화(中華)의 법계(法界)는 3월의 봄바람에 만물이 번창하는 것과 같았다. 그러나 당나라 무종(武宗) 때부터 불교를 훼파함으로 26만 명의 남녀승려가 환속하고 4만여 구역의 법원(法院, 사찰)이 황폐해졌다.

오계(五季)804)시대에 천하가 소란하여 수(隨)나라와 당(唐)나라 3백년 기간에 극성하던 불교가 그 형체와 그림자도 사라져버렸고, 송(宋)나라 태조(太祖)는 불가(佛家)805)의 응신(應身)으로 조서(詔書)를 내리고 사찰을 정비하며, 불경을 번역하고 제단을 건립했다. 그리고 건륭(建隆)806)과 천희(天禧)807) 기간에 승려[僧尼]의 도첩(度牒)을 받은 자가 50만 명에 이르렀으며, 여러 종파가 이로부터 부흥하여 불교의 왕성함이 고금에 비교할 바가 없게 되었다. 하지만 이는 곧 불교의 자주권이 없고 조정(朝廷)의 조종만 따름으로써 바람 앞의 갈대와 '삼 가운데 자라는 쑥[麻中蓬]'을 면하기 어려움과 같은 일이었다.

둘째, 부처[佛身]의 영(靈)이 없음이다. 양(梁)나라 무제(武帝)는 부처를 믿고 복을 기원하여 승방(僧房)808) 1천 간(間)에 주옥(珠玉)과 금(金)으로 수(繡)를 놓은 것이 사람의 눈과 귀를 집중시켜 놀라게 했다. 하지만 후경(侯景)809)의

---

804) 오계(五季) : 다섯 왕조가 자주 갈린 계세(季世)라는 뜻인데, 중국의 후오대(後五代)를 이르는 말. 당말(唐末)의 후량(後梁)・후당(後唐)・후진(後晉)・후한(後漢)・후주(後周)의 문란한 시대를 말함. 전(轉)하여, 말세(末世)를 일컫는 말로도 사용됨. "오계(五季)", 한국고전용어사전 편찬위원회, 《한국고전용어사전》
805) 불가(佛家) : ① 불교를 믿는 사람. ② 또는, 그들의 사회. 절.
806) 건륭(建隆) : 북송(北宋) 송태조(宋太祖) 조광윤(趙匡胤)이 건국하면서 사용한 연호로 960~963년 기간 사용되었으며 당시 존재했던 5대십국(五代十國) 정권들도 이 연호를 따라 사용하였다. "건륭(建隆, Jiànlóng)", 이현국, 《중국시사문화사전》
807) 천희(天禧) : 송나라 진종(眞宗) 때의 연호. 고려 현종 8년(1017)~12년(1021)에 해당됨. "천희(天禧)", 한국고전용어사전 편찬위원회, 《한국고전용어사전》
808) 승방(僧房) : 여승방(女僧房)의 준말. 여승(女僧)들이 사는 절.
809) 후경(侯景, 503~552) : 남북조 시대 후위(後魏) 사람. 후위 말에 북방에 크게 어지러워지자 양무제(梁武帝)에게 항복해 하남왕에 봉해졌다. 548년에 반란을 일으켜 건업(建業)을 포위하고 대성(臺城)을 함락했고, 이때 양무제는 굶어죽었다. 간문제(簡文帝) 대보(大寶) 2년(551) 간문제를 죽이고 자립했다. 연호를 태시(太始)로 고치고, 국호는 한(漢)이라 했는데, 역사에서는 '후경의 난'이라 부른다. "후경

난(亂)에 대성(臺城)810)에서 굶주려 죽게 되었을 때 부처가 능히 구하지 못했다. 또한 송(宋)나라 왕조 3백년에 부처를 숭상하고 복을 기원함이 예로부터 지금까지 한 번도 그런 적이 없을 정도였다. 그러나 금인(金人)811)의 난(亂)에 휘종(徽宗)과 흠종(欽宗) 두 황제가 오국성(五國城)에서 굶어죽게 되었으나 부처 영혼의 암묵적인 도움은 어느 곳에 있었는지 생각할 수 없다.

이로 미루어보면, 하나님[上主]께서 우상을 숭배하는 자에게 벌을 내리신다는 것과, 불교개조[佛祖, 석가모니]의 영혼이 없고 권세가 없다는 것은, 굳이 지혜로운 사람을 기다리지 않고서도 변론하는 것이 가능하다. 설령 사문(沙門)과 비구(比丘) 등으로 불법(佛法)에 귀의(歸依)한다고 할지라도, 상주(上主)께서 명하여 부여하신 하늘로부터 타고난 자유를 잃지 않고 자비의 마음으로 중생을 널리 구제하며, 반착(盤錯)812)의 예리한 칼로 위무(威武)813)에 굴하지 않으면, 국왕의 돌봄[顧護]이 어찌 나에게 관련될 것이며, 조정의 '비방과 칭찬[毀譽]'이 어찌 이루어지겠는가! 국가의 흥망과 사회의 비방이 불교계[法界]에 침범하지 못하리니, 어찌 '먹다가 남긴 음식[餕下物]'과 '천리마 꼬리에 붙은 파리[驥尾蠅]'를 만들어 다른 사람이 춤추는 무대의 하풍(下風)814)을 추구한단 말인가!

남몰래 불교계를 위하여 개탄하며 탄식하노라!

(侯景)", 한보광 임종욱, 《중국역대불교인명사전》
810) *대성(臺城) : 양(梁)나라 무제(武帝)가 '후경(侯景)의 난(亂)' 시기에 후경에게 포위되어 끝내 굶어죽은 성(城).
811) *금인(金人) : 여기서는 '금(金)나라 사람'을 가리킴.
812) 반착(盤錯) : '서린 뿌리와 얼크러진 마디'란 뜻으로, ① 처리하기 매우 어려운 사건. ② 세력이 단단히 뿌리박혀 흔들리지 아니함.
813) 위무(威武) : ① 위세와 무력. ② 위엄 있고 씩씩함.
814) 하풍(下風) : 사람이나 사물(事物)의 질(質)이 낮음.

제4. 조선(朝鮮) 불교 약사(略史)

○ 중국[中華國]의 불교 역사는 앞서서 개론하였고, 이제 우리나라[朝鮮半島]의 불법(佛法)을 논하고자 한다.

1. 삼국시대 불교 약사(略史)

석가세존 입멸(入滅, 입적) 후 1322년 계유(癸酉)는 곧 고구려 소수림왕 2년이다. 《동사강요》815)에서 말하기를, 신라 내물왕 17년 6월에 진왕(秦王) '부견'816)이 사절을 파견하였는데, '부도(浮屠, 승려)'817) '순도'818)와 불상(佛像)과

---

815) *동사강요(東史綱要) : 1884년에 나온 책으로, 오운(吳澐)의 《동사찬요(東史纂要)》(1608년), 조정(趙挺)의 《동사보유(東史補遺)》(1603년), 임상덕(林象德)의 《동사회강(東史會綱)》 등을 참고하여 기술한 편년체 역사서로써 《삼국유사》의 단군신화를 비롯한 여러 건국 설화를 수용하면서 중국을 중심으로 하는 역사 서술의 한계를 극복하고 한민족의 정체성과 독자성을 강조했다고 평가받고 있다. 이 책은 현재 그 원본이 국내에서 발견된 적이 없어 역사학계에서는 잘 알려지지 않았으며, 2012년 '소요한 박사'가 학술지인 《대학과 선교》(30집)에 발표한 논문, 〈헐버트(Homer Bezaleel Hulbert) 선교사의 한국사 연구 -새로 발굴된 '동사강요(東史綱要)'를 중심으로- (Research on Primary source of Homer B. Hulbert's Korea History)〉를 통해 소개된 바가 있다.
816) 부견(苻堅, 338~385) : 16국 시대 전진(前秦)의 제3대 국군(國君)으로 약양(略陽) 사람이다. 묘호는 세조(世祖)이며 부웅(苻雄)의 아들이다. 박학다재(博學多才)하여 경세(經世)의 뜻을 품었다. **"부견(苻堅)"**, 한보광 임종욱, 《중국역대인명사전》
817) 부도(浮屠) : 범어 Buddha의 음역으로 '불타'라고도 한다. '불자'・'승려'의 뜻도 있고, 득도한 대선사가 죽은 뒤에 그 유골을 안치해서 세운 둥근 돌탑을 '부도'라 하기도 한다. **"부도(浮屠)"**, 한국고전용어사전 편찬위원회, 《한국고전용어사전》
* 여기서는 문맥상 '승려'의 의미로 쓰인 것으로 보인다.
818) 순도(順道) : 고구려에 불교를 전한 중국의 승려. 중국 전진(前秦)의 왕인 부견은

불경(佛經)을 보냈다. 이에 임금과 신하가 회우례(會遇禮)819)로 성문(省門)【손님을 영접하는 곳[接賓處]】에 봉영(奉迎)820)하여 '정성을 다해 공경하고 믿으며'821) 사신을 파견하여 사례로 보답했다고 한다. 이것이 우리나라(靑邱) 불교의 기점이다. 이듬해 갑술년[甲戌, 374년]에 아도화상822)이 진(晉)나라에서 돌아와 【'아도(阿度)'의 부친은 위(魏)나라 사람 '아굴마(阿崛摩)'이고, 모친은 '고도령(高道寧)'인데, 부모의 이름 중에서 각각 한 글자를 취하여, 혹은 '아도(阿度)'라 하고, 혹은 '아두(阿頭)'라고 한다】 성문사[省門]와 이불란사[伊佛蘭]823) '두 사찰(兩

372년 고구려에 사절과 승(僧) 순도 및 불상과 경문을 보냈는데 374년에는 승(僧) 아도(阿道)도 고구려에 왔다고 한다. 고구려의 소수림왕은 375년 초문사를 세워서 승(僧) '순도'를 두고, 또한 이불란사를 세워서 여기에는 아도를 두었다고 하는데 이것이 우리나라에서의 불교의 시작이라고 하며 일설에서는 순도는 동진에서 왔다고도 하여 그의 확실한 내력이 밝혀지지 않고 있다. "**순도(順道)**", 한국사전연구사, 《종교학대사전》

819) * 회우례(會遇禮) : 회우(會遇)는 '한데 모여 만남'을 뜻하므로, '회우례'는 그런 만남의 예식을 뜻하는 것으로 본다.
820) 봉영(奉迎) : 귀인이나 덕망이 높은 이를 맞이함.
821) * 이는 《해동고승전(海東高僧傳)》의 "순도"와 관련된 본문에도 나온다. 《해동고승전》·〈卷第一, 釋順道狀〉의 원문은 다음과 같다. "釋順道 不知何許人也 萬德高標 慈忍濟物 誓志弘宣 周流震旦 移家就機 誨人不倦 高句麗第十七解味留王(或云 小獸林王) 二年 壬申夏六月 秦符堅 (중략) 投誠敬信 感慶流行 尋遣使廻謝 以貢方物 或說順道 從東晉來 始傳佛法 則秦晉莫辨 何是何非 …." 김대문 각훈 저, 여성구 옮김, 《화랑세기/해동고승전》(서울; 지식을 만드는 지식, 2012) 132-133 참조.
822) 아도화상(阿道和尙) : 고구려에 374년(소수림왕 4) 동진(東晉)에서 온 승려. 생몰연대 미상. 소수림왕은 이듬해 아도(阿道)를 위해서 이불란사(伊佛蘭寺)를 세우고, 2년 전에 전진(前秦)에서 온 승려 순도(順道)에게는 성문사(省門寺)를 세웠다. 신라의 눌지왕 때 고구려에서 신라의 일선군에 와서 불교를 전한 묵호자(墨胡子)는 아도와 동일인이라고도 하며, 또한 아도는 부친이 위나라 사람, 모친이 고구려인인 3세기의 승려라는 설도 있다. "**아도(阿道)**", 한국사전연구사, 《종교학대사전》
823) * 이불란사(伊弗蘭寺) : 고구려 소수림왕 때 초문사(성문사)와 함께 세워졌다고 전해지는 우리나라 최초의 사찰이다. 《삼국사기》와 《해동고승전》에서는 건립시기가 언급되지 않은 반면에 《삼국유사》에는 소수림왕 즉위 2년에 건립했다고 전하고 있다. 한편 《만종일련》 원문에는 "이불란사(伊弗蘭寺)"의 불(弗)을 불(佛)로 표기하고 있다. 이는 오기(誤記)인 것으로 보인다. 자세한 내용은 다음을 참조하라. 일연 지음, 김원중 옮김, 《삼국유사》(서울; 을유문화사, 2002) 267-269 참조. ; 이능화 저, 《조선불교통사(상편)》(서울; 경희출판사, 1968) 1-11 참조.

寺)'을 시작하고 순도와 아도를 거주하게 하였다.824)

비록 그러하지만 조선 불교의 유입은 이미 오래되었다. 나는[글쓴이] 일찍이 철옹(鐵翁)의 《운림필기(雲林筆記)》를 보았는데, 기자조선[箕朝]의 정경왕(貞敬王)이 궐위(闕位)825)되었을 때는 【기조선(箕朝鮮) 제17왕】 인도의 아육왕826) 8년이요, 주(周)나라 려왕827) 공화(共和) 13년이었다. 이때 인도의 만수대사828)가 멀리 '동쪽 땅'을 보았는데 크게 드러난 대승(大乘)의 땅이 있었다. 몸에 금란의(金襴衣)829)를 두르고 손에 금으로 만든 불상을 들고 금빛 사자를 타고

---

824) *《삼국유사》·〈흥법(興法) 제삼(第三)〉에 이와 관련된 내용이 나온다. 또한 '이능화'의 《조선불교통사》에서는 다양한 자료를 비교하면서 이를 자세히 소개하고 있다. 특히 처음 창건한 사찰 중 하나인 '성문사'에 대하여 《삼국유사》에서는 '성문사(省門寺)'가 아닌 '초문사(肖門寺)'라고 적고 있다. 《삼국유사》의 원문과 풀이는 다음과 같다. "高麗本記 (高麗謂高句麗) 云. 小獸林王即位二年壬申.乃東晉咸安二年孝武帝即位之年也. 前秦苻堅. 遣使及僧順道. 送佛像經文.又四年甲戌.阿道來自晉. 明年乙亥二月. 創肖門寺以置順道. 又創伊弗蘭寺以置阿道. 此高麗佛法之始僧傳作二道來自魏云者誤矣. 實自前秦而來. 又云肖門寺今興國伊弗蘭寺今興福者亦誤. 按麗時都安市城. 一名安丁忽. 在遼水之北. 遼水一名鴨綠. 今云安民江. 豈有松京之興國寺名.; 《고려본기》(고려는 고구려이다)에 말하기를 '소수림왕' 즉위 2년 임신(壬申)은 곧 동진(東晉) 함안(咸安) 2년이며, 효무제(孝武帝)가 즉위한 해이다. 전진(前秦)의 부견(符堅)이 사신 및 승려 순도(順道)를 시켜 불상과 불경을 보냈고, 또 4년 갑술(甲戌)에는 아도(阿道)가 진(晉)에서 왔다. 이듬해 을해(乙亥) 2월에 초문사(肖門寺)를 세워 순도를 거기에 두고, 또 이불란사를 세워 아도를 두었으니, 이것이 고구려 불법의 시초라고 했다. 《승전》에서 순도와 아도가 위에서 왔다고 한 것과, 초문사는 지금의 흥국사(興國寺)요, 이불란사는 지금의 흥복사(興福寺)라고 한 것은 잘못이다." 일연 지음, 김원중 옮김, 《삼국유사》(서울; 을유문화사, 2002) 267-269 참조. ; 이능화 저, 《조선불교통사(상편)》(서울; 경희출판사, 1968) 1-11 참조.
825) 궐위(闕位) : 어떤 직위나 관직 따위가 빔. 또는 그 자리.
826) 아육왕(阿育王) : 산스크리트어 aśoka, 팔리어 asoka의 음사. 무우(無憂)라고 번역. 마우리아(maurya) 왕조의 제3대 왕으로, 인도 남단부를 제외한 전 인도를 통일했다. **"아육왕(阿育王)"**, 곽철환, 《시공 불교사전》
827) 려왕(厲王, ? ~ BC 828) : 중국 주(周)의 제10대 왕으로 국인폭동(國人暴動)으로 왕위에서 쫓겨나 주(周)의 쇠락을 가져왔다. **"려왕(厲王)"**, 두산동아백과사전연구소, 《두산세계대백과사전(9권)》
828) *만수대사(曼殊大師) : 문수보살(文殊菩薩)인 것으로 보인다.
829) 금란의(金襴衣) : 금란(金襴)으로 만든 옷. 금란의 뜻은 다음과 같다. ①황금색 실

큰 빛을 발하여 공간을 가로질러 당도하니, 곧 이곳 조선 남부의 무평(武平)830) 서쪽이었다. 【오늘날 호남 순천현 조계산】.

산의 기운을 두루 다스리며, 난야(蘭若)831)를 위해 잡초를 베어내고 단(壇) 위에 금불상을 안치하며 말하였다. "5백세에 미치지 못하여 외부의 겁화(劫火)832)가 동방을 불사르고 태우니, 그때에 대승(大乘)의 지식(知識)이 이를 좇아 배출하여 자비의 구름과 은혜의 비가 열뇌(熱惱)833)를 청량(淸凉)하게 할 것이다"라고 예언했다. 나아가 그 산을 청량(淸凉)이라 이름 짓고, 그 련야(練若)834)를 비로(毘盧)라고 이름 지었다. 【들고 온 금불상, 곧 비로자나불(毘盧遮那佛)의 불상(像)은 지금 그 절에 있음】835) 이는 조선의 불상과 가람(伽藍, 사찰)

을 섞어서 짠 바탕에 명주실로 봉황이나 꽃의 무늬를 놓은 비단. 흔히 스란치마의 자락 끝에 두른다. ②금박을 종이에 붙여서 가늘게 자른 평금사(平金絲).
830) 무평(武平) : 오늘날 순천 지역을 말한다. 백제시대까지는 감평군(欲平郡) 또는 사평(沙平)·무평(武平)이라고 했다. 신라에 편입된 뒤 757년(경덕왕 16)에 감평군은 승평군(昇平郡)으로 개칭되었는데, 승주(昇州)라고도 했다. **"승주(昇州)"**, 한국정신문화연구원 편집부, 《한국민족문화대백과사전(13권)》(서울; 한국정신문화연구원, 1995)
831) 난야(蘭若) : 불교 용어. 고요한 곳이라는 뜻으로, '절'을 이르는 말. 비슷한 말로 '아란야(阿蘭若)'가 있으며, '아란야'의 뜻은 촌락에서 멀리 떨어져 있어 수행하기에 알맞은 조용한 곳이라는 뜻으로 이 역시 '절'을 달리 이르는 말이다.
832) 겁화(劫火) : 산스크리트어 '칼파그니(kalpagni)'를 번역한 말이다. 불교에서 세상은 성(成)·주(住)·괴(壞)·공(空)을 되풀이하는데, 괴의 마지막이 되면 큰 불과 큰 바람, 큰물이 일어난다고 하였다. 큰 불을 겁화, 큰 바람을 겁풍(劫風), 큰물은 겁수(劫水)라고 한다. 《조정사원(祖庭事苑)》에 따르면 이때가 되면 수미산 주위의 큰 바다도 마멸되어 흔적도 없이 사라진다. 여러 경전에 이 용어가 등장한다. **"겁화(劫火)"**, 두산동아백과사전연구소, 《두산세계대백과사전(2권)》
833) 열뇌(熱惱) : 〈불교〉몹시 심한 마음의 괴로움.
834) 련야(練若) : 아련야(阿練若)를 가리킴. 산스크리트어 araṇya 팔리어 arañña의 음사. 공한처(空閑處)·원리처(遠離處)라고 번역. 한적한 삼림. 마을에서 떨어져 수행자들이 머물기에 적합한 곳. 동의어로는 아란야(阿蘭若), 공한처, 원리처, 아련아(阿練兒), 아련야(阿練若) 등이 있다. **"아란야(阿蘭若)"**, 곽철환, 《시공 불교사전》
835) 비로자나불(毘盧遮那佛) : 모든 부처님의 진신(眞身 : 육신이 아닌 진리의 모습)인 법신불(法身佛). 이 부처님은 보통 사람의 육안으로는 볼 수 없는 광명(光明)의 부처이다. 범어 바이로차나(vairocana)를 음역하여 비로자나라고 한다. **"비로자나불(毘盧遮那佛)"**, 한국정신문화연구원 편집부,《한국민족문화대백과사전(10권)》

이 실제로 중국보다 먼저 있었음을 알게 해준다.

《계림고기(鷄林古記)》에서 말하기를, "법흥왕 16년은 양(梁)나라 무제(武帝) 대통(大通) 2년이다. 고구려 승려[沙門] 아도가 일선군836)에서 와서 비로자나[毘盧] 금불상에게 경례(敬禮)하고, 대사(大師)의 거룩한 발자취를 흠모하고 감탄하여 분향한 뒤에 처소에서 기도하였다. 밤중에 꿈속에서 만수대사가 그의 정수리를 쓰다듬으며 말하기를, '네가 숙원(夙願)을 품고 오늘에 이르렀으니, 너는 이 땅의 개산(開山)837) 비조(鼻祖, 시조)이다'라 하고, 감색(紺色) 굴현(屈絢)838) 【'絢'의 음(音)은 '현'이고 무늬[文采]를 뜻한다】한 벌과 패엽경(貝葉經)839) 한 상자를 가져다주었다. 아도가 하품하고 기지개를 켜면서 깨어나니, 굴현(屈絢, 가사)과 패엽경이 온전히 돌 위에 있었다. 기왕에 성기(聖記, 패엽경)를 받고 경사스럽게 여겨 기쁨을 이기지 못하였다. 이에 신라의 왕에게 고하여 조정의 재력으로 마침내 가람(伽藍)을 시작하고 현판(懸板)에 '청량산(淸凉山) 해인사(海印寺)'라 하니, 이는 실로 동토(東土) 불법(佛法)의 총괄(總括) 영부(靈府)840)이다"라고 하였다.

《삼국유사》에서 말하기를, "신라 월성(月城) '동룡궁(東龍宮)' 남쪽에 '가섭

---

836) 일선군(一善郡) : 오늘날의 경북 구미와 선산 지역 일대는 본래 신라의 일선군(一善郡)이었는데, 614년(진평왕 36)에 사벌(沙伐 : 지금의 경상북도 尙州)과 감문(甘文 : 지금의 경상북도 김천시 개령면)에 있던 상주(上州)의 주치소(州治所)가 이곳으로 이동해 오면서 일선주(一善州)로 개편되었다. **"선산(善山)"**, 한국정신문화연구원 편집부, 《한국민족문화대백과사전(12권)》.
837) 개산(開山) : ① 절을 처음으로 세움. ② 한 교파를 개창(開創)하는 것.
838) *굴현(屈絢) : 본문에는 가사(袈裟)를 뜻한다고 되어 있다. 가사(袈裟)는 승려(僧侶)가 입는 법의(法衣). 장삼 위에 왼쪽 어깨에서 오른쪽 겨드랑이 밑으로 걸치는 긴 네모로 된 천을 말하며, 빛깔은 푸른빛·노란빛·붉은빛·흰빛·검은빛의 오정색(五正色)을 피(避)하고, 몇 개의 천을 이어서 만든다. 크고 작음에 따라 5조(條)·7조·9~25조의 세 가지로 나누는 데 나라와 종파(宗派)에 따라 그 빛깔과 형식에 엄격한 규정이 있음.
839) 패엽경(貝葉經) : 패다라엽(貝多羅葉)에 바늘로 새긴 불경(佛經).
840) *영부(靈府) : '신령한 곳'이라는 의미이다. 원래는 대종교에서 삼부(三府)의 하나를 일컫는 말인데, 정신이 깃들어있는 곳이라는 뜻으로 '마음'을 이르는 말이다.

불연좌석(迦葉佛宴坐石)'841)이 있는데, 그 땅은 '전 세상 부처님[前佛]' 시대의 가람(伽藍, 절) 옛터로써, 오늘날 황룡사지(皇龍寺址)이다"842)라고 하였다. 이는 '앞서 비롯된 것과 관계된 일이다[事係前物].'

고려의 법희거사(法喜居士) 민지843)가 찬술(撰述)한 바에 의하면, 석가가 입멸(入滅)한 후에 문수사리보살844)이 금(金)으로 53개의 존상(尊像)을 주조(鑄造)하고 또 1개의 종(鐘)을 주조하여 종(鐘)에 불상을 안치하고, 이윽고 바다에 띄우며 두 손을 모아 빌면서 말하기를, "인연이 있는 국토로 가면, 나 역시 따라가서 설법하고 중생을 제도할 것이다"라고 하였다. 그 종(鐘)이 바다를 떠다니며 많은 국토를 지나, 금강산 동쪽 안창현845) 포구에 들어와

---

841) 가섭불연좌석(迦葉佛宴坐石) : 과거칠불(過去七佛) 가운데 6번째 부처인 가섭불이 좌선했다는 바위. 《삼국유사》에 의하면, "신라의 월성(月城) 동쪽, 용궁(龍宮)의 남쪽에 있었는데, 그곳은 황룡사불전 뒷면이다. 돌의 높이는 1.5~2m, 둘레는 약 5m에 이르며 위는 편평하다"고 기록되어 있다. 그러나 두 번의 화재로 돌이 갈라져서 그 절의 스님이 쇠갈퀴로 엮어 보호하였다. 그 후 서산(西山)의 큰 전란으로 대웅전과 탑이 모두 불타버리고 이 돌도 묻혔다"는 기록이 있다. **"가섭불연좌석(迦葉佛宴坐石)"**, 한국사전연구사, 《종교학대사전》
  *한편 본문에는 연좌(宴坐)의 연(宴)이 안(晏)으로 되어 있는데, 이는 연(宴)의 오기(誤記)로 보인다.
842) *《삼국유사(三國遺事)》·〈탑상(塔像)〉, 제4(第四), 가섭불연좌석(迦葉佛宴坐石)〉에도 이와 관련된 내용이 나온다. 《삼국유사》의 원문은 다음과 같다. "玉龍集及慈藏傳與諸家傳紀皆云 新羅月城東 龍宮南 有迦葉佛宴坐石 其地卽前佛時伽藍之墟也 今皇龍寺之地." 일연 지음, 김원중 옮김, 《삼국유사》 300-303 참조.
843) 민지(閔漬, 1248~1326) : 고려시대의 문신. 충렬왕, 충선왕 때 정치외교가와 문인학자로 활약하였다. 《세대편년절요》, 《본국편년강목》 등을 편찬했다. **"민지(閔漬)"**, 두산동아백과사전연구소, 《두산세계대백과사전(11권)》
844) 문수사리보살(文殊師利菩薩) : '문수사리'는 산스크리트어mañjuśrī의 음사, 묘길상(妙吉祥)·묘덕(妙德)·유수(濡首)라 번역. 석가모니불을 왼쪽에서 보좌하는 보살. 부처의 지혜를 상징함. **"문수사리보살(文殊師利菩薩)"**, 곽철환, 《시공 불교사전》
  *원문에는 "문수사리"의 '사리(師利)'가 '사리(舍利)'로 되어 있다.
845) *안창현(安昌縣) : 고려시대 강원도 고성군 등 지역에 있던 옛 이름. 《고려사》에 보면 현종(顯宗) 9년(1018년)에 '막이현'을 '안창현'으로 개칭했고, 현종20년(1029년)에 이 지역의 조세를 삭감해주었다는 내용이 나온다. 《고려사》의 원문은 다음과 같다. "安昌縣本莫伊縣, 顯宗九年, 稱今名, 來屬. ; 안창현은 본래 막이현으로, 현종 9년에 지금 이름으로 부르고 '고성현'에 내속(來屬)시켰다."《고려

정박하니, 그 때가 곧 신라의 제2대 남해왕846) 원년(元年)이요, 한(漢)나라 평제847) 원시(元始)848) 4년 갑자(甲子)요, 서력(西曆) 기원 후 4년이었다. 그때 안창현의 주재(主宰)인 '노준'849)이 왕에게 아뢰기를, "올해 유점사850)를 창건하여 불상을 봉안하였습니다"라고 하였다.851)

사)〔권58, 지 권 제12, 地理 三, 동계, 고성현, 안창현〕(서울대 규장각 소장본) 49.
* "顯宗二十年七月 以朔方道登·溟州管內三陟·霜陰·鶴浦·派川·歙谷·金壤·碧山·臨道·雲岩·豢狋·高城·安昌·列山·杅城·翼嶺·洞山·連谷·羽溪等十九縣, 並被蕃賊侵擾, 特鐲租賦. ; 현종20년 7월에 삭방도(朔方道)의 등주(登州)와 명주(溟州) 관내 삼척·상음·학포·파천·흡곡·금양·벽산·임도·운암·환가·고성·안창(安昌)·열산·간성·익령·동산·연곡·우계 등 19개 현(縣)이 모두 오랑캐(蕃賊) 침략의 피해를 입었으므로 특별히 조부(租賦)를 감면해 주었다." 《고려사》〔권80, 지 권 제34, 食貨 三, 진휼, 재해를 입었을 때 감면하는 제도〕(서울대 규장각 소장본) 64-65.
* 한편 조선시대에는 '안창포'를 '고성포(高城浦)'라고 했고, 구명투성이의 그 바위를 '괘종암'이라고 불렀다. 민족문화추진위원회, 《국역 신증동국여지승람(10권)》(파주; 한국학술정보, 2007) 220-223 참조.

846) 남해왕(南解王) : '남해차차웅(南解次次雄)'을 말한다. 신라 제2대 임금. 성은 박(朴), 혁거세왕(赫居世王)의 적자(嫡子)로 부친의 뒤를 이어 즉위함. 남해왕 3년(6) 1월 시조묘(始祖廟)를 세웠으며, 동왕 11년(14) 왜인이 병선 1백여 척을 보내어 해변의 백성을 노략하므로, 육부(六部)의 경병(勁兵)을 발하여 막았다. "남해차차웅(南解次次雄)", 한국고전용어사전 편찬위원회, 《한국고전용어사전(1권)》

847) 평제(平帝) ; 유간(劉衎). 전한(前漢)의 제13대 황제. 본명은 기자(箕子)고, 원제(元帝)의 손자다. 3살 때 중산왕(中山王)이 되었다. 애제(哀帝)가 죽자 태황태후(太皇太后) 왕씨(王氏)가 왕망(王莽)을 대사마(大司馬)로 삼고 황제로 옹립하니 9살이었다. 태황태후가 임조(臨朝)하면서 왕망이 정권을 장악했다. 장성한 뒤 왕망이 모후 위태후(衛太后)와 떨어뜨려 놓자 기뻐하지 않았는데, 왕망에게 독살당했다. 6년 동안 재위했다. "한평제(漢平帝)", 임종욱 김해명, 《중국역대인명사전》

848) 원시(元始) ; 한(漢)나라 평제(平帝)의 연호(年號)이다.

849) * 또 다른 자료에 보면, 노준(盧偆)의 이름이 노춘(盧椿)으로도 나온다. 노준과 금강산 '유점사'의 창건에 관한 설화는 다음을 참고하라. "유점사(楡岾寺)", 한국정신문화연구원 편집부, 《한국민족문화대백과사전(5권)》

850) 유점사(楡岾寺) : 강원도 고성군 서면 금강산(金剛山)에 있었던 절. 민족항일기에는 31본산 중의 하나였다. 사지(寺誌)에 따르면 원래 이 절은 서기 4년(유리왕 23)에 창건되었다 하며, 53불(佛)의 연기(緣起)와 관련된 창건설화가 전해지고 있다. "유점사(楡岾寺)", 한국정신문화연구원 편집부, 《한국민족문화대백과사전(17권)》

851) *《조선불교통사》에 나오는 내용을 '탁사'가 발췌하고 요약한 것으로 본다. 《조선불교통사》의 원문은 다음과 같다. "【附】存疑 楡岾寺月氏金像. (甲子) 新羅南解王元

《동사절요》852)에서 말하기를, "신라시대에 53불(佛)이 월지국[月支]853)에서 '쇠로 만든 종[鋖鐘]'에 실려 바다를 떠다니다가 금강산 동문(洞門)854) 밖 큰 연못에 정박했는데, 사람들이 연못 위 '유수(楡樹, 느릅나무)' 가지에 그 종을 걸어둔 연고로 '유점(楡岾)'이라 한다"고 하였다. 이때는 부처 입멸 후 953년이다. 이는 한(漢)나라 명제855) 영평(永平) 11년 무진(戊辰)으로 비교하면 65년의 차이가 있으니, 기원정사(祇園精舍) 외에는 가람(伽藍, 절)과 봉상(奉像)856)이 우리 조선보다 앞선 것은 세계에 없다.

《삼국사》857)에서 말하기를, "신라 눌지왕858) 시대에 【유유(劉裕),859) 송(宋)

年.(高句麗瑠璃王二十三年百濟始祖溫祚王二十二年漢平帝元始四年) 釋迦如來金像五十三軀. 乘鐵鍾自來到泊安昌縣浦口. 又入金剛山. 縣宰盧偆. 奏其事. 創寺安之. 【備考】金剛山楡岾寺事蹟記. 高麗國平章事驪興府院君諡文正公閔漬撰(閔漬字龍淵號默軒又號法喜居士) 〈중략〉 我佛滅度後. 有文殊大聖. 受佛遺囑. 與諸大士化城中. 〈중략〉 既鑄像已. 復鑄一鍾. 擇諸像中相好全備者五十有三. 合安于鍾內. 又為文以記其事. 鑄盖以覆其鍾. 泛于海而祝之曰. 惟我本師釋迦五十三像. 往住有緣國土. 我亦隨所住處. 說法度脫末世眾生耳. 〈중략〉 鍾既泛海. 歷盡諸國. 來至于是山東面安昌縣 (前高城郡今杆城郡) 浦口. 時則新羅第二主南解王元年. 即漢平帝元始四年甲子也. 縣人見而異之. 馳告縣宰. 其夕佛舁鍾下陸. 縣宰盧偆聞之. 이능화 저, 《조선불교통사(상편)》 191-193 참조.

852) *'안종화(安鍾和)'의 《동사절요(東史節要)》·〈卷之五, 釋教〉에 나온다. 이 책에서는 '국립중앙도서관' 소장본(所藏本), 《東史節要》를 참조했다. 그 원문은 다음과 같다. "新羅時 五十三佛 自月支乘鋖鍾泛海而來泊 于金剛山東門 有大池 池上楡樹 掛鍾于樹枝 縣宰盧偆歸秦王立寺楡岾 有盧偆祠 (閔漬 記)." 安鍾和 著, 《東史節要》(출판사항 미상) 365.
853) 월지(月支) : 펀자브(Punjab) 북쪽, 카불(Kabul) 동쪽에 건타라국(乾陀羅國)을 세운 쿠샨(kuṣan) 왕가(王家)를 일컬음. **월지(月支)**, 곽철환, 《시공 불교사전》
854) 동문(洞門) : ① 동굴의 입구. ② 또는 거기에 세운 문. ③ 동네 입구에 세운 문.
855) 한명제(漢明帝) : 유장(劉莊). 후한의 황제. 광무제(光武帝)의 넷째 아들로, 아버지의 뒤를 이어 한나라 회복사업을 공고히 했다. 일찍이 낭중(郎中) 채음(蔡愔) 등을 천축에 보내 불법(佛法)을 구했고, 영평(永平) 10년(67) 채음(蔡愔)과 사문(沙門) 섭마등(攝摩騰), 축법란(竺法蘭) 등을 낙양(洛陽)에 오게 하여 백마사(白馬寺)를 세우고, 《42장경(章經)》을 편역하게 하면서, 중국에 처음으로 불교가 전파되도록 했다. **한명제(漢明帝)**, 임종욱 김해명, 《중국역대인명사전》
856) *봉상(奉像) ; 불상(佛像)을 가리키는 것으로 보인다.
857) *삼국사(三國史) ; 고려 인종(仁宗)의 명을 받아 김부식이 편찬한 《삼국사기》의 약칭. 《삼국사기》는 우리나라에 현전하는 가장 오래된 역사서이다.
858) 눌지왕(訥祇王, ?~458) : 신라 제19대 왕. 내물왕의 아들. 왕호는 마립간(麻立干).

나라 때】 승려 묵호자860)가 고구려에서 일선군(一善郡)【지금의 선산善山】에 당도했는데, 그곳에 살던 모례(毛禮)861)가 굴을 파서 그를 숨겨주었다. 마침 그때에 양(梁)나라가 사절을 보내 향(香)을 선사했는데, 임금과 신하가 모두 이를 어떻게 사용하는지 알지 못하였다. 이에 묵호자가 이르기를, "이것은 분향하여 삼보(三寶)862)에게 정성을 바치는 것입니다" 하고, 공주의 병을 위해 분향하며 서원(誓願)863)을 드리니, 얼마 되지 않아 병이 치유되었다. 이

실성왕의 딸을 비(妃)로 맞이했고, 실성왕을 죽이고 즉위했다. 박제상을 일본에 보내 볼모로 있던 미사흔(未斯欣)을 귀국시켰다. 429년 시제(矢堤)를 수축하여 농사를 장려했고 신라 기악《우식악(禹息樂)》을 지었다. 455년 고구려가 백제를 공격하자 백제와 공수 동맹(攻守同盟)을 맺어 백제에 원병을 보냈다. "**눌지왕(訥祗王)**", 인명사전편찬위원회,《인명사전》

859) 유유(劉裕, 363~422) : 남조 송나라의 초대 황제. 조적(祖籍)은 팽성(彭城)이다. 시호는 무제(武帝)고, 묘호는 고조(高祖)다. 진(晉)나라 상국(相國)에 올라 송왕(宋王)에 봉해졌다. 나아가 집정(執政)이 된 후에 이어서 황제를 폐하고, 진(晉) 왕실의 반대파를 제거했다. 원희(元熙) 원년(419) 공제(恭帝)의 선양으로 제위에 올라 국호를 송(宋)이라 하고 연호를 영초(永初)로 정했다. 정치를 하면서 검약을 숭상했고, 경술토단(庚戌土斷)을 시행해 중앙집권제를 강화했다. 즉위한 지 3년 만에 죽었다. "**유유(劉裕)**", 임종욱 김해명,《중국역대인명사전》

860) 묵호자(墨胡子) : 고구려 승려. 아도(阿道)라고도 한다. 눌지왕 때(혹은 미추왕 때) 고구려로부터 신라 일선군(一善郡, 선산)에 들어와 모례(毛禮)의 집 굴방(窟房)에 숨어 있었다. 그 때 양(梁)나라로부터 온 사신이 왕께 향을 바쳤으나 모두들 그 용도를 몰랐는데, 묵호자가 이를 듣고 그 용도와 이름을 알려 주었다. 때마침 왕녀가 병을 앓고 있어서 왕은 묵호자를 불러 향을 피워 제를 올리게 하여 왕녀의 병을 고쳤다. 왕은 매우 기뻐하여 흥륜사(興輪寺)를 지어 주고 불법을 펼치게 하였다. 그 후 영흥사(永興寺)를 창건하여 살다가 미추왕이 죽자 백성들이 그를 해치려 하므로 모례의 집에 돌아가 굴을 파고 문을 봉하고 영영 나오지 않았다.《삼국사기》에는 묵호자란 이름으로 눌지왕 때,《삼국유사》에는 아도란 이름으로 미추왕 때 일로 되어 있다. "**묵호자(墨胡子)**", 인명사전편찬위원회,《인명사전》

861) 모례(毛禮) : 신라 최초의 불교 신자. 263년(미추왕 2) 고구려의 승려 아도(阿道 : 墨胡子)가 불교를 일으키려고 신라에 왔으나 탄압이 심하여 모례의 집에서 3년간 숨어 살았다. 모례는 불교를 믿게 되고 그의 누이 사씨(史氏)도 비구니가 되어 영흥사(永興寺)를 지었다. 그의 이름인 모례(毛禮)의 음이 변하여 절(寺)이라는 말이 성립되었다 한다. "**모례(毛禮)**", 인명사전편찬위원회,《인명사전》

862) 삼보(三寶) : 불교도가 존경하고 공양하여야 할 불(佛)과 법(法)과 승(僧)을 말함.
863) 서원(誓願) : 맹세(盟誓)하여 소원을 세움, 또는 그 소원.

에 왕이 후하게 사례하였다.864)

　신라 내물왕865) 29년은 백제의 침류왕866) 원년(元年)이인데, 호승(胡僧)867) 마라난타868)가 진(晉)나라에서 백제로 왔다. 이에 왕이 성(城) 밖까지 나가서 영접하고 공경하며 받들었다. 이듬해 봄에 백제의 한산(漢山)869)에 절을 창

---

864) *《삼국사기(三國史記)》·〈卷第四, 新羅本紀 第四, 法興王〉에 나온다.《삼국사기》의 원문은 다음과 같다. "十五年 肇行佛法 初 訥祇王時 沙門墨胡子自高句麗至一善郡 郡人毛禮 於家中作窟室安置 於時 梁遣使賜衣着香物 君臣不知其香名與其所用 遣人賷 香徧問 墨胡子見之 稱其名曰 此焚之則香氣芬馥 所以達誠於神聖 所謂神聖未有過於 三寶 一曰佛陀 二曰達摩 三曰僧伽 苦焚此發願 則必有靈應 時 王女病革 王使胡子焚 香表誓 王女之病尋愈 王甚喜 饋贈尤厚." 김부식 지음, 신호열 역해,《삼국사기》(서울; 동서문화사, 2010) 92-93, 106 참조.
　*《삼국유사》·〈興法, 第三, 阿道基羅〉에도 비슷한 내용이 나온다.《삼국유사》의 원문은 다음과 같다. "訥祇王時, 沙門墨胡子, 自高麗至一善郡. 郡人毛禮,(或作毛祿) 於家中作堀室安置. 時梁遣使賜衣著香物(高得相詠史詩云. 梁遣使僧曰元表. 宣送溟檀 及經像) 君臣不知其香名與其所用. 遣人齎香, 徧問國中. 墨胡子見之曰. 此之謂香也. 焚之則香氣芬馥. 所以達誠於神聖. 神聖未有過於三寶. 若燒此發願. 則必有靈應. (訥祇 在晋宋之世.而云梁遣使.恐誤) 時王女病草. 使召墨胡子, 焚香表誓. 王女之病尋愈. 王 喜, 厚加賚." 일연 지음, 김원중 옮김,《삼국유사》270-271, 277 참조.
865) 내물왕(奈勿王) : 신라의 제17대왕. 381년 위두(衛頭)를 전진왕(前秦王) 부견(苻堅)에게 보내어 통호(通好)하고 중국 문물 수입에 힘썼다. 392년에는 고구려 광개토왕(廣開土王)의 위력에 눌려 사신과 함께 실성(實聖)을 볼모로 보냈고, 이듬해 일본의 침입으로 서울을 포위당했으나 이를 물리쳤다. 397년 흉년이 들자 백성들의 세금을 1년 동안 면제해 주었다. **"내물왕(奈勿王)"**, 인명사전편찬위원회,《인명사전》.
866) 침류왕(枕流王) : 백제 제15대 왕(재위 : 384~385). 근구수왕(近仇首王)의 맏아들, 즉위하면서 진(晉)나라에 사신을 보냈고 호승(胡僧) 마라난타(摩羅難陀)가 동진(東晉)에서 들어오자 왕궁에서 영접하니 이는 백제의 불교 전래(佛敎傳來)의 시초로 이부터 불법(佛法)을 시행하여 다음해인 385년(왕 2)에 한산(漢山)에 불사(佛寺)를 창건하였다. **"침류왕(枕流王)"**, 인명사전편찬위원회,《인명사전》.
867) * 원래 '호승(胡僧)'은 '호국(胡國)의 승려,' 또는 '외국(外國)의 승려(僧侶)'를 뜻하지만, 여기서는 '인도'의 승려를 지칭하는 것으로 본다.
868) 마라난타(摩羅難陀) : 인도의 승려. 동진(東晉)을 거쳐 침류왕 1년에 백제에 와서 처음으로 불교를 전함. 이듬해 왕은 경기 광주 남한산에 처음으로 절을 짓고 10인을 출가시켜 승려가 되게 함. **"마라난타(摩羅難陀)"**, 곽철환,《시공 불교사전》.
869) 한산(漢山) : 북한산(北漢山)의 이칭(異稱). 본래 한산(漢山)이라 불렸는데 '큰 산' 이라는 뜻의 '흔산'을 한자로 차음하여 표기한 것이다. '한산'이란 이름은《삼국사기》,《고려사》,《세종실록지리지》등에 보이며, 서울 지방의 옛 이름을 한산·북한산·북한산성·북한성·한양 등으로 기록하고 있는 것으로 보아, 북한산은

건하니, 이는 백제 불교의 시초이다.870)

고구려 광개토왕871) 2년은 신라 내물왕 37년이니, 평양성 아홉 곳에 사찰을 창건하여 불법을 숭상하였다.872)

신라 법흥왕 15년에 왕이 불교를 흥왕케 하려고 신하들과 더불어 회의하니, 대신(大臣) 공알873) 등이 극단적으로 말하며 반대하였다. 그러자 내사

처음에는 산(山) 이름이 아니라 서울의 옛 이름인 한산의 북쪽 지역을 가리키는 지명이었던 것으로 보인다. 국토지리정보원 편, 《한국지명유래집: 중부편》(서울; 진한M&B, 2016) 136 참조.
　＊한편 《국역 신증동국여지승람》에는 '삼각산'이라 되어 있고, '고구려 동명와의 아들 비류(沸流)와 온조(溫祚)가 남쪽으로 와서, 한산(漢山)에 이르러 부아악에 올라가 살 만한 땅을 찾았으니, 바로 이 산이다'라고 설명하고 있다. 민족문화추진위원회, 《국역 신증동국어지승람(2권)》 11.
870)　＊《삼국사기》·〈卷第二十四, 百濟本紀 第二, 枕流王〉에 나온다. 《삼국사기》의 원문은 다음과 같다. "枕流王 近仇首王之元子 母曰阿尒夫人 繼父卽位 秋七月 遣使入晉朝貢 九月 胡僧摩羅難陁自晉至 王迎之 致宮內禮敬焉 佛法始於比. 二年春二月 創佛寺於漢山 度僧十人." 김부식 지음, 신호열 역해, 《삼국사기》 469, 473 참조.
　＊《삼국유사》·〈興法, 第三, 難陀闢濟〉에도 비슷한 내용이 나온다. 《삼국유사》의 원문은 다음과 같다. "百濟本記云.第十五(僧傳云十四誤.)沈流王卽位甲申.(東晉孝武帝大元九年.)胡僧摩羅難　至自晉.迎置宮中禮敬.明年乙酉.創佛寺於新都漢山州.度僧十人.此百濟佛法之始." 일연 지음, 김원중 옮김, 《삼국유사》 269-270 참조.
　＊《조선불교통사》에도 비슷한 내용이 나온다. 원문은 다음과 같다. "枕流王〔高枕流〕在位二年.　(甲申)元年(新羅柰勿王二十九年高句麗小獸林王四年晉太元九年)　九月. 胡僧摩羅難陁. 自晉至. 百濟王迎致宮內. 禮敬焉百濟佛法始此." 이능화 저, 《조선불교통사(상편)》 31.
871)　광개토왕(廣開土王, 374~413) : 재위 391~413. 이 재위연대는 〈광개토왕릉비〉에 근거한 것이며, 《삼국사기》에는 재위기간이 22년임은 같지만 재위연대는 392~414년으로 실려 있다. 재위기간 동안 영락(永樂)이라는 연호를 사용했으므로 재위시에는 영락대왕이라 일컬어졌다. **광개토왕(廣開土王)**, 한국정신문화연구원 편집부, 《한국민족문화대백과사전(3권)》.
872)　＊《삼국사기》·〈卷第十八, 高句麗本紀 第六, 廣開土王〉에 나온다. "廣開土王 諱談德 故國壤王之子 (중략) 二年秋八月 百濟侵南邊 命將拒之 創九寺於平壤." 김부식 지음, 신호열 역해, 《삼국사기》 361, 369 참조.
873)　＊《만종일련》에는 '공알(恭謁)'이라 나오지만, 이 이야기의 출처라 할 수 있는 《삼국유사》에는 '알공(謁恭)'으로 나온다. '알공(謁恭)'은 신라 법흥왕 때의 신하였는데, 왕이 '절'을 짓고 불법(佛法)을 세우려고 했으나 왕의 뜻을 좇지 않았다. '출전(出典)'은 《삼국유사》·〈興法, 第三, 原宗興法 厭觸滅身〉이다. "昔在 法興大王

(內史)874) 사인(舍人)875) 이차돈876)【박염촉(朴厭觸)이라고도 한다】홀로 은밀히 주청(奏請)하여 말하기를, "청컨대 신(臣)의 머리를 참수(斬首)하여 임금님의 뜻을 밝히십시오. 대성(大聖, 부처)의 가르침은 천신(天神)이 받드는 바이니, 부처께서 만약 영험(靈驗)이 있으면, 신(臣)이 죽는 날에 마땅히 기이한 일이 일어날 것입니다"라고 하였다. 이에 그를 참수하니 피가 흰 젖으로 변해 10장(丈)이나 치솟았고, 태양이 어두워지며 땅이 진동하니, 무리가 두려워하고 이를 괴이하게 여겨 다시는 불교를 훼방하지 아니하였다.877)

垂拱紫極之殿. 俯察扶桑之域. 以謂昔漢明感夢. 佛法東流. 寡人自登位. 願爲蒼生, 欲造修福滅罪之處. 於是朝臣(鄕傳云.工目 謁恭 等) 未測深意. 唯遵理國之大義. 不從建寺之神略. 일연 지음, 김원중 옮김,《삼국유사》281, 288 참조.

874) 내사(內史) : 천자를 좌우에서 모시며 천자가 작록(爵祿)과 치폐(置廢) 등의 업무에 관해 수시로 전례(前例) 또는 법식 등을 하문할 때, 이에 대한 지식을 제공하는 구실을 했다. 중국에서는 역대에 걸쳐 내사를 두었는데, 내사는 대체로 황제의 측근에서 고문 역할을 하는 경우가 많았다. 우리나라에서도 내사는 고려 때 내의성(內議省)에 소속되어 조서 및 대궐 안에서 일어나는 모든 일을 기록하는 업무를 담당했다. "**내사(內史)**", 한국고전용어사전 편찬위원회,《한국고전용어사전》

875) 사인(舍人) : 고려시대의 관직. 중서문하성(中書門下省)과 합문(閤門)・동궁관(東宮官)・제비주부(諸妃主府)에 설치되었다. 품계와 정원은 관부에 따라 다르다. "**사인(舍人)**", 한국정신문화연구원 편집부,《한국민족문화대백과사전(11권)》
* 이차돈의 관직을 고려시대의 관직인 '내사(內史)', '사인(舍人)' 등으로 서술한 것은 저자가 참고한 자료가《삼국사기》이기 때문인 것으로 보인다.

876) 이차돈(異次頓, 506~527, 지증왕 7년~법흥왕 14년) : 신라 최초의 불교 순교자. 성은 박씨, 이름은 염촉(厭觸). 거차돈(居次頓)이라고도 하며, 태어난 해가 501년이라는 설도 있다. 아버지의 이름은 미상이며, 지증왕의 생부인 습보갈문왕의 후예라 한다. 그의 순교 장면을 상징하는 육면석당(六面石幢)이 경주박물관에 보존되어 있다. 이 석당은 그의 죽음을 영원히 공양하기 위하여 세워진 것이다. "**이차돈(異次頓)**", 한국정신문화연구원 편집부,《한국민족문화대백과사전(18권)》

877) *《삼국사기》・〈卷第四, 新羅本紀 第四, 法興王〉에 나온다. "至是 王亦欲興佛教 群臣不信 喋喋騰口舌 王難之 近臣異次頓(或云處道)奏曰 請斬小臣以定衆議 王曰 本欲興道而殺不辜 非也. 答曰 若道之得行 臣雖死無憾.〈중략〉異次頓臨死口 我爲法就刑 佛若有神 吾死必有異事 及斬之 血從斷處湧 色白如乳 衆怪之 不復非毁佛事." 김부식 지음, 신호열 역해,《삼국사기》93, 106 참조.
*《삼국유사》・〈興法, 第三, 原宗興法 厭觸滅身〉에도 비슷한 내용이 나온다. "新羅本記. 法興大王卽位十四年. 小臣 異次頓 爲法滅身.〈중략〉昔在 法興大王垂拱紫極之殿. 俯察扶桑之域. 以謂昔漢明感夢. 佛法東流. 寡人自登位. 願爲蒼生, 欲造修福滅

10년 후에 【양梁나라 무제武帝 대동大同 10년】 흥륜사(興輪寺)878)를 창건하고 승니(僧尼, 비구와 비구니)의 출가를 허락하였다. 15년 후에 양(梁)나라가 사절을 파견하여 부처의 사리를 전해주었는데, 왕이 받들어 영접하여 흥륜사에 모시고, 이차돈을 위하여 법추사(法㮾寺)를 세우니, 불법(佛法)이 크게 일어났다. 왕 또한 출가하여 비구(比丘)가 되어, 법명(法名)을 법운(法雲)이라 하였고, 왕비도 출가하여 여승(女僧)이 되었다. 이때부터 고승(高僧) 석덕(碩德)879)이 중국과 인도에 유학하였고 인도의 호승(胡僧)도 들어왔다.880)

'진흥왕881) 14년 봄에 황룡(黃龍)이 월성(月城)에 출현하자, 왕이 황룡사(黃龍寺)882)를 창건하고,'883) '사천왕사(四天王寺)884)의 관직[官號]를 두었으니, 금

罪之處. 於是朝臣(鄕傳云. 工目 謁恭 等) 未測深意. 唯遵理國之人義. 不從建寺之神略. 〈중략〉 有內養者. 姓朴 字厭觸. 〈중략〉 舍人曰. 一切難捨, 不過身命. 然小臣夕死. 大敎朝行. 佛日再中, 聖主長安. 〈중략〉 舍人作誓. 獄吏斬之. 白乳湧出一丈. 斜景爲之晦明. 地六震動, 雨花爲之飄落. 聖人哀戚, 沾悲淚於龍衣." 일연 지음, 김원중 옮김, 《삼국유사》 280-284, 288-289 참조.
878) 흥륜사(興輪寺) : 신라 최초의 가람(伽藍). 신라에 불교를 전파하기 위하여 온 최초의 승려 아도(阿道)가 눌지왕 때 창건한 사찰이라 전한다. 527년(법흥왕 14)에 이차돈이 순교하자 나라 사람들은 이 이적(異蹟)에 놀라고 또 슬퍼하여, 그를 위해 절을 짓고 천경림(天鏡林)의 공사를 다시 진행시켜 544년(진흥왕 5)에 완공했다. 진흥왕은 이 절을 '대왕흥륜사(大王興輪寺)'라 했다. 진흥왕은 만년에 스스로 삭발하여 법운(法雲)이라는 법명(法名)을 받고 이 절의 주지가 되었다. **"흥륜사(興輪寺)"**, 한국정신문화연구원 편집부, 《한국민족문화대백과사전(25권)》
879) 석덕(碩德) : ① 덕이 높은 사람. 높은 덕 ② 덕이 높은 승려.
880) *《삼국유사》·〈興法, 第三, 原宗興法 厭觸滅身〉에 나온다. "眞興大王 卽位五年甲子, 造大興輪寺. 〈중략〉 大小乘法. 爲京國之慈雲. 他方菩薩, 出現於世 西域名僧, 降臨於境. 〈중략〉 法興王 旣擧廢立寺. 寺成. 謝冕旒, 披方袍. 施宮戚爲寺隷 主住其寺. 躬任弘化. 眞興乃繼德重聖. 承袞職處九五. 威率百僚. 號令畢備. 因賜額大王興輪寺. 前王姓金氏. 出家法雲. 字法空." 일연 지음, 김원중 옮김, 《삼국유사》 284-286, 289-290 참조.
881) 진흥왕(眞興王, 534~576) : 신라의 제24대 왕. 진흥왕 때 특기할 것은 삼국 통일의 원동력이었던 화랑(花郞)의 활약이다. 북제(北濟)와 진(陳)에 사신을 파견하여 통교했으며, 574년(진흥왕 35)에는 유명한 황룡사(黃龍寺)의 장륙상(丈六像)을 세우는 등 불교의 번창에도 힘썼다. 진흥왕은 실로 신라 중흥을 이끈 군주였다. **"진흥왕(眞興王)"**, 인명사전편찬위원회, 《인명사전》
882) 황룡사(黃龍寺) : 경상북도 경주시 황룡동 동대봉산에 있는 절. 진흥왕 때 건설을

하신(衿荷臣)885) 1인, 상당(上堂)886) 1인, 적위(赤位)887) 1인, 청위(靑位)888) 1인 이 있었다.'889)

      시작하여 633년(선덕여왕)에 창건되었고, 임진왜란 때 소실되었다가 인조 때 중건 했다. 이후 다시 화재로 소실되고 빈 터만 남아 있었는데 1986년 승려 종연(宗然) 이 폐사지 인근에 민가를 구입하여 사찰을 재건하고 폐탑과 유적 등을 경내로 옮겨 왔다. "**황룡사(黃龍寺)**", 두산동아백과사전연구소, 《두산세계대백과사전(28권)》
883) *《삼국사기》·〈卷第四, 新羅本紀 第四, 眞興王〉에 나온다. "十四年 春二月 王命所司 築新宮於月城東 黃龍見其地 王疑之 改爲佛寺 賜號曰皇龍." 김부식 지음, 신호열 역해, 《삼국사기》 95, 107 참조.
    *《삼국유사》·〈塔像, 第四, 皇龍寺丈六〉에도 나온다. "新羅第二十四眞興王卽位十四年癸酉二月 將築紫宮於龍宮南 有黃龍現其地 乃改置爲佛寺 號黃龍寺 至己丑年 周圍墻宇 至十七年 方畢." 일연 지음, 김원중 옮김, 《삼국유사》 309, 312 참조.
884) 사천왕사(四天王寺) : 경북 경주시 낭산(狼山)에 있었던 절. 679년(문무왕 19)에 창건하였으며 신문왕릉 옆에 있었다. 당나라는 674년 신라가 그들의 도독부(都督府) 군사를 공격한다는 핑계로 50만 대병을 일으켜 신라를 공격하였으며, 신라는 부처의 힘으로 그들을 퇴치하기 위하여 이 절을 창건하였다. "**사천왕사(四天王寺)**", 한국정신문화연구원 편집부, 《한국민족문화대백과사전(11권)》
885) 금하신(衿荷臣) : 신라의 관직. 위계는 이찬으로부터 대각간까지, 또는 대아찬으로부터 각간까지임. 사천왕사성전(四天王寺成典)·봉덕사성전(奉德寺成典)·봉은사성전(奉恩寺成典)·감은사성전(感恩寺成典)·봉성사성전(奉成寺成典)·위화부(位和府)의 장관임. "**금하신(衿荷臣)**", 한국고전용어사전 편찬위원회, 《한국고전용어사전(1권)》
886) 상당(上堂) : 신라시대의 관직. 위화부(位和府)와 사천왕사성전(四天王寺成典)·봉성사성전(奉聖寺成典)·감은사성전(感恩寺成典)·봉덕사성전(奉德寺成典)·봉은사 성전(奉恩寺成典) 등 왕실의 사원(寺院)을 관리하는 관청의 차관직. "**상당(上堂)**", 한국고전용어사전 편찬위원회, 《한국고전용어사전(3권)》
887) 적위(赤位) : 왕실 사원을 관리하던 관청인 사천왕사성전(四天王寺成典)·봉성사성전(奉聖寺成典)·감은사성전(感恩寺成典)·봉덕사성전(奉德寺成典) 등에 소속되었던 관직. "**적위(赤位)**", 한국정신문화연구원 편집부, 《한국민족문화대백과사전(19권)》
888) 청위(靑位) : 왕실의 사원을 관리하던 관청인 사천왕사성전(四天王寺成典)·봉성사성전(奉聖寺成典)·감은사성전(感恩寺成典)·봉덕사성전(奉德寺成典)·영묘사성전(靈廟寺成典) 등에 소속되어 있던 4등관이다. "**청위(靑位)**", 한국정신문화연구원 편집부, 《한국민족문화대백과사전(21권)》
889) *《삼국사기》·〈卷第三十八, 雜志 第七, 職官 上〉에 나온다. "四天王寺成典 景德王改爲監四天王寺府 惠恭王復故 衿荷臣一人 景德王改爲監令 惠恭王復稱衿荷臣 哀莊王又改爲令 位自大阿湌至角干爲之 上堂一人 景德王改爲卿 惠恭王復稱上堂 哀莊王又改爲卿 位自奈麻至阿湌爲之 赤位一人 景德王改爲監 惠恭王復稱赤位 靑位二人 景德王改爲主簿 惠恭王復稱靑位 哀莊王改爲大舍 省一人 位自舍知至奈麻爲之 史二人." 김부식 지음, 신호열 역해, 《삼국사기》 679-680, 689 참조.

경덕왕890) 13년에 황룡사(皇龍寺)891) 종(鐘)을 주조(鑄造)하니, 무게가 49만 7천 5백 81근(斤)이요, 13년에 분황사(芬皇寺)892) 약사(藥師)893) 동상을 세우니, 무게가 37만 7천 6백 근(斤)이었다.894)

원성왕895)은 고승(高僧) '연회'896)로 국사(國師)를 삼았으며, 애장왕897)은 가야산(伽倻山)에 해인사(海印寺)를 창건하며 '도선(道詵)'898) '옥룡자'899)를 국사

---

890) 경덕왕(景德王) : 신라 제35대 왕. 휘는 헌영(憲英). 종전의 신라의 여러 제도와 관직명을 중국의 당나라 식으로 바꾸고 고래의 고유한 지명을 모두 한식으로 개칭, 행정 구역을 9주 5소경(小京) 117군 293현으로 나누었다. "**경덕왕(景德王)**", 인명사전편찬위원회, 《인명사전》

891) 황룡사(皇龍寺) : 경상북도 경주시 구황동(九黃洞)에 있었던 절. 황룡사(黃龍寺)라고도 함. 신라 진흥왕 14년(553) 월성(月城) 동쪽에 새로 대궐을 짓다가 황룡(黃龍)이 나타나자 불사(佛寺)로 고쳐 황룡사라 함 《삼국유사》에 따르면 동왕 30년(569)에 완공됨. 과거불인 가섭불(迦葉佛)시대의 칠처가람(七處伽藍) 가운데 하나로, 가섭불의 연좌석(宴坐石)이 있었으며, 신라 제일의 절이었음. "**황룡사(皇龍寺)**", 한국고전용어사전 편찬위원회, 《한국고전용어사전(5권)》

892) 분황사(芬皇寺) : 경북 경주시 구황동에 있는 절. 신라 선덕왕 3년 전불칠처가람(前佛七處伽藍)의 하나로서 용궁(龍宮) 북쪽에 창건. 643년 자장(慈藏)이 당(唐)나라에서 귀국하자 선덕왕이 이 절에 머물게 하였음. 그 뒤 원효는 이곳에 머물면서 《화엄경소(華嚴經疏)》 등 많은 저술을 남겼고, 법성종(法性宗)의 근본 도량으로 삼았음. "**분황사(芬皇寺)**", 한국고전용어사전 편찬위원회, 《한국고전용어사전(2권)》

893) 약사(藥師) : 약사여래(藥師如來)의 줄임 말. 중생의 질병을 고쳐주는 약사신앙의 대상이 되는 부처. "**약사여래(藥師如來)**", 한국정신문화연구원 편집부, 《한국민족문화대백과사전(14권)》

894) *《삼국유사》·〈塔像, 第四, 皇龍寺鐘 芬皇寺藥師 奉德寺鐘〉에 나온다. "新羅第三十五 景德大王 以天寶十三甲午 鑄皇龍寺鐘 長一丈三寸 厚九寸 入重四十九萬七千五百八十一斤 又明年乙未 鑄芬皇藥師銅像 重三十萬六千七百斤 匠人本彼部强古乃未." 일연 지음, 김원중 옮김, 《삼국유사》 309, 312 참조.

895) 원성왕(元聖王, ?~798) : 신라의 제38대 왕(재위 785~798). "**원성왕(元聖王)**", 장세경, 《한국 고대 인명사전》

896) *《만종일련》에는 고승의 이름이 '연금(緣金)'으로 나온다. 이는 '연회(緣會)' 오기(誤記)로 본다. 왜냐하면 《삼국유사》·〈避隱, 第八, 緣會逃名 文殊岾〉에 '원성왕'이 '연회'를 불러 국사(國師)로 삼은 이야기가 나오기 때문이다. 《삼국유사》의 원문은 다음과 같다. "新高僧緣會. 嘗隱居靈鷲. 〈중략〉 國主元聖王, 聞其瑞異, 欲徵拜爲國師. 乃應詔赴闕, 封爲國師." 일연 지음, 김원중 옮김, 《삼국유사》 553-555 참조.

897) 애장왕(哀莊王, 788~809) : 신라의 제40대 왕(재위 800~809). "**애장왕(哀莊王)**", 장세경, 《한국 고대 인명사전》

(國師)로 삼았고, 여성왕900)은 '진감'901)으로 국사를 삼고, 헌강왕902)은 '지증'903)으로 국사를 삼았으니, 이는 신라 불교의 발전을 보여주는 것이다.

2. 고려시대 불교 약사(略史)

고려 태조904)시대에 이르러서는 불법(佛法)을 크게 흥왕시킴으로 천수(天

---

898) 도선(道詵, 827~898) : 신라의 승려. 전남 영암 출신. 15세에 출가하여 월유산 화엄사에서 화엄경을 배우고, 846년에 곡성 동리산 혜철(惠哲, 785-861)을 찾아가 그의 제자가 됨. 풍수지리설과 도참설에 정통함. 광양 백계산 옥룡사(玉龍寺)에 35년 동안 머무름. 시호는 선각(先覺). "**도선(道詵)**", 곽철환, 《시공 불교사전》
899) 옥룡자(玉龍子) : 도선(道詵)의 호(號)
900) * 여성왕(女聖王)이 누구를 지칭하는지는 명확하지 않다. 다만 진감선사(眞鑑禪師) 혜소(慧昭)를 부른 사람이 민애왕(閔哀王)이었고, 헌강왕(憲康王)이 '진감'이란 시호(諡號)를 내렸으므로 이들 중 한 명인 것으로 추론할 수 있다.
901) 진감(眞鑑) : 진감선사 혜소(慧昭 774~850)는 804년(애장왕 5)에 불도를 닦으러 당나라에 들어가 830년(흥덕왕 5)에 귀국하여 지금의 쌍계사(雙溪寺)인 옥천사(玉泉寺)를 짓고 범패를 가르친 범패승(梵唄僧)으로 유명하다. 그는 또 중국으로부터 차나무를 들여와 지리산 일대에 재배하였으며, 의술에도 깊은 조예가 있었다. 제자는 수백 명에 이르렀으며, 그 중 법량(法諒)이 가장 뛰어났다. "**혜소(慧昭)**", 《한국민족문화대백과사전》; "**진감선사(眞鑑禪師)**", 송방송, 《한겨레음악대사전》 (서울; 보고사, 2012)
902) 헌강왕(憲康王, ?~886) : 신라의 제49대 왕(재위 875~886). "**헌강왕(憲康王)**", 장세경, 《한국 고대 인명사전》
903) 지증(智證, 824~882) : 통일신라 후기의 승려로 혜은(慧隱)의 법을 이어 사자산문의 개조 도윤(道允)의 마지막 대가 되었다. 문하에 양부와 계휘가 있었다. "**지증(智證)**", 두산동아백과사전연구소, 《두산세계대백과사전(24권)》
904) 태조(太祖, 877~943) : 고려전기 제1대(재위 918~943) 왕. 성은 왕(王). 이름은 건(建). 자는 약천(若天). 송악(松岳) 출생. 아버지는 금성태수 왕융(王隆)이며, 어머니는 한씨(韓氏)이다. 궁예 휘하에서 견훤의 군사를 격파하였고 정벌한 지방의 구휼에도 힘써 백성의 신망을 얻었다. 고려를 세운 후, 수도를 송악으로 옮기고 불교를 호국신앙으로 삼았으며 신라와 후백제를 합병하여 후삼국을 통일하였다. "**태조(太祖)**", 한국정신문화연구원 편집부, 《한국민족문화대백과사전(23권)》

授)905) 3년에 10대 사찰을 도성에 세웠고, 그 후에 대흥사(大興寺)906)와 광명사(廣明寺)907)와 일월사(日月寺)908)를 차례로 건립하였다. 또한 5백 나한(羅漢, 아라한)의 불화(佛畵)를 숭산사[嵩山]에 봉안하고, 황룡사(皇龍寺)에 백좌설강(百座說講)909)을 개설했으며, 3만의 승려들을 반승(飯僧)910)하였다.911)

905) 천수(天授) : 918년 왕건이 궁예 휘하의 여러 장수들의 추대를 받아 왕위에 올라 국호를 고려(高麗)로 하고 쓴 연호이다. 이 연호는 933년(태조16)까지 사용되었다. "**천수(天授)**", 한국정신문화연구원 편집부, 《한국민족문화대백과사전(21권)》
906) 대흥사(大興寺) : 고려 태조 4년(921) 오관산에 창건된 절. "**대흥사(大興寺)**", 한국고전용어사전 편찬위원회, 《한국고전용어사전(2권)》
907) 광명사(廣明寺) : 경기도 개성시 만월동에 있던 절. 922년(태조 5) 고려 태조가 자기가 살던 옛집을 희사하여 창건하였다. 1213년 왕사 지겸(至謙)이 머물렀다. 특히, 담선법회(談禪法會, 선의 도리를 추구하는 모임)가 개최된 사찰로 유명하다. "**광명사(廣明寺)**", 한국정신문화연구원 편집부, 《한국민족문화대백과사전(1권)》
908) 일월사(日月寺) : 개성 송악산 만폭동에 있었던 절. 922년(태조 5)에 창건하였다. "**일월사(日月寺)**", 한국정신문화연구원 편집부, 《한국민족문화대백과사전(18권)》
909) * 인왕백고좌회(仁王百高坐會)를 가리키는 것으로 보인다. 인왕백고좌회(仁王百高坐會)는 신라·고려 시대에 국가적 행사로 개최되었던 호국 법회의식이며, 《인왕반야경》을 읽으면서 국가의 안태를 기원하는 법회로 반드시 국왕이 시주가 되어 열도록 되어 있는 호국적 의미가 매우 깊은 법회이다. "**인왕백고좌회(仁王百高坐會)**", 한국정신문화연구원 편집부, 《한국민족문화대백과사전(18권)》
910) 반승(飯僧) : 고려(高麗) 때 왕실에서 큰 법회를 열고 모인 승려에게 음식을 대접하던 일.
911) * 고려 태조의 불교 진흥에 관한 내용은 '이능화'의 책 《조선불교통사(朝鮮佛敎通史)》(上篇)에 나온다. 다만 '황룡사에 백좌설강을 개설하고 3만 승려를 반승한 내용'은 이능화의 책에서는 발견할 수 없다. 또한 여기서는 10대 사찰을 건립한 시기를 '천수 3년'이라고 했는데, 이능화의 책과 《고려사》의 기록에 의하면 '태조 2년'으로 되어 있다. 아울러 '5백 나한을 봉안한 이야기'는 이능화의 책에서는 '1백 나한'으로 나온다. 원문은 다음과 같다. "己卯年(後梁貞明五年, 高麗太祖二年) 春正月 高麗移都松岳郡. 三月創法王 慈雲 王輪 內帝釋 舍邦 天禪院 新興 文殊 圓通 地藏 等 十寺于都內." 이능화 저, 《조선불교통사(상편)》 174-175. ; "壬午六年(後梁龍德二年, 高麗太祖五年) 高麗太祖捨舊宅爲廣明寺 令瑜珈法師曇諦住持 又創日月寺. 癸未七年(後梁龍德三年, 後唐同光六年, 高麗太祖六年) 高麗使尹質自梁還. 獻立百羅漢畵像. 命安于海州崇山寺." 이능화 저, 《조선불교통사(상편)》 182.
* 한편 도성에 10대 사찰을 건립한 내용은 《고려사절요(高麗史節要)》·〈제1권, 태조신성대왕(太祖神聖大王)〉에도 나온다. 여기에서 인용한 자료는 1932년에 '조선사편수회'에서 펴낸 '영인본'으로 현재 '국립중앙도서관'이 소장하고 있는 자료이다. 원문은 다음과 같다. "己卯 (太祖)二年 後梁 貞明五年 , 契丹 神冊四年] 三

승려[沙門] 홍경912) 등이 당나라로 들어가 대장경을 싣고 오자, 태조가 친히 영접하였으며, 9층탑을 서경(西京)에 건립하고 천축(天竺)의 삼장법사913)를 친히 맞이하여 구산사(龜山寺)914)에 머물게 하고, 연등회[燃燈]915)와 팔관회(八關會)916)를 개설하였다.917) 【'팔관'은 천령天靈, 오악五嶽, 명산名山, 대천大川, 용신

月, 創法王王輪等十寺于都內, 兩京塔廟肖像之廢缺者, 並令修葺." 김종서 저, 조선사편수회 편,《高麗史節要》·〈卷之一〉[경성제국대학 규장각 소장 영인본, 1932] 14.
912) 홍경(洪慶) : 생몰년 미상. 신라 말·고려 초의 승려. 928년(태조 11)에 후당(後唐)으로부터 대장경(大藏經) 1부를 얻어 배에 싣고 예성강(禮成江) 하구에 이르자 태조가 친히 마중 나와 환영하고, 대장경은 제석원(帝釋院)에 모셨다고 한다. "**홍경(洪慶)**", 한국정신문화연구원 편집부,《한국민족문화대백과사전(25권)》
913) 삼장법사(三藏法師) ; ①경(經), 율(律), 논(論), 삼장(三臟)에 정통(精通)하고 이를 널리 유포하는 승려(僧侶) ②당(唐)나라 현장(玄奘)의 속칭(俗稱).
  *여기서는 태조 12년(929년)에 고려에 왔던 인도 승려 마후라(摩睺羅)를 지칭하는 것으로 본다.
914) 구산사(龜山寺) : 경기도 개성시 고려동 송악산에 있었던 절. 고려왕실의 원찰(願刹)로서, 929년(태조 12) 인도 승려 마우라(摩睺羅)가 고려에 왔을 때, 태조가 크게 영접하고 이 절을 창건하여 그를 머물게 한 것으로 알려져 있다. "**구산사(龜山寺)**", 한국정신문화연구원 편집부,《한국민족문화대백과사전(1권)》
915) 연등(燃燈) : 팔관회와 더불어 신라 진흥왕대에 시작되어 고려시대 국가적 행사로 자리 잡힌 불교 법회이다. 이 두 행사는 고려 태조가《훈요십조》의 제 6조에서 후대의 왕들에게 계속 잘 받들어 시행할 것을 당부한 사항이기도 하다. 태조는 여기서 연등회를 '불(佛)을 섬기는' 행사라고 말하였다. "**연등회(燃燈會)**", 두산동아백과사전연구소,《두산세계대백과사전(18권)》
916) 팔관회(八關會) : 삼국시대에 시작되어 고려시대 국가행사로 치러진 종교행사.《삼국사기》에 의하면 팔관회는 551년(진흥왕 12)에 처음 행해진 이래 4차례의 기록이 보인다. 특히 이 때 행해진 팔관회는 모두 호국적인 성격이 짙었다. 이런 팔관회가 국가적 정기 행사로 자리 잡게 된 것은 고려조에 들어서였다. 고려 태조는〈훈요십조〉에서 '천령(天靈) 및 오악(五嶽)·명산(名山)·대천(大川)·용신(龍神)을 섬기는 대회'라고 그 성격을 말하고 있다. 하지만 팔관회는 불가에 말하는 살생·도둑질·간음·헛된 말·음주를 금하는 오대계(五大戒)에 더하여 '사치하지 말고·높은 곳에 앉지 않고·오후에는 금식해야 한다'는 세 가지를 덧붙인 8가지의 계율을 하루 낮 하루 밤 동안에 한하여 엄격히 지키게 하는 불교의식의 하나였다. "**팔관회(八關會)**", 두산동아백과사전연구소,《두산세계대백과사전(26권)》
917) *《조선불교통사》에 나온다. "戊子元年(後唐天成三年, 高麗太祖十一年) 八月 沙門 洪慶(新羅僧也) 自唐閩府, 載大藏經一部, 至禮成江. 高麗王親迎之, 置帝釋院. 己丑二年(後唐天成四年, 高麗太祖十二年) 六月, 癸丑. 天竺 三藏法師 摩睺羅來. 高麗王備儀迎之. 置龜山寺." 이능화 저,《조선불교통사(上編)》185.

龍神을 섬김】

　성종918) 7년에 부도법(浮屠法)919)을 좇아 정월·5월·9월을 삼장월(三長月)920)이라 하여 도살(屠殺)을 금하였다. 송(宋)나라 조정에서 대장경을 보내오자 왕이 내전(內殿)에 들여와 승려를 청빙하여 펼쳐서 읽게 하고, 승려[沙門] 30여 명을 송나라에 파견하여 항주(杭州)921) 영명사(永明寺)의 지각선사922)에게 수학(受學)하고 돌아오게 함으로써 조선에 선종(禪宗)이 처음 생겨났다.923)

　현종924) 원년(元年)에 연등회[煙燈]와 팔관회를 다시 거행하고 백관(百官)의 조하(朝賀)925)를 받았다. 그 후에 개국사(開國寺)926)의 탑을 중수(重修)하여 사

---

918) 성종(成宗, 960~997) : 고려 제6대 왕. 할아버지는 태조(太祖)이고, 아버지는 대종(戴宗) 욱(旭)이며, 어머니는 선의태후(宣義太后) 유씨(柳氏)이다. **"성종(成宗)"**, 한국정신문화연구원 편집부, 《한국민족문화대백과사전(12권)》
919) 부도법(浮屠法) : 불법(佛法) 또는 불교의식을 이르는 말. 특히 불교식 장례법을 의미함. **"부도법(浮屠法)"**, 한국고전용어사전 편찬위원회, 《한국고전용어사전(2권)》
920) 삼장월(三長月) : 불교도가 팔재계(八齋戒)를 지키면서 근신하는 수행기간. 삼장재월(三長齋月)이라고도 한다. 1년 중 정월·5월·9월의 3달을 말하는 것인데, 이 3달은 1일부터 15일까지 몸과 말과 뜻으로 지은 악을 재계(齋戒)하고 선을 실행하는 달이다. **"삼장월(三長月)"**, 한국정신문화연구원 편집부, 《한국민족문화대백과사전(11권)》
921) 항주(杭州) : 중국 저장성(浙江省)의 성도(省都). **"항저우[Hangzhou, 杭州(항주)]"**, 두산동아백과사전연구소, 《두산세계대백과사전(27권)》
922) 지각선사(智覺禪師) : 원(元)의 승려. 절강성(浙江省) 항주(杭州) 출신. 호는 중봉(中峰). 임제종 양기파(楊岐派). 24세에 출가하고, 27세에 원묘의 법을 이어받았으며, 인종(仁宗)으로부터 금란가사(金襴袈裟)를 하사 받았다. 시호는 지각선사(智覺禪師)·보응국사(普應國師)이다. **"명본(明本)"**, 곽철환, 《시공 불교사전》
923) *《조선불교통사》에 나온다. "戊子七年(宋端拱元年) 依浮屠法, 以正五九月 爲三長月, 禁屠殺.〈중략〉辛卯十年(宋淳化二年) 韓彦恭 自宋還. 獻大藏經. 王迎入內殿. 邀僧開讀." 이능화 저, 《조선불교통사(상편)》 217-218.
924) 현종(顯宗, 992~1031) : 고려 제8대 왕. 이름은 왕순(王詢). 자는 안세(安世). 아버지는 태조(太祖)의 여덟 째 아들인 안종(安宗) 욱(郁)이다. **"현종(顯宗)"**, 한국정신문화연구원 편집부, 《한국민족문화대백과사전(24권)》
925) 조하(朝賀) : 〈역사〉 동지, 정조(正朝), 즉위, 탄일 따위의 경축일에 신하들이 조정에 나아가 임금에게 하례하던 일. 또는 그런 의식. [비슷한 말] 조하례.
926) 개국사(開國寺) : 개성시 탄현문(炭峴門) 밖에 있던 절. 고려 태조가 935년에 창건한 국찰(國刹)이다. 지금은 절터만 남아 있으나 태조 이래 역대 왕들이 참배했

리(舍利)를 봉안하며, 계단(戒壇)927)을 개설하여 승려 3천 2백 명에게 계(戒)를 주고, 5월에 1백 사좌(獅座)928)를 궁궐 안에 개설하여 인왕경(仁王經)929)을 강론하였다. 또한 연중(年中) 상례(常例)930)를 만들고, 서도(西道)931) 둔전(屯田)932) 1천 2백 40결을 현화사(玄化寺)933)에 시납(施納)934)했으며, 상서(尙書)935) 이가도936)로 하여금 경주 고선사(高仙寺)937)의 금라가사(金羅袈裟)938)와

다. 946년 정종(定宗)은 불사리(佛舍利)를 봉안하였고, 성종(成宗)은 공신 서희(徐熙)가 병이 들자 친히 곡식 1천섬과 말 3필, 왕의 옷 일습을 시납하고 완쾌되기를 빌었다. "**개국사(開國寺)**", 두산동아백과사전연구소, 《두산세계대백과사전(1권)》
927) 계단(戒壇) : 승려에게 계(戒)를 수여하는 의식을 진행하는 장소. "**계단(戒壇)**", 한국정신문화연구원 편집부, 《한국민족문화대백과사전(1권)》
928) * '백고좌(百高座)'를 가리키는 것으로 보인다. '백고좌'는 나라의 평안과 백성의 고통을 구제하기 위해 100개의 사자좌(獅子座, 부처를 모시는 자리)를 마련하고 100명의 법사를 청해 100일 동안 매일 한 사람씩 설법하게 하는 법회를 말한다. 백고좌를 처음 행한 시기는 신라 진흥왕 12년 때이며, 호국불교 행사의 하나로 승려 혜량이 팔관회와 함께 백고좌강회를 펼친 것으로 《삼국유사》에 기록되어 있다. 백고좌는 고려 때에 가장 흥성했다가 조선 초에 폐지됐다. 이 법회는 1994년에 부활하여 이후 매년 한 차례 이상씩 계속되고 있다. "**백고좌(百高座)**", 박문각 시사상식 편집부, 《시사상식사전》(서울; 박문각, 2013)
929) 인왕경(仁王經) : 호국경(護國經)으로서 국가의 안녕을 빌기 위한 불경(佛經). "**인왕경(仁王經)**", 한국고전용어사전 편찬위원회, 《한국고전용어사전(3권)》
930) * 상례(常例) : 사전적인 의미는 '두루 많이 있는 일. 보통의 사례'이지만, 여기서는 문맥상 연중 지켜야 할 법식(法式), 규칙, 규정 등을 의미한다고 볼 수 있다.
931) 서도(西道) : 황해도와 평안도 지방을 두루 이르는 말.
932) 둔전(屯田) : 고려와 조선시대 때, 지방에 주둔한 군대의 군량이나 관청의 경비(經費)에 쓰도록 지급된 토지.
933) 현화사(玄化寺) : 개풍군 영축산에 있던 절. 고려 현종(1010-1031)이 부모의 명복을 빌기 위해 창건했으며, 해린(海麟)과 소현(韶顯) 등이 머물고, 고려의 여러 왕이 행차하여 법회를 베풀었다. "**현화사(玄化寺)**", 곽철환, 《시공 불교사전》
934) 시납(施納) : 절에 시주(施主)로 금품(金品) 따위를 바침.
935) 상서(尙書) : 고려시대 3성(省)의 하나인 상서성(尙書省)의 정3품 관직. 《삼국사기》 '신라본기'에 공부상서(工部尙書)라는 명칭이 처음으로 보임. 정식으로는 고려 성종 14년에 이부·병부·호부·형부·예부·공부 등 상서 6부가 정비되면서부터 사용되었는데, 문종 때에 정3품의 관등을 가진 사람 한 명을 임명하는 것으로 고정됨. "**상서(尙書)**", 한국고전용어사전 편찬위원회, 《한국고전용어사전(3권)》
936) 이가도(李可道) : '이가도'에 관한 기록은 고려사(高麗史)에 다음과 같이 나와 있다. "무자에 상서좌승 이가도에게 명하여 경주에 가서 고선사의 금라가사·불정

불정골(佛頂骨)939)과 임창사(林昌寺)940)의 불아(佛牙)941)를 구하여 내전(內殿)942)에 두었으며, 22년 9월에 구정(毬庭)943)에서 3만 명을 반승(飯僧)하였다.944)

정종945) 2년에 조서[制書]946)를 내려 4명의 아들이 있는 사람은 한 아들

골과 창림사의 불아를 가져오게 하여 모두 내전에 두었다."; (원문) "戊子 命尙書左丞李可道 往取慶州高僊寺金羅袈裟佛頂骨 昌林寺佛牙 並置內殿."《고려사》(권 제 4), 35장 뒤쪽, '세가4 현종.'
937) 고선사(高仙寺) : 경북 경주시 암곡동에 있었던 절. 원효(元曉)가 머물렀던 절로서, 무열왕 이전에 창건된 것으로 추정된다. 고려시대 1021년 현종이 상서좌승 '이가도'에게 명하여 이 절에 있던 금라가사(金羅袈裟)와 불정골(佛頂骨), 창림사(昌林寺)의 불아(佛牙)를 가져오게 하여 내전에 안치하였다는 기록이 있다. "**고선사(高仙寺)**", 한국정신문화연구원 편집부,《한국민족문화대백과사전(1권)》
938) *황금색 비단으로 만든 가사(袈裟).
939) 불정골(佛頂骨) : 부처의 머리 유골. "**불정골(佛頂骨)**", 한국고전용어사전 편찬위원회,《한국고전용어사전(2권)》
940) 창림사(昌林寺)의 오기(誤記)로 보인다. '창림사'는 고려 시대 경주에 있었던 사찰로 불아(佛牙)가 봉안되었던 곳. "**창림사(昌林寺)**", 한국고전용어사전 편찬위원회,《한국고전용어사전(5권)》
941) 불아(佛牙) : 불사리(佛舍利)의 일종인 부처의 치아. 주로 불탑에 봉안하여 신봉하였다. 부처의 치아는 40개였다고 하나 이 가운데 어금니가 크게 신봉의 대상이 되었다. "**불아(佛牙)**", 한국정신문화연구원 편집부,《한국민족문화대백과사전10권)》
942) 내전(內殿) : ① 왕비의 높임말. ② 왕비가 거처하는 전각. ③ 안전(-殿).
943) 구정(毬庭) : 궁중(宮中)이나 부호(符號)·귀족(貴族)들의 집안에 만들어 놓았던, 격구를 하는 크고 넓은 마당. 고려 때부터 있었음.
944) *《조선불교통사》에 나온다. "庚戌元年(宋大中祥符三年 契丹統和二十七年) 春正月乙丑 廢上元道場. ○閏二月甲子, 復燃燈會. 國俗自王國國都, 以及鄕邑, 以正月望然燈二夜. 自成宗以來 廢而不擧, 至是復之. ○十一月 復八關會, 王御威鳳樓觀樂.〈중략〉戊午九年(宋天禧二年, 契丹開泰七年) ○重修開國寺塔, 安舍利. 因設戒壇. 度僧三千二百餘人. 庚申十一年(宋天禧四年, 契丹開泰九年) 五月 設一百獅子座於內. 講仁王經三日. 歲爲常例. ○秋八月 以安南道屯田 一千四百結, 施納于玄化寺.〈중략〉辛酉十二年(宋天禧五年, 契丹太平元年) 夏四月 己巳, 講仁王經於毬庭三日. ○夏五月. 命尙書左丞李可道往取慶州高僊寺 金羅袈裟 佛頂骨. 昌林寺佛牙. 並置內殿.〈중략〉辛未二十二年(宋天聖九年, 契丹興宗景福元年) ○十月, 辛毬庭 飯僧三万" 이능화 저,《조선불교통사(상편)》220-221.
945) 정종(靖宗, 1018~1046) : 고려 제10대 왕. 재위 1034~1046. 이름은 형(亨). 자는 신조(申照). 현종의 둘째아들로 덕종의 아우이다. "**정종(靖宗)**", 한국정신문화연구원 편집부,《한국민족문화대백과사전(20권)》
946) 제서(制書) : 임금의 명령을 사람들에게 알리려고 적은 문서. 조서(詔書).

을 출가(出家)하게 하고, 계단(戒壇)을 설치하여 '경장(經藏)과 율장(律藏)'947)을 익히게 하여 (이를) 시험하였다.948) 그 후 10년에 왕이 보살계(菩薩戒)949)를 받고 승록(僧錄)950)의 주청(奏請)을 좇아 매 명절날[節日]951)에 외제석원(外帝釋院)952)에서 7일간 기복도량(祈福道場)953)을 열고, 백관(百官)과 양경(兩京)954) 4도호(都護) 8목(牧)은 각각 그 지역에 있는 불사(佛寺, 사찰)에서 복을 기원하도록 하였다.955)

---

947) 경률(經律) : 불타의 설법을 결집한 경장(經藏)과 교단(敎壇)이 지켜야 할 계율을 결집한 율장(律藏). "**경률(經律)**", 한국고전용어사전 편찬위원회, 《한국고전용어사전(1권)》
948) ＊정종이 계단을 설치한 곳은 '영통사, 숭법사, 보원사, 동화사' 등이었다.
※'영통사'는 1027년(현종 18)에 창건하였으며, 1036년(정종 2)에 왕이 자식 넷이 있을 경우에는 한 자식의 출가를 허락한다는 법을 제정한 뒤 이 절에 계단(戒壇)을 설치하고 경률(經律)을 익히는 한편 시험을 치르는 장소로 만들었다. "**영통사(靈通寺)**", 한국정신문화연구원 편집부, 《한국민족문화대백과사전(2권)》
949) 보살계(菩薩戒) : 본래는 대승(大乘)의 보살이 지켜야 할 계율을 의미하는 것이나 승려 외에 속인의 경우에도 불도를 실천하는 사람이면 누구나 지켜야 할 계율로 인식됨. 고려시대에는 특히 국왕이 불제자임을 다짐하기 위해 보살계를 받는 것이 통례였음. "**보살계(菩薩戒)**", 한국고전용어사전 편찬위원회, 《한국고전용어사전(2권)》
950) 승록(僧錄) : 승록사(僧錄司), 고려시대 불교의 제반 사무를 맡아보기 위하여 중앙에 설치되었던 관서. "**승록사(僧錄司)**", 한국정신문화연구원 편집부, 《한국민족문화대백과사전(13권)》
951) 절일(節日) : ① 명일(名日). ② 한 철의 명절(名節). 곧 인일(人日), 삼짇날, 단오(端午), 칠석(七夕), 중양(重陽) 등.
952) 외제석원(外帝釋院) : 경기도 개성시 송악산에 있었던 절. 924년에 신중원(神衆院)과 함께 고려 태조가 창건하여 왕실의 기도도량으로 고려 말까지 존립하였다. "**외제석원(外帝釋院)**", 한국정신문화연구원 편집부, 《한국민족문화대백과사전(16권)》
953) 기복도량(祈福道場) : 중생의 복을 빌기 위해 설치한 불교 법회. "**기복도량(祈福道場)**", 한국고전용어사전 편찬위원회, 《한국고전용어사전(1권)》
954) 양경(兩京) : 고려시대 개경(開京)과 서경(西京)을 아울러 일컫던 말. "**양경(兩京)**", 한국고전용어사전 편찬위원회, 《한국고전용어사전(3권)》
955) ＊《조선불교통사》에 나온다. 단, 왕이 보살계를 받았다는 내용은 보이지 않는다. "丙子二年(宋景祐二年 契丹重熙四年) 三月戊子辛三角山. 癸巳還宮. ○五月辛卯 創凡有四子者許子出家. 於靈通嵩法普願桐華寺等 契丹. 試所業經律. 〈중략〉 丙戌十二年(宋慶曆六年, 契丹重熙十五年) 〈중략〉 ○十二月, 僧錄司奏, 自今每遇節日, 國家設祈福道場於外帝釋院七日. 百官於興國寺, 東西兩京, 四都護, 八牧, 於所在佛寺行之. 以爲恒式. 從之" 이능화 저, 《조선불교통사(상편)》 223-224.

문종956) 원년(元年)에 팔관재(八關齋)957) 백좌강(百座講)958)을 내정(內庭)에 열어서 국규(國規)959)를 지었고, 구정(毬庭)960)에서 승려 3만 명을 반승(飯僧)하였다. 또한 왕이 '보살계'를 받으니, 이후로부터 모든 왕이 '보살계'를 받았다. 아울러 해린961)을 국사를 삼았으며 거란962)이 대장경을 보내자 왕이 법가(法駕)963)를 타고 성 밖으로 나가 이를 맞이하였다. 19년에 문종의 넷째 아들 대각국사964)가 출가하였으니, 이름은 후(煦)요, 자(字)는 의천(義天)이다. 그는 오계(五戒)965)에 널리 통달함으로 호(號)를 우세승통(祐世僧統)이라 하

---

956) 문종(文宗, 1019~1083) : 고려 제11대 왕. 고려 현종의 셋째 아들. 형인 제10대 왕 '정종'에게 아들이 있었지만, 형제상속의 형태를 취해 1046년 왕위를 계승하였다. **"문종(文宗)"**, 한국정신문화연구원 편집부, 《한국민족문화대백과사전(8권)》
957) 팔관재(八關齋) : 고려시대 개경과 서경에서 토속신에게 제사지내던 의식. 팔관재는 고려태조 때부터 시작되어 잠시 중단되었다가 현종 때 부활된 국가 중요행사였다. **"팔관재(八關齋)"**, 한국고전용어사전 편찬위원회, 《한국고전용어사전(5권)》
958) * 백좌강회, 또는 백고좌회, 인왕백고좌회 등으로 불린다.
959) 국규(國規) : 국가에서 제정한 각종 규격 및 규정.
960) 구정(毬庭) : 궁궐 안에서 왕이 격구를 하던 곳.
961) 해린(海麟, 984~1067) : 고려의 승려. 16세에 개풍 용흥사(龍興寺)에서 구족계(具足戒)를 받았고, 21세에 승과(僧科)에 합격했으며, 이후 수다사(水多寺)와 해안사, 개풍 현화사(玄化寺)의 주지가 되어 사찰을 증축하고, 유식학을 널리 전파했다. 1056년에 왕사(王師)가 되고 1058년에 국사(國師)가 되었다. 시호는 지광(智光). **"해린(海麟)"**, 곽철환, 《시공 불교사전》
962) 거란(契丹) : "契"는 '㉠ 맺을 계, ㉡ 애쓸 결, ㉢ 사람 이름 설, ㉣ 나라이름 글' 등으로 쓴다. 따라서 '契丹(글단, 글안, 거란)' 등으로 쓸 수 있다. '거란'은 동호(東胡)의 종족 이름이다. 후한(後漢) 이후 선비산(鮮卑山)에서 지내다가 북위(北魏) 때에 이르러 거란(契丹)이라고 불렀다. 이후 나라 이름을 요(遼)라 하였다가 금(金)나라에게 멸망되었다. **"글단(契丹)"**, 단국대학교출판부, 《漢韓大辭典(3권)》
963) 법가(法駕) : 임금이 거동(擧動)할 때에 타던 수레의 한 가지. 영희전·문묘(文廟)·단향(壇享)·전시(殿試) 등(等)에 갈 때에 이것을 사용(使用)했다.
964) 대각국사(大覺國師, 1055~1101) : 의천(義天)을 가리킴. 대각국사는 시호이다. 고려의 고승. 천태종(天台宗) 중흥(中興)의 시조. 자는 의천, 이름은 후(煦), 시호는 대각국사. 문종의 넷째 아들. 고려시대의 승려로 교선일치(敎禪一致)를 역설하며 천태종(天台宗)을 개창하였다. 저서에 《신편제종교장총록(新編諸宗敎藏總錄)》·《석원사림(釋苑詞林)》 등이 있다. **"의천(義天)"**, 인명사전편찬위원회, 《인명사전》
965) 오계(五戒) : 산스크리트어 pañca-śīla. 재가(在家)의 신도가 지켜야 할 다섯 가지 계율. ① 불살생계(不殺生戒). 살아 있는 것을 죽이지 말라. ② 불투도계(不偸

니, 모든 왕자와 귀문(貴門)966)과 거족(巨族)967)이 다투어 그를 흠모하고 본받으려 하였다. 그 다음 해에 흥왕사(興王寺)968)를 완성하니, 무려 2천 8백 간(間)이요 12년 만에 준공하였다. 여러 방면의 치류(緇類)969)가 떼를 지어 모여들어 그 수를 셀 수가 없었고, 계행승(戒行僧) 1천명으로 상주(常住)하게 하고 연등회(燃燈會)를 개설하였다. 이 때 5주(州) 2현(縣)에 칙명(勅命)970)을 내려 궁궐의 뜰에서부터 사찰의 문에 이르도록 채붕(綵棚)971)을 연결하며, 인차(鱗次)972)가 즐비하여 길게 뻗쳐서 연달아 이어져있고, 연로(輦路)973) 좌우에 '수많은 등불을 밝혀'974) 대낮과 같이 밝았다. 왕이 노부(鹵簿)975)를 갖추고 백관을 인솔하여 향과 재물을 시납(施納)976)하니, 불사(佛事)977)의 왕

盜戒). 훔치지 말라. ③ 불사음계(不邪婬戒). 음란한 짓을 하지 말라. ④ 불망어계(不妄語戒). 거짓말하지 말라. ⑤ 불음주계(不飮酒戒). 술 마시지 말라. "**오계(五戒)**", 곽철환, 《시공 불교사전》
966) 귀문(貴門) : ① 존귀한 집안 ② 남의 집안을 높이 일컫는 말.
967) 거족(巨族) : 거가대족(巨家大族)의 줄임말. '대대로 번영한 문벌(門閥)이 있는 집안'이라는 뜻이다.
968) 흥왕사(興王寺) : 경기 개풍군 죽동에 있던 절. 고려 문종의 명으로 1055년(문종 9)에 공사를 시작하여 1067년에 완성했다. 의천(義天)의 요청으로 이곳에 1086년에 교장도감(敎藏都監)을 설치하고 속장경(續藏經)을 새겼다. 조선 초에 폐사되었다. "**흥왕사(興王寺)**", 곽철환, 《시공 불교사전》
969) 치류(緇類) : 수행하는 승려의 무리. '승도(僧徒)'와 같은 말.
970) 칙명(勅命) : 임금이 내린 명령. 칙령(勅令)·칙지(勅旨).
971) 채붕(綵棚) : ① 나무로 단을 만들고 오색 비단 장막을 늘어뜨린 장식 무대. 신라 진흥왕 때 시작한 팔관회에서부터 설치된 기록이 있다. ② 임금이 행차하거나 중국 칙사가 지나갈 때, 이를 환영하는 뜻으로 여러 빛깔이 있는 실, 종이, 헝겊 따위를 문이나 지붕, 다리, 길에 내다 걸어 장식하던 일. '결채(結綵)'와 같은 말.
972) 인차(鱗次) : 비늘이 잇닿은 것처럼 차례(次例)로 잇닿음. 인비(鱗比).
973) 연로(輦路) : 임금이 거동(擧動)하는 길.
974) *본문에는 '등산화수(燈山火樹)'라 되어 있다. 여기서는 이를 의역(意譯)하였다.
975) 노부(鹵簿) : 고려와 조선시대 왕실의 의장제도(儀仗制度). 조회·연회 등 궁정행사와 제향(祭享)·능행(陵幸) 등의 외부행사 때 위엄을 과시하기 위해 동원된 각종 의장이다. 보통 궁성에서는 의장(儀仗), 행차 시에는 노부라 하지만 그 의미는 같다. 노부는 그 규모에 따라 대장(大仗)·소장 혹은 대가(大駕)·법가(法駕)·소가(小駕)노부로 구분되며, 신분에 따라서도 차이가 있다. "**노부(鹵簿)**", 한국고전용어사전 편찬위원회, 《한국고전용어사전(1권)》

성함이 전례가 없이 영유(永有)978)하였다. 3년 후 여름에 왕의 다섯째 아들 규(竅)979)와 열 번째 아들 경(璟)이 출가하여 승통(僧統)980)이 되었다.981)

선종982) 2년에 백좌도량983)을 회경전(會慶殿)984)에 설치하고, 3만 명의 승려를 반승(飯僧)하였으며, 왕의 아우인 우세승통(祐世僧統)985)이 송나라에 들

---

976) 시납(施納) : 절에 시주(施主)로 금품(金品) 따위를 바침.
977) 불사(佛事) : ① 부처가 중생(衆生)을 교화하는 일. ② 불가(佛家)에서 행하는 모든 일. ③ 여러 행사(行事)나 사업 따위.
978) 영유(永有) : 영원히 차지하여 가짐.
979) *《만종일련》에서는 문종의 다섯 째 아들의 이름이 '규(竅)'라고 나오지만, '이능화'의《조선불교통사》에서는 '탱(竀)'이라고 나온다.
980) 승통(僧統) : 고려시대 교종(敎宗)에서 가장 높은 법계(法戒). 수좌(首座)의 위.
981) *《조선불교통사》에 나온다. "丁亥元年(宋慶曆七年, 契丹與重熙十六年) ○四月丁丑. 親設百座仁王經道場於會慶殿. 飯僧一萬於毬庭.〈중략〉○六月乙卯. 王率公卿大夫. 如奉恩寺. 以王師決凝爲國師.〈중략〉癸巳七年(宋皇祐五年, 契丹重熙二十二年) 六月, 王受菩薩戒於乾德殿.〈중략〉戊戌十二年(宋嘉祐三年, 契丹清寧四年). 五月戊子. 如奉恩寺. 冊海麟爲國師.〈중략〉癸酉十七年(宋嘉祐八年, 契丹清寧九年). 三月丙午. 契丹送大藏經. 王備法駕. 迎于西郊.〈중략〉乙巳十九年(宋治平二年, 契丹咸雍元年). 五月癸酉. 御景靈殿. 召王師爛圓. 祝子煦髮爲僧.〈중략〉號祐世僧通. 煦王之第四子也.〈중략〉丁未二十一年(宋治平三年, 遼咸雍二年). 春正月庚申. 興王寺成. 凡二千八百間. 十二年而功畢. 王欲設齋以落之. 諸方緇流坌集無筭.〈중략〉擇有戒行者一千赴會仍令常住. 戊辰. 特設燃燈會五晝夜.〈중략〉是日. 王備鹵簿. 率百官行香. 施納財襯. 佛事之盛. 曠古未有.〈중략〉庚戌二十四年(宋熙寧三年, 遼咸雍六年). ○五月壬寅. 王出子竀于玄化寺. 剃髮爲僧. 竀王之第五子. 是爲道生僧統. 王之第十子璟. 亦出家. 是爲聰慧首座." 이능화 저,《조선불교통사(상편)》228-230.
982) 선종(宣宗, 1049~1094) : 고려 제13대 왕. 이름은 운(運), 시호는 사효(思孝). 경사(經史)에 밝고 제술(製述)에 능했다. 순종이 죽자 대를 이어 즉위했다. 1084년 처음 승과(僧科)를 설치하고 법흥사(法興寺)에 교장도감(敎藏都監)을 두어 도서를 출판하는 등 불교 발전에 힘썼다. "선종(宣宗)", 인명사전편찬위원회,《인명사전》.
983) 백좌도량(百座道場) : 불교 법회의 하나. 각종 재액을 없애고 만복을 빌며 도둑과 외적으로부터 항복을 받기 위한 목적에서 개설되었다. 백좌도량은 인왕도량(仁王道場)·백고좌도량(百高座道場) 등으로도 불리는데, 구마라집이 번역한《불설인왕반야바라밀경》의 주된 내용인 반야(般若) 사상을 근본으로 한다. "**백좌도량(百座道場)**", 한국고전용어사전 편찬위원회,《한국고전용어사전(2권)》.
984) 회경전(會慶殿) : 고려시대 궁성(宮城) 안에 위치한 정전(正殿).《고려도경(高麗圖經)》에 의하면, 그 위치는 궁성의 정남문인 승평문(昇平門)을 지나 안으로 더 들어가 신봉문(神鳳門)과 창합문(閶闔門)을 지나면 회경전에 도달한다고 기록되어 있다. "**회경전(會慶殿)**", 한국고전용어사전 편찬위원회,《한국고전용어사전(5권)》.

어가니 송나라 황제와 태후가 친히 봉은사(奉恩寺)로 나가 영접했는데, 그 위의(威儀)986)가 전대미문에 비할 바가 없었다. 송나라에서 돌아와 흥왕사(興王寺)에 교장도감(敎藏都監)987)을 설치하고 경서(經書)를 요(遼)·송(宋)과 일본(日本)에서 구해 오니 4천여 권에 달하였다. 그는 천태종988)을 창시하고, 3년이 지난 뒤에 13층 황금탑을 새롭게 축조하며, 회경전(會慶殿)에서 인왕경(仁王經)을 강론하고989) 3만 명의 승려를 반승(飯僧)하였다.990)

고려 불법(佛法)이 지극히 발전하고 흥왕하였는데, 말엽에 이르러서 '이목은991)·강회백992)·정도전993)·김자수994)·정포은995)' 등이 매우 간절하게

---

985) *대각국사 의천의 호(號)이다.
986) 위의(威儀) : ① 무게가 있어 외경(畏敬)할만한 거동(擧動). 예법에 맞는 몸가짐. ② '계율(戒律)'의 다른 이름. ③ 장사(葬事)에 쓰는 항오(行伍).
987) 교장도감(敎藏都監) : 고려 때 임시 관청의 하나. 대각국사 의천의 요청에 따라 불경,《속장경(續藏經)》을 간행하기 위해 선종 3년 흥왕사(興王寺)에 설치했던 도감. "**교장도감(敎藏都監)**", 한국고전용어사전 편찬위원회,《한국고전용어사전(1권)》
988) 천태종(天台宗) : 고려시대에서 조선 초기에 걸쳐 있었던 불교의 한 종파. 1097년(숙종 2) 대각국사 의천에 의하여 창종(創宗)되었다. 천태종은 원래 중국불교 13종 중 가장 대표적인 종파의 하나로, 수나라의 지의(智顗)가《법화경》을 중심으로 천태교학(天台敎學)을 완성시킴으로써 창종되었다. "**천태종(天台宗)**", 한국정신문화연구원 편집부,《한국민족문화대백과사전(21권)》
989) *《만종일련》원문에는 "會慶殿에 仁王經을 設ㅎ고"라고 되어 있어서 '회경전에 인왕경을 설치하고'라고 번역해야 하지만,《조선불교통사》에 의하면 '회경전에서 인왕경(仁王經)을 3일동안 강론했다'고 나온다. "己巳六年(宋元祐四年, 遼大安五年) ○十二月辛亥, 講仁王經于會慶殿三日. 飯僧三萬. 戊午置新鑄十三層黃金塔于會慶殿. 設慶讚會." 이능화 저,《조선불교통사(상편)》 234.
990) *《조선불교통사》에 나온다. "乙丑二年(宋元豊七年, 遼大安元年). ○冬十月乙亥. 設百高座道場於會慶殿. 講仁王經三日. 飯僧三萬.〈중략〉丙寅三年(宋哲宗元祐元年, 遼大安二年)〈중략〉釋煦還自宋. 初煦至宋. 帝引見于垂拱殿. 待以客禮. 龍數渥縟. 煦請遊方問法. 詔以主客員外郞楊傑爲館伴. 至吳中諸寺. 皆迎駕如王臣禮. 王上表乞令還國. 詔許東還. 煦至禮成江. 王奉太后出奉恩寺以待. 其迎迓道儀之盛. 前古無比. 煦獻釋典及經書一千卷. 又於興王寺敎藏都監. 購書於遼宋日本. 多至四千卷. 悉皆刊行.〈중략〉己巳六年(宋元祐四年, 遼大安五年) ○十二月辛亥, 講仁王經于會慶殿三日. 飯僧三萬. 戊午置新鑄十三層黃金塔于會慶殿. 設慶讚會. 辛酉 王太后始刱國淸寺於西郊." 이능화 저,《조선불교통사(상편)》 232-234.
991) 이색(李穡, 1328~1396) : 고려 후기의 문신·학자·문인. 호는 목은(牧隱). 포은(圃隱) 정몽주(鄭夢周), 야은(冶隱) 길재(吉再)와 함께 삼은(三隱)의 한 사람이다.

'왕에게 아뢰는 글을 올려[章奏]' 힘써 불교를 배척했으나 유린(蹂躪)을 당하지는 않았다. '태고보우 화상'996)은 북으로 중국[中原]에 유학하여 호주(湖州)997) 하무산(霞霧山) 석옥청공998) 선사(禪師)로부터 임제종999)을 전승하여 신

"이색(李穡)", 한국정신문화연구원 편집부,《한국민족문화대백과사전(17권)》
992) 강회백(姜淮伯, 1357~1402) : 고려 말·조선 초의 문신. "강회백(姜淮伯)", 한국정신문화연구원 편집부,《한국민족문화대백과사전(1권)》
993) 정도전(鄭道傳, 1342~1398) : 고려 말에서 조선 초까지 문신 겸 학자. 이성계를 도와 조선을 건국하였으며 나라의 기틀을 다지는 역할을 했다. 하지만 이방원과 정치투쟁에서 살해되었다. 저서에《삼봉집》,《경제문감》등이 있다. "정도전(鄭道傳)", 한국정신문화연구원 편집부,《한국민족문화대백과사전(19권)》
994) 김자수(金子粹, ?~?) : 초명은 김자수(金子粹). 호는 상촌(桑村). 1374년(공민왕 23) 문과에 급제하여 관직에 나아갔다. 조선 건국 이후 1397년 청주목사를 지내면서, 흉년으로 인해 보리에 대한 세금을 감면해 줄 것을 요청했다. 이후 태종이 즉위한 후에 충청도관찰사, 판강릉대도호부사(判江陵大都護府事)를 역임하였다. "김자수(金自粹)", 한국정신문화연구원 편집부,《한국민족문화대백과사전(4권)》
995) 정몽주(鄭夢周, 1337~1392) : 고려의 정치가·학자. 자는 달가(達可), 호는 포은(圃隱), 시호는 문충(文忠). 1357년(공민왕 6) 감시(監試)에 합격한 뒤 1360년 문과(文科)에 장원하며 관계에 진출했다. 의창(義倉)을 세워 빈민을 구제하고, 불교의 폐해를 없애기 위해 유학을 보급했으며, 성리학에 뛰어나 동방이학(東方理學)의 시조로 추앙되었다.《주자가례(朱子家禮)》를 따라 사회 윤리와 도덕의 합리화를 기하며 개성에 5부 학당(學堂)과 지방에 향교(鄕校)를 세워 교육 진흥을 꾀하는 한편《대명률(大明律)》을 참작,《신율(新律)》을 간행하여 법질서의 확립을 기하고, 외교 정책과 군사정책에도 관여하여 기울어지는 국운을 바로 잡고자 노력했으나 이성계의 신흥세력에 꺾였다. 시문(詩文)에 능하여 시조 '단심가' 이외에 많은 한시(漢詩)가 전하며, 서화(書畫)에도 뛰어났다. 고려 삼은(三隱)의 한 사람으로, 1401년(태종 1) 영의정에 추증(追贈), 익양부원군(益陽府院君)에 추봉되었다. "정몽주(鄭夢周)", 인명사전편찬위원회,《인명사전》
996) 보우(普愚, 1301~1382) : 고려 말의 승려. 법명은 보우(普愚). 법호는 태고(太古). 13세에 회암사(檜巖寺) 광지(廣智)에게 출가한 후, 1337년에 개성의 전단원(栴檀園)에서 조주(趙州)의 '무(無) 자(字)' 화두를 참구하다가 이듬해 크게 깨달음. 1347년 원(元)나라 절강성 호주(湖州) 하무산(霞霧山) 천호암(天湖庵)에서 석옥청공(石屋淸珙)을 만나 인가(印可)를 받고 그의 법을 이어받음. 1348년에 귀국했고, 1371년에 공민왕이 국사(國師)에 봉하였으나 사양하고, 1381년에 우왕이 다시 국사에 봉함. 그는 간화선(看話禪)의 새로운 체계를 수립하고, 선교(禪敎)의 통합과 교단혁신운동을 전개함. 소설암에서 입적함. 시호는 원증(圓證).〈태고화상어록(太古和尙語錄)〉이 있음. "보우(普愚)", 곽철환,《시공 불교사전》
997) 호주(湖州) : 중국, 절강성(浙江省) 북부, 태호(太湖) 남쪽 기슭에 있는 도시.

물(信物, 신표)을 얻어 귀국했고, 지공1000)과 나옹1001)도 왕사(王師)의 자리에 올랐다.

3. 조선시대 불교 약사(略史)

조선 이조(李朝)1002)에 이르러, 태조1003)께서는 앞선 왕조 고려에서 불교

---

998) 석옥청공(石屋淸珙, 1272~1352) : 청공(淸珙)이라고도 함. 원나라 때의 승려. 임제(臨濟)의 18세(世) 법손(法孫)이다. 고려 말기 보우(普愚)가 충목왕 2년에 중국에 들어가 호주(湖洲) 하무산(霞霧山) 천호암(天湖庵)에 살던 그를 찾아가 배웠는데, 법기(法器)를 인정하여 가사(袈裟)를 전해 받아 고려 임제종(臨濟宗)의 적통을 이었다. "**석옥청공(石屋淸珙)**", 한보광 임종욱, 《중국역대불교인명사전》
999) 임제종(臨濟宗) : 오가칠종(五家七宗)의 하나. 임제의현(臨濟義玄)에 의해 비롯된 종파. 있는 그대로의 자기 자신이 곧 부처라는 확신에서 출발하므로 미혹에서 깨달음으로 가는 구체적인 수행은 '밖에서 구하지 말라'는 것으로 요약됨. 절대적 관념이나 대상의 권위를 타파하고 일상 속에서 자신의 본성을 자각하는 주체적 자유의 실현을 강조했다. "**임제종(臨濟宗)**", 곽철환, 《시공 불교사전》
1000) 지공(指空, ?~1363) : 원나라 때의 고승. 인도 마갈타국 사람으로, 이름은 제납박타(提納薄陀)이다. 원나라로 건너가 불법을 전했는데, 이때 고려의 나옹화상(懶翁和尙)에게 인가(印可)를 주었다. 충숙왕 15년 고려에 들어와 금강산 법기도량(法起道場)에 예배하고 연복정(延福亭)에서 계를 설했다. 다시 원나라로 돌아가 연경에 머물렀다. 그의 부도가 양주회암사(檜巖寺)와 개성시 화장사(華藏寺)에 남아 있다. "**지공(指空)**", 한보광 임종욱, 《중국역대불교인명사전》
1001) 나옹(懶翁, 1320~1376) : 고려 말기의 승려. 지공(指空), 무학(無學)과 함께 삼대화상(三大和尙)이라 일컬어짐. 중국 서천의 지공화상(指空和尙)을 따라 심법(心法)의 정맥(正脈)을 이어받아 돌아왔고 공민왕 때 왕사(王師)를 지냈다. 이색(李穡)이 글을 지어 세운 비(碑)와 부도(浮屠)가 양주 회암사(檜巖寺)에 남아 있다. "**나옹(懶翁)**", 한국사전연구사, 《국어국문학자료사전》(서울; 한국사전연구사, 1998)
1002) 이조(李朝) : '이씨조선', 곧 조선을 임금의 성(姓)을 좇아 이르는 말의 줄임말.
1003) 태조(太祖, 1335~1408) : 조선 왕조의 창건자(재위, 1392~1398)인 이성계(李成桂). 호는 송헌(松軒), 시호는 강헌(康獻). 영흥(永興) 출생. 사술(射術)에 뛰어나 1356년(공민왕 5년)에 등용되었고, 이후 우군도통사(右軍都統使) 요동정벌을 위해 북진하다가 위화도에서 회군하여 우왕을 폐하였다. 태조는 즉위 후 3대

가 끼친 폐해를 '거울로 삼고 경계하여[鑑戒]' 12종(宗)을 모두 없애고 선종(禪宗)과 교종(敎宗) 2교(敎)만 두었으며 사원(寺院)의 토지는 몰수하였다.

태종1004)은 백성들이 승려[僧尼]가 되는 것을 엄격히 금지했고, 성종(成宗)1005)은 '인수(仁壽)와 자수(慈壽)'1006) 두 비구니 사찰을 철폐하여 그곳에 궁인(宮人)이 거주하도록 했다.

중종1007)은 치류(緇類, 승려) 중에서 노쇠한 자는 성(城) 밖으로 쫓아내고 나이가 어린사람은 환속(還俗)케 하니, 등계선사(登階禪師)도 아내와 자식을 이끌고 산중에 숨어 살면서 벽송선사1008)의 심법(心法)1009)을 전했다. 이때에

정책(政策)을 내세워 건국이념으로 삼아 조선 왕조의 기반을 다졌다. 정치적으로는 명나라를 종주국으로 사대정책(事大政策)을 썼고, 문화적으로는 숭유배불(崇儒排佛)주의로 고려 말기 부패한 불교를 배척하고 유교를 건국이념으로 세웠으며, 경제적으로는 농본민생주의(農本民生主義)로 농업을 장려하고 전지(田地)를 개혁하여 농본주의에 의한 신분 사회 제도를 확립했다. 그는 막강한 권력으로 조선(朝鮮)을 세우고 도읍을 한양으로 옮겨 초기 국가의 기틀을 다졌다. "**태조(太祖)**", 인명사전편찬위원회, 《인명사전》

1004) 태종(太宗, 1367~1422) : 조선의 3대 왕(재위, 1400~1418). 이름은 방원(芳遠). 태조의 개국에 공헌이 컸으며 정안대군(靖安大君)에 피봉되었다. 태종은 왕위를 얻기 위해 두 번이나 피비린내 나는 왕자의 난을 일으켜 드디어 정종의 양위를 받아 즉위했다. 철저한 배불숭유정책(排佛崇儒政策)의 강행, 관제(官制)의 개혁에 주력했다. 대외 관계에서는 명나라로부터 고명금인(誥命金印)을 받아 '조선국왕(朝鮮國王)'이라 칭하게 되었고, 안으로는 왕권확립에 힘써 국가의 기반을 튼튼히 하는데 이바지하였다. "**태종(太宗)**", 인명사전편찬위원회, 《인명사전》

1005) 성종(成宗, 1457~1494) : 조선의 9대 왕. 시호는 강정(康靖). 세조의 손자, 덕종(德宗)의 아들. 13세에 즉위했다. "**성종(成宗)**", 인명사전편찬위원회, 《인명사전》

1006) *도성 안에 있던 비구니 사찰인 인수원(人壽院)과 자수원(慈壽院)을 말한다. 이후 현종(玄宗) 때에 완전히 훼철하여 그 재목(材木)으로 성균관의 별당인 〈비천당(丕闡堂)〉을 건립하였다고 한다.

1007) 중종(中宗, 1488~1544) : 조선의 11대 왕. 성종의 둘째 아들. 연산군의 동생. 연산군 시대의 폐정을 개혁하였으며, 조광조 등의 신진 사류(士類)를 중용, 왕도정치를 시도했으나, 지나치게 이상적인 개혁방법이 훈구파의 반발을 초래했다. 이후 기묘사화(己卯士禍)를 일으켜 신진사류를 숙청하였다. "**중종(中宗)**", 인명사전편찬위원회, 《인명사전》

1008) *'벽송선사(碧松禪師)'는 '지엄(智嚴)'을 가리킨다.
※지엄(智嚴) : 조선의 승려. 당호는 벽송(碧松). 28세에 계룡산 상초암(上草庵)의 조징(祖澄)에게 출가하고, 벽계정심(碧溪正心)을 사사(師事)하여 그의 법을 이어

석가모니[佛祖] '불법(佛法)의 명맥[慧命]'은 물거품과 바람 앞의 등불같이 명멸(明滅)하였다. 그런데 부휴(浮休)1010)와 청허(清虛)1011) 두 대사(大師)가 나타나 도법(道法)을 널리 펼치고[闡揚], 청허 문하에서 송운(松雲)1012)과 기허(騎虛) 형제가 나왔다. 【《임진별록(壬辰別錄)》에서 말하기를, '서산대사 휴정(休靜)1013)의 제자가 사명당1014)이니 곧 송운(松雲)이다'라고 했다.】 또한 영규법사1015)가 나타나 나라의 형편이 지극히 어지러울[板蕩]1016) 때에 근왕(勤王)1017)의 의병승(義兵

받음. 1508년에 금강산 묘길상암(妙吉祥庵)에서 고봉어록(高峰語錄)을 보다가 크게 깨달음. 1520년에 지리산에 암자를 짓고 은둔하여 수행함. 시문집에 《벽송당야로송(碧松堂野老頌)》이 있다. "**지엄(智嚴)**", 곽철환, 《시공 불교사전》

1009) 심법(心法) : ① 정신, 곧 사물을 의식하는 마음. ② 마음을 쓰는 법.
1010) 부휴(浮休, 1543~1615) : 조선 중기의 고승 '선수(善修)'를 말함. 호는 부휴(浮休)이다. 부용(芙蓉) 밑에서 수도하여 심요(心要)를 얻었다. "**선수(善修)**", 한국정신문화연구원 편집부, 《한국민족문화대백과사전(12권)》
1011) 청허(清虛) : 서산대사 휴정의 호(號).
1012) 송운(松雲) : 사명대사 유정(惟政)의 호.
1013) 서산대사(西山大師, 1520~1604) : 조선 중기의 승려・승군장(僧軍將). 호는 청허(清虛). 별호는 서산대사(西山大師), 법명은 휴정(休靜)이다. "**서산대사(西山大師) 휴정(休靜)**", 한국정신문화연구원 편집부, 《한국민족문화대백과사전(11권)》
1014) 사명당(四溟堂, 1544~1610) : 조선의 승려. 경남 밀양 출신. 호는 송운(松雲)・사명(四溟). 13세에 직지사(直指寺)에 출가하고, 18세에 승과(僧科)에 합격함. 그 후 직지사에 주지로 머물다가 1575년에 묘향산에 들어가 휴정(休靜)의 문하에서 수행하여 그의 법을 이어받음. 1592년 임진왜란 때 승군(僧軍)을 모집하여 평양성을 탈환한 공로로 선교양종판사(禪教兩宗判事)에 임명됨. 1604년에 강화사절로 일본에 가서 임무를 완수하고 전란 때 포로로 잡혀간 3천여 명의 동포를 데리고 이듬해 귀국함. 시호는 자통홍제존자(慈通弘濟尊者). 저서에 《사명당대사집(四溟堂大師集)》이 있음. "**유정(惟政)**", 곽철환, 《시공 불교사전》
1015) 영규(靈圭, ?~1592) : 조선의 승려. 호는 기허(騎虛). 19세에 계룡산 갑사(甲寺)에 출가하고, 후에 휴정(休靜)의 문하에서 수행함. 1592년에 임진왜란이 일어나자 5백여 명의 승병을 모아 의병장 조헌(趙憲)과 함께 그 해 8월 초에 청주를 수복하고, 그 해 8월 18일에 금산 전투에서 전사함. "**영규(靈圭)**", 곽철환, 《시공 불교사전》
1016) 판탕(板蕩) : 《시전(詩傳)》・〈대아(大雅)〉의 '판(板)'과 '탕(蕩)'의 두 편(二篇)이 모두 어지러운 정사(政事)를 읊은 데서 정치(政治)를 잘못하여 어지러워진 나라의 형편(形便)을 이르는 말이다. '탕진(蕩盡)'과 같은 말.
  * 여기서는 임진왜란(壬辰倭亂)을 가리키는 것으로 보인다.
1017) 근왕(勤王) : 임금을 위하여 충성을 다함.

僧)을 모집하여 '특별한 공을 세웠고[奇功]' '위대한 공로[偉烈]'가 있었다. 그럼에도 불구하고 능히 불교의 열세를 만회하지 못했고, 5백년 이래로 '쇠퇴하고 몰락하는 처지에 놓여'1018), 법려(法侶)1019)가 의지할 곳은 다만 깊은 산과 골짜기요, 비구(比丘, 승려)의 벗은 불쌍한 원숭이와 외로운 학(鶴)뿐이었다. '덕이 높고 현명한 승려들[碩德大賢]'이 서로 계승하여 일어났으나, '국법으로 금지된[國禁]' 압제와 포박으로 말미암아 그 도력(道力)이 인민에게 한 번 펼쳐지지 못하고, 안개연기 자욱한 산골짜기에 물과 구름의 종적(蹤迹)으로 스스로 수련하고 연마하니, '불교의 기운[道風]'이 차갑게 식어 쇠락하고, 불교 운명의 꽉 막혀 침체함이 이조(李朝)시대에는 금고(禁錮)와1020) 같이 되었다.

◉ 이제 이후의 보잘 것 없는 논설이 불교의 역사만 서술한 것이 아니므로, '일본불교화'1021)의 여하(如何)함은 잠시 개의치 않고 다만 우리나라[半島]에 한정하여 서술하였다.

신라는 박염촉(朴厭觸, 이차돈)의 이적(異蹟)으로 인해 (불교를) 비방하는 소문을 막아내고, 법흥왕의 출가로 불교가 점점 발전하여 큰 법종(法鐘)과 거대한 불상[銅像]을 주조(鑄造)하고 금하신(衿荷臣)과 적청위(赤青位)1022)의 관직을

1018) *《만종일련》 원문에는 '하풍(下風)에 거(居)하여'라고 되어 있다. 여기서는 이 원문을 문맥에 맞게 옮겼다.
1019) 법려(法侶) : 불법(佛法)을 같이 닦는 벗.
1020) 금고(禁錮) : 조선시대에 신분이나 과거의 죄과로 인해 관리가 되는 자격을 제한하거나 박탈하는 제도.
1021) *일제강점기에 일제에 의해 자행된 조선 불교의 일본 불교화 정책을 의미하는 것으로 보인다.
1022) *적청위(赤青位) : 신라시대의 관직인 청위(青位)를 가리키는 것으로 본다. 청위에 대한 자세한 설명을 다음을 참고하라.
※ 청위(青位) : 왕실의 사원을 관리하던 관청인 사천왕사성전(四天王寺成典)・봉성사성전(奉聖寺成典)・감은사성전(感恩寺成典)・봉덕사성전(奉德寺成典)・영묘사성전(靈廟寺成典) 등에 소속되어 있던 4등관이다. **청위(青位)**, 한국정신문화연구원 편집부,《한국민족문화대백과사전((22권)》

두었다.

고려시대에는 태조가 불교를 크게 부흥시켜 10대 사찰을 창건하였으며 팔관회를 열고 5백 나한(羅漢)을 봉헌하였으며, 정종과 문종 두 임금은 보살계(菩薩戒)를 지키고 많은 승려들을 반승(飯僧)함으로 불교가 크게 부흥했으며, 사문(沙門)의 계속된 번성함이 고려 조정을 향하여 '첫 번째 손가락을 꼽게 하였다.'1023) 비록 그러하지만 백좌(百座)의 경전 해설과 수많은 불상(佛像)의 강복(降福)이 무위로 돌아가 국운이 점차 쇠퇴하고, 요승(妖僧)이 권력을 가지고 농간을 부려서 추한 소문이 외부에 알려지게 되었다. 아울러 정치 기강이 문란하여 송악산 아래에 고려 정신이 망할 징조가 드리워지고, 만월대 위에 두견(杜鵑)이 울며 피를 토하니 가히 탄식을 이기지 못하겠다.

다른 종교의 하자(瑕疵)를 과장하거나 찾고자 하는 것은 성도(聖徒)1024)의 진정한 뜻이 결코 아니다. 이단을 배척하고 사악한 것을 물리치는 것은 유교에서 '흔히 있는 일[茶飯]'이지만, 지금 석전화상(石顚和尙)1025)이 강남해(康南海, 강유위)1026) 선생의 '불야상동(佛耶相同)의 설(說)'1027)을 인용하여 기독교를 비평하므로, 가만히 침묵할 수 없어서 감히 변변치 못한 사설(辭說)1028)을 진술하려고 하지만, 이는 참된 속마음[素懷]이 아니다.

1023) *탁사의 원문은 "第一指를 屈할지라"이다.
1024) 성도(聖徒) : 기독교 신자를 높이어 일컫는 말.
1025) 석전화상(石顚和尙, 1870~1948) : 근대의 승려 정호(鼎鎬)의 호(號)이다. 9세에 출가했고, 21세에 백양사와 선암사를 거쳐 구암사에서 처명(處明)의 법을 이어 받았다. "**정호(鼎鎬)**", 한국정신문화연구원 편집부, 《한국민족문화대백과사전(12권)》
1026) *강유위(康有篇, 1858~1927)의 별칭이다. 중국, 청말의 학자, 정치가. 광동성 남해 출생으로, 문인으로부터 남해(南海)선생으로 불렸다. 처음에 송학을 주로 하는 한송겸채학(漢宋兼採學)을 공부하고, 후에 양명학이나 불교에 기울었으며, 당시 한역된 서구의 서적을 통해서 서양근대의 정치·학술도 연구하였다. 저서에는 《신학위경고》 등이 있다. "**강유위(康有篇)**", 한국사전연구사, 《종교학대사전》
1027) *이 대목은 '불교와 야소교(耶蘇敎, 기독교)의 서로 같은 점에 대한 논설'이라고 번역할 수 있다.
1028) 사설(辭說) : ① 늘어놓거나 기술한 말이나 글의 내용. ② 노래, 연극 등에서 사이사이에 엮어 하는 이야기. ③ 길게 늘어놓는 잔소리나 푸념의 말.

그의 말에 따르면, 불교와 기독교[耶蘇敎]의 같은 점이 20여 가지 정도인데【모두 기록할 틈이 없음[不暇盡記]】, 상반되는 습속은 무기[兵戈]를 들고 서로 살펴보는 것과 같다. 비유하자면 내 동산의 오디[葚]를 훔쳐 먹고, 그 소리를 '고치기 어려운 것[難革]'이라 하였다. 하지만 이것은 참으로 '배를 잡고 웃을[捧腹]' 일이다.

종교철학의 이치는 참된 신(神)을 존경하며 심성을 수양함으로써 '선행을 권장하고 악을 징벌하는[勸善懲惡]' 교훈과 '악을 버리고 인을 행하는[棄惡行仁]' 도(道)가 계략이 아니라 함께하는 것이며, 돕는 것이 아니라 바르게 함이며, 말하는 것이 아니라 행함이어서 서로 가깝고 유사한 것이 많은 것인데, 어찌 불교 동산의 오디[葚]를 취(取)한 후에 도리(道理)를 성취하겠는가!

우리 기독교의 낙원에 생명 과실과 진리의 떡과 생명수가 넉넉하여 넘치나니, 강씨(康氏, 강유위)의 논설은 변명을 더하지 않아도 알 수 있는 것이다. 또한 세계 물질로 논하자면, 화륜선[輪舶]이 통행하지 않았을 때에는 해외에 여러 나라가 존재하는지의 유무(有無)도 알지 못했으나, 5주(州) 각 나라에 정치의 율례(律例)와 '배와 수레[舟車]'와 저울[權衡]과 군사전문가[兵家]의 기기(器機)와 백성들의 일용품이 서로 비슷하거나 모양이 같은 것이 많은 것은 어찌된 까닭인가? 이는 인류의 '지혜의 원천[慧竇]'과 사상과 기능이 동일한 까닭이다. 어찌 반드시 종교의 이치만 그러하겠는가. 비록 그러하다고 해도 강씨(康氏, 강유위)의 논설은 그 동일함만 알고 그 상이함은 알지 못하는 것이니, (이는) 또 하나의 편견이라 하겠다.

또 말하기를, "예수 그리스도[耶穌基督]의 보도중생(普度衆生)1029)이 '성실하고 부지런함[誠勤]'과 같거늘, 십자가의 피 흘림은 어찌된 연고인가? 이때에 유대[猶太]가 로마[羅馬]의 지배 아래에 있었는데, 예수[耶穌]가 특이한 신국(神國)을 세워 굴레를 벗어나고자 하는 까닭이다" 하고, "그 가르침의 중요한 의

1029) *'널리 중생(衆生)을 제도(濟度)한다'는 뜻이다. 원문에는 '도(度)'가 '도(渡)'로 되어 있는데, 오기(誤記)로 보인다.

미는 만약에 능히 회개하면 곧 천국에 가깝다는 것이다"라고 했다.

그런데 그의 말은 단지 하나만 알고 둘은 알지 못하는 것이다. 구세주[救主]의 십자가에 못 박히심은 만민의 죄악을 대속함이요, 성육신(成肉身)의 도(道)는 만세 전부터 하나님[上主]께서 미리 정하신 경륜이요, 십자가에 못 박히신 후 부활하신 것도 하나님[上主]의 능력이시다. 집 안에 들어가지 않고서는 방 안에 있는 온갖 물건과 금옥(金玉) 귀중품을 속속들이 꿰뚫어 자세히 아는 자가 없고, 큰 잔치에 귀한 음식을 먹지 않고는 곰발바닥[熊掌]과 상어지느러미[魚翅]의 좋은 맛을 능히 분별할 자가 적으니, 국외(局外)1030)에 있으면서 국내(局內)1031)의 일을 안다고 하는 것은 '여름벌레[夏虫]가 얼음을 말하는 것'1032)과 '산속 매미[山蚛]의 나이'와 같은 것이니, 쓸데없는 군더더기 말이다.

우리가 불교[法化]를 논하는 것은 '석전(石顚, 정호) 씨'가 우리 기독교를 보는 것과 다르지 않다. 하지만 그 요점을 거론하자면, '아뇩다라삼먁삼보리(阿耨多羅三藐三菩提)'의 마음을 발휘하여 열반(涅槃) 멸도(滅度, 입적)에 들어가게 하는 것이다.

석가세존[世尊]의 말씀과 게송(偈頌)에 말하기를, "법이라고 하나 본래 법은 없는 법이요, 없는 법이라고 하나 그 법도 역시 법이라. 지금 그 무법을 부촉하니, 법이라고 하는 그 법은 언제의 법이던가!"1033)

1030) 국외(局外) : 그 사건(事件)에 관계(關係)가 없는 지역(地域).
1031) *국내(局內) : 그 사건(事件)에 관계(關係)가 있는 지역(地域).
1032) *하충의빙(夏蟲疑氷)이라는 말을 참고한 것으로 보인다. '하충의빙'이란, 여름의 벌레는 얼음을 안 믿는다는 뜻으로, 견식이 좁음을 비유해 이르는 말이다.
1033) *이는 석가세존이 열반에 들기 전에 게송(偈頌)으로 알려져 있는데, 《불소행찬》 등 석가의 일대기를 다룬 다른 경전에는 보이지 않으며, 《조당집(祖堂集)》에 그 내용이 나온다. 원문은 다음과 같다. "《涅槃經》云, 爾時世尊欲涅槃時. 迦葉不在眾會. 佛告諸大弟子, 迦葉來時. 可令宣揚正法. 又云, 吾有清淨法眼. 涅槃妙心, 實相無相, 微妙正法付囑於汝, 汝善護持. 并敕阿難嗣二傳化. 無令斷絕. 而說偈曰, 法本法無法 無法法亦法 今付無法時 法法何曾法." 여기서 '게송'의 두 번째 부분 '無法法亦法'이 《만종일련》 원문에서는 마지막 글자가 '법(法)'이 아니라 '무(無)'로

또 말하기를, "무릇 형상이 있는 것은 모두 허망한 것이니 우리들 중생이 목숨에 집착하면 곧 보리(菩提)가 아니요, 만약 모든 형상이 형상이 아닌 것으로 보면, 곧 여래(如來)를 보리라"1034) 하였다.

그러므로 부처의 설법(說法)은 '남과 나[人我]'의 산중에 있는 번뇌의 광맥을 깨뜨리고 선남선녀(善男善女)1035)가 끊임없이 서로 '은혜를 베풂[普試]'으로써 '법이 아니면 법 아닌 것도 아니다'1036)에 들어가 오도(悟道)1037)를 얻게 하는 것이다.

기독교는 구주의 대속(代贖)1038)하신 은혜를 입으며, 성령[聖神]의 감화로 거듭남[重生]을 얻고, 부활의 진리를 신앙함으로 '영혼을 구원[救靈]'하는 것이니 어찌 불교와 같다고 하겠는가. '강(康, 강유위) 씨'의 소견은 단시 형식상 규례를 가리키는 것이니 피부론(皮膚論)1039)에 불과하다.

'운접대사(雲接大師)'가【명나라 때의 사람】말하기를, "그 경지에 이르지 않고서는 감히 허망한 말을 하지 말라"고 했으니, 불법(佛法)의 삼귀(三歸) · 사제(四諦)와 오탁(五濁) · 육진(六塵)과 삼계(三界) · 사생(四生)과 육식(六識)1040) · 팔

되어 있다. 이는 오기(誤記)로 보인다. 자세한 내용은 다음을 참고하라. 역경위원회,《한글대장경 77, 조당집(祖堂集)》(서울; 동국역경원, 2004) 41 참조.
1034) *이 부분은《금강반야바라밀경(金剛般若波羅密經)》의 '제5여리실견분(如理實見分)'에 나오는 내용인데, 탁사의 원문은 다음과 같다. "凡所有相이 皆是虛妄이니 我人衆生壽者에 着ᄒ면 即非菩薩이오, 著見諸相非相하면 即見如來라." 자세한 내용은 다음을 참고하라. 법륜,《금강경 강의》94-95.
1035) 선남선녀(善男善女) : '착한 남자와 착한 여자'라는 뜻으로, ① 불교에 귀의한 남녀. ② 신심이 깊은 사람들을 이르는 말.
1036) *원문은 "非法非非法"이다. 이는《금강경(金剛經)》의 한 구절이다. 다음을 참고하라. 법륜,《금강경 강의》134-135.
1037) 오도(悟道) : ① 번뇌에서 벗어나 부처의 세계에 들어갈 수 있는 길. ② 불도의 진리를 깨달음. 또는 그런 일. [비슷한 말] 각도(覺道).
1038) 대속(代贖) : ① 예수가 십자가의 보혈로 만민의 죄를 대신 씻어 구원한 일. ② 남의 죄나 고통을 대신하여 자기가 당함. ③ 대신 속죄함.
1039) *피부론(皮膚論) : '형식적인 논리'를 의미하는 것으로 보인다.
1040) 육식(六識) :〈불교〉육근(六根)에 의하여 대상을 깨닫는 여섯 가지 작용. 안식

교(八敎)1041)와 8만4천 법문(法文)의 매우 깊고[深遠] 미묘함에 대해서는 내가 감히 함부로 말할 바가 아니다. 하지만 이제 여러 가지로 불교와 예수교, 두 종교의 여하(如何)함을 나누어서 변증[分辨]하려고 하니, 이 또한 '식견이 좁은 것[管窺]'이라 할 수도 있겠다.

■ 첫째는, 하나님[上主]의 능력과 신앙의 자유이다.

불교는 국왕(國君)의 세력과 명문대가의 돌봄[顧護]을 의뢰하여 사찰[寺宇]을 창건하며, 승려의 무리가 증가하다가, 하루아침에 국왕의 압제를 당하면 흙이 무너지고 기와가 깨어지듯이 와해되고, '물이 흐르고 구름이 흩어지듯 하여'1042) 형체와 그림자도 없어지고 말았다. 당나라 무종(武宗) 때 사찰[佛舍]을 훼손하며 남녀 승려[僧尼]를 환속[退俗]케 하자, 26만의 승려[比丘]가 일시에 파계(破戒)하였음에도 이들 중에서 단 한 사람도 불교를 위해 순교[致命]한 자가 없었다. 그리고 조선 태조 때에 12종파를 모두 없애며 승려들[緇類]을 추방했으나 죽음으로 저항하고 계율을 지키는 자가 없었다.

그러나 기독교도는 로마(羅馬) 황제 '네로[利老]' 때에 잔인하게 죽임을 당하고, '마달가사가(馬達加斯加)'1043)의 박해가 심하여 도륙(屠戮, 학살) 당하는 것

(眼識)·이식(耳識)·비식(鼻識)·설식(舌識)·신식(身識)·의식(意識)을 이른다.
1041) 팔교(八敎) : 〈불교〉 ① 천태종에서, '화의 사교'와 '화법 사교'를 통틀어 이르는 말. ② 천태종에서 설(設)하는 교판(敎判)의 하나. 중생 교화의 형식 방법 면에서 불교를 나눈 돈(頓)·점(漸)·비밀(祕密)·부정(不定)의 4종, 곧 화법(化法)의 사교(四敎)와 교리(敎理)의 내용 면에서 나눈 장(臧)·통(通)·별(別)·원(圓)의 4종, 곧 화법(化法)의 사교(四敎)의 총칭(總稱).
1042) * 원문에는 '수류운산(水流雲散)'이라 되어 있으나, '수류운공(水流雲空)'으로 보는 것이 좋을 듯하다. '수류운공'은 '흐르는 물과 하늘의 뜬구름'이라는 뜻으로, 과거사(過去史)가 흔적이 없고 허무(虛無)함을 비유해 이르는 말이다.
1043) * 마달가사가(馬達加斯加) : 로마제국의 황제인 '마르쿠스 아우렐리우스[Marcus Aurelius Antoninus]'의 음역으로 보인다.
※ 마르쿠스 아우렐리우스[Marcus Aurelius Antoninus] : 로마제국의 제16대 황제로 5현제(賢帝)의 마지막 황제이며 후기 스토아파의 철학자로 《명상록》을 남겼다. 당시 경제적·군사적으로 어려운 시기였고 페스트의 유행으로 제국이

이 지극히 참혹했지만, 주(主)를 위하여 생명을 바치려는 자가 자원하여 구름처럼 모이며, 찬미 소리가 끊어지지 않고, 선으로 악을 대적하며, '약한 것으로 강함을 이겨서' 웃으며 형장에 나아갔다. 이와 같은 신앙의 능력으로 마침내 로마[羅馬] 전국을 귀화케 하여 기독교 세력 아래 있게 하였으니, 이는 하늘로부터 타고난 자유의 즐거움을 하나님[上主]께로부터 받았기 때문이다. 이는 불교계[法界]의 승려들[緇徒]로서는 도저히 어깨를 견줄 수 없는 일이다.

■ 둘째는, 성령[聖神]의 '은밀한 도움[默祐]'과 전도의 열성이다.

태평양 군도(群島)에서 기독교를 위해 고난당한 이들을 보자면, 문신(文身)을 하고 이빨에 옻칠을 한 묘인(苗人, 식인종)들이 서양 선교사를 포식(炮食)1044하며 말하기를 "백인이 맛이 있다"고 하였다. 그럼에도 불구하고 계속해서 그곳으로 가는 목사들이 주(主)를 사랑하고 사람을 사랑하는 심정으로 동포를 교육하고, 죽음을 보고도 두려워하지 않고 돌아가서, 열심히 도(道)를 전파하여 원수[仇讐]까지 사랑함으로써 '여러 섬[諸島]'의 오랑캐가 점차 성역(聖域)으로 돌아왔다. 그리하여 지금은 인육(人肉)을 먹던 자가 속죄함을 얻고, 우상을 숭배하던 곳에 성전을 건축하였다. 이는 '나약하고 겁이 많은[萎靡恐恫]' 사문(沙門)의 승려들과는 비교가 되는 않는 것이다.

■ 셋째는, 생산 작업과 구휼사업1045이다. 예수[耶穌]의 신도(信徒)는 '재산을 관리하는 일[治産]'에 부지런하고 꿋꿋하며, 자녀를 양육하고 학교를

피폐하여 그가 죽은 후 로마제국은 쇠퇴하였다. "**마르쿠스 아우렐리우스[Marcus Aurelius Antoninus]**", 두산동아백과사전연구소, 《두산세계대백과사전(9권)》

1044) *포식(炮食) : 포(炮)는 통째로 굽는 것을 의미하므로, '포식(炮食)'이란, 사람을 통째로 불에 구워 먹는 것을 뜻한다.

1045) *《만종일련》 원문에는 '주궁구난[周窮救難]'이라고 되어있다. 여기서는 원문의 의미를 살려 '구휼사업'이라고 번역했다. '주궁구난(周窮救難)'은 '궁핍한 자를 구휼(救恤)하고 어려움을 도와서 구해주는 것'이다.

설립하여 다른 나라의 인민까지 교육하며, 병원을 설립하여 죽어가는 사람을 구호(救護)하고, 금전을 손해 보면서도 즐거이 베풀어 가난과 궁핍을 구휼[賙恤]1046)하며, 세금을 납부하는 일에 분주하게 이바지하여 국민으로서 의무를 다하고, 하늘의 도리[天理]와 사람의 예의[人事]를 따른다[順從].

반면에 석가의 제자들은 '세상을 구름처럼 떠돌면서[雲遊四海]' 가산(家産)을 돌보지 않으며, 남의 집 '문 앞[沿門]'에서 탁발하여 '인연 맺는 것[結緣]'을 헛되이 말하고, 온힘을 다해 애써 고생하여 얻은 타인의 양식을 수고하지 않고 취득하니 놀고먹는 자의 책임이 없지 않다. 또한 한 남자와 한 여자는 하나님[上主]께서 배필을 명하신 것이요, 부부의 도리는 인류의 큰 윤리인데도, 처자식을 취하지 않아 독신[獨處]과 '절사(絶嗣)'1047)로 종교규례[敎例]를 만들며, 심산유곡(深山幽谷)에 사찰을 건립하여 티끌 같은 세상을 멀리하고 떠나니 국민의 의무가 어디에 있는가?

염불에 무심하고 젯밥에 마음을 쏟는 자는 타인의 시주[檀越]1048)를 고대하며 '입고 먹는 것[絲穀]'1049)에 대한 대책이 없으니, 어느 겨를에 타인의 가난[貧乏]을 구휼(救恤)하겠는가! 이는 예수교와 불교 두 종교의 구별됨이 '하늘과 땅[天壤]'과 같다고 하겠다.

■ 아주 먼 옛날의 '위대한 성인[大聖]'의 행적을 감히 헛되이 논의할 수는 없지만 의혹이 없지는 않다. 석가세존[世尊]이 출가한 후 12년에 견성(見

1046) *《만종일련》 원문에는 '주휼(賙恤)'이라고 되어있으나, 여기서는 '구휼(救恤)'이라고 번역했다. '주휼(賙恤)'은 '주궁휼빈(賙窮恤貧)'의 줄임말이며, 의미는 '가난한 사람을 구하여 도와줌'이다.
1047) 절사(絶嗣) : 후사가 끊어짐.
1048) *《만종일련》 원문에는 '단월(檀越)'로 되어 있다. '단월(檀越)'이란 '절이나 스님에게 물건 따위를 봉양하는 일'을 뜻한다. '보시(布施)', 또는 '시주(施主)'의 다른 말이라고 할 수 있다.
1049) 사곡(絲穀) : 사신곡복(絲身穀腹)의 줄임말로 '곡복사신(穀腹絲身)'이라고 쓴다. '배를 채우는 곡식과 몸을 가리는 실이라는 뜻으로, 먹는 것과 입는 것을 이르는 말'이다.

性)1050)하고 '진리를 깨달아[悟道]' 부처[佛陀]가 되어 부왕(父王)을 뵐 때, '아쇼다라[耶輪陀羅] 왕비'가 삭발하고 비구니가 되었고, 성(城) 밖 숲속에서 밤을 지새웠다. 그리고 부왕의 집에 음식 재료가 많은데도 아침에 나가 밥을 구걸했으니, 이것이 어찌 애정이며 이것을 어찌 효심이라 하겠는가! 부인의 방에서 잠을 자고 아버지의 상에서 밥을 먹으면, 이것이 과연 죄를 짓는 일이란 말인가? 만일 부부가 한 방에 있는 것이 죄를 짓는 것이라면 인과(因果)의 인연은 어디에 있으며, 아비와 자식이 한 상에서 먹는 것이 도리를 파괴하는 것이라면, 이는 결단코 성인(聖人)의 도(道)가 아니라고 할 것이다. 이와 같은 고집이 비록 당시 사람들을 경탄케 했으나, 후세에 조명(釣名)1051)을 면하기 어려우니 불가사의한 일이라 하겠다.

설법(說法)에 이르기를, "사람이 처자식과 사택(舍宅)에 얽매이는 것이 옥(獄)에 갇히는 것보다 심한 것이니, 감옥은 오히려 사면이 되어 풀려날 기한이 있지만 처자식은 헤어지고 떠나는 마음이 없으니, '아내는 감옥이요 자식은 족쇄'라는 말이 이를 좇아 생겨났다"고 하였다.

후세의 수도승[白足]1052)이 석가를 본으로 삼으면서, "아내를 두고 아이를 낳는 것은 수도에 방해가 된다"고 하였다.

또 말하기를, "슬프구나, 이 몸이여! 구공(九孔)1053)이 항상 흐르는구나. 가죽주머니에 인분(人糞)만 가득차고 피고름[濃血]1054)이 더러우니, 탐하거나

1050) 견성(見性) : 〈불교〉 모든 망념과 미혹을 버리고 자기 본래의 성품인 자성을 깨달아 앎. [같은 말] 견성성불(자기 본래의 성품인 자성을 깨달아 부처가 됨).
1051) 조명(釣名) : 거짓으로 명예(名譽)를 탐하여 구(求)함.
1052) *백족(白足) : 세속의 더러움에 오염되지 않은 청정한 수도승(修道僧)을 말한다. ※담시(曇始) : 중국 관중(關中)의 승려. 출가한 뒤부터 이상한 행적이 많고, 발이 얼굴보다 희었으므로 백족(白足)이라 함. 고구려 광개토왕 5년 진(晋)나라에서 경·율 수십 부를 가지고 랴오둥[遼東]에 와서 교화, 이것이 고구려에서 처음으로 불법을 들은 것이라 함. **"담시(曇始)"**, 인명사전편찬위원회, 《인명사전》
1053) 구공(九孔) : 사람의 몸에 있는 아홉 개의 구멍. 곧, 두 눈과 두 귀, 두 콧구멍과 입, 음부(陰部)와 항문. **"구공(九孔)"**, 곽철환, 《시공 불교사전》
1054) *원문에는 '농혈(濃血)'이라고 되어 있으나, 이 말의 출처인 《선가귀감(禪家龜

애석할 것이 없구나. 하물며 백년을 잘 길러주셨는데,1055) 어찌 한 순간에 은혜를 저버리겠는가?"라고 했으니, 이는 '무아무상(無我無相)'의 설법에 기인한 것이다. 부모가 남긴 육체가 어찌 이렇게 천한 것이란 말인가! 만약 무수한 중생으로 하여금 모두 다 불교계[佛界]에 귀의하여 농사도 짓지 않고 상업도 하지 않으며, 장가들지도 않고 출산도 아니 하고, 육신을 보기를 풀[芻]같이 여긴다면 인류는 스스로 멸망하고 윤상(倫常)1056)은 깨어지고 끊어질 것이니, 어디에서 선남선녀(善男善女)를 다시 얻겠는가!

그러므로 일본의 '신란[親鸞, しんらん]'1057)은 '진종(眞宗)'1058)을 따로 세웠고, '서장(西藏, 티베트)'의 '연화자(蓮華子)'1059)는 '홍교(紅敎)'1060)를 변경하여 열었으니, 이와 같은 고견(高見)은 불교계[法界]의 '수준미달[不逮]'을 환기(喚起)이시키는 것이라 하겠다.

鑑)》에는 '농혈(膿血)'로 되어 있다. 따라서 '피고름'이라고 번역했다.
※ 출처 : 휴정(休靜) 지음, 한국불교대학교재편찬위원회 편저, 《선가귀감(禪家龜鑑)》(대구; 도서출판 좋은인연, 2007년) 95.

1055) *원문에는 '종양(終養)', 곧 '어버이를 돌아가실 때까지 봉양함'이라 되어 있지만 이 말의 출처인 《선가귀감》에는 '장양(將養)', 곧 '잘 길러줌'으로 되어 있다. 여기서는 원 출처를 따라 번역했다. 휴정(休靜) 저, 《선가귀감(禪家龜鑑)》 95.
1056) 윤상(倫常) : 인륜의 떳떳하고 변하지 아니하는 도리.
1057) 신란[親鸞(친란)] : 일본 가마쿠라[鎌倉]시대의 승려로 악인정기설(惡人正機說)을 주장하며 새로이 정토진종(淨土眞宗)을 열었다. 저서에는 《정토화찬(淨土和讚)》 등이 있다. **"신란[親鸞]"**, 두산동아백과사전연구소, 《두산세계대백과사전(16권)》
1058) 정토진종(淨土眞宗)을 말함. '정토진종'은 신란(親鸞, 친란)을 종조로 하는 불교의 일파로 생략해서 진종(眞宗)이라고도 하며〈정토삼부경〉을 정의의 성전으로 한다. **"정토진종(淨土眞宗)"**, 한국사전연구사, 《종교학대사전》
1059) 연화생(蓮花生) : 연화생대사(蓮花生大士)라 부르기도 한다. 전설에 따르면 석가모니(釋迦牟尼)가 열반한 8년 뒤 현기(懸記)에 응하여 하력(夏曆) 7월 초10일 서천축(西天竺) 달라곽소해(達喇郭嘯海) 오색 연꽃 속에서 태어나 성불(成佛)하여 이렇게 불린다고 한다. 당나라 때(대략 8세기 후반 경) 토번(吐蕃) 찬보(贊普) 기송덕찬(棄松德贊)의 초빙에 따라 지금의 강장(康藏) 지구에 들어와 불법(佛法)을 전파하여 장전불교(藏傳佛敎) 영마파(寧瑪派), 속칭 紅敎)의 창시자가 되었다. **"연화생(蓮花生)"**, 한보광 임종욱, 《중국역대불교인명사전》
1060) 홍교(紅敎) : 라마교의 한 갈래. 영마파(寧瑪派)의 속칭.

제3장
선교(仙敎) 도리(道理)의 요소

제3장
선교(仙敎) 도리(道理)의 요소

제1. 선세계도서(仙世界圖書)

○ '선(仙)'이라는 것은 '도교(道敎)'의 별칭인데, 96종(種)과 3천6백 방문(旁門)이 있다. 수행(修行)하는 방법[法門]은 법계(法界)1061)를 좇아서 색신(色身)1062)을 '의탁해 다스리는 것[歸攝]'과, 색신을 좇아서 법계를 '뚫고 나가는 것[透出]'이 있다.

○ 노자(老子)가 말하기를, "도(道)라고 할 수 있는 '도'는 영원한 '도'가 아니요, 이름 지을 수 있는 이름은 영원한 이름이 아니다. 이름 붙일 수 없는 그 무엇이 하늘과 땅의 시원(始原)이요, 이름을 붙일 수 있는 것은 만물의 어미이다. 그러므로 항상 욕심이 없으면 그 신묘함을 볼 수 있고, 항상 욕심이 있으면 그 미묘함을 볼 수 있다. 신비롭고도 신비로운 도(道)야말로 모든 신비로움이 드나드는 문이다"1063)라고 하였다.

1061) 법계(法界) : 우주 만법의 본체인 진여(眞如).
1062) 색신(色身) : 산스크리트어 rūpa-kāya. ① 형상을 갖춘 몸, 곧 육신. ② 진리 그 자체를 뜻하는 법신(法身)에 대하여, 형상을 볼 수 있는 부처의 육신. ③ 대상을 차별하고 분별하는 인식 주체. 인식 주관에 분별된 대상이 형성되어 있는 주체. "색신(色身)", 곽철환,《시공 불교사전》
1063) *이는 노자(老子)의《도덕경》제1장에 나오는 구절이다.《만종일련》에 인용된

또 말하기를, "뒤섞여서 이루어진 물건이 있는데 이것은 천지가 생기기 전에 있어서 고요하고 쓸쓸하며, 홀로 서서 바뀔 줄 모르고 두루 행하되 게으르지 않으니, 가히 천하 만물의 어머니라고 할 것이다. 나는 그 이름을 모르거니와 문자로 말하면 도(道)라 하고, 억지로 이름을 붙이면 크다고 하니, 크기 때문에 미치지 않는 곳이 없고 미치지 않는 데가 없으니 멀다고 하고 멀리 가기에 돌아온다고 한다. 그러므로 이 세상에 네 가지 큰 것이 있는데 왕(王) 또한 그 가운데 하나를 차지한다. 사람은 땅을 본받고 땅은 하늘을 본받고 하늘은 도(道)를 본받고 도(道)는 자연을 본받는다"1064)고 하였다. 또 말하기를, "도(道)는 하나를 낳고 하나는 둘을 낳고 둘을 셋을 낳고 셋은 만물을 낳으니, 만물은 음(陰)을 등지고 양(陽)을 안아 허무의 기(氣)로써 조화(造化)를 이룬다"1065)라고 하였다.

○ 광성자(廣成子)가1066) 말하기를, "음(陰)이 지극하면 고요하고 엄숙해지며, 양(陽)이 지극하면 밝게 빛난다. 창성해진[赫赫] 양(陽)은 땅으로 발양(發陽)하고, 엄밀해진[肅肅] 음(陰)은 하늘로 진출한다"1067)고 하였다.

원문은 다음과 같다. "道可道非常道 名可名非常名이라. 無는 名天地之始요, 有는 名萬物之母라. 故로 常無欲以觀其妙ᄒ고 常有에欲以觀其徼라. 元之又元이 衆妙之門이라." 오강남 풀이, 《도덕경》(서울; 현암사, 2000) 19-20.

1064) *《도덕경》 제25장에 나오는 구절이다. 《만종일련》에 인용된 원문은 다음과 같다. "有物混成 先天地生寂兮寥兮 獨立不改 周行而不殆 可以爲天下母라 吾不知其名이로되, 字之曰道요 强爲之名曰大라 大曰逝요 逝曰遠이오 遠曰反이라. 故로 域中에 有四大而王居其一焉이라. 人法地ᄒ고 地法天ᄒ고 天法道ᄒ니 道法自然이라." 오강남 풀이, 《도덕경》 123-126.

1065) *《도덕경》 제42장에 나오는 구절이다. 《만종일련》에 인용된 원문은 다음과 같다. "道生一ᄒ고 一生二ᄒ고 二生三ᄒ고 三生萬物ᄒ니 萬物은 負陰而抱陽ᄒ야 沖氣以爲和라." 오강남 풀이, 《도덕경》 197-200.

1066) *광성자(廣成子) : 고대의 선인(仙人). 공동산(崆峒山)의 석실(石室) 속에서 살았다. 나이가 1200살이 되었는데도 늙지 않았다고 하며, 황제(黃帝)가 그의 소문을 듣고 찾아와 도(道)의 요지를 물었다고 한다. 葛洪稚川 著, 李民樹 譯, 《신선전(神仙傳)》(서울; 명문당, 1994) 13-14 참조.

1067) *《장자(莊子)》, 5권 외편, 제21장 '전자방(田子方)'에 나오는 구절이다. 《만종일

○ 열자(列子)가 말하기를, "생장하는 것[生]과 생장하지 않는 것[不生]이 있고, 변화하는 것[化]과 변화하지 않는 것[不化]이 있다. 생장하는 것은 생장하지 않는 것을 잘 생장하게 해주며, 변화하지 않는 것은 변화하는 것을 잘 변화하게 해준다"1068)고 하였다.

○ 윤진인(尹眞人)이 말하기를, "조화(造化) 간에 오랜 세월 동안 옮기지 않는 참된 주재(主宰)가 있다"1069)고 하였다.
【경(經)에 가로되, "만물을 창조하신 주(主)는 홀로 한 분이며 둘이 아니고, 계시지 않은 곳이 없고, 능치 못함이 없는 분이다."】

○ 《황제서(黃帝書)》에서 말하기를, "곡신(谷神)은 죽지 않으니 이것을 현묘(玄妙)한 암컷이라 하고, 현묘한 암컷의 문을 일러 천지의 뿌리라 말하며, 면면히 존재하고 아무리 써도 마르지 않는 것이다"1070)라고 하였다.

○ 도교[道家]에서 '포희팔괘(庖羲八卦)'1071)와 태극도설(太極圖說)을 인용하되,

련》에 인용된 원문은 다음과 같다. "至陰은 肅肅ᄒ고 至陽은 赫赫ᄒ야 赫赫發乎地ᄒ고 肅肅出乎天이라." 한편 이 구절에 대한 해석은 다양하다. 여기서는 '기세춘 선생'의 해석을 참고하였음을 밝혀둔다. 기세춘 옮김, 《장자(莊子)》(서울; 바이북스, 2007) 423-434 참조.
1068) *《열자(列子)》에 나오는 구절이다. 《열자》의 원문은 다음과 같다. "其言曰: 有生不生 有化不化. 不生者能生生, 不化者能化化." 자세한 내용은 다음을 참고하라. 열자 지음, 김학주 옮김, 《열자(列子)》 38-40 참조.
1069) *《성명규지(性命圭旨)》에 나오는 구절이다. 《만종일련》에 인용된 원문은 다음과 같다. "造化間有箇萬古不移之眞宰라." 윤진인의 제자 지음, 이윤홍 번역, 《性命圭旨》 196-197 참조.
1070) *《열자(列子)》에 나온다. 《열자》의 원문은 다음과 같다. "黃帝書曰: 谷神不死 是謂玄牝. 玄牝之門 是謂天地之根. 綿綿若存. 用之不勤." 자세한 내용은 다음을 참고하라. 열자 지음, 김학주 옮김, 《열자(列子)》 38-40 참조.
*《도덕경(道德經)》 제6장에도 같은 구절이 나온다. 《만종일련》에 인용된 원문은 다음과 같다. '谷神不死 是謂玄牝 玄牝之門 天地之根 綿綿若存用之不勤이라 하고' 오강남 풀이, 《도덕경》 43-46.

그 논하는 바는 "천지만물이 도(道)로 말미암아 생겨났다"1072)고 하고, "형체가 있는 것[有形]은 형체가 없는 것[無形]에서 생겨났고, 형체가 없는 것[無形]은 무극(無極)이 되고, 형체가 있는 것[有形]은 태극(太極)이 되었다. 그러므로 역(易)이 생겨나 태역(太易), 태초(太初), 태시(太始), 태소(太素)가 있게 되었다. 태역(太易)은 아직 기운[氣]이 나타나지 않은 상태이고, 태초(太初)는 기운[氣]가 나타나기 시작한 상태이다. 그리고 태시(太始)는 형체[形]가 이루어지기 시작한 상태이며, 태소(太素)는 바탕[質]이 갖추어지기 시작한 상태이다"1073)라고 했다.

○ 현현상인(玄玄上人)이 말하기를, "천지의 수(數)가 원(元)이 있고, 회(會)가 있어서, 12회(會)가 1원(元)이 되는 것이 1주일(週日)이 12분(分)과 같은 것이다"1074)라고 하였다. 또 말하기를, "세상 모든 만물의 생성에는 반드시 태생(胎生)과 난생(卵生)이 있는데, '태생과 난생[胎卵]'은 '모양이 둥글면서[象圓]'

1071) * '포희(包犧)'는 복희씨(伏羲氏)의 다른 이름이다.
　　 ※복희(伏羲) : 중국 고대 전설의 제왕. 태라고도 한다. 3황 5제(三皇五帝) 중의 최초의 왕이다. 《역》의 8괘를 만들었으며, 그물을 발명하여 고기 잡는 법과 사냥을 가르쳤다. 한대(漢代)의 《위서(緯書)》에는 그 어머니 화서씨(華胥氏)가 뇌택(雷澤)에서 거인(巨人)의 발자국을 밟고 그를 낳았다고 하며 열자(列子)에는 그가 인면사신(人面蛇身), 우수호미(牛首虎尾)라고 기록되어 있다. 중국에서 조물주(造物主)로 생각되어 왔다. "복희(伏羲)", 인명사전편찬위원회, 《인명사전》
1072) * '왕필(王弼)'이 주석을 단 《도덕경》에 나오는 구절이다. 왕필의 주석 원문은 다음과 같다. "萬物皆由道而生, 旣生而不知其所由." 노자 지음, 김학목 옮김, 《노자 도덕경과 왕필의 주(註)》(서울; 홍익출판사, 2006) 144-145.
1073) *《주역정의(周易正義)》·〈卷第一〉에 나오는 내용인데, 《만종일련》의 원문과는 약간의 차이가 있다. 《주역정의》의 원문은 다음과 같다. "故로 乾鑿度云 夫有形者는 生於无形하니 則乾坤安從而生이리오. 故有太易하고 有太初하고 有太始하고 有太素하니 太易者는 未見氣也요 太初者는 氣之始也요 太始者는 形之始也요 太素者는 質之始也라." 자세한 내용은 다음을 참고하라. 성백효 신상후 역주, 《주역정의(周易正義)》(서울; 전통문화연구회, 2021) 91 참조.
1074) *《만종일련》의 원문은 다음과 같다. "天地之數有元有會하니 十二會爲一元이 如一週日之十二分이라."

면서 물[水]에서 생성된다. 그러므로 물[水]은 하늘 바깥을 적시고, 땅은 하늘이 안고 있어서, 그 바깥은 오직 고요함만 있고, 그 가운데는 오직 신령[靈]만 있다"라고 하였다.

[※팔식귀원도, 출처;《성명규지》]

○ "여덟 명의 형제 중에 한 사람은 어리석고, 오직 한 명이 가장 영리한 사람인데, 영리한 것은 곧 제6의식(第六意識)1075)이다. 그리고 이 의식이 오적(五賊)1076)【오행이다(五行也)】의 주인[主司]이 되어서 윤회(輪回)의 종자(種子)1077)가 된다. '삼계(三界)의 범부(凡夫)1078) 중에서 이것을 만나서 빠지지 않는 사람이 하나도 없다.'1079) 그러므로 《원각경(圓覺經)》에서 말하기를, '먼저 한없이 먼 과거[無始]의 윤회의 근본을 끊는 것이 이 의식(意識)이다'라고 했다. 어리석은 것은 제7전송식(第七傳送識)1080)이다. 주인이 의지하는 것은 제8아뢰야식(阿賴耶識)1081)이다. 이 식(識)은 일러 총보주(總報主)라고 한다.

1075) 제육식(第六識) : 육식(六識) 가운데 여섯 번째인 의식(意識)을 말함. 의식 기능[意]으로 의식 내용[法]을 식별·인식하는 마음 작용. **"제육식(第六識)"**, 곽철환, 《시공 불교사전》
1076) * 본문의 '오적(五賊)'은 '眼織, 耳織, 鼻織, 舌織, 身織'을 말한다. 이는 외물을 인식하는 '오근(五根)'과 '오근(五根)'의 대상인 '오경(五境)'과 관계가 있다.
  ※오근(五根) : 불교에서 외계를 인식하는 다섯 가지 기관인 오관(五官), 곧 안근(眼根)·이근(耳根)·비근(鼻根)·설근(舌根)·신근(身根) 등을 말한다.
  ※오경(五境) : 범어 pañca-viṣaya 경(境)은 대상을 뜻함. 오근(五根)의 대상인 색(色)·성(聲)·향(香)·미(味)·촉(觸)을 말함. **"오경(五境)"**, 곽철환, 《시공 불교사전》
1077) 종자(種子) : 산스크리트어 bīja. ① 어떤 현상을 일으키는 근원. 어떤 현상이 일어날 가능성. ② 과거의 인식·행위·경험·학습 등에 의해 아뢰야식(阿賴耶識)에 새겨진 인상(印象)·잠재력. 아뢰야식에 저장된, 과거의 인식·행위·경험·학습 등의 잠복 상태. 아뢰야식에 저장되어 있으면서 인식 작용을 일으키는 원동력. 습기(習氣)와 같음. ③ 밀교에서, 상징적 의미를 가지는 하나하나의 범자(梵字). **"종자(種子)"**, 곽철환, 《시공 불교사전》
1078) 범부(凡夫) : ① 평범한 사내. ② 불교에서 번뇌에 얽매여 생사를 초월하지 못하는 사람을 뜻함.
1079) *《만종일련》의 원문은 "三界凡大無一人不遭此沉溺"이라 되어 있다. 그런데 '윤계선(尹繼先) 편'《성명규지(性命圭旨)》에 수록된 "팔식귀원도"에는 '삼계범대(三界凡大)'가 아니라 '삼계범부(三界凡夫)'로 되어 있다. 따라서 이는 오기(誤記)로 보인다. 尹繼先 編, 《性命圭旨》[萬曆二年(1615년) 간행, 국립중앙도서관 소장본 고서(古書)] 39 참조.
1080) * '말나식(末那識)'이라고도 한다.
  ※말나식(末那識) : 말나(末那)는 산스크리트어 manas의 음사로, 의(意)라고 번역. 식(識)은 산스크리트어 vijñāna의 번역. 아뢰야식(阿賴耶識)과 육식(六識) 사이에서 매개 역할을 하여 끊임없이 육식이 일어나게 하는 마음 작용이다. **"말나식(末那識)"**, 곽철환, 《시공 불교사전》

'이 세상에 태어날 때[投胎]' 이것이 먼저 오고, 몸을 버릴 때 이것이 뒤따라가게 된다. 그러므로 이르기를 '가는 것은 뒤에 하고 오는 것은 먼저 해서 주인[主公]을 진압한다[鎭]'고 했다."1082)

"8식(八識)이란 모두 무명(無明)1083)의 색신(色身)에 속한다. '이상(已上)의 일 밖에서 일어나는 9식(九識)'1084)은 이름 하여 '백정식(白淨識)'1085)이다. 이는 무명(無名)에 속하지 않고 인과(因果)에 떨어지지 않으며, 수행의 증거를 빌리지 않고, 티끌 하나도 받지 않는다. 그러므로 '종문(宗門)'에서 말하기를 '모든 차별을 떠난, 있는 그대로의 본성을 깨달은 경지[實際理地]'라고 했다. 이상 8식(識)은 점수[漸]에 속하고, 제9식(第九識)은 돈오[頓]에 속한다. 왜 그러한가? 색신(色身)은 허깨비[幻化]1086)이니 수행의 증거를 빌리지 않으며, 법신

1081) 아뢰야식(阿賴耶識) : 아뢰야(阿賴耶)는 산스크리트어 ālaya의 음사로, 거주지·저장·집착을 뜻함. 식(識)은 산스크리트어 vijñāna의 번역. 아뢰야(阿賴耶)를 진제(眞諦)는 a(無)+laya(沒)로 보아 무몰식(無沒識), 현장(玄奘)은 ālaya로 보아 장식(藏識)이라 번역했다. 과거의 인식·행위·경험·학습 등에 의해 형성된 인상(印象)·잠재력, 곧 종자를 저장하고, 육근(六根)의 지각작용을 가능하게 하는 가장 근원적인 심층 의식이다. **"아뢰야식(阿賴耶識)"**, 곽철환,《시공 불교사전》

1082) *이 부분은《性命圭旨》의 "八識歸元圖"에 나오는 내용이다. 尹繼先 著,《性命圭旨》[萬曆二年(1574년) 간행, 국립중앙서관 소장본 고서(古書)] 39 참조. ; 윤진인의 제자 씀,《性命圭旨》, 이윤희 옮김(파주 : 한울, 2017) 154-156 참조.

1083) 무명(無明) : 진리를 알지 못하는 무지(無知). 원시불교에서는 '사제(四諦)의 이치를, 또는 연기의 이치를 모르는 것'을 무명이라고 정의했다. 대승에는 '진여(眞如)의 이치를 모른다. 또는 유(有)를 무(無)로 보고, 무(無)를 유(有)로 본다'라고 정의된다. 생사윤회하는 근본원인. **"무명(無明)"**, 한국사전연구사,《종교학대사전》

1084) *《만종일련》의 원문은 "己土事外起九識"이라 되어 있다. 그런데 '윤계선(尹繼先)'의《성명규지(性命圭旨)》에 수록된 "팔식귀원도"에는 '기토사(己土事)'가 아니라 '이상사(已上事)'로 되어 있다. '이상(已上)'은 '이상(以上)'과 같은 의미이다. 따라서《만종일련》의 '기토사(己土事)'는 오기(誤記)로 보인다. 尹繼先 編,《性命圭旨》[萬曆二年(1615년) 간행, 국립중앙서관 소장본 고서(古書)] 39 참조.

1085) *'아마라식(阿摩羅識)'의 다른 이름이다.
※아마라식(阿摩羅識) : '아마라'는 '청정하다'는 뜻. 현장(玄奘) 계통의 법상종에서는 '제8아뢰야식'의 청정한 부분으로 간주하지만 진제(眞諦) 계통의 섭론종에서는 제9식으로 상정함. **"아마라식(阿摩羅識)"**, 곽철환,《시공 불교사전》

1086) *《만종일련》원문에는 '구화(句化)'로 되어 있다. 이는 '환화(幻化)'의 오기(誤記)

(法身)은 무상(無相)1087)이니 마치 허공(虛空)과 같다. 그러므로 거짓으로 수행할 필요가 없다."1088)

○ 석가[釋氏]가 말하기를, "사람이 생명을 받는 것은 반드시 아버지[父]의 정(精)과 어머니[母]의 혈(血)을 따르고, 전생(前生)의 '마음과 영혼[識神]'과 더불어 삼상(三相)1089)이 합해진 뒤에 태(胎)를 이루게 된다"고 하였다. 따라서 정(精)과 기(氣)는 부모에게 받지만, 신식(神識)은 부모로부터 받지 않는다. 대략 '시작을 알 수 없는 영겁의 시간[無始劫]'을 좇아 흘러와서, 역시 이를 생멸성(生滅性)이라 말한다. 그러므로 말하기를, "생멸(生滅)은 불생멸(不生滅)과 더불어 화합하여 팔식(八識)을 이룬다"고 하였다.1090)

대지(大地)의 한가운데에 끝없이 높은 산이 있는데 마치 '하늘기둥[天柱]'1091)과 같으니 이름 하기를 '수미(須彌)'라 하였다. 아래로는 '하나의 선[一線]'이 있어서, '모든 길[萬道]'을 나누고 '온 바다[八瀛]'에 물을 대니 '천지(天地)'가 되었다. 그 바깥에 '큰 바다[大瀛海]'가 있어 외부를 두르고, 다시 '검

로 보인다. 尹繼先 編, 《性命圭旨》[萬曆二年(1615년) 간행, 국립중앙도서관 소장본 고서(古書)] 39 참조.

1087) 무상(無相) : ① 산스크리트어 animitta 고유한 형체나 모양이 없음. 불변하는 실체나 형상이 없음. 고유한 실체가 없는 공(空)의 상태. ② 산스크리트어 animitta 대립적인 차별이나 분별이 없음. 대상에 가치나 감정을 부여하지 않음. 형상을 떠남. 집착이나 속박에서 벗어남. ③ 산스크리트어 alakṣaṇa 특징이 없음. **"무상(無相)"**, 곽철환, 《시공 불교사전》

1088) 尹繼先 編, 《性命圭旨》[萬曆二年(1615년) 간행, 국립중앙도서관 소장본 고서(古書)] 39 참조. ; 윤진인의 제자 씀, 이윤희 옮김, 《性命圭旨》 156 참조.

1089) 삼상(三相) : 여러 인연으로 생성되어 변해 가는 모든 현상의 세 가지 모습. ① 생상(生相). 여러 인연이 모여 생기는 모습. ② 주이상(住異相). 머물다가 변해 가는 모습. ③ 멸상(滅相). 인연이 흩어져 소멸하는 모습. **"삼상(三相)"**, 곽철환, 《시공 불교사전》

1090) *이 부분은 '윤계선 편'《性命圭旨》 내용 중에서 "八識歸元說"에 나오는 내용이다. 尹繼先 編, 《性命圭旨》[萬曆二年(1615년) 간행, 국립중앙도서관 소장본 고서(古書)] 39 참조. ; 윤진인의 제자 씀, 이윤희 옮김, 《性命圭旨》 157 참조.

1091) 천주(天柱) : 하늘이 무너지지 않도록 괴고 있다는 상상의 기둥.

은 바다[黑洋]'와 '푸른 바다[碧洋]'가 있어 층층이 둘러쌌다. 그리고 팔극(八極)1092)의 가장자리[際]에 약수(弱水)1093)가 있는데, 성질이 부드러워 능히 티끌조차 띄울 수 없고, 바다 가운데 네 개의 큰 주정(洲汀)1094)을 '잠기게 하니[涵浸]', 남쪽은 염부제(閻浮提)요 동쪽은 불우체(弗于逮)요 북쪽은 울단월(鬱單越)이요 서쪽은 구야니(瞿耶尼)라 하였다.

○ '황로(黃老)'1095)가 말하기를, "하늘이 땅의 외부를 감싸고 있는 것은 '알의 각막[卵殼膜]'1096)과 같은 것이요, 사람은 땅을 의탁하여 태어나는데 땅에는 '아홉 겹[九重]'이 있다. 첫째는 수기(秀氣)요, 둘째는 구릉(丘陵)이요, 셋째는 고양(橋壤)이요, 넷째는 비습(卑濕)이요, 다섯째는 천택(川澤)이요, 여섯째는 유사(流沙)요, 일곱째는 황천(黃泉)이요, 여덟째는 침연(沉淵)이요, 아홉째는 박징(薄徵)이니, 안개[霧]와 같고 거품[漚]과 같아서 '허무에서 서로 묶여있다[相薄于虛無].' 하늘은 '아홉 하늘[九지]'이 있으니, 첫째 태허(太虛)요, 둘째는 시화(施化)요, 셋째는 월륜(月輪)이요, 넷째는 유도(遊道)요, 다섯째는 양명(陽明)이요, 여섯째는 열수(列宿)요, 일곱째는 두추(斗樞)요, 여덟째는 불근(不勤)이요, 아홉째는 궁륭(穹隆)이다"라고 하였다. 또 말하기를, "형·기·색(形·氣·色)의 '열 하늘[十지]'이 있으니 이르되 '청천(青天)·창천(蒼天)·양천(陽天)·주천(朱天)·민천(旻天)·유천(幽天)·현천(玄天)·호천(昊天)·조천(釣天)·황천(黃天)'1097)이

1092) 팔극(八極) : 팔굉(八紘), 곧 '팔방의 멀고 너른 범위'라는 뜻. 온 세상을 뜻함.
1093) 약수(弱水) : 신선이 살았다는, 중국 서부의 전설적인 강. 길이가 삼천리나 되며, 부력이 매우 약하여 기러기의 털도 가라앉는다고 한다.
1094) 주정(洲汀) : 파도가 밀려서 닿는 곳.
1095) 황로(黃老) : 황제(黃帝)와 노자(老子). 노자의 주장인 허무지도(虛無之道)가 황제에게서 나왔다하여 도교를 황로지학(黃老之學)이라 함. **"황로(黃老)"**, 전관수, 《한시어사전》
1096) 난각막(卵殼膜) : 달걀 등(等) 알의 난각 안쪽에 있는 이층(二層)의 막(膜). 바깥쪽은 얇고, 안쪽은 두꺼움. 이 막들 사이에 기실(氣室)이 있음.
1097) *보통 방위에 따라서 '구천(九天)'이라 하는데, 여기서는 '구천' 중에 '변천(變天)'을 빼고 '조천(釣天)'과 '황천(黃天)'을 추가해 '십천(十天)'을 소개하고 있다.

다. 또한 신산(神山)1098) 여섯이 있으니, '첫째 대여(岱輿)요, 둘째 원교(員嶠)요, 셋째 방호(方壺)요, 넷째 영주(瀛洲)요, 다섯째 방장(方丈)이요, 여섯째 유파(流波)'이다"라고 하였다.

선계(仙界)의 4대주(大洲)의 설(說)과 9지(地)·10천(天)의 논(論)은 불교[釋敎]의 4천하(天下)와 28하늘[天]의 설(說)과 대략 동일하고, 12원회(元會)와 무극(無極)·태극(太極)의 이론은 유교의 논리와 근사하나 이론(理論)의 차이가 있고, '도(道)가 만물을 생성한다'는 말은 〈요한복음〉 1장 12절과 비슷하지만, '세차게 분별할 필요가 없다[不須强辨].'

◉ 선술(仙術)의 개요를 묶어서 말하자면[括言], 마음을 닦고 성품을 단련하는 것[修心煉性]으로 내외(內外)의 2약(二藥)을 수련하는 것인데, '삼가(三家)가 【신(身)·심(心)·의(意)】 서로 만나며[相見], 삼원(三元)이 【정(精)·기(氣)·신(神)】 하나로 연합하여 태(胎)가 원만하고 단(丹)이 완성되며[成], 젖먹이[嬰兒]를 맺어[結]'1099) '날아오르며 솟구쳐 일으키고[飛昇冲擧]' '유(有)에서 나와 무(無)로 들어간다[出有入無].'

'원빈(元牝)과 곡신(谷神)'1100)으로 천지(天地)의 근원[根]을 만들며[作], '정기(精氣)를 모으고(採精)' '주문을 외움(念呪)'으로써 진결(眞訣)의 문(門)을 세우며,

---

※구천(九天) : 하늘을 남북으로 3개, 동서로 3개, 총 9개의 방위로 나누어 이르는 이름. 중앙은 균천(均天), 동쪽은 창천(蒼天), 북동쪽은 변천(變天), 북쪽은 현천(玄天), 북서쪽은 유천(幽天), 서쪽은 호천(昊天), 남서쪽은 주천(朱天), 남쪽은 염천(炎天), 남동쪽은 양천(陽天)이다. **구천(九天)**, 두산동아백과사전연구소, 《두산세계대백과사전》

1098) 신산(神山) : 신선(神仙)이 산다는 산.
1099) *이 부분은 '윤계선 편'《性命圭旨》내용 중에서 "三家三元說"에 나오는 내용이다. 尹繼先 編, 《性命圭旨》[萬曆二年(1615년) 간행, 국립중앙도서관 소장본 고서(古書)] 34 참조. ; 윤진인의 제자 씀, 이윤희 옮김, 《性命圭旨》 134-137 참조.
1100) *《도덕경(道德經)》에 나오는 말이다. 원문은 다음과 같다. "谷神不死 是謂玄牝" 풀이하면 "곡신은 죽지 않으니, 이를 현빈이라 한다" 이다. 오강남 풀이,《도덕경》 43-46참조.

'기(氣)를 변화시켜 육신을 나누고[化氣分身]' '남의 몸을 빌려 태어남[投胎奪舍]'으로 '집을 뽑아 하늘로 올라가는 것[拔宅上昇]'에 이르는데, 다섯 등급의 신선[仙]과 9품(九品)의 구별이 있다. 첫째 구천진왕(九天眞王)이요, 둘째 삼천진왕(三天眞王)이요, 셋째 태상진인(太上眞人)이요, 넷째 비천진인(飛天眞人)이요, 다섯째 영선(靈仙)이요, 여섯째 진인(眞人)이요, 일곱째 영인(靈人)이요, 여덟째 비선(飛仙)이요, 아홉째 선인(仙人)이다.

삼정(三精)과1101) 구령(九靈)을 취하여 영부(靈府)1102)와 영관(靈關)에 '초월해서 빈곳에 들어가는데[超越入虛]', 지선(地仙)으로부터 천선(天仙)과 신선(神仙)에 이르며, '참 성인[眞聖人]'이 허무(虛無)의 동천(洞天)1103)에 도달하면, 자연(自然)의 풀무[槖籥]에 하차(河車)가 오르내린다[升降]고 한다.

○ 지금까지[第一回에] 도교[仙門]의 수심연성(修心鍊性)과 삼정구령(三精九靈)의 진결(眞訣)을 개론하였다. 이제 그 요소(要素)를 이어서 논(論)하려고 한다.
선(仙)이라는 것은 도교(道敎)의 별명(別名)이다.

1101) 삼정(三精) : 해와 달과 별.
1102) 영부(靈府) : 신령스러운 창고라는 뜻으로, 사람의 마음을 이르는 말.
1103) 동천(洞天) : 도가(道家)에서 말하는 신선이 산다는 별천지.

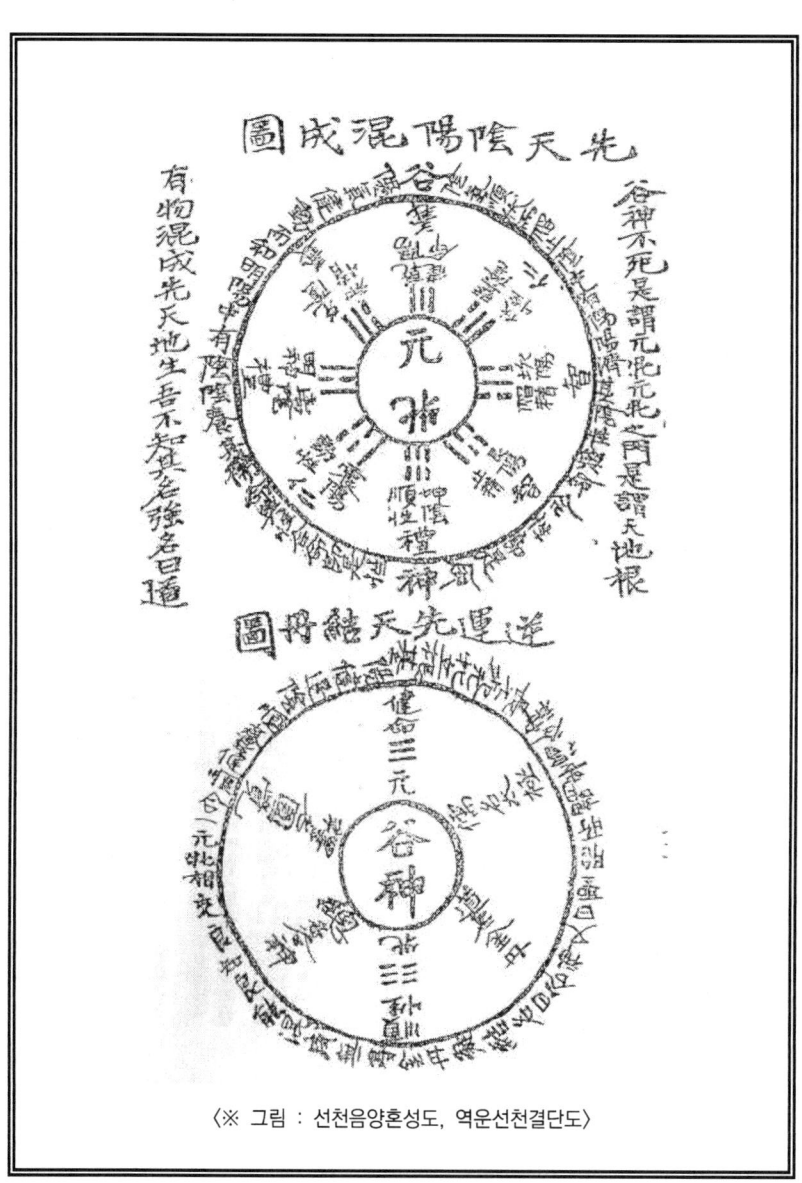

〈※ 그림 : 선천음양혼성도, 역운선천결단도〉

제2. 도조(道祖)1104)의 약사(略史)

1. 도조(道祖)의 화신(化身)

노자(老子)라는 인물은 태상노군(太上老君)이다.

《혼원도(混元圖)》에서 말하기를, "삼황(三皇) 초엽에 화신(化身)하여 그를 호칭하기를 만법천사(萬法天師)라 하였고, 중엽(中葉)에 '반고선생(盤古先生)'1105)이라 불렀고, '복희(伏羲)시대'1106)에 '울화자(鬱華子)'1107)가 되었고, '여와(女媧)시

1104) 도조(道祖) : 도교의 종조(宗祖), 곧 도교를 처음 창시한 사람. 교조(敎祖).
1105) * 趙全陽眞人 編輯, 《歷世眞仙體道通鑑》·〈卷之二, "盤古先生"〉에 나오는 인물이다. 이 책은 원(元)나라 세조(世祖) '지원(至元) 갑오년(甲午年, 1294년)'에 발행되었는데, 이를 '타이베이[臺灣]'의 '자유출판사(自由出版社)'에서 '2권[全二冊]'으로 영인하여 펴냈다. 여기에 인용한 원문은 '자유출판사(自由出版社)'에서 펴낸 '영인본(影印本)'이다. "盤古先生 在人皇時 出洞神經一十二部, 化人以太平無爲之道." 趙全陽眞人 編輯, 《歷世眞仙體道通鑑(上)》 53 참조.
　　※반고선생(盤古先生) : 《역세진선통감(歷世眞仙通鑑)》에 나오는 인물. 인황(人皇) 때 《동신경(洞神經)》 12부를 내고 태평무위(太平無爲)의 도(道)로써 사람들을 교화했다고 한다. **반고선생(盤古先生)**, 김승동, 《도교사상사전》
1106) 복희(伏羲) : 중국 고대 전설의 제왕. 태라고도 한다. 3황 5제(三皇五帝) 중의 최초의 왕이다. 《역》의 8괘를 만들었으며, 그물을 발명하여 고기잡는 법과 사냥을 가르쳤다. 한대(漢代)의 《위서(緯書)》에는 그 어머니 화서씨(華胥氏)가 뇌택(雷澤)에서 거인(巨人)의 발자국을 밟고 그를 낳았다고 하며 열자(列子)에는 그가 인면사신(人面蛇身), 우수호미(牛首虎尾)라고 기록되어 있다. 중국에서 조물주(造物主)로 생각되어 왔다. **복희(伏羲)**, 인명사전편찬위원회, 《인명사전》
1107) *《歷世眞仙體道通鑑》·〈卷之二, "鬱華子"〉에 나온다. "鬱華子 在必犧時降于田野, 授天皇內文. 又降河圖八卦之文. 敎人以順性之道. 一號宛華. 稱田野子. 作元陽經三十四卷." 趙全陽眞人 編輯, 《歷世眞仙體道通鑑(上)》 53-54.
　　※울화자(鬱華子) : 완화(宛華), 전야자(田野子)라고도 한다. 복희(伏羲)가 있을 때 전야(田野)에 내려와서 천황내문(天皇內文)을 주고, 또 하도팔괘문(河圖八卦文)을 내리고 순성(順性)의 도로써 사람들을 가르쳤다. 저작에 《원양경(元陽經)》 34권이 있다. **울화자(鬱華子)**, 김승동, 《도교사상사전》

대'1108)에 '울밀자(鬱密子)'가 되었고, '신농(神農)시대'에 '태성자(太成子)'가 되었고, '헌원(軒轅)시대'에 '광성자(廣成子)'가 되었고, '소호(少皥)시대'에 '수응자(隨應子)'1109)가 되었고, '전욱(顓頊)시대'에 '적정자(赤精子)'1110)가 되었고, '제곡(帝嚳)시대'1111)에 '녹도자(錄圖子)'1112)가 되었고, '제요(帝堯)시대'에 '무성자(務成子)'1113)가 되었고, '제순(帝舜)시대'에 '윤수자(尹壽子)'1114)가 되었고, '하우(夏

1108) 여와(女媧) : 중국신화의 인물. 천지 창조에 나오는 여신. 《초사(楚辭)》나 《풍속통(風俗通)》에는 황토(黃土)를 덩어리로 만들어 인간을 창조하였다고 하며, 한대(漢代)의 문헌에는 '인면사신(人面蛇身)' 또는 복희씨(伏羲氏)의 아내 혹은 누이동생이라고도 기록되어 있다. **"여와(女媧)"**, 인명사전편찬위원회, 《인명사전》

1109) *《歷世真仙體道通鑑》·〈卷之二, "隨應子"〉에 나온다. "隨應子 一號太極先生. 在少嘷時降于崆峒山, 說莊敬經, 教以順時行令." 趙全陽眞人 編輯, 《歷世真仙體道通鑑(上)》 55-56.
※수응자(隨應子) : 《역세진선통감(歷世眞仙通鑑)》에 나오는 인물. 태극선생(太極先生)이라고도 하는데, 소호(少皥) 때 공동산(崆峒山)에 올라 《장경경(莊敬經)》을 설(說)하였다고 한다. **"수응자(隨應子)"**, 김승동, 《도교사상사전》

1110) *《歷世真仙體道通鑑》·〈卷之二, "赤精子"〉에 나온다. "赤精子 在顓頊時說微言經, 教以忠順之道." 趙全陽眞人 編輯, 《歷世真仙體道通鑑(上)》 56.
※적정자(赤精子) : 《역세진선통감(歷世眞仙通鑑)》에 나오는 인물. 전욱(顓頊) 때 사람으로 《미언경(微言經)》을 설(說)하고 충순도(忠順道)를 가르쳤다. **"적정자(赤精子)"**, 김승동, 《도교사상사전》

1111) 제곡(帝嚳) : 중국 고대의 전설상(傳說上)의 제왕(帝王). 고신씨(高辛氏)라고도 함. 황제(皇帝)의 증손이요, 제요(帝堯)의 할아버지라고도 말함. 원비(元妃)는 주(周)나라 왕조(王朝)의 건설자 후직(后稷), 곧 기(棄)를 낳은 유태씨(有邰氏)의 딸 강원(姜原)임. **"제곡(帝嚳)"**, 한국고전용어사전 편찬위원회, 《한국고전용어사전》

1112) *《歷世真仙體道通鑑》·〈卷之二, "錄圖子"〉에 나오는 인물이다. "錄圖子 在帝嚳時 降于江湄, 說黃庭經, 教以清和之道." 趙全陽眞人 編輯, 《歷世真仙體道通鑑(上)》 56 참조.
※녹도자(錄圖子) : 《역세진선통감(歷世眞仙通鑑)》에 나오는 인물. 제곡(帝嚳) 때에 강미(江湄)에 내려와 《황정경(黃庭經)》을 설(說)하고 청화(清和)의 도(道)를 가르쳤다. 뒤에 현궁진인(玄宮眞人)이 되어 올라갔다고 한다. **"녹도자(錄圖子)"**, 김승동, 《도교사상사전》

1113) * 趙全陽眞人 編輯, 《歷世真仙體道通鑑》·〈卷之二, "務成子"〉에 나온다. "務成子在唐堯時降于姑射山, 說玄德經, 教以謙遜之道." 趙全陽眞人 編輯, 《歷世真仙體道通鑑(上)》 56-57 참조.
※무성자(務成子) : 신선(神仙) 이름. 전설에 따르면 요(堯)임금 때 노군(老君)의 화명(化名)이라고 한다. **"무성자(務成子)"**, 김승동, 《도교사상사전》

禹)시대'에 '진행자(眞行子)'1115)가 되었고, 은(殷)나라 탕왕(湯王)시대에 '석칙자(錫則子)'1116)가 되었다"1117)고 하였다.

2. 노자(老子)의 탄생(誕生)

노군(老君)이 비록 여러 대에 걸친 화신(化身)이지만, 그의 탄생 역시 알려진 바가 없다. 상(商)나라 왕조(王朝) 양갑왕(陽甲王) 경신년(庚申年)에 '석칙(錫則)'이 스스로 '태청선경(太淸仙境)'으로 분신(分身) 화기(化氣)하여 현묘옥녀(玄妙玉女)에게 기이하게 잉태(孕胎)하게 했다. 그때 옥녀(玉女)의 나이는 80세였고 남

1114) *《歷世眞仙體道通鑑》·〈卷之二, "尹壽子"〉에 나오는 인물이다. "尹壽子在虞舜時降于河陽, 說道德經, 敎以無爲之道." 趙全陽眞人 編輯, 《歷世眞仙體道通鑑(上)》 57 참조.
※윤수자(尹壽子) : 《역세진선통감(歷世眞仙通鑑)》에 나오는 인물. 우순(虞舜) 때에 하양(河陽)에 내려와 《도덕경(道德經)》을 설(說)하여 무위(無爲)의 도(道)를 가르쳤다. 또 팽조(彭祖)에게 도를 전하였다. 어떤 이가 이르기를 《통현진일경(通玄眞一經)》 70권과 《도덕경(道德經)》 1200권을 지었다고 한다. **"윤수자(尹壽子)"**, 김승동, 《도교사상사전》
1115) *《歷世眞仙體道通鑑》·〈卷之二, "眞行子"〉에 나온다. "眞行子一號育眞子. 在夏禹時降于商山, 敎以勤儉之道." 趙全陽眞人 編輯, 《歷世眞仙體道通鑑(上)》 57.
※진행자(眞行子) : 《역세진선통감》에 나오는 인물. 하우(夏禹) 때에 상산(商山)에 내려와 근검(勤儉)의 도(道)를 가르치고 '구주서(九疇書)'를 전했다. 하우(夏禹)의 스승이 되었다고 한다. **"진행자(眞行子)"**, 김승동, 《도교사상사전》
1116) *《歷世眞仙體道通鑑》·〈卷之二, "錫則子"〉에 나오는 인물이다. "錫則子 在商湯時降于潛山, 說長生經, 敎以恭愛之道." 趙全陽眞人 編輯, 《歷世眞仙體道通鑑(上)》 58 참조.
※석칙자(錫則子) : 《역세진선통감(歷世眞仙通鑑)》에 나오는 인물. 상(商)나라 탕왕(湯王)때 잠산(潛商山)에 내려와 《장생경》을 설하고, 공경하고 사랑하는 도(道)를 가르쳤다고 한다. **"석칙자(錫則子)"**, 김승동, 《도교사상사전》
1117) *'노자'의 '화신(化身)'에 대한 내용은 '갈홍(葛洪)'의 책 《신선전(神仙傳)》에 나온다. 《만종일련》의 저자인 '탁사'가 이 책을 인용했는지는 확실하지 않다. 葛洪稚川 著, 李民樹 譯, 《신선전(神仙傳)》 16 참조.

편이 없었다. 옥(玉)같은 몸을 가졌으며 정정(貞靜)1118)이 자수(自守)1119)했는데, 홀연히 하늘로부터 기운을 받아 상스러운 빛이 좌우에 퍼졌다. 임신[懷孕]한 지 81년이 되었지만 그 오래됨을 깨닫지 못하다가, 무정(武丁) 24년 경진(庚辰) 2월 15일 묘시(卯時) 해가 뜰 즈음에, 초(楚)나라 고죽현(苦竹縣) 뇌향(瀨鄕) 곡인리(曲仁里) 와수원(渦水園)에서, 옥녀가 자두나무[李樹]를 붙잡고 태양을 대면하며 생각을 모으던 중에, 태양의 정기가 그곳에 서려 오색(五色) 유성(流星)이 진주처럼 아래로 떨어졌다. 그때 홀연히 왼쪽 겨드랑이에서 아들이 태어났다고 한다. 【계고연표(稽古年表)에 이르기를, '주(周)나라 정왕(定王) 3년 정사(丁巳)에 아들이 태어났다' 하니, 서로 차이 나는 그 기간이 698년이다. 두 가지 설이 이처럼 같지 않으니 무엇이 옳은지 살필 수가 없다.】

《선감(仙鑑)》으로 논하자면, 구주(救主) 강생(降生) 전(前) 1301년이요, 일본 기원전 641년이요, 조선(朝鮮) 단군(檀君) 1033년이다.

노자가 태어났을 때 곧장 아홉 걸음을 걷고, 걸음을 옮기자 연꽃이 피어나고, 왼손은 하늘을 가리키고 오른손은 땅을 가리키며 말하기를, "천상천하(天上天下)에 '오직 나만 홀로 존귀하다[唯我獨尊].' 나는 참으로 고귀한 도법(道法)을 들고 있으니, 일체의 동·식물과 중생과 시방(十方) 구옥(九獄)에 두루 미쳐서 한도가 없다" 하고, 자두나무[李樹] 아래에 가부좌[跌坐]를 틀고 앉아 나무를 가리키며 말하기를, "이것이 내 성(姓)이다"1120)라고 하였다. 이때 수많은 학(鶴)이 공중에 날아오르고 구천(九天)1121)이 경사(慶事)를 칭송하였다. 태어나서 아름다운 눈썹과 넓은 이마에 학발(鶴髮)1122)과 용(龍)의 얼

1118) 정정(貞靜) : 여자의 정조가 바르고 성질이 조용함.
1119) 자수(自守) : 행실이나 말을 제 스스로 조심하여 지킴.
1120) * '갈홍(葛洪)'의 《신선전(神仙傳)》에도 나온다. 葛洪稚川 著, 李民樹 譯, 《신선전(神仙傳)》 16 참조.
1121) 구천(九天) : 하늘을 남북방향으로 3개, 동서방향으로 3개, 총 9개의 방위로 나누어 이르는 이름. **"구천(九天)"**, 두산동아백과사전연구소, 《두산세계대백과사전》
1122) 학발(鶴髮) : ① '높은 사람의 하얗게 센 머리털'을 비유하는 말. ② 학의 깃처

굴을 얻었고, 발로는 '삼오(三五)'를 밟고 손으로는 '열 가지 문양'을 잡아서 72상(相)과 81호(好)가 있는데, 땅 속에서 목욕하니 아홉 용(龍)이 잉어로 변화하여 물을 뿜어내며, 용(龍)이 올라온 땅은 아홉 개의 우물, 곧 '구정(九井)'을 이룬 유래가 되었다. 마침내 능히 말하고 웃고 행동하니, 사람들이 모두 기이하게 여겼다. 어떤 사람이 그를 구덩이에 묻을 것을 권유하자, '옥녀'의 부친이 말하기를, "영비(靈飛)"라 하였다. 그는 성품이 지극히 자상하며, 정성으로 대도(大道)를 수행하여 오악(五嶽)1123)을 주유(周遊)하더니, 옥녀가 남편 없이 아이를 낳았음을 듣고, 성스러운 기미가 있음을 알아, 옥녀에게 명하여 잘 돌보아 기르게 하였다. 아이가 태어난 지 겨우 9일 만에 몸에 아홉 가지 변화가 있으며 천관(天冠)1124)과 천의(天衣)1125)가 자연히 몸에 입혀졌다.

6살이 되자 스스로 말하기를, "내 귀가 크기에 '중이(重耳)'라는 이름을 갖겠다" 하고, 자(字)는 '백양(伯陽)'이라 하였다. 거민(居民)들은 그가 흰머리[白首]인 까닭에 그의 호(號)를 일러 '노자'라 하고, 이후에 칭하기를 '노담(老聃)'이라 하니, 신장이 20척(尺)이요, 체형은 교목(喬木)1126)과 같으며, 치아는 48개가 있었다.

럼 흰 머리털. ③ 노인의 백발.
1123) 오악(五嶽) : 중국의 오대명산, 즉 동악 태산, 남악 형산, 서악 화산, 북악 항산, 중악 숭산의 총칭으로 오악(五嶽)이라고도 쓰는데 신선이 사는 곳이라고 하며, 역대 많은 제왕이 몸소 제사를 지냈다. 특히 태산에는 군신을 이끌고 참배하고, 봉선(封禪)의 의식을 행하였다. "**오악(五岳)**", 한국사전연구사, 《종교학대사전》
1124) 천관(天冠) : 주옥 등으로 만든 좋은 관(冠).
1125) 천의(天衣) : ① 천인(天人)의 옷. ② 임금의 옷.
1126) 교목(喬木) : 줄기가 곧고 굵으며, 높이 자라는 나무. 소나무·향나무 따위.

3. 노자의 수련(修鍊)

성모(聖母) 옥녀가 도신(道身, 노자)을 귀하게 낳아 기른 후에 영비(靈飛)와 승화(昇化)하였다.

성모가 백양에게 말하였다. "나는 장차 갈 것인데, '태을원군(太乙元君)'1127)이 마땅히 너에게 단약(丹藥)1128) 만드는 법을 말해줄 것이다."

말을 마치자, 천승(千乘) 만기(萬騎)를 거느린 오제(五帝) '상진(上眞)'이 아래로 내려와 성모를 옹위하여 옥여(玉輿)1129)에 태우고 하늘로 올라가니, 이로써 '무상원군(無上元君)'이 되었음을 증명했다.

노자가 재차 절하며 말없이 전송하고, 저 멀리 산천을 유람하며 신단(神丹)을 구해 수련할 때, 고귀한 진인(眞人) 한 사람을 만났는데, 그는 오색 얼룩 기린[斑麟]을 탔으며 그를 모시는 관원이 수십 명이나 되었다.

노자가 나아가 도를 물으니, 진인(眞人)이 말하기를, "나는 태을원군(太乙元君)이다. 도(道)의 요지(要旨)는 '환단(還丹)과 금액(金液)'1130)에 있다"라고 하고는 비결(祕訣)을 주었다.

이에 노자가 물러나 이를 수련하다가 다음 해에 다시 역산(歷山)에서 만났

1127) * '태을원군(太乙元君)'은 '갈홍(葛洪)'의 《포박자(抱朴子)》에 나오는 신선인데, 큰 신선 중에서 최고의 존재이다. 태을원군은 노자의 스승이며, 황제(黃帝)도 태을원군에게 배워 그 중요한 비결을 받았다고 한다. 《포박자(抱朴子)》의 원문은 다음과 같다. "元君者, 大神仙之人也, 能調和陰陽, 役使鬼神風雨, 驂駕九龍十二白虎, 天下眾仙皆隸焉, 猶自言亦本學道服丹之所致也, 非自然也." 갈홍 著, 이준영 해역, 《포박자(抱朴子)》(서울: 자유문고, 2014) 49-50
1128) 단약(丹藥) : 선단(仙丹), 신선이 만든다고 하는 장생불사의 영약.
1129) 옥여(玉輿) : 귀인이 타는 화려한 가마.
1130) 환단(還丹)과 금액(金液) : 갈홍(葛洪)의 《포박자(抱博子)》·〈금단편〉에서는 선인이 되기 위한 여러 가지 방법이 있지만 결정적 방법은 금액(金液)과 환단(還丹) 중의 하나를 복용해야 한다고 보았다. 갈홍은 이 두 가지를 최고의 약이라는 뜻에서 상약(上藥)이라고 불렀다. 금액은 액화된 금이고 환단은 일종의 제련된 단약(丹藥)을 의미하는데 태청신단(太淸神丹)·구정신단(九鼎神丹) 등 여러 종류가 있다. 갈홍 저, 이준영 해역, 《포박자(抱朴子)》 139-144, 167-171 참조.

는데, 원군(元君)이 흰 사슴을 타고 나무 아래에서 놀고 있었다. 노자가 신단(神丹)의 비방을 알려준 것에 감사하자, 원군(元君)이 말하기를, "나는 만법의 주인이기에 현묘하고 신령한 비술은 오직 나의 본분이다. 어찌 수고스럽게 감사를 받겠는가!"라고 하였다.

노자가 말하였다. "죽는 자가 심히 많아 눈물 흘리고 슬프게 울며 마음이 심히 쓰라리니, 신약(神藥)을 하사하여 장생(長生)을 얻게 하는 것이 가능하겠습니까?"

'원군(元君)'이 말하기를, "불가하다. 삶의 법도가 지극히 엄중하니 범부(凡夫)에게 불가하고, 오직 '매우 어진사람[大賢]'과 '효성과 우애[孝友]'가 독실한 사람에게 가당할 것이다. 나는 매년 자월(子月) 자시(子時)에 세상에 내려와 널리 가르침을 베풀 것이다"라고 하였다. 이렇게 말을 마친 후 구름이 사슴의 발을 끼고 떠나갔다.

이에 노자가 도법(道法)을 베풀어 세상을 권면했으니, "신선의 도(道)는 수련을 빌어야 이룰 수 있다. 진리를 지키는 것 하나를 가슴에 품고, 단(丹)을 수련하고 기운에 익숙해진 연후에 공중을 날고 허공을 능가하여, 자기 마음대로 적당한 곳에 갈 수 있게 되니, 사람이 능히 예측하지 못할 것이다"라고 하였다.

4. 노자의 세상유람[遊世]

은(殷)나라 주왕(紂王)의 폭정과 학살의 시대를 맞아 '비간(比干)'[1131]은 간

1131) 비간(比干) : 은(殷)나라 때 사람. 주왕(紂王)의 숙부다. 소사(少師)라는 직책에 있으면서 악정(惡政)을 간했는데, 주왕이 "성인의 가슴에는 구멍이 7개 있다 하니 열어보자"며 간을 도려내 죽였다. 기자(箕子)와 미자(微子)와 더불어 삼인(三仁)

언(諫言)을 하다가 죽임을 당하고 '상용(商容)'1132)은 쫓겨났다. '백양(伯陽)'의 도덕이 높고 오묘하다는 것을 듣고 호읍(毫邑)에 왕래할 때, 빛나는 머리에 아름다운 백발을 가진 한 노인을 만났는데, 돌연히 멀리서 빛이 다가왔다.

상용이 말하였다. "선생님은 제자에게 남길 가르침이 없습니까?"

백양이 말하였다. "장차 그것을 말해주겠다. 고향을 지나다가 수레에서 내린 것을 아는가?"

또 말하였다. "고향을 잊지 않았다고 말하지 않았는가?"

또 다시 말하였다, "높이 솟은 나무를 지나다가 달려간 것을 아는가?"

또 말하였다. "그것을 일러 노인을 공경한다 함이다."

다시 말하였다. "그대는 상경(上卿)이 되어 어찌 이에서 달아나려하는가?"

상용이 한참을 대답하지 못하다가 비로소 입을 열어 '사실대로 밝혀 말했다[吐說].'

그러자 노자가 말하였다. "아! 혀가 부드러움으로써 존재하고 이빨이 강함으로써 부서지나니 그대는 말을 조심하라."

그 후에 노자가 다시 임계(臨溪)에 이르러, '강자아(姜子牙)'1133)에게 말하기를, "네가 아직 본성(本性)을 물리치지 못했으니, 어찌 능히 이해하고 깨달을 수 있겠는가! 내가 주는 깨달음의 원단(元丹)을 먹어라"라고 하였다.

그리고 나서 손으로 단약(丹藥) 하나를 집어 그에게 던져주니, 한줄기 도(道)의 붉은 빛이 그의 품속에 들어갔다. '자아'가 그것을 먹자 황홀한 가운데 분명히 크게 깨달아 두 사람이 말하지 않고도 깨우치게 되었다.

으로 불린다. **"비간(比干)"**, 임종욱 김해명,《중국역대인명사전》

1132) 상용(商容) : 중국 은(殷)나라 주왕(紂王) 때의 대부(大夫). 주왕에게 직간하다가 쫓겨남. 주(周)의 무왕(武王)이 은을 이기고 그의 집 앞을 지나며 경의를 표했다고 함. **"상용(商容)"**, 한국고전용어사전 편찬위원회,《한국고전용어사전》

1133) 강자아(姜子牙) : 태공망(太公望) 여상(呂尙)을 말한다. 주(周)나라 초기의 사람. 강(姜)이 성씨고, 자(字)가 자아(子牙)다. 보통 강태공(姜太公)으로 불린다. 무왕(武王)을 도와 은(殷)나라를 멸망시키고 제(齊)에 봉해졌다. **"강자아(姜子牙)"**, 임종욱 김해명,《중국역대인명사전》

주(周)나라 문왕(文王)1134)이 서백(西伯)1135)이 되었을 때에 노자가 부름을 받아서 역사를 갈무리하였고, '무왕(武王)시대'에 주하사(柱下史)1136)란 벼슬에 올랐고, '성왕(成王)시대'에 역시 주하사(柱下史)가 되었다. 서쪽 끝으로 '대진(大秦)'1137) '축건(竺乾)'1138) 등의 나라에 머무르니 호(號)가 '고선생(古先生)'이 되었다.

어느 날 길을 가다 눈 덮인 산 돌무더기를 지나갈 새 거짓으로 비틀거리며 걷는 척하여 능히 산 위로 올라가지 못하니, 나무꾼 '갈유(葛由)'1139)가 그 노인을 진심으로 측은히 여긴 까닭에 노인을 업고 위험한 곳을 지나가며1140) 노고를 꺼리지 않았다. 노자가 그 노력에 감동하여 그의 성명을 물으니, '갈유'라고 답하였다.

노자가 말하기를, "촉(蜀)나라의 수산(綏山)에 복숭아나무가 있는데 모두 열매를 맺었으니, 그것을 따서 먹을 수 있으나, 수산(綏山)이 높고 험준하여

1134) 문왕(文王) : 주(周)나라의 초대 임금. 주족(周族)의 우두머리였다. 고공단보(古公亶父)의 손자이자 무왕(武王)의 아버지고, 계력(季歷)의 아들이다. 상주(商紂) 때 주변의 여러 부족을 멸하고 서백(西伯)이라 했다. 50년간 재위하는 동안, 덕으로 만민(萬民)을 다스려 제후와 천하의 백성들이 모두 그를 따랐다고 한다. "**문왕(文王)**", 임종욱 김해명, 《중국역대인명사전》
1135) *서백(西伯) : 주(周)나라 문왕(文王)의 별칭.
1136) *주하사(柱下史) : 노자(老子)가 역임했던 주(周)나라의 관직명으로 도서를 관장하는 관직인 것으로 보인다. 노자가 이 관직에 올랐기에 그를 '주사(柱史)'라고 부르기도 한다.
1137) 대진(大秦) : ① 고대 로마 제국의 다른 이름. ② 중국 5호(胡) 16국(國)의 부건(符健)이 세운 전진(前秦). ③ 중국 5호 16국의 요장(姚萇)이 세운 후진(後秦).
1138) 축건(竺乾) : 인도의 별칭이며, 천축(天竺), 서건(西乾)이라고도 한다. 한편 '석가'를 '축건태자(竺乾太子)'라고도 한다. "**축건태자(竺乾太子)**", 전관수, 《한시어사전》
1139) 갈유(葛由) : 전설에 나오는 서주(西周) 성왕(成王) 때 강(羌) 사람. 나무로 양을 조각해서 팔기를 좋아했다. 하루는 양을 타고 서촉(西蜀)에 들어가니 왕후와 귀인들이 그를 좇았다. 마침내 모두 아미산 서남쪽에 있는 수산(綏山)에 올랐는데, 따르던 사람들도 모두 돌아오지 않고 선도(仙道)를 터득했다. "**갈유(葛由)**", 임종욱 김해명, 《중국역대인명사전》 ; 김승동, 《도교사상사전》 참조.
1140) *《만종일련》의 원문은 다음과 같다. '路經雪山積石할새 佯作蹣跚하여 不能山上하니 樵者葛由惻憐其老하여 負過危險하며'

신발을 신고 걸어가기가 어려울 것이다" 하고, 도끼를 빌려 소나무를 베어 내 이를 깎아 나무 양(羊)을 만들고 기(氣)를 빨아들여 생기가 있게 하며 움직이는 법을 가르치니 험한 곳을 오르고 고개를 넘는데 조금도 비틀거리지 않았다. 노자가 좇으며 따로 서쪽으로 향하여 가니 걸음걸이가 날아가는 것 같았다.1141)

5, 노자의 은세(隱世)

주(周)나라 강왕(康王) 시대에 '천축(天竺)' 등의 나라, 3만 리(里)를 다니며 인의(仁義)와 도덕을 교화(敎化)하고, 주(周)나라에 돌아와 '주하사(柱下史)'가 되었다. 강왕(康王)이 세상을 떠나고 소왕(昭王)이 등극하니 주(周)나라의 도(道)가 점점 쇠퇴하였다. 이에 노자가 다시 '호읍[毫]'에 은둔했는데, '완구생(宛丘生)'1142)과 '이응양(李凝陽)' 두 사람에게 도(道)를 이야기하며 머무르게 하고 진결(眞訣)1143)을 전수하였다.

1141) *《歷世眞仙體道通鑑》·〈卷之三, "葛由"〉에 이에 관한 내용이 나오는데, 《만종일련》 원문과는 다소 차이가 있다. 이 책은 원(元)나라 세조(世祖) '지원(至元)' 갑오년(甲午年, 1294년)'에 발행되었는데, 이를 '타이베이[臺灣]'의 '자유출판사(自由出版社)'에서 '2권[全二冊]'으로 영인하여 펴냈다. 여기에 인용한 원문은 '자유출판사(自由出版社)'에서 펴낸 '영인본(影印本)'이다. "葛由者, 羌人也. 周成王時好刻木羊賣之. 一旦騎羊入蜀 蜀中王侯貴人追之上綏山. 綏山在峨嵋山西南 高無極也. 隨之者不復還 皆得仙道. 故里諺曰：若得綏山一桃, 雖不得仙亦足以豪." 趙全陽眞人 編輯,《歷世眞仙體道通鑑(上)》69 참조.
1142) 완구선생(宛丘先生)：중국의 선인(仙人).《역세진선통감》에 나오는 인물. 팽조(彭祖)가 그를 스승으로 모셨다고 한다. **"완구생(宛丘生)"**, 김승동,《도교사상사전》
1143) 진결(眞訣)：진법(眞法) 또는 비결(祕訣)이란 뜻으로, 도(道)를 전하는 정수(精粹)의 뜻임. **"진결(眞訣)"**, 한국고전용어사전 편찬위원회,《한국고전용어사전》

'완구(宛丘)'가 말하기를, "화산(華山)의 응달에 청조공(青鳥公)이 있으니 팽조(彭祖) 무리에 속한 모임입니다. 오묘한 이치를 자세히 살펴 도(道)를 수행함이 이미 470여 해가 지났습니다. 나는 일찍이 '색(色)·성(聲)·향(香)·미(味)·감(感)·희(喜)·우(憂)·사(思)·비(悲)·경(驚)·공(恐),' 12품(品)으로 그것을 시험하고 흔들어대니 '희(喜)·노(怒)·감(感)'을 벗어나지 못하여 승거(昇擧)를 얻지 못하고, 낮은 선인(仙人)에 머물러 있는데, 이제는 금액(金液)을 복용하고 혼탁한 몸을 벗어나고자 합니다"라고 하였다. 이에 노자가 기뻐하며 찬성하니, 완구생이 제자 '강약춘姜若春'을 불러서 그를 업고 서쪽으로 갔다. 노자가 말하기를, "태극은 날고 걷는 법이 있고 완구는 업고 가는 사람이 있으니, 나는 '푸른 소[青牛]를 끌고 다리 힘을 길러야겠구나"1144)라고 하였다.1145)

'응양'이 소뿔을 뽑고 크게 부르짖어 말하기를, "그대들은 어찌 나를 돕지 않는가!" 하며, 그 무리의 우두머리[郞令]에게 부탁하여 말하기를, "내가 화산(華山)에 종유(從遊)1146)하고자 하노니, 만약에 나의 혼(魂)이 7일 내에 돌아오지 않거든 주검을 불태우라"고 하였다. 이에 우두머리가 허락하였다.

하지만 7일에 이르지 못하여 우두머리[郞令] 어미의 병이 위태롭게 되었다. 이에 우두머리[郞令] 형(兄)의 협박에 견디지 못하여 제 7일에 해가 질 때까지 기다리지 않고 주검을 불태우고 어미의 집으로 갔다. 그리하여 응양은 백(魄)을 잃고 의지할 곳이 없게 되었다. 응양이 노자를 만나 그 사정을 호소하니, 노자가 말하기를, "형신(形身) 사대(四大)는 때와 다함이 있으나,

---

1144) *《만종일련》의 원문은 다음과 같다. '太極은 有飛步之法하고 宛丘는 有負行之徒하니 我는 牽青牛作脚力하리라.'
1145) *《歷世真仙體道通鑑》·〈卷之六, "宛丘先生"〉에 나오는데, 《만종일련》 원문과는 약간의 차이가 있다. 원문은 다음과 같다. "宛丘先生服制命丸得道, 殷湯之末世, 已千餘歲. 以方傳弟子姜若春, 服之三百年, 視之如十五歲童子. 彭祖師之. 受其方三首." 趙全陽眞人 編輯,《歷世真仙體道通鑑(上)》 151 참조.
1146) 종유(從遊) : 학덕이 있는 사람을 좇아 함께 지냄.

신(神)은 곧 오랫동안 존재하고, 신(神)이 형체[形]의 제도(制度)가 되고 형체[形]가 신(神)의 거처(居處)가 된다. 수련법에 수진단(守眞丹)이 있으니 그것을 복용하면 거처를 따라 편안하게 될 것이다. 어찌 반드시 '원래의 몸[原身]'을 구하겠는가?"라고 하였다. 응양이 절하며 호리병을 받아 허리에 차고 웃으며 산을 내려오더니, 숲을 지나다가 '굶주려죽은 시체[餓孚]' 하나가 있는 것을 보았다. 응양이 해골 문(門)을 따라 들어가 뛰고 일어나 사방을 살펴보니1147), 보고 듣고 말하고 행동하는 것이 모두 다 자신의 전신(前身)이었다. 그러나 응양이 우러러보니 추악한 흑검자(黑臉者)1148) 하나가 있었다. 노자가 이를 보고 박수를 치며 말하기를, "초가지붕 처마에다 누추한 방에서 어찌 몸 붙여 살기를 견뎌 낼 것인가!"라고 하였다. 이에 응양이 이를 부끄러워하여 다시 뛰쳐나오려 하니, 노자가 급하게 저지하며 가로되 "나는 금잡(金箝)1149)이 있으니, 너의 헝클어진 머리털을 묶어줄 것이다"라고 하며, 손으로 양쪽 눈을 어루만지니 눈망울이 반지와 같이 되었다. 그리하여 이를 좇아 '이공목(李孔目)'이라 부른다. 이는 세상에서 흔히 말하는 '이상진선(異相眞仙)'이다.

6. 노자의 '함관 출현[出關]'

주(周)나라 소왕(昭王) 임자년(壬子年)에 노자가 사람들에게 말하기를, "나는 장차 서역(西域)을 개화(開化)하여 백정(白淨)1150)과 범왕(梵王)1151)의 선한 열매

1147) *《만종일련》의 원문은 다음과 같다. '凝揚이 從顱門入之跳起四顧'.
1148) *흑검자(黑臉者) : 검은 얼굴을 가진 사람.
1149) *금잡(金箝) : 금(金)으로 만든 대그릇.
1150) *백정왕(白淨王)을 지칭한다. 그리고 '백정왕'은 '정반왕'의 이칭(異稱)이다.
  ※정반왕(淨飯王) : 중인도 가비라국의 왕. 석가모니의 부친으로 백정왕(白淨王)

를 맺을 것이다"라고 하며, 소가 끄는 수레에 올라 마부로 고용한 '서갑(徐甲)'1152)으로 하여금 '수레를 몰고 가도록[取車]' 했다. 완구(宛丘)가 죽장(竹杖) 하나를 선물하니, 노자가 그것을 받아 서쪽으로 갔으며, 완구는 '강약춘'과 함께 황하(黃河) 강가에서 여와(女媧)를 만나 주유(周遊)하였다.

○ 복희(宓喜)라는 자는 포희(庖羲)의 신령(神靈)인데, 주(周)나라 성왕(成王) 정유년(丁酉年) 4월 8일에 성기(成紀)에서 태어났다. 태어날 때에 상스러운 빛이 집안에 가득하고 땅에 연꽃이 피어나더니, 어른이 되어서 팔 끝이 무릎을 지나고 눈에는 태양의 정기(精氣)가 있었다. 덕(德)을 베풀며 인(仁)을 행하고 자신을 희생하여 만물을 구제(救濟)하며 구하지 않아도 명성(名聲)이 높아지더니, 강왕(康王)이 천거하여 대부(大夫)가 되있다. 천문(天文)1153)과 비밀스러운 위서(緯書)1154)에 두루 통달하여 신령과 귀신도 그 형상을 숨기지 못하였다.

○ 소왕(昭王) 12년 겨울 10월에 윤희(尹喜)1155)가 높은 곳에 올라가서 사

이라고도 한다. **"정반왕(淨飯王)"**, 인명사전편찬위원회, 《인명사전》
1151) 범왕(梵王) : 범천왕(梵天王). 또는 대범천왕(大梵天王)이라고도 함. 불교의 33천(天) 중 색계(色界) 초선천(初禪天)의 왕. 원래 힌두교의 신이었으나 불교적 선신(善神)으로 수용되었다. 불교에서는 늘 제석천(帝釋天)과 짝을 이루며 불교를 옹호하는 신으로 묘사된다. **"범왕(梵王)"**, 한국고전용어사전 편찬위원회, 《한국고전용어사전》
1152) 서갑(徐甲) : 《신선전(神仙傳)》에 나오는 인물. 젊을 때에 품군으로 노자(老子)를 모시고 다녔는데, 함관(函關)에서 관령(關令)인 윤희와 얽힌 이야기가 전해온다. **"서갑(宛甲)"**, 김승동, 《도교사상사전》
1153) 천문(天文) : 우주 전체에서 일어나는 온갖 현상(現象), 또는 천체의 운행에 따라 역법(曆法)을 연구하거나 길흉을 예언하는 일. **"천문(天文)"**, 원광대학교 원불교사상연구회, 《원불교대사전》
1154) 위서(緯書) : 중국에서 경전 해석에 가탁해서 신비적인 예언을 한 책. 위서는 경서를 해설 부연한 것이다. 그러나 위서는 거의 모두 참(讖), 즉 예언적인 요소를 포함하고 있으므로, 참위서(讖緯書)라고도 한다. **"위서(緯書)"**, 한국사전연구사, 《종교학대사전》
1155) 윤희(尹喜) : 주(周)나라 때 사람. '함곡관'의 관령(關令)으로 있을 때 그곳을 지

방을 바라보다가, 동쪽 끝에 서린 자줏빛 기운이 서쪽으로 가는 것을 보고 은근히 기뻐하며 말하였다. "반드시 성인(聖人)이 서울[京]을 지나갈 것이다. 땅이 넓고 사람이 많아서 서로 마주치기가 어렵지만, 함곡(函谷)은 길이 좁으니 분명히 볼 수 있을 것이다."1156)

윤희가 함관(函關)의 수령(守令)에게 청하여 매일 아침에 '점을 치고 조짐을 살피더니[占風望氣]', 7월 11일 밤에 자줏빛 기운이 점차 들이닥치는 것을 보았다. 이에 기뻐하며 말하였다. "아침과 저녁에 반드시 '기이한 사람[異 시]'이 이곳에 당도할 것이다."

아울러 '함관의 관리[關吏]' '손경(孫景)'에게 미리 경계하여 말하였다. "얼굴생김새가 특이하고 수레와 복장이 이상한 자가 있거든, 기다리다가 지나가지 못하게 하라."1157)

그러고는 40리 길을 '물을 뿌리고 빗자루로 쓸면서[洒掃]'1158) 기다렸는데, 12일 갑자(甲子)에 노자가 푸른 소가 끄는 흰 마차를 타고 관문(關門)을 두드리며 통과하고자 하였다. 이에 손경이 들어가 '윤희(尹喜)'에게 알리자, 윤희가 즉시 조복(朝服)을 갖추고 나아가 길에서 맞이하여 머리를 조아리며

나던 노자(老子)에게서 《도덕경(道德經)》을 받았다고 한다. 저서에 《관윤자(關尹子)》 1권이 있다. **윤희(尹喜)**, 임종욱 김해명, 《중국역대인명사전》

1156) *《歷世眞仙體道通鑑》·〈卷之八, "尹喜"〉에 나오는데, 년도와 날짜 등 그 내용은 《만종일련》 원문과는 다소간에 차이가 있다. "乃以昭王二十三年癸丑 天上之無極元年也. 五月壬午, 駕靑牛之車, 薄版為隆穹, 徐甲為御將, 西度函關. 喜至關曰: 夫陽數極九 星宿值金, 歲月並王法, 應九十日內有大聖人經過京邑. 乃敕關吏孫景曰: 若有形容殊俗, 車服異常者, 勿聽過. 喜即預期齋戒, 使掃路四十里, 夾道燒香以俟天眞入境." 趙全陽眞人 編輯, 《歷世眞仙體道通鑑(上)》 185-185 참조.

*이하 '노자'와 '윤희' 사이의 대화와 함께 벌어진 일련의 사건들은 《歷世眞仙體道通鑑》·〈卷之八, "尹喜"〉에 상세하게 소개하고 있다.

1157) *《歷世眞仙體道通鑑》·〈卷之八, "尹喜"〉에 나온다. "乃敕關吏孫景曰: 若有形容殊俗, 車服異常者, 勿聽過." 趙全陽眞人 編輯, 《歷世眞仙體道通鑑(上)》 186 참조.

1158) *《만종일련》 원문에는 "洒掃四十里以待러니"라고 되어있지만, 《歷世眞仙體道通鑑》·〈卷之八, "尹喜"〉에는 "使掃路四十里"라고 나온다. 趙全陽眞人 編輯, 《歷世眞仙體道通鑑(上)》 186 참조.

무릎 꿇고 엎드려 말하였다. "원컨대 어르신께서는 잠시 신가(神駕, 신령한 수레)에 머무르소서."1159)

'노군(老君)'이 감사히 여겨 말하였다. "나는 가난하고 천한 늙은이로서 관동(關東)에 살고 있는데, 밭이 관서(關西)에 있기에 가서 땔감이나 얻고자 한다. 어찌된 연고로 나더러 머물러 달라고 하는가?"1160)

윤희가 다시 머리를 조아리며 말하였다. "대성(大聖)께서 마땅히 서쪽에 오셔서 주유(周遊)하신다는 것을 안지 오래되었는데, '비바람을 맞고 오신 것[暴露]'을 심히 걱정하오니, 원컨대 신가(神駕)에서 휴식하십시오."1161)

노군이 말하였다. "멀리서 들으니, 축건(竺乾, 인도)을 깨우쳐 인도함에 '고선생[古先生]'이 있어 선(善)함이 무위(無爲)에 들어가며 영원히 존재함이 계속 이어지며, 이로써 도(道)에 오르고 성취하거늘, 그대는 어찌 괴로워하며 머물러 있는가?"1162)

윤희가 말하였다. "이제 어르신에게 거룩한 자태와 '출중하게 뛰어난[超絶]' 면모가 보이시니 천상의 지존이십니다. 적게나마 '불쌍히 여겨 가르침을[哀愍]' 베풀어주십시오."1163)

1159) *《歷世眞仙體道通鑑》·〈卷之八, "尹喜"〉에 나온다. 원문은 다음과 같다. "至七月十二日甲子, 果有一老人皓首聰耳, 乘白輿. 駕靑牛而至. 關吏曰: 明府有教, 願公少留. 乃入白喜, 喜曰: 道今來矣, 我得見聖人矣. 即具朝服出迎, 跪伏扣頭, 邀之曰: 願大人暫留神駕." 趙全陽眞人 編輯,《歷世眞仙體道通鑑(上)》 186-187 참조.

1160) *《歷世眞仙體道通鑑》·〈卷之八, "尹喜"〉에 나온다. 원문은 다음과 같다. "老君謝曰: 吾貧賤老翁, 居在關東, 田在關西, 今暫往取薪, 何故見留, 幸聽度." 趙全陽眞人 編輯,《歷世眞仙體道通鑑(上)》 187 참조.

1161) *《歷世眞仙體道通鑑》·〈卷之八, "尹喜"〉에 나온다. 원문은 다음과 같다. "喜復稽首曰: 大人豈是取薪, 久承大聖當來西遊, 勞神暴露, 願少憩神駕." 趙全陽眞人 編輯,《歷世眞仙體道通鑑(上)》 187 참조.

1162) *《歷世眞仙體道通鑑》·〈卷之八, "尹喜"〉에 나온다. 원문은 다음과 같다. "老君曰: 聞開導竺乾有古先生, 善入無爲, 永存綿綿. 是以升就道, 經歷關, 子何苦留邪?" 趙全陽眞人 編輯,《歷世眞仙體道通鑑(上)》 187 참조.

1163) *《歷世眞仙體道通鑑》·〈卷之八, "尹喜"〉에 나온다. 원문은 다음과 같다. "喜又曰: 今睹大人, 聖姿超絶, 乃天上之至尊, 邊夷何足往觀? 願不託言, 少垂哀愍." 趙全陽眞人 編輯,《歷世眞仙體道通鑑(上)》 187 참조.

노군이 말하였다. "그대는 어찌된 소견(所見)으로 나를 안다고 하는가?"

윤희가 말하였다. "지난겨울 10월에 천리성(天理星)이 서쪽으로 행하여 묘성(昴星)1164)을 지나가고, 이달 초하룻날부터 융풍(融風)1165)이 세 차례 불며, 동방의 '참 기운[眞炁]'이 용(龍)과 뱀의 형상으로 서쪽을 통과했습니다. 이는 큰 성인(聖人)의 '신비하고 기이한[神異]' 낌새입니다. 그래서 성인(聖人)께서 관문(關門)을 통과하시게 될 것을 알게 되었습니다. 어르신께서는 부디 가르침을 베풀어주십시오."1166)

노군이 기뻐하며 한 바탕 웃고 나서 말하였다. "선(善)하구나, 그대가 나를 알아봄이여! 나 또한 그대를 이미 알았다. 그대는 신통한 견득(見得)1167)이 있으니, 마땅히 도세(度世)1168)를 얻었다."1169)

1164) *묘성(昴星) : '묘성(昴星)'은 동양학 별자리 개념인 28수(宿)의 열여덟째 별자리의 별. 서양의 별자리로는 '황소자리'의 산개성단(散開星團) '플레이아데스'에 해당된다. 우리 고유의 별자리 이름으로는 별들이 좀스럽게 모여 있다고 해서 '좀생이별'이라 불렀다. 옛날 천문을 볼 때, 정월대보름이면 달이 좀생이별에 얼마나 가까이 있는지를 살펴서 그해의 풍년을 점쳤는데, 이를 두고 '좀생이를 본다'라고 했다.
※플레이아데스성단[Pleiades star cluster] : 황소자리의 유명한 산개성단으로 별들의 분포가 일정한 모양을 가지지 않는 성단을 말한다. 서양에서는 아틀라스의 일곱 자매라는 뜻인 플레이아데스라고 부른다. 플레이아데스성단은 다른 산개성단에 비해 밀도는 매우 낮다. **플레이아데스성단[Pleiades star cluster]**, 한국지구과학회, 《지구과학사전》(서울; 북스힐, 2009)
1165) 융풍(融風) : 입춘(立春)에 부는 바람.
1166) *《歷世真仙體道通鑑》·〈卷之八, "尹喜"〉에 나온다. "老君曰 : 子何所見而知吾? 喜曰: 去冬十月, 天理星西行過昴斗中有天理四星, 主統理萬物, 自今月朔, 融風三至, 東方真氣狀如龍蛇而西度, 此大聖人之徵. 喜少好墳 《易》 及天文祕緯, 凡仰觀俯察. 未嘗不驗. 故知必有聖人度關. 夙夜存思. 未嘗暫息. 今以有緣, 果遇仙駕, 願垂慈誨, 開濟沉冥." 趙全陽眞人 編輯,《歷世真仙體道通鑑(上)》187 참조.
1167) 견득(見得) : 수도(修道)하고 있는 승려 가운데 지혜가 뛰어난 사람.
1168) 도세(度世) : ① 삶과 죽음의 현실을 극복하고 열반에 들어감. ② 중생(衆生)을 제도(濟度)함. ③ 도생(度生).
1169) *《歷世真仙體道通鑑》·〈卷之八, "尹喜"〉에 나온다. 원문은 다음과 같다. "老君既三試之皆過, 乃怡然笑曰: 善哉, 子之知吾. 吾亦已知子矣, 子有通神之見, 當得度世也." 趙全陽眞人 編輯,《歷世真仙體道通鑑(上)》187 참조.

윤희가 다시 머리를 조아려 경배하며 말하였다. "대성(大聖)의 성(姓)과 자(字)를 감히 여쭈어도 되겠습니까?"1170)

노군이 말하기를, "나의 성(姓)은 아득하고 멀어서 겁(刼)1171)을 따르고 겁(刼)에 이르니 가히 말로 다 할 수 없구나. 나의 지금 성(姓)은 이(李)요 자(字)는 백양(伯陽)이요, 호(號)는 노담(老聃)이다"라고 하였다. 이에 윤희가 마침내 관사에 공물(供物)을 베풀고 제자의 예(禮)를 행하였다.1172)

노군이 관하(關下)에서 100일 가량 머물며, 내외(內外)의 수련방법을 모두 전하니, 환단(丸丹)1173)・팔석(八石)1174)・옥례(玉醴)・금액(金液)1175)과 치병(治病)・절곡(絶穀)・변화(變化)・역신(役神)의 술법이었다. 윤희가 양성도서(養性道書) 930권과 부서(符書) 70권을 얻었다.

1170) *《歷世真仙體道通鑑》・〈卷之八, "尹喜"〉에 나온다. "喜圻躍, 叩頭再拜曰: 敢問大聖姓字可得聞乎?" 趙全陽眞人 編輯, 《歷世真仙體道通鑑(上)》 187-188 참조.
1171) 겁(刼) : 가장 긴 시간.
1172) *《歷世真仙體道通鑑》・〈卷之八, "尹喜"〉에 나온다. 원문은 다음과 같다. "老君曰: 吾姓字渺渺, 從劫至劫, 非可悉說也. 吾今姓李, 字伯陽, 號曰老聰. 鵬與檜同. 亦作檜. 喜於是就官舍設座供養, 進盥櫛, 行弟子之禮." 趙全陽眞人 編輯, 《歷世真仙體道通鑑(上)》 188 참조.
1173) 환단(還丹) : 도가(道家)의 연단(煉丹)으로서 단사(丹砂)를 불태워서 수은(水銀)으로 만들었다가, 오래 지나고 나서 다시 단사(丹砂)가 되도록 하는 것을 말한다. **"환단(還丹)"**, 김승동, 《도교사상사전》.
1174) 팔석(八石) : 도가(道家)에서 복식(服食)으로 수련하는 품목으로, 주사(朱砂), 웅황(雄黃), 운모(雲母), 공청(空青), 유황(硫黃), 융염(戎鹽), 초석(硝石), 자황(雌黃)을 팔석이라고 한다. **"팔석(八石)"**, 김승동, 《도교사상사전》.
1175) 금액(金液) : ① 내단명사(內丹名詞), 내단공 중에 신기(腎氣)와 심기(心氣)가 교합(交合)하여 상승하지 않고 폐(肺)에서 훈증(燻蒸)된 액(液). ② 외단명사(外丹名詞), 외단(外丹)에서 사용하는 약. 수은상(水銀霜)의 은명(隱名). **"금액(金液)"**, 김승동, 《도교사상사전》.

7. 노자의 이적(異迹)

　노군(老君, 노자)의 '수레를 모는[御者]' 서갑(徐甲)은 노자에게 얼마간 고용되어 하루 일당 100전(錢)을 약속받았는데, 함곡관(函谷關)에 이르렀을 때에 그가 받아야 할 노임[負債]이 730만 전(錢)이었다. 노군이 관직을 떠나 멀리 가는 것을 보고 성급하게 돈을 찾으려 하자, 노군이 말하기를, "내가 서해(西海)의 여러 나라로 갔다가 돌아올 때 마땅히 황금으로 계산하여 직접 너에게 갚아 주겠다"고 했다.1176)

　서갑이 약속과 같이 관문을 나가 들에서 소를 먹이고 있었는데, 노군이 그를 시험하고자 하여, 길상초(吉祥草)로 변화한 미녀를 소를 치는 곳에 이르게 하고는 문득 말로 희롱하게 하였다. 이에 서갑이 유혹에 빠져 그곳에 머무르고자 하여 마침내 약속을 저버리고 밀린 노임을 찾으려고 했다. 이에 관령(關令)을 지목(指目)하여 노군을 송사(訟事)하자, 노군이 말하였다. "네가 200년 동안 나를 따랐는데, 그렇다면 너는 당연히 오래 전에 죽었어야 했다. 그럼에도 나의 태현생부(太玄生符)를 너에게 주어서 오늘날까지 생명을 얻었지 않느냐? 그런데 너는 어찌 이를 참지 못하여 이처럼 나를 송사(訟事)하느냐?"1177)

　말을 마치고 서갑으로 하여금 입을 벌리게 하니, 태현진부(太玄眞符)가 땅에 떨어졌는데 붉은 도장이 새것과 같았고, 서갑은 즉시 한 무더기 백골이

1176) *《歷世真仙體道通鑑》·〈卷之八, "尹喜"〉에 나온다. 원문은 다음과 같다. "老君之御者徐甲, 少賃於老君, 約日雇百錢, 至出關時, 計當七百三十萬錢. 甲見老君去官遠適, 亟來索錢. 老君謂曰: 吾往西海大秦, 胥賓, 天竺, 安息諸國, 令汝御車. 還當以黃金計直償汝." 趙全陽眞人 編輯,《歷世真仙體道通鑑(上)》188 참조.

1177) *《歷世真仙體道通鑑》·〈卷之八, "尹喜"〉에 나온다. 원문은 다음과 같다. "甲如約. 及至關, 飯青牛于野, 老君欲試之, 乃以吉祥草化為一美女, 行至牧牛之所, 輒以言戲甲. 甲惑之, 欲留, 遂負前約. 乃詣關令訟老君, 索傭錢. 老君謂甲曰: 汝隨我二百餘年, 汝久應死, 吾以太玄生符與汝, 所以得至今日, 汝奚不念此而訟吾?" 趙全陽眞人 編輯,《歷世真仙體道通鑑(上)》188 참조.

되었다. 윤희가 머리를 조아리며 그 죄를 용서해 주기를 청하니, 노군이 다시 진부(眞符)를 해골에 던져서 '부(符)'가 입안에 들어가자 서갑이 곧 다시 살아났다.1178)

노군이 말하기를, "나는 금단(金丹)으로 너에게 장생(長生)을 주고자 했는데, 네가 재물을 탐하며 여색(女色)을 좋아하고 이익을 좇아 의리를 망각하니, 어떻게 법도로 교화하는 것이 가능하겠는가?"라고 하였다. 이에 윤희가 금(金) 200만으로 그를 보상하니 서갑이 거듭 부끄러워하고 감사하며 떠나갔다.1179)

윤희는 마음을 다하여 전수해 주는 도(道)를 받아들이니, 노자가 말하였다. "도(道)는 그것을 낳고[生], 덕(德)은 그것을 기르며[養], 물(物)은 그것을 형성하고[形], 세(勢)는 그것을 이루니[成], 이것으로 만물이 도(道)를 높이고 덕을 귀하게 여기지 않음이 없다."

그리고 5천여 말[言]로써 도(道)를 전수(傳授)해 주었는데, 윤희가 물러나 이것을 기록했으며, 이것이 후에 《도덕경(道德經)》이 되었다.

하루는 노군이 윤희에게 말하였다. "나는 일찍이 축건(竺乾)에 화(化)했으니, 고선생(古先生)이란 자는 곧 내가 위임한 이름이다. 이제 장차 신선(神仙)으로 되돌아가 무명(無名)에 복귀하니, 나는 이제 떠날 것이다."1180)

1178) *《歷世眞仙體道通鑑》·〈卷之八, "尹喜"〉에 나온다. 원문은 다음과 같다. "言訖, 符自甲口中飛出, 丹篆如新, 甲即成一聚白骨. 喜憫甲違心致死, 乃為甲叩頭請命, 願赦其罪賜以更生, 乞為出錢償之. 老君重喜慈捨, 曰: 善. 乃復以太玄生符投之, 甲即立生." 趙全陽眞人 編輯,《歷世眞仙體道通鑑(上)》188 참조.

1179) *《歷世眞仙體道通鑑》·〈卷之八, "尹喜"〉에 나오는데, 그 내용에는 다소 차이가 있다. 원문은 다음과 같다. "老君曰: 吾不責汝, 汝負本約, 道自去汝, 故死耳. 今償汝錢. 喜即以錢給甲. 而禮遣之. 甲請留, 不許, 伏地搏頰曰: 已沐聖恩曲赦罪戾, 今此枯骨, 復見光明, 刻骨銘心, 願從雲駕. 老君竟弗許." 趙全陽眞人 編輯,《歷世眞仙體道通鑑(上)》188-189 참조.

1180) *《歷世眞仙體道通鑑》·〈卷之八, "尹喜"〉에 나오는데, 그 내용에는 다소 차이가 있다. 원문은 다음과 같다. "老喜稽首禮謝. 乃謂喜曰: 吾重告爾, 古先生者, 即吾之身, 嘗化乎竺乾. 今將返神, 還乎無名, 綿綿若存. 吾今逝矣, 亦反一源." 趙全陽眞人 編輯,《歷世眞仙體道通鑑(上)》195 참조.

윤희가 머리를 조아리며 따라가기를 청하니, 노군이 말하였다. "나는 천지의 표면에서 주유(周遊)하며 '현명(玄冥)의 문'에서 놀며, 사유(四維)1181) '온 세상[八極]'에 위아래 한계가 없을 것이다. 그대가 그것을 시험하고자 하나, 아아! 가히 얻을 수 있겠는가!"1182)

윤희가 말하였다. "불속에 들어가고 연못에 뛰어들며 천지에 몸을 살라 재를 만들고 목숨을 잃는다고 해도 대선(大仙)을 따라가기를 원합니다."1183)

노군이 말하기를, "너는 비록 골상(骨相)1184)이 도(道)에 합당하나, 도(道)를 전수받은 날이 오래되지 않았기에 능히 신령과 통하지 못했다. 그러니 어찌 변화를 얻어 나를 따르겠느냐? 너는 오히려 면밀하게 수련하여 몸이 자연에 들어가면, 더불어 여러 나라를 행화(行化)하는 것이 가능할 것이다" 하고는, 마침내 '푸른 소[靑牛]'를 몰고 떠나갔다.

이에 윤희가 '석루산(石樓山)'까지 전송하니, 노자가 다시 5천 말씀으로 의리(義理)를 밝히 지도하며, 선단(仙丹)을 꺼내 정련(精鍊)하여 7일 만에 완성하였다.

노자가 윤희와 더불어 선단(仙丹)을 같이 복용하고, 다시 기약하여 말하였다. "천월(千月)의 외방(外方), 촉(蜀)나라 '푸른 양[靑羊]'의 마구간에서 나를 찾아라."1185)

1181) 사유(四維) : ① 사방의 네 방위인 건(乾)·곤(坤)·간(艮)·손(巽). 곧 서북·서남·동북·동남의 네 방위를 이른다. ② 나라를 다스리는 데 지켜야 할 네 가지 원칙. 곧 예(禮)·의(義)·염(廉)·치(恥)를 이른다.
1182) *《歷世真仙體道通鑑》·〈卷之八, "尹喜"〉에 나오는데, 그 내용에는 다소 차이가 있다. 원문은 다음과 같다. "老君將欲西適, 喜叩頭乞請侍行, 老君曰: 吾遊乎天地之表, 戲乎玄冥之間, 四維八極, 上下無邊, 子欲隨吾, 烏何得焉." 趙全陽眞人 編輯,《歷世真仙體道通鑑(上)》195 참조.
1183) *《歷世真仙體道通鑑》·〈卷之八, "尹喜"〉에 나오는데, 그 내용에는 다소 차이가 있다. 원문은 다음과 같다. "喜曰: 入火入淵, 入地上天, 灰身沒命, 願隨大仙." 趙全陽眞人 編輯,《歷世真仙體道通鑑(上)》195 참조.
1184) 골상(骨相) : ① 뼈대, 골격. ② 골격에 나타난 인상(印象).
1185) *《歷世真仙體道通鑑》·〈卷之八, "尹喜"〉에 나오는데, 그 내용에는 다소 차이가 있다. 원문은 다음과 같다. "喜悲戀請留, 老君重告喜以除垢止念, 靜心守一之旨,

말을 마친 후에 공중에 몸을 솟구치게 하여 빛나는 구름 위에 좌정하니, 얼굴은 '다섯 줄기 흰빛[五明]'을 발하며, 몸은 황금빛을 드러내어 온 세상을 밝히니, 하늘과 땅에 오색(五色)이 찬란하였다. 이윽고 느릿느릿 사라지자 윤희가 조각조각 끊어진 구름 낀 하늘을 보고 눈물 흘리며 슬피 울고 반련(攀戀)1186)하는데, 흰 수레와 푸른 소가 홀연히 보이지 않았다. 그 때 산천이 진동하며 '강과 물[江河]'이 두루 흘러넘치고 기운이 자미성(紫微星)을 관통하여 사방에 두루 미쳤다.1187)

이때가 곧 주(周)나라 소왕(昭王) 14년 4월이었다.

◉ 이제 노자[老君]의 역사를 살펴보자면, 위로는 태고(太古)로부터 진(秦)나라와 한(漢)나라 시대에 이르기까지 기(氣)로 변화하고 분신(分身)으로 변화함으로 겁(劫)을 좇아 겁(劫)에 이르러, 아득하고 끝없는 이름과 성씨는 그 황홀함이 헤아릴 길 없다. 옥녀(玉女)에게 기이하게 잉태되었을 때, 태어나면서부터 능히 말을 하며 좌우 손으로 천지를 가리키면서 말하기를, "천상천하에 오직 도(道)가 홀로 존귀하다. 나는 더할 나위 없는 도법(道法)에 올라 모든 중생(衆生)을 시방[十方] 구옥(九獄)1188)에서, 법도가 없는 곳에 법도를 두루 미치게 하겠다" 하니, 이는 석가세존의 말씀과 대동소이(大同小異)한 것이다.

그런데 '오로지 도가 존귀하다고 했다던 그 도[惟道之道]'는 무엇을 가리켜

戒喜曰: 千日之外, 可尋吾於蜀青羊之肆也." 趙全陽眞人 編輯, 《歷世眞仙體道通鑑(上)》 196 참조.
1186) 반련(攀戀) : 관민(官民)이 어진 장관(長官)이 교체되어 떠나갈 때에 수레를 끌어당기며 사모하는 뜻을 나타내는 일.
1187) *《歷世眞仙體道通鑑》·〈卷之八, "尹喜"〉에 나오는데, 그 내용에는 다소 차이가 있다. "言訖, 聳身空中, 坐雲華之上, 面放五明, 身見金光, 洞照十方, 冉冉昇空, 光燭絹舍, 五色玄黃. 良久乃沒." 趙全陽眞人 編輯, 《歷世眞仙體道通鑑(上)》 195-197 참조.
1188) *구옥(九獄) : 아홉 종류의 지옥.

증거하는 것인가?

경전에서 말하기를, "원시(元始)에 도(道)가 있었다. 도(道)는 곧 상제(上帝)이다. 만물이 도(道)로 말미암아 조성되었다"고 했으니, 노자의 '유도(惟道)'가 만약에 상주(上主)를 일컬어 도(道)라고 한 것이라면, 이는 진실로 '대성인[大聖]'의 높은 견해요, 교조(教祖)의 명백한 증명이라 하겠다.

한편 태을원군[太乙]의 때에 이르러 비결(祕訣)을 받은 것과 '강자아'에게 '깨달음의 원단[覺元丹]'을 주었다는 것은 방술사(方術士)에 가깝다. 또한 갈유가 도끼로 나무를 깎아 양을 만들고, 응양의 눈을 손으로 어루만져 반지를 만든 것과 길상초(吉詳草)를 미인으로 변화시키며, 서갑의 백골을 다시 소생하게 한 것은 역시 '기이한 행적[奇行]'과 이적(異迹)이라 하겠다.

이는 오랜 옛날의 선지자(先知者)와 같은데, 만일 하나님[上主]의 능력을 의뢰(依賴)하지 않고 자신의 술수 능력과 '태현진부(太玄眞符)'만 행하였다면, 이는 '황당무계하고 허무한 것[怪誕虛無]'에 가까운 일이라 할 것이다.

그러므로 이러한 일들은 당시에 이 도술(道術)을 앙모하는 제자[徒弟]들이 선생의 '특이하고 남다른 재능[異能]'을 과장한 것이라고 본다.

8. 노자의 화신(化身)1189)과 은현(隱顯)1190)

관령(關令)1191) 윤희(尹喜)가 노군(老君, 노자)의 치국(治國) · 수신(修身)의 개요와 '사치를 멀리하고 욕망을 없애는[去奢滅欲]' 말씀을 편집하니, 모두 36장(章)

1189) 화신(化神) : ① 신불(神佛)이 인간으로 형상을 바꾸어 세상에 나오는 일. ② 또는, 그렇게 나타난 몸. ③ 어떤 추상적인 특질을 구체화, 또는 유형화하는 일.
1190) 은현(隱顯) : ① 숨었다 나타났다 함. ② 또는, 숨는 일과 나타나는 일.
1191) *관령(關令) : 주(周)나라의 서쪽 국경인 함곡관(函谷關)의 수장(首長)을 말한다.

으로 되어 있고 이름을 지어 부르기를,《서승경(西昇經)》이라 했다. 이후 삼년 동안 세상일을 물리쳐 끊고 수련하여 오묘한 경지에 이르게 되어, 호(號)를 '관윤자(關尹子)'라 했다.1192)

정사년(丁巳年)에 이르러 노군과의 약속을 지키려고 서촉(西蜀)에 가서 청양사(青羊肆)1193)를 방문했는데, 이때에 노군이 다시 태미궁(太微宮)1194)을 좇아 촉(蜀)나라의 대신(大臣) 이씨(李氏) 가문에 분신(分身)하여 강생하였다.1195)

한 사내아이[童子]가 어린 푸른[青] 양(羊) 한 마리를 끌고 시장에서 돌아오는 것을 윤희가 보고, "뉘 집의 양이냐?"고 물었다. 그러자 아이가 "우리 집의 부인께서 한 아이를 낳았는데 아이가 이 양을 아끼더니, 양을 잃어버리고 아이가 우는 까닭에 양을 찾아서 집으로 돌아가는 길입니다"라고 대답하였다. 윤희가 기뻐하며 그 집에 따라 들어가 자신이 왔음을 알리니, 아이가 이르기를 "윤희로 하여금 앞으로 나오게 하라"고 하였다. 그러자 그 집의 마당과 지붕이 홀연히 높아지고 커지며, 연화좌(蓮花座)1196)가 솟아나고 아이가 '여러 장[數丈]'1197)의 '백금 몸(白金身)'으로 변화하니, 광명이

1192) *《歷世真仙體道通鑑》·〈卷之八, "尹喜"〉에 나오는데, 그 내용에는 다소 차이가 있다. "喜遂以老君所說理國修身之要, 去奢滅欲之言, 叔而編之為三十六章, 以將昇西極之際所演, 故名西昇經. 〈중략〉 喜乃於草樓清齋, 屏絕人事, 三年之內, 修煉俱畢, 心凝形釋, 無有飢渴, 不畏寒暑. 窮數達變之微, 形一神萬之旨, 悉臻其妙. 乃自著書九篇, 號 關尹子." 趙全陽眞人 編輯,《歷世真仙體道通鑑(上)》196-197 참조.
1193) 청양사(青羊肆) : 청양궁(青羊宮), 중국 쓰촨성[四川省] 청두시[成都市] 서남쪽에 있는 도가의 사원. 도가의 시조인 노자의 출생지로 주나라 때 창건되었다는 전설이 있다. 노자가《도덕경(道德經)》을 전해준 윤희(尹喜)를 다시 만난 곳이 청양사(青羊肆)라고 하며, 청양사는 삼국시대에 청양관(青羊觀)으로 바뀌었다. "**청두 청양궁[成都 青羊宮]**", 두산동아백과사전연구소,《두산세계대백과사전(24권)》
1194) *태미궁(太微宮) : 도궁(道宮)의 이름.
1195) *《歷世真仙體道通鑑》·〈卷之八, "尹喜"〉에 나오는데, 그 내용에는 다소 차이가 있다. 원문은 다음과 같다. "至丁巳歲, 即往西蜀尋訪青羊之肆. 老君以甲寅年昇天, 至乙卯歲, 復從太微宮分身降生於蜀國大官李氏之家." 趙全陽眞人 編輯,《歷世真仙體道通鑑(上)》197 참조.
1196) 연화좌(蓮花座) :〈불교〉연꽃 모양으로 만든 불상(佛像)의 자리. 연화는 진흙 속에서 피어났어도 물들지 않는 덕이 있으므로 불보살의 앉는 자리를 만든다.

해와 같고 정수리에 원광(圓光)1198)이 있었다. 또한 칠요관(七曜冠)1199)을 쓰고 신정복(晨精服)을 입었으며, 연화좌(蓮花座) 위에 좌정하니, 온 집안이 놀라서 괴성을 질렀으나, 윤희는 위무(慰撫)와 탄식에 감개무량이었다.1200)

노군이 말하기를, "이제 그대는 형체를 보전하고 기(氣)를 수련하여 이미 진리의 오묘함을 세웠으니, '마음은 신선의 띠에 묶여있고'1201) 얼굴은 신광(神光)1202)이 있구나. 금(金) 이름은 현도(玄圖)에서 나타나고 옥찰(玉札)은 자미방(紫微房)에 매여 있음이다"라고 하였다.1203)

이와 함께 삼계(三界) 중진(衆眞)과 제천(諸天) 제군(帝君)과 시방[十方] 신왕(神王)을 명하여 각자 향과 꽃을 잡고 5노(五老) 상제(上帝)와 4극(四極) 감진(監眞)

1197) *수장(數丈) : 여러 장(丈). 한 장(丈)은 약 3미터이므로 굉장히 큰 모양을 말함.
1198) 원광(圓光): ① 둥글게 빛나는 빛. ②〈불교〉[같은 말] 후광(後光), 불보살의 몸 뒤로부터 내비치는 빛.
1199) *칠요관(七曜冠) : 칠요(七曜)는 일(日)·월(月)과 오성(五星), 곧 화성(火星)·수성(水星)·목성(木星)·금성(金星)·토성(土星)을 말하므로, 칠요관이란 이를 새긴 관(冠)을 뜻하는 것으로 보인다.
1200) *《歷世眞仙體道通鑑》·〈卷之八, "尹喜"〉에 나오는데, 그 내용에는 다소 차이가 있다. 원문은 다음과 같다. "忽見童子牽羊, 因自解云: 旣有靑羊, 復在市肆, 聖師所約, 其是邪. 問問: 此誰家羊, 牽欲何往? 童子答曰: 我家夫人生一兒, 愛飯此羊. 失來兩日, 兒啼不止, 今卻尋得, 欲還家. 喜卽囑曰: 煩爲告夫人之子, 云尹喜至矣. 童子如其言入白, 兒卽振衣而起曰: 令喜來前. 喜旣入其家, 庭宇忽然高廣, 湧出蓮花之座. 老君化數丈白金之身, 光明如日, 項有圓光. 建七曜之冠, 衣晨精之服, 披九色離羅之被, 坐於花座之. 擧家見之皆驚怪. 老君曰: 吾太微是宅, 眞一爲身, 太和降精, 耀魄為人. 主客相因, 何乃怪邪. 尹喜俛匐獻歡, 悲啼踴躍, 喜慰無量." 趙全陽眞人 編輯,《歷世眞仙體道通鑑(上)》198 참조.
1201) *원문에는 '심결자락(心結紫絡)'이라 되어 있다. '자락(紫絡)'에서 자(紫)는 제왕(帝王)이나 신선의 색깔을 나타내고 락(絡)은 '띠'를 뜻한다고 보면, '자락(紫絡)'은 '자줏빛 띠', 곧 '신선의 띠'라고 볼 수 있다.
1202) 신광(神光) : 신불(神佛)의 몸에서 발하는 빛.
1203) *《歷世眞仙體道通鑑》·〈卷之八, "尹喜"〉에 나오는데, 그 내용에는 다소 차이가 있다. 원문은 다음과 같다. "老君曰: 善, 吾所以留子者, 以子居世來久, 深染恩愛, 初受經訣, 未克成功, 是以待子於此. 今子保形煉氣, 三年功畢, 已造眞妙, 心結紫絡, 面有神光, 金名表於玄圖, 玉札係於紫房, 氣參太微, 解形合眞矣." 趙全陽眞人 編輯,《歷世眞仙體道通鑑(上)》198-199 참조.

을 위로하여 윤희에게 옥단(玉丹) 금문(金文)을 수여하고 호(號)를 '문시선생(文始先生)'이라고 하니, 그 지위가 '무상진인(無上眞人)'에 올랐다. 아울러 24천왕(天王) 위에 앉아 8만 선사(仙士)를 통할하여 거느리게 하였다.1204)

노군이 주(周)나라 목왕(穆王) 시대에 다시 중하(中夏)로 돌아가고, 평왕(平王) 시대에 다시 관(關)에 출현하여 소린제국(蘇隣諸國)을 개화(開化)하고, 경왕(敬王) 17년에 다시 중국에 돌아가니,1205) '공자가 예(禮)에 대하여 물었다.'1206)

열왕(烈王) 3년에 진(秦)나라를 지나가니 진(秦)나라 헌공(獻公)이 역수(曆數)1207)에 대하여 물었고, '난왕(赧王) 9년에 다시 산관(散關)에 출현하여 곤륜(崑崙)1208)을 날아올랐다.'1209)

진시황(秦始皇) 시대에 협하(峽河)의 물가에 강림(降臨)하니 호(號)를 '하상공(河上公)'이라 하고 '안기생(安期生)'1210)에게 도(道)를 전수(傳授)하였다.

1204) *《歷世眞仙體道通鑑》·〈卷之八, "尹喜"〉에 나오는데, 그 내용에는 다소 차이가 있다. 원문은 다음과 같다. "老君曰: 亦汝之玄分致然. 即命召三界眾眞. 時諸天帝君, 十方神王洎諸仙眾, 倏忽之頃. 浮空而至. 各執香花, 稽首聽命. 老君敕五老上帝, 四極監眞, 授喜玉冊金文, 號文始先生, 位為無上眞人, 賜紫芙蓉冠, 飛青羽裙, 丹矖綠袖, 交泰霓裳, 羅紋黃綬, 九色之節, 及玉童玉女各五千人. 居二十四天王之上, 統領八萬仙士." 趙全陽眞人 編輯,《歷世眞仙體道通鑑(上)》 199 참조.
1205) *《歷世眞仙體道通鑑》·〈卷之八, "尹喜"〉에 나오는데, 그 내용에는 다소 차이가 있다. 원문은 다음과 같다. "至穆王四年甲申, 老君降遊東海, 至搏桑會大帝, 校集諸仙名位高下. 〈중략〉 夷王之世, 老君與玄古三師降于蜀綿竹之三學山, 授李眞多以飛昇之道今號真多治. 厲王二十一年甲辰, 老君降于樓觀 〈중략〉 平王二十三年癸卯十二月, 老君復出關開化諸國." 趙全陽眞人 編輯,《歷世眞仙體道通鑑(上)》 203 참조.
1206) * '공자가 노자에게 도에 대하여 물었다'는 이야기는 '갈홍(葛洪)'의《신선전》에 나온다. 葛洪稚川 著, 李民樹 譯,《신선전(神仙傳)》 20-22 참조.
1207) 역수(曆數) : ① 천체(天體)의 운행과 기후의 변화가 철을 따라서 돌아가는 차례. ② 자연히 정해진 운명. ③ 해의 수(數).
1208) 곤륜산(崑崙山) : 곤산(崑山). 중국의 전설 속에 나오는 산. 처음에는 하늘에 이르는 높은 산 또는 아름다운 옥이 나는 산으로 알려졌으나 전국시대 말기부터는 서왕모(西王母)가 살며, 불사의 물이 흐르는 신선경(神仙境)이라 믿어졌다.
1209) *《歷世眞仙體道通鑑》·〈卷之八, "尹喜"〉에 나오는데, 그 내용에는 다소 차이가 있다. "赧王九年乙卯, 老君與尹眞人諸仙遊女几, 地肺, 天柱諸山. 復西出散關, 渡流沙, 昇崑崙." 趙全陽眞人 編輯,《歷世眞仙體道通鑑(上)》 204 참조.
1210) 안기생(安期生) : 진(秦)나라 때 사람. 신선술(神仙術)을 익혀 신선이 되었다고 한

어느 날 한(漢)나라 문제(文帝)시대에 황제가 노자의 가르침[宗旨]을 좋아하여 관리를 보내 도(道)에 대하여 물었다. 이에 하상공[公]이 말하기를, "도(道)와 덕(德)은 존귀하니 멀리서 묻는 것이 옳지 않다"고 하였다.1211)

황제가 즉시 그에게 가서 말하였다. "온 천하에 왕의 영토가 아닌 곳이 없고, 온 나라 지경 안에 왕의 신하가 아닌 사람이 없다.1212) 그대는 비록 도(道)가 있으나 짐(朕)의 신민(臣民)이거늘, 어찌하여 이처럼 스스로 뽐내는가?"1213)

그러자 공(公)이 손바닥을 가볍게 두드리고는 앉은 자리에서 도약하여 서서히 공중으로 올라가며, 아득한 허공에 들어갔다가 한참이 지나서 머리를 숙이고 답례하며 말하기를, "상(上)은 하늘에 이르지 못하고, 중(中)은 사람을 견주지 못하고, 하(下)는 땅에 거하지 못하니, 어찌 민(民)이 있으리오" 하고는 문제(文帝)에게 '도덕(道德) 2경(經)'을 전수하였다.1214)

다. 하상장인(河上丈人)에게 배웠는데, 장수하여 천세옹(千歲翁)이라 불리기도 한다. 진시황이 동유(東遊)했을 때 삼주야(三晝夜)를 이야기를 나누었다. 금과 옥을 하사해도 받지 않으면서 몇십 년 뒤 봉래산(蓬萊山)에서 자기를 찾으라 하고 떠났다. **"안기생(安期生)"**, 임종욱 김해명, 《중국역대인명사전》

1211) *《歷世眞仙體道通鑑》·〈卷之十二, "河上公"〉에 나온다. "河上公, 莫知其姓名也, 亦號河上丈人. 漢文帝時, 結草爲廬, 於河之濱, 常讀老子 道德經, 文帝好老子之言, 詔命諸王公大臣州牧二千石皆令誦之, 有所不解者數句, 時天下莫能通者. 聞侍郎裵楷說河上公讀 老子, 乃遣使資所不了義問之, 公曰: 道尊德貴, 非可逼問也." 趙全陽眞人 編輯,《歷世眞仙體道通鑑(上)》 271 참조.
* '갈홍'의 《신선전》에도 비슷한 내용이 나온다. 葛洪稚川 著, 李民樹 譯,《신선전(神仙傳)》 71-72 참조.

1212) *《만종일련》의 원문 : "普天之下ㅣ 莫非王土요 率土之濱이 莫非王臣이라."

1213) *《歷世眞仙體道通鑑》·〈卷之十二, "河上公"〉에 나오는데, 그 내용에는 다소 차이가 있다. 원문은 다음과 같다. "文帝即駕從詣之, 帝曰: 普天之下 莫非王土, 率土之濱莫非王臣, 域中四大, 王居其一也. 子雖有道, 猶朕民也, 不能自屈, 何乃高乎? 朕足使人富貴貧賤." 趙全陽眞人 編輯,《歷世眞仙體道通鑑(上)》 271 참조.
* '갈홍'의 《신선전》에도 비슷한 내용이 나온다. 葛洪稚川 著, 李民樹 譯,《신선전(神仙傳)》 71-72 참조.

1214) *《歷世眞仙體道通鑑》·〈卷之十二, "河上公"〉에 나온다. "須臾河上公即批掌坐躍, 冉冉在虛空中, 如雲之升, 去地百餘丈, 而止於玄虛. 良久, 倪而答曰: 今上不至天,

성제(成帝) 시대에 곡양천(曲陽泉)에 내려와 '우길(于吉)에게 태평진경(太平眞經)을 전수하였고, 장제(章帝) 시대에 우길(于吉)에게 180대계(大戒)를 전수하였고',1215) '안제(安帝) 시대에 유도(劉圖)에게 죄복신과(罪福新科)를 전수하고',1216) 순제(順帝) 시대에 '천사삼동경록(天師三洞經籙)'을 전수하였고, 환제(桓帝) 시대에 천태산(天台山)에 내려와 '갈효원(葛孝元)'에게 '상청영보대동제경(上淸靈寶大洞諸經)'을 전수하였다.

'위(魏)나라 명황(明皇) 시대에 숭산(嵩山)에 내려와 천사(天師) 구겸지(寇謙之)1217)에게 신과부록(新科符籙)을 전수하였다.'1218)

中不累人, 下不居地, 何民之有, 陛下焉能使予富貴貧賤乎? 帝乃悟, 知是神人. 方下輦, 稽首禮謝曰: 朕以不德, 忝統先業, 才不任大, 憂於不堪. 雖治世事, 而心敬道德, 直以暗昧, 多所不了, 惟蒙道君宏慜, 有以濟之, 則幽夕睹太陽之光曜. 河上公即授素書 老子章句 二卷, 謂帝曰: 熟研此, 則所疑自解." 趙全陽眞人 編輯, 《歷世眞仙體道通鑑(上)》 271-272 참조.

  * '갈홍'의 《신선전》에도 비슷한 내용이 나온다. 葛洪稚川 著, 李民樹 譯, 《신선전(神仙傳)》 71-72 참조.

1215) *《歷世眞仙體道通鑑》·〈卷之二十, "于吉"〉에 나온다. "于吉者, 琅邪人也一云北海人. 先名室. 後改名吉. 其父祖世有道術, 不殺生命, 吉精苦有蹤於昔人. 常遊曲陽流水上, 得神書百餘卷, 皆赤界白素, 青首朱目, 號曰太平青領書, 時漢成帝河平二年甲午也. 蓋吉親授於老君, 今道家 太平經也. 後孝章皇帝元和二年, 老君復降, 〈중략〉 老君曰:汝善聽教, 人生雖壽萬年, 不持戒律, 與老木久石何異? 〈중략〉 世人雖為王公, 至帝皇, 脫有重罪, 無益魂神, 可不痛邪? 明奉吾戒, 以教授之. 乃為說一百八十戒." 趙全陽眞人 編輯, 《歷世眞仙體道通鑑》 405-408 참조.

1216) *《歷世眞仙體道通鑑》·〈卷之五, "劉圖"〉에 나온다. "漢安帝永初三年己酉二月, 老君降於泰山. 〈중략〉 命圖與官屬校定天下名籍, 三日而畢. 老君欲示圖以罪福報應, 乃令羽將圖至天堂." 趙全陽眞人 編輯, 《歷世眞仙體道通鑑(上)》 140 참조.

1217) 구겸지(寇謙之) : 북위(北魏) 창평(昌平) 사람으로 도교의 대성자로 알려졌다. 젊어서부터 도술을 좋아했는데, 일찍이 신선 성공흥(成公興)을 만나 숭산(嵩山)과 화산(華山)에서 수련하면서 교유했다. 스스로 태상노군(太上老君)에게 천사(天師)의 지위를 받고《운중음송신과지계(雲中音誦新科之誡)》24권을 받았다면서 도교를 정비하려고 했다. **구겸지(寇謙之)**, 임종욱 김해명, 《중국역대인명사전》

1218) *《歷世眞仙體道通鑑》·〈卷之二十九, "寇謙之"〉에 나온다. "天師寇謙之 字輔真, 上谷平昌人, 後魏刺史讚之弟也. 〈중략〉 太常二年正月十五日, 太上復降, 又賜新科符錄十餘卷. 且戒之曰: 前後符錄. 得人可授." 趙全陽眞人 編輯, 《歷世眞仙體道通鑑(上)》 587-590 참조.

당(唐)나라 고조(高祖) 시대에 양각산(羊角山)에 내려와 '당공(唐公)'에게 '수명부(受命符)'를 가르치고, '현종(玄宗) 천보(天寶) 초년(初年)에 단봉문(丹鳳門)에 강림하니, 황제가 친히 그를 제사(祭祀)하고',1219) '전동수(田同秀)'에게 또 강림하여 '함곡(函谷)'에 감추어 두었던 '금궤영부(金櫃靈符)'를 가르치고, 또 '묘진부(妙眞符)'를 '왕원익(王元翼)'에게 가르쳤다. 송(宋)나라 정화(政和) 2년에 화양동(華陽洞) 하늘에 내려와 '양선생(梁先生)'에게 '천동호명부(天童護命符)'를 전수하였다.

세상에 없고 나타나지 않아서, 먼저 수많은 시간에 교화(敎化)를 행하고, 후에 끝없이 항상 존재하였다. 이처럼 '은둔과 출현[隱顯]'이 헤아릴 수 없으며, 변화가 끝이 없어서 법도가 사람과 하늘에 두루 미치니, 모든 것을 전부 다 서술(敍述)하는 것이 불가능하다.

■ 윤진인(尹眞人)의 시(詩)에서 노래하기를,
금대옥국요동운(金臺玉局繞彤雲)
팔십일호장생결(八十一好長生訣)
상유진인칭노군(上有眞人稱老君)
오천여언불교문(五千餘言不朽文)

신선대국 바둑 두는 황금누대에는 불그레한 구름 둘리고
불로장생 비결 얻어 팔십에 크게 좋아 하누나
위로는 노군(老君)이라 부르는 진인(眞人)이 있으니
썩을 줄 모르는 5천 마디 말씀.

1219) *《歷世眞仙體道通鑑》·〈卷之十, "匡續"〉에 나온다. "天寶初, 明皇命使致齋, 尊爲仙廟." 趙全陽眞人 編輯,《歷世眞仙體道通鑑(上)》 228 참조.

제3. 선가(仙家)의 이술(異術)

○ 팽종(彭宗)1220)은 팽성(彭城) 사람이다. 일찍이 '두충(杜沖)'1221)을 좇아 산 속에서 약을 캐다가 홀연히 깊은 계곡으로 추락하여 손과 발에 손상을 입고 오랫동안 숨도 제대로 쉬지 못했음에도 처음과 같이 맑고 공손하였다.1222)

두충(杜沖)이 그를 사랑하여 이에 단경(丹經) 오천문(五千文)을 그에게 전수하니, 팽종[宗]이 그것을 수련하여 심오하고 오묘하게 되었다. 그러므로 밤에 신등(神燈)1223) 여러 구(球)가 있어 허공에 매달려 자리를 비추고, 늘 눈을 감고 뻣뻣하게 누워있어 1년 동안이나 움직이지 못했으니, 먼지가 그 위에 내려앉아 손가락같이 두텁게 쌓였는데, 마침내 자리에서 일어나니 안색이 점점 더 깨끗해지고, 한 기운으로 능히 오천문(五千文) 두 편(遍)을 암송(暗誦)하였다. 산에 독사와 맹수들이 있었지만 팽종(彭宗)이 기(氣)로써 이를 억제하고 굴복시키다가 그것을 풀어준 후에 떠나갔다.1224)

1220) 팽종(彭宗) : 주(周)나라 팽성(彭城) 사람으로 두충(杜沖)에게 배웠다. 나중에 도교에서 태청진인(太淸眞人)으로 받들었다. "**팽종(彭宗)**", 임종욱 김해명, 《중국역대인명사전》
1221) *《歷世眞仙體道通鑑》·〈卷之九, "杜沖"〉에 나온다. '두충'은 '태극진인(太極眞人)'이라고 불리며, '팽종'의 스승으로 알려져 있다. 원문은 다음과 같다. "太極眞人杜沖, 字玄逸, 鎬京人也." 趙全陽眞人 編輯, 《歷世眞仙體道通鑑(上)》 209 참조.
1222) *《歷世眞仙體道通鑑》·〈卷之九, "彭宗"〉에 나오는데, 그 내용에는 다소 차이가 있다. "太淸眞人彭宗, 字法先, 彭城人也. 年二十, 服業於杜沖眞人, 深蒙賞接. 〈중략〉 宗乃棲眞味道, 精貫人神, 嘗從師採藥, 忽墮探谷, 手足傷損, 逮至危困. 良久蘇息, 肅恭如初." 趙全陽眞人 編輯, 《歷世眞仙體道通鑑(上)》 211 참조.
1223) 신등(神燈) : 신명(神明), 곧 '하늘과 땅의 신령' 앞에 켜는 등불.
1224) *《歷世眞仙體道通鑑》·〈卷之九, "彭宗"〉에 나오는데, 그 내용에는 다소 차이가 있다. 원문은 다음과 같다. "沖憫之, 爲立壇, 盟誓丹經, 五千文, 玄一之道, 宗寶而修之, 日臻幽妙. 嘗宵中有神燈數枚, 浮空映席, 凝暉留耀, 洞暢幽冥. 或晨起脩按, 則

일찍이 한 사냥꾼이 있었는데 공연히 그를 헐뜯고 매도하며 급기야 문
앞에서 업신여기고 욕을 보였다. 이에 팽종(彭宗)이 기(氣)를 사용하여 그를
제압하니 사냥꾼의 수족이 스스로 구속되어 시신을 세워놓은 듯 행동이 굼
뜨게 되었다. 아울러 유령으로 하여금 그를 공격하게 하니, 곁에 있는 사
람들이 늘어서서, 머리를 조아리고 경의를 나타내는 소리를 들었다. 사냥
꾼이 자신의 잘못을 뉘우치기를 기다렸다가 이에 그를 풀어주었다. 팽종은
나이가 150에 이르러서도 항상 20세쯤 되는 청년과 같더니, 주(周)나라 려
왕(厲王) 13년 정월(正月)에, 노군(老君)이 선관(仙官)을 보내 그를 귀빈의 거처
로 영접하였다.1225)

○ 태현녀(太玄女)1226)라는 자는 착하고 온화하니, 어려서 부친을 여의고
도(道)를 배워서 '옥자(玉子)'1227)의 술법을 통달하였다. 이에 물에 들어가도

氣象高明, 常有五色雲霞, 霏霏臨繞, 能三晝三夜通為一息. 或自沒水底, 竟日方出. 若瞑目僵外, 輒一年許不動, 塵委其上, 積厚如紙, 見者皆疑已隕, 及起, 顏色愈鮮澤. 能以一氣誦五千文, 通為兩遍, 言聲清暢, 與出入常人無異. 山中毒蛇猛虎, 宗每以氣禁之, 潛伏盤僻, 人雖磨觸, 終不得動, 宗解之方去." 趙全陽眞人 編輯, 《歷世眞仙體道通鑑(上)》 211-212 참조.

1225) *《歷世眞仙體道通鑑》·〈卷之九, "彭宗"〉에 나오는데, 그 내용에는 다소 차이가 있다. "嘗有獵者, 遙想謗毁, 或及門欲枏凌辱, 宗用氣禁之, 其人手足不覺自拘, 蠢然屍立. 或使幽靈擊之傍門, 惟聞叩頭之聲, 莫測其所以, 俟其悔過, 宗即為釋之. 年一百五十餘歲, 常如二十年少. 至厲王十三年丙申正月, 太上道君遣仙官下迎, 授書為太清眞人, 治赤城官." 趙全陽眞人 編輯, 《歷世眞仙體道通鑑(上)》 212 참조.

1226) *태현녀(太玄女) : '갈홍'의 《신선전(神仙傳)》에 소개된 여(女) 신선(神仙)이다. 선인(仙人) '왕자교(王子喬)'의 도술을 익혀서 36종류의 술법을 행하였다. 어느 날 갑자기 대낮에[白日] 승천(昇天)했다. 한편, 《만종일련》의 원문에는 '태현녀'가 '옥자(玉子)의 도술을 익혔다'고 나오지만, '갈홍'의 《신선전》에는 '왕자교(王子喬)의 술법을 익혔다'고 나온다. 이와 함께 《만종일련》의 서술내용은 대부분 《신선전》에도 나온다. 葛洪稚川 著, 李民樹 譯, 《신선전(神仙傳)》 193-194 참조.

1227) *《歷世眞仙體道通鑑》·〈卷之十, "玉子"〉에 나온다. "玉子者, 姓章名震, 南郡人也. 少學衆經, 周幽王徵之不出, 乃歎曰: 人生問間, 去生遠, 去死轉近矣.〈중략〉以此水治百病, 病在內者飲之, 在外者澡之, 皆便立愈. 後入崆峒山合丹. 白日昇天." 趙全陽眞人 編輯, 《歷世眞仙體道通鑑(上)》 229-230 참조.

젖지 않고, 매서운 추위가 닥칠 때 홑옷으로 물위를 다녀도 신체가 따뜻하였다. 자물쇠를 가리키면 저절로 열리고 산을 가리키면 산이 무너지고, 나무를 가리키면 나무가 죽어가다가 다시 가리키면 곧 이전과 같이 되었다. 하루는 제자와 더불어 산간을 거닐다가 지팡이로 바윗돌을 때리니 바위가 열리고 집이 나타났다. 그 안에 들어가니 방옥(房屋)1228)과 상(床)과 궤(几)와 휘장[幃帳]과 부엌[廚]과 곳간[庫]이 있고 술과 음식이 차려져있었다. 그러므로 비록 만리(萬里)를 간다 할지라도 이와 더불어 조금도 이상할 것이 없고, 능히 작은 물건으로 집처럼 크게 하며, 큰 물건으로 터럭처럼 작게 하고, 들불이 하늘을 덮을 정도로 크게 번질 때 숨을 한 번 불면 곧 소멸하고, 불꽃 가운데 앉아 있어도 능히 겉옷이 타지 않고, 잠깐 사이에 늙은이가 어린아이와 '수레를 끄는 말[車馬]'로 변화되게 하여, 하지 못하는 바가 없었다. 36술(術)을 행하되 심히 신기하고 이상함이 있어서 죽은 자를 일어나게 한 일이 무수히 많았다.

어느 날 그의 머리털이 '갈 까마귀[鴉]'와 같이 되었으니, 홀연히 한낮에 하늘로 올라갔다[昇天].

○ 요광(姚光)1229)이란 자는 어떠한 사람인지 알지 못하나, 신단(神丹)1230)을 얻어서 '형체를 나누고[分形], 그림자를 분산[散影]'시키므로, 앉아서는 존재하다가 서면 사라지고, 불 가운데 있어도 타지 않고, 칼에 맞아도 상하

※옥자(玉子) : 서주(西周) 남도(南都) 사람. 전설에 나오는 고대 신선이라고 한다. 주유왕(周幽王)이 불렀지만 나오지 않았다. 장상자(長桑子)를 섬기면서 그의 학문을 이었다. 공동산(崆峒山)에 들어가 단약(丹藥)을 만들었는데, 나중에 한낮에 승천해서 사라졌다고 한다. "**옥자(玉子)**" 임종욱 김해명,《중국역대인명사전》
1228) 방옥(房屋) : 겨울에 외풍을 막기 위하여 방 안에 장지를 들여 조그맣게 막은 아랫방.
1229) 요광(姚光) :《삼통군선록(三洞群仙錄)》에 나오는 吳나라 사람으로 '신단도(神丹道)'에 능한 사람이다. "**요광(姚光)**", 김승동,《도교사상사전》
1230) 신단(神丹) : 황금을 액화(液化)한 금액(金液)과 단사(單射)를 개어서 만든 금단(金丹)의 하나.

지 않았다. 이에 오(吳)나라의 왕(王)이 친히 시험했는데, 나무 섶을 수천 묶음 쌓아두고 요광으로 하여금 그 가운데 앉게 한 후에 사면(四面)에서 불을 지피게 하자 연기와 불꽃이 하늘로 치솟았다. 이를 구경하는 사람들이 성(城) 안에 가득하여 요광이 반드시 불에 타 죽었다고들 했는데, 불이 사그라진 후에 요광이 재[灰] 가운데서 옷을 털고 일어나더니, '신 같은 용모[神容]'가 편안하고 태연하였다. 그가 책 한 권을 손에 들고 있었는데, 오(吳)나라 왕(王)이 그 책을 읽기는 했으나 해독하지 못하였다. 그 후에 당(唐)나라 무덕(武德)1231) 연간(年間)에 다시 출현하였다.1232)

○ 장도릉(張道陵)1233)이란 자는 동한(東漢)의 풍현(豊縣) 사람인데 자방(子房)1234)의 8세손(世孫)이었다. 어머니가 그를 출산하던 날에 황금 구름이 집을 뒤덮고 상서로운 기운이 뜰에 가득하며 방안에 아름다운 빛이 비추었다고 한다. 그가 장성하니 신장이 '9척 2촌'1235)이요, 두터운 눈썹에 넓은

1231) 무덕(武德) : 당(唐) 고조(高祖) 이연(李淵)의 연호이며, 당의 첫 번째 연호로 618년~626년의 8년여 기간 사용되었다. **"무덕(武德)"**, 이현국,《중국시사문화사전》
1232) *《歷世眞仙體道通鑑》·〈卷之十六, "姚光"〉에 나오는데, 그 내용에는 다소 차이가 있다. "姚光者, 不知何許人也. 得神丹之道, 能分形散影, 坐在立亡, 火之不焦, 刀之不傷. 昊主身臨試之, 積荻數千束, 令光坐其中, 四面發火焚之. 煙焰翳日, 觀者盈都, 鹹謂光為煨燼矣. 火息後, 見光從灰中振衣而起, 神容晏如也. 手把一卷書, 昊主讀不能解. 後不知所之." 趙全陽眞人 編輯,《歷世眞仙體道通鑑(上)》331 참조.
1233) 장도릉(張道陵) : 본명은 장릉(張陵)이다. 후한 말기 패국(沛國) 풍현(豊縣) 사람. 본래 태학생(太學生)으로 오경(五經)에 정통했다. 일찍이 강주령(江州令)을 지냈다. 나중에 유학(儒學)이 큰 도움이 안 된다고 판단해 도(道)를 익혔다. 오두미도(五斗米道)의 시조다. 세칭 장천사(張天師)로 불렸다. **"장도릉(張道陵)"**, 임종욱 김해명,《중국역대인명사전》
1234) * 장자방(張子房) 장량(張良)을 말한다.
 ※장량(張良) : 중국 한(漢)나라의 공신. 한(漢)나라 고조(高祖) 유방(劉邦)이 천하를 통일할 수 있도록 정치적·전략적인 지혜를 잘 써서 통일을 이룩하고 강소(江蘇)의 유후(留侯)에 올랐다. 한신(韓信)·소하(蕭何)와 함께 한나라 창업의 3걸(三傑)중 한 사람이다. **"장량(張良)"**, 인명사전편찬위원회,《인명사전》
1235) * 1척(尺)이 30.3Cm이므로, '9척2촌'은 약 275Cm가 된다.

이마와, 코는 우뚝하고 턱은 반듯했으며, 무소[고뿔소]를 복종시키며 마음을 꿰뚫어 보았고, 옥침(玉枕)1236)이 봉우리처럼 솟아있었다. 일곱 살에 《도덕경》을 통달했으며, 천문지리와 '하락도위지서(河洛圖緯之書)'1237) 모두 그 오묘함에 도달했다. 그의 뜻이 수련(修煉)에 있어서 북망산(北邙山)1238)에 은거했는데 백호(白虎)가 부적(符籍)을 물고 오자 곁에 두었다. 이후에 촉산(蜀山)1239)에 은거하여 굳은 절개로 도(道)를 공부하여 용호(龍虎) 대단(大丹)1240)을 수련하니 붉은 빛이 집안을 비추었다. 3년 후에 대단(大丹)이 이루어져 숭산(嵩山)에 들어가니, 수의사자(繡衣使者)1241)가 말하기를, "중봉(中峰) 석실(石室)에 황제구정(皇帝九鼎)1242)과 태청단경(太淸丹經)1243)이 감추어져 있으니, 이

1236) 옥침(玉枕) : 족태양방광경(足太陽膀胱經)의 혈 자리. 뒷 정중선상에서 뒷 머리카락 경계로부터 3치 올라가서 다시 옆으로 1.3치 되는 곳이다. **"옥침(玉枕)"**, 한의학대사전편찬위원회, 《한의학대사전》(서울; 정담, 2001)

1237) *《하도락서(河圖洛書)》와 《위서(緯書)》를 가리키는 것으로 보인다. '하도락서'와 '위서'에 대한 설명은 다음을 참고하라.
※《하도낙서(河圖洛書)》; 고대 중국에서 예언이나 수리(數理)의 기본이 된 책. 《하도》는 복희(伏羲)가 황하에서 얻은 그림으로, 이것에 의해 복희는 《역(易)》의 팔괘를 만들었다고 하며, 《낙서》는 하우(夏禹)가 낙수(洛水)에서 얻은 글로, 이것에 의해 우(禹)는 천하를 다스리는 대법(大法)으로서의 《홍범구주》를 만들었다고 한다. **"하도낙서(河圖洛書)"**, 두산동아백과사전연구소, 《두산세계대백과사전》
※《위서(緯書)》; 중국에서 경전 해석에 가탁해서 신비적인 예언을 한 책. 위(緯)라는 것은 횡사(橫絲)로, 종사(縱絲)를 의미하는 경(經)에 대해서 '경(經)의 지류(支流)에 대해서 방의(傍義)에 부연한다', 즉 경서를 해설하고 부연한 것이다. 그러나 위서는 거의 모두 참(讖), 즉 예언적인 요소를 포함하고 있으므로, 참위서(讖緯書)라고도 한다. **"위서(緯書)"**, 한국사전연구사, 《종교학대사전》

1238) 북망산(北邙山) : 중국의 뤄양[洛陽]땅에 있는 산. **"북망산(北邙山)"**, 두산동아백과사전연구소, 《두산세계대백과사전》

1239) 촉산(蜀山) : 중국 안후이성[安徽省] 허페이[合肥]에 있는 구(區). **"촉산(蜀山)"**, 두산동아백과사전연구소, 《두산세계대백과사전》

1240) 대단(大丹) : 도가(道家)의 용어로 오랫동안의 수련과 고행을 통해 얻어지는 내단(內丹)을 가리킨다. **"대단(大丹)"**, 오승은 저, 《서유기사전》, 서울대학교서유기번역연구회 역(서울: 솔출판사, 2004)

1241) 수의사자(繡衣使者) : 수의사포(繡衣使袍), 곧 암행어사를 영화롭게 지칭하는 말. **"수의사자(繡衣使者)"**, 한국고전용어사전 편찬위원회, 《한국고전용어사전》

1242) *중국 신화 속의 인물인 황제(黃帝)가 신단(神丹) 제조법을 기록해 둔 책으로 알

를 얻어서 수련하는 자는 가히 승천할 것이다"라고 하였다. 이에 진인(眞人)1244)이 몸과 마음을 깨끗이 하고 7일 후에 그 석실에 들어가 처소를 밟자 발자국이 울리는 소리가 명백하게 들려왔다. 그 땅을 파서 단경(丹經)을 얻어 정성을 다해 사색(思索)하고 수련한 결과, 능히 날기도 하고 멀리서도 들을 수 있게 되었다. '형체를 나누고[分形], 그림자를 분산하는[散影]' 기묘한 술법을 얻었으며, 연못 가운데 배를 띄우고 대청[堂上]에서 경서(經書)를 외우고 안석(案席)1245)에 숨어서 대답하며, 지팡이를 짚고 글을 읊는 것을 일시에 병행하니, 사람들이 그 신령하고 기이함을 헤아릴 길이 없었다.1246)

려진 《황제구정신단경(黃帝九鼎神丹經)》을 가리키는 것으로 보인다.
※《구정단경(九鼎丹經)》; 각종 호부(護符, 부적)와 선약(仙藥, 단약)의 종류, 그 제조법 등을 기록한 책으로 좌자 → 갈현을 거쳐 정은 → 갈홍에게로 전해졌다. 이 책은 황제(黃帝)가 하늘에 오르기 위해 만든 신단(=선단 仙丹)의 제조법이 기록되어 있다고 해서 《황제구정신단법》이라고 불리기도 한다. 마노 다카야 지음, 이만옥 역,《도교의 신들》(서울; 도서출판 들녘. 2007) 190~194, 388 참조.
1243) * 도교(道敎)경전의 하나이다.
1244) 진인(眞人) : 도교(道敎)의 깊은 진의(眞義)를 닦은 사람.
1245) 안석(案席) : 앉을 때에 벽에 세우고 몸을 뒤쪽으로 기대는 방석(方席).
1246) *《歷世眞仙體道通鑑》·〈卷之十八, "張天師"〉에 나오는데, 그 내용에는 다소 차이가 있다. 원문은 다음과 같다. "天師眞人姓張氏, 諱道陵, 字輔漢, 沛豊邑人. 留侯子房八世孫也.〈중략〉母初夢天人自北斗魁星中降至地,〈중략〉感而有孕於東漢光武建武十年甲午正月望日生於昊地天目山. 時黃雲覆室, 紫氣盈庭, 室中光氣如日月. 復聞昔日之香, 浹日方散. 年及冠, 身長九尺二寸, 厖眉廣顙, 綠睛朱頂, 隆準方頤, 目有三角, 伏犀貫腦, 玉枕峰起, 垂手過膝, 美鬚髥.〈중략〉七歲讀道德二篇十許遍, 而達其旨, 於天文地理, 河洛圖緯之書, 皆極其妙.〈중략〉而志修煉形輕擧. 久之, 退隱北謬山北年治在洛陽. 三年, 有白虎銜符文置座傍.〈중략〉以淸虛淡薄爲務, 不交人事. 王長負書行歌, 同往雲錦山居. 而眞人修玄玄之道, 後乃按方煉龍虎大丹. 一年有紅光照室. 二年有五雲覆鼎, 夜不假燭, 髻實有靑龍白虎各一, 常繞丹鼎. 三年丹成, 眞人年六十餘. 餌之而容貌益少, 若三十許人, 行及轟馬. 又得祕書祕文, 制命山嶽, 檄召萬靈. 一日謂王長曰: 五嶽多仙子, 三蜀足名山, 吾將能偕遊乎. 遂與北入嵩山崖嶺, 石居數年. 精思感徹, 有繡衣使者告曰: 中峰石室藏上, '三皇內文', '黃帝九鼎太淸丹經', 得而修之者昇天也. 眞人感其言, 乃齋戒七日, 入其室. 足所履處, 堂然有聲. 即坎其地取之, 果得丹書, 進而受之.〈중략〉精思服煉, 能飛行遠聽, 得分形散影之妙, 通神變化, 坐在立亡. 每泛舟池中, 誦經堂上, 隱几對客, 杖華行吟. 一時並赴, 人皆莫測其靈異也." 趙全陽眞人 編輯,《歷世眞仙體道通鑑(上)》357-360 참조.

서역(西域) 방릉(房陵) 간에 백호신(白虎神)이 있었는데, '사람 피[人血]' 먹기를 좋아하였다. 그리하여 그 지방 사람들이 해마다 사람을 죽여 그 신(神)에게 제사를 지냈는데, 진인(眞人)이 신(神)을 불러내어 경계하고 쫓아내 진멸했다. 한편 행주(倖州)에 큰 뱀이 있어서 뱀이 울면 산이 진동하고, 안개를 토해내면 지나는 사람이 중독되어 번번이 사망하였다. 이에 진인(眞人)이 술법(術法)으로 이를 엄히 금지시키니 다시는 해(害)를 끼치지 못하였다.[1247]

하루는 학명산(鶴鳴山)에 있었는데, 보라색 구름이 창공에 가득하고 하늘에서 풍악이 은은하게 울리는데, 태상노군이 강림하여 말하기를, "요사이 촉(蜀)나라에 천귀(天鬼)가 미친 듯이 날뛰어[狂暴] 백성들이 고통을 당하고 있으니, 너는 나를 대신하여 능히 그를 다스리고 복(福)으로써 백성을 살리도록 하라. 이름은 단대(丹臺)에 있을 것이다"라고 하였다. 이와 함께 삼청중경(三淸衆經)[1248] 9백 30권과 단조비결(丹竈祕訣) 72권과 자웅검(雌雄劍) 2자루와 도공인(都功印) 한 매(枚)와 '붉은 신발[朱履]' 1부(部)를 내려주고 천일(千日) 후에 낭원(閬苑)으로 올 것을 기약하였다.[1249]

진인(眞人)이 거문고의 머리를 두드려 법(法)을 살피고 수행하였는데, 바로

1247) *《歷世真仙體道通鑑》·〈卷之十八, "張天師"〉에 나오는데, 그 내용에는 다소 차이가 있다. 원문은 다음과 같다. "忽一鄕夫告曰: 西城房陵間有白虎神, 好飮人血, 每歲其民殺人祭之. 眞人召其神戒之, 遂滅. 又告梓州有大蛇藏山穴中, 鳴則山石振動, 時吐毒霧, 行人未及三五里率中毒而死. 眞人以法禁之, 不復爲害." 趙全陽眞人 編輯,《歷世真仙體道通鑑(上)》360-361 참조.

1248) 삼청(三淸): 도교의 신(神)으로, 옥청(玉淸)·상청(上淸)·태청(太淸)을 주재하는 신을 가리킴. **삼청(三淸)**, 원광대학교 원불교사상연구원,《원불교대사전》

1249) *《歷世真仙體道通鑑》·〈卷之十八, "張天師"〉에 나오는데, 그 내용에는 다소 차이가 있다. 원문은 다음과 같다. "眞人在鶴鳴山寢方酣熟, 〈중략〉 良久, 鑾佩珊珊, 天樂隱隱, 香花覆地, 紫雲滿空. 〈중략〉 近有六天鬼神血食之輩, 侵奪以居, 晝夜不分, 人鬼無別, 枉暴生民, 妄羅災害, 深可痛惜. 子何爲吾攝邪歸正, 分別人鬼, 各守晝夜, 復典此治, 以福生民, 則子功無量矣. 吾以汝名在丹臺, 〈중략〉 老君復以三淸衆經九百三十卷, 符錄丹竈祕訣七十二卷, 一千二百官章, 雌雄二劍. 〈중략〉 都功印, 二儀交泰冠, 驅邪被褐, 魚鬣衣, 方裙朱履等賜之. 令制科律, 佐國行化. 行之千日, 則邪鬼不敢正視. 傳度已訖. 於鶴鳴山硏味祕文, 按法遵行. 修之千日, 內顧五臟, 外集三萬六千神." 趙全陽眞人 編輯,《歷世真仙體道通鑑(上)》362-365 참조.

그때 8부 귀신의 우두머리가 각각 귀병(鬼兵)을 거느리고 수많은 사람을 해치고 죽였다. 이에 진인이 노군의 명을 받들어 3천 6부 진경(眞經)을 좌우에 배치하며 10개[節]의 신령한 깃발을 세우고, 종을 울리며 경쇠[磬]1250)를 두드려 용호(龍虎) 신병(神兵)을 지휘하였다. 이윽고 귀신의 무리가 공격해 오자, 진인이 손을 들어 한 곳을 가리키니 큰 연꽃 하나가 생겨나 방어하고, 귀신들이 천개의 횃불을 잡고 화공을 펼치자, 진인이 한 곳을 가리키니 귀신이 도리어 저절로 불에 타버렸다. 이에 귀신의 우두머리가 말하였다. "스승이 나와 더불어 관계가 없거늘 어찌하여 나의 본거지를 침탈하는가?"1251)【마태복음 8장 29절 대조】

진인이 말하였다. "너희들이 사람들[衆生]을 잔혹하게 해치기에, 서방의 불모지로 물리쳐 쫓아낼 것이니, 이는 노군(老君)의 명령이다."1252)

귀신의 우두머리 원달(元達)을 비롯해 8왕(王)이 천만의 병마(兵馬)를 불러 모아 산꼭대기에 둘러 진을 치자, 진인이 붉은붓으로 '한 무리의 군사를[一陣]'를 그리니, 귀신의 졸개들이 모두 후퇴하고 8왕이 머리를 조아렸다. 진인이 붉은붓을 들고 거꾸로 그려서 귀신의 무리가 다시 깨어나게 하고 귀

1250) 경쇠 : ① [음악] 뿔 망치로 쳐 소리를 내는, 옥이나 돌로 만든 아악기(雅樂器). 한자로는 磬(경)으로 쓴다. ② [민속] 판수가 경을 읽을 때 흔드는 작은 방울. ③ [불교] 부처 앞에 예불(禮佛)을 드릴 때 흔드는 작은 종.
1251) *《歷世眞仙體道通鑑》·〈卷之十八, "張天師"〉에 나오는데, 그 내용에는 다소 차이가 있다. 원문은 다음과 같다. "遂依告命, 戰鬼於蜀, 時有八部鬼帥, 各領鬼兵動億萬數, 周行人間. 〈중략〉 隨月建胎生, 或作畜類之形, 嘘毒嘯禍, 暴殺萬民, 枉夭無數. 其八部鬼帥, 領鬼衆居西蜀靑城山嶺, 有鬼城鬼市, 分形變化, 混雜人間, 布行疫沙, 人莫知之. 〈중략〉'唐書' : 蜀州靑城縣有靑城山, 置琉璃高座, 左供大道元始天尊, 右置三十六部眞經, 立十絶靈旛, 周匝法席, 鳴鍾扣磬, 燒香行道, 及誦道德諸經, 布龍虎神兵於城市. 衆鬼卽持兵刃矢石, 來害眞人. 眞人擧手一指, 化爲一大蓮花拒之. 鬼衆持火千餘炬來. 眞人擧手一指, 鬼反自燒, 不能前進, 遙語眞人曰 : 師自住峨崛山唐嘉州有峨媚縣, 何爲來奪我居處. 師等速下山, 須臾必殺師." 趙全陽眞人 編輯, 《歷世眞仙體道通鑑(上)》 365-366 참조.
1252) *《歷世眞仙體道通鑑》·〈卷之十八, "張天師"〉에 나오는데, 그 내용에는 다소 차이가 있다. 원문은 다음과 같다. "眞人曰: 汝等兇毒, 殘害衆生, 所以吾不使汝居此, 當檳於西方不毛之地." 趙全陽眞人 編輯, 《歷世眞仙體道通鑑(上)》 366 참조.

왕(鬼王)을 엄하게 경계하여 말하기를, "다시는 인간을 괴롭히지 말라"고 하였다. 그러나 귀왕(鬼王)이 복종하지 않고 다음날 재차 포위하고 공격하자, 진인이 다시 붉은붓으로 진(陣)을 그려 마왕(魔王)으로 하여금 땅에 꺼꾸러져 일어나지 못하게 하였다. 마왕이 자신의 계책이 다하자 서방 사라국(婆羅國)에 가서 거주하게 해달라고 애걸하니, 진인이 이를 허락하고 붉은붓을 재차 그으니 마왕의 무리가 남김없이 일어났다.1253)

진인이 귀신들의 '마음으로부터 우러나오는 복종[心服]'1254)을 얻고자 하여 각자의 법력(法力)을 전부 드러내어 보이게 했다. 우선 진인은 큰 불 가운데로 몸을 던져 발로 푸른 연꽃을 밟고서 출현하고, 물 가운데로 들어가 황룡을 타고 나타나고, 바위 가운데로 들어가 바위를 뚫고 나타나고, 철산(鐵山)으로 들어가 철산을 뚫고 나왔다. 반면에 귀신의 우두머리는 불에 들어가면 불에 타고 물에 들어가면 익사하고, 바위에 몸을 던지니 겨우 1촌(寸)만 들어가고 철산(鐵山)에 몸을 던지니 겨우 반촌(半寸)만 들어갔다.1255)

진인이 부적[神符] 하나를 주문으로 외우고 왼손으로 귀신을 가리킨즉 귀신이 죽어 넘어지고, 오른손으로 다시 가리킨즉 회복하여 살아났다. 원달

1253) *《歷世眞仙體道通鑑》·〈卷之十八, "張天師"〉에 나오는데, 그 내용에는 다소 차이가 있다. "元達等聞此語, 即會鬼帥兵馬各千萬衆, 精甲犀刃, 上山圍繞. 王長驚怖, 啟眞人曰: 魔王衆來, 作何計術. 眞人曰: 小鬼何足驚怖. 取丹筆來. 王長以進, 眞人執筆, 遙畫鬼陣, 其衆皆死, 小帥校一時僵僕, 八大鬼王困臥, 扣頭搏頰, 求乞殘生. 眞人聞語, 良久不言. 再以丹筆倒畫之, 鬼衆復蘇. 即呼鬼王曰: 汝等進前, 吾有處分. 鬼王各各前立, 眞人曰: 汝等可速遠避, 自今勿復行病, 妄有殺害. 今之民庶, 皆吾子弟之家爾. 不然, 誅無留種." 趙全陽眞人 編輯, 《歷世眞仙體道通鑑(上)》 366-367 참조.
1254) 심복(心服): 마음속으로 기뻐하며 성심을 다하여 순종함. 심열성복(心熱誠服)의 줄임말.
1255) *《歷世眞仙體道通鑑》·〈卷之十八, "張天師"〉에 나온다. "時雖攝伏鬼衆, 更欲盡制其心, 謂之曰: 汝等既欲與吾分民, 當與汝輩各盡法力以分勝負. 元達等曰: 惟命是聽. 眞人投身入大火中, 即足履青蓮而出, 鬼帥投身, 為火所燒. 眞人入木, 身度木外, 木即隨合. 鬼帥投身即墜於地. 眞人入水, 乘黃龍而出, 鬼帥入水, 為水所溺. 眞人以身入石, 透石而出, 鬼帥投身, 纔入一寸. 眞人以身入鐵山, 透鐵而出. 鬼帥纔入半寸." 趙全陽眞人 編輯, 《歷世眞仙體道通鑑(上)》 368 참조.

(元達)이 큰 호랑이 8마리로 변하여 달아나려고 하자, 진인이 두 마리 사자로 변하여 그를 쫓아가고, 또 귀신의 우두머리가 큰 용(龍)으로 변하여 붙잡으러 오자, 진인이 금시조(金翅鳥)1256)로 변하여 용의 눈동자를 쪼아 버리니 곧 달아났다. 귀신의 우두머리가 '거대한 귀신[大神]'으로 변하여 커다란 다리로 공격하려고 하자 진인이 금강신(金剛身)1257)으로 변화하니, 길이가 27만 장(丈)이요, 그 넓이가 53만 위(圍, 둘레)였다. 큰 관(冠)을 머리에 쓰고 원광(圓光, 후광)을 짊어지고서 '거대한 귀신[大神]'을 공격하니 '거대한 귀신[大神]'이 패퇴하여 달아났다.1258)

귀신의 우두머리가 오색구름을 일으켜 천지를 어두컴컴하게 하자, 진인이 오색 태양으로 변하여 맹렬한 빛이 빛나도록 비추니 구름이 흩어지고 하늘이 맑아졌다. 이에 진인이 8부 귀신의 우두머리에게 명하여 서역(西域)으로 내치니, 귀신의 무리가 오히려 주저하며 가지 않으려 하였다. 이에 진인이 부적을 가지고 단단히 타일러 경계하고, 잠시 잠깐 천선(天仙)1259)의 비바람과 병마(兵馬)의 칼바람이 곧장 불어 닥치니 마귀의 무리가 멸절되어 달아났다.1260)

1256) 금시조(金翅鳥) : 가루라(迦樓羅). 팔부중의 하나. 불경에 나오는 상상의 큰 새로, 매와 비슷한 머리에는 여의주가 박혀 있으며 금빛 날개가 있는 몸은 사람을 닮고 불을 뿜는 입으로 용을 잡아먹는다고 한다. [비슷한 말] 묘시조(妙翅鳥).
1257) 금강신(金剛身) : 〈불교〉 법신(法身)과 같은 말이다. 법신은 삼신(三身)의 하나로서 불법의 이치와 일치하는 부처의 몸을 이른다.
1258) *《歷世眞仙體道通鑑》·〈卷之十八, "張天師"〉에 나오는데, 그 내용에는 다소 차이가 있다. 원문은 다음과 같다. "眞人咒神符一道, 左手指之鬼斃, 右手指之復生, 鬼帥擧手指之無復生死. 元達等乃化八大虎, 轟攪而來. 眞人化二獅子逐之, 奔走無地. 鬼帥又化八大龍, 欲來擒師. 眞人再化金翅鳥, 啄龍目睛, 其龍乃走. 又化作大神, 聶最震吼, 雙持大撾, 欲擊眞人. 眞人化金剛, 身長七十二萬丈, 廣五十二萬圍, 戴大冠, 負圓光, 踏蓮花寶臺, 具十二種無量相, 一杵一拳一擬, 大神退走." 趙全陽眞人 編輯, 《歷世眞仙體道通鑑(上)》 368-369 참조.
1259) 천선(天仙) : 하늘에 있다는 신선.
1260) *《歷世眞仙體道通鑑》·〈卷之十八, "張天師"〉에 나온다. 다만 그 내용에는 차이가 있다. "鬼帥作五色雲, 昏暗天地, 不見光明. 眞人化五色瑞日炎光暉灼, 雲即流散. 〈중략〉 眞人遂命五方八部六天鬼神, 會盟於青城山黃帝壇下, 使人處陽明, 鬼行幽暗,

노군(老君, 노자)의 '신령한 수레[神駕]'가 다시 강림하여 진인에게 말하기를, "경(卿)의 큰 공로는 '하늘로 올라가 신선이 되기에[上仙]' 합당하나 그대가 멋대로 비바람을 일으키며 귀신을 과다하게 죽였으니, 이는 사람이 마땅히 행하여야 할 바른 길인 '대도(大道)'와 생명을 아끼고 사랑하는 '호생(好生)'의 뜻이 아니다. 상제(上帝)께서 반드시 이를 책망하시리니 나는 어쩔 수 없이 그대를 가까이 두지 못하겠다. 마땅히 3천6백일 동안 사과한 후에 무하향(無何鄕)1261)에서 그대를 기다리겠다"고 하였다. 말을 마친 후에 '성스러운 수레[聖駕]'가 다시 올라갔다.1262)

○ 회남자(淮南子)는 회남왕(淮南王) 유안(劉安)1263)인데, '학문과 술법[學術]' 배우기를 좋아하여 《내서(內書)》 21편을 지어 변화의 도(道)를 논하였다. 그 후에 팔공도사(八公道士)를 만나 그 노쇠함을 비웃었는데, 도사가 홀연히 변하

使六天鬼王歸於北酆, 八部鬼帥領衆竄於西域, 五行之毒, 又戒而釋之. 乃執丹筆曰, 吾筆所指, 鬼衆盡滅." 趙全陽眞人 編輯, 《歷世眞仙體道通鑑(上)》 369 참조.
1261) 무하향(無何鄕) : 무하유지향(無何有之鄕)을 뜻함. 있는 것이란 아무것도 없는 곳이라는 말로, 장자가 추구한 '무위자연'의 이상향을 뜻함. 《장자》의 〈소요유〉 등 여러 곳에 나오는 말이다. **무하유지향(無何有之鄕)**, 두산동아백과사전연구소, 《두산세계대백과사전》
1262) *《歷世眞仙體道通鑑》·〈卷之十八, "張天師"〉에 나온다. "經四十九日, 復聆昔日鑾佩天樂之音, 眞人整衣扣伏, 乃見老君如前, 導從千乘萬騎, 來集空際, 〈중략〉 老君乃命使者告曰 : 卿之功業, 合得九眞上仙, 吾往使卿入蜀, 奪鬼幽獄, 區別人鬼, 布清靜之化, 而卿殺鬼過當, 擅興風雨, 役使鬼神, 驅馳星斗, 震蕩山川, 陰景翳晝, 殺氣機空, 此非大道好生之意. 上帝責子之過, 所以吾不得近子矣. 吾未能與子論功, 且當退居世間, 待吾於下元之主, 當與申叔罪戾, 以雪重責. 眞人悲泣, 請死於今日. 老君復告曰 : 子可閉目束視. 乃見一人黃衣黑積, 捧一玉函, 中有素書三卷, 題曰三八謝罪滅黑簿超度玄祖章. 眞人再拜受訖, 老君告曰 : 子可勤行修謝日月二十八宿, 二十四氣, 陰陽本命主者, 罪滅黑簿, 名昇紫清, 七祖父母同爲上仙. 謝過之後, 更修之三千六百日. 吾待子於無何有之鄕, 上清八景宮中. 言訖, 聖駕已回." 趙全陽眞人 編輯, 《歷世眞仙體道通鑑(上)》 371-372 참조.
1263) 유안(劉安, BC. 179~BC. 122) : 한고조(漢高祖)의 손자로 회남왕(淮南王) 유장(劉長)의 아들이다. 문제(文帝) 16년 아버지의 작위를 이어받아 회남왕이 되어 수춘(壽春)에 도읍했다. **유안(劉安)**, 임종욱 김해명, 《중국역대인명사전》

여 청년이 되니 '검고 윤기 나는 머리털[綠髮]'과 홍안(紅顏)이 복사꽃과 같았다. 왕이 놀랍고 기이하여 상아(象牙) 상(床)을 베풀고 백화향(百和香)을 분향(焚香)하며 제자의 예(禮)를 갖추고, 북쪽을 보며 공수(拱手)하여 도(道)를 들려주기를 청하였다.1264)

이에 팔공(八公)이 다시 늙은이[老人]로 변화[化]하여 말하였다. "왕이 도(道)를 좋아한다고 들었기에 특별히 와서 상종(相從)하고 있으나, 왕이 하고 싶어 하는 바를 알지 못하나이다. 나는 능히 비바람을 다스리고 구름과 안개를 일으키며, 땅을 가로지르고 강을 다스리며, 흙을 모아 산을 만들고 허공을 타고 공중을 걸으며, 용(龍)과 호랑이를 다스리고 귀신을 부리며, 불속에 들어가도 타지 않고 물속에 들어가도 젖지 않으며, 칼에 베여도 상하지 아니하오니, 왕은 하고자 하는 대로 행하십시오."1265)

이에 왕이 그것을 시험하여 모두 체험하였다. 36수은방(水銀方)으로 약을 만들어 다 복용하기 전에 마침 황제에게 회남왕을 무고(誣告)한 자가 있었다. 이에 왕이 팔공과 함께 산에 올라 크게 제사[祭]를 올리고 땅에 금(金)을

1264) *《歷世真仙體道通鑑(下)》·〈卷之五, "劉安"〉에 나온다. 다만 그 내용에는 다소 차이가 있다. 원문은 다음과 같다. "經淮南王 劉安, 漢高皇帝之孫. 好儒學, 方技, 作 內書 二十一篇, 又著 鴻寶萬年 三卷, 論變化之道. 有八公往詣之, 門吏自以意難問之曰：〈중략〉今先生皆耆老矣, 自無註書之術. 〈중략〉言畢, 八公變為十五歲童子, 露髻青鬢, 色如桃花. 〈중략〉於是門吏驚怖, 馳走白王. 王聞之, 不及履, 即徒跣出迎, 以登思仙之臺, 列綿綺之帳, 設象牙之床, 墦百和之香, 〈중략〉北面拱手而言曰：安以凡才, 少好道德. 〈중략〉惟乞道君哀而教之, 則螟蛉假翼去地飛矣." 趙全陽眞人 編輯,《歷世真仙體道通鑑(上)》137 참조.
　*'갈홍'의《신선전(神仙傳)》, "유안(劉安)"에도 나온다. 葛洪稚川 著, 李民樹 譯,《신선전(神仙傳)》99-101 참조.
1265) *《歷世真仙體道通鑑》·〈卷之五, "劉安"〉에 나온다. 다만 그 내용에는 다소 차이가 있다. "八公便已成老人矣, 告王曰：雖復淺識, 且備先學, 知王好道, 故來相從. 不知意何所欲, 吾一人能坐致風雨, 立起雲霧, 畫地為江河, 撮土為山嶽. 一人能崩高塞淵, 牧虎豹, 致龍蛇, 役神鬼. 〈중략〉一人能入火不焦, 入水不濡 , 刃之不傷,〈중략〉任王所欲." 趙全陽眞人 編輯,《歷世真仙體道通鑑(上)》138-139 참조.
　*'갈홍'의《신선전(神仙傳)》, "유안(劉安)"에도 나온다. 葛洪稚川 著, 李民樹 譯,《신선전(神仙傳)》102-103 참조.

묻은 후에 대낮에 하늘로 올라가니 밟고 있던 곳의 돌이 전부 빠져 들어가서 지금까지도 말[馬]의 자취가 남아있다. 왕이 승천한 날에 그곳에 버려진 약정(藥鼎)1266)을 닭과 개가 핥아 먹었는데, 이 둘이 나란히 '가볍게 들려 올라가'1267) 닭은 구름 가운데서 울고 개는 천상에서 짖어댔다.1268)

이런 까닭에 후세의 사람들이 말하기를, "회남(淮南)의 닭과 개는 전부다 구름 가운데서 울음을 운다"고 하였다.1269)

1266) 약정(藥鼎) : ① 약을 달이는 기구. 약당(藥鐺). ② 도가(道家)에서 단약(丹藥)을 반죽하는 기구. ③ 단정(丹鼎).
1267) 경거(輕擧) : ① 신선이 되어 날아감을 이르는 말. ② 세상을 피해 은둔함을 이르는 말. ③ 경솔한 행동. **"경거(輕擧)"**, 단국대학교출판부, 《漢韓大辭典(13권)》
1268) *《歷世眞仙體道通鑑》·〈卷之五, "劉安"〉에 나온다. 다만 그 내용에는 다소 차이가 있다. 원문은 다음과 같다. "八安於是旦夕朝拜, 身進果酒, 先乞試之, 變化風雨雲霧, 無不有效. 遂授丹經及三十六水銀等方, 藥成未服. 而安有子名遷, 好劍, 自謂莫及也. 〈중략〉 乃與安登山大祭, 埋金於地, 即白日昇天. 八公與安所踐石上皆陷, 於今人馬之邊存焉. 〈중략〉 一云王同八公昇天, 乃棄置藥鼎, 鷄犬舐之, 並得輕擧, 鷄鳴雲中, 犬吠天上." 趙全陽眞人 編輯,《歷世眞仙體道通鑑(上)》 137 참조.
  * '갈홍'의 《신선전(神仙傳)》, "유안(劉安)"에도 나온다. 葛洪稚川 著, 李民樹 譯, 《신선전(神仙傳)》 103-107 참조.
1269) *'갈홍'의 《신선전(神仙傳)》, "유안(劉安)"에도 나온다. 葛洪稚川 著, 李民樹 譯, 《신선전(神仙傳)》 107 참조.

제4. 선도(仙道)의 요결(要訣)

◉ 이제 선술(仙術)을 살펴보자면, 불교의 이치[理]가 그 가운데 많아서 '도교와 불교[道釋]'는 그 근원이 두 갈래가 아니다. 도교에 오등(五等)이 있고, 불교에 삼승(三乘)[1270]이 있으나, 단지 그 수행에 있어서 특별한 공력(功力)을 행하는 것이 같지 않으므로 초탈(超脫)[1271]도 사뭇 다르다.

그러므로 석가모니[釋氏]가 말하기를, "사람이 처음 태어날 때 '아버지의 정(精)과 어머니의 피[父精母血]'와 전생(前生)의 영혼[識神]을 인하여 '태아를 이루게[成胎]' 된다"고 하니, 이는 '그 시작을 알 수 없는 과거[無始劫]'에서 유래하여 생성하고 소멸하는 성(性)을 이루고, '생성과 소멸[生滅]'이 불생멸(不生滅)과 화합하여 팔식(八識)[1272]을 완성한다는 것이다.

이는 우리 기독교[敎]의 도리에 '사람의 영혼은 하나님[上主]의 품부(稟賦)하심을 받고 혈육은 부모에게 받는다'고 하는 것과 다를 바가 없다.

《주역》에서 말하기를, "건도(乾道)[1273]의 변화에 따라 각각의 성명(性命)[1274]이 정해진다"고 하고, 《중용》에서 말하기를, "천명(天命)이 곧 성(性)을 말함이다"라고 하였다. 이는 인생의 원인은 주재(主宰)께 명령을 받아 인류의 심성을 이룬다는 것이다. 천명(天命)이 있으면 또한 인성(人性)이 있고 인

1270) 삼승(三乘) : 〈불교〉 중생을 열반에 이르게 하는 세 가지 교법. 성문승, 독각승, 보살승이다.
1271) 초탈(超脫) : ① 성품이 고상하여 세상일에 관여하지 아니함. ② 세속을 벗어남.
1272) 팔식(八識) : 〈불교〉 법상종에서, 여덟 가지 인식 작용을 이르는 말. 안식(眼識), 이식(耳識), 비식(鼻識), 설식(舌識), 신식(身識)의 오식(五識)과 의식(意識), 말나식(末那識), 아뢰야식(阿賴耶識)을 이른다.
1273) 건도(乾道) : ① 하늘의 도. ② 강건한 덕. ③ 남자의 도리(道理).
1274) 성명(性命) : ① 인성(人性)과 천명(天命). ② 생명.

성이 있으면 반드시 천명이 있어서, 천명은 인성이 아니면 존재하지 않고, 인성은 천명이 아니면 존립할 수 없어서, 인성과 천명의 이치가 혼연(渾然)1275) 합일하는 것이다. 성(性)이라는 것은 원시(元始)의 진여(眞如)1276)에 한 영(靈)이 '밝게 빛나는[炯炯]' 것이요, 명(命)이라는 것은 '날 때부터 지니고 있는[先天]' '지극히 깨끗한 것[至精]'에 '만물의 원기[一氣]'가 '성하고 성한[氤氳]' 것이다.

성명(性命)의 이치를 실제로는 나눌 수 없는데, '불교와 도교[玄門]'1277)에서는 오로지 기(氣)로써 명(命)을 삼고 명(命)을 수행함으로써 종(宗)으로 삼고, 수부(水府)1278)에서 현묘한 이치를 구하는 것으로 교(敎)를 세워 명(命)을 상세하게 말하고 성(性)을 간략하게 말하였으니, 이는 성(性)을 깊이 연구[窮究]하지 않은 것이다.

한편 불교[禪門]에서는 오로지 신(神)으로 성(性)을 삼고 성(性)을 수양함으로써 종(宗)을 삼으며, 궁궐을 나가서 올바름[正]을 수양하는 것으로 교(敎)를 세워, 성(性)을 상세하게 말하고 명(命)을 간략하게 말했으니, 이는 명(命)을 궁구(窮究)하지 않은 것이다. 또한 신(神)이 기(氣)와 함께 비록 두 가지로 사용되고 있지만, 성명(性命)은 결코 분리할 수 없다.

윤진인(尹眞人)이 말하기를, "몸[身]과 마음[心]과 뜻[意]를 삼가(三家)라고 하는데, 삼가(三家)가 서로 본다[相見]는 것은 태(胎)가 원만하다는 것이다. 정(精)과 기(氣)와 신(神)을 삼원(三元)이라고 하는데, 삼원(三元)이 합일한 자는 단(丹)1279)이 이루어졌다는 것이다. 성(性)이 정(情)을 합한 것을 금(金)과 목(木)

1275) 혼연(渾然) : ① 딴 것이 조금도 섞이지 않고 고른 모양. ② 구별이나 차별 또는 결점 등이 없이 원만한 모양.
1276) 진여(眞如) : 〈불교〉 사물의 있는 그대로의 모습이라는 뜻으로, 우주 만유의 본체인 평등하고 차별이 없는 절대의 진리를 이르는 말. [비슷한 말] 여실(如實)·일실(一實)·일진(一眞).
1277) 현문(玄門) : 현묘한 문. 곧 불가(佛家)와 도가(道家). **"현문(玄門)"**, 전관수, 《한시어사전》
1278) 수부(水府) : 전설에서, 물을 맡아 다스린다는 신의 궁전.

이 아우른[並] 것이라 하고, 정(精)이 신(神)을 합한 것을 수(水)와 화(火)가 사귐[交]이라 하고, 뜻[意]이 대정(大定)1280)한 것을 오행(五行)이 온전하다 말하는 것이다"1281)라고 하였다.

이는 원정(元精)1282)과 원기(元氣)1283)와 원신(元神)을 수련하여 호흡의 기(氣)를 누출하지 않으며, 편안하고 고요한 가운데 몸[身]과 마음[心]과 뜻[意]을 합한즉, '삼가(三家)가 서로 봄(相見)으로써 영아(嬰兒)를 완성한다는 것이다.'1284)

내외(內外) 두 가지 약(藥)으로 논하자면, "수련하는 자는 먼저 외약(外藥)을 수련하고 이후에 내약(內藥)을 수련해야 하는데, 고상(高尙)1285)한 자는 '일찍

1279) 단(丹) : 중국, 도교에서 말하는 불로장생을 얻기 위한 약. 진나라 갈홍의 《포박자》에는 불로장생을 얻기 위해서는 금단을 복용하는 것이 가장 필요하다고 한다. 금단(金丹)의 금은 불로 태워도 흙에 묻어도 변하지 않는 점이 중시되며, 단중 최고의 것은 구전(九轉)의 단으로, 태우면 태울수록 영묘하게 변화하는 점이 중시되며, 이 구전의 단을 복용하면 3일로 선인(仙人)이 될수 있다고 주장한다. **"단(丹)"**, 한국사전연구사, 《종교학대사전》
1280) 대정(大定) : 일을 딱 결단하여 정함.
1281) *《성명규지(性命圭旨)》·〈삼가상견설(三家相見說)〉에 나오는 내용인데, 원문은 다음과 같다. "身心意謂之三家 三家相見者 胎圓也. 精氣神謂之三元 三元合一者 丹成也. 〈중략〉 情合性謂之金木並 精合神謂之水火交 意大定謂之五行全." 윤진인의 제자 지음, 이윤홍 번역, 《性命圭旨》 176-177 참조. ; 윤진인의 제자 씀, 이윤희 옮김, 《性命圭旨》 136 참조.
1282) 원정(元精) : 도교의 양생술에서 말하는 삼보(三寶) 중의 하나.
1283) 원기(元氣) : ① 도교의 양생술에서 말하는 삼보(三寶) 중의 하나. ② 타고난 기운. ③ 만물의 근본인 힘. ④ 심신의 활동력.
1284) *이 부분은 《성명규지(性命圭旨)》·〈삼가상견설(三家相見說)〉의 마지막 대목에 나온다. 원문은 다음과 같다. "三家相見結嬰兒也." 윤진인의 제자 지음, 이윤홍 번역, 《性命圭旨》 176-177 참조. ; 윤진인의 제자 씀, 이윤희 옮김, 《性命圭旨》 134-136 참조.
  *여기서 '영아(嬰兒)'는 '진리의 젖먹이', 또는 '신선이나 부처가 될 젖먹이'라고 해석할 수 있다. 《성명규지(性命圭旨)》·〈영아현형(嬰兒現形)〉에 이에 대한 내용이 나온다. 윤진인의 제자 지음, 이윤홍 번역, 《性命圭旨》 588-589 참조. ; 윤진인의 제자 씀, 이윤희 옮김, 《性命圭旨》 386-388 참조.

이 신령한 뿌리를 심었을 것[夙植靈根]'이므로, 내약(內藥)을 먼저 수련하니, 내약(內藥)은 '의도하지 않는데도 되지 않는 것이 없고'1286) 외약(外藥)은 '의도하고 행함으로 되는 것이 있다.'1287) 또한 내약(內藥)은 형체가 없고 바탕이 없지만 실효(實效)가 있고, 외약(外藥)은 형체가 있고 쓸모가 있으나 실제 그 힘은 부족하다. 외약(外藥)은 병을 다스리는 것이 가능하고 '오래도록 사는 것[長生久視]'을 가능하게 한다. 그리고 내약(內藥)은 초월을 가능하게 하며, '있음에서 나와 없음으로 들어가는 것[出有入無]'을 가능하게 한다. 내외(內外) 두 가지 약(藥)을 겸하여 수련하면 원신(元神)과 '생각하는 신[思慮之神]'1288)이 자연스럽게 지극히 맑아지게 되어 반드시 신선(神仙)이 될 것이다"1289)라고 하였다.

여러 신선(神仙)의 계보가 전해진 것을 탐구하여 고찰해보면, 예로부터 지금까지 신선이 된 자가 10만여 인(人)이요, 발택(拔宅)1290) 한 것이 8천여

1285) 고상(高尙) : ① 몸가짐과 품은 뜻이 깨끗하고 높아 세속된 비천한 것에 굽히지 아니함. ② 학문, 예술 등의 정도가 높아 저속하지 아니함.
1286) *《만종일련》의 원문의 다음과 같다. "無爲無不爲"
1287) *《만종일련》의 원문은 다음과 같다. "有爲有以爲"
1288) *사려지신(思慮之神) : 생각하는 신(神). 도교에서는 수행인이 선천의 원정을 닦으면 교감정(交感精)이 원활하며, 선천의 원기를 닦으면 호흡기(呼吸氣)가 자연히 조화를 이루며, 선천의 원신을 닦으면 사려신(思慮神)이 자연히 정정(定靜)하게 된다고 본다. 자세한 내용은 다음을 참고하라. "**정기신(精氣神)**", 원광대학교 원불교사상연구회, 《원불교대사전》.
1289) *《성명규지(性命圭旨)》·〈내외이약설(內外二藥說)〉에 나온다. "凡修煉者 先修外藥 後修內藥 若高尙之士夙植靈根 故不煉外藥 便煉內藥 內藥無爲不爲 外藥有爲有以爲. 內藥無形無質而實有 外藥有體有用而實無. 外藥可以治病 可以長生久視, 內藥可以超越 可以出有入無.〈중략〉元神凝則思慮之神 自然泰定 內外兼修 成仙必矣." 윤진인의 제자 지음, 이윤홍 번역,《性命圭旨》144-145 참조. ; 윤진인의 제자 씀, 이윤희 옮김,《性命圭旨》102-105 참조.
1290) *발택비승(拔宅飛升)을 말하는 것으로 본다.
※'발택비승(拔宅飛升)'은 회남왕 '유안(劉安)'의 이야기에서 비롯되었다.《신선전(神仙傳)》·〈회남왕편(淮南王篇)〉에 보면, 중국 한(漢) 나라 때 회남왕 '유안'은 팔공(八公)이라고 선단(仙丹)의 제조법을 배워서 만들어 먹은 뒤 하늘로 올라갔

곳이다. '날아올라 허공에 뜨는 자'1291)는 상수(上手)요, '앉아서 시해(尸解)1292)로 변하는 자'는 그 다음이요, '태지(胎紙)1293)를 던져 집에서 탈출하는 자'1294)는 또 그 다음이다.

용(龍)을 타고 하늘로 오른 자에는 황제(黃帝)1295)와 모몽(茅濛)1296)이 있고, 구름을 타고 하늘로 오른 자에는 '남채화(藍采和)'1297)와 '손불이(孫不二)'1298)

다. 그리고 닭과 개도 이 선단을 먹자 모두 함께 하늘로 올라가 신선이 되었다고 전해진다. 여기서 '발택비승(拔宅飛升)'과 같은 뜻을 지닌 '계견승천(鷄犬昇天)'이란 고사성어가 생겨났다. 이는 '다른 사람의 권세에 빌붙어 승진하는 것을 이르는 말'이다. **"계견승천(鷄犬昇天)"**, 두산동아백과사전연구소, 《두산세계대백과사전(2권)》

1291) *《만종일련》 원문에는 '飛昇冲擧者'라 되어 있다.
1292) 시해(尸解) : 〈종교〉 도교에서, 몸만 남겨 두고 혼백이 빠져나가서 신선이 됨. 또는 그런 일. [비슷한 말] 선화(蟬化).
1293) 태지(胎紙) : ① 주련, 병풍 따위를 배접할 때 끝에 모자라는 종이를 채워서 넣는 종이. ② 편지 속에 따로 적어 넣는 종이. 협지.
1294) *《만종일련》 원문에는 '투태탈사자(投胎奪舍者)'라 되어 있다.
1295) 황제(黃帝) : 황제도 신농씨와 마찬가지로 신화 속의 인물이다. 황제의 성은 공손(公孫), 이름은 헌원(軒轅)이다. 황제(黃帝)는 중국의 전설상의 황제(皇帝)인 '삼황오제(三皇五帝)'에서 오제(五帝) 중 첫 번째 위치로, 삼황에 비해 비교적 이야기가 잘 정리되어 있는 편이어서 사실상 중국 최초의 황제로 대우받고 있다. 그래서 황제 이후의 모든 중국의 제왕과 한(漢)민족은 그의 자손이라고 한다. 마노 다카야 지음, 이만옥 옮김, 《도교의 신들》 261~264 참조.
1296) *모몽(茅濛) : 주(周)나라 때 도사(道士)로 귀곡자(鬼穀子)의 제자라고 알려져 있다. 화산(華山)에서 수련하여 신선이 되어 적룡(赤龍)을 타고 승천했다는 기록이 《동선전(洞仙傳)》에 수록되었다고 한다.
1297) 남채화(藍采和) : 당나라 때 사람으로 중국의 팔선(八仙) 중의 하나이다. 중국 민간 전설 중 팔선(八仙)은 여동빈(呂洞賓), 이철괴(李鐵拐, 철괴이(鐵拐李)), 한종리(漢鐘離), 종이권(鍾離權), 장과로(張果老), 남채화(藍采和), 조국구(曺國舅), 한상자(韓湘子), 하선고(何仙姑)를 말한다. **"팔선(八仙)"**, 한국사전연구사, 《종교학대사전》
1298) 손불이(孫不二, 미상 ~ 1182년) : 금나라 영해(寧海) 해주(海州) 사람. 단양순화진인(丹陽順化眞人) 마옥(馬鈺)의 아내다. 남편과 함께 중양왕진인(重陽王眞人)을 스승으로 섬기다가 금련당(金蓮堂)에 나가 출가했다. 세종(世宗) 대정(大定) 연간에 낙양(洛陽) 풍선고동(風仙姑洞)에 있다가 8년이 지난 뒤 목욕하고 옷을 갈아입은 뒤 단정히 앉아 죽었다. 전하는 말로 신선이 되어 떠났다고 한다. **"손불이(孫不二)"**, 임종욱 김해명, 《중국역대인명사전》

가 있으며, '난 새[鸞]'1299)을 타고 하늘로 올라간 자는 '자진(子晉)'과 '등욱(鄧郁)'이요, 학(鶴)을 타고 하늘로 올라간 자는 '환개(桓闓)'와 '굴처정(屈處靜)' 등이 있다. 바람을 어거하여 하늘로 올라간 자는 '갈유(葛由)'와 '무이군(武夷君)'이 그들이요, '발택비승(拔宅飛昇)'한 자는 '회남왕(淮南王)'1300)과 '허정양(許旌陽)'1301) 등이다. 이와 같은 비선(飛仙)은 손가락으로 셀 수 없을 정도이며, 변화를 예측할 수 없고 '귀신처럼 나타나고 변화하여[神出鬼幻]' 기이한 일과 이적을 행하는 자는 '수없이 많았다[車載斗量].'

도교[仙門]의 역사가 지극히 허탄(虛誕)하고 황당하기에 '어떤 기준에 맞춰 믿는 것[準信]'이 어려운 일이다.

이에 '운첩법사(雲捷法師)'가 말하기를, "그 경지에 이르지 못했으니 감히 허망한 말이 아니다"라고 했다.

그러므로 우리는 그 경지(境地)에 들어가지 않고 '도교와 관계없는 사람[局外漢]'1302)이 되어 단지 황당한 언설(言說)로써 포기하면, '외롭고 아쉬움[孤寡]'의 탄식이 없지 않다고 하겠다.

1299) 란(鸞) : 난새(鸞-: 중국 전설에 나오는 상상의 새)
1300) 회남왕 유안(淮南王 劉安) : 한나라 고조(高祖)인 유방의 손자인 유안(?~B.C. 122)은 무제(武帝) 시대에 회남왕으로 봉해졌다. 마노 다카야 지음, 이만옥 옮김, 《도교의 신들》 360~364.
1301) 허정양(許旌陽) : 허손(許遜, 239년~374년)을 말함. 그는 강서(江西) 남창(南昌) 사람, 혹은 여남(汝南) 사람으로 자는 경지(敬之)이다. 진(晉)나라 때의 관리이자 도사(道士)로 정명도(淨明道) 여산파(閭山派)의 조사(祖師)이다. 태강(太康) 원년(280)에 효렴(孝廉)으로 천거되어서 정양령(旌陽令)을 지냈기 때문에 허정양(許旌陽)으로 일컬어지며, 또한 강남 일대의 민간에서 신공묘제진군(神功妙濟眞君), 충효신선(忠孝神仙), 허천사(許天師), 허진군(許眞君) 등으로도 불리운다. 마노 다카야 지음, 이만옥 옮김, 《도교의 신들》 205~207.
1302) 국외한(局外漢) : 국외자(局外者), 테두리 밖에 있어서 벌어진 그 일에 관계(關係)가 없는 사람.

■ 시경(詩經)에 이르기를,
일용상행도재신(日用常行道在身)
허령불매시원인(虛靈不昧是原因)
만선색상도리거(萬船色相都離去)
재견당년구주인(纔見當年舊主人)

도(道)가 몸에 있어서 항상 행하니
잡념 없는 마음이 흐려지지 않음은 원인이 있구나
배에 가득한 색상(色相)이 모두 떠나갔으니
겨우 당년의 옛 주인을 볼 수 있게 되었도다.

제4장
이슬람교[回敎] 도리(道理)의 요소

제4장
이슬람교[回敎] 도리(道理)의 요소

○ '총론(總論)에서'1303) 이슬람교의 개요를 설명하였는데, 이번에는 그 교리(敎理)를 이어서 논하고자 한다. 아울러 그 과정에서 교조 무함마드[摩哈默]가 저술한 코란[古蘭經]을 '비교하며 근거로 삼을 것[擬據]'이다.

제1. 이슬람교의 강령(綱領)과 규례(規例)

이슬람교[回敎]는 도리(道理)의 '큰 강령[大綱]'이 있는데, 첫째는 '서로 믿음[相信]'이요, 둘째는 '도를 행함[行道]'이다.

제1강(綱). 상신(相信)을 6항목[目]으로 나눔

- 일(一), '참 신[眞神]'은 오직 한 분이 있다.1304)

- 이(二), 성결(聖潔)한 천사가 있다. 이들은 형상이 동일하지 않아서 남녀

1303) *《만종일련》 원문에는 '第一回'에'라고 되어 있는데, 이는 '총론(總論)'을 가리키는 것으로 본다.
1304) *《코란》·〈암소의 장(章) 2:255〉에 나온다. 김용선 역주,《코란》(서울; 명문당, 2020) 83 참조.

300 | 만종일련(萬宗一臠)

를 나누지 않는다. 또한 신체는 모두 불[火]로 조성했는데, 마시지 않고 먹지 아니하며, '낳고 기르지[生育]' 않으며, 혹 서기도 하고 꿇어앉기도 하여 '참 신[眞神]'을 공경하여 예배하고[敬禮] 찬송하며, 직분이 각각 달라서 혹은 사람을 위해 복을 빌기도 하며, '사람의 소행을 관리장부에 적고[載於管策], 혹은 신의 보좌[神座]를 들어올리기도 한다.'1305)

■ 삼(三)은 '참 신[眞神]'이 옛날에 선지자[先知]를 통해 사람을 훈계하신 것을 기록한 책을 사람들이 반드시 따르고 믿는 것이다. 기록된 책이 104편(編)이 있는데, 10편은 '아담[亞當]'에게 전하고 50편은 '셋[設]'에게 전하고 30편은 '에녹[以諾]'에게 전하고 10편은 '아브라함[亞當羅舍]'에게 전하고 1편은 '모세[摩西]'에게 전하였다. 그리고 이 1편(編)을 다섯 권으로 나누었는데, 곧 〈창세기(創世記)〉·〈출애굽기(出埃及記)〉·〈민수기(民數記)〉·〈레위기[利末記]〉·〈신명기(申命記)〉라 하고, 그 다음 1편(編)은 '다윗[大衛] 왕'에게 전하고 1편은 '예수[耶穌]'에게 전하고 1편은 '무함마드[摩哈默]'에게 전하였으니, 곧 코란[古蘭經]이다. 그러나 '모세[摩西]'와 '다윗[大衛]'과 '예수[耶穌]'에게 전한 3편은 유대인[猶太人]들과 '예수[耶穌]'의 신도들이 '주석을 첨가하고 살펴서 고쳤다[添註点竄]'고 하면서, 그 진위(眞僞)를 분별할 수 없으니 내버려두고 논하지 않는 것이 옳다고 하고, 코란[古蘭經] 외에는 사람의 마음에 감동을 일으켜 줄 다른 책이 없다고 한다.

■ 사(四)는 천부(天父)께서 선지자[先知]를 파견하여 세상에 내려온 이가 모두 22만 4천 인(人)인데, 그 중에 3백 13인(人)은 사도(使徒)이다. 이들은 특별히 명령을 받들어서 세상 사람을 깨우치고 인도하여 거짓 신과 악한 일을 버리고 '참 신[眞神]'께로 돌아오게 하는 자들이다. 또한 봉명자(奉命

1305) *《코란》·〈필연의 장(章) 69:17-19 ; '찢어지는 것의 장(章)' 82:10-11〉에 나온다. 김용선 역주, 《코란》 595, 622 참조.

者)1306) 6인이 있어서 인민들에게 신법(新法)을 전하였으니, 이 여섯 사람은
아담[亞當]과 노아(魯亞)와 아브라함[阿富羅舍]과 모세[摩西]와 예수[耶穌]와 무함마드
[摩哈默]이다. 이 선지자들은 모두 '진실하고 거짓됨이 없는' 자들이요, 신법
(新法)을 전하는 지존자(至尊者)라 하였다.

■ 오(五)는 사람은 반드시 부활하여 모두 심판을 받을 것이요, 그 날과
그 시(時)는 사람이 알 수 없으며 천사도 또한 알지 못하고, 오직 '참 신[眞
神]'만이 그것을 알고 계신다는 것이다.

무함마드[摩氏]가 천사 가브리엘[加富利列]에게 시간과 날짜를 묻자, 답하기를
"알지 못 한다"고 하였다. 이에 무함마드[摩氏]가 말하기를, "'참 신[眞神]'께서
세상 사람을 심판하시는데, 그 사람의 선악을 저울[天秤]로 달아 경중(輕重)대
로 보응하신다. 금생(今生)에 남에게 해를 끼치고 갚지 않은 자는 심판 때에
그 선(善)으로 피해자의 빚을 보상하되, 천사가 고(告)하기를 '주여! 우리가
공의의 명령을 준행하는데 남에게 해를 끼친 이 사람의 나머지 선행이 오
히려 개미와 같이 있나이다'라고 하면, 신(神)은 반드시 그를 불쌍히 여겨서
그 선(善)의 갑절을 더하여 낙원에 이르게 하신다. 하지만 그 선행이 부족
하여 능히 빚을 갚지 못하면, 신(神)은 반드시 그에게 노하시어 그 모자라
는 것의 갑절을 더하여 지옥에 빠지도록 하신다. 이는 자기의 죄만 있는
것뿐 아니라 그 갚지 아니한 빚과 그 빚으로 고통을 함께 받아야, 짐승 같
이 심판을 받은 후에 진흙이 된다"1307)고 하며, "심판을 마친 후에 천당에
들어갈 자는 오른쪽 길로 지나고, 지옥에 들어갈 자는 왼쪽 길로 행하되,
선한 자와 악한 자가 모두 지옥교(地獄橋)를 통과하도록 하셨다. 이 다리는
머리털보다 가늘고 칼날보다 좁으며, 양쪽에 가시와 굽은 등나무가 있어서

1306) 봉명자(奉命者) : 임금이나 윗사람의 명령을 받드는 자.
1307) *《코란》·〈예언자의 장 21:47, 고벽(高壁)의 장 7:8-9〉 등에 나온다. 하지만
《만종일련》의 내용과 다소 차이가 있다. 김용선 역주,《코란》183, 348, 640,
325 참조.

악한 자가 다리를 통과할 때는 광명이 변하여 어둠이 되고 굽은 등나무가 가로막아 발이 빠져 지옥으로 떨어지고, 선한 자가 다리를 통과할 때는 광명이 있어 바람이나 전기처럼 빠르게 무함마드[摩氏]가 반드시 낙원으로 인도한다"1308)고 하였다. 또 말하기를, "지옥에 7층이 있으니, 일(一)은 유일하신 '참 신[眞神]'을 이미 알고서도 신봉(信奉)하지 않은 자가 거하는 곳이요, 이(二)는 유대인[猶太人]이 거하는 곳이요, 삼(三)은 예수를 믿는 자들이 거하는 곳이요, 사(四)는 '싸이푸리안[隋畢安]' 당(黨)'이 거하는 곳이요, 【'싸이푸리안[隋畢安]'은 주후 2백여 년에 나온 당파(黨派)이니 진신(眞神)은 삼위가 아니라 단지 1위(位)며, 예수는 사람이요 신이 아니라 하는 당(黨)이다】 오(五)는 페르시아[巴西] 박사들이 거하는 곳이요, 육(六)은 우상을 숭배하는 자들이 거하는 곳이요, 칠(七)은 마지막 최고의 고통에 도달한 지옥인데 위선자(僞善者)들의 거처이다. 각층에 천사 19위(位)가 있어서 감시하고 지키고 있으니, 고통을 당한 사람들이 형벌의 공의(公義)를 힘들게 말하면, 감시하고 지키는 자가 대신 불쌍히 여겨 기도하여 그 벌을 가볍게[減] 하고, 그렇지 않은 자는 즉시 멸망으로 돌아간다"고 하였다.

또한 코란[古蘭經]에서는 지옥의 고초에 대해서 상세히 말하고 있다. 이제 그 한두 가지 조항만 살펴보자면, "고통 받는 자는 매우 뜨거운 곳에 있을 때가 있고 지극히 추운 곳에 있기도 하며, 그 중에 아주 가벼운 형벌은 죄인으로 하여금 반드시 불을 밟고 지나게 하니 두뇌까지 뜨겁고 답답하게 되고, 그 사람이 지은 죄의 경중을 저울로 달아 벌을 내린다고 한다. 금생(今生)에 한 분 '참 신[眞神]'을 알고 무함마드를 선지자라고 부르던 자는 형기(刑期)가 이미 찼다고 하며, 무함마드가 대신하여 불쌍히 여기시기를 기도하면, 신(神)은 반드시 구하는 바를 응답하여 그 몸에 있는 '더러운 때'와 연기와 불의 기운을 낙원의 생명수로 깨끗이 씻어주시어 정결함에 이르게

1308) *《코란》·〈무쇠의 장 57:12-15〉에 나온다. 하지만 《만종일련》의 내용과 다소 차이가 있다. 김용선 역주, 《코란》 564-565 참조.

하시는데, 죄가 가벼운 자는 9백년을 지옥에 있게 하고 약간 무거운 자는 7천년을 갇히게 하고 지극히 무거운 자는 영원히 나오지 못한다"1309)고 한다.

"의인(義人)은 처음 낙원에 이르러 무함마드의 호수(湖水) 물을 반드시 마셔야 되는데, 이 호수는 아주 커서 한 바퀴를 돌려면 30일이 걸린다고 한다. 호수는 구슬보다도 깨끗하고 눈보다도 희며 그 꽃향기는 사향(麝香)1310)보다 더 좋고, 호숫가에는 물을 떠 마시는 잔이 있는데 잔의 수효는 하늘의 별과 같이 많다고 한다. 낙원은 천상의 제7층에 '참 신[眞神]'의 보좌가 있는데, 그 땅은 쌀가루[粉]보다 부드럽고 사향 같이 향기롭다 하고, 돌은 진주나 보석이요, 방의 기둥은 은금으로 장식하였고, 나무는 모두 황금이요, 그 중에 제일 기이한 나무는 복기수(福氣樹)1311)라고 부른다. 전설에 말하기를 이 나무가 무함마드의 궁중(宮中)에서 나와 각각의 가지가 각 사람의 방(房)에 도달했는데, 석류와 포도와 대추와 다른 과실을 항상 맺으며, 과일의 맛은 세상 사람의 생각에 미치지 못할 정도라고 한다. 각 방에 사는 사람이 어떤 과일을 먹겠다고 생각하면 소원하는 과일이 나무 가지에 즉시 매달려 이를 따서 먹으며, 또한 고기를 먹어야지 생각하면 삶아서 익힌 참새[鳥雀]가 나무 위에 바로 생겨난다고 한다. 이 나무는 각 사람의 먹거리만 공급하는 것이 아니라 사람의 의복도 제공하며, 심지어 말이나 짐승을 타야겠다고 마음먹으면 안장과 고삐를 갖춘 준마(駿馬)가 과일 속에서 나오기에 생각에 따라 타고 달릴 수 있지만, 단지 이 나무 그늘에서 저 나무 그늘에 도달하려면 백 년이라도 능히 도달할 수가 없다고 한다. 또한 강가에

1309) *《코란》·〈사건의 장 56:41-56, 집단의 장 39:16〉 등에 나온다. 다만《만종일련》의 내용과 다소 차이가 있다. 김용선 역주, 《코란》 226, 479, 491, 512-513, 560-561, 598, 606-607, 613, 641 참조.
1310) 사향(麝香) : 사향노루의 배꼽과 불두덩의 중간에 있는 포피선을 쪼개어 말린 것. 흥분, 회생약 또는 향료로 씀.
1311) *《만종일련》에서 말하는 '복기수'는《코란》에서 언급하고 있는 '낙원의 나무'를 뜻하는 것으로 보인다. 김용선 역주,《코란》 460, 517, 557, 558, 661 참조.

여러 그루의 나무가 있고 나무뿌리에서 흘러나오는 것이 있는데, 그것이 연유[酥, 煉乳]가 되기도 하고 술이 되기도 하며, 꿀이 되고 물이 되는 것이 각각 있어서 종류가 각기 동일하지 않다. 제일의 행복이 다시 있으니, 각 사람이 요조숙녀(窈窕淑女)가 모두 있어서 '부부[夫妻]'의 즐거움을 누리는데 이 여인의 몸은 사향(麝香)으로 조성하였고 정결하게 자신을 지키며 '오래 살고 늙지 않는다'고 한다."1312)

이와 같은 낙원의 복은 사람마다 능히 누리지 못하지만, 무함마드가 사람으로 하여금 백배의 기력을 더해줘서 복을 누리게 해준다고 한다.

■ 육(六)은 '참 신[眞神]'이 만고에 변치 않는 도(道)를 명하고 살펴 행하시며, 장래 모든 일을 예정하여 사람의 선악(善惡)과 일생의 행하는 바가 모두 이전에 정해진 것이요, 인생은 자유와 자주(自主)를 얻지 못하여 노예와 같다고 하였다.

제2강(綱). 행도(行道)를 4항목[目]으로 나눔

■ 일(一)은 기도[祝告]할 때에 손을 씻고 몸을 깨끗이 하는 사례가 있고, 기도할 때에는 반드시 메카[麥加城] 성전(聖殿)을 향해서 해야 한다. 【무함마드[摩哈默] 무덤이 있는 곳】

■ 이(二)는 구제를 베풀어야 하는데, 두 갈래로 나눌 수 있다. 하나는 소

1312) *《코란》·〈히지루의 장 15:45, 인간의 장 76:5-18〉 등에 나온다. 하지만《만종일련》의 내용과 다소 차이가 있다. 김용선 역주,《코란》287, 460, 557-560, 595, 610-611, 614-615, 624 참조.

유 중에 '10분의 2'를 나누어 취하여 긍휼을 베푸는 법이요, 또 하나는 사람의 마음의 소원대로 맡기는 법이다.

■ 삼(三)은 금식(禁食)하는 것이다. 무함마의 교훈에서 말하기를, "금식은 경건한 정성의 문(門)이므로 난초와 같은 기운을 드러내 보이는 것"이라고 한다. 금식의 도는 3가지가 있는데, 첫째는 뱃속의 만족함과 마음의 욕심을 금하는 것이요, 둘째는 오관백해(五官百骸)1313)를 금하여 죄에 빠지지 않게 하는 것이요, 셋째는 세속 인연의 굴레[羈絆]를 금하여 '참 신[眞神]'을 묵념케 하는 것이다.

■ 사(四)는 이슬람교 신도가 일생에 반드시 한 번은 메카[麥加城]에 이르러 경배하는 것이다. 무함마드가 말하기를, "어떠한 신도를 막론하고 평생에 메카[麥加城]에 이르지 아니하는 자는 죽을 때에 유대인과 예수의 신도와 다름이 없어서 영원히 낙원의 소망이 없다"고 하였다.

1313) 오관백해(五官百骸) : 5개의 감각기관(시각, 청각, 후각, 미각, 촉각)과 몸을 이룬 모든 뼈(100개의 뼈)라고 표현하므로 온 몸의 삼감을 뜻하는 은유적 표현이다.

제2. 회세계도서(回世界圖書)

　이슬람교의 학설[說]에서 말하기를, 태초에 상주(上主)께서 천지만물을 창조하실 때, 운명과 기표(記標)1314)를 먼저 만드셨으니 실로 불가사의한 일이다. 이 기표(記標)에는 과거와 현재와 미래의 일과 영원하고 무한한 인생의 운명을 기록하였으니, 곧 인류의 '행복과 불행', '가난하고 부유함', '번영과 쇠퇴'와 '참된 신자의 천국에 들어감과 불신자의 지옥에 떨어짐'에 대한 소상한 내용을 모두 기록하였다. 이 기표는 흰색 진주(眞珠)로 이루어졌는데 문지방[門橛]의 기둥처럼 두 개가 있다.

　상주(上主)께서 진주로 커다란 쇠붓[鐵筆] 한 개를 만드시니 지극히 길고 멀어서 이 끝에서 저 끝을 여행하려면 오백년 후에 도달한다고 하며, 쇠붓의 뾰족한 끝에서 광선(光線)이 나오는데, 그것은 마치 먹[墨]이 붓 끝에서 솟아나는 것과 같으며, 상주(上主)의 말씀 소리가 그 붓을 진동하게 하시면 홀연히 출동하여 기표 우편에서 좌편까지 옛날부터 지금까지 미래의 일을 기록하되 여백이 없으니, 쇠붓은 고갈하면 포기되고 기표(記標)는 상주(上主)의 곳간에 거두어 저장하셨으니, 이 일은 상주(上主) 외에 아는 자가 없다고 하였다. 그 후에 상주(上主)께서 또한 큰 진주를 흰색으로 만드시고 상주(上主)의 말씀과 교훈을 기록하신즉, 진주가 우레와 번개같이 움직이며 '물 위에 떠있는 얼음이 녹아 큰 물결이 치니[斯解爲濤]', '세찬 물결 소리'가 들려왔다. 이에 상주(上主)께서 명령하시니 물결이 잔잔해져 바람이 없는 거울의 표면과 같이 된다고 하였다.

1314) 기표(記標) : 표식(標識)을 삼는 표(標).

상주(上主)께서 당신의 거하실 궁전을 건축하시고 보좌 두 곳을 보옥(寶玉)으로 만들어 수면(水面)에 떠있도록 하신다 하고, 보좌 주위에 큰 뱀을 만드셨으니, 머리는 백색의 진주요 신체는 황금이요 두 눈은 청옥(靑玉)이다. 그 '넓이와 크기'는 상주(上主) 외에 알 자가 없으니, 이와 같은 궁궐과 보좌를 만드심은 영원하신 위력을 보이심이요, 바람과 우레로 바닷물을 부추겨서 흔들리게 하시며 증기(蒸氣)로 공중에 부상(浮上)하여 구름과 비를 행하신다고 하였다.

상주(上主)께서 지구 표면에 있는 회오리치는 물을 칠해(七海)1315)로 나누어 조성하셔서, 그 가운데 제반(諸般) 수중생물[水族]을 서식케 하였다. 또한 일곱 대륙(大陸)을 만드셔서 각각 기후와 풍토가 동일하지 않게 하시고, 만반의 동물과 식물을 각 대륙에 거하여 살아가게 하시니, 이는 이틀간에 조성하신 것이다. 지구(地球)는 해상에 떠있는 것이 배[舟]와 같은데, 생물들이 질병이 많기에 상주(上主)께서 힘 있는 한 천사로 지구를 지지하게 하시니, 천사가 즉시 동서로 손을 길게 뻗어서 지구를 지탱하였다.

상주(上主)께서 푸른색의 큰 바위를 조성하셔서 천사의 발등상을 지으시니, 이 바위가 천사의 발아래에서 쉬지 않고 돌아가서 천사를 버티게 했다. 또한 큰 암소[牝牛]를 만드셔서 암석을 지탱하여 올려놓게 하시니, 암소가 암석을 왼쪽 뿔에서 오른쪽 뿔로 옮겨서 올릴 때에는 지진이 반드시 일어난다고 한다. 암소의 눈은 불꽃처럼 붉은데, 사람이 만일 그 눈을 만

1315) 칠해(七海) : '바라문'의 신화에서는 세계를 7개의 대륙으로 나누고, 이를 둘러싼 7개의 바다가 있다는 세계관이 있었는데, 이것이 칠대양설의 기원이라고 보는 이도 있다. 그러나 구체적으로 7대양이라는 말이 나오는 것은 중세 아라비아 지리학자의 저서에서이다. 대양의 구분에서 수와 명칭은 사람에 따라 반드시 같지 않으나 대체로 북극해, 북대서양, 남대서양, 북태평양, 남태평양, 인도양, 남극해로 대별하는 것이 일반적이다. **"칠해(七海)"**, 두산동아백과사전연구소, 《두산세계대백과사전(25권)》.

지려고 하면 즉시 소경이 되니, 암소의 이름은 '비이모저(比而牟底)'이다. 또한 암소는 대양에서 헤엄치는 큰고래[大鯨]의 등을 올라타고 있었으니, 이 고래는 상주(上主)께서 세계를 유지하기 위하여 창조하신 것이다. 대양과 지구 아래에는 포함한 공기(空氣)가 있고, 공기는 어둡고 캄캄한 위치를 점거하고, '해와 달과 별들[日月星辰]'은 기한을 정하여 이 어두운 땅의 경계로 운행하니, 이는 지구의 광선이 비추어 쬐게 하기 위한 것이다.

일식(日蝕)과 월식(月蝕)의 현상을 논하여 말하기를, "만월(滿月)이 될 때에는 그 빛이 큰 바다 귀퉁이에 내려가면 큰 고래가 입을 열어 달을 삼키는 것이요, 이때에 상주(上主)께 경배하는 신도들이 큰 소리로 기도하면 홀연히 큰 고래가 그 삼킨 달을 다시 토해내서 달빛이 이전과 같게 된다. 일식(日蝕)의 원인은 상주(上主)께서 허락하신 기표(記標)로 죄에 대하여 엄하게 경계하신 것이다.

최초에 상주(上主)께서 아브라함에게 훈계하고 명하신 것에 대하여 그 마음이 항상 있게 하심이요, 그 후에는 이삭(以朔)에게 훈계하여 알리신 것을 힘써 행하게 하신 것이다. 오늘날까지 시시때때로 일식(日蝕)이 되는 것은 세상 사람들로 하여금 상주(上主)의 선지자[先知]들이 가르치고 교훈한 것을 마음을 다하고 힘을 다하여, '엄히 경계하여 지키도록[戒嚴]' 하신 것이다"라고 하였다.

〈※그림 : 회교세계〉

제3. 이슬람교조[回回教祖]의 약사(略史)

○ 앞서[前回] 이슬람교[回教]의 도리(道理)를 먼저 서술했는데, 이제 교조(教祖)의 역사를 논하면 다음과 같다.

1. 이슬람교 교조[回祖]의 탄생

무함마드는 주후 570년에서 633년까지 아라비아[亞拉比亞]에서 예언자로 이슬람교[回回教]를 창설한 자이다. 주후(主後) 570년 8월 20일에 아라비아 '메카[麥加] 성(城)'에서 탄생하였다.1316) 그곳은 '베시하' 하수(河水)와 홍해(紅海) 사이에 있는 반도(半島)요, 남북에 광대한 사막이 있고 중앙은 풍요하니, 거주하고 있는 사람들은 대개 목축과 상업을 숭상하였다.

무함마드는 아브라함의 서자(庶子) 이스마엘의 후예요, '고리싸잇스 족속[쿠라이시 부족]'인데,1317) 이 족속이 제일 강대하게 되어 정권을 잡으면서 가아파(伽阿巴, 카바)라 하는 대사원[大神廟]의 제사장 부족이 되었다. 무함마드는

1316) *'무함마드'가 출생한 날에 대해서는 여러 가지 설이 있는데, 대체로 '코끼리 해로부터 23년째 되는 해'에 태어났다고 한다. 이를 근거로 해서 '570년 경'이라고 추정한다. 김용선 역주, 《코란》 30 참조. ; 하르트무트 보브친 지음, 염정용 옮김, 《무함마드는 이렇게 말했다》(서울; 들녘, 2005) 110 참조. ; 요아힘 그닐카 지음, 오희천 옮김, 《성경과 코란》(서울; 중심, 2005) 28 참조.

1317) *'무함마드'가 속한 부족은 메카의 지배부족이자 구약에 등장하는 아브라함의 아들 이스마일의 자손이라고 주장하는 쿠라이시족(꾸라이쉬족)의 하심(하쉼 Hashim) 가문이다. 김용선 역주, 《코란》 30 참조. ; 하르트무트 보브친 지음, 염정용 옮김, 《무함마드는 이렇게 말했다》 110 참조. ; 요아힘 그닐카 지음, 오희천 옮김, 《성경과 코란》 28 참조.

'압드알무탈립'의 손자요 '알나파아(戛拿波亞)'의 아들이며 모친은 '아마나(亞馬拿)'이니 동족 여인이다. 무함마드를 잉태할 때에 '알나파아'는 일찍 죽었기에 유복자(遺腹子)로 태어났으니, 가업(家業)이 청빈하여 소유는 낙타[駝] 5필과 양(羊) 몇 마리와 여종 한 명이었다.1318)

유전(遺傳)에 따르면, 무함마드는 모태에 있을 때 할례를 받았고, 태어날 때는 어머니 배꼽으로 탄생했으며, 태어나자마자 땅에 엎드려 백성을 위하여 기도하였으며, 그 등 위에 '상주견자(上主遣者)'1319) 네 글자가 있었다고 하며, 지금까지도 아라비아인들이 이를 믿고 따른다고 한다.

무함마드가 여섯 살 때에 모친이 그를 데리고 '메디나 성'에 가서 친족을 방문하고 돌아오는 길에 객사(客死)하니, 그 여종이 어린아이를 보호하여 데리고 돌아와서 그 조부(祖父) '압드알무탈립'에게 넘겨주어 양육케 하고, 조부가 죽은 후에는 그 백부(伯父) '압탑립(押塔立)'에게 양육 받도록 하였다.1320) 그는 어릴 때에 광야에서 대추열매로 배고픔을 채우기도 하고, 불을 지피는 사람으로 고용되기도 하였다고 한다.

2. 무함마드[摩哈默]의 소장시대(少壯時代)

카바[伽阿巴] 사원[廟] 가운데 돌 하나가 있어서 인민들이 숭배하여 제사하

1318) * 김용선 역주, 《코란》 30 참조. ; 하르트무트 보브친 지음, 염정용 옮김, 《무함마드는 이렇게 말했다》 112-113 참조. ; 요아힘 그닐카 지음, 오희천 옮김, 《성경과 코란》 29-30 참조.
1319) * 상주견자(上主遣者)는 '상주(上主, 하나님)께서 보낸 사람'으로 새길 수 있다.
1320) * 김용선 역주, 《코란》 30 참조. ; 하르트무트 보브친 지음, 염정용 옮김, 《무함마드는 이렇게 말했다》 112-113 참조. ; 요아힘 그닐카 지음, 오희천 옮김, 《성경과 코란》 29-30 참조.

며 '신령한 돌[神石]'이라하고 입을 맞추니, 그 돌의 높이는 6촌(寸)이요 넓이는 8촌(寸)이다. 위는 둥글고 아래는 모가 나서 그 모양이 그림을 그린 것 같고, 그 빛깔은 검은색 같은데 하늘로부터 떨어진 것이라 한다. 사원[廟] 중에 360의 소상(塑像)1321)이 있고, 사원의 크기는 4만5천 명을 수용할 수 있으며, 그 가운데에 성소(聖所)가 있는데 교법(敎法)이 엄격하고 비밀스러워 '다른 종교를 가진 사람'은 사원 내부의 유람을 허락하지 않았다.

무함마드가 어렸을 때 목양업(牧羊業)에 종사하면서, "옛날에 '모세'와 '다윗 왕'도 양을 치는 사람이다"라고 말하였다. 또한 시리아[叙利亞] 지방에 대상(隊商)1322)을 따라 행상(行商)하면서 사막의 유목민들과 무수히 교유(交遊)하였다.

이때에 '고리싸잇스' 족속 가운데 '하디자[才多西]'라는 과부가 있었는데, 가산(家産)이 부요하였다. 그리고 그 조카의 소개로 무함마드를 대상(隊商)의 감독으로 삼아 시리아[叙利亞]로 행상(行商)케 하였다. 과부가 무함마드의 사람됨이 기걸(奇傑)1323)함을 사랑하여 '절차에 따라[析薪]'1324) 중매를 청하고, 무함마드와 곧 결혼 예식을 올리니, 이 때 그의 나이가 25세요 과부는 40세였다. 그러하나 금슬(琴瑟)이 화합하여 수십 년 간에 여섯 자식을 낳으며, 가정이 화락하고 산업이 더하여 창성하였다.1325)

1321) 소상(塑像) : 찰흙으로 만든 인물의 형상(주로 조각, 주물의 원형으로 쓰는 것).
1322) 대상(隊商) : 사막 지방에서 낙타나 말에 물품을 싣고 떼를 지어 먼 곳을 다니면서 장사하는 상인의 집단.
1323) 기걸(奇傑) : 기상인 풍채가 남다른 호걸.
1324) *《만종일련》원문에는 이 대목이 '석신(析薪)'으로 되어 있다. 문맥과 의미상 '절차에 따라'라고 번역하였다.
※석신(析薪) : 장작을 쪼갬. 땔나무를 팸. 析薪如之何匪斧不克 : 사물을 처리함에 있어서는 선후 순서가 있다는 뜻. 출전(出典)은 《詩經》·〈齊風〉"南山篇"이다. 다음을 참고할 것. "**석신(析薪)**", 조기형·이상억 편, 《한자성어·고사명언구사전》(서울; 이담북스, 2011)
1325) *'무함마드'가 '하디자(Hadiga)'와 결혼한 과정에 대해서는 다음을 참조하라. 김용선 역주, 《코란》30 참조. ; 하르트무트 보브친 지음, 염정용 옮김, 《무함마드는 이렇게 말했다》117-118 참조. ; 요아힘 그닐카 지음, 오희천 옮김, 《성경과

그러던 중 하루는 아라비아 사람의 잔인함과 악독함을 보고 심중에 자극(刺戟)을 받고 격동(激動)되었으며, 사원[廟宇] 중에 있는 신성한 돌과 여러 신(神)을 믿지 않는 자가 많음을 보고서 '홀로 하나이며 둘이 아니신[獨一無二]' '참 신[眞神]'을 신봉(信奉)할 사상이 일어났다.

3. 무함마드[摩哈默]의 성도(成道)

무함마드가 시리아[叙利亞] 등지로 행상(行商)할 때에 유태교와 예수교와 모세와 모든 선지자의 이적(異蹟)을 얻어들었으나 마음속에 의아한 점이 있었다. 그것은 '삼위일체 하나님[上主]을 성부(聖父), 성자(聖子)와 성모 마리아'라고도 하고, 일설(一說)에는 '삼위일체의 신(神)이 성부·성자·성령이시요, 마리아는 예수의 육신의 어머니에 불과하다'고 한 것이다. 이에 무함마드가 마음속에 질문하여 파악되는 것이 없는데, 이슬람[以實南]【영어(英語) '이스람'】 교중(教中) 사람이 그 지존하심이 비교할 데가 없으신 유일한 '참 신[眞神]'만 공경하여 받드는 것을 보고는 의지가 생겨나 심히 기뻐하였다. 그리하여 세간의 티끌 같은 염려를 거절하여 물리치고, 홀로 한 분이시며 둘이 아닌 '참 신[眞神]'을 신봉(信奉)하고자 하니, '참 신[眞神]'은 살아서 움직이고 스스로 계시며 하늘과 땅을 주관하시는 신이시며, 그를 신봉하는 것은 내생(來生)의 심판의 큰 때를 이 세상에서 예비하는 것이었다.

이에 그는 홀로 산에 거주하며 거닐고, 오고가며 사색하고, 외진 곳에서 정결하게 머물면서 사람들의 시끄러움을 피하고자 하였다. 그러던 중에 광야에 우뚝 솟은 높은 산을 발견하니, 한가운데 바위동굴이 있는 곳이었다.

코란》 30 참조.

그가 그곳 이름을 '히라[何伊拿]'라고 했다. 그곳은 메카[麥加] 성(城)에서 떨어진 거리가 대략 10리(里) 가량 되는 곳인데, 무함마드가 신령계(神靈界)의 광명한 묵시(默示)와 감응(感應)을 얻기 위하여 금식기도를 하며 말없이 앉아 묵상(默想)하였다.1326)

하루는 홀연히 공중으로 이상한 현상 가운데서 소리가 있어 무함마드를 불러 말하기를, "읽어라. 조화의 주(主) 하나님의 이름을 모시며 읽어라. 인민을 창조하신 하나님의 이름을 모셔 읽어라. 친히 손에 붓을 잡으시고 알지 못하는 바를 인민에게 지시하시는 하나님을 모셔 읽어라"고 하였다. 이에 무함마드가 그것이 마귀의 미혹하는 마음인가 두려워하여 집에 와서 그 아내에게 말하자, 아내가 말하기를, "두려워 마시오! 그것은 상주(上主)의 부르시는 명(命)입니다"라고 하였다.

이에 무함마드가 다시 산 속으로 가서 죽음을 무릅쓰고 앞으로 나아갔다. 이 때 천사가 상주(上主)의 명령을 전하여 말하기를, "무함마드야, 너는 상주(上主)의 택하신 선지자요, 나는 천사 가브리엘[加富列]이다"라고 하였다.1327) 그때 무함마드가 우주의 참 신(神)이신 상주(上主)이신 것을 깨닫고 크게 기뻐하며, 자칭 '상주(上主)께 명(命)을 받은 선지자'라 선언하였다. 또한 이슬람 교리로 세속을 개량하고자 하여 '히라[何伊拿] 산'을 떠나 집으로 돌아오니, 이 때 나이가 40이었다.

그가 학식은 없었으나 가브리엘의 묵시를 받아 코란[古蘭經] 4천 8백여 말씀[言]을 저술하며, 23년간 도를 전파하고 63세에 죽었다. 그가 남겨서 전한 글이 50만 말씀[言]이 있었다.1328)

1326) * '무함마드'가 동굴에서 명상한 이야기는 다음을 참조하라. 김용선 역주, 《코란》 30-31 참조. ; 하르트무트 보브친 지음, 염정용 옮김, 《무함마드는 이렇게 말했다》 119-120 참조. ; 요아힘 그닐카 지음, 오희천 옮김, 《성경과 코란》 30 참조.
1327) * '무함마드'가 '가브리엘' 천사로부터 계시를 받는 사건에 대해서는 다음을 참조하라. 김용선 역주, 《코란》 31 참조. ; 하르트무트 보브친 지음, 염정용 옮김, 《무함마드는 이렇게 말했다》 121-126 참조. ; 요아힘 그닐카 지음, 오희천 옮김, 《성경과 코란》 30 참조.

4. '이슬람교[回敎]의 발전(發展)'1329)

무함마드가 전도(傳道)를 친척부터 시작했는데, 그 아내와 여종이 먼저 따르고, 그 후에 친구가 따르고 다른 교인도 믿고 따르는 자가 많았다.1330) 그리고 44세에 이르러 '카바[伽阿巴] 사원[廟]' 가운데 우상[塑像]을 진멸함으로써 고리싸잇스 족속에게 크게 핍박을 당해 심히 위험해지자, 제자들을 거느리고 '메디나' 성으로 도피하였다. 그 후에 '메카[麥加] 성'에 다시 돌아와서 고리싸잇스 족속을 물리쳤다. 이 때 그의 나이가 52세였고, 주후 622년 6월 20일이었다.1331)

교회가 크게 발전하면서 이슬람교[回回敎]의 창립이 이때라 하며, 622년으로 기원을 정하고 '헤지라[惠智]'라고 명하니, 곧 이슬람교[回敎]의 역서(曆書)이다. 그 후 12년간에는 순전히 종교만 전파했는데, 그 다음부터는 종교뿐만 아니라 정치적·군사적으로 큰 활동을 개시했으니, 첫째는 교당(敎堂)을 건축하며 교회를 조직했고, 둘째는 교회의 규범과 예식을 제정했으며, 셋째는 고리싸잇스에게 전도하면서, 부하들에게 검(劍)을 뽑아들고서 말하기

1328) * '무함마드'가 사망한 해는 632년이다. 그의 죽음에 대해서는 다음을 참조하라. 김용선 역주, 《코란》 40 참조. ; 하르트무트 보브친 지음, 염정용 옮김, 《무함마드는 이렇게 말했다》 182 참조. ; 요아힘 그닐카 지음, 오희천 옮김, 《성경과 코란》 34-35 참조.
1329) * 《만종일련》 원문에는 소제목이 '回回敎의 發展됨'이라고 되어 있는데, 원문의 '目次'에는 '回敎發展'으로 되어 있다. 이 책에서는 '목차'의 '소제목'을 따라 '이슬람교의 발전'이라고 했다.
1330) * '무함마드'의 첫 추종자에 대해서는 다음을 참조하라. 김용선 역주, 《코란》 31 참조. ; 하르트무트 보브친 지음, 염정용 옮김, 《무함마드는 이렇게 말했다》 127-132 참조. ; 요아힘 그닐카 지음, 오희천 옮김, 《성경과 코란》 31 참조.
1331) * '메카'에서의 적대관계와 '메디나'로 도피했다가 다시 '메카'로 돌아오는 일련의 과정에서 '메카 계시'와 '메디나 계시'가 생겨났다. 자세한 내용은 다음을 참조하라. 김용선 역주, 《코란》 32-44 참조. ; 하르트무트 보브친 지음, 염정용 옮김, 《무함마드는 이렇게 말했다》 133-154 참조. ; 요아힘 그닐카 지음, 오희천 옮김, 《성경과 코란》 30-32 참조.

를, "이슬람[以實南]의 도(道)를 위하여 힘껏 싸우되, 따르지 않는 자를 죽이고 다른 종교가 없어질 때까지 전투하라"고 하였다.1332)

이에 부하를 지휘하여 병사들을 앞세워 대상(隊商) 등을 습격해서 물화(物貨)를 약탈하고, 유태인 6백 명을 죽이며 그 잡힌 처(妻)는 노비와 첩(妾)으로 삼았다.

마침내 624년에 고리싸잇스 족속과 싸워 크게 승리함으로 모든 지경(地境)이 무함마드를 믿고 따르게 되었다. 그리고 627년에 '메카[麥加] 성'을 공격하여 우상을 진멸하였다.1333)

아울러 이듬해부터는 외국에 전도를 시작했는데, 로마[羅馬] 황제 '헤라클리우스[惠羅乞利字] 씨'에게 편지를 보내 말하기를, "예수와 마리아의 타락된 도리(道理)를 숭배하지 말고 유일신[一神]의 정교(正敎)인 이슬람[以實南]의 도(道)를 믿고 따르라"고 권고하였다. 또한 서비시리아(西斐時利亞)와 이집트[埃及] 등, 여러 나라에도 전도문(傳道文)을 송달(送達)하였다.1334)

한편 메카[麥加]에서는 권리를 완전히 장악하여 국왕이 무함마드의 손 안에 들어왔다. 교인들에게 세금과 봉납금(奉納金)을 받고 예수교인에게는 공물(貢物)을 받으니, 종교상 법왕(法王)이 되고 정치적으로는 국왕의 권한을 잡았다.

1332) *이른바 '지하드'로 알려진 '성전(聖戰)'에 대해서는 다음을 참조하라. 하르트무트 보브친 지음, 염정용 옮김, 《무함마드는 이렇게 말했다》 154-159 참조. ; 요아힘 그닐카 지음, 오희천 옮김, 《성경과 코란》 33 참조.
1333) *'메카와의 전쟁'에 대해서는 다음을 참조하라. 김용선 역주, 《코란》 38-40 참조. ; 하르트무트 보브친 지음, 염정용 옮김, 《무함마드는 이렇게 말했다》 160-164 참조. ; 요아힘 그닐카 지음, 오희천 옮김, 《성경과 코란》 33-34 참조.
1334) *이는 역사적인 사실이라기보다는 '무함마드'의 업적을 과장하는 과정에서 생겨난 이야기로 본다. 하르트무트 보브친 지음, 염정용 옮김, 《무함마드는 이렇게 말했다》 176 참조.

제4. 무함마드의 몸가짐[持身]과 행정(行政)

■ 첫째는, 무함마드의 품행이다.

그는 일생동안 검소하고 순박하여 좋은 거처와 지극한 부귀를 원하지 않고, 식품은 야생 대추와 몰약(沒藥)을 좋아하였다. 스스로 말하기를 "평생 소원이 식·색·취(食·色·臭) 3가지 일인데, 색(色)과 취(臭)는 얻고 식(食)은 얻지 않는다"고 하였다. 25세에 과부 '하디자[才多西]'를 취(娶)하고 그 후에 13명의 아내를 또 취하였으니, 처첩(妻妾)이 모두 14명이었다. 이에 새롭게 선언하기를, "일부다처(一夫多妻)는 상주(上主)의 묵시(默示)이다" 하고, 첩(妾)을 심히 사랑하여 부패(腐敗)에 점점 빠졌다. 또한 꿈에 나타난 길흉을 신뢰하며, 전투할 때에 소리 높여 말하기를, "영생하는 천국은 앞에 있고 영멸(永滅)하는 지옥은 뒤에 있다"고 하여 민중의 마음을 격동시켜 이끌었다. 이에 이슬람교인[回敎人]이 말하기를, "무함마드가 손가락으로 가리키는 곳에서 물이 솟아나게 하며, 죽은 자를 다시 살아나게 하고, 지나가는 곳에 나무와 돌이 줄지어 절하며, 사막에서 전투 할 때에 반석이 물을 내어 모든 군대가 갈증을 해소했다"고 하였다.

■ 둘째는, 회교예식(回敎禮式)이다.

무함마드[摩氏]가 말하기를, "상주(上主)는 본래 아내[妻]가 없으시니 어찌 그 자식이 있으리오. 예수는 천사 가브리엘의 감응으로 태어났고, 십자가에 죽으신 자는 그리스도[基督]가 아니라 그리스도의 모양과 같은 자가 죽었다"고 하였다.1335)

1335) *'예수의 탄생과 십자가 죽음'에 대한 이야기는 《코란》·〈여인의 장(章) 4:171,

예배의 규례를 정하되 피리를 불거나 종을 울리는 것을 허용하지 않고, 회당 측면에 높은 대(臺)를 건축하여 예배할 때에 사람이 그 대(臺)에 올라가도록 하여 크게 소리 높여 말하기를, "일제히 기도합시다!" 하고는, 기도하여 말하기를, "전능하신 상주(上主)시라!" 이렇게 4차례를 삼가 소리치고, "상주(上主) 외에는 다른 신(神)이 없도다!"라고 2차례를 삼가 소리치고, "무함마드는 상주(上主)의 보내신 선지자이다!"라고 4차례를 삼가 소리치고, "구원함을 받으시오!"라고 2차례 삼가 소리치고, 재차로 "전능하신 상주(上主)시라. 다른 상주(上主)가 없도다!"라고 2차례 삼가 소리치게 했다.

매일 맑은 첫 새벽에 크게 소리쳐 기도하는 것은 잠과 졸음을 쫓는데도 좋다고 하였고, 기도 시간을 하루에 5차례씩 일정하게 세우라고 하였으니, 맑은 첫 새벽과 오전과 오후와 해가 질 때와 오후 8시쯤이다. 사원[聖堂] 안에 우상이나 화본(畵本)이나 '오래된 성물[古物]' 같은 것은 엄히 금지하였다. 또한 사원에 올라갈 때에 반드시 신발을 벗으며, 세수를 하되 만약에 '항아리 물[缸水]'이 없으면 가는 모래로 마찰(摩擦)한 후에 입당하여 기도했다. 여자는 성소에서 기도하는 것을 허락하지 않고, 돼지고기와 술 먹는 것을 금지했다. 또한 지금까지 할례를 행하고 있으며, 예배는 금요일로 지킨다.

■ 셋째는, 교회의 전쟁이다.

전도자가 한 손으로 검(劍)을 잡고 한 손에는 '코란'을 들고, 따르지 않는 자는 그를 쳐서 말하기를, "불신자의 피를 한 방울이라도 흘리게 하면 두 달 동안 금식하는 것보다 낫다"고 하며, "환도(環刀, 칼)는 천당과 지옥의 열쇠[開金]다"라고 하였다. 이렇게 일생 동안 흉기(凶器)로 전도했으며, 632년에

이므란 장(章) 3:54-55〉 등에 나온다. 하지만 《만종일련》의 내용과 다소 차이가 있다. 김용선 역주, 《코란》 95-96, 139 참조.
*한편 '예수의 탄생과 십자가 죽음'에 대한 '이슬람교'의 관점은 '하르트무트 보브친'의 저서에 상세하게 정리되어 있다. 하르트무트 보브친 지음, 염정용 옮김, 《무함마드는 이렇게 말했다》 139-160 참조.

4만 병사를 거느리고 그리스[希臘國]와의 전쟁을 준비하다가 그 해 6월 8일에 열병으로 세상을 떠났다.

임종에 이르러 좌우에 모시는 첩(妾)들에게 말하기를, "예로부터 선지자는 보통사람과 같지 않아서 극심한 고통 속에서 죽는다" 하고, 기도하여 말하기를, "아, 주여! 전 세계에 그리스도 신자를 진멸하시고 이슬람교 외에는 다른 종교가 없게 하여 주시옵소서!"라고 하였다.

그가 죽은 후에 신도들이 사원[附]을 건축하고 무함마드를 존귀하게 숭배하였고, 그 종통(宗統)을 계승한 자를 '칼리프[겔립]'이고라 하니, 번역하면 왕(王)이라는 의미이다.

◉ 이제 회교의 교리를 살펴보자면, 가히 우러러 취할 것도 있고, 가히 통탄할 점도 있다. 홀로 한 분이신 '참 신[眞神]' 상주(上主)를 숭배하고, 사악한 귀신과 우상을 철저히 거절한 것은 종교의 근본이라 할 수 있다. 그러나 일부다처(一夫多妻)의 악습과 '칼을 뽑아 들고 행하는 전도[拔劍傳道]'의 위협과, 무함마드 궁중의 복기수(福氣樹)가 각 사람의 소원대로 '옷과 음식과 물품'을 공급한다는 것과, 천상(天上)의 요조숙녀(窈窕淑女)와 부부의 쾌락을 누리게 된다고 하는 것은 실로 가증한 유혹의 언설(言說)이다.

주 예수께서 말씀하시기를, "부활할 때에는 아내도 없고 시집가는 것도 없음이 하늘에 있는 천사와 같다" 하시고 【마태 22:30】, "이기는 자는 내가 상주(上主) 낙원에 생명나무 열매로 먹게 하리라" 하셨다. 【계 2:7】 그런데 천상(天上)의 부활한 사람이 무슨 부부가 있으며 무슨 복기수(福氣樹)가 있겠는가!

또한 세계의 창조설을 논하자면, "지구는 천사의 어깨에 있고 천사는 푸른색 바위 위에 있고 암석은 암소의 뿔 위에 있고 암소는 큰 고래 등 위에 있다"고 하였는데, 큰 고래는 바다 가운데 있고 큰 바다는 어둡고 캄캄한 공기 중에 싸여 있어서 천체(天體)가 때때로 어두움을 통과하여 빛을 얻는다고 하는데, 이는 알 수 없는 일이다. 어둡고 캄캄한 공기 외에는 어떤 물체가 있단 말인가?

 이와 같이 '여기저기서 억지로 가려내서 지어낸 이야기[杜撰臆說]'가 많다. 그리고 저들의 전도는 오로지 전투로만 능히 그 일을 하고, 강화(講和)할 때에는 패배자로 하여금 공물(貢物)을 바치게 한 후에 재산보호권을 얻게 하고, 이슬람교[回敎]를 믿고 따르는 자는 권리를 내려주고, 공물을 바치지 않는 불신자는 그를 죽이고 용서하지 않았으니, 이것이 어찌 큰 자비를 행하는 참 종교의 도리(道理)라고 하겠는가!

 또한 편벽(偏僻)되게 인도하기를, 인류의 운명이 오직 상주(上主)께 있다고 하니, 이는 세상 사람들이 자유를 얻기 위해 분투하고 진력한 것을 무시하는 것이다.

 서양철학에 이런 말이 있으니 말하기를, "하늘은 스스로 돕는 자를 돕는다" 하고, 성경[經]에 말하기를, "하나님[上主]을 가까이 하라. 그러면 너희를 가까이 하시리라"【야고보4:8】 하였으니, '삭개오' 같이 구주(救主)를 보기 원하는 자에게 주(主)가 은혜를 베푸시는 것이다.

 하지만 '무함마드 씨'가 유복자(遺腹子)로서 일찍이 외롭게 평원에서 분연히 일어나 상업을 발전시키고 종교를 창립하여 만고의 위업을 성취하였으니, 실로 세상에 드문 뛰어난 인물이라고 할 수 있을 것이다.

제5장
브라만교[婆敎] 도리(道理)의 요소

제5장
브라만교[婆教]1336) 도리(道理)의 요소

인도(印度) 브라만교[婆羅門教]

○ 총론에서 인도(印度)의 브라만교[婆羅門教]와 기타 각 종교를 간략하게 소개했는데, 이제 그 '중요한 논지[宗旨]'를 이어서 서술하고자 한다.

■ '브라만교'는 곧 인도의 구교(舊敎)인데 범천교(梵天敎)가 이것이다. 인도 고대 역사에서 말하기를, 네 종류의 민족이 있는데 첫째는 바라문종(婆羅門種, 브라만)이다. 곧 정결하게 행함이니, 도(道)의 결백을 지키려는 제사족(祭祀族, 사제)이다. 둘째는 찰제리종(刹帝理鍾, 크샤트리아)인데, 곧 왕(王)의 종족이다. 한문서적[漢書]의 색종(塞種, 샤카종족)이 이를 말함인데, '석가(釋迦) 씨'가 이 종족에서 나왔다. 셋째는 폐사종(吠奢種, 바이샤)인데, 밖에서 들어온 종족이며, 곧 상인[商賈]이다. 넷째는 수타라종(戍陀羅種, 수드라)인데, 인도 원주민[土人]이며, 곧 농민(農民)이다.1337)

1336) * '만종일련' 원문에는 '자교(姿敎)'로 되어 있다. 이는 '파교(婆敎)'의 오기(誤記)로 본다.
1337) * 이 내용은 '이능화'의 저서 《백교회통(百敎會通)》·〈제7장, 파라문교여불교대조(婆羅門敎與佛敎對照)〉에 나온다. 《만종일련》의 저자인 '탁사'는 《백교회통》의 이

《아함부경(阿含部經)》1338)에서 말하기를, "이 4종족이 모두 범천왕(梵天王)1339)을 좇아서 생겨난 것이라고 한다.【대범천왕(大梵天王)이 능히 일체 만물을 낳았다고 말한다】제1종족은 범천왕의 입에서 나왔고, 제2종족은 범천왕의 어깨에서 나왔고, 제3종족은 범천왕의 배꼽에서 나왔고, 제4종족은 범천왕의 발에서 나왔다는 것이다. 그러므로 이 네 종족 백성의 귀천이 동일하지 않으며, 가질 수 있는 직업 역시 다르며, 서로 혼인할 수 없고, 서로 왕래할 수 없으며, 인도(印度) 범문(梵文, 산스크리트어 문자)은 브라만[婆羅門] 사람이 범천왕으로부터 전해 받은 것이다"1340)라고 하였다.

그 뒤에 4개의 베다[韋陀書]가 있으니, 역시 범천왕에 의해 지어진 것이라고 한다. 첫째는 리그베다[阿由韋陀]인데,【혹은 말하기를, '이합비대(理哈費大)'】, 번역한즉 '목숨[壽]'이다. 생명을 자라게 하고 다스리는 성품을 일컫는다.

본문을 참고한 것으로 본다. 이능화 저, 《백교회통(百敎會通)》(경성; 불교서관, 1912년) 45 참조
1338) * 아함경(阿含經)을 가리키는 것으로 본다.
  ※아함부(阿含部) : 아함에 속하여 있는 부문(部門)을 말한다. 원래는 불설(佛說)의 총칭이었으나 후일 대승경이 흥함으로부터 모든 아함의 경전을 소승이라 이름하여 드디어 소승경(小乘經)의 이명(異名)이 되었다. "아함부(阿含部)", 한국사전연구사,《종교학대사전》
  ※아함경(阿含經) : 아함부(阿含部)에 속하는 4아함(阿含) 또는 5아함(阿含)의 총칭. 곧 원시불교(原始佛敎)의 경전을 말하며 석존이 실제로 설(說)한 것으로 생각되는 교법이 가장 많다. "아함경(阿含經)", 한국사전연구사,《종교학대사전》
1339) 범천왕(梵天王) : 범어(梵語) Braham. 몰라함마(沒羅含摩)·범마(梵摩)라고도 쓴다. 범왕(梵王)·대범천왕(大梵天王)이라고도 한다. 색계(色界) 초선천(初禪天)의 주(主)로 이름은 시기(尸棄), 세주(世主) 등이라고 한다. "범천왕(梵天王)", 김승동,《도교사상사전》
1340) * '이능화'의 저서《백교회통(百敎會通)》·〈제7장, 파라문교여불교대조(婆羅門敎與佛敎對照)〉에 나온다. 이능화 저,《백교회통(百敎會通)》(경성; 불교서관, 1912년) 45 참조
  * '인도(印度)'의 '4종족' 형성 기원에 대한 이야기는《베다》·〈리그베다, X. 90. 11~12〉에 나온다.《베다》에서는 우주적 거인(巨人)인 '푸루샤(Purusa)'가 네 부분으로 갈라지면서 네 개의 종족이 나왔다고 노래하고 있다. 자세한 내용은 다음을 참고하라. 박지명 이서경 주해,《베다》(서울; 동문선, 2020) 208-209 참조. ; 이명권,《베다》(서울; 한길사, 2021) 106-107 참조.

둘째는 야주르베다[殊夜韋陀]인데, 【혹은 이르기를, '아고비대(雅古費大)'】, 번역한 즉 '제사[祠]'이다. 제사와 기도를 드리는 것을 일컫는다. 셋째는 사마베다[婆磨韋陀]인데, 【혹은 말하기를, '살마비대(薩馬費大)'】, 번역한즉 '화평[平]'이다. 예절과 의례, 점치는 일과 병법[武]에 관한 일체의 일을 일컫는다. 넷째는 아타르바베다[阿達韋陀]인데, 【혹 말하기를, '아대법비대(阿大法費大)'】, 번역한즉 '기술[術]'이다. 기이한 능력과 기술과 숫자와 범왕(梵王)의 주술과 의술 처방이라 일컫는다. 이 4베다[韋陀]는 브라만[婆羅門] 사람이 경전으로 지키기 위하여 말하기를, "이는 곧 범천왕이 네 곳에서 설법한 바가 나타난 것이다"라고 하였다.1341)

구세주[救主]께서 강생(降生)하시기 전 약 2천년에 브라만[婆羅門] 사람의 지식이 크게 진흥하며 학설이 무리지어 일어나, 불경에서 나뉘어져 각각의 따르는 분파가 같지 아니하며, 하나로 아울러 정해진 것은 없다.1342)

하지만 각 학파의 근원이 되는 것이 3개 학파가 있는데, 첫째는 승거파(僧佉派)1343)요, 둘째는 폐세사가파(吠世史迦派)1344)요, 셋째는 이건타불저라파

1341) *이 내용은 '이능화'의 저서 《백교회통(百教會通)》·〈제7장, 파라문교여불교대조(婆羅門教與佛教對照)〉에 나온다. 이능화 저, 《백교회통(百教會通)》(경성; 불교서관, 1912년) 45 참조
 *4가지 《베다》의 명칭과 내용에 대하여 《만종일련》에서 간략한 설명하고 있는데, 이는 오늘날의 이해와 다소 차이가 있다. 〈리그베다〉는 '찬양의 베다'로 '자연을 칭송하고 찬미하는 서정시가를 집대성한 책', 〈사마베다〉는 '베다의 노래'로 '사제들이 제의를 올릴 때 부르던 찬가집', 〈야주르베다〉는 '신앙적 고백의 글'로 '예배의식을 진행과 관련된 산문', 〈야타르바베다〉는 '주술의 기도'로 '질병의 퇴치와 복을 빌고 재난을 막기 위한 만트라가 담긴 책'이라고 본다. 자세한 내용은 다음을 참고하라. 박지명 이서경 주해, 《베다》 15-19 참조.; 이명권, 《베다》 43-71 참조.
1342) *'이능화'의 《백교회통(百教會通)》·〈제7장, 파라문교여불교대조(婆羅門教與佛教對照)〉에 나온다. 다만 《만종일련》의 "救主降生前 略二千에 ; 구세주[救主]께서 강생(降生)하시기 전 약 2천년에" 이 대목은 《백교회통》의 본문에는 "至佛之前一千年頃 ; 불타가 세상에 오기 전 1천년에"로 되어 있다. 이능화 저, 《백교회통(百教會通)》 45 참조
1343) *'상캬학파[sāṃkhya-]'를 지칭한다.

(尼犍陀弗咀囉派)1345)이다.1346)

■ '승거파'라는 것은 성겁(成劫)1347) 초기에 【이 역시 신화(神話)이다】 외도(外道)1348)가 있어서 이름 하기를, '가비라(迦毗羅, Kapila)'라고 했는데, 【이를 황적색(黃赤色)이라 이른다】 그때에 사람이 호칭하여 말하기를 '황적색선인(黃赤色仙人)'이라고 불렀다. 그 후 제자들 중에 윗자리[上首] 18부(部)가 있었으니, 부(部)의 우두머리가 되는 자의 이름은 벌리사(伐里沙, varṣa)1349)이다.

※ 상캬학파[sāṃkhya-] : 육파철학(六派哲學)의 하나. 산스크리트어 sāṃkhya를, 원리를 하나하나 열거한다는 뜻으로 해석하여 수론(數論)이라 번역하고, 승거(僧佉)라고 음사함. 카필라(kapila)가 창시한 이 학파는 신아(神我, puruṣa)와 자성(自性, prakṛti)의 두 원리를 상정하는데, 전자는 순수 정신이고 후자는 물질의 근원이다. "상캬학파[sāṃkhya-]", 곽철환,《시공 불교사전》
1344) 폐세사가(바이셰시카) : 6파(六派) 철학의 하나. 산스크리트어 vaiśeika를 승론(勝論)이라 번역하고 폐세사가(吠世師迦), 비세사(毘世師), 위세사(衛世師)라고 음사함. 카나다(kanāda, 기원전 2~1세기)가 창시한 학파이다. "폐세사가(吠世師迦)", 곽철환,《시공 불교사전》
1345) 이건타야제자(尼犍陀若提子) : 육사외도(六師外道)의 하나. 이건타(尼犍陀)는 nigaṇtha의 음사, 야제(若提)는 nāta의 음사로, 종족 이름. 자(子)는 putra의 번역. 곧, 야제족(若提族) 출신의 이건타(尼犍陀)라는 뜻. 자이나교의 교조로, 본명은 바르다마나(vardhamāna)이며, 깨달은 후에는 그를 높여 마하비라(mahāvīra, 大雄) 또는 지나(jina, 勝者)라고 일컬음. 원래 이건타(尼犍陀)는 이전에 있었던 종파 이름이었으나 바르다마나가 이 종파를 개혁하여 자이나교로 성립됨. "이건타야제자[尼犍陀若提子]", 곽철환,《시공 불교사전》
1346) *《백교회통(百敎會通)》·〈제7장, 파라문교여불교대조(婆羅門敎與佛敎對照)〉에 나온다. 이능화 저,《백교회통(百敎會通)》 45 참조
1347) 성겁(成劫) : 4겁(四劫)의 하나로 하나의 세계가 성립되는 지극히 긴 기간. 인간수명 8만세에서 100년에 한 살씩 줄어 10세에 이르고, 다시 10세에서 100년에 한 살씩 늘어 8만세에 이르는 긴 시간을 중겁(中劫)이라 하는데, 성겁은 20중겁에 해당한다.
1348) 외도(外道) : 인도철학에서 신성한 계시로 간주되는 베다(Veda)의 권위를 받아들이지 않는 철학파를 말함. 불교가 아닌 다른 종교 및 그 가르침. 대표적인 외도 사상가로는 푸라나(Pūrana), 파쿠다(Pakudha), 고살라(Gosāla), 아지타(Ajita), 산자야(Sañjaya), 니간타-나타풋타(Niga ha-Nātaputta) 등 여섯 사람이 이름을 날렸는데, 이들을 불교에서는 육사외도(六師外道)라 부른다. "외도(外道)", 원광대학교 원불교사상연구회,《원불교대사전》

이를 번역하면 '비[雨]'이니, 비가 내릴 때에 태어났으므로 그렇게 이름을 붙인 것이며, 그 무리가 말하기를 우중외도(雨衆外道)1350)라고 했다. 이는 범어로 '승거(僧佉)'인데, 번역하면 '수(數)'이며, 곧 '지혜의 수[智慧數]'이다. 모든 법의 근본을 수로 헤아려서 숫자를 좇아 일어난다는 논리를 세운 것이니, 이름하여 수론(數論)이다. 이것은 스승이 만든 70개의 중요한 논리에 그 학설(學說)이 25제(諦, 깨달음)로 나누어진 것인데, '자성(自性)'과 '대(大)'와 '아만(我慢)'과 '5태(五太)'[지·수·화·풍·공(地·水·火·風·空)], '5유(五唯)'[색깔·소리·향기·미각·촉각[色·聲·香·味·觸]], '5지근(五知根)'[눈·귀·코·혀·피부(眼·耳·鼻·舌·皮)], '5작근(五作根)'[혀뿌리·손뿌리·발뿌리·남녀근·대유근(舌根·手根·足根·男女根·大遺根)], '심평등근(心平等根)'1351)과 '신아(神我)'1352)이다.1353)

■ '폐세사가(吠世史迦, 바이셰시카) 파(派)'라는 것은 성겁(成劫)의 초기에 사람의 수명이 끝이 없어 외도(外道)가 세상으로 나오니, 이름하여 이르기를 '올로가(嗢露迦)'1354)라고 했다. 이들을 일컬어 휴류(鵂鶹, 수리부엉이)라고 했는데,

---

1349) 벌리사(伐里沙, 伐利娑) : 산스크리트어 varṣa의 음사. 우(雨)라고 번역. 상캬 학파의 창시자인 가비라(迦毘羅)의 제자로, 우중외도(雨衆外道)의 우두머리. **"벌리사(伐里沙, 伐利娑)"**, 곽철환,《시공 불교사전》
1350) 우중외도(雨衆外道) : 상캬 학파의 창시자인 가비라(迦毘羅)의 제자 벌리사(伐里沙)를 우두머리로 한 파(派)로, 원인 가운데 이미 결과의 성질이 있다는 인중유과론(因中有果論)을 주장함. 벌리사(伐里沙)는 산스크리트어 varṣa의 음사로, 우(雨)라고 번역함. **"우중외도(雨衆外道)"**, 곽철환,《시공 불교사전》
1351) * '심근(心根)'과 같음.
※심근(心根) : 산스크리트어 manas. 상캬 학파에서 설하는 25제(二十五諦)의 하나로, 감각과 행위를 다스리는 기능. **"심근(心根)"**, 곽철환,《시공 불교사전》
1352) 신아(神我) : 〈불교〉 물질적 본체를 자성(自性)이라 함에 대하여, 이에 작용하게 하여 물질세계를 나타나게 하는 정신적 본체를 이르는 말.
1353) * '승거파(僧佉派)'에 대한 본문의 서술 내용은 《백교회통(百教會通)》·〈제7장, 파라문교여불교대조(婆羅門教與佛教對照)〉에 나온다. 이능화 저,《백교회통(百教會通)》46 참조.
1354) 올로가(嗢露迦) : 산스크리트어 ulūka 의 음사. 바이셰시카 학파의 창시자인 카나다(kanāda)의 별명. **"올로가(嗢露迦)"**, 곽철환,《시공 불교사전》

낮에는 소리와 색을 피하여 산이나 늪에 자취를 숨겼다가, 밤이 되면 보고 듣는 것이 다른 것들보다 뛰어나 마침내 행동하여 먹이를 구하였다. 그때에 사람들이 그것을 '휴류(鵂鶹, 수리부엉이)'라고 부르니, 이로 말미암아 그 이름이 되었다. 또한 이름이 갈나복(羯拏僕, Kala-bhuj)1355)인데, '갈나(羯拏)'는 번역하면 '쌀(米)'이요 '복(僕)'은 '식(食)'이니, 우선 밤에 돌아다니다가 다른 부녀자와 아이를 놀라게 하고, 마당의 디딜방아에 있는 겨와 쭉정이 속에 쌀(米)을 거두어 '공손하게 먹기(齊食)' 때문에, 그들을 그렇게 불렀다. 그 당시의 사람들이 '식미제선인(食米齊仙人)'이라 하며, 또한 폐세사가(吠世史迦)라고 부르니, 번역하면 '승(勝)'이다. 이들이 여섯 구절의 논(論)을 지어서, 모든 다른 주장들이 '따르지 못하기에(罕近)' '승론(勝論)'이라고 하였다.1356)

스승이 장차 입멸할 때에 '다만 깨달은 바를 탄식하고' 1357) 따로 전한 사람이 없었다. 오랜 세월이 지난 후에 브라만(婆羅門)이 마납박가(摩納縛迦)라는 이름을 얻었다. 이것을 가리켜 유동(儒童)1358)이라 하고, 동자(童子)의 이름은 반차시기(般遮尸棄)이니 이를 '5정(五頂)'이라고도 부른다. 왜냐하면 '정수리 터럭(頂髮)'이 5곳이 돌아서 머리에 5개의 뿔이 있었기 때문이다.

오랜 세월이 지나지 않아 그 근원이 성숙하기를 기다려, 3천년 후에 선인(仙人)이 이를 변화시켰는데, 5정(五頂)이 따르지 아니하고, 또 3천년에 그것을 변화시켰는데, 또한 얻지 못하고, 또 3천년에 공선(空仙)을 우러러 생각하니, 선인(仙人)이 때에 맞춰 산중에서 맞이하여 여섯 구절의 뜻을 설파하였다. 이에 그 학설(學說)을 이름하여 '승종(勝宗) 10구의(十句義)'라 하였다.

1355) 갈나복(羯拏僕) : 산스크리트어 Kala-bhuj의 음사. 식미재(食米齋)라고 번역. 바이셰시카 창시자 '카나다'의 별명. **"갈나복(羯拏僕)"**, 곽철환, 《시공 불교사전》
1356) * '폐세사가(吠世史迦) 파(派)'에 대한 본문의 서술 내용은 《백교회통(百教會通)》·〈제7장, 파라문교여불교대조(婆羅門教與佛教對照)〉에 나온다. 이능화 저, 《백교회통(百教會通)》 46 참조.
1357) * '만종일련'의 원문은 '단차소오(但嗟所悟)'이다.
1358) 유동(儒童) : 산스크리트어 māava. ① 소년, 청년. ② 석가모니가 전생에 수행하고 있을 때의 이름. **"유동(儒童)"**, 곽철환, 《시공 불교사전》

첫째는, 실9종(實九種)이다. 【땅[地]・물[水]・불[火]・바람[風]・공기[空]・때[時]・방향[方]・나[我]・생각[想]】

둘째는, 덕24종(德二十四種)이다. 【색[色]・맛[味]・향[香]・촉각[觸]・수[數]・량[量]・떠난 몸[別體]・합[合]・떠남[離]・다른 몸[彼體]・이 몸[此體]・깨달음[覺]・즐거움[樂]・함께[共]・욕심[欲]・어둠[瞋]・부지런함[勤]・용기[勇]・무거운 몸[重體]・액체[液體]・윤택함[潤]・행함[行]・법[法]・비법[非法]・소리[聲]】

셋째는, 업5종(業五種)이다. 【취업(取業, 취하는 업)・사업(捨業, 버리는 업)・굴업(屈業, 물러나는 업)・신업(伸業, 펴는 업)・행업(行業, 행하는 업)】

넷째는 같음[同]이요, 다섯째는 다름[異]이요, 여섯째는 화합(和合)이요, 일곱째는 유능(有能)이요, 여덟째는 무능(無能)이요, 아홉째는 구분(俱分)1359)이요, 열 번째는 무설5종(無說五種)이다. 【미생무(未生無, 아직 나지 않은 무)・이멸무(已滅無, 이미 멸한 무)・갱호무(更互無, 다시 상호하는 무)・불회무(不會無, 다시 만나지 않는 무)・필경무(畢竟無, 마침내 무)】1360)

■ '이건타불저라(尼犍陀弗咀囉) 파(派)'라는 것은 '외도(外道)'의 명칭이니, 번역하면 '이계자(離繫子)'1361)이다. 고행과 훌륭한 수행으로 인하여 이계자라고 이름을 붙였는데, 몸을 노출시키고도 부끄러움을 거의 모르기 때문에, 또한 무참(無慙)1362)이라고 불렀다. 본래 스승은 '이계(離繫)'라 칭하고 문도(門徒)는 그 이름이 자(子)가 되었다. 그 학설이 나뉘어 60제(諦)가 되니, 주로 고행으로 하늘에 태어난다고 하여 브라만[婆羅門]의 옛 이론이 되었다. 지혜를

1359) 구분(俱分) : 바이셰시카 학파에서 설하는 십구의(十句義)의 하나. 하나의 사물에 다른 사물과의 공통점과 차이점의 두 면을 있게 하는 원리. **"구분(俱分)"**, 곽철환, 《시공 불교사전》
1360) *《백교회통(百教會通)》・〈제7장, 파라문교여불교대조(婆羅門教與佛教對照)〉에 나오는 내용이다. 이능화 저, 《백교회통(百教會通)》 46 참조.
1361) 이계자(離繫子) : 모든 속박에서 벗어나 고행하는 무리라는 뜻. 아무 것도 걸치지 않고 알몸으로 고행하는 자이나 교도를 일컬음. **"이계자(離繫子)"**, 곽철환, 《시공 불교사전》
1362) 무참(無慙) : 부끄러움이 없다.

여는 8단(八段)이 있고, 【천문지리(天文地理)·산수(祘數)·의방(醫方)·주술(呪術)·4위타서(四韋陀書)】, 지혜를 수행하는 8단(八段)이 있으다. 【수육천행(修六天行)1363)·사성수천(事星數天)1364)·수장선행(修長仙行)1365)】 그 후에 육종고행(六種苦行)과 외도(外道)로 나뉘었는데, 이는 모두 '니건타(尼犍陀) 파(派)'에 속한다.1366)

첫째는 기외도(饑外道)1367)인데, 그 수행(修行) 방법이 음식을 탐내지 아니하고 배고픔을 오래 참는 것을 말한다. 이 고행에 매진함으로써 천상에 태어나는 원인이 된다.

둘째는 투연외도(投淵外道)인데, 그 수행 방법이 차가운 연못에 들어가 얼어붙는 고통을 견뎌내는 것을 말한다. 이 고행에 매진함으로써 천상에 태어나는 원인이 된다.

셋째는 부화외도(赴火外道)인데, 그 수행 방법이 몸을 태우며 연기를 쐬고 고통을 달게 받는 것을 말한다. 이 고행에 매진함으로써 천상에 태어나는 원인이 된다.

넷째는 자좌외도(自坐外道)인데, 그 수행 방법이 항상 스스로 벗은 모습으로 있어 추위나 더위를 불구하고 노지(露地)에 앉아있는 것을 말한다. 이 고행에 매진함으로써 천상에 태어나는 원인이 된다.

다섯째는 적멸외도(寂滅外道)인데, 그 수행 방법이 시림(屍林)1368)의 무덤으

1363) *수육천행(修六天行) : '육천(六天)의 고행을 수련함'으로 풀이할 수 있다. 여기서 '육천(六天)'은 '육욕천(六欲天)'의 줄임말로 욕계에 있는 여섯 천(天)을 말하며, 천(天)은 신(神)들이 사는 곳이라는 뜻이다.
1364) *사성수천(事星數天) : '성수(星數)의 하늘을 섬김'으로 풀이할 수 있다. '성수(星數)'는 '운수(運數)'와 같은 뜻으로 쓰이는 말이다. '이미 정하여져 있어 인간의 힘으로는 어쩔 수 없는 천운(天運)과 기수(氣數).'
1365) *수장선행(修長仙行) : '장선(長仙)의 고행을 수련함'이라고 풀이할 수 있다. 여기서 '장선'은 '으뜸가는 신선'을 의미한다고 본다.
1366) *《백교회통(百教會通)》·〈제7장, 파라문교여불교대조(婆羅門教與佛教對照)〉에 나온다. 아울러 뒤이어 서술하고 있는 '6가지 외도(外道)'에 대해서도 《백교회통》에서 자세히 소개하고 있다. 이능화 저, 《백교회통(百教會通)》 46 참조.
1367) *여기서 '기외도(饑外道)'란 '배고픔을 초월하는 도'를 말한다. 한자 '기(饑)'는 '굶주리다, 흉년들다, 흉년' 등의 의미가 있다.

로 거처를 삼아 고요한 상태에서 말하지 않는 것을 일컫는다. 이 고행에 매진함으로써 천상에 태어나는 원인이 된다.

여섯째는 우구외도(牛狗外道)인데, 그 수행 방법이 그의 전생(前世)에 소나 개 중에서 좇아서 온 것을 스스로 기억하여 소나 개의 계율을 지키며 풀을 씹고 더러운 것을 먹는 것을 일컫는다. 이 고행에 매진함으로써 천상에 태어나는 원인이 된다. 【오늘날 인도(印度)에 이러한 가르침을 숭상하여 혹은 물속에 스스로 뛰어들어 죽기도하며, 혹은 뱀이나 짐승을 숭배하기도 한다.】

이상 삼종외도(三種外道)는 일체(一切) 큰 종파요, 기타 각 종파는 이 종파의 나머지 곁가지이니, 모두 다 자질구레하여 도(道)라고 하기에 부족하다. 이른바 외도(外道)는 96종(種)이 있는데, 여섯 스승(師)이 각각 15종(種)씩 보유하고 제자가 6승(乘)1369)을 더한 것이다. 불전(佛典)1370) 중에도 '외도(外道)'와 관련하여 20여 파(派)가 있으니, 이른바 단견외도(斷見外道)와 상견외도(常見外道)와 자연외도(自然外道) 등이 이것이다.1371)

◉ 이제 브라만교[婆羅門敎]의 주된 가르침[宗旨]을 살펴보자면, 4베다[韋陀] 중에 모두 다 있는데, 곧 말하기를 "사람은 마땅히 하늘을 섬겨야 한다. 니건타(尼犍陀), 즉 '하늘로부터 타고나는 진리[天生之道]'를 밝히되, 가히 나의 힘으로 그것을 이룬다"고 하였다.

또 말하기를, "폐세사가(吠世史迦), 즉 일체를 깨닫는 것 또한 모두 나의 업력(業力)1372)으로 외경(外竟)1373) 이합(離合)을 함께 이루는 것이다" 하고,

---

1368) 시림(屍林) : 시신(屍身)을 버리거나 매장하는 숲. **시림(屍林)**, 곽철환, 《시공 불교사전》
1369) 승(乘) : 법 승. 〈불교〉 중생을 싣고 생사의 고해를 떠나 열반의 피안에 이르게 하는 교법.
1370) 불전(佛典) : 불교의 경(經)·율(律)·논(論)과 어록(語錄) 등을 통틀어 일컬음. **불전(佛典)**, 곽철환, 《시공 불교사전》
1371) *《백교회통(百敎會通)》·〈제7장, 파라문교여불교대조(婆羅門敎與佛敎對照)〉에 나오는 내용이다. 이능화 저,《백교회통(百敎會通)》47 참조.

"승거(僧佉), 곧 자신을 제하는 것 외에 다른 경계가 없다는 것을 다시 밝힌다"고 하여, 그 학설이 서로 끌어당기고 상승하여 곡선처럼 된다.

브라만교인[婆羅門敎시은 천지만물[天地萬有]이 모두 범천(梵天)이 조성한 것이라고 여긴다. 또한 사람의 영혼은 죽지 않으며 몸이 죽은 후에 범천과 더불어 서로 합한다고 하여 범천에게 빌고 제사하니, 대범천왕(大梵天王)은 어떤 신(神)인지 알 수 없다. 아울러 천지만물[天地萬有]을 모두 만들었다고 하니, 그리스도교[基督] 신도들이 숭상하고 받드는 여호와[耶華和] 하나님[上主]을 인도(印度) 사람들이 범천왕으로 달리 부르는 것이다.

또한 "나의 법력(法力)으로 일체(一切)를 알며 범천의 도(道)를 내 힘으로 능히 이룬다"라고 하는 것은 다만 한 면만 보는 편벽된 설명이다.

자기의 노력으로 나아가는 것으로만 천성(天城)의 즐거움을 얻는 것이 아니요, 중생(重生)을 속죄하시는 진리로 얻어 누리는 것이니, 이것은 만고불변의 한 번 정해진 원소(原素)이다.

4베다[韋陀]의 학설이 상고시대(上古時代)에 출현하여 구세주[救主] 속죄의 지혜와 권능을 듣지도 못하고 알지도 못하였으니, '먼 옛날[邃古]' 홍몽(鴻濛)1374)의 설(說)이 없지 않다고 말할 수 있겠다.

1372) 업력(業力) : 선악의 행위가 남기는 잠재력. 고락의 과보를 초래하는 잠재력. **"업력(業力)"**, 곽철환, 《시공 불교사전》
1373) 외경(外境) : 마음을 빼앗아가는 바깥의 여러 경계. 物心으로 구별할 때 物에 해당하는 모든 것. 정신수양이 잘 되지 않으면 외부의 모든 것은 다 나의 마음을 어지럽히고 빼앗아가는 경계가 된다. 주관적인 나의 마음에 대해서 객관적인 대상이 모두 마음을 흔들고 빼앗아가는 외경이 된다. **"외경(外境)"**, 원광대학교 원불교사상연구회, 《원불교대사전》
1374) 홍몽(鴻濛) : 천지자연의 원기(元氣). 천지가 갈라지지 아니한 때의 우주. 광대한 모양. 도에 통달한 신선 이름. **"홍몽(鴻濛)"**, 전관수, 《한시어사전》

제6장
기타 '각 종교[各敎]' 도리(道理)의 요소

제6장
기타 '각 종교[各教]' 도리(道理)의 요소

○ 신교(神教) 약론(略論)

'신교(神教)'는 조선의 단군시대와 중국의 신농황제(神農黃帝)시대와 일본의 '스사노오 미코토[素盞嗚尊, すさのおの みこと]'1375)시대에 나란히 출현하였다.

일본[內地]에서는 천조황대신(天照皇大神)을 '높이 받들어서[尊奉]' 2천여 년 이래로 국교(國敎)를 이루었다. 또한 조선에서는 환인(桓因) · 환웅(桓雄) · 단군(檀君)의 삼신(三身)을 일체(一體)로 신교(神敎)를 창립하여 지금까지 4천여 년 동안 인민(人民)들이 관습으로 신도(神道)를 널리 전하여 퍼뜨렸다[流傳]. 그리고 중국[支那]에서는 이기씨(伊耆氏, 요임금)가 사제(蜡祭)1376)를 만들어 천신(天神)을 섬겼으며, 상고시대(上古時代)에 '천신과 인귀[神鬼]'를 숭상하였다.

《서경(書經)》에서 말하기를, "상제(上帝)에게 유제(類祭)1377)를 지내며, 육종(六宗)1378)에게 인제(禋祭)를 지내며, 산천(山川)에게 망제(望祭)1379)를 지내며,

---

1375) * '스사노오 미코토[素盞嗚尊]'는 일본 역사에서 '왕권 태동기'인 '제1기 왕조'를 연 인물로 알려져 있다. 《일본서기(日本書紀)》, 권제일(卷第一) 신대상(神代上) 제8단 1서(4)에 그에 대한 이야기가 나온다. 최박광 옮김, 《일본서기/고서기》(서울; 동서문화사, 2021) 105-122 참조.
1376) 사제(蜡祭) : 세말(歲末)에 여러 신에게 올리는 제사. **"사제(蜡祭)"**, 한국고전용어사전 편찬위원회, 《한국고전용어사전(3권)》.
1377) 유제(類祭) : 천신(天神)에게 지내는 제사. **"유제(類祭)"**, 한국고전용어사전 편찬위원회, 《한국고전용어사전(4권)》.
1378) 육종(六宗) : 제사 지내야 할 6가지의 대상을 가리키는 말로 육신(六神)이라고도 한다. 건곤(乾坤)의 6가지 요소인 물[水] · 불[火] · 천둥[雷] · 바람[風] · 산(山) · 못[澤]을 가리키기도 하며, 성(星) · 진(辰) · 사중(司中) · 사명(司命) · 풍사(風師) · 우사(雨師)의 별, 또는 오제(五帝)와 천황대제(天皇大帝)를 칭하기도 함. 육천(六天)

336 | 만종일련(萬宗一臠)

여러 신에게 두루 제사를 지냈다"1380)고 하였다.

《주어(周語)》에서 말하기를, "신(神)이 있는데 사람의 얼굴에 몸에는 흰털이 있고, 호랑이 발톱을 가졌고 도끼[鉞]를 잡고 있는데, 곧 하늘의 '형벌을 관장하는 신[刑神]'이 되었으니 이를 욕수(蓐收)1381)라 한다"1382)고 했다.

《주례(周禮)》1383) 〈춘관(春官)〉1384) '소(疏)'에서 말하기를 "호천상제(昊天上帝)가 제일 귀하여 청제(靑帝)1385)가 되니 신령(神靈)이 우러러보았고, 적제(赤帝)가 '적표노(赤熛怒)'요, 백제(白帝)가 '백초거(白招拒)'요, 흑제(黑帝)가 '즙광기(汁光紀)'요, 황제(黃帝)가 '함구축(含樞紐)'이다. 왕이 될 자가 출현하여 일월성신(日月星辰)으로 도와서 '풍사(風師)와 우사(雨師)'1386)를 명하는 일을 맡았다" 하고, 또 말하기를 "대종백(大宗伯)이 이르되, 나라를 세우는 것을 주관하는 천신(天

에 대비하여 오악(五岳)과 명산대천(名山大川)을 말하기도 함. **"육종(六宗)"**, 한국고전용어사전 편찬위원회, 《한국고전용어사전(4권)》

1379) 망제(望祭) : 타향에서 조상의 무덤이 있는 곳을 향하여 지내는 제사. 옛날에는 왕이나 제후가 멀리서 산천을 바라보면서 산천의 신을 제사지냈다. 《서경》〈순전(舜典)〉에 "산천에 망제를 지냈다"했다. **"망제(望祭)"**, 두산동아백과사전연구소, 《두산세계대백과사전(10권)》

1380) *《書經》·〈虞書〉·"舜典"에 나온다. 성백효 역주, 《書經集傳 上》 44-45.

1381) 욕수(蓐收) : 가을의 신. 소호금천씨의 아들로 이름은 해(該). 금정(金正). **"욕수(蓐收)"**, 전관수, 《한시어사전》

1382) *《國語》·〈晉語〉 2편에 나오는 내용이다. 신동준 역주, 《국어(國語)》(고양: 인간사랑, 2005) 262~264 참조.
  *《백교회통(百敎會通)》·〈제2장, 귀신술수지교여불교대조(鬼神術數之敎與佛敎對照)〉에도 나오는 내용이다. 이능화 저, 《백교회통(百敎會通)》 5 참조.

1383) 주례(周禮) : 삼례(三禮)의 하나 주(周)나라 시대(時代)의 관제(官制)를 적은 책(冊). 주공단(周公旦)이 지었다고 하나 후세 사람이 증보한 것으로 여겨짐. 옛날에는 주관(周官), 당(唐)나라 이후에는 주례라 일컬었음. 진시황 때 분서(焚書)된 것을 한(漢)나라 때 5편을 발견하여 고공기(考工記)로 보충하여 6편으로 했음.

1384) 춘관(春官) : 예조(禮曹)의 별칭. 원래 춘관은 중국 주대(周代)의 육관(六官)의 하나로서 예법, 제사의 일을 맡았으며 춘관의 장(長)을 대종백(大宗伯)이라고 하였음. **"춘관(春官)"**, 한국고전용어사전 편찬위원회, 《한국고전용어사전(5권)》

1385) 청제(靑帝) : 봄을 맡은 신. 동황(東皇). 푸른색이 5행에서 봄에 해당되므로 쓰는 말임. **"청제(靑帝)"**, 전관수, 《한시어사전》

1386) *풍사(風師)는 '바람을 다스리는 신'이고 '우사(雨師)는 비를 다스리는 신'이다.

神)과 인귀(人鬼)와 지기(地示, 땅 귀신)의 예(禮)이니, '큰 신[大神]'을 제사[祀]하고, '큰 귀신[大鬼]'을 제사[享]하며, '땅 귀신[大示]'을 제사하는 것이 중대한 의례(儀禮)이다"1387)라고 하였다.

〈종편(終篇)〉에서 말하기를, "동짓날[冬至日]로 천신(天神)과 인귀(人鬼)를 부르며, 하짓날[夏至日]로 지기(地示, 땅 귀신)와 물매(物魅, 요괴)를 부르나니, 사직(社稷)의 '오사(五祀)'1388)는 모두 지기(地示, 땅 귀신)이다. 사(社, 토지의 신)는 곧 후토(后土, 땅의 신)이니 이것이 구룡(勾龍)1389)이 되었다. 이는 공공씨(共工氏)의 자식이요, 직(稷)1390)은 주(柱)이니 열산씨(烈山氏)의 자식이요, 목정구망(木正勾芒) 이것은 중(重)이 되었고, 금정욕수(金正蓐收)1391)는 해(該)가 되었고, 수정현명(水正玄冥) 이것은 희급수(熙及修)가 되었으니, 이 3관(官)은 모두 소호씨(少皞氏)의 자식이요, 화정축융(火正祝融) 이것은 려(黎)가 되었으니 전욱(顓頊)의 자식이요, 토정(土正)은 곧 구룡(勾龍)이다. 이는 일체로서 신(神)과 귀(鬼)를 겸한 것이다"라고 하였다.1392)

따라서 신교(神敎)의 도(道)를 개론하자면, 여러 가지를 섞어 모은 것으로 순전하지 못하여 귀납과 연역의 조리(條理)가 없다고 말할 수 있다.

1387) *《주례(周禮)》·〈춘관(春官)〉·"소(疏)"에 나오는 내용이다. 여기서는 다음을 참조했다. 이준영 해역,《주례(周禮)》(서울: 자유문고, 2020) 224-228 참조.
*《백교회통(百敎會通)》·〈제2장, 귀신술수지교여불교대조(鬼神術數之敎與佛敎對照)〉에도 나오는 내용이다. 이능화 저,《백교회통(百敎會通)》5 참조.
1388) 오사(五祀) : 혈제(血祭)로 사직(社稷)에 드리는 다섯 가지 제사(祭祀). 곧 구망(句芒)·욕수(蓐收)·현명(玄冥)·축융(祝融)·후토(后土)를 가리킴. **"오사(五祀)"**, 한국고전용어사전 편찬위원회,《한국고전용어사전(3권)》
1389) 구룡(勾龍) : 공공씨(共工氏)의 아들로 사(社)를 맡았고 전욱(顓頊)의 손자. 후에 토지와 농사를 맡는 신이 되었음. **"구룡(句龍)"**, 전관수,《한시어사전》
1390) 직(稷) : 순 임금의 신하로 농사를 맡은 사람. 이름은 기(夔). 중국 주나라의 시조임. 곡물 중의 하나인 차기장. 메기장과 함께 제수(祭需)로도 사용함. **"직(稷)"**, 한국고전용어사전 편찬위원회,《한국고전용어사전(4권)》
1391) 금정(金正) : 욕수(蓐收)를 말함. '욕수'는 가을의 신. 소호금천씨의 아들로 이름은 해(該)임. **"욕수(蓐收)"**, 전관수,《한시어사전》
1392) *《백교회통(百敎會通)》·〈제2장, 귀신술수지교여불교대조(鬼神術數之敎與佛敎對照)〉에 나오는 내용이다. 이능화 저,《백교회통(百敎會通)》6 참조.

○ 천리교(天理敎) 약사(略史)

천리교(天理敎)는 일본 명치천황(明治天皇) 초엽에 '나까야마 미끼꼬[中山美基子, なかやま みきこ]'라 하는 여성이 창설한 교(敎)이다. 그 여성은 원래 신교(神敎)와 불교(佛敎)를 독실하게 믿는 사람이었다. 그러던 중 하루아침에 고명(高明)한 호승(胡僧)1393)의 설법을 듣고 심중에 감상(感想)이 일어나서 이 교(敎)를 주창(主唱)하였다. 여러 차례 경시청[警廳]의 단속으로 '감방에 갇히고[縲絏]' 재앙[困厄]과 핍박을 당하였으나, 그 교설(敎說)에 허망함이 없으므로 의지에 따라 신앙하는 것을 인정하고 허가를 받았다. 그 교(敎)의 요지는 10신(神)을 1신(神)으로 봉사하며 인생의 팔진(八塵)1394)을 '씻어서 떨어내는 것[洗祛]'이다. 그 교(敎)의 규례는 노동을 달게 여기며, 신(神)의 재물을 신(神)의 일에 즐겁게 사용하는 것이며, 설교할 때에 신락가(神樂歌)1395)를 부르는 것 등이 있다.

○ 페르시아[波斯] 조로아스터교[火敎] 이론(理論)

파사교(波斯敎)는 화교(火敎)1396)인데, 인도(印度) 상고(上古)의 부화외도(赴火外道)와 같다. 그 가르침에서 말하기를, "태초에 두 신(神)이 있었다. 첫째는 화리마(和爾摩)1397)이니 천지 만물을 창조하고 항상 유지하기에 노력하고, 둘

1393) 호승(胡僧) : 호국의 승려(僧侶). 외국의 승려.
1394) *팔진(八塵) : 8가지의 티끌. 인생의 온갖 행적. 여기서 '진(塵)'은 '티끌, 때, 시간, 유업, 소수이름, 더럽히다, 묶다' 등의 뜻이 있다.
1395) 신락가(神樂歌) : 신을 즐겁게 하는 노래.
1396) *화교(火敎) : 배화교(拜火敎), 즉 '불을 숭배하는 종교.' '조로아스터교'를 가리킨다.
1397) *화리마(和爾摩)'는 '조로아스터교'에서 말하는 '아후라 마즈다(Ahura Mazda)'를 지칭하는 것으로 본다. '아후라 마즈다'는 천사들을 거느리고 천상에서 살고

째는 아리만(阿利曼)1398)인데 우주만물을 훼멸(毁滅)하고자 했다. 이 두 신(神)이 서로 싸우되, 2만2천세(歲)에 이르면 아리만(阿利曼)이 반드시 패망하고 화리마(和爾摩)가 전권(全權)으로 만물을 다스린다"고 하였다. 또한 화리마(和爾摩)를 신봉하는 자는 죽은 뒤에 즉시 극락세계로 간다고 하며, 그 종교에서는 '여러 신[多神]'을 받들어 섬긴다[崇奉].

○ **라마교(喇嘛教) 종지(宗旨)**

라마교(喇嘛教)의 주된 가르침[宗旨]은 불교와 서로 크게 다르다. 따라서 불교[如來家]의 법(法)이 아니다.

그 교조(教祖)로 말하자면 파사팔(巴思八, 파스파)1399)인데, 티베트[吐蕃]의 옛

있는 지고(至高)한 존재인데, 교조(教祖)인 '조로아스터'가 종교적 체험을 통해 만났다고 되어 있다. 또한 불은 '아후라 마즈다'의 귀중한 상징 가운데 하나이다. J. B. 노스 지음, 윤이흠 譯,《세계종교사 上》(서울: 현음사, 1988) 163-171 참조. ; 메리 보이스, 공원국 역,《조로아스터교의 역사》(서울; 민음사, 2020) 241, 250-264, 329-331, 374 참조
※아후라 마즈다(Ahura Mazdah) : 조로아스터교의 최고신. 페르시아어로 '아후라'는 '주(主)' '마즈다'는 '지혜'란 뜻이다. 신상(神像)은 이란 페르세폴리스 궁전 벽화에서 보다시피 왕관을 쓰고 비상하는 유익인(有翼人, 날개 돋친 인간)상이다. 광명신(光明神)이나 선신(善神)이라고도 한다. "아후라 마즈다(Ahura Mazdah)", 정수일,《실크로드사전》

1398) * '아리만(阿利曼)'은 '조로아스터교'에서 말하는 악신(惡神) '아흐리만(Ahriman)'을 지칭하는 것으로 본다. J. B. 노스 지음, 윤이흠 역,《세계종교사 上》, 174, 182 참조. ; 메리 보이스 지음, 공원국 역,《조로아스터교의 역사》 188, 316, 374 참조.

1399) * '파스파'의 한자이름인데, '만종일련'의 원문에는 '파사팔(巴思八)'이라고 되어 있다. 이는 '연암 박지원'의《열하일기(熱河日記)》에서 인용한 것으로 보인다. '만종일련'의 '라마교'에 대한 서술은 대체로《열하일기》에 소개된 것을 저자가 요약해서 인용한 것으로 본다. 박지원 지음, 김혈조 옮김,《열하일기(熱河日記) 2권》(서울: 돌베개, 2011) 224참조.
※한편, "파사팔(巴思八)'은 현재 '팔사파(八思巴)'라고 주로 표기한다.

지역인 서번(西番)1400)의 오사장(烏斯藏)1401) 사람이다. 그곳은 '청해성(青海省)'에서 서쪽으로 5천리 떨어진 곳이다. 황중(湟中)1402)의 '토파(土坡) 지방'1403)에 사는 한 여인이 새벽에 물을 길으러 나왔다가 물 위에 떠있는 1자[尺] 정도 되는 헝겊을 발견하고 건져서 배에 둘러맸다[佩]. 그것이 오래되자 점점 변하여 기름 덩어리로 굳어졌는데 기이한 향기가 났으며, 먹어보니 단맛이 났다. 마침내 남녀가 교합(交合)한 느낌이 있어 임신하고 '파사팔[巴思八]'을 낳았다. 파사팔은 나면서부터 신령스럽고 성스러웠다. 어렸을 적에 능히 《능가경(楞伽經)》1404) 등 불경 만권(萬卷)을 암송했는데, 지혜가 원만하

※파스파['Phags-pa, 八思巴, 1235 ~ 1280] ; 티베트 불교 샤카파의 조사(祖師)이다. 중국 원나라의 세조 쿠빌라이를 섬겼다. 원나라에 라마교를 전파하였으며, 몽골의 공용 문자인 파스파 문자를 제정하였다. '파크파'라고 하기도 하고, '바쓰바[八思巴]'라 음역(音譯)하기도 한다. 본명은 '로드 겐첸 펠삼포'이다. **"파스파"**, 두산동아백과사전연구소, 《두산세계대백과사전(26권)》

1400) 서번(西番) : 서역의 야만족. 옛날 '西藏'·'青海'·'西康' 일대의 주민을 말함.
1401) * '오사장(烏斯藏)'은 '명대(明代)'에 사용한 '티베트(Tibet)'에 대한 호칭인데, 청대(清代) 이후에는 '서장(西藏)'이라고 불렀다. 한편 '당송(唐宋)시대'에는 '토번(吐蕃)'이라 불렀다. '혜초(慧超)'의 《왕오천축국전(往五天竺國傳)》에 '토번'에 대한 내용이 나온다. 혜초 지음, 정수일 역주, 《왕오천축국전》(서울; 학고재, 2020) 263-265참조.
* '오사장(烏斯藏)'의 지명(地名) 변천에 대해서는 '정재남'의 책 《중국소수민족연구》, 〈제3절, 소수민족 명칭의 분포의 시대별 변화〉, "명대(明代) 각 종족 공동체의 명칭과 분포"에서 상세하게 설명하고 있다. 그 내용은 다음과 같다.
* 오사장(烏斯藏) : 명대의 장족(티베트족)은 오늘날의 서장 자치구와 감숙성, 청해성, 사천성의 장족 지역에 주로 분포하였다. 명왕조는 타(朶), 감(甘), 오사장(烏斯藏)에 행도지휘사사(行都指揮使司)를 설치하였다. -중략- 오사장은 오늘날의 라싸[拉薩], 일객즉(日喀則), 산남(山南), 아리(阿里)와 납달극(拉達克) 일대의 장족지역과 주민을 지칭하였다. 정재남, 《중국 소수민족 연구》(서울; 한국학술정보, 2007) 131 참조.
1402) 황중(湟中) : 중국 칭하이성(青海省) 시닝(西寧)에 있는 현(縣). **"황중(湟中)"**, 두산동아백과사전연구소, 《두산세계대백과사전(28권)》
1403) * '토파(吐破)'는 '토번(吐蕃)'과 같은 발음이며, '티베트'를 한자로 음역한 것이다. 박지원 지음, 김혈조 옮김, 《열하일기(熱河日記) 2권》225에서 재인용.
1404) 능가경(楞伽經) : 석가모니가 능가성(楞伽城)에서 설하였다고 전하는 경전으로 여래장사상(如來藏思想) 형성에 중요한 위치를 차지하고 있는 불경. **"능가경(楞伽經)"**, 한국정신문화연구원 편집부, 《한국민족문화대백과사전(1권)》

고 밝았으며, 온 몸에 맑은 향기가 났고, 걸음걸이는 하늘의 신과 함께 걷는 듯했고, 목소리는 음률에 맞았다. 한편 파사팔은 몽고(蒙古)의 새로운 글자를 만들어 세상에 널리 반포했다. 이에 원(元)나라 세조 '쿠빌라이[忽必烈]'가 호(號)를 하사하여 대보법왕(大寶法王)이라 하니, 승려법왕(僧侶法王)의 칭호가 이로부터 시작된 것이다. 그가 죽었을 때 시호[諡]를 하사하여 말하기를, "황천지하 일인지상 선문대성 지덕진지 대원제사(皇天之下一人之上宣文大聖至德眞智大元帝師)"라고 하였다.1405)

그 후에 비단우산으로 파사팔을 맞이하여 악귀를 진압하는 놀이인 '청산압마(請傘壓魔)'라는 유희가 생겼다. 수만의 병졸을 풀어서 모두에게 비단바지[紈袴]에 '수놓은 도포[繡袍]'를 입히고, 수레와 말의 깃발[幡幢]1406)과 덮개[寶盖]1407)는 모두 비단[綾羅]과 진주구슬[珠玉]로 장식하고는 열을 지어 황성(皇城)을 에워싸고 네 개의 성문을 지나다니게 했다. 다시 '서번과 중국[番漢]'의 '소규모 군악[細樂]'1408)으로 '비단우산[繖]'을 영접하여 궁궐에 들어가게 했는데, 이를 일러 '파사팔교(巴思八敎)'라고 하였다. 이로부터 원(元)나라의 황제와 황후와 왕공(王公)과 귀인(貴人)이 모두 '채식[素食]'을 하며, 재계(齋戒)하고 '비단우산[繖]'을 영접하여 땅에 무릎을 꿇고 경배하며, 억조창생과 더불어 복을 빈다. 이를 칭하여 '타사가아(打斯哥兒)'라 하였다. 이와 같은 '파

1405) * '만종일련'에서 소개하고 있는 '라마교'와 '파사팔'에 대한 내용은, '저자'가 '연암 박지원'의 《열하일기(熱河日記)》에 나오는 것을 요약하여 소개한 것으로 보인다. 자제한 내용은 다음을 참고하라. 박지원 지음, 김혈조 옮김, 《열하일기(熱河日記) 2권》 224-225 참조.
1406) 번당(幡幢) : 불교에서 부처와 보살의 위덕을 나타내고 도량(道場)을 공양하기 위해 사용하는 깃발. 사용되는 색깔은 청·황·적·백·흑의 다섯 가지임. "번당(幡幢)", 한국고전용어사전 편찬위원회, 《한국고전용어사전(2권)》
1407) 보개(寶蓋) : 구슬로 장식된 천개(天蓋, 불상의 머리 위를 가리는 장식된 포장). 아름답게 꾸민 닫집을 말한다. 닫집은 법전(法殿) 안의 옥좌나 불좌 위에 장식으로 만들어 다는 집 모양이다.
1408) 세악(細樂) : 적은 수의 악기로 연주되는 음악이나 그 편성을 이르는 말. "세악(細樂)", 두산동아백과사전연구소, 《두산세계대백과사전(15권)》

사팔(巴思八)' '유희를 하는 날[遊日]'이 되면, 만리(萬里)를 멀다하지 않고 달려와서 참석하는 자들이 구름같이 많았다고 전해지는데, 원나라 말기까지 항상 이런 풍속이 성행하였다.1409)

명나라[明朝] 홍무(洪武)1410) 초년에 라마승(喇嘛僧) '파가장복(巴珈藏卜)'1411)이란 자가 사신으로 파견되어 조공을 바쳤는데, 그는 자신이 '황제의 스승[皇師]'이요 대보법왕(大寶法王)이라 말했다. 이는 원(元)나라 선조가 하사한 호(號)였다. 이에 명(明)나라 태조(太祖)가 '제사(帝師)'를 '국사(國師)'로 이름을 바꾸고 옥(玉)으로 만든 인장(印章)을 하사했다. 그 인장에는 '출천행지선문대성(出天行地宜文大聖)'1412) 등의 글자가 있었고, 법가(法駕)1413)와 반장(半仗)1414)을 하사했으니, 이에 '참람하게도 천자(天子)를 흉내 냈고'1415), 상으로 준 금과 비단은 다 기록할 수가 없었다.1416)

1409) *이 부분은 다음을 참조하라. 박지원 지음, 김혈조 옮김, 《열하일기(熱河日記) 2권》 225-226 참조.
1410) 홍무(洪武) : 명나라 태조(太祖) 때의 연호. 고려 공민왕 17년(1368)~조선태조 7년(1398)에 해당된다. **홍무(洪武)**, 한국고전용어사전 편찬위원회, 《한국고전용어사전(5권)》
1411) *《열하일기(熱河日記)》에는 '난파가장복(蘭巴珈藏卜)'이라고 나온다. 그는 '오사장(烏斯藏)'의 국왕(國王)이자 승려라고 소개되고 있다. 박지원 지음, 김혈조 옮김, 《열하일기(熱河日記) 2권》 227 참조.
1412) *그 뜻을 새기면 다음과 같다. "하늘이 낳고 땅에서 실행한다. 법문을 펴는 위대한 성인."
1413) 법가(法駕) : 왕(王)이 거둥할 때 타는 수레.
1414) 반장(半仗) : 길장(吉仗). 이러한 의장은 고대 중국에서부터 유래한 것으로 우리나라에서도 일찍부터 사용되었을 것이나 그 내용을 알 수 있는 것은 고려시대와 조선시대의 것뿐이다. 조선시대에는 궁중행사의 경우 대장(大仗), 반장(半仗), 소장(小仗)의 구분이 있었고, 행차 때에는 대가(大駕), 법가(法駕), 소가(小駕)의 노부로 차등이 있었다. 왕비, 세자, 세자빈의 의장도 지위에 따라 규정되어 있었다. **반장(半仗)**, 한국정신문화연구원 편집부, 《한국민족문화대백과사전(9권)》
1415) *'만종일련'의 원문은 다음과 같다. "참의천자(僭擬天子)."
1416) *《열하일기(熱河日記)》에 나오는 내용이다. 박지원 지음, 김혈조 옮김, 《열하일기(熱河日記) 2권》 227-228 참조.

한 범승[梵]이 있었는데, 신비한 신통력[神通]은 환상과 술수의 종류가 다양하여, 능히 작은 귀신을 부려서 '짧은 시간[頃刻]'에 만리(萬里) 밖으로 보내, 때가 아니면 얻기 어려운 물건을 가져오게 하였다. 또한 그 괴상망측함과 현란한 변화는 사람이 생각하여 헤아릴 수 있는 것이 아니요, 가히 그 정도를 재기 어려운 일이었다.1417)

당시 모든 번(番)에는 대자법왕(大慈法王), 대승법왕(大乘法王) 등의 이름[號]을 칭하는 자가 많았고, 그 중에 천교(闡敎)와 천화(闡化) 등 다섯 법왕(法王)이 있어 '공물을 바치는 사신[貢使]'을 끊임없이 보내니, 중국 역시 그 번거로움과 비용을 괴로워하였다.1418)

명(明)나라 만력(萬曆)1419) 기간 중에 '신통한 승려[神僧]' 쇄란견(鎖蘭堅)이라는 자가 있어서 '활불(活佛)'이라 칭하니, 활불(活佛)이란 칭호가 명나라[明朝] 중엽에 비로소 시작되었다.1420) 이들에게는 투태탈사(投胎奪舍)1421)와 윤회(輪回)·상속(相續)의 설(說)이 있다.

청(淸)나라 고종 건륭(乾隆) 기해년(己亥年)에는 '반선(班禪)'이라는 라마교의

1417) *《열하일기(熱河日記)》에는 '서번(西蕃)'의 승려인 '탑립마(嗒立麻)'가 행한 일이라고 나온다. 박지원 지음, 김혈조 옮김,《열하일기(熱河日記) 2권》 228 참조.
1418) *《열하일기(熱河日記)》에 나오는 내용이다. 박지원 지음, 김혈조 옮김,《열하일기(熱河日記) 2권》 228 참조.
1419) 만력(萬曆) : 명나라 제13대 황제인 신종 만력제 주익균의 연호. 사용기간은 1573년~1620년의 48년으로 명조(明朝)에서 가장 오래 사용하였다. **"만력(萬曆)"**, 이현국,《중국시사문화사전》
1420) *《열하일기(熱河日記)》에 나오는 내용인데, 여기서는 승려 '쇄란견(鎖蘭堅)'이 '쇄란견(鎖蘭堅錯)'라고 나온다. 박지원 지음, 김혈조 옮김,《열하일기(熱河日記) 2권》 228 참조.
1421) * '투태탈사(投胎奪舍)'는 '남의 몸을 빌려서 다시 태어나는 것'을 의미한다.
  * 여기서 '투태(投胎)'는 '(사람·동물이 죽은 후에) 다시 태어나는 것', 또는 '영혼이 다시 모태에 들어가 재차 세상에 태어남'을 말하고,
  * '탈사(奪舍)'는 '다른 사람의 육신을 빼앗아 그 곳에 원신(原神)이 깃드는 것'을 의미한다.

활불(活佛)을 영접하여 황금궁전(黃金宮殿)에 거처하도록 하였다. 그를 숭상하고 받드는 것이 지극하여 황제처럼 예를 바치게 하고, 서역[西蕃]의 여러 법왕[王]이 거처하는 곳은 전부 황금기와를 덮고 백옥계단을 만들고, 창틀[窓]·기둥·난간 등은 모두 침향(沈香)과 오목(烏木)1422)같은 목재를 썼고, 청량(清凉)한 황금전각[金殿]에 유리와 수정(水晶)으로 지극히 사치스럽고 화려하게 꾸몄다.1423)

그 후에 '반선대법왕(班禪大法王)'을 영접하여 오게 했는데, 그는 이른바 대보법왕(大寶法王)의 14대[世]째 '남의 몸을 빌려서 환생한 자[投胎化身者]'라고 했다. 그가 중국으로 오는 길에 원(元)나라와 명(明)나라의 모든 사례를 비교하면서, 자신을 영접하는 예식[細仗]1424)이 위엄과 격식을 제대로 갖추지 못했다고 하였다. 이에 구름 같은 호위로 출발하니, 난의위(鸞儀衛)1425) 12기관[司]의 수레와 의장대를 동원하여 호위케 하고, 태상법악(太常法樂)1426)과 청진악(清眞樂), '흑룡강고취(黑龍江鼓吹)'와 '성경고취(盛京鼓吹)'1427) 등의 음악을 연주하여 교외에 나가서 맞이하였다.1428)

반선(班禪)이 도중에 '접대하는 관리[伴使]'에게 말하기를, "옛날에 조왕(趙王)

1422) 오목(烏木) : 흑단의 중심(中心)의 검은 부분(部分). 매우 단단하여 젓가락, 담배 설대, 문갑 따위를 만드는데 쓰임.
1423) *《열하일기(熱河日記)》에 나오는 내용이다. 박지원 지음, 김혈조 옮김, 《열하일기(熱河日記) 2권》 192-193, 244-247 참조.
1424) 세장(細仗) : 천자(天子)나 태자(太子)의 행렬에 쓰이는 의장(儀仗)의 하나.
1425) *난의위(鸞儀衛) : 황제가 거둥할 때, 호위하고 위의를 갖추는 임무를 담당하는 관서이다. 박지원 지음, 김혈조 옮김, 《열하일기(熱河日記) 2권》231에서 재인용.
1426) 태상(太常) : 한(漢)나라 구경(九卿)의 하나. 종묘 예전(宗廟禮典, 시호 하사(諡號下賜) 등의 일을 맡아 진(秦)의 봉상(奉常)이나 후세의 예조(禮曹)와 같은 구실을 했음. **"태상(太常)"**, 전관수, 《한시어사전》
※법악(法樂) : 불교의식에 쓰이는 음악의 총칭. **"법악(法樂)"**, 송방송 지음, 《한겨레음악대사전》
1427) 성경(盛京) : '심양(瀋陽)'의 옛 명칭.
1428) *《열하일기(熱河日記)》에 나오는 내용이다. 박지원 지음, 김혈조 옮김, 《열하일기(熱河日記) 2권》 231 참조.

이 보운전(寶雲殿) 동쪽 행랑채[廂] 아래에서 나를 위해 금강경(金剛經)을 쓰고 있었는데, 겨우 29자를 썼을 무렵 가경문(嘉慶門)에 불이 났다. 이에 조왕이 놀라고 당황하여 능히 글을 쓰지 못했으나, 그 글씨가 천하의 보물이 되었다. 지금 그 책이 어디에 있는가?"하고 물었다. 이에 '접대하는 관리[伴使]'가 이를 조정에 알렸다.1429)

조왕이라는 사람은 원래 조맹부(趙孟頫)이고, 스물아홉 글자[字]는 패엽(貝葉)에 '까만 옻칠로 쓴[柒書]'1430) 것이다. 이를 처음에는 성안사(聖安寺) 부처의 뱃속에 보관하였고, 명(明)나라 천계(天啓)1431) 연간에 강남(江南)의 큰 상인인 축씨(祝氏) 성(姓)을 가진 자가 부처의 몸뚱이를 진흙으로 수리[改修]하다가 이를 발견하고는 몰래 가지고 돌아갔다.1432)

강희제(康熙帝)가 남쪽을 순례할 때에 한 늙은 선비 '이 아무개[李某]'1433)라는 자가 이 책을 바쳤다. 그리하여 마침내 진귀한 서화를 '비밀스럽게 보관하는 서고[祕府]'에 보물로 수장하게 되었다. 그리고 이때 패엽(貝葉)의 진본[眞蹟]을 가져와서 보여주니 반선(班禪)이 크게 기뻐하며 말하기를, "이 책은 진실로 초판 정본(正本)이다"라고 하였다. 또 말하기를, "명나라[明朝] 영락

1429) *이 부분은 연암 박지원(朴趾源)의 《열하일기(熱河日記)》를 참조한 것으로 보인다. 자세한 내용은 다음을 참조하라. 박지원 지음, 김혈조 옮김, 《열하일기(熱河日記) 2권》 232 참조.
1430) *패엽칠서(貝葉漆書) : 패엽(貝葉)은 '패다엽(貝多葉)', 곧 인도의 다라수(多羅樹)의 잎이다. 그 위에 불경(佛經)을 베꼈으므로, 전(轉)하여 불가(佛家)의 경문(經文)을 가리키는 말이 되었다.
※칠서(漆書) : 고대에는 묵필(墨筆)이 없어서 대나무쪽에 옻칠(漆)을 해서 죽간에 글자를 썼다.
1431) 천계(天啓) : 중국 명(明) 나라 희종(熹宗) 대의 연호(年號)로 1621년~1627년까지 사용됨. "천계(天啓)", 한국고전용어사전 편찬위원회, 《한국고전용어사전(5권)》
1432) *《열하일기(熱河日記)》에 나오는 내용이다. 박지원 지음, 김혈조 옮김, 《열하일기(熱河日記) 2권》 232 참조.
1433) *'만종일련'의 원문에는 '이모(李某)'라고 되어 있으나, '박지원'의 《열하일기(熱河日記)》에는 '이과(李果)'라고 나온다. 박지원 지음, 김혈조 옮김, 《열하일기(熱河日記) 2권》 232 참조.

천자(永樂天子)가 나와 함께 영곡사(靈谷寺)에서 분향(燒香)할 때에, 천자의 '갓끈[瓔珞]'이 끊어지는 바람에 구슬 두 개를 잃어버렸다. 그때 유리국사(琉璃國師)가 흰 코끼리를 타고 당도하여, 황제를 수행했던 태감(太監, 환관)의 눈물로 구슬을 만들어 돌려주었다"고 하였다.1434)

건륭(乾隆) 시대에 활불은 '신통하고 묘한 술법[神通妙法]'이 많아서 사람의 오장육부[臟腑]를 꿰뚫어보았다고 하는데, 커다란 보물거울[火齊寶鏡]1435)을 집 안에 걸어놓고 사람의 마음을 비추어 분별했다. 이에 '간사하고 음탕한[姦淫]' 생각을 품은 사람은 반드시 푸른색 빛으로 나타나고, 탐욕스럽고 도적의 심보를 품은 사람은 반드시 검은빛이 비치고, 위태롭고 화를 끼칠 마음이나 참람하고 악독한 마음을 품은 사람은 반드시 흰색 빛이 비치고, 충성스럽고 효성이 깊으며 순하고 선량하여 오직 마음이 경건한 불자(佛者)에게는 반드시 붉은 노을 띠에 황색 빛으로 비추어서, 경사스런 구름이 서려 빛나는 것이 거울 표면이 살아서 움직이는 것처럼 보인다고 한다. 이 오색 거울은 사람들이 모두 두려워하며 피했다고 한다.1436)

몽고(蒙古)의 48개 부족의 백성들[人民]이 활불을 가장 경외하여 모두 그를 섬기며 복종하니, 그 풍속에 이르기를, 활불은 '남의 태중에 들어가서[投胎脫舍] 서로 번갈아 환생하도록[遞相輪換]' 하는데, 태어날 때부터 신령하고 성스럽다고 여겼다.1437)

건륭제(乾隆帝)가 여섯째 황자(皇子)를 보내 법가(法駕)와 의장(儀仗)1438)을 갖

1434) *이 부분은 《열하일기(熱河日記)》를 참조한 것으로 보인다. 박지원 지음, 김혈조 옮김, 《열하일기(熱河日記) 2권》 232-233 참조.
1435) *'만종일련' 원문에는 '화제보경(火齊寶鏡)'이라고 했다. 여기서 '화제(火齊)'는 화제주(火齊珠), 곧 '불구슬'을 의미하며, '유리'를 뜻하기도 한다.
1436) *《열하일기(熱河日記)》에 나오는 내용이다. 박지원 지음, 김혈조 옮김, 《열하일기(熱河日記) 2권》 170-171 참조.
1437) *《열하일기(熱河日記)》에 나오는 내용이다. 박지원 지음, 김혈조 옮김, 《열하일기(熱河日記) 2권》 173 참조.
1438) 의장(儀仗) : 천자나 왕공, 그 밖의 높은 분을 모실 때 위엄을 보이기 위하여 격식을 갖추어 세우는 병장기.

추어 활불을 맞이할 때, 활불이 자신을 환영하러 오는 것을 미리 알았으며, 신묘한 술법이 많아서 지나는 길에 있는 여러 번왕(番王)이 급히 달려와 엎드려 절하며, 자신의 몸을 불사르고 이마를 태우며, 손가락을 자르고 살갗을 깎아내며, 향을 사르고 뒤따르며 환영하였다. 그 중에 불효자와 형제와 불화한 자와 악한 마음을 품는 자와 간사하고 음흉하고 거짓된 자들은 활불을 한 번 만나보게 되면, 곧 자비의 마음이 생겨나 성품이 착하게 되고, 이전에 지은 죄를 뉘우치고 변화하여 선한 사람이 되었다고 한다.1439)

때마침 큰 호랑이가 길에 엎드려서 꼬리를 흔들고 있기에, 황자(皇子)가 화살을 쏘아 죽이고자 했는데, 활불이 그를 제지(制止)하며 수레에서 내려 호랑이를 어루만지며 위로하니 호랑이가 활불의 옷자락을 물었다. 이에 활불이 호랑이를 따라가서 바위굴[石窟]에 당도하니, 호랑이가 바야흐로 새끼에게 젖을 먹이고 있었다. 그런데 머리가 둘 달린 큰 뱀이 굴을 에워싸고 호랑이 새끼를 삼키려하는데, 뱀의 머리 하나는 어미 호랑이를 막고 있고 또 다른 머리 하나는 아비 호랑이를 막아서고 있었다. 이에 호랑이는 울부짖다가 기운이 다하였다. 활불이 지팡이(住杖)1440)를 세워 주문(呪文)을 외우자 뱀이 스스로 돌에 부딪쳐 죽었고, 뱀의 머릿속에 구슬이 들어 있었는데 밤에도 밝게 빛이 났다. 이 구슬로 황자(皇子)에게 바치니, 이것은 모두 법술의 신통력에서 나온 것이었다.1441)

◉ 이제 라마교(喇嘛敎)의 개요를 살펴보자면, '라마(喇嘛)'라는 것은 '번어[番語]'의 '도덕'을 지칭하는 것인데, 달뢰라마(達賴喇嘛, 달라이라마)1442)와 반선라

1439) *《열하일기(熱河日記)》에 나오는 내용이다. 박지원 지음, 김혈조 옮김, 《열하일기(熱河日記) 2권》 173-174 참조.
1440) 불가(佛家)에서 승려들이 '벌을 알릴 때 잡는 지팡이'라고 알려져 있다.
1441) *《열하일기(熱河日記)》에 나오는 내용이다. 박지원 지음, 김혈조 옮김, 《열하일기(熱河日記) 2권》 174-175 참조.
1442) 달뢰라마 : 티베트 불교의 표적인 종파인 거루파(格魯派)의 수장인 법왕의 호칭. **"달라이라마[達賴喇嘛]"**, 두산동아백과사전연구소, 《두산세계대백과사전(7권)》

마(班禪喇嘛, 판첸라마)1443) 【일명 반선액이덕니(一名班禪額爾德尼)】 이렇게 두 개의 문파[門]가 있다.

'달라이라마[達賴]'가 사는 곳이 '위(衛)나라'인데 옛날의 '오사(烏斯)'이다. rmlfrh '판첸라마[班禪]'가 사는 곳은 '장(藏)'이라는 나라인데, 당(唐)나라 때 현장법사(玄奘法師)가 삼장(三藏)을 들여온 곳이 바로 그 땅이다. 그 땅에 거주하는 사람이 모두 '장교(藏敎)'를 받드니, 또한 '황교(黃敎)'라 부르고, '홍선(紅禪)'이라고도 칭한다. 달라이라마[達賴]와 판첸라마[班禪]를 옷의 색깔로 구별하나, 실제로는 하나의 문파(門派)이다.1444)

원(元)나라와 명(明)나라 이래로 몽고사람으로 승려가 된 자를 통칭하여 라마승(喇嘛僧)이라 하고, 만주인(滿洲人)과 한인(漢人)도 입교한 자가 많았다. 그런데 실제로는 입고 먹는 것[衣食]을 바라고 의뢰함이며, 사람들이 모두 활불의 신통(神通)을 얻은 것이 아니다.1445)

또한 '파사팔[巴思八] 씨'의 법왕(法王) 존호(尊號)와 파가장복(巴珈藏卜)의 국사(國師) 옥인(玉印)은 모두 원(元)나라와 명(明)나라 황제가 총애하여 하사한 것을 얻은 것이니, 이 또한 세속의 권력에 속한 것이라 할 것이다.

1443) 반선라마(班禪喇嘛) : '판첸라마[Panchen bla-ma]'를 지칭함. 티베트의 전생 활불(轉生活佛)로서 달라이라마 다음가는 위치에 있는 사람의 통칭. 주지(住持)하는 사원이 찬 지방의 타시룬포사원(寺院)이기 때문에 '타시라마'라고도 한다. 아미타불의 화신이 전생하여 나타난 것으로 믿고 있으며, 관음(觀音)의 화신이 전생한 사람으로 되어 있는 달라이라마와는 서로 먼저 탄생한 사람이 다른 사람의 스승이 되어 법을 전해 나가는 관습이 있다. "판첸라마(班禪喇嘛)", 두산동아백과사전연구소, 《두산세계대백과사전(26권)》
1444) *《열하일기(熱河日記)》에 나오는 내용이다. 박지원 지음, 김혈조 옮김, 《열하일기(熱河日記) 2권》 224, 234 참조.
1445) *《열하일기(熱河日記)》에 나오는 내용이다. 박지원 지음, 김혈조 옮김, 《열하일기(熱河日記) 2권》 191 참조.

○ 인도(印度) 구교(舊敎) 미신(迷信)

인도(印度)에 미신교(迷信敎)가 있는데, 나라 안에 큰 사원(廟宇)이 있고 사원 안에 커다란 우상이 있다고 한다. 그런데 우상을 수레에 태우고 밖으로 나갈 때에 지나가는 지역마다 사람들이 그 자녀를 데리고 나와 우상이 탄 수레 밑에 던져서 '바퀴에 치여 죽게 만든다[轢死]'고 한다. 이는 그 우상신(偶像神)에게서 큰 복을 얻게 되는 일이라 한다.

또한 '갠지스[鉛絶斯]' 큰 강을 '거룩한 강[聖江]'이라고 하여, 이 강에서 씻고 목욕하는 자는 자기 한 몸의 죄와 허물을 능히 깨끗하게 한다고 하며, 자녀를 강에 던져서 악어를 먹이게 되면 부처가 헤아릴 없는 복을 내려준다고 하였다.

서력 1860년에 영국의 목사 '마이크[麥克] 씨'가 태평양(太平洋) 군도(羣島)의 야인(野人)에게 전도했는데, 인도에도 목사들이 예수교의 진리를 전파하여 토착인[土人]의 미신을 타파했다.

○ 이집트[埃及] 고교(古敎) 미신(迷信)

이집트[埃及]의 미신교(迷信敎)에서는 '왕족과 귀족들[上等人類]'이 '소[牛]·말[馬]·사자[獅]·개[犬]'와 '양[羊]·늑대[狼]·뱀[蛇]·쥐[鼠]'와 '백조[天鵝]·솔개[鳶]·학[鶴]'과 '수달[獺]·악어[鰐]·작은새[鳥雀]' 등, 동물들을 경배하는데, 이 동물들을 '성스러운 짐승[聖禽聖獸]'이라 말한다.1446)

1446) *고대 이집트의 '성수숭배사상(聖獸崇拜思想)'을 말하는 것으로 본다. 고대 이집트에서는 '성수숭배사상'이 성행하여 개·고양이·말·뱀·매·학 등 그들이 신성시하는 조수(鳥獸)나 물고기 등을 '미라'로 만들기도 하였다. 이에 대하여 '헤로도토스'의 《역사(Histories Apodexis)》에 일부 소개가 되어 있다. 다음을 참고하라. 헤로도토스 지음, 천병희 옮김, 《역사》(파주; 숲, 2017) 200-206 참조.

악어는 일생 동안 소리를 내지 않는데, 이것은 하늘이 말을 하지 않아도 사계절이 운행하며 만물이 생성함과 같은 것이라고 한다.

참새를 공경하는 자와 개[犬]를 공경하는 자가 서로 간에 헐뜯고 비방하는데[訾毁], '세나파리(歲挪波利) 성(城)'에서 개를 공경하는 어떤 사람이 다른 지역 사람이 공경하는 날짐승[禽]을 죽였다. 이에 참새를 공경하는 사람이 크게 분노하여 그 개를 죽이고자하니, 개를 공경하는 사람 역시 크게 분노하여 병장기[干戈]를 들고 서로 거칠게 싸움질을 했다. 그러자 로마[羅馬]에서 군사를 보내 이를 토벌하고 해산시켰다.

서력 50년간에 로마 황제의 사자[欽使]가 그 지역을 유람하던 중에, 한 병사가 어느 집의 '신성한 고양이[聖猫]'에게 실수로 상처를 입혔는데, 백성들이 몰려들어 이 병사를 죽였다.

심지어 가정에서 경배하는 신성한 고양이가 죽으면 온 집안이 그 눈썹을 밀어서 애도하며 조의를 표하고, '신성한 개(聖犬)'가 죽으면 온 집안이 그 머리털을 깎아서 슬퍼하며 애도하는 뜻을 표했다. 또한 '화재[回祿]'1447)의 재앙이 생기면 그 집안의 '신성한 고양이'와 '신성한 쥐[聖鼠]'를 먼저 구조한 뒤에 자녀들을 구출하며 말하기를, "신성한 고양이와 신성한 쥐가 우리 가정의 자녀를 비호(庇護)한다"고 하였다.

아울러 만일에 아기가 태어나면[産婉] 신생아를 '신성한 고양이' 앞에 데리고 가서 서원[許願]하기를, "내가 이 아이를 너에게 봉헌하니, 너는 이를 잘 치리해서 나중에 너를 받들어 섬기게 하라"고 하니, 이때로부터 부강한 나라가 점점 빈약해져서 다른 나라의 '굴레와 속박[羈絆]'을 면할 수 없게 되었다.

1447) 회록(回祿) : 오회(吳回)와 육종(陸終). 전설상의 불의 신. '회록'은 오회와 육종을 줄인 말이므로 '회륙(回陸)'이라 해야 할 것이나, 陸과 祿은 음이 서로 통하여 '회록'으로 관례화되었다. 화재(火災)를 '회록지재(回祿之災)'라고도 한다. **"회록(回祿)"**, 전관수, 《한시어사전》

○ **그리스**[希臘] **고교**[古敎] **도리**(道理)

그리스의 '고대종교[古敎]'를 소개하면 다음과 같다.

서양력 기원(紀元) 650년 전에 교조(敎祖) '조리세저(眺利細底)'가 말하기를, "세계가 처음 개벽하던 거칠고 어두운 세상[草昧] 초기에, 하나의 큰 신(神)이 있었는데, 곧 우리가 칭송하는 상제(上帝)이다. 재능(才能)이 완전히 갖추어져 있어서 물과 육지를 먼저 열고 강과 바다와 산악이 제각각 한 곳에 자리 잡아 한 번 움직이고 한 번 고요할 때마다 물과 불의 기운을 생성케 하니, 이 삼행(三行)이 오행(五行)을 생성하고 오행이 오신(五神)을 생성하였다. 이는 첫째가 '별의 신[星神]'이요, 둘째가 '기의 신[氣神]'이요, 셋째가 '땅의 신[地神]'이요, 넷째가 '바다의 신[海神]'이요, 다섯째가 '뱀의 신[蛇神]'이다. 불[火]의 뜨거움[熱]과 물[水]의 차가움[寒]과 바람[風]의 건조함[燥]과 비[雨]의 습함[濕]이 스스로 움직이고 만들어지는 것이 아니라, 신(神)이 그렇게 작용하도록 하는 것이다. 천지의 만물이 제각기 지극한 이치가 있어서 그 완성[成]도 자신이 만드는 것이요, 그 실패[敗]도 역시 자신이 만드는 것이지만, 실제로는 전지전능한 상제(上帝)로부터 와서 시작과 마침이 된다"[1448]고 하였다.

1448) '그리스'의 '고대종교'에서 세상의 창조에 대해 서술한 인물은 '헤시오도스'이다. 헤시오도스는 《신통기(神統記)》에서 다음과 같이 말했다. "태초에 '카오스(혼돈)'가 있었고, 그 다음에는 넓은 젖가슴을 지닌 '가이아(대지)'가 있었는데, 그 '가이아'는 눈 덮인 '올림푸스 산'과 넓은 길이 많이 나 있는 대지의 가장 깊은 곳, 칠흑같이 어두운 '타르타로스'에 거하고 있는 영생불멸하는 모든 신들의 든든한 처소였다." 헤시오도스 지음, 김원익 옮김, 《신통기(神統記)》(서울: 민음사, 2018) 27-28 참조. ; J. B. 노스 著, 윤이흠 譯, 《세계종교사 上》(서울: 현음사, 1988) 109-110 참조.

○ 그리스[希臘] 화신교(火神敎) 논리(論理)

그리스에 화교(火敎)가 있는데 이를 소개하면 다음과 같다.
서양력 기원 530년간에 교조(敎祖) '헤라클레이토스[希拉基督士]'1449)가 말하기를, "만물이 생명을 생성하는 것은 기(氣)로 으뜸을 삼았기 때문이다. 그 처음에 기(氣)가 생성하게 하고, 그 뒤를 이어 기(氣)가 자라게[長] 하고, 그 마지막에 기(氣)가 운행[運]하게 한다. 기(氣)는 본래 따뜻함에 속하여 불[火]로써 근원을 삼고, 불[火]이 능히 만물을 변화하게 하지만, 불[火]은 만물로부터 변화를 받을 수 없다. 그러므로 존귀한 상제(上帝)가 되었다"고 하였다.
또 말하기를, "불[火]이 만물을 변화하게 할 뿐만 아니라 능히 만물의 약한 것을 강하게 하며, 작은 것을 크게 하고, 죽은 것이 다시 살아나게 하니, 저 태양 가운데 불[火]은 만방에 내리비춰 오곡이 '자라나 무성하게[暢茂]'하며, '온갖 초목[百卉]'이 '번창하고 무성하게[敷榮]' 하고, '태생·난생·습생·화생(胎·卵·濕·化)'1450)으로 하여금 '생명을 생성하여 끊어지지 않게[生生不已]' 한다. 화로[爐]의 불[火]은 '한 틈새의 빛[一隙明]'에 불과하지만, 사람이 이것으로 '부엌에서 밥을 짓고[炊爨]', 사람의 몸이 이로써 '크고 튼튼해지며[壯大]', 생명[性命]이 이를 힘입어 오래 산다"고 하였다.

1449) 헤라클레이토스(Heraclitus of Ephesus) : 기원전 6세기 말의 고대 그리스 사상가로 소크라테스 이전 시기의 주요 철학자로 꼽힌다. 만물의 근원을 불이라고 주장했으며 대립물의 충돌과 조화, 다원성과 통일성의 긴밀한 관계, 로고스(Logos)에 주목했다. **"헤라클레이토스[Heraclitus of Ephesus]"**, 두산동아백과사전연구소, 《두산세계대백과사전(27권)》
※ '헤라클레이토스'가 주장한 내용은 다음을 참고하라. B. 러셀 著, 《서양철학사 上》, 최민홍 譯(서울: 집문당, 1989) 83-95 참조. ; H. J. 슈퇴릭히 著《세계철학사 上》, 임석진 譯(왜관: 분도출판사, 1989) 167-171 참조.
1450) 태란습화(胎卵濕化) : 일체 생령이 태어나는 네 가지 유형. 태생·난생·습생·화생의 사생을 말한다. 태생은 태를 통해 태어나는 것. 난생은 알로 태어나는 것. 습생은 습지에서 태어나는 것. 화생은 다른 물건에 기생하지 않고 스스로의 업력에 의하여 갑자기 화성(化成)하는 것. **"태란습화(胎卵濕化)"**, 원광대학교 원불교사상연구회 편, 《원불교대사전》

○ **세계종교대동회**(世界宗敎大同會)

세계종교대동회(世界宗敎大同會)는 중화민국(中華民國) 4년 3월 7일에 서천(西川) 협강(夾江) 사람인 당환장(唐煥章)이 특별히 상제(上帝)의 묵시를 받으면서 시작되었다. 그의 주장에 따르면, 상제(上帝)가 세계를 구원할 큰 임무를 참도(道)가 있는 자에게 친히 강림하여 그것을 주었다고 한다. 아울러 기독교·유태교·회회교·유교·불교·도교를 모두 합하였다. 모세[摩西]의 여호와[耶和華], 그리스도[基督]의 천부(天父), 이슬람교[回敎]의 진주(眞主), 공자(孔子)의 호천상제(昊天上帝), 부처[佛陀]의 남무대자(南無大慈), 노자(老子)의 무명(無名)이 모두 합하여 하나라고 하였다.

○ **백련교**(白蓮敎) **창사**(創史) ; 황천교(黃天敎), 이교(裡敎)

백련교(白蓮敎)[1451]는 명나라[明朝] 시대의 사람인 '서홍유(徐鴻儒)'가 창립한 것인데, 그 개요는 기껏해야 부적(符籍)과 주술(呪術)에 지나지 않고, 요상하고 괴이한 술수로 능히 공중으로 오르며, 능히 몸을 숨기며 능히 물건을 취하는 것이다.

또 황천교(黃天敎)[1452]라는 것이 있는데, 이는 한(漢)나라 말기에 장각(張角)[1453] 천공장군(天公將軍)의 천서(天書)가 남긴 곁가지[蘖]에 불과한 것이다.

[1451] 백련교(白蓮敎) : 송(宋)·원(元)·명(明)나라에 걸쳐 성행하였던 신흥종교. 하늘과 땅이 개벽하고 다음 개벽까지의 시기를 나타내는 불교의 겁(劫)사상과 미륵사상이 결합하여 석가모니가 사망한 이후 한 겁이 지나고 새로운 겁이 시작되어 미륵불이 인간세상으로 내려온다는 사상이다. 현세에 내려온 미륵불은 피폐하고 부조리한 이 세상을 개벽하고 새로운 이상향의 세상을 건설한다고 믿는다. 불교에서는 이를 사교(邪敎)라고 하여 배척하였다. **"백련교(白蓮敎)"**, 두산동아백과사전연구소,《두산세계대백과사전(12권)》

[1452] *장각(張角)이 창시한 태평도(太平道)의 별칭으로 보인다.

또 '이교(裡敎)'라는 것이 있으니, '윤아무개[尹某]'라는 자가 한 이인(異人)을 만나 그것을 맡았다고 해서 말하기를 '이교(裡敎)'라고 하였다. 그 교(敎)의 대지(大旨)는 '삼보(三寶)'1454)를 공경하여 섬긴다고 하며, '풍수지리 술법'으로 혼잡스럽게 하니, 대부분이 외교(外敎)1455)와 사도(邪道)1456)이다. 따라서 이를 논하는 것이 적절하지 않다.

○ **태극교(太極敎) 여일재(呂一齋)**

태극교(太極敎)1457)는 곧 유교(儒敎)이다.1458) 영남(嶺南) 상주(尙州)의 문학가

1453) 장각(張角, ?~184년) : '황건적(黃巾賊)의 난(亂)'의 지도자. '대현량사'라 자칭하고 제자를 각지에 파견해 대중을 규합한 후, 한(漢)왕조 타도를 목표로 거병했다. 반란군은 새 왕조의 출현을 표방하는 황색천을 매고 있었으므로 '황건'이라 불렀고, 장각은 '천공장군'이라 불렀다. **장각(張角)**, 두산동아백과사전연구소, 《두산세계대백과사전(22권)》.
1454) 삼보(三寶) : ① 귀와 입과 눈. ② 자(慈)와 검(儉)과 겸(謙). ③ 세 가지의 보배라는 뜻으로, 토지(土地)와 백성(百姓)과 정치(政治). ④ 불교도(佛敎徒)가 존경(尊敬)하고 공양(供養)하여야 할 불(佛)과 법(法)과 승(僧). ⑤ 대농, 대공, 대상(大商). ⑥ 검(劍), 주(珠), 옥(玉).
1455) 외교(外敎) : ① 육체를 단련하는 무술(武術), 도술(道術), 음양술수(陰陽術數) 따위의 도(道)를 이르는 말. ②〈기독교〉'이교(異敎)'를 달리 이르는 말. ③〈불교〉불교 이외의 종교.
1456) 사도(邪道) : ① 올바르지 못한 길이나 사악한 도리. ② [같은 말] 사교(邪敎); 건전하지 못하고 요사스러운 종교.
1457) * 태극교(太極敎) : 본문에서 소개하고 있는 '여영조'가 주축이 된 태극교 외에 '송병화'가 창시한 '태극교'도 있다.
 ※1907년 송병화(宋炳華)가 창시한 태극교는 유교계의 신종교이며, 당시 본부를 서울에 두었으나 그 뒤 곧 소멸하고, 함경북도에 설치된 성진지부·길주군지부·함경북도총지부와 함경남도의 단천지부만 교세를 유지하다가 오래지 않아 소멸되었다. 태극교는 공자를 숭배하고 유교정신을 이어받아 도법예의(道法禮儀) 생활의 실천을 교지로 하였다. **태극교(太極敎)**, 한국정신문화연구원 편집부, 《한국민족문화대백과사전(23권)》.
1458) * '태극교(太極敎)'에 대한 내용은 '이능화'의 저서 《백교회통(百敎會通)》·〈제8

(文學家) '일재(一齋) 여영조(呂永祚)1459)씨'가 태극도설(太極圖說)에 의거하여 특별히 한 종파를 세운 것이다.

그 도리를 살펴보면, 태극이 처음 나누어진 후에 '천(天)·지(地)·인(人)' 삼재(三才)가 있으므로, 태극이라는 것은 모든 도리(道理)의 근원이다.1460)

'도통상전도설(道統相傳圖說)'1461)에서 말하기를, "공자가 가로되 '역(易)에 태극이 있음'이요, 주자(周子)가 가로되 '무극(無極)이 태극(太極)'이요, 주자(朱子)가 가로되 '성인(聖人) 전체가 태극이 되었으니, 공자는 하나의 태극을 이루었다'"라고 하였다.1462)

○ **대종교(大倧敎) 분립사(分立史)**

대종교(大倧敎)는 곧 단군교(檀君敎)의 별칭이다. 그 교설(敎說)에 근거해서 살펴보자면, '종(倧)'이라는 것은 상고(上古)1463)의 신인(神人)1464)을 일컫는 것

장, 태극교여불교대조(太極敎與佛敎對照)〉에 나온다. 이능화 저,《백교회통(百敎會通)》 48 참조.
1459) 여영조(呂永祚) : 개항기와 일제 강점기 의병·독립운동가. 1862년 경북 김천에서 태어났다. 1909년 5월 윤충하·권상익 등과 기존의 개동교(開東敎)를 태극교로 확대 개편하였다. 태극교는 을사오적 암살 계획 등에 참여했던 개신 유림들이 개항기 정치적 제약 상황에서 유교 문화 수호 및 국권 회복을 모색하기 위해 만든 단체였으며, 여영조는 교정으로서 태극교의 업무를 실질적으로 총괄 관리하였다. 1910년 일제 강점 이후 여영조는 독립의군부에 가담하여 활동하다 체포되어 옥고를 치르기도 하였다. **"여영조(呂永祚)"**, 한국학중앙연구원,《한국향토문화전자대전》(http://www.grandculture.net/)
1460) *《백교회통(百敎會通)》·〈제8장, 태극교여불교대조(太極敎與佛敎對照)〉에 나온다. 이능화 저,《백교회통(百敎會通)》 48 참조.
1461) * '도통상전도설(道統相傳圖說)'이란 '도학(道學)의 전통을 서로 전하는 그림의 설명'을 가리키는 것으로 보이지만, 그 자료가 무엇인지는 알 수 없다.
1462) *《백교회통(百敎會通)》·〈제8장, 태극교여불교대조(太極敎與佛敎對照)〉에 나온다. 이능화 저,《백교회통(百敎會通)》 48 참조.
1463) 상고(上古) : ① 아주 오랜 옛날. [비슷한 말] 숭석. ②〈역사〉 역사의 시대 구분

이다.1465)

《단조사고(檀祖事攷)》1466)에서 말하기를, "삼신(三神)은 환인(桓因)·환웅(桓雄)·환검(桓儉)이다. 환인은 가장 높은 곳 위에 자리하여 무형(無形)의 형상으로 몸을 삼고, 무위(無爲)의 행위로 일하며, 무언(無言)의 말로 다스려, 온 세계를 주재(主宰)하니 곧 상제(上帝)이다. 환웅(桓雄)은 상제의 본성으로 만물을 조화(造化)하니 곧 천왕(天王)이요, 환검(桓儉)은 천왕의 목숨과 정기[命精]로서 만물을 교화(敎化)하니 곧 인종(人宗)이다. 이 삼신(三神)이 일체(一體)가 되니, 상제(上帝) 삼신(三神)은 각각 그 신(神)이 별개가 아니다. 주체(主體)가 곧 하나의 상제(上帝)이고, 작용하면 삼신(三神)이 된다"고 하며, "오직 신(神)으로서의 상제(上帝)가 무형(無形)으로 유형(有形)을 낳으니 허공이 존재하고 세계가 출현했다. 그리고 오직 신(神)으로서의 상제(上帝)가 무위(撫慰)의 행위로 일함으로 만물이 생긴다. 또한 신(神)으로서의 상제(上帝)가 무언(無言)으로 유언(有言)을 이루었으니 만민이 따른다"1467)고 했다.

또 말하기를, "한 성품[一性]이 삼신(三神)이요 삼신(三神)이 한 성품[一性]이

의 하나로, 문헌을 통하여 알 수 있는 한에서 가장 오래된 옛날. 우리나라에서는 고조선 때부터 삼한 시대까지의 시기를 이른다.
1464) 신인(神人) : ① 신과 사람. ② 신과 같은 만능의 사람. ③ 신과 같이 숭고(崇高)한 사람.
1465) * '대종교(大倧敎)'에 대한 내용은 '이능화'의 저서 《백교회통(百敎會通)》·〈제9장, 대종교여불교대조(大倧敎與佛敎對照)〉에 나온다. 이능화 저,《백교회통(百敎會通)》50 참조.
1466) 단조사고(檀祖事攷) : 대종교 경전에 버금가는 중요한 교적(敎籍) 중의 하나. 1911년 대종교협제회(大倧敎協濟會)의 이름으로 간행된 순한문체 단행본이다. 1951년 '한배일살핌'이라는 이름으로 제3대 교주 윤세복(尹世復)에 의하여 순한글체로 번역, 출간되었다. **"단조사고(檀祖事攷)"**, 한국정신문화연구원 편집부,《한국민족문화대백과사전(6권)》
1467) *《단조사고(檀祖事攷)》·〈내편(內篇)〉에 나온다. 김교헌·박은식·유근 엮음, 김동환 해제,《단조사고(檀祖事攷)》(서울; 한뿌리, 2006) 16-17 참조.
* 한편 《역해종경사부합편(譯解倧經四部合編)》·〈신리대전(神理大全)〉에는 이 내용을 조금 더 자세히 풀어서 설명하고 있다. 鄭烈模 編,《역해종경사부합편(譯解倧經四部合編)》(서울; 대종교총본사, 1949) 54-63 참조.

니, 하나[一]가 없으면 그 주체(主體)도 없고 삼(三)이 없으면 그 작용도 없다. 주체[體]가 셋[三]으로 작용하고, 작용[用]이 하나[一]로 주체를 삼았다. 하나[一]가 있어서 그 생(生)이 있고 셋[三]이 있어서 그 완성[成]이 있다. 완성[成]은 생(生)으로 하나[一]가 되고 생(生)은 완성[成]으로 셋[三]이 된다. 하나[一]는 둘[二]로 말미암아 셋[三]에 미치고, 셋[三]은 둘[二]로 말미암아 둘[二]을 계승하니, 비록 둘[二]을 말하지 않지만 둘[二]이 하나[一]와 셋[三] 가운데 있고, 주체[體]가 지음[作]으로 말미암아 능히 작용[用]하고, 작용(用)이 지음[作]함으로 말미암아 주체[體]를 알게 되니, 비록 지음[作]을 말하지 않으나 지음[作]은 주체[體]와 작용[用] 가운데 있고, 생(生)은 화(化)로 말미암아 능히 완성[成]하고 완성[成]은 화(化)로 말미암아 생(生)을 알게 되니, 비록 화(化)를 말하지 않으나 화(化)는 생(生)과 완성[成] 가운데 있다. 주재신(主宰神)의 형상은 무형(無形)의 형상이며 주체[體]가 그것을 낳았고, 교화신[教化神]의 말은 무언(無言)의 말이며, 작용[用]이 그것을 이루었으니, 모두 일·삼(一·三)과 삼·일(三·一)의 진리(眞理)이다. 비록 조화신(造化神)이 그것을 짓고[作] 그것을 화(化)한 이치를 말할 수 없으나, 그것이 둘[二]에 속하고 체용(體用)1468)이 생성(生成)1469) 가운데 있어 위[上]를 계승하고 아래[下]를 조화(造化)하며, 무위(無爲)의 행위[爲]를 하는 자(者)이다"1470) 라고 하였다.

《삼국유사(三國遺事)》에서 말하기를, "환인(桓因)은 천제(天帝)니 이른바 단인(檀因)이요, 환웅(桓雄)은 천제(天帝)의 서자(庶子)이니 이른바 단웅(檀雄)이다"1471)

1468) 체용(體用) : ① 사물의 본체(本體)와 작용(作用). ② 실체(實體)와 응용(應用).
1469) 생성(生成) : ① 사물(事物)이 생겨남. 자라남. 전화(轉化). ② 사물이 일정한 상태에서 다른 것으로 변화함.
1470) *《백교회통(百教會通)》·〈제9장, 대종교여불교대조(大倧教與佛教對照)〉에 나온다. 이능화 저, 《백교회통(百教會通)》 50 참조.
  *한편《역해종경사부합편(譯解倧經四部合編)》·〈신리대전(神理大全)〉에는 이 내용을 조금 더 자세히 풀어서 설명하고 있다. 鄭烈模 編, 《역해종경사부합편(譯解倧經四部合編)》(서울; 대종교총본사, 1949) 64-68 참조.
1471) *《백교회통(百教會通)》·〈제9장, 대종교여불교대조(大倧教與佛教對照)〉에도 나온다. 이능화 저, 《백교회통(百教會通)》 50 참조.

라고 하였다.

또한 《고금기(古今記)》에서 말하기를, "환인(桓因)은 하늘이요 환웅(桓雄)은 신(神)이요, 단군(檀君)은 신인(神人)이니 이른바 삼신(三神)이다"라고 했다.1472)

수산(修山) 이종휘(李種徽)1473)의 《신사지(神事志)》에서 말하기를, "조선(朝鮮) 초기에 환국(桓國)이 있었는데, 제석(帝釋)의 서자(庶子) 환웅(桓雄)이 삼부(三符)와 삼인(三印)을 받아 그 무리 삼천(三千)과 함께 태백산(太白山)에 내려오니, 위[上]로 신단(神壇)이 있고 단수(檀樹)가 그 아래 있었다. 그러므로 환웅(桓雄)이 신시(神市)의 천왕(天王)이 되고, 환웅(桓雄)의 아들은 호(號)가 단군(檀君)이다"1474) 라고 하였다.

○ 인천교(人天敎)

인천교(人天敎)는 교주(敎主) 이희룡(李禧龍)이 창립했다. 그가 말하기를, "백두산에서 신(神)의 암시(暗示)로 도(道)를 전해 받은 지 여러 해가 되었다"하

---

* 《삼국유사》·〈기이(紀異) 제일(第一), 고조선(古朝鮮)〉에도 나온다. 원문은 다음과 같다. "古記云 昔有桓因(謂帝釋也) 庶子桓雄, 〈중략〉 雄率徒三千 降於太伯山頂(即太伯今妙香山) 神壇樹下 謂之神市 是謂桓雄天王也." 일연 지음, 김원중 옮김, 《삼국유사》 36-39 참조.

1472) * 《백교회통(百敎會通)》·〈제9장, 대종교여불교대조(大倧敎與佛敎對照)〉에 나온다. 이능화 저, 《백교회통(百敎會通)》 50 참조.

* 이는 '이능화'의 《조선불교통사(下編)》, "檀君桓因迺天帝釋(단군환인주천제석)"에도 나온다. 원문은 다음과 같다. "又按古今記 桓因天也. 桓雄神也. 檀君. (即桓儉也) 神人也. 是謂三神云云." 이능화 저, 《조선불교통사(下編)》(서울; 경희출판사, 1968) 239 참조.

1473) 이종휘(李種徽, 1731~1797) : 조선 후기 양명학자로서 정통 주자학의 폐쇄성을 비판하고 역사서인 《동사(東史)》를 저술하였다. **이종휘(李種徽)**, 두산동아백과사전연구소, 《두산세계대백과사전(21권)》

1474) * 《백교회통(百敎會通)》·〈제9장, 대종교여불교대조(大倧敎與佛敎對照)〉에 나온다. 이능화 저, 《백교회통(百敎會通)》 50-51 참조.

고, '대정(大正) 12년[1923년]' 5월에 김인현(金仁炫) 등으로 경성(京城)의 적선동(積善洞)에 대본원(大本院)을 설립하고 개교식(開敎式)을 거행했다.

◉ 이제 대종교(大倧敎) 개요(槪要)를 살펴보자면, 동방의 시조(始祖) 삼신(三神) 단군이 본디 천신(天神)으로, 사람이 되어 세상에 내려와서 인민(人民)을 생육하고 세상에 교화(敎化)를 베풀었다.

그러므로 말하기를 "대종교(大倧敎)이다" 하고, 구월산(九月山) 삼성사(三聖祠)에 환인(桓因) 천제(天帝), 환웅(桓雄) 천왕(天王), 단군(檀君) 부왕(父王)의 삼신위(三神位)가 있어서 4천여 년을 숭배하며 받들었다.

지난 명치(明治) 42년 기유(己酉, 1909년)에 선비[士子]인 유진구(俞鎭九), 정훈모(鄭薰模), 나철(羅喆), 오혁(吳赫) 등, 13인이 백두산 대숭전(大崇殿)에서 대종사(大宗師) '백봉(白峰) 씨'를 만나 배례(拜禮)하고 개극입도(開極立道)1475)로 단군교(檀君敎)를 창설하고, 단군 영정(影幀)을 봉안하고 첨배(瞻拜)1476)하여 한 종교를 설립했다. 그 후 나철, 오혁 등이 우상을 숭배하지 않는 주의(主義)를 '갑작스럽게 선언하고[翻然]' 교설(敎說)을 고쳐 영정(影幀)에 제사(祭祀)하지 않으며 배례(拜禮)하지 않고 '대종교(大倧敎)'라고 명칭(名稱)하니, 사실상으로는 단군교(檀君敎)이다.

여기서 상제(上帝) 삼신(三神)은 체일용삼(體一用三)1477)이라고 하는 것과 환인(桓因) 상제(上帝)와 환웅(桓雄) 천왕(天王)이 만물을 조화(造化)1478)한다는 것은 실로 교(敎)를 창시한 사람의 '상상의 소견[臆見]'에서 나온 것이라 하겠다.

1475) *개극입도(開極立道) : '극(極)을 열고 도(道)를 세우다'로 풀이할 수 있다.
1476) 첨배(瞻拜) : 선조(先祖)나 선현(先賢)의 묘소나 사우(祠宇)를 우러러 배례하는 것.
1477) *체일용삼(體一用三) : 이를 풀이하면, '주체는 하나요, 쓰임은 셋'이라는 의미가 된다.
1478) 조화(造化) : 만물을 낳고 자라게 하고 죽게 하는, 영원무궁한 대자연의 이치.

○ **천도교주**(天道敎主) **약사**(略史)

　천도교(天道敎)1479)와 시천교(侍天敎)1480)는 근원이 같고 파(派)가 나누어진 것인데, 제세주(濟世主)1481) 수운(水雲) 선생 '최제우(崔濟愚) 씨'1482)가 창립(創立)한 것이다.

　지금으로부터 96년 전에 선생이 영남(嶺南) 경주군(慶州郡) 가정리(稼亭里)에서 탄생하였는데, 이조(李朝) 철종(哲宗) 11년 경신년(庚申年, 1860년) 봄에 양산군(梁山郡) 통도사(通道寺) 천상산(天上山)에 들어가 하늘에 기도한지 49일째 되는 날에 '기이한 승려[異僧]' 하나가 '천서(天書)'1483)를 전해주었다.

　이를 통해서 도(道)를 깨달아 얻은 까닭에 동도(東道)를 창설(創設)하고 《동경대전(東經大全)》을 저술(著述)하였다.

　그 요지는 '하늘과 사람이 한 몸[天人一體]'이라는 것이다. 그리고 '유(儒) · 불(佛) · 선(仙) 세 종교를 합하여',1484) '5만년 무극대도(無極大道)'1485)를 창설

1479) 천도교(天道敎) : 조선 후기 1860년에 최제우(崔濟愚)를 교조로 하는 동학(東學)을 1905년 제3대 교주 손병희(孫秉熙)가 천도교로 개칭한 종교이다. **"천도교(天道敎)"**, 두산동아백과사전연구소, 《두산세계대백과사전(24권)》

1480) 시천교(侍天敎) : 친일파인 이용구(李容九)가 손병희(孫秉熙)의 천도교 계열에서 제명당하자 이탈하여 창립한 동학의 한 종파이다. 교의(敎義) 자체는 천도교와 별 차이가 없다. 이후 한일합병(韓日合倂)에 앞장을 서는 등 친일적 행동으로 민중의 신망을 잃고 점차 교세가 약화되었는데, 이용구가 사망하자 유명무실화하였다. **"시천교(侍天敎)"**, 두산동아백과사전연구소, 《두산세계대백과사전(16권)》

1481) 제세주(濟世主) : 세상(世上)을 구(救)하는 거룩한 사람.

1482) 최제우(崔濟愚, 1824~1864) : 조선 말기의 종교사상가로 민족 고유의 경천(敬天) 사상을 바탕으로 유(儒) · 불(佛) · 선(仙)과 도참사상, 후천개벽사상 등의 민중 사상을 융합하여 동학(東學)을 창시하였다. 주요저서로는 《용담유사(龍潭遺詞)》, 《동경대전(東經大全)》 등이 있다. **"최제우(崔濟愚)"**, 두산동아백과사전연구소, 《두산세계대백과사전(24권)》

1483) * 천서(天書) : 이 《천서(天書)》는 《을묘천서(乙卯天書)》(1855년)라고 칭하며, 금강산 유점사의 선승(禪僧)이 던져주고 간 이 천서를 도올 김용옥은 '마테오리치'의 《천주실의(天主實義)》라고 확정지었다. 최제우 지음, 도올 김용옥 역주, 《도올 심득 동경대전(1)》(서울; 통나무, 2004) 205.

1484) *《천약종정(天約宗正)》에 다음과 같은 구절이 나온다. "大神師謂海月神師曰 吾道

했다. 또한 주문(呪文)이 있는데, "시천주조화정(侍天主造化定) 영세불망만사지(永世不忘萬事知)"1486)이다.

'수도요결(修道要訣)'에서 말하기를, "지극한 기운이 이제 이르렀으니, 원컨대 크게 내려주소서[至氣今至願爲大降]"1487)라고 하고, 《동경대전(東經大全)》에서 말하기를, "입으로 장생(長生)의 주문[呪]을 읊으니, 서른일곱 글자이다"1488)라고 하고, 선생의 수훈(垂訓)에서 말하기를, "인의예지(仁義禮智)는 옛 성인이 가르친 바요, '마음을 지키고 몸을 바르게 하는 것[守心正氣]'은 내가 다시 가르침을 베푸는 것이다"1489)라고 했다.

이후에 괴이한 도(道)로 민중을 미혹케 한다는 죄목으로 붙잡혀 갑자년(甲子年, 1864년) 봄 2월 7일에 영남(嶺南)의 대구 감영(監營)에서 사형[刑罰]을 받았다.

제2세 신사(神師)1490)는 '해월(海月) 선생 최시형(崔時亨)'인데, 그 또한 이단

儒佛仙合一也." 박인호, 《천약종정(天約宗正)》〔普文社 藏版, 1907년 발간, 국립중앙도서관 소장도서] 16 참조.
1485) *《천약종정(天約宗正)》에 다음과 같은 구절이 나온다. "大神師曰 天以五萬年無極之道授之我也." 박인호, 《천약종정(天約宗正)》 17 참조.
*《용담유사》의 〈용담가〉 중에 '5만년 무극대도(無極大道)'라는 구절이 나온다. 용담가의 일부를 소개하면 다음과 같다. "쳐ᄌ(妻子)불너 효유(曉諭)ᄒ고, 이러그러 지ᄂᆡᄂᆞ니, 텬은(天恩)이 망극(罔極)ᄒ야, 경신ᄉ월(庚申四月) 초오일(初五日)의, 글노엇지 긔록(記錄)ᄒ며, 말노엇지 셩언ᄒᆞ가. 만고(萬古)업ᄂ 무극ᄃᆡ도(無極大道), 여몽여각(如夢如覺) 득도(得道)로다. 긔쟝(奇壯)ᄒ다 긔쟝(奇壯)ᄒ다, 이ᄂᆡ 운수(運數) 긔쟝(奇壯)ᄒ다. ᄒᆞᄂᆞ님 ᄒᆞ신말숨, 기벽후(開闢後) 오만년(五萬年)의, 네가 ᄯᅩᄒᆞᆫ 쳠이로다." 도올 김용옥 역, 《용담유사》(서울; 통나무, 2022) 73 참조.
1486) *《동경대전(東經大全)》·〈주문(呪文)〉에 나온다. 풀이하면 다음과 같다. "천주를 모시면 조화가 체득되고, (천주를) 영원히 잊지 않으면 만사를 깨닫게 된다." 윤석산 주해, 《주해 동경대전》(서울; 모시는 사람들, 2021) 201.
1487) *《동경대전(東經大全)》·〈주문(呪文)〉에 나온다. 윤석산 주해, 《주해 동경대전》 201 참조.
1488) *《동경대전(東經大全)》·〈수덕문(修德文)〉에 나온다. 원문은 다음과 같다. "胸藏不死之藥 弓乙其形, 口誦長生之呪 三七其字." 윤석산 주해, 《주해 동경대전》 154.
1489) *《동경대전(東經大全)》·〈수덕문(修德文)〉에 나온다. 원문은 다음과 같다. "仁義禮智 先聖之所教, 修心正氣 惟我之更定." 윤석산 주해, 《주해 동경대전》 154.

(異端)으로 몰려 사형[刑罰]을 받았다.

제3세 성사(聖師)1491) '의암(毅菴) 손병희(孫秉熙) 씨'에 이르러, '이용구(李容九)·송병준(宋秉畯) 씨'가 문파를 분리하고 따로 설립하여 시천교(侍天敎)라 칭하였다.

◉ 이제 천도교(天道敎)를 살펴보자면, 《천약종정(天約宗正)》에서 말하기를 "기이한 승려[異僧]가 나타나 천서(天書)를 전한 후에 홀연히 사라져 보이지 않았다"라고 하였다.

또 말하기를 "대신사(大神師)가 바야흐로 밤에 독서할 때에 마을 입구 나무 위에 곱고 아리따운 미인이 있어 녹의홍상(綠衣紅裳)을 하고 앉아있었다"1492)라고 하였다. 또 말하기를, "해월(海月) 신사(神師)가 산에 있을 때에 호랑이가 와서 보호했다"1493)고 하고, 또 말하기를 "신사(神師)가 '반 종지[半鍾]'1494) 분량의 기름으로 스물 하루 밤을 지냈으나 기름이 줄어드는 것을 보지 못했으니, 누군가 기름 한 병을 보내 그날 저녁에 반 되의 기름이 소진하여 마르고 남지 않았다"1495)고 하니, 예로부터 도(道)를 닦는 선비가 마귀의 시험을 당하며 이적을 행하는 일이 있었다.

지금으로부터 27년 전 계사년(癸巳年, 1833년) 봄 2월에 내가 일찍이 중학

1490) 신사(神師) : ① 영신(靈神)의 스승이라는 뜻으로, 교황(敎皇), 주교(主敎), 신부(神父)를 이르는 말. ② 대신사(大神師)는 천도교(天道敎)를 창시(創始)한 교조 '최제우(崔濟愚)'의 존칭(尊稱)이다. 천종수운대신사(天宗水雲大神師).
1491) 성사(聖師) : 천도교에서, 제3대 교주인 의암(義菴) 손병희를 높여 이르는 말.
1492) *《천약종정(天約宗正)》에 다음과 같은 구절이 나온다. "大神師 方夜讀書煌輝之氣 照門如月 開戶視之黑夜中 天彩雲玲瓏瑞氣明朗 龍潭洞口如白晝 家人問曰 洞口全樹上有嬋娟美人 綠衣紅裳以坐何故也." 박인호, 《천약종정(天約宗正)》 13.
1493) *《천약종정(天約宗正)》에 다음과 같은 구절이 나온다. "神師在山大虎來護." 박인호, 《천약종정(天約宗正)》 25.
1494) 반종(半鍾) : 종(鍾)은 부피를 나타낼 때 '한 되'를 의미한다. 따라서 '반종'은 '한 되의 절반'이라고 볼 수 있다.
1495) *《천약종정(天約宗正)》에 나오는 내용이다. 박인호, 《천약종정(天約宗正)》 22.

(中學)1496) 문 앞을 지나가면서 게시된 것이 있어서 살펴보니, 동도(東道, 동학)의 소청(疏廳)1497)이었다. 그 연유를 알아보니 동도(東道) 교인(敎人)인 박승호(朴升浩) 등이 최제우(崔濟愚)의 신원(伸冤)1498)을 청하는 일로 복합상소(伏閣上疏)1499)를 한 것이었다. 그 일은 뜻대로 이루어지지 않았으며, 이듬해인 갑오년(甲午年, 1894년) 봄에 동학란(東學亂)이 크게 일어났다.

그 당시 서적은 다만 《동경대전(東經大全)》·〈포덕문(布德文)1500)이 있었고, 그 술법은 부적(符籍)과 물로 병을 치료하고 궁을가(弓乙歌)1501)가 있을 뿐이었다.

그 뒤로 10수년 뒤에 동도(東道)가 '천도교'와 '시천교'라 개칭(改稱)하고, 제세주(濟世主) 대신사(大神師), 해월신사(海月神師), 의암성사(毅菴聖師)라고 불렀다. 또한 《동경대전》 외에 《천도태을경(天道太乙經)》, 《천약종정(天約宗正)》, 〈시천가(侍天歌)〉 등 여러 가지 서적과 문서를 저작(著作)하고, 일요일을 '시일(侍日)'이라 하며, 교단규칙[敎則]과 예식(禮式)을 차차 제정하고 정리하여 제세주의 강생(降生)으로 기원을 밝혔으니, 가히 우리나라[半島江山]에 특색 있는 종교라고 하겠다.

1496) 중학(中學) : 〈역사〉 조선 시대에 둔 사학(四學)의 하나. 지금의 서울특별시 종로구 중학동에 두었다.
1497) *《만종일련》의 원문에는 '소청(疏廳)'이라 되어 있다. '소청(疏廳)'은 '유생(儒生)들이 모여서 건의(建議) 상소(上疏)하던 집'이라는 뜻이므로, 문맥상 어울리지 않는다. 따라서 '소청(疏請)'이라고 해야 한다.
1498) 신원(伸冤) : 원통한 일을 품.
1499) 복합(伏閣) : 나라에 큰 일이 있을 적에 조신(朝臣) 또는 유생(儒生)이 대궐문(大闕-) 밖에 이르러 상소(上疏)하고 엎디어 청하던 일.
1500) 포덕문(布德文) : 동학의 창시자 최제우(崔濟愚)가 1861년(철종 12)에 자신의 득도(得道) 과정을 525자의 한문으로 기록한 글이다. **"포덕문(布德文)"**, 한국정신문화연구원 편집부, 《한국민족문화대백과사전(23권)》
1501) 궁을가(弓乙歌) : 동학가사(東學歌辭)의 하나. 작가는 김주희(金周熙)라는 설과 용호대사(龍虎大師)가 지은 것을 김주희가 장편으로 개작했다는 설이 있다. 1932년에 경상북도 상주의 동학교본부에서 국한문 혼용본과 국문본 2종의 목판으로 간행되었다. 이 작품은 4·4조로 된 장편가사인데 1행이 끝날 때 마다 '궁궁을을 성도로다'를 구호처럼 반복하고 있는 것이 특색이다. 4음보 1행으로 총 341행이다. **"궁을가(弓乙歌)"**, 원광대학교 원불교사상연구회, 《원불교대사전》

○ **대종교(大宗敎) 김일부(金一夫)**

'대종교(大宗敎)'1502)는 호서(湖西) 연산군(連山郡) 계곡리(溪谷里) 선비[士] '김항(金恒) 씨'가 창도(創導)한 것인데, 선생의 호는 일부(一夫)이다. 나이 36세에 이운규(李雲圭) 선생을 따라 유람하여 이 도(道)를 전수받았다.1503)

그의 저서(著書)인 《정역(正易)》에서 말하기를, "도(道)가 세 갈래로 나누어지는 것은 리(理)가 스스로 그러한 것인데, 유(儒)와 불(佛)과 선(仙)이다. 일부(一夫)가 참으로 이를 따를 줄 누가 알았겠는가. 사람이 없으면 곧 (홀로) 지키고 사람이 있으면 그에게 전하겠다"1504)고 했다.

그 교(敎)의 신사(信士) 김정현(金貞鉉)이 그의 시(詩)를 주석(註釋)하여 말하기를, "유자(儒者)는 구하는[需] 사람[人]이니, 도(道)가 사람에게서 비롯되고 인(仁)을 행하는 것이라 말하고, 불자(佛者)는 떨어낸[弗] 사람[人]이니 도(道)가 사람에게 있지 아니하고 공(空)에 있다고 말하며, 선자(仙者)는 산(山) 사람[인]이니 도(道)가 사람에게서 도망치고 무(無)에 머문다고 말한다. 유(儒)는 정(精)을 중시하여 관통(貫通)하고, 불(佛)은 신(神)을 중시하여 돈오(頓悟)1505)하고, 선(仙)은 기(氣)를 중시하여 수련하니, '정(精)・신(神)・기(氣)' 이 셋은 모두 심법(心法)에 뿌리를 두었다. 그러므로 유교[儒]에서 말하기를 '존심양성(存心養性)'이요, 불교[釋]에서 말하기를 '명심견성(明心見性)'이요, 도교[仙]에서 '수심연성(修心鍊性)'1506)이라고 말한다"1507)고 하였다.

1502) *《만종일련》 원문에는 '대종교'의 한자가 '大倧敎'로 되어 있다. 그런데 '김항'이 창설한 '대종교(大宗敎)'는 '종'의 한자가 '倧'이 아니라 '宗'이다. 이는 원문의 오기(誤記)로 보인다.
1503) *《백교회통(百敎會通)》・〈제10장, 대종교여불교대조(大宗敎與佛敎對照)〉에 나온다. 이능화 저, 《백교회통(百敎會通)》 51 참조.
1504) *《백교회통(百敎會通)》・〈제10장, 대종교여불교대조(大宗敎與佛敎對照)〉에 나온다. 이능화 저, 《백교회통(百敎會通)》 52 참조.
1505) 돈오(頓悟) : ① 갑자기 깨달음. 별안간 깨달음. ② 불교의 참뜻을 문득 깨달음.
1506) 수심연성(修心鍊性) : 마음을 닦고 자신의 본성을 수련하는 것.

그 교(敎)에 영가무도(詠歌舞蹈)1508)의 술법이 있는데, '음(吟)·아(哦)·어(唹)
·이(咿)·오(唔)' 다섯 모음(母音)을 하나하나 법칙에 의거하여 높은 목소리
로 노래하기를 가곡(歌曲)과 같이 '느리고 빠르게[緩急]' 절주(節奏)1509)하며,
자연스럽게 감응하여 손으로 춤추고 발로 뛰는 것을 (미처) 지각하지 못하
며, 마음이 온화하고 기운이 평안하여 신령과 이치를 통하고, '유·불·선
(儒·佛·仙)' 삼도(三道)를 꿰뚫어 맑아지며, 하락이수(河洛理數)1510)와 선천(先
天)1511)의 역리(易理)1512)와 음양오행(陰陽五行)을 '덧붙여 자세히 설명하여[敷
衍]' 후천(後天)1513) 환화(幻化)1514)의 수(數)를 추측하였다.1515)

1507) *《백교회통(百敎會通)》·〈제10장, 대종교여불교대조(大宗敎與佛敎對照)〉에 나온
다. 이능화 저,《백교회통(百敎會通)》52 참조.
1508) 영가무도(詠歌舞蹈) : 노래를 부르고 춤을 춤. "**영가무도(詠歌舞蹈)**", 조기형,《한
자성어·고사명언구사전》(서울; 이담북스, 2011)
1509) 절주(節奏) : 가락. 음의 장단(長短)이나 강약 따위가 반복될 때의 그 규칙적인
음의 흐름.
1510) 하락이수(河洛理數) : 하락(河洛)은 하도낙서(河圖洛書)의 줄임말로, 이는 고대 중
국에서 예언이나 수리(數理)의 기본이 된 책인《하도(河圖)》와《낙서(洛書)》를 합
친 것이다. 이 책은《주역(周易)》의 기본이 되는 책이며, 전한(前漢)말에서 후한
(後漢)시대에 이루어졌다. "**하도낙서(河圖洛書)**", 원광대학교 원불교사상연구회,《원
불교대사전》
  * 하락이수(河洛理數)는《주역(周易)》의 괘(卦)에 나타난 형상과 변화에 대한 역
이론(易理論)인 상수학(象數學)의 중요한 내용으로 하도(河圖)와 낙서(洛書)를 기
본으로 한다. 한편 한원진(韓元震)과 정제두(鄭齊斗)는 하도(河圖)와 낙서(洛書)를
연구하여 각각《역학답문(易學答聞)》·《하락역상(河洛易象)》을 지었다.
1511) 선천(先天) : ① 현재의 천지가 이루어지기 이전의 세상. 동양에서는 일찍부터
현재의 천지가 조판(肇判)되기 이전을 의미하는 말로 써오다가 최제우·김항·
강일순·소태산대종사 등 근세 한국의 신종교 창시자들에 의해 그들이 살던 시
대를 분기점으로 그 이전을 선천 그 이후를 후천으로 구분하고, 선천은 불합리
·불공평의 어두운 세상이었고 후천은 합리·평등의 밝은 문명세상이 된다고
규정하고 있다. ② 태어날 때부터 몸에 갖추어져 있는 사람의 성격이나 체질과
같은 것. "**선천(先天)**", 원광대학교 원불교사상연구회,《원불교대사전》
1512) 역리(易理) : 주역(周易)의 법칙.
1513) 후천(後天) : ① 현재의 천지가 이루어진 이후의 세상. 선천과 상대되는 개념이
다. ② 사람이 태어난 이후에 교육을 통해 형성되는 성격이나 조섭에 의해 만
들어지는 체질. ③ 천운(天運)에 뒤짐. 돌아오는 운을 감당하지 못하는 상태를
의미한다. "**후천(後天)**", 원광대학교 원불교사상연구회,《원불교대사전》

'오음정의(五音正義)'에서 말하기를, "'음(吟)'은 '토(土)' 음(音)이니 비장(脾腸)에서 나와 입을 다물고 통하게 하여 소리를 내니 '궁(宮)'이라 말하고, 아(哦)는 '금(金)' 음(音)이니 소리가 폐(肺)에서 나와 입을 벌려 토해내듯이 소리를 내니 '상(商)'이라 말하고, '어(嗼)'는 '목(木)' 음(音)이니 소리가 간(肝)에서 나와 치아를 벌리고 입술을 솟아나게 하여 소리를 내니 '각(角)'이라 말하고, '이(咿)'는 '화(火)' 음(音)이니 심장(心腸)에서 나와 치아를 붙이고 입술을 열어 소리를 내니 '치(徵)'라 이르고, '오(唔)'는 '화(火)' 음(音)이니 소리가 신장(腎臟)에서 나와 치아를 열고 입술을 모아 소리를 내니 '우(羽)'라고 말한다. 이 오음(五音)은 오행(五行)에서 나왔으므로 하늘 소리의 근본 원리(原理)이다"1516)라고 하였다.

○ **태을교**(太乙敎) **환술**(幻術) ; **보천교**(普天敎)

태을교(太乙敎)1517)는 일명 '흠치교(欽致敎)'이니, 대략 50여 년 전에 '증산인(甑山人) 강일순(姜一淳)'이라는 선생이 창도(創導)한 교술(敎術)이다. 그가 세상을 떠난 뒤에 그 부인인 고씨(高氏)가 주문을 전하여 암송했다. 주문(呪文)에서 말하기를, "흠치흠치태을천상원군흠니치아도래흠니함니사바아부임(欽致欽致太乙天上元君欽呢致我到來欽呢喊呢斯婆哦不任)"이라고 했다.

1514) 환화(幻化) : 우주(宇宙) 만물(萬物)이 환상과 같이 변화(變化)하는 일.
1515) *《백교회통(百敎會通)》·〈제10장, 대종교여불교대조(大宗敎與佛敎對照)〉에 나온다. 이능화 저,《백교회통(百敎會通)》51 참조.
1516) *《백교회통(百敎會通)》·〈제10장, 대종교여불교대조(大宗敎與佛敎對照)〉에 나온다. 이능화 저,《백교회통(百敎會通)》52 참조.
1517) 태을교(太乙敎) : 한국 신흥종교의 하나. 증산(甑山) 강일순(姜一淳)을 교조(敎祖)로 하는 증산교(甑山敎)의 한 갈래로서 그가 죽은 후 그 제자 김형렬(金亨烈)이 증산의 제2부인인 고씨(高氏)부인을 제2대 교주로 추대하고 증산교의 정통을 잇고자 시작했다. **"태을교(太乙敎)"**, 한국사전연구사,《종교학대사전》

그 개요(概要)는, 질병을 주문으로 치유하며, 환술(幻術)이 있어서 7일만 주문하고 기도하면 옥황상제를 능히 알현하고 참배하며, 이미 돌아가신 아버지와 할아버지와 친척들을 소원대로 만나볼 수 있으며, 저승세계[冥府]를 왕래할 수 있다고 한다. 또한 이 교(敎)의 신자들은 어느 곳으로 가든지 산신(山神)과 '물의 신령[水靈]'이 거처를 따라 보호해준다고 한다. 이들이 숭배하는 신(神)은 상제(上帝)와 상제부인(上帝夫人)과 석가모니와 이마두(李瑪竇)와 용왕(龍王)이다.

제물(祭物)은 다섯 종류를 반드시 준비해야 하는데, 번육(膰肉)【상제(上帝)께】, 곽갱(藿羹)【상제부인(上帝夫人)께】, 유곽(油藿)【석가(釋迦)에게】, 생선(生鮮)【이마두(李瑪竇)께】, 백설병(白雪餠)【용왕(龍王)께】 등을 올려야 한다.

교리(敎理)가 지극히 황당하고 미혹하지만, 지난 갑오년 사이에 치경석(車累錫)이라는 간사한 자가 일어나 태을교(太乙敎)를 전파하며 어둠 속에서 날뛰어, 계룡산(鷄龍山) 새 도읍이 천자(天子)가 '제왕의 자리에 서게 되면[立極]' 국운(國運)이 '회복되고 태평하게 된다[回泰]'1518)고 하여, 우리나라[半島]의 우매한 사람들을 꾀어내 비밀단체를 결성함으로써 그 무리가 이미 수백만 명이 넘었다. 사람들마다 차씨를 한 번 대면하고자하여 소개비를 많이 지불하는 자도 있다고 한다. 그러나 차씨의 행동거지가 지극히 은밀하고 비밀스러워 그 거처를 알기 어렵다. 최근에 이영로(李榮魯) 교장(敎長)이 교리를 선전했는데, '근본 성품을 회복하고[復元性]', '정신을 기르며[養精神]', '윤리와 강령을 바르게 한다[正倫綱]'고 하면서 포교(布敎)하고 있다.

1518) 회태(回泰) : 천지의 기운이 막힌 비괘(否卦)에서 태괘(泰卦)로 돌아온다는 말. 태(泰)는 《주역(周易)》의 괘명(卦名)인데, 상곤하건(上坤下乾)으로 천지가 화합하여 만물을 태평으로 인도하는 상(象)임. **"회태(回泰)"**, 한국고전용어사전 편찬위원회, 《한국고전용어사전(5권)》

■ 보천교(普天敎)

보천교(普天敎)는 곧 태을교(太乙敎)이다. 이른바 대시국(大時國)의 천자(天子) 차경석(車景錫)이 원래 일진회(一進會)의 지부장(支部長)으로 점쟁이[卜者] 강증산(姜甑山)과 상의하여 태을보화단약(太乙普化丹藥)을 짓고 보천교를 창설하며 암시(暗示)했는데, '조선(朝鮮)이 대시국(大時國)이 되면 자신은 천자(天子) 신자(信者)의 개국공신(開國功臣)이 된다'고 하여, 사람들을 속이고 재물을 편취하였다.

○ 심령학, 태령도, 철리학, 영리학

'이탈리아[意大利]'의 철학가 '놈뿌르 씨'1519)의 '심령학(心靈學)'과 일본의 철학가 '다나까 모리히라[田中守平, たなか もりひら]'의 '태령도(泰靈道)'와 '철리학(哲理學)'과 '영리학(靈理學)'은 모두 '심리학(心理學)'의 지류(支流)에 불과한 것이라 할 수 있다.

○ 경천교, 청림교, 제우교(濟愚敎) 출처(出處); 제세교, 제화교

■ 경천교(敬天敎)는 호남(湖南)의 선비[士] '정광덕(鄭光德) 씨'가 주도하여 창

1519) * '체사레 롬브로소(Cesare Lombroso)'를 지칭하는 것으로 보인다. 그는 19세기 이탈리아의 정신의학자이자 법학자였다.
※체사레 롬브로소(Cesare Lombroso, 1835~1909) : 형법학에 실증주의적 방법론을 도입한 이탈리아의 정신의학자·법의학자. 범죄인류학의 창시자. 범죄자에게는 일정한 신체적 특징이 있음을 밝혀내고, 그러한 특징을 지닌 선천적 범죄인은 그 범죄적 소질로 말미암아 필연적으로 죄를 범하게 되는 것이므로, 그 책임의 근거는 사회적 위험성에 있다고 주장하였다. "**체사레 롬브로소(Cesare Lombroso)**", 두산동아백과사전연구소, 《두산세계대백과사전》

설한 것이다.

■ 청림교(靑林敎)는 '촉탁(囑托)1520) 김상설(金相卨) 씨'가 문파(門派)를 나누어 세운 것이다.
■ 제세교(濟世敎)는 김재현(金在鉉) 씨가 설립한 것이다.
■ 제화교(濟化敎)는 제우교(濟愚敎)와 동일한데, 한병수(韓秉洙), 이용섭(李鎔燮) 씨가 따로 세운 것이다.

이상 각 교(敎)는 모두 '천도교'와 '시천교'에서 갈라져 나가 생긴 분파의 명칭인데, 실제로는 '수운대신사(水雲大神師, 최제우)'를 존경하여 숭상하며, 37글자의 주문을 외워 사람의 마장(魔障)1521)을 물리쳐 없앤다고 한다. 아울러 단체를 결성하고 군중을 망라하여 때를 기다린다고 한다.

○ 기타 ; 백백교, 통천교, 삼성무극교, 각세도(覺世道)

백백교(白白敎)는 알려지지 않은 어떤 사람이 창도(創導)한 것인데, 그 교주(敎主)가 역시 몸을 감추고 숨어서 지내며, 10수년전에 동학교도(東學敎徒)를 괴롭히고 제거했다. 그리하여 백백교(白白敎)라고 개칭했는데, 그 본사(本社)가 문천군(文川郡) 운림사(雲林社)에 있었다.
이들은 서로가 말로써 가르침을 전하는데, 그 교도가 수십만에 이르렀으며, 교리는 대개 천도교와 대략 동일하다.

1520) 촉탁(囑託) : 정식 직원이 아니라 정부 기관이나 공공 단체에서 임시로 어떤 일을 맡아보는 사람.
1521) 마장(魔障) : ① 귀신의 장난이라는 뜻으로, 일의 진행에 나타나는 뜻밖의 방해나 훼살을 이르는 말. ② 〈불교〉 악마가 설치한 불도(佛道)의 수행에 장애가 되는 것.

■ **통천교**(統天敎)

통천교(統天敎)는 양기탁(梁起鐸), 강성구(康星九) 씨 등, 47인(人)의 발기(發起)로 창설한 교(敎)이다. 그 개요는 '큰 도리가 하나로 귀결되는 것[大道歸一]'으로 주체(主體)를 세우고, '하늘의 이치를 따르고[存天理]' '사람의 도리를 바르게 하는 것[正人道]'으로 종지(宗旨)를 지으며, '온 세상에 덕을 선포하고[布德六洲]', '영원히 가르침을 베푸는 것[垂敎萬世]'으로 목적을 정하고, 각 종교를 연합하여 '하나의 큰 종교[一大宗敎]'를 성립하고자 한 것이다. 경신년[庚申] 3월에 취지서(趣旨書)를 선전(宣傳)했으나, 1년이 지나지 않아 '쓸쓸하게 텅 비어 들리는 바가 없다[寥寥無聞].'

■ **삼성무극교**(三聖無極敎)

삼성무극교(三聖無極敎)는 남작(男爵) '이근호(李根澔) 씨'가 주창(主唱)한 교(敎)이다. '유·불·선(儒·佛·仙)' 3교(敎)를 합하고 예수교[耶穌敎]의 도리(道理)까지 뒤섞어 취하여 인민(人民)을 교도(敎導)하며, '위태롭고 궁핍한[危迫]' '생활을 구제[救活]'하기로 목적했는데, 몇 달 지나지 않아 오유선생(烏有先生)1522)이 되어 허공으로 돌아가며, 신기루[蜃樓]와 헛된 영화를 짓고 물거품[泡沫]이 되어 소멸하니, 사람으로 하여금 실소를 금할 수 없게 한다.

1522) 오유선생(烏有先生) : 가상 인물. 한(漢) 나라 문인 사마상여(司馬相如)의 '자허부(子虛賦)'는 자허, 망시공(亡是公), 오유선생 간의 문답으로 이루어진 바, '헛것[자허]이 이런 것이 없다[망시공]. 어찌 있으리오[오유].'라는 뜻임. 〈한서漢書 사마상여전司馬相如傳〉. **"오유선생(烏有先生)"**, 전관수, 《한시어사전》

■ **각세도**(覺世道)

각세도(覺世道)는 '대정(大正) 12년[1923년]' 5월에 당주동(唐珠洞)에 모여서 도리(道理)를 선전(宣傳)하였다.

제7장
기독교(基督教) 도리(道理)의 요소

제7장
기독교(基督敎) 도리(道理)의 요소

제1. 천주교, 그리스 정교[希臘敎], 예수교[耶穌敎] 분열사

천주교(天主敎)는 곧 '서로마교[西羅馬敎], 가톨리[加特力]'이다. 중국에 도래하여 천신(天神)과 천자(天子)의 이름[名號]을 회피하여 '천주교'라 칭하였는데, 오늘날에 희랍교(希臘敎)1523)와 안식교(安息敎)와 예수교[耶穌敎]1524)와 기독교(基督敎)가 그 근원이 같으나, 갈래가 나누어진 것이다.

천주교의 정치와 연혁을 개론하자면, 예수교[耶穌敎]를 '열교(裂敎)'1525)라 지목하며, 원수처럼 다투고 알력을 일으키는 것이 훈유(薰蕕)1526)와 같지만, 그 뿌리와 근원은 곧 유일무이(唯一無二)하신 '참된 신[眞神]'을 숭배하며 '독생성자'1527) 예수를 신앙하는 것이다. 그 후 교회의 법규를 여러 번 변경하였다.

1523) * 희랍교(希臘敎) : '그리스 정교회'를 지칭하는 것으로 보인다.
1524) * 야소교(耶穌敎) : 예수교. 문맥에 따라 '개신교'를 지칭하기도 한다.
1525) 열교(裂敎) : 천주교회(天主敎會) 쪽에서 개신교를 부르는 말. 천주교회에서 분열(分裂)되어 나간 교회라는 뜻
1526) 훈유(薰蕕) : 향내가 나는 풀과 나쁜 냄새가 나는 풀이라는 뜻으로, 착한 사람과 못된 사람을 비유적으로 이르는 말.
1527) 독생성자(獨生聖子) : 〈기독교〉에서 하나님의 외아들이라는 뜻으로, '예수'를 이르는 말.

■ **일**(一). 강생(降生) 700년에 옛 법규를 변경하여 교회의 성인(聖人)으로 중보(中保)1528)를 삼고, 신남(信男)·신녀(信女)들이 기도할 때 요셉[約瑟]과 마리아(馬利亞), 그리고 베드로와 바울 등을 불러 각각 소원대로 호소하게 하였다. 그러나 이는 구세주 예수의 중보(中保)되신 거룩한 뜻을 위반한 것이다. 【디모데전서 2장 5절】

■ **이**(二). 주후 787년에 교회의 법규를 또 변경하여 요셉[約瑟]과 마리아와 12사도 등의 초상(肖像)을 예배당 안에 설립하고, 교우들로 하여금 공경하여 예배하며 숭배케 했다. 이는 참으로 주(主)의 계명을 범(犯)한 것이다.

■ **삼**(三). 주후 1076년에 옛 법규를 또 변경하여 교회의 왕(王)을 설립하고, 예수 그리스도[基督]의 자리를 대리하며, 교회의 사무를 '한데 묶어 관할하게[總攬]' 했으니, 법황(法皇, 교황)의 칭호가 이로부터 생겨났다.

■ **사**(四). 주후 1205년에 옛 법규를 다시 개정하여 말하기를, "성찬(聖餐) 예식을 할 때, 신부(神父)가 떡과 포도주를 축도하면 즉시 변화하여 예수의 '참 몸[眞體]'과 '참 피[眞血]'를 이루니, 그 몸을 먹고 그 피를 마시는 이로 하여금 반드시 고통이 있는 신앙이다"라고 하니, 떡과 포도주가 '참 몸과 피[眞體血]'가 된다 하는 것은 이치에 닿지 않는 설(說)이다.

■ **오**(五). 주후 1216년에 교왕(敎王, 교황)이 교회 권력을 확장하여 말하기를, "천주께서 나에게 권병(權柄)1529)을 내려주시어 한쪽으로는 만국 교회를 다스리고, 다른 한 쪽으로는 만국 황제의 정치를 관계하여 참견하도록[干預]

1528) 중보(仲保/中保) : ① 〈기독교〉 예수 그리스도가 한 일. 하나님과 인간의 관계를 회복하기 위하여 인류의 죄를 지고 십자가에서 보혈을 흘리고 죽은 일을 이른다. ② 두 사람 사이에서 일이 성사되도록 주선하는 사람.
1529) 권병(權柄) : 권력으로 마음대로 좌우할 수 있는 힘. 또는 그런 지위나 신분.

하셨다"고 하여, 영국왕의 불복종을 토죄(討罪)1530)하면서, '프랑스 왕[法王] 필리프[腓力]1531)로 하여금 병사를 일으켜 그를 공격하게 했으니, 이는 만왕의 왕이 되고자 한 것이다.

■ 육(六). 주후 1438년에 교왕(教王, 교황)이 연옥설(煉獄說)을 처음 만들고 말하기를, "성인(聖人) 외에는 선한 사람이나 악한 사람이나 말할 것도 없이 죽음 후에는 반드시 연옥에 먼저 당도하여 수고한 후에 탈출하니, 살아있는 사람이 죽은 사람을 위하여 재물을 내고 염경(念經)1532)하며, 신부가 능히 죽은 이의 영혼을 신속하게 인도하여 연옥을 빨리 탈출하도록 한다"고 하니, 이는 성경에 없는 쓸데없는 말이다.

■ 칠(七). 주후 1547년에 교왕(教王, 교황)이 고해법(告解法)을 처음 만들어, 신부로 하여금 남녀 신도로부터 죄의 고백을 받고 사면(赦免)도 행하게 했으니, 이 또한 성경에 없는 교리이다.

■ 팔(八). 주후 1848년에 또한 옛 법규를 변경하여 말하기를, "성모 마리아는 일평생 청결하고 죄가 없어서 그 육신이 죽음 후에 부활하고 승천하였다"라고 하며, "마리아는 대자대비(大慈大悲)함으로 사람을 위한 중보(中保)이다"라고 하니, 이것 역시 성경에 없는 '오류가 많은[杜撰]' 서술이다.

이 외에 미사[彌斯祭] 예식을 만들어, 주(主)의 참된 피와 몸이 된 떡과 포

1530) 토죄(討罪) : 죄목(罪目)을 들추어 다부지게 나무람.
1531) 비력(腓力) : '빌립', 또는 '필리프'의 한자 음역. 이 당시 프랑스의 왕은 '필리프 2세(Philip II)'였다.
※필리프 2세(Philip II, 1165~1223) : 프랑스 카페왕조의 제7대 왕. 별칭은 '존엄왕 필리프(Philip Augustus)', 봉건군주로서의 왕권충실을 위해 정력적이고 교묘한 정책을 펴, 오랫동안 약화된 프랑스 왕권의 위신을 높였다. **필리프 2세(Philip II)**, 두산동아백과사전연구소,《두산세계대백과사전(27권)》
1532) 염경(念經) : 가톨릭교회의 용어. 기도문을 소리 내어 읽거나 욈.

도주를 바쳐서 살아있는 사람과 죽은 사람의 죄를 만회(挽回)한다고 하고, 오래전 옛날 성인(聖人)의 뼈와 치아를 예배당 안에 안치하여 사람의 질병을 모두 치유한다고 하며, 나무를 잘라 단편 조각을 만들어 주(主) 예수께서 못에 박혀 돌아가신 십자가 원목(原木)이라 하여 교인에게 팔며, 교도(敎徒)로 하여금 자기 마음대로 띠를 차게 하여 호신목(護身木)을 제작하였다. 이와 같은 잘못된 가르침은 이 사람들이 실로 극심하니, 이를 다 기록할 수가 없다.

⦿ 이상에서 세계의 종교를 개론하였으니, 우리 동포는 그 가운데 참된 종교를 연구하여 장래에 선한 열매를 맺는 것이 옳다고 하겠다.

어떤 종교는 우주 만유의 주재(主宰)를 존경하고 숭배하여 종교를 칭하면서 '벌제위명(伐齊爲名)'1533)으로 상제(上帝)를 알게 하고 증명하지만, 그 실상은 다른 신(神)과 우상을 숭배하여 다신교(多神敎)에 가깝고 내세적 관념이 없다.

또 어떤 종교는 내세적 관념도 있고 신앙도 있지만, 자기(自己)의 도(道)와 자기가 홀로 존귀하다 하여, 만유의 주재(主宰)로 스스로 존귀하다 하며, 계율을 살피고 오묘한 진리에 들어가서는 아상(我相)1534)이 없고 인상(人相)1535)이 없으며 중생상(衆生相)1536)이 없고 수자상(壽者相)1537)이 없다고 한다. 이렇게 '나'가 없고 '사람'이 없는 이에게 윤상(倫常)1538)의 이치를 논하

1533) 벌제위명(伐齊爲名) : '제(齊)나라를 공격(攻擊)하나 이름만 있다'는 뜻으로, 어떠한 일을 하는 체하면서 사실은 다른 일을 함.
1534) 아상(我相) : 〈불교〉 사상(四相)의 하나. 오온(五蘊)이 화합하여 생긴 몸과 마음에 참다운 '나'가 있다고 집착하는 견해를 이른다.
1535) 인상(人相) : 〈불교〉 사상(四相)의 하나. 오온(五蘊)이 화합하여 생긴 '나'는 사람이니 지옥취나 축생취와 다르다고 집착하는 견해를 이른다.
1536) 중생상(衆生相) : 〈불교〉 사상(四相)의 하나. 중생이 자신의 몸을 오온(五蘊)이 화합하여 이루어진 참된 실체라고 고집하는 잘못된 견해를 이른다.
1537) 수자상(壽者相) : 〈불교〉 사상(四相)의 하나. 오래 살고 싶어 하는 생각이나 태어날 때 일정한 목숨을 가지고 있다는 생각을 이른다.

기가 합리적이지 않고, 나감이 있고 들어옴이 없으며 초탈(超脫)하여 날아오르는 자에게 '자기 몸과 같이 사람을 사랑하는 도리'를 말하기가 참으로 어렵다.

그러므로 참 종교의 좋은 열매는 오묘하고 '심오한 도리[深䋲]'와 '겉만 화려한[浮華]' 세력에 있지 않고, '다시 태어나고 몸을 벗어버리는 것[投胎脫殼]'과 기이한 행적에도 또한 있지 않고, 오직 하나님[上主]의 권능과 지혜(智慧, 그리스도)1539)의 구속(救贖)1540)에 있으니, 이는 세상이 어리석다고 하는 도(道)를 전함으로써 '믿는 사람'을 구원하기 때문이다.

1538) 윤상(倫常) : 인륜의 떳떳하고 변하지 아니하는 도리.
1539) 지혜(智慧) : 〈기독교〉 하나님의 속성 가운데 하나. 히브리 사상에서는 지혜의 특성을 근면, 정직, 절제, 순결, 좋은 평판에 대한 관심과 같은 덕행이라고 본다.
  * 여기서는 '예수 그리스도'를 가리키는 것으로 본다. 왜냐하면 성경에서는 때때로 지혜가 예수 그리스도를 지칭하는 경우가 있기 때문이다.
  "그러나 여러분은 하나님께로부터 나서 그리스도 예수 안에 있습니다. 그는 우리에게 하나님으로부터 오는 지혜가 되시고, 의롭게 하여 주심과 거룩하게 하여 주심과 구속하여 주심이 되셨습니다."〈고린도전서 1:30, 표준새번역〉
1540) 구속(救贖) : 〈기독교〉 예수가 십자가에 못 박혀 인류의 죄를 대속하여 구원함.

제2. 다른 종교와 기독교의 대조(對照)

이제 다른 종교를 들어서 기독교와 대조(對照)해 보면 다음과 같다.

■ 첫째로, 공자[孔夫子]는 노(魯)나라 대부(大夫) 숙량흘(叔梁紇)의 아들이요, 제자가 3천명에 달하고 위품(位品)1541)은 대성지성문선왕(大成至聖文宣王)이다.

석가세존(釋迦世尊)은 카필라왕국[伽毘羅國] 정반왕(淨飯王)의 아들이요, 사위국(舍衛國)1542) 지수급(祇樹給) 고독원(孤獨園)에 큰 비구(比丘)의 무리가 1258명이 있었고, 위품(位品)은 천중천(天中天) 성중성(聖中聖)이요, '삼계(三界)의 큰 스승[三界大師]이요, 사생(四生)의 자비하신 어버이[四生慈父]'라 하였다.

그런데 예수 그리스도께서는 신분이 높은 왕공(王公)이나 귀인(貴人)의 아들도 아니고, 천인(賤人) 목수(木手)의 수양아들이며, 탄생할 때에 나라의 수도(首都)나 왕궁의 화려한 장소가 아니라, 베들레헴(伯利恒) 작은 마을의 마굿간에서 탄생했고, 궁벽한 시골 마을인 나사렛[拿撒勒]에서 성장했다. 또한 예수의 제자는 불과 12명인데 해안가 벽촌의 무식한 어부들로서, 육예(六藝)에1543) 정통한 사람이 한 명도 없었으니, 다른 종교에 비하면 지극히 미약

1541) 위품(位品) : 벼슬의 품계.
1542) 사위국(舍衛國) : 고대 인도의 도시. 쉬라바스티(śrāvasti)를 한역하여 사위성(舍衛城) 또는 사위국(舍衛國)이라고 한다. 석가(釋迦)시대 갠지스강 유역의 한 강국이었던 코살라국의 수도로서 북인도의 교통로가 모이는 장소로 상업상으로도 중요한 곳이었고, 성 밖에는 기원정사(祇園精舍)가 있다. "**사위국(舍衛國)**", 원광대학교 원불교사상연구회, 《원불교대사전》
1543) 육예(六藝) : 중국 주대(周代)에 행해지던 교육과목. 예(禮)·악(樂)·사(射)·어(御)·서(書)·수(數) 등 6종류의 기술이다. 예는 예용(禮容), 악은 음악, 사는 궁술(弓術), 어(御)는 마술(馬術), 서는 서도(書道), 수는 수학(數學)이다. "육예(六

하고 무력하다고 할 수 있다.

그러므로 예수께서 말씀하기를 "천국은 마치 겨자씨 한 알과 같아서, 모든 씨앗 중에 제일 미미하지만 장성한 후에는 채소 중에 제일 크게 된다" 하시고, 사도 바울[保羅]의 편지에서 말하기를 "하나님[上主]께서 세상의 어리석은 것을 택하셔서 지혜가 있는 자를 부끄럽게 하시고, 세상의 약한 것을 택하셔서 강한 것을 부끄럽게 하신다"고 하였다. 【고린도전서 1장 27절】

예수 그리스도께서는 우리들의 지혜와 의로움과 거룩하심과 속죄함이 되셨다. 이는 만세(萬世) 전에 예정하신 지혜인데, 이 세상에서는 아는 자가 전혀 없다. 그러나 오늘날 세계에는 기독교가 미치지 않은 지방이 없어서 태평양 군도의 원주민[苗人]1544)들과 남극과 북극의 원주민[酋族]1545)이라도 진리 복음을 듣지 못하고 알지 못하는 자가 없다.

■ 둘째, 종교는 기이한 행적에 있지 않다. 주(主) 예수께서 시각장애인[瞽者]을 보게 하고, 지체장애인[跛者]을 걷게 하며, 한센병자[癩者]를 깨끗하게 하고, 청각장애인[聾者]을 듣게 하며, 죽은 자를 살리시고, 사악한 귀신을 쫓아내어 이적을 행하셨다. 그리고 사도들도 죽은 자를 살리며 병자를 치유하였으나, 다른 종교의 이적과 기이한 일은 더욱 많아서 다 기록하기가 어려울 정도이다.

석가세존(釋迦世尊)은 '가사산(伽闍山)'1546)의 화굴(火窟)에서 독룡(毒龍)을 제어

藝)", 두산동아백과사전연구소,《두산세계대백과사전(20권)》
1544) *묘인(苗人) : '오랑캐'로 새길 수 있지만, 여기서는 태평양 군도에 살던 원주민을 뜻하는 것으로 본다.
1545) *추인(酋族) : 문맥상 남극과 북극에 사는 '에스키모'를 지칭하는 것으로 본다.
1546) 가사산(伽闍山) : 석가모니가 6년 동안 고행을 했다고 전해지는 산(山)이다. 산에서 고행이 끝난 뒤에 '이련수(尼連水)'에서 목욕을 했다고 전해진다. 이련수(尼連水)는 항하(恒河)의 한 지류(支流)로 석가모니가 이 강에서 목욕하고 난 뒤

하여 바리때[鉢] 속에 가두었고, '달마존사(達摩尊師)'는 소림사 석벽(石壁)에서 3년 동안 침묵하며 좌선하고, 우리나라[海東]의 원효(元曉)는 '소반을 던져 승려를 구했다.'1547)

한편 노군(老君) 백양(伯陽)은 길상초(吉祥草)1548)로 미인을 만들고, '진영부(眞靈符)'로 서갑(徐甲)의 백골을 소생시켜 돌아오게 하고, 난파(欒巴)는 입으로 술을 뿜어 불을 만들고, 갈현(葛玄)은 밥을 토해내어 꿀을 만들며, 초평(初平)은 돌을 꾸짖어 양(羊)을 만들었다.

이렇게 선가(仙家)와 불가(佛家)의 기이한 자취는 가히 그 글의 분량을 수레에 싣더라도 그 숫자를 헤아리기 어려울 정도이다. 그러므로 세계를 구원하는 참된 종교는 신기하고 이상한 술법에 있는 것이 아니고, '죄를 용서받고, 영혼을 구원함[贖罪救靈]'에 있는 것이다.

삼위일체의 신성(神性)의 위품(位品)과 신약성경과 구약성경의 핵심내용은 철학박사의 고명한 해석이 많아서, 부족한 이 사람이 논할 바가 아니다. 여기서는 다만 종교의 선한 결과를 분별하고자 한다. 주(主) 예수께서 가라사대, "마음을 다하고 성품을 다하고 뜻을 다하여 주(主) 너희의 하나님[上主]을 사랑하는 것이 계명 중에서 으뜸 되는 큰 것이요, 그 다음은 자기 몸과 같이 이웃을 사랑하는 것이니, 이 두 계명은 율법과 선지자의 큰 강령이다"라고 하셨다. 【마태복음 22:37-40, 디모데전서 1:5, 베드로전서 4:8】

또한 사도 바울[保羅]이 말하기를, "어떤 일이든지 허영으로 하지 말며, 다툼으로써 하지 말고, 오로지 겸손한 마음으로 각각 다른 사람을 자기보

강을 건너 불타가야(佛陀伽耶)로 가서, 보리수 아래서 성도(成道)하였다 함. 이련선하(尼連禪河)라고도 한다. **"이련수(尼連水)"**, 한국고전용어사전 편찬위원회,《한국고전용어사전(4권)》

1547) *탁사의 원문 : "척반구승(擲盤救僧)."
1548) 길상초(吉祥草) : 산스크리트어 kuśa. 인도의 습지에서 자라는 풀. 이 풀을 엮어 좌선할 때 까는 자리로 사용함. **"길상초(吉祥草)"**, 곽철환,《시공 불교사전》

다 더 낮게 여겨야 한다. 우리는 각각 자신의 일만 돌아보지 말고 다른 사람의 일도 돌아보아야 한다. 이는 곧 그리스도 예수의 마음이다" 하였으니, 【빌립보서 2:3-4】 자신을 손해보고 남을 이롭게 함과 자신을 낮추고 남을 높이는 것은 기독교의 원리이다.

남아메리카[南美洲]에 기독교 선교를 처음 시작한 '가덕나(賈德拿) 씨'와 아프리카[亞斐利加]를 개척하던 '리빙스턴[逢土敦] 씨' 1549)의 고심(苦心)과 '피나는 정성[血誠]'은, 하나님나라에 헌신하여 일생을 희생하면서 위험도 달게 여겨 [甘心] 환난에 종사하였다. 마치 높은 곳의 등불이 어두운 길거리를 밝히고, 세상의 소금이 짠 맛을 잃지 않은 것처럼 끝까지 헌신하여 마침내 두 대륙의 완악하고 우매한 민족을 거룩한 강토로 인도하였다.

태평양 군도(群島)의 풀로 만든 옷을 입고 문신(文身)하는 미개한 원주민[苗]과 인육(人肉)을 먹는 금수(禽獸)와 같은 무리라고 할지라도, 영국 선교회에서 그들을 동포로 여기고 그리스도의 자비의 마음으로 목사(牧師)를 파견하여 마귀의 진영을 쳐서 물리쳤다. 이때 제일 먼저 나섰던 '안드레[安得烈]' 1550)는 원주민들에게 죽임을 당했는데, 그를 구워 먹은 자들이 서로 말하기를 '백인이 맛이 있다'고 하였다. 비록 그러할지라도 주(主)를 위하여 목숨을 버리는 자와, 자기 몸과 같이 이웃을 사랑하는 자가 계속 섬에 들어가 그 곳의 언어를 해독하고 문자를 만들어서 성경을 번역하고 출판하였다. 그리하여 각 섬의 토착민들이 문자를 배우고《성경》을 읽어서 오늘날에는 사람을 잡아먹던 자가 변화하여 현명하고 사리에 밝은 사람이 되었고, 완고하고 어리석은 자가 변화하여 지식 있는 사람이 되어 거룩한 지역이 되었으니, 이것이 과연 누구의 능력이겠는가!

1549) * 봉사돈(逢土敦) : '리빙스턴'의 한자 음역. 리빙스턴(David Livingstone)은 영국의 선교사이자, 아프리카를 탐험한 탐험가이다. **"리빙스턴[David Livingstone]"**, 인명사전편찬위원회,《인명사전》

1550) * 안득렬(安得烈) : '안드레(Andre 또는 Andrew)'의 한자 음역.

용장 '번쾌(樊噲)'1551)의 말에, "죽는다고 할지라도 피하지 않는다[死且不避]"고 하였다. 이와 같은 교역자들은 다른 사람의 영혼구원을 위하여 자신의 생명을 돌아보지 않은 자들이다. 하나님[上主]의 권능과 그리스도[基督]의 진리가 아니면 이와 같은 선한 열매를 맺을 수 없다. 그러므로 다른 종교의 신앙으로는 '사람을 잡아먹는 자[食人者]'들에게 위험을 무릅쓰고 전도하는 것은 생각지도 못할 일이라고 해도 지나친 말이 아니다.

《대비경(大悲經)》1552)에서 말하기를, 부처가 전생(前生)에 상인이 되어 다른 상인들과 함께 바다를 건너게 되었는데, 도중에 배가 망가져 어떤 이는 물에 빠지고 어떤 이는 물에 뜨게 되었다. 그 자신은 주머니로 편안하게 건너더니, 다섯 상인이 그를 향하여 건져주기를 청하였다. 그가 이르되 "근심하지 말고 두려워하지 말라. 나는 너희들이 안전하고 편안하게 바다를 건너게 할 것이니, 너희들은 모두 나의 몸을 굳게 잡으라"고 했다. 이에 저들이 혹자는 등에 올라타고 혹자는 어깨를 안으며 혹자는 정강이를 붙들었다. 그때에 그가 허리에 차고 있던 예리한 칼로 자신의 몸을 자르고 희생하니, 상인들이 전부 그 시신에 의지하여 육지에 당도하였다.1553)

1551) 번쾌(樊噲) : 한나라 고조 때의 공신. 유방(고조)의 거병 뒤 무장으로 용맹을 떨쳐 공을 세웠다. 유방이 즉위한 뒤 좌승상·상국이 되고 그 뒤 여러 반란을 평정했다. "**번쾌(樊噲)**", 두산동아백과사전연구소, 《두산세계대백과사전(12권)》

1552) 대비경(大悲經) : 6세기 중엽 인도 출신의 학승 '나련제야사'가 번역하였다. 총 5권 14품으로 구성된 이 경은 부처님이 열반 직전에 보인 신기한 조화와 가섭, 아난 등에게 불도를 전파시킬 것을 부탁하면서 앞날을 예언한 것 등을 서술하고 있다. 이 경은 대승 《열반경》들 중의 하나로서 그 내용은 《불설반니원경》,《불설방등반니원경》,《사동자삼매경》 등과 유사한 점이 많다. 진현종, 《한권으로 읽는 팔만대장경》(서울; 도서출판 들녘, 2001) 440 참조.

1553) *《대비경(大悲經)》·〈卷第四, 이제비유부촉정법품(以諸譬喻付囑正法品)〉에 나온다.《만종일련》의 저자는 《대비경》의 내용을 발췌하고 요약한 것으로 본다. 여기서 인용한 자료는 "불교기록문화유산 아카이브"에서 소장하고 있는 팔만대장경 영인 자료이다. 자세한 서지(書誌) 사항은 다음을 참고하라. 나련제야사 한역(漢譯), 《대비경(大悲經)》[불교기록문화유산 아카이브 소장, 팔만대장경 영인자료]

이 또한 생명을 희생하여 사람을 구한 것이지만, 다섯 상인에 불과하고, 그가 구원하여 살린 것은 다만 육체의 생명이다. 이들 같은 상인으로는 세상 만민의 죄를 속죄할 수 없고 영생을 얻게 할 권능이 또한 없다. 예수 그리스도는 하나님[上主]과 삼위일체시요, 외아들 성자(聖子)이신 까닭에 세상에 내려와 사람이 되셨으며, 십자가에 못 박혀 흘리신 보혈(寶血)로 세상 만민의 죄를 대속(代贖)하시며, 죽으신 뒤에 부활(復活)하사 저승[陰府]의 권세를 이기셔서, 귀하고 천한 사람이나 남녀를 말할 것도 없이 믿는 자로 하여금 구원을 얻게 하셨다. 그러한 까닭에 기독교의 신앙인들은 어떤 나라 어떤 사람 어떤 계층 어떤 인종을 헤아리지 않고 모두 다 형제자매로 보며, 원수까지 사랑하여 자기를 희생하고 타인을 도와주되, 강한 자가 약한 자를 도와 보호하고, 평안한 자가 재앙을 만난 자를 구휼(救恤)하며, 어리석은 자를 가르쳐 인도하고 병자를 치유하여, 근심하는 자와 함께 근심하고 즐거워하는 자와 함께 즐거워하니, 이것이 바로 참 종교의 선한 열매이다.

　공자(孔子)가 말하기를, "세 사람이 길을 가는데, 반드시 나의 스승이 있다.1554) 널리 많은 사람을 사랑하되 어진 사람을 가까이 하라.1555) 독실하게 믿으면서도 배우기를 좋아하며, 죽음으로써 지키면서도 도(道)를 잘해야 한다.1556)"고 하였다.

　이로써 말해보자면, 만약 공부자(孔夫子)로 하여금 그리스도의 진리를 보게 하였다면 반드시 믿고 따랐을 것이다. 또한 석가모니로 하여금 자기를 희

---

　　　https://kabc.dongguk.edu/viewer/view?dataId=ABC_IT_K0110_T_004&imgId=009_0520_a
1554)　＊원문 : "三人行 必有我師焉."《논어》·〈술이〉에 나오는 구절이다. 성백효 역주,《論語集註》139 참조.
1555)　＊원문 : "汎愛衆 而親仁."《논어》·〈학이〉에 나오는 구절이다. 성백효 역주,《論語集註》23 참조.
1556)　＊원문 : "篤信好學 守死善道."《논어》·〈태백〉에 나오는 구절이다. 성백효 역주,《論語集註》157 참조.

생하여 남을 이롭게 하는 선한 열매를 맛보게 하였다면, 숲속에서 고행한 6년의 고난을 헛되이 수고하지 않았을 것이다.

만일 참 종교의 핵심내용이 자기의 이익을 구하고 다른 사람을 불쌍히 여겨 은혜를 베풀지 않는 것이면, 그리스도께서 '고통이 가득한 티끌 많은 세상'1557)에 강생하실 이유도 없고 십자가 위에서 고난을 받으실 일도 없다고 하겠다. 아멘!

1557) *원문에는 '苦海塵世'라고 되어 있다. 여기서 '고해(苦海)'는 '고통의 세계'라는 뜻으로, 괴로움이 끝이 없는 인간 세상을 이르는 말'이며, '진세(塵世)'는 '티끌 많은 세상'이란 뜻이다.

제3. 수도요결(修道要訣)

신앙 사다리의 덕성과 행실[信梯德行]

《성경》에서 말하기를, "믿는 자는 구원을 얻는다"1558)고 하였다. 예를 들어 논하면, 요한과 야고보와 세리(稅吏) 마태는 부르심을 받은 즉시 부친과 소유물을 모두 포기하고 예수를 따랐다. 【마태복음 4장 22절, 누가복음 5장 28절】

그리고 '빌립보 성(城)'의 '감방 간수[獄司掌]'는 온 집안이 일시에 주(主)를 믿고 따르게 되었다.

비유하자면, "불가(佛家)의 이른바 광액도아(廣額屠兒)1559)가 소[牛]를 잡는 칼을 내려놓은 즉시 '부처가 되었다'고 하며, 단번에 여래의 세계로 곧장 들어갔다는 것이다."1560)

비록 그렇다고 하지만 '먼 곳에 가려는 자는 반드시 가까운 곳에서 출발해야 하고, 높이 오르려는 자는 반드시 낮은 곳에서 시작해야 하며',1561)

1558) * 〈마태복음〉 9:22, 〈요한복음〉 3:16-17, 〈사도행전〉 2:21, 16:31 참조.
1559) * 광액도아(廣額屠兒) : 〈열반경(涅槃經)〉에 나오는 백정의 이름이다. 이마가 넓다 해서 광액(廣額)이라 했고, 소를 잡는 백정이라 해서 도아(屠兒)라 했다. 어느 날 그가 부처님이 설법하는 열반회상에 짐승 잡는 도끼를 들고 먼발치에 있었다. 설법을 듣고서 그 자리에서 깨달음을 얻은 뒤에, "나는 일천 부처가 모인 중에서 한 부처이다(我是千佛會上一佛)"라고 했다.
1560) *《만종일련》의 원문은 다음과 같다. "立地成佛ᄒᆞ며, 一超直入如來界者也라." '광액도아(廣額屠兒)'에 대한 이야기는 《涅槃經》 제17권 "梵行品"에 나온다. 이운허 옮김,《涅槃經 Ⅰ》(서울: 동국역경원, 2021) 427 참조.
1561) *《만종일련》의 원문은 "致遠者는 必自邇ᄒᆞ고 昇高者는 必自卑ᄒᆞ며"이다. 《중용(中庸)》에 비슷한 구절이 나온다. 성백효 역주,《大學·中庸 集註》76 참조.

'얕은 곳에서 깊은 곳으로 들어가고[由淺入深]', '어리석음에서 떠나 지혜로움을 이루게 되는 것[移愚成智]'이다. 이는 '배워서 알게 되는 것[學而知之]'과 '고생 끝에 얻게 되는 것[困而得之]'과 같은 자연스러운 원리이다.

종교의 세계[宗教界]에서 진리를 수학(修學)하는 성도들이 전날의 관습을 버리며, '조심하고 공손하고 공경해서'1562) '선한 것을 보면 그것을 따르며, 의로운 것을 들으면 즉시 따르고, 아침에 가르침을 받아 지식을 더하고 저녁에는 그것을 깊이 익힌다.'1563) 그러므로 배워서 그것을 얻고, 믿어서 그것을 행하여, '제(齊)나라를 변화시켜 노(魯)나라가 되게 하는 것'1564)이다.

'뜻은 공허하고 간사한데 두지 말아야 하며, 행동은 반드시 바르고 곧게 하고'1565), '성심으로 기도하며[誠心禱告]', '자신을 수양하여 덕을 세우는 자'1566)는 '마루에 올라 방에 들어가서'1567), '환하게 통하여 진리를 깨달음'1568)으로써 완전히 성결(聖潔)한 반열에 뛰어 오르게 될 것이다.

1562) *《만종일련》의 원문은 "小心翼翼"이다. 이는 《시경》·〈대아〉·"대명편"에 나오는 구절이다. 성백효 역주,《詩經集傳 下》200 참조.
1563) '만종일련'의 원문은 "見善從之 聞義即服 朝益暮習"이다. 이는 《소학》에 나오는 구절이다. 성백효 역주,《小學集註》67-68 참조.
1564) *《만종일련》원문에는 "變齊爲魯者也"로 되어 있다. 이는 《논어》·〈옹야〉에 나오는 내용을 근거한 것으로 보인다. "子曰 齊一變 至於魯 魯一變 至於道 ; 공자께서 이르시기를, 제(齊)나라가 한 번 변화하면 노(魯)나라에 이르고, 노(魯)나라가 한 번 변화하면 도(道)에 이를 것이다."
※공자 당시에 제(齊)나라는 강했으나, 그 풍속은 공리(功利)를 우선으로 여기고 과장과 속임수를 좋아했으니, 이는 패도정치의 남은 습속이었다. 반면에 노나라는 약했으나 예(禮)를 중시하고 신의(信義)를 숭상하여 주공(周公)의 유풍이 남아 있었다고 한다. 저자는 바로 이를 염두에 두고 인용한 것으로 보인다. 자세한 내용은 다음을 참고하라. 성백효 역주,《論語集註》120 참조.
1565) *《만종일련》의 원문은 "志母虛邪 行必正直"이다. 이는 《소학》에 나오는 구절이다. 성백효 역주,《小學集註》68 참조.
1566) *《만종일련》의 원문은 "修身立德者"이다. 이는 《공자가어》에 나오는 구절이다. 허경진 외 번역,《譯註 孔子家語 1》293-295 참조.
1567) *《만종일련》의 원문은 "升堂入室"이다. 이는 《논어》·〈선진〉에 나오는 구절이다. 성백효 역주,《論語集註》212 참조.

그러한 연유로, 첫 계단에 선 사람은 비록 열심은 있지만, 때때로 마귀의 장애(障礙)와 세상의 함정에 떨어지며, 바람과 비를 만나고 '물웅덩이[潦水]'에 빠지면 구세주[救主]를 배반하고 물리치며 죄의 눈물에 빠지게 되니, 이것은 과연 어찌된 까닭인가! 신앙은 있으나 거듭남(重生)을 얻지 못하고, 죄를 용서받았으나 성결(聖潔)에 들어가지 못했기 때문이다.

그러므로 "나의 주님은 그리스도[基督]시요, 살아계신 하나님[上主]의 아들이시다"라고 대답하던 베드로도 환난을 당할 때에 주(主)를 세 번이나 '알지 못한다'라고 부인했다. 그 뒤에 성령[聖神]을 받은 후에는 굳세고 강하게 주(主)를 증거하여 진리를 강론하고, 십자가에 못 박혀 죽는 것도 피하지 않았다.

다메섹[大馬色]에서 주(主)의 특별한 부르심을 친히 영접한 바울도 아라비아에 가서 3년이나 수양(修養)하면서 묵상하고 '고요히 사색하며[靜考]' 교통(交通)으로 성령[聖神]의 감화를 받았다. 그 후에 여러 가지 위험과 온갖 어려운 고초를 능히 인내하며, 주(主)의 사역(使役)에 '경외하는 마음으로 죽음에 이르기까지 온힘을 다했으며', '삼층 하늘[三層天]'의 묵시(默示)를 얻었다. 이것으로 살펴보자면, 신자(信者)의 '덕성과 신의', 그리고 '품성과 행실'의 '완전하고 깨끗함'이 '앞과 뒤, 높고 낮음'의 '순서와 절차[階梯]'가 반드시 있다고 하겠다.

권점표(圈點標)는 아래와 같다.

1568) *《만종일련》의 원문은 "豁然貫通"이다. 이는 주희(朱熹)의 《대학장구》에 나오는 구절이다. 성백효 역주, 《大學·中庸 集註》 32-33 참조.

● 1. 이스라엘[以色列] 백성의 이방인[外邦人]이다.

이들은 하나님[上主]의 허락하심과 모든 언약(言約)이 없는 자들이며, 세상을 살아가면서 소망이 없고, 죽은 뒤에 어느 곳으로 가는지 알지 못하는 자들이다.【에베소서 2장 11절】.

2. 죄(罪)에서 태어나 죄 가운데 장성하며, 죄 가운데 늙고 죄 가운데 죽는 자들이다. 이들은 흑암 중에 있으며, 죽음의 땅과 어두침침한 그들에 앉아서 불의(不義)와 악독(惡毒)과 탐욕스러운 마음과, 잔인하고 난폭함이 가득하며, 시기(猜忌)와 살인과 분쟁과, '속임수와 간사함[騙邪]'과 각박(刻薄)과 음해(陰害)가 가득차서 넘치는 자들이요, '남을 업신여겨 욕보이고[凌辱]' 교만하며, '스스로 자랑하고' '악을 만들고[作惡]', 부모를 거역하는 자요, '지극히 어리석고[愚蠢]' '약속을 저버리고', 무정(無情)하고 '긍휼이 없는' 자들이다.【마태복음 4장 16절, 로마서 1장 29-31절】

3. 마귀에 속한 자들이다. 이들은 "너희의 아비 마귀에게 나와서 아비의 욕심을 행하며, 처음부터 살인자요 진리에 속하지 않으며, 그 마음에 진리가 없고, '망령된 말[謊言]'이 마음에서 나와 말을 한다. 그리하여 이들은 망령된 말을 하는 '황언자(謊言者)'도 되고 황언자(謊言者)의 아비도 되었다."【요한복음 8장 44절】

음행(淫行)과 '지저분하고 더러움[汚穢]'과 '서로 다투어 싸움[爭鬪]'과 시기와 분노와 작당(作黨)과 '술 취함'과 방탕과, 우상(偶像)을 받들어 섬기고, 배[腹]로써 주(主)를 삼으며, 지옥에서 영원히 죽을 자들이다.【갈라디아서 5장 19-21절, 디도서 1장 12절】.

● 1. **죄를 알고 애통해하는 사람이다.**

"마음이 가난한 자는 복이 있다. 천국이 저들의 것이요, 애통하는 자는 복이 있다. 저들이 위로를 받을 것이다."【마태복음 5:3-4절, 누가복음 3장 12-14절】

이들은 진리를 듣고 마음에 찔림을 받아 말하기를, "우리들이 어찌할꼬!" 하는 자와, 죄를 뉘우치고 허물을 고치는 자들과 '악기의 현을 새로 갈고 수레가 다니는 길을 변경하여 내는 사람들'1569)이니, 자신의 소유 가운데 절반을 가난한 자에게 나누어주며, 어떤 사람에게든지 '금품을 억지로 달라고[討索]' 하였으면, 4배로 보상하는 자들이다.【사도행전 2장 37절, 누가복음 19장 8절】.

2. 그 어두움을 벗어버리고 광명한 빛에 나아가는 자들이다. 이들은 베드로의 말을 경청하고 세례를 받았는데, 제자의 숫자가 삼천이나 증가했고, 그 밤에 '감방간수장[獄司掌長]'이 두 사람의 상처를 씻겨주고 온 집안사람들이 모두다 세례를 받았으며, '에베소'의 형제들이 요한에게 세례를 받았으나, 성령[聖神]께서 주신 것임을 듣지 못하고, 단지 회개의 세례를 받았다.【사도행전 2:41-47절, 19:18-19절, 16:33-34절, 19:2-4절】.

◐ 1. **'믿음으로 의롭다고 칭함[以信稱義者]'을 받은 사람이다.**

"온유한 자는 복이 있다. 저들이 땅을 얻을 것이다. 굶주리고 목마름과 같이 의(義)를 사모하는 자는 복이 있다. 저들이 배부름을 얻을 것이다. 의

1569) *《만종일련》의 원문은 "改絃易轍者"이다. 의미는 "악기의 현을 새로 갈고 수레가 다니는 길을 변경하여 낸다는 뜻으로, 제도나 계획 등을 고치어 바꿈을 이르는 말"이다. 《朝鮮孝宗實錄》에 자주 나오는 글귀이다.

인은 믿음으로 말미암아 생명을 얻을 것이다"라고 하였다. 【마태복음 5:5-6절, 로마서 1장 17절, 3:22-28절, 갈라디아서 3:1절, 로마서 3:22-28절】

"그 진리에 속한 자들이니, 저들이 세상에 속하지 않은 것이 내가 세상에 속하지 않은 것과 같다"고 하였다. 【요한복음 17:16절】

"너희들은 하나님[上主]께 순종하고 복종하라. 마귀를 대적하라. 너희들을 피할 것이다. 하나님[上主]을 가까이하라. 주(主)께서 너희들을 가까이 하실 것이다." 【야고보서 4:7-8절】

◐ 1. 성령[神]으로 거듭난[重生] 사람이다.

"이는 혈기로 태어난 것도 아니요, 정욕으로 태어난 것도 아니요, 사람의 뜻으로 태어난 것도 아니요, 하나님[上主]께로부터 태어난 것이다. 【요한1서 1:13절】.

"자비하심을 받은 자요, 하나님[上主]께서 부르셔서 칭찬하여 상을 내려주심을 얻고자 하여, 푯대를 향해 달음박질하는 자요, 손[手]에 쟁기를 잡고 뒤를 뒤돌아보지 않는 자들이다." 【마태복음 5:7절, 빌립보서 3:14절, 누가복음 9:62절】.

"의(義)와 경건과 인애와 인내와 온유를 좇으며, 믿음의 선한 싸움을 '씩씩한 힘으로 잘 싸워서' 영생을 취(取)하는 자이다." 【디모데전서 6:11-12절】.

"선한 열매를 맺는 자이니, 성신(聖神)의 열매는 사랑과 기쁨과 평화와 인내와 자비와 선행과 충성과 온유와 절제를 행하는 자이다." 【갈라디아서 5장 22-23절】

또한, "예수 그리스도 안에 있어서 죄로 단정(斷定)을 받은 것이 없는 자이다." 【로마서 8:1】.

◉ 1. 하나님[上主]을 보는 사람이다.

"마음을 다하고 성품을 다하고, 뜻을 다하고 힘을 다하여, 하나님[上主]을 사랑하며, 자기 몸과 같이 이웃을 사랑하여 하나님의 계명을 지키는 자들이다. 마음이 청결한 자는 복이 있다. 저들이 하나님을 볼 것이다."【마태복음 5:8절, 22장 37-40절】.

"빛 가운데 있어서 '예수 그리스도'의 보혈(寶血)로 모든 죄를 깨끗하게 씻은 자들이다."【요한1서 1:7-9절】.

"성령(聖神)을 충만하게 받은 자들이다."【사도행전 19:6절, 4장31절】.

"물건의 유무(有無)를 서로 간에 통용(通用)하는 자요, 각 나라의 방언(方言)을 능히 말하는 자들이다."【사도행전 2:43-44절, 2장 4절】.

◎ 1. 하나님[上主]의 자녀[子]가 된 사람이다.

"평화를 이루는 사람은 복이 있다. 그들이 하나님의 자녀라고 일컬음을 받을 것이다. 구세주를 영접하여 대접하는 자와 그 이름을 믿는 자는 권세를 내려주셔서 하나님의 자녀가 되게 하시니, 그는 하나님에게서 난 사람이다."【마태복음 5:9, 요한복음 1:12절】.

"성령(聖神)이 친히 우리의 하나님[神]으로 더불어, 우리가 하나님[上主]의 자녀된 것을 증거하신다. 자녀가 된즉 상속자[後嗣]가 되어 하나님[上主]의 상속자[後嗣]가 된 사람들이다."【로마서 8:16-17절】,

하나님의 맏아들을 제외한 모든 자녀들의 영광을 얻어서 '스스로 주인 노릇하는[自主]' 사람들이다.

〇 **1. 완전히 성결(聖潔)한 사람이다.**

"우리가 다 하나님의 아들을 믿으며, 아들을 아는 일에 하나가 되기 위하여, 완전한 사람을 이루어 그리스도의 장성(長成)한 분량이 충만한 데까지 도달한 사람이다."【에베소서 4:13절】.

"물로 씻은 것 같이 성결하게 하시고, 티[瑕疵]나 주름[皺文]이나 흠(欠)이나 결점이 없어서 성결한 사람이다."【에베소서 5:27절, 사무엘전서 12:3-4절】.

"선지자와 사도같이 기이한 일과 이적을 행하는 자요, 에덴동산[埃田園]에 있는 자같이 하나님과 동화(同化)되고 동행하는 사람이다."【창세기 2:8절, 5:24절, 열왕기상 17:21-22절, 열왕기하 4:34-35절, 5:14절, 사도행전3:7-8절, 9:40절, 19:12절, 20:10절】.

"구세주와 함께 12보좌(寶座)에 앉아서 이스라엘[以色列] 12지파(支派)를 심판할 사람들이다."

"제1차 부활에 참예하여 하나님과 그리스도[基督]의 제사장(祭司長)이 되어, 천년동안 그리스도와 함께 왕(王) 노릇하며, 세세(世世)에 왕(王)이 될 사람이다."【마태복음 19:28절, 요한계시록 20:6절, 22장 5절】.

탁사[濯斯子]가 시를 지어[有詩] 노래하기를[曰]

원조당년죄재신(元祖當年罪在身)
창생성악시원인(蒼生性惡是原因)
약몽성혈성순결(若蒙聖血成純潔)
갱득애원구주인(更得埃園舊住人)

영대보경소무진(靈臺寶鏡素無塵)
중간매몰경실진(中間埋沒竟失眞)
혈수세성신면목(血水洗成新面目)
결신환작복초인(潔身還作復初人)

원조 당년에 죄가 몸에 있으니
창생들의 성품 악한 것이 이에 원인이 되었더라
만일 거룩한 피를 입어 순결함을 이루면
다시 에덴동산에 예전 사람이 되리로다
영대의 보배거울이 근본 티끌이 없더니
중간에 매몰하여 마침내 참 것을 잃었더라
피와 물로 씻어서 새 면목을 이루었으니
정결한 몸이 도로 처음을 회복한 사람을 지었더라.

만종일련(萬宗一臠)
마침[終]

萬宗一臠

〈原文〉

緒言

余自髫齓. 讀孝經章句. 聞宗教說. 至弱冠. 見諸子書. 始有宗教之疑. 楊墨之泣歧悲絲. 濂洛群儒之駁論性理. 道釋之拔宅涅槃. 各立門戶. 性命說理氣論. 紛然褨出於其間. 或體同而用異. 理通而氣局. 荀孟之論性善惡. 若薰蕕之不同. 老莊之谷神靜樸. 有生. 生於無生. 生滅. 與不生滅. 合而成八識. 極賾微奧. 雖碩德鴻儒. 枴杖臨歧. 不無東西難辨矣. 群疑芸芸. 反失宗教之眞原. 此萬宗一臠之所以筆也. 子輿氏有言曰權然後. 知輕重. 度然後. 知長短. 此誠達論. 宗教者. 元始存在. 萬物之母. 無極之道. 眞如之元. 若不以心權之究探之. 孰能辨其輕重簡奧哉. 愚以悾侗. 三十載硏經之際. 雖不得盡獵三墳五典八索九邱. 索隱鉤奧. 參考衆論. 述而不作. 或附己意. 敢構證說一編凡五閱星霜矣. 各宗教之略史要義. 一目瞭然. 若使覽者. 權度而探賾. 玄門之功行圓滿. 釋氏之無上正覺. 婆敎之四種韋陀. 摩氏之全編古蘭. 眞宗眞理. 異端異說. 自然闡彰. 不湏待師而渙然氷釋矣. 使臨歧躊躇者. 自解歸路. 掛鏡玩絲者. 能辨本色. 銀椀裡之盛雪. 福氣樹之供物. 自然滅於空虛. 宋儒理氣之論. 湖洛四七之爭. 終歸和域矣. 宗者. 朝宗. 宗其理而奉行. 教者. 修道. 教其民而感化. 一臠者. 以一臠. 知全鼎味也. 至若三位一體之奧. 七輪成住壞空之說. 非譾劣. 所敢揣論故. 以俟當世之至聖云爾.

歲在 丙辰 仲呂月 上澣 崔炳憲 識于 花島精舍

凡例

一. 各宗敎書類를蒐集호되原本대로引用호고私意로增刪치아니홈

一. 諸子百家의論理도本說대로만取證

一. 性理의論辨은德國花之安先生의性海篇에셔補要홈

一. 各敎書籍外에歷史와雜誌와見聞을參考호야集成홈

一. 按字下에猥付己義홈은俯獵僉彦의理想裁斷을竊望홈

一. 漢字와鮮文을幷用홈은同胞의博覽을便易케홈

一. 尾付혼黑白의圈點은修道의升高自卑와由凡入聖홈을表示홈

目次

緒言
凡例
總論

第一章 儒教道理의 要素
　儒世界圖書
　孔子誕生
　孔子出世
　孔子贊謚
　天人關係
　敬畏上帝
　【心性理論】
　　孔夫子　孟子　子思　告子　荀子　淮南子　董子　楊子　班固　无能子　周子
　　張子　程子　朱子　陳北溪　吳子澄　許子　王子　潘若水　汪應蛟　程瑤田
　　顧炎武　鄭圃隱　李栗谷　李退溪　李陶菴　李巍岩　韓南塘　尹屛溪

第二章 佛教道理의 要素
　佛世系圖書
　萬物原因
　佛祖誕生
　佛陀出家
　佛陀成道
　佛陀說法
　佛陀入滅
　中華佛教略史

第三章 仙教道理의 要素
仙世界圖書
道祖化身
老子修鍊
老子遊世
老子隱世
老子出關
老子異蹟
老君隱顯
【仙家異述】
　彭宗　太玄女　姚光　張道陵　淮南王　仙道要扶

第四章 回教道理의 要素
回教網領
回教規禮
回世界圖書
回祖誕生
摩哈默少時
摩哈默成道
回教發展
摩氏行政

第五章 婆教道理의 要素
婆教略史
婆羅門種
刹帝利種
吠奢種　吠奢種
戌陀種
四韋陀書

第六章 其他各敎道理의 要素
　神敎略論
　天理敎略史
　波斯火敎理論
　喇嘛敎宗旨
　印度舊敎迷信
　埃及古敎迷信
　希臘古敎道理
　希臘火神敎論理
　白速敎創史
　太極敎呂一齊
　大倧敎分立史
　天道敎主略史
　大宗敎李一夫
　太乙敎幻術
　敬天敎, 靑林敎, 濟愚敎出處

第七章 基督敎道理의 要素
　天主敎, 希臘敎, 耶穌敎 分裂史　　修道要訣

訂增

萬宗一臠 總論

○ 橐籥乾坤에 萬象이 森羅ᄒᆞ고 鴻洞世界에 五洲가 分區ᄒᆞᆫ 社會에 諸般學說은 不敢贅論이로ᄃᆡ 宗敎家의 道理에 限ᄒᆞ야 略論컨ᄃᆡ 士子와 學者ㅣ 宗敎를 必稱ᄒᆞᆫ다.

○ 孔孟을 尊奉ᄒᆞᄂᆞᆫ 者는 存心養性과 仁義禮智로 倫理原素의 體를 作ᄒᆞ고 三綱五常과 修齊治平으로 立德修行에 用을 作ᄒᆞᆫ지라. 大學의 道는 德을 明ᄒᆞ며 民을 新하고 至善에 止ᄒᆞ며, 中庸의 道는 不偏不倚ᄒᆞ야 天命의 性을 率ᄒᆞ며 心氣形의 和ᄒᆞᆷ으로 天地의 中和를 致ᄒᆞᆫ다ᄒᆞ야 紀綱을 立ᄒᆞ며 名分을 正ᄒᆞ야 曰世界의 倫常을 明ᄒᆞᄂᆞᆫᄃᆡ 價値가 有ᄒᆞᆫ 道는 吾儒敎가 天下에 第一宗敎라ᄒᆞ고.

○ 佛陀를 崇拜ᄒᆞᄂᆞᆫ 者는 明心見性과 三歸四諦의 悟法으로 因果를 說하며 阿耨多羅三藐三菩堤로도 無上正遍上正覺을 論하며 金剛般若波羅蜜노 彼岸에 到ᄒᆞᆫ다ᄒᆞ며 迦毗羅國에셔 釋迦生時에 一手指天ᄒᆞ고 一手指地ᄒᆞ며 曰天上天下에 惟我獨尊이라ᄒᆞ고 金剛經에 曰凡所有相이 皆是虛同이니 若見諸相非相ᄒᆞ면 卽見如來라ᄒᆞ며【如來는 從如實道來成正覺】佛陀를 贊ᄒᆞ야 曰天中天이오 聖中聖이라. 三界大師요 四生慈父라ᄒᆞ야 天下에 第一高尙ᄒᆞ고 無上深深微妙ᄒᆞᆫ 法은 吾佛敎가 東西洋의 第一宗敎라ᄒᆞ고.

○ 仙術을 從ᄒᆞᄂᆞᆫ 者는 修心鍊性과 三家三元으로 眞訣을 作ᄒᆞ며 化氣分身과 度世長生으로 門戶를 別立ᄒᆞ야 鼎湖에셔 騎龍昇天ᄒᆞ던 黃帝軒轅氏와 函關에셔 駕牛出門ᄒᆞ던 玄元聖君으로 敎祖를 奉한지라. 經에 曰道可道면 非常道요 名可名이면 非常名이라ᄒᆞ며 無는 名天地之始요 有는 名萬物之母라. 故로 常無는 欲以觀其妙요 常有는 欲以觀其徼라. 此兩者는 同出而異名이니 玄之又玄이 衆妙之門이라ᄒᆞ고 不死ᄒᆞᄂᆞᆫ 谷神玄牝이 天地의 根이라ᄒᆞ며 修持功行에 仙이 五等이 有ᄒᆞᆫᄃᆡ 採精門과 念呪門이 有ᄒᆞ며 丹田의 胎를 成ᄒᆞᄂᆞᆫ 者는 天上仙官이 六丁을 率ᄒᆞ고 金童玉女로 成胎ᄒᆞᆫ 人을 迎接ᄒᆞ야 雲霄에 飛昇ᄒᆞᄂᆞ니 第一神妙ᄒᆞ고 玄奧ᄒᆞᆫ 道는 仙門이 眞宗敎라ᄒᆞ고.

○ 婆羅門敎를 從ᄒᆞᄂᆞᆫ 者는 大梵天王의 黙示로 四部費大書를 著作ᄒᆞ엿스니 猶云 智慧書라. 第一部曰理哈費大요, 第二曰雅古費大요, 第三曰薩馬費大요, 第四曰阿呀大法費大니 總名曰四韋陀라. 共히 一千二十八編인ᄃᆡ 後世人으로 一字도 增減치 못ᄒᆞ게ᄒᆞ야 完璧이라 稱함은 上帝의 口에셔 出ᄒᆞ야 聖人의 耳에 入하엿스니 至精至純ᄒᆞ다ᄒᆞᆷ이라. 該敎門의 信者들은 八明의 神으로 獨一無二하신 主宰라ᄒᆞ고, 八明의 神이 又分三位ᄒᆞ니 曰巴馬와 衛世努와 息罷의 神이라. 巴馬의 神은 世界萬物을 創造ᄒᆞᆫ 神이오, 衛世努ᄂᆞᆫ 萬物을 保佑ᄒᆞ며 維支ᄒᆞᄂᆞᆫ 神이오. 息罷ᄂᆞᆫ 萬物을 剝落肅殺케ᄒᆞᄂᆞᆫ 神이라. 理哈費大 第七卷八十九篇에 曰法路那呀現不要敎我進墳去ᄒᆞ고 全能의上帝可憐我라ᄒᆞ고 七卷八十六篇에 曰法路那呀我們祖宗의 罪惡과 自己罪過를 一切赦免ᄒᆞ야 放我出來를如釋縛牛ᄒᆞ쇼셔ᄒᆞ엿스니 婆羅門敎人도 ᄯᅩᄒᆞᆫ 求福ᄒᆞ기를 上帝의 懇禱ᄒᆞᄂᆞᆫ 信徒들이라. 其外에 宏虛荒誕ᄒᆞᆫ 言論이 多ᄒᆞ나 其傾向을 見컨ᄃᆡ 天下의 聖書는 費大書外에 더 完全ᄒᆞᆫ 것이 無ᄒᆞ다ᄒᆞ며 世界의 宗敎도 自己의敎가 眞宗이라 하고.

○ 回回敎를 從ᄒᆞᄂᆞᆫ 者는 敎祖 摩哈默【모함메드】의 著述ᄒᆞᆫ 古蘭經【一名古爾阿呢】을 信從ᄒᆞᄂᆞ니 書分一百十四章이오 共計八萬言이라. 其要素가 有四ᄒᆞ니 一曰不拜偶像ᄒᆞ며 獨一無二의 神을 崇奉ᄒᆞᄂᆞ니 天地萬物을 創造ᄒᆞ신 主幸시오. 二曰 摩哈默은 眞神上主의 獨派ᄒᆞ신 先知者요 救世ᄒᆞᄂᆞᆫ 使徒라ᄒᆞ고. 三曰 人生들은 死後에 必當復活ᄒᆞ야 天神의 審判을 受ᄒᆞᆫ다ᄒᆞ고. 四曰 天堂地獄이有ᄒᆞᆷ을 信ᄒᆞ야 曰善人은 天堂으로 活升ᄒᆞ고 惡人은 地獄으로 死入ᄒᆞᆫ다ᄒᆞᆫ지라. 亞剌非亞米迦城中에 一大廟字가 有하니 名曰迦阿巴라. 其廟中에 一黑石을 奉ᄒᆞ야 回敎人들이 至今ᄭᅡ지 崇祀ᄒᆞᄂᆞ니 此石은 元祖亞當이 埃田出時에 携來ᄒᆞᆫ 것이라ᄒᆞ고, 迦阿巴廟는 非人造建이라. 自天降下러니 洪水汎濫時에 頹敗ᄒᆞᆷ으로 上主ᄭᅴ셔 天使加富列로 該石을 收拾ᄒᆞ시고 其後에 亞富羅含이 迦阿巴廟를 重建時에 石一角을 缺ᄒᆞ엿시며, 石本白色이러니 後에 犯罪人民의 性을 從ᄒᆞ야 黑色이되엿다ᄒᆞᆫ지라. 摩哈默이 回回敎를 創立時에 倡言하기를 猶太敎와 基督敎가 天道를 乖背ᄒᆞᆷ은 無ᄒᆞ나 分以論之ᄒᆞ면 猶太敎는 樹之根抵와如하고 基督敎는 樹의幹枝와 如ᄒᆞ되 我回回敎는【英文音에 以施南이니 上主의 完全히 服從ᄒᆞᄂᆞᆫ 義】樹의 結實과 同ᄒᆞᆫ지라. 農夫가 種樹ᄒᆞᆷ은 正히 嘉果를 爲ᄒᆞᆷ이니 欲食其果者는 皆種我敎ᄒᆞ라ᄒᆞ고, 且回敎人이 言ᄒᆞ기를, 敎祖摩哈默은 母胎에셔 割禮를 受ᄒᆞ고 生時에 母臍로 誕生ᄒᆞ고 生即伏地ᄒᆞ야 爲民祈禱라ᄒᆞ며 其背에 上帝先知 四字의文이 有ᄒᆞ다ᄒᆞ며 摩哈默이 出外時에 木石이 羅拜하며 戰鬪於沙

漠時에 盤石이 生水ᄒ야 萬軍을 解渴ᄒ다ᄒ고 恒言ᄒ기를 何國何人이던지 救援을 得코져ᄒᄂ者는 回敎를 信從ᄒ라ᄒ야 曰天下에 第一宗敎는 回回敎라고.

○ 猶太敎를 信從ᄒᄂ者들은 自家들의 中祖되ᄂ 亞富羅含을 信賴ᄒ며 摩西의 律例와 祖宗의 遺傳을 謹守ᄒᄂ民族들이니 卽以色列의 十二支派人들이오. 其中에 特別ᄒ 一敎派가 有ᄒ니 曰法唎賽敎人이라. 主降生 一百五十年前에 始作된 敎派이오 耶和華上主ᄭᅴ셔 亞富羅含의게 約條ᄒ신 割禮를 必行ᄒ며 西乃山에셔 摩西의게 垂賜ᄒ신 十誡命을 守行ᄒ야 所有中에 十一條를 上主ᄭᅴ 納貢ᄒ며 一週間에 二回式 禁食ᄒ며 不義와 淫亂을 不行ᄒ다ᄒ고 ᄯᅩᄒ 長老의 遺傳으로 潔禮를 守ᄒ야 家家에 水缸을 置ᄒ고 淸水를 貯ᄒ야 其水와 其臂를 不洗ᄒ면 不食ᄒ고 自市歸來ᄒ야도 不洗면 不食ᄒᄂ니 此敎도 獨一無二ᄒ신 上主의 神을 奉事ᄒ며 上古의 諸先知書를 誦讀ᄒ며 上主ᄭᅴ셔 許ᄒ신 彌賽亞가 降生ᄒ시기를 至今ᄭᅡ지 希望ᄒᄂ 敎人들이라. 天堂과 地獄의 有ᄒᆷ도 知ᄒ고 人의 靈魂이 永存不滅ᄒᆷ도 信ᄒ고 復活도 信ᄒᄂ者들이라. 該信徒들은 恒言ᄒ기를 上主ᄭᅴ셔 亞富羅含과 摩西와 諸先知者들의게 許하심을 見ᄒᆯ진ᄃᆡ 我猶太敎가 第一宗敎라고.

○ 天主敎와 【西羅馬敎】 希臘敎와 【東羅馬敎】 宗古敎와 【倫敦敎】 예수敎ᄂ 【長老 監理會 組合會 福音 傳道會】 同一ᄒ 敎派로 救主예수基督ᄭᅴ셔 代人贖罪ᄒ심을 信仰ᄒ며 天地萬有의 大主宰 耶和華를 崇拜ᄒᄂ니 三位一體의 無始無終ᄒ신 神이시라. 原理의 宗旨를 論ᄒ면 主도 一이시오 聖神도 一이시며 信도 一이오 洗禮도 一이오 所望도 一이여ᄂᆞᆯ 門戶를 各立ᄒ야 互相不合ᄒᆷ은 實로 可嘆ᄒᆯ 事이라. 主后 四百餘年에 敎會에셔 致命者의 節期를守ᄒ며 紀念會堂도 建ᄒ고 其人骸骨을 堂內에 置ᄒ기도 더니, 六百餘年에 至ᄒ야 羅馬의 第一會督이된 基督古利는 德高名顯ᄒ며 奮發雄才ᄒ야 立會傳道ᄒᆯᄉᆡ 特別히 牧會章程과 治會規範을 裁作ᄒ고 彌撒祭의 禮를 擬定ᄒ야 倡言ᄒ기를 信徒의 靈魂이 煉獄을 必經後에 天堂에入ᄒ다ᄒ며 彌撒祭는 能히 煉獄에 魂을 贖ᄒ다ᄒ지라. 其後에 敎規가 漸漸變ᄒ야 敎中聖人들을 中保로 事ᄒ고 十二使徒와 馬利亞의 像을 堂中에 置ᄒ더니 東西敎會督의 所見이 不同ᄒ야 基督예수의 神性人格의 說로 爭詰ᄒ다가 黨派를 分ᄒ니 西敎에셔 東敎를 分敎라 稱ᄒ고 一千二百六十年에 至ᄒ야 羅馬敎主를 敎王으로 特立ᄒ야 예수基督의 事을 代理ᄒ며 萬國帝王을 主管코져ᄒ더니, 一千五百餘年에 路得馬丁氏가 敎皇의 大赦文憑과 超度靈魂의說을 反對ᄒ야 維新敎를 改定ᄒᆷ으로 天主敎에서 예수敎를 逼

迫ㅎ야 曰裂敎라ㅎ며 逆敵敎에는 救靈의 理가 無ㅎ다ㅎ고 我天主敎는 原來舊敎로 敎皇도 有ㅎ시고 律例도 嚴正ㅎ야 天下의 第一가는 宗敎라ㅎ고 希臘敎나 宗古敎나 예수敎는 亦是自己의 信仰ㅎ는 敎가 天下의眞宗敎라ㅎㄴ니 聖神의 智慧와 聰明이아니면 各敎會의 長短高下와 微奧玄理를 到底히 分辨키難ㅎ고.

○ 其外에 波斯의 火敎와 印度의 太陽敎는 原理가 未彰ㅎ고 宗旨가 卓越치못ㅎ야 足히 齒論홀것이 無ㅎ고, 現今 我半島에 天道敎와 大宗敎와 侍天敎와 天理敎와 靑林敎와 太乙敎 濟化敎가 各各 門戶를 別立ㅎ야 皆言ㅎ기를 吾敎는 天下의眞宗敎라ㅎㄴ니, 子思曰 詩曰 俱曰予聖이라ㅎ니 誰가 烏의 雌雄을 知ㅎ리오홈이 誠是格言이라.

○ 今에 宗敎를 言ㅎ는者ㅣ 動以十數ㅎ며 嗚以百舌이로디 宗敎의 宗旨를 徹底未達ㅎ며 曲暢旁通치못홈으로 魚目의珠와 斌玞의玉을 不辨홈이라. 宗敎의理는 三大觀念이有ㅎ니 一曰有神論의觀念이오 二曰來世論의觀念이오 三曰信仰的의觀念이라. 某敎를 勿論ㅎ고 缺一於此ㅎ면 完全혼 道里가 되지못홀지라.

以儒敎論之컨디

第一章 儒教道理의 要素

第一 儒教界圖書

○ 易에曰 太極이生兩儀ᄒ고 兩儀가生四象ᄒ고 四象이生八卦라ᄒ니 此는 河洛圖書의數를 聖人이 則之ᄒ야 天數의 廿五와 地數의 卅으로 乾坤卦象을 作ᄒ니 太極은本於無極이라. 動而生陽ᄒ고 動極而靜ᄒ며 靜而生陰ᄒ고 靜極復動ᄒ야 一動一靜이 互爲其根이니 分陰分陽에 兩儀立焉ᄒ며 陽變陰合에 五行이生焉ᄒ고 五氣順布에 四時行焉ᄒᄂ니 五行은 一陰陽也오 陰陽은 一太極也니 二五之精妙가 合凝에 乾道는成男ᄒ고 坤道는成女ᄒ야 二氣交感에 化生萬物ᄒ고 元亨利貞의德은 大通宜固ᄒ고 春夏秋冬의理는 生長收藏하야 變化無窮이라. 故로 易에 曰大哉라乾元이여! 萬物이資始ᄒᄂ니 乃通天이로다. 至哉坤元이여! 萬物이資生ᄒᄂ니 乃順承天이라ᄒᆫ지라.

〈※太極圖 그림 생략〉

○ 天地萬物에 人惟得秀ᄒ야 最靈知覺故로 五性感動에 善惡이分ᄒ고 萬事出矣라. 聖人이 中正仁義ᄒ며 主靜立極故로 與天地合其德ᄒ며 與日月合其明ᄒ고 與四時合其序ᄒ며 與鬼神合其吉凶ᄒᄂ니 立天之道曰陰與陽이오 立地之道曰柔與剛이오. 立人之道曰仁與義라. 西銘에曰 乾稱父 坤稱母라. 予玆藐焉에 混然中處故로 天地之塞은吾其體오 天地之帥는吾其性이라. 民吾同胞오 物吾與也라ᄒ니 此는 程子以爲理一分殊로다. 乾父坤母는 有生之類無不不然이니 所爲理一也오 人物之生과 血脈之屬이 各親其親ᄒ며 各子其子ᄒ니 其分이安得不殊리오. 雖親疏異情ᄒ고 貴賤異等이나 以大無我之公으로 不牿於私ᄒ며 以事親之誠으로 明事天之道ᄒ면 天人對參에 萬殊一貫也니라.

○ 繫辭에曰 天尊地卑ᄒ니 乾坤이定矣오 備考以陳ᄒ니 貴賤이位矣라. 乾知大始오 坤作成物이니 乾以易知ᄒ고 坤以簡能이라ᄒ고 洪範에曰 水曰潤下오 火曰炎上이오 木曰曲直이오 金曰從革이오 土爰稼穡이라. 潤下는作鹹ᄒ고 炎上은

作苦ᄒ고 曲直은作酸ᄒ고 從革은作辛ᄒ고 稼穡은作甘이라ᄒ니 易之陰陽과 書之五行이 相生相佐ᄒ야 爲萬物生生之原이라. 故로曰 太極이肇判에陰陽始分이라ᄒ고 天生蒸民에 有物有則故로 聖帝明王이 則天行道ᄒ야 三綱五常의理와 仁義禮智의性으로 立敎明倫敬身을訓ᄒ고 明德新民止善을行ᄒ야 誠意正心으로 修齊治平에至ᄒᄂ니 此는 儒家倫常의理와 萬物의原을 創論홈이니라.

〈※河圖 / 洛書 / 伏羲八卦方位 그림 생략〉

第二. 儒敎祖의 略史

一. 孔子의 誕生

○ 宣尼氏의 名은丘요 字는仲尼니 其先은宋人이라. 殷紂之庶兄微子啓가後封于宋이러니 其後孫正考甫生孔父嘉ᄒ야 以孔爲氏ᄒ니 孔父者는 生時賜號也라. 歷三世至防叔ᄒ야 因亂奔魯ᄒ야 遂爲魯人ᄒ니라. 防叔이 生伯夏ᄒ고 伯夏生叔梁紇ᄒ니 身長十尺이오 武力絶倫이라. 只有九女而無子ᄒ고 其妾이生孟皮ᄒ니 皮有足疾이라. 乃求婚於顏氏家ᄒ니 顏父有三女라. 顏父問於三女曰 叔梁紇은聖王의裔라. 年雖大나 性嚴無疑ᄒ니 孰能爲妻오. 二女莫對호디 惟徵在進曰 從父所制라ᄒ야늘 顏父遂妻之ᄒ다. 徵在見夫年大ᄒ고 憂其無子ᄒ야 禱於尼丘山而懷孕ᄒ니 時則周靈王三十一年庚戌이오 魯襄公二十二年이오. 西曆紀元前五百五十一年이오. 大日本緩靜天皇三十一年이오 箕朝壽聖王十年이라. 是歲十一月二十七日庚寅에 周之魯國 昌平鄕陬邑에셔生ᄒ시니【即 山東省 兗州府 曲阜縣】胸有文ᄒ야曰 制作定世符라. 生才三歲에 父叔梁紇이卒ᄒ야 葬於防原ᄒ다. 爲兒時에 陳俎豆設禮容이러니 及長에 腰大十圍요 垂手過膝ᄒ며 河目海口와 斗脣蒼顏으로 立如鳳峙ᄒ고 坐如龍蹲이라. 溫讓恭儉ᄒ며 威而不猛ᄒ고 讓而嚴厲ᄒ야 萬世에師表가되며 道德이天下에冠ᄒ엿더라.

二. 孔子의 出世

○ 孔子는 生而天縱으로 岐嶷有禮러니 十五에志于學ᄒ고 十九歲에宋之上官氏를娶ᄒ야 二十에伯魚를生ᄒ다. 伯魚生時에 魯昭公이 賜以鯉魚어늘 孔子ㅣ

君의賜를榮ᄒ샤以鯉名子ᄒ니라. 是歲에 出爲季氏委吏ᄒ야 料量이平直ᄒ고 二十一에爲魯司樴吏ᄒ야牲畜이蕃息ᄒ고 二十二에弟子를始敎ᄒ며 二十七에適周ᄒ야問禮於老子ᄒ고 訪樂於萇宏ᄒ며 明堂之則을考ᄒ며【明堂以祀 五帝 赤曰明堂 黃曰神斗 白曰總章 黑曰玄堂 靑曰靑陽이오, 周有四學曰 北虞學東夏學西殷學辟雍居中即周學也】廟朝의度를察ᄒ고 金人背銘을見後에 歸魯則弟子益進이라. 二十九에學樂彈琴ᄒ고 三十四에適周ᄒ야觀風而還ᄒ다. 三十五는魯昭公二十五年甲申이라. 昭公이奔齊而魯亂이어늘 孔子適齊ᄒ야 齊大夫高昭子의家臣이되야 以通景公ᄒ니 景公이有問政之事나 爲晏嬰所阻ᄒ야 不能用이어늘 四十二에自齊反魯ᄒ시니 是時에季氏強僭ᄒ고 其臣陽虎作亂專政이어늘 孔子不仕而退ᄒ샤 刪詩書正禮樂ᄒ시니 弟子彌衆이라. 魯定公九年은 孔子五十一歲니 爲中都宰一年에 長幼異食ᄒ며 強弱異任ᄒ며 男女異塗ᄒ며 路不拾遺ᄒ고 器不雕僞라. 四方이則之ᄒ니 入爲司空ᄒ며 進爲大司寇ᄒ시니 魯國이漸治라. 定公이 會齊侯于夾谷ᄒᆞᆯ시 齊人이歸魯侵地ᄒ엿고 定公十四年에 攝行相事ᄒ야 國政을與聞ᄒ실시 爲政七日에 亂政大夫少正卯를誅ᄒ니 三月에魯國이大治라. 時則孔子五十五歲니 齊人이懼之ᄒ야 女樂으로써沮戲ᄒ거늘 季桓子受之ᄒ고 郊에不致膰於大夫ᄒ니 孔子遂行適衛ᄒ야 子路의妻兄顏濁鄒家에主ᄒ시고 其翌年에適陳過匡ᄒ실시 有匡人之拘ᄒ고 旣解返衛에 主於蘧伯玉家ᄒ고 五十七에去衛適宋ᄒ야講禮於大樹下ᄒᆞᆯ시 司馬桓魋欲殺孔子ᄒ야 伐其樹어늘 以微服으로過玉適陳ᄒ샤 主於司城貞子家라가 越三年에返于衛ᄒ니 靈公이不能用이라. 又如陳如蔡如葉이라가 至六十三歲ᄒ야 楚昭王이 孔子ᄅ陳蔡之間에居ᄒ심을 聞ᄒ고 使人來聘ᄒᆞᆯ시 陳蔡謀之ᄒ야 曰 孔子若用於楚則陳蔡危矣라ᄒ고 遂圍於野ᄒ니 絶糧七日이라. 弟子餒病이로디 孔子絃歌ᄒ시니 子路曰 夫子之歌禮乎닛가. 子曰君子好樂은爲無驕也요 小人好樂은爲無懾也니라. 子路悅ᄒ야援戚而舞ᄒ니라. 是時에 楚雖興師迎至나 竟爲子西所沮ᄒ야 赤不能用이어늘 乃返于衛ᄒ다.

魯哀公十一年丁巳에 召孔子返魯ᄒ니 時年六十八이라. 孔子仍不求仕ᄒ고 叙書記禮ᄒ며 刪詩正樂ᄒ고 贊周易ᄒ시니 弟子三千人에 增至ᄒ고 身通六藝者ᅵ 七十二人이라. 七十一歲에春秋를作ᄒ시니 西狩獲麟之時라.【語에曰叔孫氏之車士子鉏商採薪於大野라가獲麟折足載而歸ᄒ니叔孫以爲不詳이라ᄒ야棄於郭外ᄒ고使人告孔子曰有鹿而角者何也子往觀涕泣曰胡爲來哉出非其時也】哀公十六年壬戌四月十八日己丑에 孔子卒ᄒ니 壽七十三이라. 魯城北泗上에葬ᄒ니라.

三. 孔子의 贊諡

子思曰 仲尼는 祖述堯舜ᄒ시고 憲章文武ᄒ시며 上律天時ᄒ시고 下襲水土ᄒ시니 譬如天地ᄒ샤 無不持載ᄒ며 無不覆幬ᄒ고 譬如四時之錯行ᄒ며 如日月之代明이라ᄒ고, 宰我曰 以予親於夫子컨디 賢於堯舜이 遠矣라ᄒ고, 有若이曰 聖人이 出於其類ᄒ며 拔乎其萃ᄒ시니 自生民以來로 未有盛於孔子라ᄒ고, 子貢曰 夫子는 溫良恭儉讓以得之라ᄒ고, 顔淵이 喟然歎曰 仰之彌高ᄒ고 鑽之彌堅ᄒ며 瞻之在前에 忽焉在後라ᄒ고, 子貢曰 仲尼는 日月也라. 無得而踰焉이라. 人雖欲自絶이나 其何傷日月乎리오ᄒ엿더라. 孔子는 學不厭而敎不倦ᄒ시며 繼往聖開來學ᄒ심으로 魯哀公이 誄孔子曰尼父라ᄒ고 漢唐之間에는 成宣尼公이라. 文聖尼父라ᄒ고 又稱先師尼父라. 太師隆道公이라. 玄聖文宣王이라ᄒ고 又曰木鐸이라. 一太極이라ᄒ더니 元成宗大德十一年에至ᄒ야 改諡曰 大成至聖文宣王이라ᄒ고, 明世宗 嘉靖九年에至ᄒ야 孔子塑像을改爲木主ᄒ고 至聖先師孔氏之神位라 稱ᄒ엿고 唐之王勃은 夫子廟碑를撰ᄒ여曰 山下兆朕은 素王이開受命之符ᄒ고 天地氤氳은 玄聖이擧乘時之策이라. 笙簧金石이長懸闕里之堂ᄒ고 荊棘蓬蒿不入昌平之閭라ᄒ고 又曰 乾坤正氣素王生ᄒ니 玉振金聲集大成이라. 敦仁博義天人立이요 孝父忠君國家平이라ᄒ엿더라.

四. 天人의 關係

詩에曰 天生烝民에有物有則이라ᄒ며 又曰維天之命이 於穆不己라ᄒ고 畏天之威ᄒ야 于時保之라ᄒ며 蒼天蒼天아視彼驕人ᄒ며 矜彼勞人이라ᄒ고, 孔子曰 獲罪于天이면無所禱也라ᄒ고 又曰 天道는 福善禍淫이라 僞善者는天이報之以福ᄒ고 僞惡者는天이報之以禍라ᄒ고 又曰 天生德於予라 天喪予라 富貴在天이라ᄒ고 又曰 天何言哉시리오 四時行焉ᄒ며 萬物이育焉이라ᄒ시니 上帝ᄭ셔 先知의게 諄諄然命令ᄒ심을 不聞하심이라. 故로 子貢之言에曰 夫子之言性與天道는 不可得而聞焉이라ᄒ엿고, 孟子曰 受祿于天이라ᄒ고 天降下民에作之君作之師라ᄒ며 天之生物也使之一本이니 夫血氣者는本於親而無血氣者는本於天이라ᄒ고 又曰 以大事小者는樂天者也요 以小事大者는畏天者也라ᄒ며 存其心養其性은所以事天이라ᄒ고 又曰 舜이往于田ᄒ샤 號泣于旻天이라ᄒ엿스며, 中庸에曰 天命之謂性이라ᄒ며, 書에曰 天視自我民視요 天聽이自我民廳이라ᄒ고, 易에曰 立天之道ᄒ니 曰陰與陽이오 立地之道ᄒ니 曰柔與剛이오 立人之道ᄒ니 曰仁與義라ᄒ고, 董仲舒曰 道之大原이出于天ᄒ니 天不變이면道亦不變이라ᄒ고, 朱文公

이曰 惟聖은性者라浩浩其天이라ᄒ고 元亨利貞은天道之常이라ᄒ엿시니 是謂天者ᄂᆞᆫ非言蒼蒼之天이오 又非玄玄之天이라. 無極太極의 虛名과 蠢然一物의 理氣가아니라 在天ᄒ신 操權主를稱흠이니 此ᄂᆞᆫ 儒家에셔 上天主宰를 天字로替用흠이라.

聖經에曰 太初에上主끠셔 天地를創造ᄒ시다ᄒ고, 救主예수ᄀᆞᆯ아샤ᄃᆡ 勿指天爲誓ᄒ라. 天은上帝寶座오 勿指地爲誓ᄒ라. 地는上帝의足凳이라ᄒ엿시니, 天地는 譬如家屋ᄒ고 上帝끠셔는 家主가되샤 家中萬物을管理ᄒ심이 分明ᄒᆞᆫ지라. 豈可以家로稱主翁乎아!

雖然이나 程明道先生이 論ᄒ기를 以其形體로謂天이오. 以其主宰로爲帝라ᄒ며, 又曰 天之有上帝는 人身의心主와如ᄒ다ᄒ고, 朱文公은 論ᄒ기를 人似天ᄒ고 心似帝라ᄒ엿스니, 此ᄂᆞᆫ 儒門에셔 天人의關係됨을 嚴明ᄒᆞᆫ지라. 不須贅論이오.

五. 敬畏上帝

自古로 聖帝明王과 賢人達士가 上天主宰를 無不尊敬ᄒ며 莫不奉事ᄒ엿스니, 尙書에는 上帝를 尊稱ᄒᆞᆯ것이 四十九處이오 毛詩에는 三十九處이라. 今不可盡記로ᄃᆡ 其最要者를槪論컨ᄃᆡ 舜典에曰 肆類于上帝라ᄒ고, 湯誓에曰 予畏上帝라 不敢不正이라ᄒ고 敢用玄牡ᄒ야 敢昭告于皇皇后帝라ᄒ고, 湯誥에曰 維皇上帝降衷于下民이라 惟簡이在上帝心이라ᄒ고 又曰上帝不常ᄒ샤 作善에降之百祥ᄒ고 作不善에降之百殃이라ᄒ고 又曰 予小子敢祗承上帝ᄒ야 以遏亂略이라ᄒ엿고, 詩에曰 維此文王이 小心翼翼ᄒ야 昭事上帝라ᄒ며 又曰 有皇上帝伊誰云憎고ᄒ며 皇矣上帝臨下有赫이라ᄒ고 蕩蕩上帝下民之辟이라ᄒ며 上帝板板에下民卒癉이라ᄒ고 上帝臨汝ᄒ시니無貳爾心이라. 文王陟降이 在帝左右라 明昭上帝 迄用康年이라. 帝省其山에 上帝是皇이라. 昊天上帝則不我遺라 上帝旣命이라 候于周服이라ᄒ고, 孔子曰 殷之末喪師에 克配上帝라ᄒ고 又曰 郊社之禮ᄂᆞᆫ 所以事上帝라ᄒ시니 此ᄂᆞᆫ 孔子當時에 祭禮混僭ᄒᆞᆷ을特辨ᄒᆞᆫ심이오. 孟子曰 雖有惡人이나 齊戒沐浴則可以祀上帝라ᄒ고, 朱子曰 潛心而居ᄒ야 對越上帝라ᄒ엿스니 此ᄂᆞᆫ 上帝의仁慈ᄒ심이 惡人이라도 改過遷善만ᄒ면 嘉納ᄒ심으로 知흠이라.

推此論之컨ᄃᆡ 儒家賢聖들이 上帝를敬畏ᄒ며崇拜치아닌이가無ᄒ고 且儒家에셔 敬畏ᄒᆞᆫ上帝는 道家에셔尊尙ᄒᆞᄂ 玉皇上帝나 玄天上帝나 元是天尊이아니오 天地를管理하시ᄂ 造化의 主宰를稱흠이니, 耶穌敎會에 獨一無二ᄒ시며 全知全能ᄒ신 耶和華上主와 一이시오, 堯舜禹湯과 周之文武는 上主를 敬畏흠이

猶太의 大衛王과 所羅門과 略同ᄒ고, 孔孟程朱는 猶太의 先知輩와 希臘의 哲學者와 同一ᄒᆞᆯ 理想이多ᄒᆞᆯ지라. 詩書論孟의書를 究覽ᄒ건ᄃᆡ 人神의 關係가 敬畏崇祀에 不過ᄒ고 上主의 親愛ᄒ신 恩典과 應許의 立約이無ᄒ며 天國의臣民과 永生의理가 無ᄒ니 此는 吾主예수의 代贖救靈ᄒ신 理를 不知不聞ᄒᆞᆷ이라. 儒書의 宗旨가 有神의觀念이 無ᄒ다ᄒ지못ᄒ나 慈悲의恩이 無ᄒ고 將來의禍福은 善惡을從ᄒ야 子孫의게ᄭᅡ지 及ᄒ다ᄒ엿고,

六. 心性의 異論

儒家에셔 心性의 理致를 硏究ᄒ며 辨論ᄒ는 賢聖이 自孔孟以來로 至于明淸ᄒ야, 汪應蛟의 性帝心宮之說과 程瑤田 顧炎武의 述性節性之說이 有ᄒ고, 我東半島에 至ᄒ야는 栗退의 四七之辨과 湖洛의 同異之說로 黨論ᄭᅡ지 起ᄒ엿시니, 其高明釋義와 反覆博演을 難盡枚擧로ᄃᆡ 槪要를 略論컨ᄃᆡ,

西伯戡黎에 曰 故天棄我ᄒ샤 不虞天性이라ᄒ고, 【紂自好絶於天故天棄殷,虞度也民失常心】, 樂記에 曰 人生而靜은 天地之性이오 感物而動은 性之欲이니 哀樂喜怒敬愛 六者는 非性也라ᄒ고, 易之彖에 曰 乾道變化에 各正性命이라ᄒ고, 繫辭에 曰 一陰一陽之謂道니 成性存存이 道義之門이라ᄒ고.

孔子 曰 性相近也나 習相遠이라. 生而知之者는 上智요 學而知之者는 次也요 困而學之者는 其次也오 困而不學者는 下愚不移라ᄒ엿스니, 此는 韓文公의 論性三品之說과 略同ᄒ지라. 其說에 曰 性也者는 與生俱生이오 情也者는 接于物而生也라. 性之品이 有三ᄒ니 上焉者는 善焉而已矣요, 中焉者는 可導以上下者也오, 下焉者는 惡而已矣라. 仁義禮智信은 是謂五性이오 喜怒哀懼愛惡欲은 是謂七情이라ᄒ엿스니,

按以上所論컨ᄃᆡ 樂記와 義經의 語는 中庸의 天命之謂性이오 率性之謂道라 ᄒᆞᆷ과 如ᄒ나 不移二字는 性近之意로 相爲矛盾이니 不移之性은 非徒下愚라. 生而知者도 亦是不移者也니 上智와 下愚를 엇지써明辨ᄒ리오. 반ᄃᆞ시 慣習으로 좃차 可見ᄒᆞᆯ지라. 然則 智愚의 分別이 習의게 繫ᄒ고 性에 不繫ᄒᆞᆷ을 可知어늘, 豈曰 性之不同哉아! 故로 子思子 曰 夫婦之愚로도 可以與知焉이며 夫婦之不肖로도 可以能行이라ᄒ엿고, 子貢이 曰 性與天道는 不可得而聞也] 라 ᄒ엿스니, 孔子가 不言ᄒᆞ심을 孟子가 追後에 嚴明ᄒᆞᆫ가ᄒᆞᄂᆞ이다.

■ 中庸에 曰, 惟天下至誠이야 爲能盡其性이니 爲能盡其性則能盡人之性이오, 能盡人之性則能盡物之性이라ᄒ고, 孟子는 道性善ᄒ샤ᄃᆡ] 言必稱 堯舜ᄒ엿스

니, 嘗曰 堯舜은 性之也요, 湯武는 身之也요, 五霸는 假之也라ᄒᆞ고, 又曰 盡其心者는 知其性也요, 知其性則知天矣라. 存其心養其性은 所以事天也요, 修身以俟之는 所以立命也라ᄒᆞ엿스니, 此는 子思子의 論義와 略同ᄒᆞ야 自誠明을 謂之性이라 홈이오. 又曰 志는 氣之帥也요, 氣는 體之充也라. 志至則氣次焉이니, 故로 曰 持其志ᄒᆞ야 無暴其氣라. 我는 善養吾의 浩然之氣라ᄒᆞ고, 又曰 仁은 人心也요 義는 人路也라. 舍其路而弗由ᄒᆞ고 放其心而不知求ᄒᆞ니, 哀哉라ᄒᆞ고, 大人者는 不失其赤子之心者라ᄒᆞ며, 又曰 君子所性은 仁義禮智가 根於心이라 惻隱之心과 羞惡之心과 辭讓之心과 是非之心이 無ᄒᆞᆫ 者는 非人也ㅣ니, 仁義禮智의 四端이 有ᄒᆞ다ᄒᆞ고,

■ 告子는 論ᄒᆞ되 性은 猶杞柳也오 義ᄂᆞᆫ 猶桮棬也니 以人之性으로 爲仁義가 杞柳로 桮棬을 홈과 如ᄒᆞ다ᄒᆞ고, 又曰 性은 猶湍水也라. 決諸東方則東流ᄒᆞ고 決諸西方西流ᄒᆞᄂᆞ니 人性之無分於善不善이 猶水之無分於東西라ᄒᆞ고, 又曰 生之爲性이라. 食色이 爲性이라ᄒᆞ고, 又曰 仁內義外라ᄒᆞ니,

孟子가 其說을 論駁ᄒᆞ야 曰, 子가 杞柳의 性을 戕賊ᄒᆞᆫ 後에 可以爲桮棬이니 人을 亦爲戕賊ᄒᆞ야 以爲仁義乎아! 率天下而禍仁義者는 子言이라ᄒᆞ고, 又曰 水信無分於東西어니와 豈無分於上下乎아! 人性之善也ㅣ猶水之就下라ᄒᆞ고, 又曰 生之爲性은 猶白之謂白歟아! 曰 然ᄒᆞ다. 白羽之白이 猶白雪之白이며 白雪之白이 猶白玉之白歟아! 曰 然하다. 然則 犬之性이 猶牛之性이며 牛之性이 猶人之性與아ᄒᆞ엿고.

■ 荀子 曰, 人之本性은 惡ᄒᆞ니 其善은 僞也라. 生而有好利焉ᄒᆞ야 順是則爭奪이生而辭讓이 亡ᄒᆞ고 生而有疾惡焉ᄒᆞ야 順是則殘賊이生而忠信이 亡ᄒᆞ며 生而有耳目聲色之欲故로 淫亂이生而禮儀亡ᄒᆞᄂᆞ니, 人性의 惡이 明矣라ᄒᆞ고, 又曰 枸木은 檃栝을 待ᄒᆞᆫ 後에 直하고, 純金은 礱礪를 待ᄒᆞᆫ 後에 利ᄒᆞ고, 人之性惡은 師法을 待ᄒᆞᆫ 後에 正ᄒᆞ며 禮儀를 得ᄒᆞᆫ 後에 治ᄒᆞᄂᆞ니 性惡이 明矣라. 其善은 僞也라ᄒᆞ고, 又曰 人之性이 飢而欲飽ᄒᆞ며 寒而欲暖ᄒᆞ며 勞而欲休로ᄃᆡ 飢而見長而不敢先食은 所以讓也오, 勞而不敢求息은 所以代니, 此二者는 皆反于性而悖于情也ㅣ라. 若順其性情則不爲辭讓矣리니 此亦性惡이 明矣라. 其善은 僞也오, 耳目之好聲色과 心之好利와 身之好快는 皆人之性情에 感而自生者也어늘 感而不能行은 僞之所生이라. 故로 聖人은 化性而起僞ᄒᆞ며 僞起而禮生ᄒᆞᄂᆞ지라. 若使人民으로 順其性情則兄弟爭利ᄒᆞ야 必相拂奪이로되 若化禮義之文理則讓乎國人矣니 人之欲爲善者는 性惡故也라. 人無禮義則亂ᄒᆞ고 不知禮義則悖ᄒᆞ

누니 由此觀之컨듸 人性之惡이 明矣요, 其善者는 僞也ㅣ라 ᄒᆞ지라.

○ 按此三子之論컨듸 不無偏見之嘆이로다. 孟子云 人性之善이 如水之就下ᄒᆞ야 屬於自然이오, 行惡은 由於勉强이니 非才之罪也ㅣ라 ᄒᆞ엿시니, 果若其言인듸 人之行善이 若順流之易ᄒᆞ고 行惡은 如逆流之難이 可也여늘 何故로 爲善은 難而從惡은 易乎아! 此는 但只形於上ᄒᆞ 本然之性을 言ᄒᆞ고 形於下된 渣滓의 情을 不辨ᄒᆞᆷ이니 其說이 難免有偏이오.

告子云 性如湍水ᄒᆞ야 無分東西라 ᄒᆞ고, 又云 猶以杞柳로 爲桮棬이라 ᄒᆞ니, 此는 孔子의 習遠之論으로 相類ᄒᆞ야 善惡의 別이 無ᄒᆞ고 訓導敎習에 在ᄒᆞ다 ᄒᆞᆷ이라. 果如其說이면 瞽瞍之子 舜은 何處에셔 善行을 習ᄒᆞ야 聖域에 登ᄒᆞ고 其子商均은 何處에셔 惡行을 習ᄒᆞ야 不肖의 責이 有ᄒᆞ뇨. 其說이 亦不免有偏이오.

荀云 人性이 本惡호듸 其善은 僞也라 ᄒᆞ니, 此는 形下의 質만 硏論ᄒᆞ고 天命原理의 本來面目을 拋棄ᄒᆞᆷ이라. 至極히 慈悲ᄒᆞ신 上主ᄭᅴ셔 太初에 人類를 創造ᄒᆞ실시 自己의 像과 肖ᄒᆞ게 셧거늘 人性을 惡ᄒᆞ게 造成ᄒᆞ셧스리오. 荀氏는 但以肉體의 欲과 血氣의 法으로 人의 本性을 惡ᄒᆞ다 ᄒᆞ니 隔靴爬癢의 歎을 不免ᄒᆞ리로다.

■ 淮南子 曰, 人生而靜은 天之性也요 感而後動은 性之害也요 物至而神應은 知之動也ㅣ라. 今에 徒樹者는 其陰陽의 性을 失ᄒᆞᆫ則 莫不枯槁故로 橘渡淮則爲枳ᄒᆞ고, 貃渡汶則死ᄒᆞ니 形性은 不可易이오 勢居는 不可移也ㅣ라. 故로 達於道者는 以恬養性ᄒᆞ고 以漠處神ᄒᆞ야 入于天門이라 ᄒᆞ고, 又曰 聖人之心은 杖性依神ᄒᆞ야 毋淫其性ᄒᆞ며 毋遷其德ᄒᆞ야 外從其風ᄒᆞ며 內守其性이니, 聖人之學은 欲以反性于初ᄒᆞ며 遊心于虛ᄒᆞ고, 達人之學은 欲以通性于遼廓ᄒᆞ며 覺心于寂寞也ㅣ라. 水性은 眞淸而塵土汨之ᄒᆞ고 人性은 安靜而嗜欲亂之ᄒᆞᄂᆞ니, 靜漠恬淡은 所以養性이오, 和愉虛無는 所以養德이라. 外不滑內則性得其宜ᄒᆞ고 性不動和則德安其位라. 故로 曰 和愉寧靜은 性也오. 行道得志는 命也ㅣ니 性은 遭命而後에 能行ᄒᆞ고 命은 得性而後에 能明이라 ᄒᆞ고, 又曰 煩氣는 爲虫ᄒᆞ고 精氣는 爲人이니 精神者는 天之有也요 骨骸者는 地之有也ㅣ라. 精神은 其門으로 入ᄒᆞ고 骨骸는 其根으로 反ᄒᆞᄂᆞ니 聖人은 法天順情ᄒᆞ야 不拘于俗ᄒᆞ며 不誘于俗ᄒᆞ고, 眞人者는 性合于道 故로 有若無ᄒᆞ며 實若虛ᄒᆞ야 道爲除ᄒᆞ며 德爲隣

이라ᄒᆞ고.

■ 董子 曰 性은 如禾ᄒᆞ고 善은 如米ᄒᆞ니 禾雖出米나 禾不可謂米也오. 玉出于璞이나 璞不可謂玉이라. 故로 曰 性雖出善이 性不可謂善이니 名者는 性之實이오. 實者ᄂᆞᆫ 性之質이라. 質이 聖人의 敎訓을 受치아니면 何處에셔 善을 能히 ᄒᆞ리오ᄒᆞ엿고.

■ 楊子 曰, 人之性은 善惡이 混ᄒᆞ엿스니, 其善을 修ᄒᆞᆫ則 善人을 成ᄒᆞ고, 其惡을 修ᄒᆞᆫ則 惡人을 成하리니, 氣也者는 善惡間에 所適ᄒᆞᆫ 馬이라ᄒᆞ고, 又曰 天下에 三門이 有ᄒᆞ니, 情欲으로 由ᄒᆞ야 禽門에 入ᄒᆞ고, 禮義로 由ᄒᆞ야 人門으로 入ᄒᆞ며, 獨智로 由ᄒᆞ야 聖門에 入ᄒᆞᆫ다 ᄒᆞ엿시니,

○ 以上三子의 論을 按ᄒᆞᆫ건ᄃᆡ 淮南子는 道敎를 崇尙ᄒᆞ야 老莊에 近ᄒᆞᆫ故로 其卓異ᄒᆞᆫ 所論이 明確ᄒᆞ야 儒門의 凡常言論과 不同ᄒᆞ도다. 雖然이나 天地主宰를 崇拜ᄒᆞᆷ이 無ᄒᆞ고 聖神의 涵育ᄒᆞ심을 不受ᄒᆞ며 自己의 心力으로 聖域에 躋ᄒᆞᆫ다ᄒᆞᆷ이 缺點이라ᄒᆞ겟고,

董子의 所論은 性中에 善實이 隱藏ᄒᆞ엿스나 能히 善을 成치 못ᄒᆞ고 聖人의 訓誨를 因ᄒᆞ야 能善에 進ᄒᆞᆫ다ᄒᆞ엿스니, 未知케라, 聖人은 何處에셔 本然之性과 微妙之學을 得ᄒᆞ야 萬世의 師表가 되엿ᄂᆞ뇨. 上主ᄭᅥ셔 先知使徒와 哲學理學의 賢聖을 命世ᄒᆞ샤 烝民을 訓導케ᄒᆞ엿스니, 萬有의 本原되시ᄂᆞᆫ 上主를 尊敬ᄒᆞᆷ이 可ᄒᆞᆯ 것이오.

楊子의 所論은 善惡이 混性ᄒᆞ야 修善爲善ᄒᆞ고 修惡爲惡이라ᄒᆞ니, 此는 麻中之蓬과 湍水之決과 同ᄒᆞ야 言則近理나 亦非推原之論이라. 植物을 培養ᄒᆞᄂᆞᆫ 者가 橫枝亂葉을 剪伐ᄒᆞ며 肥料를 加ᄒᆞ야 鬱蔥發榮케ᄒᆞ면 是는 其性을 順케ᄒᆞᄂᆞᆫ 善이오, 朝夕斫害ᄒᆞ며 牛羊이 賤踏ᄒᆞ며 乾旱不漑ᄒᆞ야 自然萎枯케ᄒᆞᆷ은 其性을 逆케ᄒᆞᄂᆞᆫ것이라. 人性의 本原이 엇지 惡ᄒᆞ다ᄒᆞ리오. 元祖 亞當이 上主의 命令을 不守ᄒᆞ고 犯罪ᄒᆞᆫ 後로 腐敗ᄒᆞᆫ 心性이 後裔의게 遺下ᄒᆞᆷ은 可惜ᄒᆞᆫ 事이라. 雖然이나 人의 性이 惡ᄒᆞ다ᄒᆞᆷ은 缺論이라 ᄒᆞᄂᆞ니라.

■ 儒敎의 心性論을 以上에도 陳述ᄒᆞ엿거니와 漢時班固의 原篇을 叅考ᄒᆞᆫ건ᄃᆡ 性者ᄂᆞᆫ 陽之施오 情者ᄂᆞᆫ 陰之化라. 人이 陰陽의 氣를 稟賦ᄒᆞᆷ으로 五性六情과 五臟六腑가 有ᄒᆞᆫ지라. 五性者는 仁義禮智信이오 六氣者는 喜怒哀樂愛惡이니, 此는 人情이 六律五行의 氣를 包含ᄒᆞᆷ이라ᄒᆞ고.

董子曰 天地大經은 一陰一陽이오 人之大經은 一情一性이라. 性生于陽하고 情生于陰이라하니, 此는 班氏의 論이 董子의 說을 本흔 것이오.

■ 无能子 析惑篇에 曰 性者는 神也요 命者는 氣也ㅣ니, 陰陽의 相和홈과 同하고 形骸者는 性命의 器니 火가 薪에 在홈과 同하야 薪非火면 不焚하고 火非薪이면 不光하느니, 形骸가 非性命이면 不立하고 性命은 形骸를 假하야 顯하는지라. 性命者는 自然沖而常在하고 形骸者는 自然滯而常死어늘, 今에 人이 死者를 務存하고 生者를 愈疎하니, 是는 欲沉而浮石이라홀지라.

○ 以上 二子의 論을 按하건되, 班固는 漢代碩儒로 文章이 蓋世호되 性情論에 至하야는 董子를 本하야 情性으로 陰陽動靜의 理에 紐하고 性의 本原을 不知하야 議論이 顚倒하엿스니 可嘆흔 事이오.
无能子는 唐之光啓時人으로 道家의 玄妙를 尙하야 卓絶흔 高見이 眞理에 近하니, 性은 神이오 形은 神의 用器라 神乃常生이오 形乃常死라하니 神卽天神이오 器卽形質이라. 質이 神의 正理를 從한즉 善하고 神이 形骸의 欲을 從하야 交蔽흔즉 惡흔것이라. 身이 神으로 合하야 人을 成하엿시니 能히 正理를 從하야 其神을 保護흔즉 其神은 常湛하고 其身은 常潔홀지라.
列子는 以生爲寄하며 以死爲歸하고, 孔子曰 魯一變이면 至於道라 하엿시니, 若使无能子로 一變하야 吾主贖罪의 理를 信하엿더면 永生에 入하리라 하노라.

■ 周子 曰 性者는 剛柔善惡中에 在하야 五性이 感動에 善惡이 分흔다하고, 邵子 曰 性者는 道의 形體요 心者는 性의 郛郭이오 身者는 心의 區宇요 物者는 身의 舟車라하고, 又曰 窮理盡性하야 命에 至하느니 性非體면 不成이오, 體非性이면 不生이라. 陽이 陰으로 爲體하고 陰이 陽으로 爲性하야 動者는 性也오. 靜者는 體也라하고, 性理大全에 李愿中이 有言曰 天地間生物中에 人爲最靈은 五常中和의 氣를 得흠이오, 禽獸는 偏氣만 得한다하며, 又曰 氣有淸濁故로 禀有偏正이니 人은 其正을 得하야 爲仁之理를 知하고 物은 其偏만 得흠으로 爲仁을 不知흠이라. 喜怒哀樂이 發하기 前을 觀흔則 性靜을 可見이오, 有僞之先에 眞을 求흔則 性眞을 可見이오, 有惡之先에 善을 究하면 性善을 可見이라하엿더라.

○ 今에 三子의 論을 按ᄒᆞ건ᄃᆡ, 周濂溪ᄂᆞᆫ 剛柔善惡으로 性의 元素를 作ᄒᆞᆷ이라. ᄯᅩᄒᆞᆫ 先生의 主論ᄒᆞᆫ 太極의 說을 觀컨ᄃᆡ 儒敎의 宗旨가 此에 在ᄒᆞ다ᄒᆞ기 難ᄒᆞ고, 康節先生은 性心身物을 隨層遞勘ᄒᆞ야 本原을 道字에 總括ᄒᆞ엿스니 道是天道요 性是天性이라. 以天性으로 根天道ᄒᆞ면 道無不善이오 性亦無不善이니 邵子의 高見을 可服이로ᄃᆡ 陰陽動靜의 說은 主宰의 眞理와 違反이 되ᄂᆞ니, 此ᄂᆞᆫ 宋儒들의 通論이오, 李侗氏의 言은 氣의 淸濁이 有ᄒᆞᆷ으로 稟賦의 偏正이 有ᄒᆞ다ᄒᆞ니, 此는 程朱의 論과 同ᄒᆞᆫ지라. 以氣論性이 性의 本然이라 ᄒᆞ기 難ᄒᆞ고, 人倫과 物倫의 不同ᄒᆞᆷ을 不知ᄒᆞᆷ으로 但以氣의 淸濁으로 物性을 辨ᄒᆞ엿고 喜怒哀樂이 發ᄒᆞ기 前에 性의 情眞善을 見ᄒᆞ다ᄒᆞ니 未發時에 何許 氣像을 作ᄒᆞᄂᆞᆫ지 何處를 從ᄒᆞ야 看得ᄒᆞᄂᆞ뇨. 萬一 情이 發ᄒᆞ면 문득 惡에 入ᄒᆞ다ᄒᆞᆷ이니, 此는 釋氏의 寂寂微妙法에 近ᄒᆞ다 ᄒᆞ노라.

■ 張子 曰 太虛는 天의 名이 有ᄒᆞ고 氣化는 道의 名이 有ᄒᆞ며 虛와 氣가 合ᄒᆞ야 性의 名이 有ᄒᆞ고 性과 知覺에셔 心의 名이 生ᄒᆞ다ᄒᆞ고, 又曰 形이 有ᄒᆞ즉 體가 有ᄒᆞ고 性이 有ᄒᆞ즉 情이 有ᄒᆞᄂᆞ니, 發于性則 情을 可見이오, 發于情則 色을 可見이라ᄒᆞ며, 性은 氣外에 通ᄒᆞ고 命은 氣內에셔 行ᄒᆞᄂᆞ니 天性의 在人ᄒᆞᆷ이 水性의 在氷ᄒᆞᆷ과 同ᄒᆞ야 凝釋은 雖異ᄒᆞ나 爲物은 一이라. 莫非天也ㅣ니 陽明이 勝ᄒᆞᆫ則 德性이 用ᄒᆞ고 陰濁이 勝ᄒᆞᆫ즉 物欲이 行이라 ᄒᆞ엿고.

■ 程明道ᄂᆞᆫ 言호ᄃᆡ, 生之謂性이니 性卽氣요 氣卽性이라. 人生氣質에 理有善惡ᄒᆞ야 自幼로 善惡者도 有ᄒᆞ니, 是ᄂᆞᆫ 氣稟의 自然ᄒᆞᆷ이라. 性固爲善이나 惡도 ᄯᅩᄒᆞᆫ 性이 아니라 謂치못ᄒᆞᆯ지니, 性의 善이 下ᄒᆞᄂᆞᆫ 水와 同ᄒᆞ야 流未遠에 漸濁ᄒᆞ고 流甚遠에 方濁ᄒᆞ야 淸濁이 不同ᄒᆞ나 濁者를 水가 아니라 謂치못ᄒᆞᆯ지라. 澄治의 功을 敏用者는 疾淸ᄒᆞ고 緩怠者ᄂᆞᆫ 遲淸ᄒᆞ되 其淸에 及ᄒᆞ야는 元初에 水를 換ᄒᆞᆫ다ᄒᆞ고, 又曰 論性에 氣不備를 不論ᄒᆞ고 論氣에 性不明을 不論ᄒᆞᄂᆞ니, 天의 付與를 謂之命이오, 稟의 在我를 謂之性이오, 見于事物을 謂之理오, 窮理盡性則天命을 知ᄒᆞ다ᄒᆞ고, 性의 喜怒는 水의 動靜과 如ᄒᆞ야 湛然平靜ᄒᆞᆷ이 鏡面과 如ᄒᆞᆫ 者ᄂᆞᆫ 水의 本性이오, 砂石이나 地勢이나 風簸를 因ᄒᆞ야 波濤가 洶湧ᄒᆞᆷ은 水性의 變ᄒᆞᆷ이라ᄒᆞ고, 又曰 性無不善ᄒᆞ고 才有善惡ᄒᆞ니 性卽理라. 理는 堯舜孔孟으로 途上人의게 至ᄒᆞ야셔 一理로되 才稟于氣ᄒᆞ야

稟其淸者ㅣ爲賢이오 稟其濁者ㅣ謂愚라. 性善은 不可革이나 其才則下愚不移가 有ᄒᆞ니, 自暴者는 拒之以不信ᄒᆞ고 自棄者는 絶之以不爲ᄒᆞ야 雖聖人이 與居라도 不能化而入이라ᄒᆞ고, 又曰 人心은 私慾이라 危而不安ᄒᆞ고 道心은 天理라 微而難得이니, 惟精之一之然後에 能執其中ᄒᆞᄂᆞ니, 學莫大于平心이오 心莫大于 正이오 正莫大于誠이라. 多權者는 害誠ᄒᆞ고 好功者는 害義ᄒᆞ고 取名者는 賊心 이니라. 或이 赤子의 心과 聖人의 心이 如何異同을 問ᄒᆞᆫ즉, 程子 曰 赤子의 心은 已發이나 去道未遠ᄒᆞ고 聖人의 心은 明鏡止水와 如ᄒᆞ다ᄒᆞ엿더라.

○ 今에 二子의 說을 按하건ᄃᆡ, 橫渠先生은 少時의 老佛에 從事ᄒᆞ다가 晩年에 明道의 學을 信從ᄒᆞ야 性理를 究ᄒᆞᆷ으로 其言論이 大槪 明道先生의 意見과 略同ᄒᆞ도다. 然ᄒᆞᆫ되 陽明陰濁의 說은 宋時賢儒의 習語이니 更論ᄒᆞᆯ 것이 無ᄒᆞ고, 明道先生은 性卽氣라ᄒᆞ고 伊川先生은 性卽理라ᄒᆞ엿스니, 二程의 論이 不同ᄒᆞᆫ지라. 性卽氣라ᄒᆞᆷ은 氣質의 性을 謂ᄒᆞᆷ인ᄃᆡ, 又曰 性卽是理라ᄒᆞ니 理는 所生의 理를 謂ᄒᆞᆷ이여늘 性也理也命也 三者는 未嘗有異라ᄒᆞ니, 理論의 矛盾됨 이 抑何如此乎아! 人生氣稟에 理有善惡이라ᄒᆞ고 性卽理라ᄒᆞ니, 此는 性이 亦 有善惡이라ᄒᆞᆷ이오, 性之本善은 不可革이라ᄒᆞ고 稟其淸者爲賢이오 稟其濁者爲 愚라ᄒᆞ고, 又曰 氣淸則才善ᄒᆞ고 氣濁則才惡이라ᄒᆞ야, 以水로 譬性ᄒᆞ엿스니 性 卽氣則是는 性有淸濁이오, 性卽理則是는 理有淸濁이어늘 何以變濁爲淸이며, 以沙石風簸로 水性의 善을 變ᄒᆞ다ᄒᆞ니, 此ᄂᆞᆫ 外物의 交觸으로 本性의 善을 變ᄒᆞᆫ다ᄒᆞᆷ이라.

以愚觀之컨ᄃᆡ, 天地萬物을 造化主ᄭᅴ셔 創造ᄒᆞ실ᄯᅢ에 一氣가 有ᄒᆞ매 ᄯᅩᄒᆞᆫ 一理가 有ᄒᆞ고, 理同者는 氣必同ᄒᆞ며 氣同者는 理亦同이라. 人生一世에 對人 接物을 一日로 廢치못ᄒᆞᆯ지니, 不發의 情도 無ᄒᆞ고 不動의 氣도 無ᄒᆞᆯ지라. 水 性이 風石을 因ᄒᆞ야 變ᄒᆞᆷ ᄀᆞ치 人生이 變ᄒᆞᆫ다ᄒᆞ고, 又曰 性不可革이라ᄒᆞᆷ은 何 를 指ᄒᆞᆷ이뇨. 吉凶得失과 是非平亂에 感觸思想으로 喜怒愛惡를 發ᄒᆞ거니와 發 이 中節이면 無往不善이라ᄒᆞᆷ ᄀᆞ치 我의 心이 我衷에 主宰ᄒᆞ야 擇善固執ᄒᆞ며 物來順應ᄒᆞ야 從理順命ᄒᆞᆫ즉 無關于氣오 無關于才라. 程先生의 格論은 自暴自 棄者가 下愚不移라. 雖聖人이 與居라도 不能入化라ᄒᆞᆷ은 實로 吾人의 警醒ᄒᆞᆯ 訓이라 ᄒᆞ노라.

■ 朱文公이 曰, 命卽性이오 性卽理오 理卽天이니 天은 就其自然者言之오,

性은 就其萬物의 爲生者言之요, 命은 就其賦于物者言之라. 天地의 性을 論컨디 專혀 理를 指言흠이오. 氣質의 性을 論컨디 理와 氣를 襍言흠이니 氣를 性命이라 謂치 못흘지라도 性은 只是理요, 不生不滅ᄒᆞᄂᆞᆫ 塊然物이 아니라ᄒᆞ고, 又曰 釋氏는 以性으로 爲空ᄒᆞ되 吾儒는 以性으로 爲實ᄒᆞᄂᆞ니 仁義禮智是也라. 天理中에는 本無人慾이니 人性은 無不善이라. 雖桀紂의 惡이라도 行事의 惡흠은 知ᄒᆞ나 其行惡은 人慾의 奪흠이라. 伊川이 嘗云ᄒᆞ되 天地가 儲精ᄒᆞ야 五行의 秀흔 者는 爲人이라. 其本은 眞而靜ᄒᆞ야 五性이 具ᄒᆞ고 外物에 觸흔즉 其中이 動ᄒᆞ야 七情이 出흔다ᄒᆞ니, 此語를 詳味ᄒᆞ면 天之性이 感物爲動ᄒᆞ야 是非眞妄이 自分ᄒᆞ리니 節에 中不中이 有흠이라. 性의 必中흠은 水의 必寒과 火의 必熱과 如ᄒᆞ나 人이 其性을 失ᄒᆞ야 氣習이 昏之면 其中을 不得ᄒᆞᄂᆞ니 性의 不中흠은 아니라. 人物의 生흠이 偏正과 淸濁과 昏明이 有ᄒᆞ야 理同而氣異ᄒᆞ며, 氣近而理絶ᄒᆞᄂᆞ니 氣의 相近흠은 寒暖飢飽를 知ᄒᆞ며 好生惡死와 趨利避害와 如흔 것이오. 理의 不同흠은 蜂蟻의 君臣이 義字上一點이 明ᄒᆞ며, 虎狼의 父子는 仁字 上一點이 明ᄒᆞ되 其外에는 都暗흔 것이오. 人與物이 다 天地의 理를 稟ᄒᆞ야 爲性ᄒᆞ고 天地의 氣를 受ᄒᆞ야 爲形故로 以理言之면 無不全이오. 以氣言之면 無不偏이니, 故로 物의 性이 人性에 近흔 者도 有ᄒᆞ고 人의 性이 物性에 近흔 者도 有ᄒᆞ니라. 氣質의 性으로 論컨디 氣가 昏明厚薄의 偏이 有ᄒᆞ니 譬컨디 鏡是質이오. 光是性이며 水是質이오 光是性이라. 然ᄒᆞ되 鏡與水가 無ᄒᆞ면 光도 亦散흘지라. 人性이 皆善이나 生來로 善者와 生來로 惡者가 有흠은 氣稟의 不同흠이라. 日月이 淸明ᄒᆞ고 氣候가 正和흘 時에 稟生흔 者는 好個人을 成ᄒᆞ고 日月이 昏暗ᄒᆞ며 戾氣가 反常時에 稟生흔 者는 不好的人을 成ᄒᆞᄂᆞ니 勇往好學者는 能히 氣稟의 性을 變化ᄒᆞᄂᆞ故로 氣偏을 消흘지라. 氣의 精者라도 不可爲性이오 氣의 粗者라도 不可爲不氣니 性自性氣自氣이라ᄒᆞ고, 又曰 稟氣淸者는 爲聖賢이니 寶珠가 淸水中에 在흠又고, 稟氣濁者爲頑愚니 明珠가 濁水中에 在흠又흔디 揩珠의 工은 明德을 明흠이라. 人性이 雖同이나 稟氣가 有偏ᄒᆞ니 木氣를 重得흔 者는 惻隱의 心이 常多ᄒᆞ야 羞惡와 辭讓과 是非의 心이 不發ᄒᆞ고, 金氣를 重得흔 者는 羞惡의 心이 常多ᄒᆞ야 惻隱과 辭讓과 是非의 心이 不發ᄒᆞᄂᆞ니 水火도 亦然흘지라. 陰陽이 合德ᄒᆞ고 五性이 全備然後 聖人이 될지라. 天之生人은 朝廷에서 命官흠과 如ᄒᆞ고 人之有性은 官의 有職흠과 如ᄒᆞ니 朝廷의 命은 無非治民行法이라. 엇지 不善흠이 有ᄒᆞ며, 天之生人은 仁義禮智의 理라. 엇지 不善이 有ᄒᆞ리오. 氣稟의 淸

濁과 陰陽의 不齊가 有ᄒ야 五福六極의 不一홈이 有ᄒ지라. 人의 貴賤壽夭를 論컨듸 都是天命이니 精英ᄒ 氣를 稟ᄒ 者는 聖賢이오. 敦厚ᄒ 氣를 稟ᄒ 者는 溫和ᄒ고 淸高ᄒ 氣를 稟ᄒ 者는 貴ᄒ고 豊厚ᄒ 氣를 稟ᄒ 者는 富ᄒ고 久長ᄒ 氣를 稟ᄒ 者는 壽ᄒ고 衰頹薄濁ᄒ 氣를 稟ᄒ 者는 不肖와 貧賤과 夭死가 되ᄂ것이오. 才와 心을 論컨듸 才는 心의 力이오 心은 一身의 主宰가 된지라. 心은 譬컨듸 水와 如ᄒ고 性은 水의 理가 되ᄂ니, 性의 立은 水의 靜이오 情의 行은 水와 動이오 欲의 發은 水의 濫이오. 才는 水의 氣力이니 水流의 緩急이 有홈은 才의 不同홈이라. 性爲體요 情爲用이오 心則貫之니 元亨利貞은 性也요 生長收藏은 情也라. 以元生ᄒ고 以亨長ᄒ며 以利收ᄒ고 以貞藏ᄒᄂ니, 性者는 心之理오 情者ᄂ 心之用이오 心者ᄂ 情之主니 有是形則 有是心이라ᄒ엿더라.

○ 今에 朱文公의 性論을 按ᄒ건듸, 反復詳論이 理氣二字에 不越ᄒ지라. 性卽理니 理則同ᄒ며 氣則異라ᄒ고 性爲體요 情爲用이라ᄒ니, 此는 理爲體요 氣爲用이라홈이나, 形而上을 爲道요 形而下를 爲氣則 中間에 在ᄒ 形은 何所를 作爲ᄒᄂ지 吾知키 難ᄒ고, 又曰 氣是陰陽으로 化生萬物이라ᄒ니, 未知케라 形이 由氣ᄒ나 氣가 能히 生形치 못ᄒ고, 理가 氣中에 入ᄒ 後에 始得成形ᄒᄂ니 理의 異處는 不論ᄒ고 但只 氣異를 言ᄒ니 豈非缺論乎아.
世界萬物이 皆天理로 生生ᄒ다ᄒ면서 禽獸昆蟲과 草木魚鼈은 但以氣偏으로 如彼蠢狂라홈은 未達一間이로다. 此世間에 三大倫이 有ᄒ니, 曰 天倫과 人倫과 物倫이라. 天人의 倫理가 엇지 物倫의 理와 同ᄒ다ᄒᄂ뇨. 上主끠셔 天上天下에 有形無像의 倫을 創造ᄒ시니 目不可見이오 耳不可聞이오 手不可摩ᄒᄂ 天使의 類도 有ᄒ며, ᄯᅩᄒ 搜眉之鷁와 附黴之菌은 形極細微ᄒ야 目不可見이오 耳不可聞이오 手不可摩라. 萬一 顯微鏡이 아니면 其形을 分辨치 못ᄒ되 神類와 菌虫이 窒塞蒙蔽ᄒᄂ 事가 多ᄒ거늘 朱夫子가 倫理의 相殊홈을 不言ᄒ고 다만 義理之性과 氣質之性으로만 論ᄒ엿시니 後世學者의 耳目을 塗ᄒ며 活眼者의 莞爾홈을 免키 難ᄒ고 ᄯᅩᄒ 氣稟淸濁과 陰陽不齊로 賢愚貴賤의 別이 有ᄒ다ᄒ며, 勇學者는 氣偏을 消ᄒ다ᄒ엿스니 理氣를 合觀컨듸 理는 無所作爲ᄒ고 氣質의 不好를 從ᄒ야 行ᄒ다홈이라. 然則氣質이 惡者는 何學의 方法으로써 變化케ᄒ며 氣의 濁ᄒ 者는 何學의 能力으로 淸케ᄒ겟ᄂ뇨. ᄯᅩᄒ 陰陽의 交運은 四時에 不差ᄒ며 天地의 日月은 萬古에 不變ᄒ거늘 不齊ᄒ 處

는 何處로 從來ᄒ며 誰가 參差케ᄒ엿ᄂ뇨. 此는 人의 人된 것과 人與物의 本原되신 大主宰 上主를 不信흠이라.

人生一世에 自己를 自己가主管ᄒ야 從欲不悛者는 頑惡ᄒ고 順命從理者는 賢哲흔것이라. 雖然이나 流濁ᄒ 水性을 水가 自清흘 能力이 無ᄒ야 반다시 人을 依賴ᄒ야 變濁爲淸홈갓치 人類가 自己의 力이 無흔則 聖神의 權能을 賴ᄒ며 救主의 恩惠를 蒙ᄒ면 能히 原性의 清潔흠을 回復ᄒ다ᄒ노라.

○ 儒家의 性理說을 更論컨디 陳北溪 先生이 有言曰, 性은 即理也어늘 엇지ᄒ야 理라ᄒ지아니ᄒ고 性이라ᄒᄂ뇨. 理는 天地間萬物의 公共ᄒ 理요, 性은 天에셔 受ᄒ야 我의게 在ᄒ 故로 性이라홈이니 性字는 從心生이라. 仁義禮智而已오. 命은 二義가 有ᄒ니 即理與氣라. 理가 氣中에 主宰ᄒ야 樞紐를 作흠으로 大化가 流行ᄒ야 萬物이 生生不息ᄒᄂ니, 天命之謂性과 五十에 知天命과 盡性則至命은 온젼히 理를 指흠이오. 富貴貧賤과 壽夭禍福이 莫非命也ㅣ라ᄒ 命字와, 死生이 有命이라ᄒ 命字는 受氣의 長短厚薄을 指흠이라ᄒ엿고.

■ 吳子澄은 有言曰 夫善者는 天之道요 人之德이니 天道가 何善고, 元亨利貞이 四時에 流行흠을 謂之命이라ᄒ고, 人德은 何善고, 仁義禮智가 一心에 具備흔 것을 謂之性이라. 是善은 天이 人의게 付흔 것과 人이 天에셔 受흔바이니, 公而不私ᄒ고 同而不異ᄒ야 氣質의 不齊함이 或有ᄒ나 其善則一이라ᄒ고. 又曰 性即天理니 豈有不善이리오. 다만 人이 受氣於父時에 清濁의 不同이 有ᄒ고 成質于母時에 美惡의 不同이 有ᄒ야 極清極美者는 上聖을 成ᄒᄂ니, 此는 原氣가 清氣美質 中에 在ᄒ야 汚壞가 無흠으로 堯舜의 聖은 至善흠이오. 至濁至惡의 氣質은 下愚의 性이 不移가 됨이라. 性은 寬偏緩急의 不同이 有ᄒ고 氣는 清濁美惡의 不齊가 有ᄒ나 本性의 善은 一이니 學者는 맛당히 汚壞흔 性을 挽復케흘지라. 天下의 清이 莫如水故 先儒들이 水之清으로 性之善을 喻ᄒ엿스나 黃河水는 萬里에 渾渾ᄒ야 海에 入ᄒ디 能히 清케 흘수가 無흠은 何이뇨. 其本源을 探ᄒ면 澄然淡然흔 水가 岩石間에 出ᄒ나 泥土에 流흠으로 混濁을 成ᄒ엿스니, 人之本性도 石間水와 同ᄒ나 氣質中에 局ᄒ며 物慾中에 蔽ᄒ야 濁流가 됨이라. 濁水를 器에 貯ᄒ고 膠를 投ᄒ면 變濁爲淸ᄒᄂ니 源之清은 天地요 流之濁은 人이라ᄒ엿더라.

○ 今에 二子說을 按컨디 陳北溪說은 朱文公의 理氣論과 大同ᄒ야 不須更

論이오. 至若天命之命과 死生之命을 理와 氣로 分據ᄒ엿스니, 人의 生死는 豈非天命이며 壽夭禍福에는 獨無天理乎아! 學者는 깁히 硏究홀 것이오.

吳子의 論은 孟子性善의 說과 宋儒淸濁의 辨을 依據ᄒ야 彌縫ᄒ엿스니 所論이 堂堂ᄒ고 言辭가 滔滔ᄒ나 氣濁質惡者는 반드시 本性을 汚壞혼다ᄒ니, 未知케라, 其質이 能히 其理를 壞ᄒᄂ뇨. 大槩以理로 其氣質을 節制ᄒ야 本性을 順케ᄒ면 是即爲善이오. 以理로 氣質의게 制혼바가되야 欲을 從혼즉 惡이 될지라. 原來로 善惡이 氣質淸濁에 關係가 無혼 것이오. 心才의 能上能下를 從ᄒ야 賢不肖가 有ᄒᄂ니, 故로 上達者도 可轉以爲惡이오. 下愚者도 可變以爲善이라.

經에 曰, 肉體의 所欲은 聖神을 逆ᄒ고 聖神의 所欲은 肉體를 逆ᄒ야 二者가 相敵이 된다ᄒ시고, 又曰 肉身을 從ᄒᄂ 者는 肉身의 事를 思ᄒ고 聖神을 從ᄒᄂ 者는 聖神의 事를 思혼다ᄒ엿스니, 此世人類가 貴賤男女를 勿論ᄒ고 天上主宰의 命令을 順逆ᄒᄂ 中에 在ᄒ거늘 宋儒들은 每以淸濁氣質로 人의 賢愚를 判定ᄒ엿스니 哀哉라 ᄒ노라.

■ 許子語錄에 曰 言性者는 便有命이오, 言命者는 便有性이라. 仁者는 性之至오 愛之理也ㅣ며 愛者는 情之發이오 仁之用이라. 所以然者를 命이라ᄒ고, 所當然者를 義라ᄒᄂ니 一事一物에 반드시 所以然과 所當然이 有ᄒ다ᄒ고.

■ 王子語錄에 曰, 性은 一而己니 其形體를 謂之天이라ᄒ고 主宰를 謂之帝라ᄒ며 流行을 謂之命이라ᄒ고 身의 主를 謂之心이라ᄒᄂ니, 心之發也에 孝於父忠於君ᄒ야 其名이 無窮ᄒ되 性은 一뿐이라ᄒ엿더라.

○ 今에 二子說을 按ᄒ건듸, 許魯齋의 說은 性與命을 互相反助ᄒ야 一에 歸ᄒ엿스며, 仁性의 理와 愛情의 發用을 明確키 論ᄒ엿스니 事物에 當然ᄒ고, 王陽明의 潤論은 性으로 天地의 大原을 作ᄒ야 天帝命心 四者로 一性에 屬ᄒ엿스니, 此는 釋氏悟法의 出홈이오. 天上天下獨尊의 意가 包藏혼지라. 王氏詩에曰 險夷元不滯胸中에 何異浮雲이 過太空가 夜靜海濤三萬理에 月明飛錫이 下天風이라ᄒ엿스니, 此는 皆佛氏의 見性說이오, 儒門의 語가 아니라ᄒ노라.

■ 湛若水 先生이 有言 曰, 天地의 性은 氣質外에 在혼 것이 아니라, 故로 天下에 言性은 即氣質을 論홈이니 氣質이 若無則性을 不可得見이라. 故로 曰

生흔 後에 性의 名이 有흔 것이오. 宇宙間에 氣는 一쑨이니 陰陽의 中을 謂之道요, 成形의 大를 謂之天地요. 其中 主宰를 謂之帝오, 功用者를 謂之鬼神이오, 生物의 中者를 謂之性이오, 虛靈知覺을 謂之心이오, 性의 動應者를 謂之情이오, 至公至正者를 謂之理니, 性은 氣也오, 感應은 情이ㅣ라. 性者는 天地萬物로 一體가 된 것이니 渾然흔 宇宙에 其氣가 同흠이오. 心也者는 天地萬物을 體ᄒ야 不遺ᄒᄂ것이니 心性이 一理라ᄒ고, 又曰 人이 此性이 有흠으로 喜怒愛惡의 欲이 自生ᄒᄂ니, 欲도 ᄯᅩ흔 性이라. 事之善惡은 心에 在ᄒ야 收攝흠이오, 性欲의 罪가 아니라ᄒ엿고.

■ 汪子類篇에 曰, 仁義禮智는 氣이오 心의 德이라. 萬物의게 發흔 後에 性體를 見ᄒᄂ니 性은 其의 帝오, 心은 其의 宮闕이오, 物은 其의 臣庶이라. 性이 物을 通ᄒ야 格物로써 性을 知흠이 帝가 萬方을 臨흠과 ᄀᆞ흔지라. 性은 一쑨이여늘 天地之性과 氣質之性이 有ᄒ다흠은 譬如太陽ᄒ야 中天에 照臨흠은 炳炳赫赫ᄒ고 庭屋에 寓ᄒ면 其光이 融融ᄒ고 奧屋漏에 寓ᄒ면 其輝가 濛濛ᄒᄂ니, 此는 日非不明이로ᄃᆡ 所寓가 異흠ᄀᆞ치 性의 不善흠이 아니라 爲氣所蔽이니 氣質은 非性也明矣라ᄒ고.

又曰 有物이면 斯有性이나 物을 性이라 謂치 못ᄒ고 有氣면 斯有理나 氣를 理라 謂치 못흘지라. 物은 拂性ᄒᄂ 것이 有ᄒ고 氣는 逆理ᄒᄂ 것이 有ᄒ니 天의 暴風淫雨와 人의 恣情極欲을 可謂理乎아! 盜賊은 兵戈로 爲虐ᄒ고 奸吏는 文法으로 爲惡ᄒᄂ니 可謂道乎아! 君子는 窮理盡性흠으로 何處를 適ᄒ던지 理를 見ᄒ며 何事를 當ᄒ던지 性을 見ᄒᄂ니, 故로 拂性之物을 可히 制御ᄒ야 馴케ᄒ며 悖理之氣를 可히 格ᄒ야 順케흘지라.

其性을 能히 盡ᄒᄂ 者는 能히 人物의 性도 盡ᄒᄂ니, 孟氏가 性善을 言흠은 眞體의 一이 됨이오, 孔子의 相近흠을 言ᄒ심은 分量이 殊흠이라. 性의 必善흠은 火의 炎과 水의 潤과 同흔ᄃᆡ 庶人은 星星ᄒ나 聖人은 洪爐의 焰焰이 原을 燎ᄒ며, 庶人은 涓涓ᄒ나 聖人은 原泉의 渾渾이 海에 放흠ᄀᆞ다ᄒ고,

天地生物 中에 人爲最靈ᄒ야 萬物의 主宰가 되고, 聖智는 萬民의 主宰가 되ᄂ니 莫非天이라ᄒ겟고, 性은 心으로 從生ᄒᄂ니 心에서 生ᄒᄂ것은 다 性이라. 耳目의 聲色과 口鼻의 臭味와 如ᄒ야 惡흔것도 性이 아니라 謂치 못흘 것이오, 性은 不能離物爲性ᄒ야 萬物이 各各 我의게 備ᄒᄂ니 性의 實體가 되고, 物은 不能離性爲物ᄒ야 秉彛에셔 出ᄒᄂ니 物의 眞源이 된지라. 窮理者는 在物흔 理를 窮흠이 아니라, 吾의 御物ᄒᄂ바 理를 窮케흠이오. 格物者는

在物의 物을 格홈이 아니라 吾의 自備ᄒᆞᄂᆞᆫ바 物을 格홀ᄲᅮᆫ이니, 備物之我와 備我之物을 能知ᄒᆞ면 精粹武疵홀지라. 此는 知至知止와 知性知天이라ᄒᆞ엿고.
又曰 至賾而不可厭者는 物也요, 至一而不可遺者는 性也요, 至變而不可逸者는 心也ㅣ라. 心逸則性離ᄒᆞᄂᆞ니 戒愼恐懼와 學問思辨은 所以存性이오, 成性存存은 道義之門이라. 兩儀는 恒位가 有ᄒᆞ고 二曜는 恒明이 有ᄒᆞ며 四時는 恒序가 有ᄒᆞ고 萬物은 恒性이 有ᄒᆞ되 凡物의 恒性이 有ᄒᆞ 者는 眞實無妄ᄒᆞᆫ 緣由이라. 性無不善ᄒᆞ야 天實命之엇마는 不善의 有ᄒᆞ 것은 氣蔽와 習遷을 因ᄒᆞᆷ이오 性의 本體는 아니라. 今에 日月이 晦蝕ᄒᆞ며 夏雹冬雷ᄒᆞ야 五氣紛揉ᄒᆞ며 偶成愆戾ᄒᆞ되 恒明恒序者는 亘古如一ᄒᆞᄂᆞ니, 故로 曰 論性에 兼論氣는 可ᄒᆞ거니와 天地之性이 有ᄒᆞ고 ᄯᅩ 氣質之性이 有ᄒᆞ다홈은 不可ᄒᆞᆫ지라. 大槪 氣質은 不可謂性이니 恒性이 엇지 二가 有ᄒᆞ다ᄒᆞ리오ᄒᆞ엿더라.

○ 今에 二子說을 按ᄒᆞ건ᄃᆡ 湛甘泉 先生은 氣質之性만 主論ᄒᆞ여 曰 氣質이 無ᄒᆞ면 其性을 不可得見이라ᄒᆞ엿스니, 此는 無物則無理라. 理를 何에 擬論ᄒᆞ며 日月이 無ᄒᆞ면 陰陽을 何處에 證據ᄒᆞ리오홈이라. 是說이 近理ᄒᆞᆫ듯ᄒᆞ나 但 只 形而下를 論ᄒᆞ고 形而上을 不言홈이라. 天地가 無ᄒᆞᆫ들 엇지 永存ᄒᆞ신 主宰가 不在라ᄒᆞ며, 不可得見으로 豈曰 無理乎아! 又曰 欲亦爲性이오, 情屬感應이라ᄒᆞ엿스니, 情欲은 肉體에 屬ᄒᆞᆫ 惡이오, 罪를 孕胎ᄒᆞᄂᆞ 原因이어늘 엇지 性이라ᄒᆞᄂᆞ뇨. 妥當ᄒᆞ다 斷言키 難ᄒᆞ고,

汪應蛟氏의 性理를 論홈은 高見이 卓越ᄒᆞ고 究辨이 深奧ᄒᆞ야 宋儒에 比홀 바 아니라. 雖然이나 其中에 矛盾의 言이 不無ᄒᆞ니 天命의 恒性은 純眞必善홈으로 有一無二라ᄒᆞ고, 又曰 性에 偏全이 有홈은 譬之太陽이 屋漏에 寓홈又다ᄒᆞ니, 氣蔽之說을 主홈이나 性從心生이라ᄒᆞ고 性不能離物이라ᄒᆞ며 氣質은 不可言性이라ᄒᆞ고 性의 惡도 亦不可謂非性이라ᄒᆞ니 性의 主腦를 執기 難ᄒᆞᆫ지라. 太陽이 庭屋奧奧에셔 融融濛濛홈은 其光의 不同을 論홈이니, 此는 犬之性이 不同猫ᄒᆞ고 牛之性이 不同人홈이라. 有物이면 必有則有理니 上帝ᄭᅴ셔 人과 物의 性을 不同ᄒᆞ게 造成ᄒᆞ심이오. 人性으로 言ᄒᆞ면 一이라 ᄒᆞ겟스나 心才의 不同홈이 磚瓦와 如ᄒᆞ야 均從泥出이나 其形을 不同케ᄒᆞ며, 又如磁器ᄒᆞ야 器匠이 一泥塊로 貴賤의 器를 各造ᄒᆞ야 最精者는 上等의 器를 成ᄒᆞ고 至濁者는 下等의 器를 成케ᄒᆞ되 泥土가 自然運行의 權이 無ᄒᆞ고 ᄯᅩᄒᆞᆫ 受造物이 되야 造成ᄒᆞ신이의게 敢히 大小貴賤을 詰難치 못홀지라. 然則 汪氏의 高論이

未甞不合이나 元祖 亞當의 犯罪前原性을 論ᄒ고 犯罪後에 腐敗의 性을 不知홈으로 다만 氣蔽習遷의 說노 發明ᄒ다ᄒ노라.

■ 程瑤田氏 述性篇에 曰, 天地가 有ᄒ 後에 天地의 性이 有ᄒ고 人이 有ᄒ 後에 人의 性이 有ᄒ고 物이 有ᄒ 後에 物의 性이 有ᄒᄂ니 有物이면 質形氣가 必有ᄒ고 質形氣가 有ᄒ면 必有其性이니 是는 性이 質形氣를 從ᄒ야 有홈이라. 是故로 天地位焉則元亨利貞의 德이 必有ᄒᄂ니 是ᄂ 天地의 性이 善홈이요, 人生則仁義禮智가 必有ᄒᄂ니 是ᄂ 人의 性이 善홈이오. 凡物則仁義禮智의 德이 不全홈으로 物之性이 人性의 善을 不及홈이라. 設使性으로 質形氣外에 超上ᄒ즉 天地도 未有前에 此性이 先有ᄒ야 是性이 天地를 生ᄒ고, 天地가 ᄯᅩᄒ 此性을 具ᄒ야 人과 物을 生ᄒ엿스니 如是則 非但 人性만 善이라. 物之性도 亦善ᄒ다홀지라. 虎狼은 父子의 情이 有ᄒ고 蜂蟻는 君臣의 義가 有ᄒ나 其性이 不善홈은 何也오. 其質形氣가 物이오, 非人故也ㅣ라. 人之所以 異於物者는 仁義禮智의 德이 備ᄒ 質形氣가 有홈이라. 薑性은 熟ᄒ고 水性은 寒ᄒᄂ니, 故로 曰 物之氣質은 性不能善이오, 人之氣質은 性無不善이니 塗人도 可以爲禹는 人의 氣質이 有홈이오, 氣質의 淸濁을 因ᄒ야 智愚의 差別이 有ᄒ나, ᄯᅩᄒ 人의 智愚가 犬牛의 智愚와 不同ᄒ고 智愚ᄒ 人이라도 仁義禮智의 端이 全無라ᄒ지 못홀지니, 野人이 慣習을 因ᄒ야 衣冠의 正을 不知ᄒ나 君子를 見ᄒ 後에는 其心에 不安ᄒ야 自家衣冠을 整코져ᄒᄂ니, 故로 曰 不可不學이라며, 習相遠이라ᄒ지라. 古昔 儒賢이 義理의 性과 氣質의 性을 區別홈은 性善의 義가 有累홀가 恐홈이나 性은 一而己라. 人之生也에 烏得有二性哉아! 氣質中에 一性이 有ᄒ고 氣質外에 復有一性乎아! 實有者로 主論컨듸 天道 形氣가 有ᄒ 後에 天道를 言ᄒ며, 流行의 氣가 不息홈으로 陰陽의 理를 證據ᄒ지라. 水가 淸홈은 質形氣가 淸홈이니, 淸即其性이오, 鏡이 明홈은 質形氣가 明홈이니, 明即其性이라. 水濁之時라도 淸在其中이오, 鏡暗之時라도 明在其中ᄒᄂ니, 淸도 性善人의 淸이오, 濁亦性善人의 濁이라. 智愚는 稟氣淸濁에 在ᄒ고 性의게 不在ᄒ니 其智其愚도 亦是 性善者의 智愚라. 人情은 起於念ᄒ고 念生於心ᄒ야 善念이 轉爲惡念ᄒ며 惡念이 轉爲善念ᄒ야 性從氣質而定ᄒ며 念從氣質而有ᄒᄂ니, 人은 性一心一念一이라ᄒ엿더라.

■ 顧炎武 節性論에 曰 降衷于下民이라홈은 恒性이 有홈으로 性善의 說이 出ᄒ엿고 節性은 惟曰其邁라홈으로 性相近의 說이 出ᄒ다고, 人이 天生으

로 不善者가 有ᄒᆞ니 楚子良이 生子越椒ᄒᆞ매 子文이 言ᄒᆞ기를 斯兒也豺狼之聲이오 熊虎之狀이니 若敖氏를 必滅ᄒᆞ리라ᄒᆞ엿고, 商紂는 炮烙의 刑을 行ᄒᆞ며 盜跖은 日殺不辜ᄒᆞ며 肝人之肉ᄒᆞ엿스니 如此ᄒᆞᆫ 性은 與人顯殊ᄒᆞᆷ이오, 孺子의 入井도 不憐ᄒᆞ며 嘑蹴의 食을 笑而受之者도 有ᄒᆞ니, 此는 人情의 變이라ᄒᆞ엿더라.

○ 今에 二子說을 按ᄒᆞᆫ즉 程氏는 經營이 慘淡ᄒᆞ고 議論이 周詳ᄒᆞ나 其宗旨는 宋儒의 二性說을 駁論ᄒᆞᆷ이라. 氣質性을 獨主ᄒᆞᆷ은 恐無不偏이니 人도 有此氣質ᄒᆞ고 物亦有此氣質호ᄃᆡ 但以人形과 物形으로만 善惡의 性을 分㣓ᄒᆞᆷ이 天理에 合ᄒᆞᆯ다가. 孟子가 氣質의 性을 不言ᄒᆞᆷ은 仁義禮智가 人性中에만 具存ᄒᆞ고 物性에는 無ᄒᆞᆷ이라. 故로 曰 人性은 皆善이라. 人爲萬物之靈이라ᄒᆞᆷ이오. 又曰 天地未有前에 此性이 先有ᄒᆞ야 天地를 生ᄒᆞ며 人物을 生ᄒᆞ다ᄒᆞ니, 此는 以人性으로 天地萬物의 主宰를 作코져ᄒᆞᆷ이니 決非正論이라ᄒᆞ겟고,

顧氏의 論性은 主證이 別無ᄒᆞᆫᄃᆡ 越椒의 惡과 盜跖의 行으로 其性이 本惡이라ᄒᆞ니, 僕은 以爲此兩人之惡이 其性의 罪가 아니라 心宮에셔 舍義行惡ᄒᆞ야 以反其性케ᄒᆞᆷ이오, 且如斯ᄒᆞᆫ 特性은 上帝ᄭᅥ셔 埃及王 法老의 心을 剛愎케ᄒᆞ심ᄀᆞᆺ치 極惡ᄒᆞ야 普通 人性의 絶類케ᄒᆞ심이라ᄒᆞ노라.

○ 我東方半島에셔 儒敎를 振興코쟈ᄒᆞ던 이는 高麗 中葉에 安裕文成과 崔沖文憲이 有ᄒᆞ나 講談學術에 不過ᄒᆞ고, 麗氏 末葉에 程朱의 學이 始入ᄒᆞ야 鄭圃隱 先生이 講究硏覃ᄒᆞ며 性理의 奧를 悉窮ᄒᆞ야 東方理學의 祖가 된지라. 故로 李牧隱 先生이 大加稱歎ᄒᆞ야 曰 達可(圃隱字也)의 論理는 橫說竪說이 無非當理라ᄒᆞ엿고, 其後에는 斯文의 淵源이 趙靜庵 李退溪 李栗谷에 至ᄒᆞ야 窮理養性의 學이 極爲闡發ᄒᆞ엿스니 玉潤而金精ᄒᆞ며 蘭芬而月輝者도 有ᄒᆞ고 私淑成德에 德符炳日者도 有ᄒᆞᆫ지라. 其中에 退溪 栗谷 兩賢의 論이 不合處가 有ᄒᆞ니 卽四七理氣之辨이라. 李滉氏는 論ᄒᆞ기를 心性에 在ᄒᆞᆫ 仁義禮智 四端은 理發而氣隨之ᄒᆞ며 喜怒哀樂愛惡欲의 七情은 氣發而理乘之라ᄒᆞ고, 李珥氏는 其論을 反對ᄒᆞ여 曰 四端과 七情을 發之者는 氣也요, 써ᄒᆞᆫ바 發케ᄒᆞᄂᆞᆫ 者ᄂᆞᆫ 理라ᄒᆞ야 栗退 兩賢이 四七之辨으로 張皇說去ᄒᆞ며 申複討來ᄒᆞ엿더라.

○ 今에 兩賢의 論을 按컨ᄃᆡ 僕은 以爲理發而氣隨之ᄒᆞ며 氣發而理主之說이 一時見解者의 所究不同ᄒᆞᆷ에 不過ᄒᆞ거늘, 後世 黨論을 主ᄒᆞᄂᆞᆫ 者들이 兩賢의

本意를 不遵ᄒᆞ고 反以紛爭으로 爲事ᄒᆞ야 西論을 從ᄒᆞᄂᆞᆫ 者는 栗谷의 說을 主唱ᄒᆞ고 南論을 從ᄒᆞᄂᆞᆫ 者는 退溪의 說을 主唱ᄒᆞ야 互相排斥하며 彼此角勝ᄒᆞ기에 至ᄒᆞ엿스니, 此是黨論이오 決非儒風이라ᄒᆞ노라.

■ 湖洛의 爭論을 見컨딕 李陶菴縡와 李巍岩柬은 京洛에 居ᄒᆞ고 韓南塘元震과 尹屛溪鳳九는 湖中에 居홈으로 湖洛의 名이 生ᄒᆞᆫ지라. 元陵之際에 湖洛諸賢이 性命理氣의 辨論으로 因ᄒᆞ야 互相紛爭ᄒᆞ며 各立主見ᄒᆞ엿스니 其時爭鬪는 栗退兩賢의 辨說보다 特甚ᄒᆞᆫ지라. 陶巍 兩人은 栗谷의 辨論을 從ᄒᆞ야 主見을 立ᄒᆞ니 其說에 曰 理通而氣局이라 盖理之通也 故로 人與物의 本然之性은 無不同ᄒᆞ고 其之局也 故로 人與物의 氣質之性은 無不異ᄒᆞ니 故로 中庸에 曰 天命之謂性이오, 率性之謂道라홈은 朱子章句에 理通之說을 專主홈이오. 孟子曰 犬之性이 猶牛之性이며 牛之性이 猶人之性歟아홈은 集註所釋에 氣局之說을 專主홈이라. 陶巍兩翁은 此說로 正法眼藏을 삼아 經傳中에 合理處는 以通으로 解之ᄒᆞ고 合氣處는 以局으로 論之ᄒᆞ엿고, 塘溪兩人은 孟子의 論ᄒᆞᆫ바 犬牛之性과 人性의 不同之說노 落眼金屑를 作ᄒᆞ야 曰 天理가 冲漠無眹之時에 人與物의 性理가 己有分異라ᄒᆞ야 湖洛 二派에서 以此로 拗執強辨ᄒᆞ며 迭相排斥ᄒᆞ야 甚至於 分黨裂門ᄒᆞ며 視同仇敵ᄒᆞ엿스니, 湖黨에서 洛派를 向ᄒᆞ야 言ᄒᆞ기를 先生이 理通之說을 主唱ᄒᆞ시니 先生 祖父의 性은 即犬이며 春府丈의 性은 即牛가 되ᄂᆞ닛가, 犬牛의 性을 稟ᄒᆞᆫ 者로 엇지 同席ᄒᆞ리오ᄒᆞ야 鬼蜮의 射와 坑塹의 投가 去益甚焉ᄒᆞ엿더라.

○ 今에 湖洛 兩派의 黨論을 按ᄒᆞ건딕 僕은 以爲學理上에 意見不合이오. 大關鍵의 肯綮이 아니어늘 如是血爭은 反爲黨怨이오 決非君子의 辨論이라ᄒᆞ겟고, 盖以理通氣局之說노 辨컨딕 人與物이 與我同胞요 天地가 與我同根이라홈과 如ᄒᆞ도다. 栗谷先生은 少時에 入于佛門ᄒᆞ야 糸彈定戒가 特爲堅固ᄒᆞ더니 晩旋悔悟ᄒᆞ야 自警文을 著ᄒᆞ며, 陶山에 徃ᄒᆞ야 退溪를 從遊ᄒᆞ엿스니 理通之說은 本來面目을 論홈이오, 氣局으로 人物의 性이 不同이라ᄒᆞᆯ지라. 雖然이나 凡物만 氣質의 局이 有ᄒᆞ고 人獨無氣質乎아! 此는 程瑤田氏의 質形氣로 人與物을 分홈과 同ᄒᆞᆫ지라. 上主ᄭᅴ셔 萬有를 創造ᄒᆞ실 時에 엇지 人性과 物性을 同케 ᄒᆞ셧시리오. 山鷄野鶩은 同是飛禽이로딕 家莫能馴이니 其天性의 固然한 것이오. 南蠻北狄은 夷夏의 別이 有ᄒᆞ나 愛親敬神의 良心은 同ᄒᆞ니 此는 自然

혼 宗敎라. 엇지 人物의 性이 同一타 ᄒᆞ리오. 槩理如樹木ᄒᆞ며 性如曲直ᄒᆞ고 命如使爲曲直이니 人與物性을 不同케ᄒᆞ심은 造化主의 命賦ᄒᆞ심이라. 但以理通氣局으로 論斷ᄒᆞᆷ이 原理에 不合ᄒᆞᆯ것이오. 儒敎의 要素를 槪論컨듸 古昔 賢聖의 尊敬上主ᄒᆞᆷ은 有神論의 視念[觀念의 오기인듯하대]이 有ᄒᆞᆫ듯ᄒᆞ나, 예수敎의 天父라 慈悲ᄒᆞ신 主라ᄒᆞᆷ이 無ᄒᆞ고 但以尊嚴이오 不以親愛ᄒᆞ엿스니, 上主와 密接의 關係가 無ᄒᆞ고, 且 主의 聖神ᄭᅥ셔 吾儕心中에 居ᄒᆞ야 身體는 聖殿이 되고 每事를 引導ᄒᆞ신다ᄂᆞᆫ 句語가 無ᄒᆞ지라.

顓頊이 祭祀之禮를 創始ᄒᆞᆷ으로 虞舜이 文祖ᄭᅴ 受終ᄒᆞ며 類于上帝ᄒᆞ고 禋于六宗ᄒᆞ며 望于山川ᄒᆞ고 徧于群神ᄒᆞ엿스니, 此는 日月星辰과 五嶽四瀆과 風雨雷神과 墳墓邱陵의 群神을 祭祀ᄒᆞᆷ이니, ᄯᅩᄒᆞᆫ 多神敎라 함도 可ᄒᆞᆯ듯ᄒᆞ고, 矧玆叔季之世에 頹風敗俗이 城隍巫覡과 木偶石像을 崇拜ᄒᆞ고 上天主宰ᄭᅴ는 敬拜ᄒᆞᆷ이 無ᄒᆞ엿스니 乘亂이 極矣라ᄒᆞ겟고, 且儒經에 曰 天何言哉시리오. 四時行焉ᄒᆞ며 萬物이 育焉이라ᄒᆞ고, 又曰 天이 豈諄諄然命之乎아ᄒᆞ엿스니, 此는 識見不及ᄒᆞ고 眞理가 杳遠ᄒᆞ야 上主의 誠訓을 不聞不知ᄒᆞᆷ이라.

經에 曰 人의 耳目口鼻를 造成ᄒᆞ신 主ᄭᅥ셔 言語와 視聽을 不能ᄒᆞ시리오 ᄒᆞ엿스니, 自元祖亞當으로 魯亞와 아부라함과 摩西 엘니아 以塞亞 等 先知者의게는 上帝ᄭᅥ셔 親臨ᄒᆞ샤 諄諄然耳提面命ᄒᆞ셧고, ᄯᅩ 여호수아 긔드온 參孫 삼우엘 士師들과 다윗과 솔노문王의게도 여호와ᄭᅥ셔 親히 命令ᄒᆞ셧스니, 上主ᄭᅥ셔는 곳 我等 信徒의 慈悲ᄒᆞ신 天父시라. 詩篇에 曰(十九○) 主의 音聲이 宇宙에 遍達ᄒᆞ며 主의 訓辭가 地極에 至ᄒᆞ다ᄒᆞ엿스니 蒼天은 無言이나 主宰의 聖訓은 明明赫赫ᄒᆞ야 使聽者로 莫不敬服케ᄒᆞ신지라. 然則 儒敎에셔 上帝를 敬畏ᄒᆞ다ᄒᆞ나 慈悲ᄒᆞ신 聖父로 不能信仰ᄒᆞ니 有神論의 觀念이 有ᄒᆞ다ᄒᆞ기 難ᄒᆞ고, 又曰 惟聖은 性者라 浩浩其天이라ᄒᆞ엿시니, 以聖人으로 爲天이 可乎아! 以天으로 爲主宰가 可乎아! 聖人도 能히 創造萬物ᄒᆞᄂᆞᆫ 權이 有ᄒᆞ다ᄒᆞ뇨. 若如儒說컨듸 造化主의 權能을 不聞不知ᄒᆞ야 天과 人과 主를 混沌說去ᄒᆞ엿고, ᄯᅩᄒᆞᆫ 來世論의 觀念이 無ᄒᆞ야 只言ᄒᆞ기를, 天道는 福善禍淫이라. 殃及子孫이라ᄒᆞ엿스니 純全無缺ᄒᆞᆫ 宗敎이라 稱ᄒᆞ기 難ᄒᆞ지라. 若使活眼者로 見之면 僕의 贅說을 不待稔悉이라ᄒᆞ노라.

第一回에 釋氏의 明心見性과 三歸四諦의 悟法을 槪論ᄒᆞ엿거니와 今에 其要素를 續論컨듸

第二章
佛教道理의 要素

第一, 佛教界圖書

○ 佛敎의 三千大千世界와 八萬四千法門이 極爲微妙奧頤ᄒᆞ야 難可覰覦로딕 其槩를 略論ᄒᆞ면, 華嚴經에 曰 鐵圍山 七香水海中에 須彌山이 有ᄒᆞ니 其高가 八萬四千 由旬【四十里 一由旬】이라. 山東曰 弗婆堤州요 山南曰 閻浮提洲요 山西曰 瞿耶尼州요 山北曰 鬱單越州니 是爲四天下라.【一云 東聖神州西牛化州南閻浮州北俱盧洲也】四天下數가 積至一千則是爲小千世界요 小千世界數가 積至一千則是爲中千世界요 中千世界數가 積至一千則是爲大千世界니, 大千世界者는 一佛의 化土라. 釋迦牟尼佛所化土曰 婆婆요, 譯言則 堪忍이니 其土衆生이 可能忍苦라 ᄒᆞ이라. 如是有不可說佛刹微塵數三千大千世界ᄒᆞ니 三千大千世界는 爲一世界種이라. 無邊妙華光香水海中에 一大蓮花가 有ᄒᆞ니 名曰 一切香摩尼王莊嚴이라. 普照十方ᄒᆞ야 熾然寶光이 爲世界種이니 一世界種에 有二十種層ᄒᆞ고 其最下層曰 最勝光徧照世界요, 其最上層曰 妙寶焰世界니 此婆婆世界는 在於第十三重層ᄒᆞ야 十三 刹塵世界가 圍繞ᄒᆞ엿더라.[華嚴經]

四王天은 居於須彌山腹ᄒᆞ고 忉利天은 居於須彌山頂ᄒᆞ고, 再上曰 須燄摩天이오, 再上曰 兜率陀天이오, 再上曰 樂變化天이오, 再上曰 他化自在天이니, 是爲欲界六天이오, 欲界上에 有色界ᄒᆞ니 曰 初禪三天曰 梵衆天曰 梵補天曰 大梵補天이오, 曰 二禪二天이니 曰 光天曰 無量光天曰 光音天이오 曰 三禪三天이니 曰 少淨天曰 無量淨天曰 遍淨天曰 四禪九天이니 曰 福生天曰 福受天曰 廣果天曰 無想天曰 無煩天曰 無熱天曰 善見天曰 善現天曰 色究竟天이니 是爲色界十八天이오, 無色界는 曰 空無邊處曰 識無邊處曰 無所有處曰 非非想處이니 是爲無色四天이라. 佛祖釋迦氏의 化土婆婆界는 南閻浮提에 在ᄒᆞ니라.

- 世界萬物의 原因

楞嚴經에 曰 世界五濁이 因於四大之纏이라ᄒᆞ니 譬如取土ᄒᆞ야 投於淨水라. 五濁은 曰 劫濁曰 見濁曰 煩惱濁曰 衆生濁曰 命濁이오, 四大는 謂地水火風이니 世界의 萬物이 不外此四質이라ᄒᆞ이라. [創世記 一章 二章 對照] 又曰 第八阿

賴耶識이 爲生因이니 眞常이 流注於生滅ᄒᆞ야 譬如尼團과 微塵이 非異非不異라 ᄒᆞ고, 又曰 眞佛은 無形ᄒᆞ고 法身은 無相이나 而現三十二相과 八十種好ᄒᆞ야 爲順世間之情이라ᄒᆞ니, 此는 不自生不他生不共生不無因生이라. 世界萬物이 合十二類로 生生ᄒᆞ엿스니 三界之中에 四生八因으로 成ᄒᆞ지라. 四生은 胎卵濕化이니 濕以合感ᄒᆞ고 化以離應이라. 飛潛走物과 三百昆蟲이 四生中에 起ᄒᆞ고, 八因은 曰 有色曰 有想曰 無想曰 非有色曰 非無色曰 非有想曰 非無想이니, 此는 有想無想의 世界衆生이 皆十二類에셔 生ᄒᆞ다ᄒᆞ이라. 欲界之物은 相觸相合으로 生ᄒᆞ고 色界之物은 相對相照로 感而化成ᄒᆞ고 無色界物은 相想相應으로 生成ᄒᆞ다ᄒᆞ이라.

第二, 佛陀의 誕生

佛有五姓ᄒᆞ니 曰 甘蔗氏曰 日種氏曰 瞿曇氏曰 釋迦氏曰 舍利氏라.

距今 二千九百五十餘年 前에 佛陀世尊이 亞細亞洲 中印度 迦毘羅國에셔 生ᄒᆞ엿스니, 其初姓은 刹帝利 瞿曇이니, [譯言地最勝] 卽王種이오 父는 淨飯王이오 母는 摩耶夫人이라. [一說에 淨梵王이오 摩耶夫人은 拘利城主 善覺王의 女] 其始祖 曰 王仙이니 爲獵人의 射殺ᄒᆞ야 血入地ᄒᆞ니 生甘蔗二本이라. 日炙開ᄒᆞ니 一生男ᄒᆞ니 號를 甘蔗王이라ᄒᆞ고, 一生女ᄒᆞ니 卽善賢妃라. 生子ᄒᆞ야 作轉輪王ᄒᆞ다. 日炙에 一名은 日種인ᄃᆡ 傳七百世ᄒᆞ야 至淨飯王ᄒᆞ야 釋迦를 生ᄒᆞ엿스니, [譯言 能仁이라] 初에 摩耶夫人이 後園 無憂樹下에셔 安坐ᄒᆞ엿더니 非夢似夢間 幻象中에 一白象이 入腹이여늘 驚悟開眼ᄒᆞ니 從此身重懷孕이라. 佛史에 曰 不陀가 以累劫功行滿足으로 兜率天宮을 離ᄒᆞ야 摩耶夫人의게 降生ᄒᆞ되 藍毘尼園 隣韓樹下[一云 嵐毘尼園 無憂樹下]에셔 右脇으로 從生ᄒᆞ니 時則 周昭王 二十六年 甲寅歲 四月八日이라.

普曜經에 曰 佛陀生時에 地湧金蓮ᄒᆞ야 捧其雙足ᄒᆞ며 四方四維[四間方曰 四維]로 各行七步ᄒᆞ고 一手로 指天ᄒᆞ며 一手로 指地ᄒᆞ고 師子吼聲을 作ᄒᆞ야 天上天下에 惟我獨尊이라ᄒᆞ니, 時에 天樂天鼓가 雲間에 自鳴ᄒᆞ며 八方世界가 同聲讚美ᄒᆞ되 惟欲界大魔王은 獨猜라ᄒᆞ지라.

佛陀의 小名은 薩婆 悉達多요 [譯言 一切義成] 法性名은 釋迦牟尼니 [譯言 能仁寂嘿] 雪山에셔 辭過不還ᄒᆞᆷ으로 因ᄒᆞ야 父王이 因命釋迦라ᄒᆞ니라. 生才七

日에 母摩耶夫人은 離世ᄒ고 姨母 摩訶波提의게 乳養ᄒᆞᆯ시 其時 林中에 居ᄒᄂ 善相者 婆羅門이 來見 曰, 王子의 相貌는 人天의 奇異ᄒᆞᆷ을 備ᄒ엿스니 萬一 出家ᄒ면 無上正覺을 必成ᄒ야 三世衆生의 師表가 되겟다ᄒ고, 苦行仙人 阿私陀는 悉達多를 默視ᄒ다가 脚下에 伏泣ᄒ거늘, 父王이 怪問ᄒᆞᆫ ᄃᆡ 仙人 曰 此王子는 人天三界에 福德이 圓滿ᄒ 好相이라. 其眼은 世界를 通照ᄒ고 其顔은 天地六合의 主가 될 徵兆이라. 我年垂暮에 未見盛世 故로 不覺涕泣이라ᄒᄂ지라. 父王이 太子를 冊立ᄒᆞᆯ시 白象綠馬로 七寶의 輿를 乘ᄒ고 太子를 抱ᄒ야 天神ᄭᅴ 奉獻ᄒ니 臣民이 如雲ᄒ고 歡聲이 動地라. 太子 漸長에 德貌日新ᄒ고 本性이 沉重ᄒ야 金玉珍寶를 視若瓦礫ᄒ며 聰穎好學이러니, 年至十七에 斷念嬉樂ᄒ고 後園無人處 閻浮樹下에 坐ᄒ야 世事疑問을 探究ᄒᄂ지라. 一日에 父王이 親族과 文武名士를 閻浮樹下 大學校로 會集ᄒ고 學術을 試見ᄒᆞᆯ시 一人도 能히 太子를 對ᄒᆞᆯ 者 無ᄒ고, 太子가 策馬騎射ᄒᆞᆯ매 百步遠의에서 七鐵皷를 一射에 能貫ᄒ니 環睹衆目이 宛然如醉라. 父王은 太子의 智勇이 兼備ᄒᆞᆷ을 喜ᄒ고 預言者는 稱ᄒ기를 他日에 天下를 征服ᄒ고 人界五天 [五印度]에 英主가 될 者는 太子外에 無ᄒ다 ᄒᆞ매, 諸侯들이 其女를 獻코져ᄒᄂ 者 多ᄒ나, 太子는 其從妹 耶輸陀羅姬를 取ᄒ야 [야스다라] 未幾에 生一玉兒ᄒ니 名曰 羅睺羅라 [라고라]. 父王이 太子의 厭世心이 有ᄒᆞᆷ을 知ᄒ고 壯麗ᄒ 宮을 絶佳處에 成ᄒ며 美姬玩好로 快樂케ᄒ되, 太子는 無心於聲色ᄒ고 人生의 悲哀觀을 常歎曰 日月이 消磨ᄒ고 四時가 變遷ᄒ니 人生妙樂이 엇지 靑春에 獨在ᄒ리오, 出宮修道의 心이 甚切ᄒ지라.

彙參에 曰 釋迦의 一名은 薩蛤木那니 讀書明道가 過於其師라. 每於林木邃處에 沉心思道曰 天地間에 無物이 可以長久라. 人生也如石激之火ᄒ야 一瞬消滅에 不知從何處來요 亦不知從何處去로다. 惟至極聰明ᄒ야 毫無障碍於方寸者라야 能照萬物이여늘 我不能盡滅私欲이라. 安望救此世界乎아 ᄒ더니, 父王이 欲解其愁ᄒ야 出遊城東ᄒᆞᆯ시 追從이 甚盛ᄒ고 綺羅燦爛ᄒ더, 忽見 一老父背僂身戰ᄒ며 頭霜眼霧로 形容이 枯槁ᄒ고 齒牙가 震震ᄒ며 扶杖跛行이어늘 太子 怪問其御曰 此人이 身犯何罪ᄒ야 狼狽若是오. 御者曰 年老家貧에 精力이 已竭ᄒ니 譬如枯木衰草ᄒ야 嚴霜剝落之日에 永無暢遂之機라. 彼老도 昔年美少로 今至悲境ᄒ니 人生衰老가 原來如是요 非因犯罪니다. 太子曰 甚矣라. 人之愚也여 年少恣意로 從事快樂ᄒ고 髦耋苦楚를 不計不思로다. 乃命御者ᄒ야 回車入宮曰 吾亦此境이 不遠이라ᄒ니 豊麗ᄒ 伽毘羅城도 未幾에 空塚丘墟로 歸ᄒᆞᆷ을 思慮ᄒᆞᆷ

이라.

父王이 更以出遊於南門홀신 市街의 壯麗를 縱覽ᄒ더니 料外路傍에 病臥者를 遇ᄒ니 口乾舌澁ᄒ며 皮膚皴皺ᄒ고 身多泥塗에 喘息將絶이라. 太子問曰 彼何人斯완ᄃᆡ 至於此境乎아! 御者曰 此亦非其人之罪오. 乃是病也ㅣ니 富貴貧賤을 勿論ᄒ고 一般 人類는 必有病時라ᄒ니, 太子曰 噫라, 身體爽健은 譬如夢中快樂이오, 人之病患은 醒後苦惱이니 樂暫苦長이라. 至人達士는 宜當히 生前之樂을 專想치말고 死後에 無窮ᄒ 道理를 不可不究라ᄒ더니, 其後에 西門外 花園에셔 遊홀ᄉᆡ 園外에 有一屍身ᄒ야 仰臥板上ᄒ고 親戚이 在傍ᄒ야 放聲哀哭者도 有ᄒ고 自拔其髮者도 有ᄒ고 頓足拊膺者도 有ᄒ거늘 太子謂其御曰 此는 何爲者오. 御者曰 此乃死者ㅣ니 滅絶快樂ᄒ고 當此苦惱는 人生末路가 個個若是니다. 太子曰 人是何物고 靡有無病이요 靡有不死며 靡有長生者ᄒ니 苦惱를 必先ᄒ 後에 快樂을 得ᄒ리로다. 速令回車曰 吾必究妙術ᄒ야 去此三者리라. 自此로 紅顔美娥를 見ᄒ면 白髮衰翁을 思ᄒ고 快樂遊嬉를 遇ᄒ면 疾苦死亡을 慮ᄒ더니, 一日은 城北으로 出ᄒ다가 一寒士를 逢ᄒ니 器宇軒仰ᄒ고 禮辭謙恭ᄒᄃᆡ 禪衣를 服ᄒ고 沿門托鉢ᄒ거늘, 太子問其御曰 此爲誰오 對曰 此人은 擧止端方ᄒ니 洵屬佳士라. 世間快樂은 心內全消ᄒ고 禁口持齋ᄒ며 勝欲行善으로 嘗誓神前ᄒ야 無嫉妬無貪悋ᄒ며 無怨惡으로 禱告ᄒ고 每天에 出門乞食ᄒᄂ이다. 太子曰 此ᄂᆞᆫ 善人也ㅣ라. 自古賢聖이 皆飽苦行善으로 疾病의 災와 大年의 苦楚를 免ᄒ며 長生不老의 永存世界를 得ᄒᄂ니 我心如是ᄒ야 通歷四觀ᄒ며 成大悟結正果ᄒ야 六根을 放ᄒ며 六塵을 捨ᄒ고 聲色香味에 不住ᄒ리라 ᄒ더라.

古傳에 曰 婆羅門의 子 優陀夷는 辯才로 淨飯王의 擢用ᄒ 者라. 王旨를 奉ᄒ고 諸宮娥를 諭ᄒ여 曰 美人은 一嚬一笑로 能히 男子心腸을 銷ᄒ거늘 太子雖博學智高나 엇지 其情을 不動ᄒ리오. 昔에 孫陀利姬는 能히 大仙人의 聖覺을 破壞ᄒ고 毘尸婆梵仙은 一萬年의 修道가 天妃를 爲ᄒ야 一朝의 破棄ᄒ엿스니, 太子의 苦心을 破케ᄒ라ᄒ되, 太子는 磐石堅心이 一毫不動ᄒ고 喟然歎曰, 哀哉라 人生이여 但知春華ᄒ고 不覺秋枯ᄒ니 將來 老病死 三苦를 烏得免乎아! 優陀夷 曰 人生行樂은 自然情緖라. 帝釋瞿曇과 婆羅墮 諸大仙도 此를 不免ᄒ거늘 太子 恒帶愁色ᄒ니 大人成道에 恐爲障害ᄒᄂ이다. 太子曰 如彼諸仙은 塵世에 墮落ᄒ 凡夫라. 君豈勸我ᄒ야 陷於三苦中乎아! 辭氣激切ᄒ야 通徹肺腑ᄒ니 優陀夷의 妓樂이 慙愧自退ᄒ니라.

第三, 佛陀의 出家

一日은 父王이 太子로 出遊郊外홀ᄉᆡ 見農夫面黑骨立ᄒᆞ고 揮汗耕耘ᄒᆞ며 諸虫死者無數ᄒᆞ고 耕牛疲勞ᄒᆞ야 喘舌垂涎이라. 太子曰 吁嗟人牛여 濫殺生虫ᄒᆞ나 頓無慈悲로다. 還宮後에 出家心이 尤極堅固ᄒᆞ야 達於父王曰 我가 반ᄃᆞ시 棄紫闥入白屋ᄒᆞ야 三界苦境을 離ᄒᆞ며 永世快樂을 圖코쟈ᄒᆞᄂᆞ이다. 王이 起席執手에 身戰口囁ᄒᆞ야 血淚千行이라. 太子亦爲怵惕ᄒᆞ야 後園閻浮樹下에 移坐ᄒᆞ니 五夜深深ᄒᆞ고 萬籟寂寂이라. 閉眼獨坐러니 忽見得幻影이 樹下에 顯出ᄒᆞ야 曰 我是出家人이라 度世使命을 擔ᄒᆞ고 太子의 決心을 促ᄒᆞᄂᆞ이다. 太子曰 樂愛의 虛華와 三苦의 事는 我도 覺悟ᄒᆞᆫ바어니와 無上圓覺을 此世에셔 或得ᄒᆞ랴. 出家人曰 太子는 勿疑ᄒᆞ고 一念을 堅確ᄒᆞ야 涅槃의 [닐와나] 一大靈湖를 求ᄒᆞ쇼셔. 其處는 無生無死ᄒᆞ고 無窮無盡ᄒᆞᆫ 苦境을 脫ᄒᆞ며 無上淨樂을 享受ᄒᆞ시리다. 太子 聽罷에 一道明光이 如照靈臺라. 幻影人이 太子의 決心을 見ᄒᆞ고 曰 大哉라! 悉達多여 佛陀로 一切衆生의 宗師가 되고 三界浩刼의 法主가 되리로다. 百雷落前ᄒᆞ고 萬魔囁耳라도 精進勿退어다. 三世十方에 諸善神이 佛陀를 擁護ᄒᆞ리로다. 言畢에 幻影이 漸消어늘 太子曰 天神菩薩의 言이 豈欺我哉아! 嗚呼라, 我는 반ᄃᆞ시 佛陀가 되리잇가ᄒᆞ더라. 太子 出家를 決心ᄒᆞ고 妻子를 永訣홀ᄉᆡ 宿殿에 潛入ᄒᆞ니 耶輸佗羅妃가 幼兒와 安眠ᄒᆞ거ᄂᆞᆯ, 佇立良久에 曰 耶輸陀羅妃여 雪山의 高嶺과 恒河의 水源보다 深愛ᄒᆞᄂᆞᆫ 我耦ᄂᆞᆫ 代我ᄒᆞ야 無父ᄒᆞᆫ 羅喉羅를 善養ᄒᆞ야 父王의 孤心을 慰保ᄒᆞ쇼셔. 我는 他日에 三界法主가 되야 衆生을 濟코쟈ᄒᆞᄂᆞ이다. 情絆을 快斷ᄒᆞ고 御者車匿 [쟌나] 을 喚起ᄒᆞ야 乾陟馬 [馬名 간닥가] 를 牽出曰 我心甚渴ᄒᆞ야 甘露泉을 飮코져ᄒᆞ노라. 潛出宮城ᄒᆞ야 載馳載驅ᄒᆞ니 時則 十九歲 十二月 七日이라. 二百里를 行ᄒᆞ야 黎明에 彌尼迦村을 經ᄒᆞ니 跋伽婆仙人의 居林을 當ᄒᆞ지라. 深林中에 入ᄒᆞ야 瓔珞寶珠의 衣冠을 脫ᄒᆞ며 指環手釧의 等物을 車匿의게 付歸ᄒᆞ고 取刀斷髮ᄒᆞ며 素手跣足으로 獵師를 從ᄒᆞ야 緇衣袈裟를 貿着ᄒᆞ니, 昨日 國王의 榮貴ᄒᆞᆫ 太子로 今日에 孤煢ᄒᆞᆫ 沙門比丘가 된지라. 至今도 此林中에 碑誌가 有ᄒᆞ야 曰 薩哈木那가 世界 快樂을 棄ᄒᆞ고 淸淨法門에 入處라ᄒᆞ니라. 原來 跋伽婆仙人은 遠近에 著名ᄒᆞᆫ 苦行仙이니 門徒가 三百餘人이오, 婆羅門 一派로 印度의 淨樂만 求ᄒᆞᄂᆞᆫ 者라. 悉達多가 跋伽婆仙人을 謁見ᄒᆞ고 其徒의 行爲를 熟察ᄒᆞ니 或草葉樹皮를 着ᄒᆞ며 或草根木實을 食ᄒᆞ고 或鳥如飛虫如匍ᄒᆞ며 魚如泳獸如伏

호야 形態不同호니 道理가 甚不愜意라. 太子曰 如是苦行은 所求何在오. 其徒曰 能忍苦行호고 善從經文이면 終來에 天上樂果를 得호노라. 太子曰 天上之樂도 期限이 有호느니 再當輪廻에 大苦報를 何以解脫고 求生得生이나 死不可免이오, 求樂得樂이나 意着苦境이니 無上智慧를 修호며 絶世眞樂을 永求흠이 可호도다. 藍摩深林을 離호며 南渡 恒河호야 摩伽陀國 彌樓山中에 入호니, 此山에 居호는 阿羅邏仙人은 德行이 高潔호고 悟證이 深遠혼 道士이라. 徒弟가 七百人이오 同居호는 鬱陀羅摩仙人도 高名혼 道人이라. 太子 其廬에 造호니 仙人이 容貌의 非凡흠을 見호고 大喜호야 曰, 昔者에 明勝王이 捨位從道호더니 今에 君以美齡으로 五慾을 棄호고 決心修道호니 奇異혼 事이로다. 太子ㅣ 其仙人의 道를 盡修貫通호나 光明圓覺을 得지 못호는지라. 尼連禪河 東岸에 盡日靜坐호야 着意觀法호다가 幾月後에 苦行林 (울일쌕) 中 五比丘를 尋호니, 此五人은 節情抑慾호며 持身嚴正호고 靜寂沈默이어늘 太子ㅣ 密交其人호야 守戒忘食으로 漸入三昧호나 [三昧는 梵語니 屛絶諸緣에 專一虛寂之謂] 前後六年에 風雨霜雪과 慄烈寒暑가 逼肌徹骨호딕 堅確心志는 如山不動호고 日食一粒호야 以續精氣호니 血肉이 枯호고 形骸가 憔悴라. 超越大海之志로 瞑目靜坐호니 弊衣亂髮이 死偶와 如호더라.

第四, 佛陀의 成道

太子 六年苦行之餘에 私慾을 洗盡호고 道理를 探究호나 三苦惱를 免케홀 術이 無혼지라. 乃猛然自思曰 若以羸身而取道면 彼外道則言호기를 自飢가 是 涅槃因이라호리로다. 乃浴於尼連河홀신 [一名 禪河水] 疲倦無力호야 河岸樹枝를 挽호고 顚仆如死러니 近地에 牧牛娘難陀가 有호야 香乳糜를 奉進호거늘 太子 受호신 後 神氣가 回復혼지라. 比丘 五人은 見太子求食호고 各自告別이라. 太子 菩提樹下에 退居호니 釋提桓因이 吉祥草로 敷坐케호거늘 東向跏趺 [佛坐也] 호여 曰, 若不成道면 終身不離此座라호고 畢慮殫精호며 時時禱告호더니 久之요. 天地가 呈瑞호고 三十六 天諸善神이 異象을 現顯호야 苦惱去法을 告호며 黙示로 智慧를 增케호되, 欲界大魔王은 獨憂憎惡호야 一計로 試홀신 迦毘羅國 戰士로 披亂逃來호야 告急曰 國中이 大亂호고 逆臣이 父王을 下獄호며 王位를 簒奪호고 太子妃를 納호엿스니 急救호쇼셔. 親戚手書를 呈호

나 太子 寂然不動ᄒᆞ니 魔王이 更以美姬로 舞前ᄒᆞ며 後以餓鬼波旬夜叉羅刹 等으로 百方阻碍ᄒᆞ되 顏色을 不變ᄒᆞ니 獅怒切齒ᄒᆞ며 雷震降雹이나 化爲五色花라. 太子 伸手指地ᄒᆞ니 掌內光明이 如日ᄒᆞ고 一聲叱退에 魔軍雲散ᄒᆞ며 大千世界에 佛光이 遍照ᄒᆞ니 太子 恍然大悟曰 得之矣로다. 今以後에 可除三苦라ᄒᆞ니 東方明星이 出ᄒᆞ며 平生所願에 無上正覺을 得ᄒᆞ야 釋迦牟尼 佛陀가 되엿스니 時年이 三十이라. 煩惱羈絆을 脫ᄒᆞ며 輪廻鎖鍵을 絶ᄒᆞ야 生死大海에 能照光輝가 一切衆生을 度ᄒᆞ며 圓滿法界에 不生不死ᄒᆞ고 寂滅樂土에 大涅槃이 되엿더라.

第五, 佛陀의 說法

佛陀는 布敎를 摩竭陀國 阿蘭若法菩提場中에셔 開始ᄒᆞ야 法輪庇大 方廣佛華嚴經으로 說法의 根本을 作ᄒᆞ매 小機는 未入ᄒᆞ야 如聾如啞어늘 三七日에 觀樹思惟ᄒᆞ야 寧入涅槃이러니 梵天帝釋이 殷勤勸勉ᄒᆞ며 請轉妙法輪이어늘 乃詣波奈羅斯國 鹿野園ᄒᆞ니 [무링아다푸] 前日 苦行林에셔 同苦ᄒᆞ던 五比丘의 居園이라. 比丘들이 佛陀의 到來홈을 見ᄒᆞ니 赫赫光輝와 凛凛威容이 莊嚴ᄒᆞ야 敬畏心이 自起라. 佛陀가 彼等의 苦行이 畢竟無益홈과 健全身體로 智慧圓滿의 道를 說敎ᄒᆞ야 三乘의 法으로 大法輪을 傳ᄒᆞ니 比丘等이 接足施禮ᄒᆞ며 願爲受敎어늘 佛陀가 乃以斷滅煩惱ᄒᆞ며 達于涅槃ᄒᆞᄂᆞ 三歸四諦의 眞理와 六度輪廻의 十二因緣을 說ᄒᆞ니 四諦의 一은 苦이니 生老病死요, 二는 苦之因이니 五慾이오, 三은 苦之滅이니 五慾을 離홈이오, 四는 滅苦之八道이니 八道는 曰 正見・正思・正語・正業・正命・正進・正念・正心이라. 大槪 學徒依法者는 此 四諦를 證守ᄒᆞᆯ거시오. 六道는 天・人・阿修羅・餓鬼・畜生・地獄이오, 三歸는 歸依佛・歸依法・歸依僧이니, 佛法僧 三戒는 後人이 謂之三寶라. 比丘 五人中에 一日 憍陳如니 [곤쟈야] 佛陀의 敎誨를 先覺홈으로 首弟가 되고 四人도 共히 三戒를 誓願ᄒᆞ니라.

佛陀行錄에 曰, 一日을 五分ᄒᆞ니 第一時는 曉起盥漱ᄒᆞ고 着衣入禪室ᄒᆞ야 觀想을 畢ᄒᆞᆫ 後에 出市乞飯ᄒᆞ고, 第二時는 洗足上堂ᄒᆞ야 沙門弟子들노 論釋法義ᄒᆞ고, 第三時는 對大衆ᄒᆞ야 畢法談後에 沐浴入園ᄒᆞ야 林間에 逍遙ᄒᆞ고 歸則 弟子의 疑問을 答應ᄒᆞ며, 第四는 諸天善神을 爲ᄒᆞ야 說法ᄒᆞ고, 第五는 說法畢

後에 就宿홈이라. 且天晴佳節에는 遠近에 托鉢遊行ᄒᆞ고 夏雨眞澇에는 還歸安居ᄒᆞ시니 今之夏安居制가 此에 起ᄒᆞ엿더라. 摩伽陀國 都府曰 王舍城이라 [라쟈쑤리하] 伽闍山에 [쌰쟈] 三人苦行仙이 住ᄒᆞ니 伯은 優樓頻羅迦葉波니 一名 河力補오, 仲은 那提迦葉波니 一名은 格大呀哪오, 季는 伽倻迦葉波니 一名은 馬格牙拿이라. 德高識博ᄒᆞ야 一世 宗師가 됨으로 國人이 敬奉ᄒᆞ며 受敎者多ᄒᆞ니 其敎는 火神이라. 佛陀가 訪問請宿ᄒᆞ딕 迦葉波曰 此處火窟에 惡龍이 棲息ᄒᆞ니 非君宿處이라. 佛陀가 故請入窟이러니 夜半에 惡龍이 佛陀의게 毒烟을 放ᄒᆞ야 擧窟이 如燃호딕 佛陀端坐不動ᄒᆞ니 惡龍이 感服ᄒᆞ야 稽首佛前이라. 迦葉波ㅣ窟中起火를 見ᄒᆞ고 意謂 佛陀가 燒死라ᄒᆞ야 翌朝에 與其徒로 來見ᄒᆞᆫ즉 佛陀가 惡龍을 制ᄒᆞ야 鉢中에 藏ᄒᆞᆫ지라. 迦葉波 三人이 佛陀를 敬畏ᄒᆞ야 火敎를 棄ᄒᆞ고 四諦八道의 妙理를 從ᄒᆞ니 其徒五百餘人이 皆歸奉敎ᄒᆞ고 一杖一鉢로 佛陀를 隨從ᄒᆞ야 陸陸下山ᄒᆞ니 摩迦陀國人이 三迦葉波의 歸佛ᄒᆞᆷ을 見ᄒᆞ고 滿城人民이 聳動歸佛者多러라. 摩伽陀國王 頻毘沙羅도 婆羅門의 古法을 棄ᄒᆞ고 佛陀를 敬奉ᄒᆞ니 時年이 二十餘라. 佛陀가 其國의 强大ᄒᆞᆷ과 文化의 淵藪됨을 無上奸幾로 知ᄒᆞ고 說敎의 根據地를 作ᄒᆞ니 迦蘭陀伽라ᄒᆞᄂᆞᆫ 弟子가 竹園을 [예누나] 佛陀의게 奉獻ᄒᆞ고 頻毘沙羅王은 一大廟宇를 新建ᄒᆞ야 佛를 住錫케ᄒᆞ니 佛陀가 冬夏에는 道場을 精舍에 設ᄒᆞ고 春秋로는 城外 五峯山에 上ᄒᆞ야 說法ᄒᆞ시니 此時 國內에 婆羅門의 二派가 有ᄒᆞ야 一曰 舍利弗이오. 一曰 目犍連子며. 其徒 三百餘를 率歸ᄒᆞ고 豪富家 摩訶迦葉波는 德行이 圓滿ᄒᆞ고 智慧가 超凡ᄒᆞᆷ으로 佛陀의 第一 首徒가 되야 佛敎法化가 漸漸振旺ᄒᆞ지라. 出宮後 十二年에 淨飯王이 佛陀의 舊友 優陀夷를 王舍城 竹林精舍에 送야 回國을 傳ᄒᆞ니 佛陀가 父王의 명을 從ᄒᆞ야 歸省ᄒᆞᆯᄉᆡ 質素道衣로 右杖六環ᄒᆞ고 左持一鉢이라. 王은 佛陀의 圓滿莊嚴ᄒᆞᆫ 容光이 射照ᄒᆞᆷ을 見ᄒᆞ고 無上微妙의 法을 聞ᄒᆞ매 昔年憂慮와 永世苦惱가 脫去ᄒᆞᆷ을 得ᄒᆞ고 耶輪陀羅姬는 佛陀를 從ᄒᆞ야 剃髮爲尼ᄒᆞ니 佛陀가 其背를 撫ᄒᆞ며 三世因果의 理를 說ᄒᆞ야 心을 悟케ᄒᆞ고 市外林中에셔 夜를 經ᄒᆞᆫ 後 翌朝에 出市ᄒᆞ야 托鉢乞食ᄒᆞ니 知者驚歎이라. 七日後 父王쯰 告別ᄒᆞ고 須達長者의 祇園精舍로 赴ᄒᆞ니 此處는 中印度 游化池라. 南控錫蘭ᄒᆞ고 北通雪山 故로 佛陀가 多年巡錫ᄒᆞ야 衆生을 度ᄒᆞ던 處이더라.

第六, 佛陀의 入滅

法海가 漸潤ᄒᆞ고 沙門이 發展ᄒᆞ매 佛陀가 彈偏擊小ᄒᆞ며 歎大褒圓ᄒᆞ샤 維摩와 楞伽와 楞嚴과 圓覺과 般若大乘等 經을 說ᄒᆞ야 三十年을 又ᄒᆞ고 法華經을 說ᄒᆞ샤 使諸徒로 受其作佛케ᄒᆞ시다. 佛陀 四十三年頃에 摩伽陀國에 邪敎가 入ᄒᆞ고 勇士 提婆達多가 太子 阿闍世를 誘ᄒᆞ야 父王 頻毘沙羅를 弑ᄒᆞ고 母后를 幽閉ᄒᆞ며 佛陀를 害코쟈ᄒᆞ니 佛이 說法의 大障碍를 避ᄒᆞ야 迦毘羅 本國 祇園精舍와 靈鷲山 間에 往來ᄒᆞ며 弟子들의게 法을 說ᄒᆞ지라. 佛陀는 十九에 出家ᄒᆞ고 六年을 苦行ᄒᆞ며 三十에 成道ᄒᆞ고 四十九年 說法으로 衆生을 度ᄒᆞ니 七十有九歲에 五塵形骸가 漸重ᄒᆞ야 入滅의 期가 近ᄒᆞ지라. 弟子를 率ᄒᆞ고 跋提河岸沙羅雙樹下에셔 休憩ᄒᆞ다가 阿難陀로 臥床을 設ᄒᆞ고 枕北而臥ᄒᆞ니 弟子泣曰 佛陀 入滅後에 誰를 師ᄒᆞ오릿가. 佛陀曰 我之愛徒여 迦毘羅國 王子 悉達多는 死ᄒᆞ나 佛陀는 永久不滅ᄒᆞᄂᆞ니 佛陀를 歸依ᄒᆞ라. 今我는 肉體를 離ᄒᆞ야 三界苦境을 脫ᄒᆞ고 一切輪廻作業을 盡滅ᄒᆞ엿도다. 言畢에 大涅槃에 入ᄒᆞ니 時는 周穆王 五十三年 壬申歲 二月 十五日이라. 傳에 曰 優塡王이 金으로 佛像을 鑄ᄒᆞ엿더니 佛이 忉利天에 往ᄒᆞ야 爲母說法ᄒᆞ고 下降時에 金像이 來迎이라ᄒᆞ고, 摩訶波提의 五百 比丘尼와 舍利佛 目犍連의 七萬 阿羅漢 等이 佛의 涅槃을 不忍ᄒᆞ야 同時 入滅ᄒᆞ고 菩薩四衆과 天人八部와 鳥獸諸王이 悉集ᄒᆞ야 無常苦空의 說을 受ᄒᆞ엿스며 無上正法을 摩訶迦葉의게 悉囑ᄒᆞ시고 申復告成ᄒᆞ샤디 汝等 比丘는 我滅 後에 波羅提木叉를 尊ᄒᆞ라. 時는 汝의 大師니 如我住世無異라ᄒᆞ시고 [譯 別別解脫成] 七寶床에 右脇而臥ᄒᆞ샤 寂然無聲이라. 是時에 迦葉이 與五百弟子로 伽闍窟 山中에셔 奔悲作禮ᄒᆞ디 金棺에셔 復現雙趺千輻輪相이라. 天人이 各持香薪ᄒᆞ야 茶毘所에 至ᄒᆞ니 化火自焚ᄒᆞ야 七日乃盡이라.【神仙鑑에 曰 燼後金棺이 如故飛騰空中ᄒᆞ야 高娑續樹七倍라ᄒᆞ고 三昧眞火化灰에 舍利子如雨하ᄒᆞ야 得八斛四斗】라 ᄒᆞ지라. 衆收舍利ᄒᆞ야 盛于紫金函ᄒᆞ야 五恒河 中에 作塔藏之라ᄒᆞ니라.

○ 今에 按佛陀之敎컨디
探賾微奧ᄒᆞ고 法說聲牙ᄒᆞ야 難可辨晢이로다. 昔者에 大舜은 不得於父母故로 貴爲天子로디 不足以解憂ᄒᆞ고 妻堯之二女로디 不足以解憂ᄒᆞ샤 富貴女色이 不能慰其心이러니, 佛陀는 三苦를 憂慮ᄒᆞ야 耶輪陀羅의 美麗와 父王의 愛護와

太子의 榮貴를 棄如弊屣ㅎ고 高山深林에 素手跣足으로 苦行을 修ㅎ엿스니 以儒論之컨틴 父母를 不順ㅎ며 彛倫1570)을 斁傷이라ㅎ겟스나 三苦를 離ㅎ며 衆生을 度ㅎ기를 爲ㅎ야 金玉을 視如瓦礫1571)ㅎ며 豪華를 思以死亡ㅎ야 勇斷決心이 能히 塵劫을 脫ㅎ엿스니 卓越志氣와 牢確心性은 普通 人類의 不及홈이라. 燕雀은 鴻鵠의 志를 不知ㅎ고 夏虫은 不可以語氷이라. 凡夫가 悉達多의 素志를 豈知ㅎ리오. 眞實로 無上正覺의 妙法을 得ㅎ며 三界衆生의 大師가 되야 法天法海의 敎祖가 될만ㅎ도다. 但 其中에 不可思議의 事가 襍混ㅎ엿스니 摩耶夫人은 淨飯王의 后妃로 夢象懷孕ㅎ엿스니 決非神孕이여늘 佛陀가 兜率天宮에서 降生다ㅎ고 生時에 四方四維로 各行七步라 ㅎ니 似是虛誕이라. 新生兒가 無知無力은 亘萬古同然이어늘 果行七步歟아. 楚苦縣에 老聃氏는 居母胎八十一載에 左腋으로 從出ㅎ야 指李樹曰 是吾姓이라ㅎ고, 麥加城에 摩哈默은 生即伏地ㅎ야 爲民祈禱라ㅎ니 佛陀의 史도 此와 近似ㅎ지라. 千古斷案을 今不可質이로딕 現世哲學大家와 倫理敎育者들은 如此等說을 杜撰無稽之談으로 歸ㅎㄴ니, 故로 約塞斐 別福音에 曰 耶穌 幼時에 其襁褓를 取ㅎ야 病者의게 加ㅎ즉 病子即愈라ㅎ며 兒戱時에 以搏土로 爲鳥爲驢則驢行鳥飛라ㅎ니 哲學先生들이 該福音을 刪去不準홈은 後世 荒誕을 防홈이라. 悉達太子가 悟道成長後에 奇事를 行홈은 可커니와 生即步行이라 홈은 愚夫를 蠱惑ㅎㄴ 邪說에 不過ㅎ고, 又曰 一手로 天地를 指ㅎ여 曰 天上天下에 惟我獨尊1572)이라ㅎ엿스니, 上天主宰의셔도 佛陀下에 居ㅎ시닛가. 天地가 有혼 後에 天宮도 有ㅎ며 菩薩도 居ㅎ겟거늘 天地萬有를 創造ㅎ신 主宰 外에 惟我獨尊이라홈은 實로 不可思議로다. 故로 後漢時 雲門禪師曰 使我로 若在當時ㅎ면 一棒打殺ㅎ야 與狗子喫ㅎ야 貴圖天下泰平이라ㅎ니, 此亦其祖의 虛誕을 防홈이라.

여호와 上主의셔 垂訓ㅎ시기를 余外에 他上主가 無ㅎ니 勿拜偶像ㅎ며 勿事他神ㅎ라셧스니 惟我獨尊의 說은 或 上主로 自居홈인지 惟我는 物質의 我와 形色의 我가 아니라 오직 眞我를 指홈이니, 天地主宰를 惟我로 變稱홈인지 實노 不可思議오.

1570) 이륜(彛倫): 사람으로서 지켜야 할 떳떳한 도리(道理).
1571) 와력(瓦礫): 깨진 기와 조각, 또는 기와와 자갈이라는 뜻으로 하찮은 것을 비유(比喩·譬喩)하여 이르는 말.
1572) 원문에는 '惟我獨尊'에서 '惟'라고 했으나, 원래는 '唯'를 써서 '唯我獨尊'이라 하는 것이 맞다. 오기(誤記)인 것으로 보인다.

楞嚴經에 曰 元始에 最淸淨眞法界가 有ᄒᆞ되 地水火風의 四大質이 五濁世界를 成ᄒᆞ다ᄒᆞ엿스나 地水火風이 何處로 創生흠은 不說ᄒᆞ엿고, ᄯᅩᄒᆞᆫ 佛陀ᄭᅴ셔 天地를 創造라홈은 無ᄒᆞ니 主宰라 稱ᄒᆞ기 難ᄒᆞ도다. 傳에 曰 淨飯王이 太子를 抱ᄒᆞ야 天神ᄭᅴ 奉獻ᄒᆞ다ᄒᆞ엿스니 天神은 豈非上主시며 佛陀成道時에 菩提樹下에서 跏趺靜坐ᄒᆞ야 時時禱告라ᄒᆞ얏스니 禱於何神歟아. 此는 上主ᄭᅴ 告흠이오. 又曰 三十六 天諸善神이 現象來助라ᄒᆞ니 諸神은 何神乎아! 此는 衆天使를 指흠이니 獨尊의 說은 實노 不可思議로다. 惟我를 無我眞我를 除ᄒᆞ고 但以 肉我假我로 論컨되 我生之前에 天地가 有ᄒᆞ지마는 於我에 無關이니, 父母兄弟도 無ᄒᆞ고 朋友田宅도 無ᄒᆞᆯ지며 我死之後에 萬物이 有ᄒᆞ지마는 於我에 無關이니 黃金萬鍾과 紫閣丹樓도 於我에 無用이오. 食前方丈과 錦繡江山도 於我에 無用이라. 惟我生前에 雌黃熊白과 榮悴苦樂이 觀念에 入ᄒᆞ야 四端七情에 感觸이 有ᄒᆞ거니와 生之前과 死之後는 天地가 震蕩ᄒᆞ고 萬物이 變易ᄒᆞᆯ지라도 不識不知ᄒᆞ며 無關無用이니, 故로 曰 天地間에 我가 我된 것이 實노 貴ᄒᆞ고 重ᄒᆞ야 天下人間에 獨히 尊貴ᄒᆞ다홈인지 佛陀의 此說은 不可思不可議라 ᄒᆞ노라.

○ 以上에 佛陀略史를 論ᄒᆞ엿거니와 佛敎의 東來史를 續載ᄒᆞ오니 漏萬揭一의 歎이 不無ᄒᆞ도다.

一, 中華의 佛敎

中華의 佛敎는 世尊이 入滅後 未幾에 摩訶迦葉이 摩伽陀國 毘婆羅山 七葉岩窟內에셔 五百 聖徒를 招集ᄒᆞ야 遺敎를 結集ᄒᆞ매 聖德感化가 人心을 侵染ᄒᆞ더니 其後 一百年에 華氏城 鷄園寺에셔 大紛爭이 起ᄒᆞ야 二部로 分裂ᄒᆞ니 卽 上座部와大衆部라. 北天竺으로 移住ᄒᆞᆫ 耆宿衆을 上座部라ᄒᆞ고 大天의 徒를 大衆部라ᄒᆞ엿고, 二百年頃에 八部로 分派ᄒᆞ야 一說部・出世部・鷄胤部・多聞部・說假部・製多山部・西山住部・北山住部가 되엿고, 三百年後에 有名ᄒᆞᆫ 阿育王이 中天竺에 出ᄒᆞ야 布敎에 盡力ᄒᆞ매 歐羅巴 亞非利加 緬甸 馬來島에 至ᄒᆞ야 敎線이 數千里에 亘ᄒᆞᆫ지라. 四百年頃에 八部가 又分二十部ᄒᆞ니 小乘部라 [部名不能盡記] 稱ᄒᆞ엿고, 六百年頃에 北天竺 加膩色迦王이 出ᄒᆞ야 四方을 征服

호고 釋尊의 鉢과 馬鳴菩薩을 携歸호니 馬鳴은 道德文藝가 當世에 無比호 高僧이라. 大乘佛敎를 始唱호엿시나 中南天竺에 小乘敎는 偏見에 陷호야 釋尊의 精神이 烟霧에 藏鎖호엿고 七百年頃에는 龍樹菩薩이 全혀 大乘敎를 宣揚홈으로 小乘의 固執을 破호고 眞正호 光輝를 五天에 騰호니 主旨는 諸法實相論인 뒤 般若經을 中心호 敎理라. 萬有의 實相을 一切皆空이라호니 卽中觀論의 十二門이오, 一方으로 淨土法門과 密敎를 唱호엿시니 其弟子는 提婆와 龍智오, 其後에 羅睺羅와 靑木과 智光 等이 承호엿더라. 佛敎九百年頃에 無着菩薩과 世親菩薩이 北天竺에 出호야 大乘惟心緣起論을 唱道호고 解深密經을 中心호 法門이라. 其要가 宇宙의 本體는 一大精神이니 是를 眞如心이라 自性淸凈이라 호엿고, 一千百年頃에 護法論師가 出호야 世親의 系統을 承호고 法辯大德師가 出호야 龍樹의 系統을 宣揚호니 印度佛敎界에는 龍樹世親二派가 分諍호야 水火의 戰狀을 起호엿더라. 秦始皇時代에 至호야 沙門 室利防 等 十八人이 自印度로 齎經來說호니, 此는 印度 阿育王이 派遣호 敎師 等이라. 爲始皇의 窘逐호고 漢武帝 時에 交通이 有호엿시나 歡迎을 不得호고, 後漢 明帝 永平 七年은 西曆 紀元 六十七年이니 明帝의 夢에 金人이 飛行殿庭호거늘 感想이 起호야 中郞將 蔡愔[愔和貌, 音음]과 博士 王遵 等 十八人을 西域에 遣호야 佛敎를 求홀시, 月支國에 到호야 迦葉摩騰과 竺法蘭 二法師를 遇호매 佛像과 經卷을 白馬에 載호고 二師와 洛陽에 還호니 帝가 鴻臚寺에 置호고 白馬座處에 伽藍을 建호니 名曰 白馬寺라. 此는 支那寺院의 嚆矢요. 二師가 四十二章의 經을 譯出호니 此는 中華佛經의 始라. 其後 東晉에 至호기시지 三百餘年間에 天竺月氏 安息 等 諸國에 多數호 三藏 [經, 律, 論, 曰三藏] 이 各齎經東來호야 千餘部의 經峽이 稍稍譯出호엿시며, 東晉 道安은 般若經을 中心으로 硏究호고 其法足 慧遠은 廬山에 在호야 內外名僧과 朝野賢士를 糾合호야 白蓮社를 結호고 念佛을 修호며 鳩摩羅什은 中觀論과 十二門論과 大智度論을 譯出호니 是謂 三論宗이오. 訶梨跋摩는 成實論을 譯호니 其徒가 三千人이라. 就中에 道生과 僧肇와 道融과 僧叡는 四依라 稱호니 自是로 龍樹의 法門이 支那 全幅에 播傳호엿고, 毘曇의 學說도 江南北에 幷鑣相馳ᄒ더니 曇無讖 三藏이 北洋에셔 涅槃經을 譯호야 慧觀 慧嚴 等이 深究홈으로 涅槃宗이 江南에 大弘호얏더니 魏 永安元年에 勒那摩提와 菩提流支 兩法師가 魏都에 至호야 十地論을 譯出호니, 此是 地論宗이오. 達摩尊師는 梁武帝의 尙佛홈을 聞호고 乘盃渡海러니 見帝無用호고 少林山下에 而壁七年이라. 當時 名士 申光이 侍立 七日에 不避雪寒호

고 拔劍斷臂ᄒ야 決心을 表ᄒ매 達摩 回首曰 慧可라ᄒ야 不尙 文學의 禪宗을 別立ᄒ엿고, 未幾에 眞締 三藏은 攝大乘論과 起信論을 譯出弘通ᄒ니, 當世에 在ᄒ 佛敎法門이 支那에 盡移ᄒ지라.

  隋初에 至ᄒ야 江南 天台山中에 智者大師가 出ᄒ야 南朝佛敎諸法論을 骨髓로 唱ᄒ고 北朝佛敎를 和會ᄒ야 大異彩를 放ᄒ니 是爲天台宗이라. 其後에 嘉祥大師가 江南에 出ᄒ야 羅什의 所傳法門을 承ᄒ고 南北諸宗을 合ᄒ야 三論宗을 大唱ᄒ엿고, 道綽은 北方에 出ᄒ야 曇鸞의 遺風을 繼ᄒ야 念佛을 復興ᄒ고, 杜順은 華嚴法門을 發輝ᄒ더니 唐太宗 貞觀 十九年에 玄奘三藏이 自印度歸來ᄒ야 印度文學과 佛敎知識을 傳布ᄒᆷ으로 朝廷의 待遇와 世人의 囑望을 得ᄒᄂ지라. 玄奘의 舌鋒이 從來諸宗의게 大大의 打擊을 行ᄒᆷ으로 頓挫를 當ᄒ고 奘의 所立ᄒ 法相宗만 獨盛ᄒ더니 其後에 他力念佛宗과 道宣의 戒律宗과 弘忍의 禪宗이 終南山에 據ᄒ야 法을 弘布ᄒ고 弘忍門下에 神秀와 慧能 二師가 出ᄒ야 神秀ᄂ 江北으로 往ᄒ고 慧能은 江南으로 渡ᄒ니 是爲南北宗이라. 自是로 禪宗이 漸盛ᄒ더니, 則天武后 時에 賢首法藏大師가 出ᄒ야 華嚴法文을 勃興케ᄒ엿고, 玄宗 開元四年에 天竺에셔 善無外 三藏과 金剛智와 不空 等이 來ᄒ야 大日經과 密敎經典을 譯出ᄒ니, 此時에 江南에는 荊溪大師가 有ᄒ야 天台宗을 復興ᄒ고 北地에는 澄觀淸涼國師와 宗密圭峰禪師가 相繼而起ᄒ야 遺風을 宣揚ᄒ니 華嚴宗이 振興ᄒ고 禪宗에ᄂ 南岳懷讓과 靑原行思 等이 慧能門下에셔 輩出ᄒ니 馬祖道一과 石頭希遷이 繼起ᄒ고, 北禪宗에도 名僧이 出ᄒ야 支那佛敎界ᄂ 三月春風에 百花爭發과 如ᄒ더니, 唐武宗 會昌五年에 大難이 忽至ᄒ야 排佛毀釋을 大行ᄒ니 武宗은 原來 佛敎를 不喜ᄒ고 道士 趙歸眞을 師事ᄒ야 仙을 求ᄒ지라. 是時에 下詔ᄒ야 佛寺 四萬餘區를 毀ᄒ며 僧尼 二十六萬人을 還俗케ᄒ고 寺塔을 悉解ᄒ야 官廨를 造ᄒ고 鍾磬을 悉銷ᄒ야 農器를 鑄ᄒ니 佛敎界가 忽然히 荒廢ᄒ지라. 後二年에 武宗이 崩ᄒ고 宣宗이 繼祚ᄒ매 復興을 圖ᄒ더니 未幾에 五代의 亂이 起ᄒ야 天下騷擾ᄒᆷ으로 佛寺가 益廢ᄒ고 經籍을 燒失ᄒ니, 隋唐 三百年間에 極盛ᄒ던 佛敎가 至此ᄒ야는 形影도 難見이오, 獨禪宗一派가 深山窮谷에 蟄居ᄒ야 不立文字의 宗旨로 漸益發展ᄒ니 臨濟義玄은 臨濟宗을 開ᄒ고 洞山良价 [价善也] ᄂ 曹洞宗을 立ᄒ고 潙山大圓과 仰山慧寂이 相繼ᄒ야 潙仰宗을 刱ᄒ고 五代 後漢時에 雲門文偃이 雲門宗을 起ᄒ고, 後周時에 淸凉文益이 法眼宗을 唱ᄒ니 是爲五宗의 派라. 吳越一帶는 幸히 其王 錢鏐 [鏐音류美金] 錢俶의 尊佛ᄒᆷ을 賴ᄒ야 諸宗

學問이 復興ᄒᆞ엿고 五代末에는 周世宗이 排佛의 政策을 行ᄒᆞ야 吳越外에는 厄會를 再遭ᄒᆞ엿고, 宋太祖는 信佛家應身으로 建隆元年에 下詔ᄒᆞ야 修理廢寺ᄒᆞ며 存立佛像ᄒᆞ고 度僧八千人ᄒᆞ고 沙門行勤 等 一百五十七人을 印度에 遣ᄒᆞ야 妙法을 求ᄒᆞ고 大藏經을 彫刻ᄒᆞ엿고, 太宗時에는 度僧 十七萬人ᄒᆞ며 五臺山과 峨嵋山에 講經院을 置ᄒᆞ며 天竺三藏法賢 等으로 諸經을 譯ᄒᆞ니 廬山白蓮도 再開ᄒᆞ야 佛敎隆運이 回泰ᄒᆞ고 大中祥符 三年에 下詔ᄒᆞ야 戒壇 七十二所를 建ᄒᆞ고 天禧三年에 僧三十二萬과 尼一萬五千人을 度ᄒᆞ며 譯經院을 擴張ᄒᆞ고 印經院을 置ᄒᆞ니 梵僧이 會於闕下者多ᄒᆞ야 諸宗이 復興ᄒᆞ니 佛敎之盛이 未有如此時者也라. 嗚呼라, 國運이 衰頹에 徽欽이 餓死ᄒᆞ니 影響이 自然法門에 波及ᄒᆞ야 漸至不振ᄒᆞ고, 元世祖는 喇嘛宗의 高僧 發思八을 請ᄒᆞ야 國師를 삼고 布敎ᄒᆞ엿시며, 明太祖는 佛敎를 深信ᄒᆞ야 盡力持護ᄒᆞ더니 至于中葉ᄒᆞ야 紫栢達觀이 出ᄒᆞ야 方冊大藏經을 刻ᄒᆞ고 雲棲株宏과 憨山德淸[憨音감愚也]과 靈峯智旭 等이 相繼而起ᄒᆞ야 禪淨一致를 唱ᄒᆞ며 或은 性相融會를 說ᄒᆞ고 或은 儒佛合一을 論ᄒᆞ야 最後光輝를 發ᄒᆞ엿고, 淸朝에 至ᄒᆞ야도 亦是 佛敎를 奉ᄒᆞ며 西藏에 喇嘛敎를 爲主ᄒᆞ지라.

支那佛敎의 各宗派는 略如左ᄒᆞ니 三論宗과 成實宗과 攝論宗과 涅槃宗과 地論宗과 法相宗과 戒律宗과 華嚴宗과 天台宗과 禪宗과 臨濟宗과 曹洞宗과 僞仰宗과 雲門宗과 法眼宗이 有ᄒᆞ더라.

○ 今按佛史컨ᄃᆡ 世尊入滅之后에 摩訶迦葉이 遺敎를 修緝ᄒᆞ엿스나 鷄園寺에 大紛爭이 起ᄒᆞ야 二部로 分裂ᄒᆞ엿스며, 其後에 八部 二十部와 小乘大乘의 偏見으로 釋尊의 精神이 烟霧中에 藏鎖ᄒᆞ엿고, 其後에 龍樹菩薩이 大乘敎를 專揚ᄒᆞ야 小乘의 固執을 打破ᄒᆞ고 世親菩薩은 北天竺에 出ᄒᆞ야 大乘緣起論을 唱ᄒᆞ더니 其後에 護法論師는 世親의 統을 承ᄒᆞ고 淸辯大師는 龍樹의 統을 宣揚ᄒᆞ니, 自是로 印度佛敎에 龍樹世親의 二派가 互相分爭ᄒᆞ야 水火 戰狀을 起ᄒᆞ엿스니 上下 千餘載에 印度法化는 無足掛齒오.

中華를 論컨ᄃᆡ 秦始皇 時에 沙門 宣利防 等이 自印度로 齎經來說ᄒᆞ엿스나 秦皇의게 被逐ᄒᆞ엿더니, 漢明帝時에 金人之夢으로 感想이 起ᄒᆞ야 遣使西域ᄒᆞ야 佛經과 法師를 迎入ᄒᆞ엿스니 此時 支那佛敎의 嚆矢라.

上自漢唐으로 下至明淸ᄒᆞ야 以來 數千載에 佛敎의 興替와 法化의 汙隆을 詳論ᄒᆞ면, 一曰, 自治權과 獨立의 力이 無ᄒᆞ고 朝廷의 顧護와 國王의 尊尙을 從

ㅎ야 各宗 法門이 進興도 하고 寺院 僧尼가 增加ㅎ다가 一朝에 打擊을 當ᄒ즉 奔竄窮谷ㅎ며 渙散雲飛ㅎ야 形影을 難見ㅎ니 寧不寒心哉아. 唐武后則天과 梁武帝蕭衍은 拜佛崇奉홈으로 伽藍도 廣設ㅎ고 諸宗이 蔚興ㅎ며 江南江北에 禪師가 繼起ㅎ야 中華法界는 三月春風에 萬化方暢과 如ㅎ더니, 一自唐武宗之 毀佛로 二十六萬의 僧尼가 還俗ㅎ고 四萬餘區의 法院이 荒廢ㅎ며 五季之時에 天下騷亂으로 隋唐三百年間에 極盛ㅎ던 佛敎가 形影도 無ㅎ엿고, 宋太祖는 佛 家應身으로 下詔修寺ㅎ며 譯經建壇ㅎ고 建隆天禧之間에 僧尼度者五十萬에 達 ㅎ며 諸宗이 從此復興ㅎ야 佛敎之盛이 古今에 無比ㅎ엿시니, 此는 佛敎의 自 主權이 無ㅎ고 朝家의 操縱만 隨홈으로 風前葦와 麻中蓬을 難免홈이오.

二曰, 佛神의 無靈홈이니 梁武帝는 信佛祈福ㅎ야 僧房千間에 珠玉錦繡가 駭 人耳目ㅎ엿스나 侯景之亂에 餓死臺城호ᄃᆡ 佛不能救ㅎ엿고, 宋朝三百年에 尙佛 祈福이 亘古未有로ᄃᆡ 金人之亂에 徽欽二帝가 五國城에 餓死케 되엿스니 佛靈 의 黙助ᄂᆞᆫ 何處에 在ᄒᆞᆫ지 不可思也로다.

此觀之컨ᄃᆡ 上主ᄭᅴ셔 拜偶者의게 降罰ᄒᆞ심과 佛祖의 無靈無權은 不待智者 而可辨이라. 設使沙門比丘 等으로 佛法을 歸依ᄒᆞᆯ지라도 上主ᄭᅴ셔 命賦ᄒᆞ신 天 生自由를 勿失ᄒᆞ고 慈悲의 心으로 衆生을 普濟ᄒᆞ며 盤錯의 利刃으로 威武에 不屈ᄒᆞ면 國君의 顧護가 於我에 何關이며 朝家의 毀譽가 於法에 何爲리오. 國 家興亡과 社會誹謗이 法界에 不侵ᄒᆞ리니 엇지 領下의 物과 驥尾의 蠅을 作ᄒᆞ 야 他人舞臺의 下風을 追ᄒᆞ리오. 竊爲佛界ᄒᆞ야 慨然一噫ᄒᆞ노라.

○ 中華國의 佛史는 以上에 槪論ᄒᆞ엿거니와 今에 朝鮮半島에 在ᄒᆞᆫ 佛法을 論컨ᄃᆡ 世尊入滅後 一千三百二十二年 癸酉는 卽 高句麗 小獸林王 二年이라. 東史綱要에 曰 新羅 奈勿王 十七年 六月에 秦王 符堅이 發使ᄒᆞ야 浮屠順道와 佛像佛經을 送거늘 君臣이 會遇禮로 省門[接賓處]에 奉迎ᄒᆞ야 投誠敬信ᄒᆞ고 遣使回謝라ᄒᆞ니 此是 靑邱佛敎의 基點이라. 翌年 甲戌에 阿度和尙이 自晉還이 어늘 [阿度父魏人阿崛摩, 母高氏名道寧] 父母名中各取一字 或云阿度 或云阿頭] 省門 伊佛蘭 兩寺를 刱ᄒᆞ고 順道 阿度를 住케 ᄒᆞ지라.

雖然이나 朝鮮佛敎의 流入은 己久ᄒᆞ니 余嘗觀夫銕翁 雲林筆記 則 箕朝 貞敬 王 闕時[箕朝鮮 第十七王]는 印度 阿育王 八年이오, 周厲王 共和十三年이라. 印 度의 曼殊大師가 遠觀東土에 有丕彰大乘之地라. 身着金襴衣ᄒᆞ고 手擎金佛ᄒᆞ며 跨金毛獅子ᄒᆞ고 放大光ᄒᆞ야 從空以致ᄒᆞ니 乃是朝鮮南度武平之西라. [今之湖南順

天縣曹溪山] 周相山氣ᄒ고 誅茅爲蘭若ᄒ야 妥金像於壇曰 未及五百世에 邪外刼火가 焚爇東方ᄒ리니 其時 大乘知識이 從此輩出ᄒ야 慈雲惠雨가 熱惱를 淸凉케ᄒ리라 預言ᄒ고 以淸凉으로 名其山ᄒ고 以毘盧로 名其練若ᄒ엿시니 [擎來金佛乃毘盧遮那之像今其練若尙在] 此는 朝鮮之佛像伽藍이 實先於支那也요,

鷄林古紀에 曰 法興王 十六年은 梁武帝 大通二年이라. 高句麗 沙門 阿度가 自一善郡來ᄒ야 毘盧金像의게 敬禮ᄒ고 大師의 聖蹟을 欽歎ᄒ야 焚香虔禱러니 夜夢에 曼殊大師가 其頂을 摩ᄒ여 曰 爾膺夙願ᄒ야 以至今日ᄒ니 爾爲此地에 開山鼻祖라ᄒ고 紺色屈絢 [絢音현 文采也] 一領과 [即袈裟] 具葉經 一函으로 貤之어늘 阿度欠伸而覺ᄒ니 屈絢貝經이 完在石上이라. 旣蒙聖記ᄒ고 不勝慶喜ᄒ야 告於羅王ᄒ야 以朝家財力으로 遂刱伽藍ᄒ고 額曰 淸凉山海印寺라ᄒ니 是實東土佛法之總括靈府라ᄒ고, 三國遺事에 曰 新羅 月城 東龍宮 南에 有迦葉佛晏坐石ᄒ니 其地는 前佛時의 伽藍遺墟라. 今其皇龍寺地라ᄒ니 事係前刱이오. 高麗 法喜居士 閔漬所撰에 曰 釋迦 滅後에 文殊舍利菩薩이 金鑄 五十三尊像ᄒ고 又鑄 一鐘ᄒ야 安佛像于鐘內ᄒ고 將泛海에 祝曰 有緣國土로 徃면 余亦隨徃ᄒ야 說法度生ᄒ리라. 其鐘이 泛海ᄒ야 多歷國土ᄒ고 金剛山 東 安昌縣 浦口에 來泊ᄒ니 時則 新羅 第二主 南解王 元年이오, 漢平帝 元始 四年 甲子요, 西曆 紀元後 四年이라. 縣宰 盧偆이 奏於王ᄒ야 是年에 楡岾寺를 建ᄒ야 奉安佛像이라ᄒ고, 東史節要에 曰 新羅時에 五十三佛이 自月支로 乘銕鐘 泛海來ᄒ야 泊于金剛山 東門外 大池여늘 有人이 池上 楡樹枝에 掛鐘故로 曰 楡岾이라ᄒ니 此는 佛滅後 九百五十三年이라. 漢明帝 永平十一年 戊辰으로 比ᄒ면 六十五年의 差가 有ᄒ니 祇園精舍 外에는 伽藍 奉像이 我朝鮮보다 先ᄒ者는 世界에 無ᄒ도다. 三國史에 曰 新羅 訥祇王 時에 [劉裕宋時] 沙門 墨胡子 自高勾麗로 至一善郡 [今 善山]ᄒ니 郡人毛禮作窟室隱之라. 適其時에 梁이 遣使 賜香이어늘 群臣이 皆不知所用호ᄃᆡ 墨胡子曰 此는 達誠於三寶라ᄒ고 王女의 病을 爲ᄒ야 焚香表誓ᄒ니 病尋愈라. 王이 厚餽ᄒ엿고,

新羅 奈勿王 二十九年은 百濟 枕流王 元年이니 胡僧 摩羅難陀가 自晉으로 百濟에 至ᄒ매 王이 郊迎敬奉ᄒ엿고, 翌年 春에 百濟 漢山에 刱寺ᄒ니 此는 百濟 佛法에 始基오,

高句麗 廣開土王 二年은 新羅 奈勿王 三十七年이니 平壤城에 九寺를 刱ᄒ야 佛法을 尙ᄒ엿고,

新羅 法興王 十五年에 王이 欲興佛敎ᄒ야 群臣을 會議ᄒ니 大臣 恭謁 等이

極言不可호딕 獨內史舍人 異次頓 [一云 朴厭觸]이 密奏曰 請斬臣頭ᄒᆞ야 以定群議ᄒᆞ쇼셔. 大聖之敎는 天神所奉이니 佛若有靈이면 臣死之日에 當有異事라ᄒᆞ더니, 及斬에 血如白乳ᄒᆞ야 湧出十丈ᄒᆞ고 日黑地震ᄒᆞ니 衆畏怪之ᄒᆞ야 不復毀佛이라. 後 十年에 [梁武帝 大同十年] 興輪寺를 創ᄒᆞ고 出家僧尼를 許ᄒᆞ다. 後 五年에 梁이 遣使遺佛舍利어늘 王이 奉迎于興輪寺ᄒᆞ시고 異次頓을 爲ᄒᆞ야 法楸寺를 建ᄒᆞ니 佛法이 大興이라. 王亦出家ᄒᆞ야 比丘가 됨으로 名을 法雲이라ᄒᆞ고 王妃도 出家爲尼ᄒᆞ니 自是로 高僧碩德이 支那와 印度에 遊學ᄒᆞ고 印度胡僧도 來化ᄒᆞᄂᆞᆫ딕 眞興王 十四年 春에 黃龍이 月城 東에 現ᄒᆞ거늘 王이 黃龍寺를 建ᄒᆞ고 四天王寺의 官號를 設ᄒᆞ니 衿荷臣一人 上堂一人 亦位一人 靑位一人이 有ᄒᆞ더라. 景德王 十二年에 皇龍寺 鐘을 鑄ᄒᆞ니 重이 四十九萬七千五百八十一斤이오, 十三年에 芬皇寺 藥師銅像을 成ᄒᆞ니 重이 三十萬七千六百斤이라. 元聖王은 高僧緣金으로 國師를 삼앗스며 哀莊王은 伽倻山에 海印寺를 刱ᄒᆞ며 道詵玉龍子로 國師를 삼앗고 女聖王은 眞鑑으로 國師를 삼고 憲康王은 智證으로 國師를 삼고 眞聖女主는 皇龍寺에 百座講을 設ᄒᆞ엿스니 此는 新羅佛界의 發展홈이오.

　高麗 太祖時에 至ᄒᆞ야는 大興佛法홈으로 天授 三年에 十大寺를 都城에 刱立ᄒᆞ고 其後에 大興寺와 廣明寺와 日月寺를 次第로 建ᄒᆞ며 五百羅漢의 畵를 崇山에 奉安ᄒᆞ고 皇龍寺에 百座說講을 設ᄒᆞ며 三萬僧徒를 飯ᄒᆞ다. 沙門 洪慶 等이 入唐ᄒᆞ야 大藏經을 載來여늘 太祖親迎ᄒᆞ엿스며, 九層塔을 西京에 建ᄒᆞ고 天竺 三藏法師를 親迎ᄒᆞ야 龜山寺에 寘ᄒᆞ며 燃燈八關會를 設ᄒᆞ얏고 [八關戒는 曰 不殺生, 不偸盜, 不淫洪, 不妄語, 不飮酒, 不踞高床, 不着香華, 不樂觀聽, 關者閉也謂禁閉八罪]

　成宗 七年에 浮屠法을 依ᄒᆞ야 正五九月을 三長月이라ᄒᆞ야 屠殺을 禁ᄒᆞ엿고 宋朝에셔 大藏經을 送ᄒᆞ거늘 王이 內庭에 迎入ᄒᆞ야 使僧開讀ᄒᆞ고 沙門 三十餘人을 宋에 遣ᄒᆞ야 杭州에 永明寺 智覺禪師의게 受學歸來홈으로 朝鮮에 禪宗이 始生ᄒᆞ엿스며, 顯宗 元年에 燃燈八關會를 復行ᄒᆞ고 百官朝賀를 受ᄒᆞ엿스며 其後에 開國寺塔을 重修ᄒᆞ야 舍利를 安ᄒᆞ며 戒壇을 設ᄒᆞ야 僧三千二百人을 度ᄒᆞ고 五月에 一百獅座를 內庭에 設ᄒᆞ야 仁王經을 講ᄒᆞ니 歲之常例를 作ᄒᆞ고 安西道屯田 一千二百四十結을 玄化寺에 施納ᄒᆞ엿스며, 尙書 李可道로 慶州 高仙寺 金羅袈裟와 佛之頂骨과 林昌寺의 佛牙를 求ᄒᆞ야 內殿에 寘ᄒᆞ엿스며, 二十二年 九月에 球庭에셔 飯僧三萬ᄒᆞ엿더라.

靖宗 二年에 下制ᄒᆞ야 四子가 有ᄒᆞᆫ 者는 一子를 出家케ᄒᆞ고 戒壇에 所業經律을 試ᄒᆞ엿고 其後 十年에 王이 菩薩戒를 受ᄒᆞ고 僧錄에 奏를 依ᄒᆞ야 每節日에ᄂᆞᆫ 外帝釋院에셔 七日間에 祈福道場을 設ᄒᆞ고 百官과 兩京四都護八牧은 各各 所在佛寺에셔 祈福케ᄒᆞ다. 文宗 元年에 八關齋百座講을 內庭에 設ᄒᆞ야 國規를 作ᄒᆞ엿고 球庭에셔 僧徒三萬을 飯ᄒᆞ며 王이 菩薩戒를 受ᄒᆞ니 自後로 歷代 諸王이 菩薩戒를 皆受ᄒᆞᆫ지라. 海麟으로 國師를 삼앗스며 契丹이 大藏經을 送ᄒᆞ거늘 王이 法駕로 出郊迎之ᄒᆞ엿고 十九年에 文宗의 第四子 大覺國師가 出家ᄒᆞ다. 名은 煦오 字ᄂᆞᆫ 義天이니 博通五敎ᄒᆞᆷ으로 號를 祐世僧統이라ᄒᆞ니 諸王子와 貴門巨族이 爭慕效之라. 其翌年에 興王寺를 成ᄒᆞ니 凡二千八百間이오, 十二年만에 竣工한지라. 諸方緇類가 坌集無筭이오, 戒行僧 一千으로 常住케ᄒᆞ고 燃燈會를 設ᄒᆞᆯᄉᆡ 五州二縣에 勅命ᄒᆞ야 自殿庭으로 寺門에 達ᄒᆞ도록 綵棚을 結ᄒᆞ며 鱗次櫛比ᄒᆞ야 連亘相續ᄒᆞ고 輦路左右에 燈山火樹가 光如白晝라. 王이 鹵簿를 備ᄒᆞ고 百官을 率ᄒᆞ야 施香納財ᄒᆞ니 佛事之盛이 曠古未有라. 越三年夏에 王之第五子 竀과 第十子 璟이 出家爲僧統ᄒᆞ엿고,

宣宗 二年에 百座道場을 會慶殿에 設ᄒᆞ고 三萬僧徒를 飯ᄒᆞ엿스며 王弟 祐世僧統이 入宋ᄒᆞ니 宋帝와 太后가 親히 奉恩寺에 出迎ᄒᆞ야 威儀가 前古無比라. 及還에 興王寺에 敎藏都監을 寘ᄒᆞ고 經書를 遼宋과 日本에셔 求來ᄒᆞ니 四千餘券에 達ᄒᆞᆫ지라. 天台宗을 始創ᄒᆞ고 越三年에 十三層黃金塔을 新鑄ᄒᆞ며 會慶殿에 仁王經을 設ᄒᆞ고 三萬僧徒를 飯ᄒᆞᆫ지라.

高麗佛法이 極爲進興ᄒᆞ엿스니 至于末葉ᄒᆞ야 李牧隱 姜淮伯 鄭道傳 金自粹 鄭圃隱 等이 懇懇章奏ᄒᆞ야 力排佛敎호ᄃᆡ 不受踩躪ᄒᆞ고, 太古普愚和尙은 北遊中原ᄒᆞ야 湖州霞霧山石室에셔 淸珙禪師의게 臨濟宗正傳을 承ᄒᆞ야 信物을 携歸ᄒᆞ고 指空懶翁도 王師의 位에 居ᄒᆞ더니,

朝鮮李朝에 至ᄒᆞ야ᄂᆞᆫ 太祖끠셔 前朝高麗가 佛敎의 弊害됨을 鑑戒ᄒᆞ야 十二宗을 盡罷ᄒᆞ고 禪敎二宗만 置ᄒᆞ며 寺院의 官田은 沒收ᄒᆞ엿고, 太宗은 人民의 僧尼됨을 嚴禁ᄒᆞ고, 成宗은 仁壽慈壽 兩尼院을 撤廢ᄒᆞ야 使宮人居住ᄒᆞ고, 中宗은 緇類中 老衰者는 城外에 放逐ᄒᆞ고 年少者는 還俗케ᄒᆞ니 登階禪師도 妻孥를 携ᄒᆞ고 山中에 潛居ᄒᆞ다가 碧松禪師의 心法을 傳ᄒᆞ엿스니, 是時에 佛祖慧命은 泡沫風燈ᄀᆞ치 明滅ᄒᆞ더니, 浮休淸虛 二大師가 出ᄒᆞ야 道法을 闡揚ᄒᆞ고 淸虛門下에 松雲騎虛兄弟가 有ᄒᆞ며 [壬辰別錄曰 西山大師休靜之弟子曰 四溟堂이니 卽 松雲] ᄯᅩᄒᆞᆫ 靈圭法師가 出ᄒᆞ야 國事板蕩之時에 君命을 從ᄒᆞ며 勤王義師를

募ᄒᆞ야 奇功偉烈이 有ᄒᆞ되 能히 佛日을 挽回치못ᄒᆞ고 五百年來로 下風에 居ᄒᆞ야 法侶의 寄處ᄂᆞᆫ 但是深山窮谷이오, 比丘의 知己는 哀猿孤鶴ᄲᅮᆫ이라. 碩德大賢이 相繼而起ᄒᆞ엿스나 國禁의 壓縛으로 道力이 人民界에 一施치못ᄒᆞ고 烟霞山谷에 水雲蹤迹으로 自修自煉ᄒᆞ니 道風이 冷落ᄒᆞ고 法雲의 蹇屯흠이 李朝時代에ᄂᆞᆫ 禁錮와 如ᄒᆞ엿더라.

○ 今後悾侗之論이 佛敎의 歷史만 述흠이 아닌즉 日本佛化의 如何흠은 姑舍ᄒᆞ고 다만 半島에 止ᄒᆞᆯ지라. 新羅는 朴厭髑의 異蹟으로 謗門을 杜ᄒᆞ고 法興王의 出家로 佛化가 漸進ᄒᆞ야 大法鐘과 巨銅像을 鑄ᄒᆞ고 衿荷臣과 赤靑位의 官號를 設ᄒᆞ엿스며, 高麗時代에는 太祖가 大興佛法ᄒᆞ야 十大寺를 創ᄒᆞ며 八關會를 開ᄒᆞ고 五百羅漢을 奉ᄒᆞ며 靖文二宗은 菩薩戒를 守ᄒᆞ고 大僧徒를 飯흠으로 法化가 蔚興ᄒᆞ며 沙門의 繁華흠이 麗朝를 向ᄒᆞ야 第一指를 屈ᄒᆞᆯ지라. 雖然이나 百座의 說經과 萬佛의 降福이 無靈에 歸ᄒᆞ야 國運이 漸塞ᄒᆞ고 妖僧의 弄權으로 醜聲이 聞外ᄒᆞ고 政紀가 紊亂ᄒᆞ야 松嶽山下에 麗魂이 垂亡ᄒᆞ고 滿月臺上에 杜鵑이 啼血ᄒᆞ니 可勝歎哉아!

他宗敎의 瑕疵를 吹覓코쟈흠은 決非聖徒의 本義오. 闢異斥邪는 儒家의 茶飯이로되 今에 石顚和尙이 康南海先生의 佛耶相同의 說을 因ᄒᆞ야 基督敎를 評흠으로 不能泯默ᄒᆞ야 敢陳蕘辭이오니 實非素懷라. 其言에 曰 佛耶敎의 同點이 二十餘處인되 [不暇盡記] 相反의 習은 兵戈로 相視ᄒᆞ니 譬如我園의 甚을 竊食ᄒᆞ고 其音을 難革이라ᄒᆞ엿스니 誠是捧腹이로다. 宗敎哲學의 理는 眞神을 尊敬ᄒᆞ며 心性을 修養흠으로 勸善懲惡의 訓과 棄惡行仁의 道가 不謀而同ᄒᆞ며 不扶而直ᄒᆞ고 不言而行ᄒᆞ야 相近相似者多ᄒᆞ거늘 何必佛園의 甚을 取한 後에 道理를 成ᄒᆞ리오. 吾敎樂園에 生命實果와 眞餠活水가 綽綽有餘ᄒᆞ니 康氏의 說은 不待辨明而知ᄒᆞᆯ지라. 且以世界物質노 論컨되 輪舶이 不通時에는 海外諸國의 有無도 不知ᄒᆞ엿스되 五洲各邦에 政治律禮와 舟車權衡과 兵家器機와 民生日用의 品이 相似同樣者多흠은 曷故이뇨. 人類의 慧寶와 思想技能이 同一한 所以라. 何必 宗敎의 理만 然ᄒᆞ리오. 雖然이나 康氏의 論은 但知其同ᄒᆞ고 不知其異ᄒᆞ니 赤一偏見이라 ᄒᆞ겟고, 又曰 耶穌基督의 普渡衆生이 若是誠勤이어늘 十字架의 流血은 曷故를 因함이뇨. 是時 猶太가 羅馬管下에 在커늘 耶穌가 特異한 神國을 立ᄒᆞ야 覇絆을 脫코쟈ᄒᆞᄂᆞᆫ 所以라고, 其敎要義는 若能悔改면 卽近天國이라ᄒᆞ엿스니, 此는 徒知其一이오 未知其二라. 敎主의 釘架ᄒᆞ심은

萬民의 罪惡을 代贖홈이오, 道成肉身은 萬世前브터 上主끠셔 預定ᄒ신 經綸이오, 釘架後復活ᄒ심도 上主의 能力이시라. 院門에 不入ᄒ고는 房內博物의 金玉重品을 貫通稔悉者ㅣ 無ᄒ고 大宴에 珍羞를 不食ᄒ고는 熊掌魚翅의 眞味를 能辨者ㅣ 少ᄒᄂ니, 局外에 在ᄒ야 局內의 事를 知ᄒ다홈은 夏虫의 語氷과 山蛄의 春秋와 同ᄒ지라. 不須贅言이오. 吾儕가 法化를 論홈이 石顚氏의 吾敎를 見홈과 無異ᄒ나 其要를 擧컨티 阿褥多羅三藐三菩提心을 發ᄒ야 涅槃滅度에 入케홈이라. 世尊說偈에 曰 法本法無法法亦無今付無法時法法何曾法고, 凡所有相이 皆是虛妄이니 我人衆生壽者에 着ᄒ면 卽非菩薩이오, 著見諸相非相하면 卽見如來라ᄒᆫ지라. 然則 佛說은 人我山中에 煩惱鑛을 破ᄒ고 善男善女가 無住相布施로 非法非非法에 入ᄒ야 悟道를 得케홈이오, 基督敎는 救主의 代贖ᄒ신 恩惠를 蒙ᄒ며 聖神의 感化로 重生을 得ᄒ고 復活眞理를 信仰홈으로 救靈ᄒ는것이니 엇지 佛敎와 同ᄒ다ᄒᄂ뇨. 康氏의 所見은 但只 形式上規例를 指홈이니 皮膚論에 不過ᄒ도다. 雲捷大師 [明朝時人] 有言曰 未達其境에 不敢妄談이라ᄒ니, 佛法의 三歸四諦와 五濁六塵과 三界四生과 六識八敎와 八萬四千法門의 深遠微妙홈은 不佞의 妄談홀바 아니로티 今以數事로 佛耶 兩敎의 如何홈을 分辨ᄒ노니 亦是管窺라ᄒᄂ이다.

○ 一曰, 上主의 能力과 信仰의 自由이니, 佛敎는 國君의 勢力과 大家의 顧護를 依賴ᄒ야 寺宇를 創ᄒ며 僧徒가 增加ᄒ다가 一朝에 國王의 壓制를 當ᄒ면 山崩瓦解ᄒ고 水流雲散ᄒ야 形影도 無ᄒᄂ니 唐武宗時에 佛舍를 毁ᄒ며 僧尼를 退俗케ᄒ매 二十六萬의 比丘가 一時에 破戒ᄒ야 一人도 爲佛致命者無ᄒ고, 朝鮮太祖時에 十二宗을 盡破ᄒ며 緇類를 放逐호티 抵死守戒者無ᄒ엿거니와, 基督敎徒는 羅馬皇利老時에 酷殺을 當ᄒ며 馬達加斯加의 迫害가 甚ᄒ야 屠戮이 極慘호티 爲主損命者 自願雲集ᄒ며 讚美聲이 不絶ᄒ고 以善敵惡ᄒ며 以柔勝强ᄒ야 含笑就刑ᄒ니, 如此ᄒ 信仰의 能力으로 畢竟은 羅馬全國을 歸化ᄒ야 基督敎勢力下에 在케ᄒ엿스니, 此는 天生自由의 樂을 上主끠 受홈이라. 以若法界의 緇徒로는 萬不可比肩이오,

○ 二曰, 聖神의 默祐와 傳道의 熱性이니, 太平洋群島의 爲道受難홈을 見컨티 文身漆齒ᄒ는 苗人들이 西洋宣敎師를 炮食ᄒ며 曰 白人이 有味라ᄒ티 繼徃ᄒ는 牧師들이 愛主愛人의 心으로 同胞를 敎育ᄒ고 視死如歸ᄒ며 熱心播道

ㅎ야 仇讐ᄭ지 愛홈으로 諸島蠻夷가 漸歸聖域ㅎ야, 今則 人肉을 啖ㅎ던 者 贖罪를 得ㅎ고 偶像을 拜ㅎ던 處에 建聖殿을ㅎ엿스니, 萎靡恐㤼ㅎᄂᆞᆫ 沙門比丘로는 不可同年而語요,

○ 三曰, 生産作業과 周窮救難이니, 耶穌信徒는 治産에 勤幹ㅎ며 子女를 養育ㅎ고 學校를 設ㅎ야 他邦의 人民ᄭ지 敎育ㅎ며, 病院을 立ㅎ야 死者를 救護ㅎ고 捐金樂施ㅎ야 貧乏을 周恤ㅎ며 稅役에 奔供ㅎ야 國民된 義務를 守ㅎ고 天理人事를 順從ㅎ거늘, 釋迦徒弟는 雲遊四海ㅎ야 家産을 不治ㅎ며 沿門托鉢ㅎ야 結緣을 空談ㅎ고 努力辛苦ㅎ야 他人의 粮을 不勞得取ㅎ니 遊食者의 責이 不無ㅎ고, 一男一女는 上主의 命配ㅎ심이오, 夫婦의 道ᄂᆞᆫ 人類의 大倫이어늘 妻孥를 不取ㅎ야 獨處絶嗣로 敎例의 本을 作ㅎ며 深山窮谷에 寺刹을 建ㅎ야 塵世를 遠別ㅎ니 國民의 義務가 何에 在ㅎ뇨. 念佛에 無心ㅎ고 齋飯에 專心者는 他人의 檀越만 苦待ㅎ며 絲穀의 策이 無ㅎ거늘 奚暇에 他人貧乏을 救恤ㅎ리오. 此는 佛耶兩敎의 別이 天壤과 如홈지라.

千古大聖의 行蹟을 不敢妄議로ᄃᆡ 疑惑이 不無ㅎ도다. 世尊이 出家後 十二年에 見性悟道ㅎ고 佛陀가 되야 父王을 歸覲홀ᄉᆡ 耶輪陀羅姬가 削髮爲尼어늘 城外林中에셔 夜를 經ㅎ엿스며, 父王家에 食料가 多ㅎ거늘 朝出乞飯ㅎ엿스니 是何愛情이며 此何孝心乎아! 妻室에 寢ㅎ며 父床에 飯ㅎ면 無乃爲罪而然乎아! 萬一 夫婦同室이 爲罪면 因果의 緣은 何에 在ㅎ며 父子同餐이 破壞道理면 決非聖道라. 若是固執이 當時人을 雖爲驚歎이나 後世에 釣名을 難免이니 不可思議로다.

法說에 曰 人繫妻子舍宅이 甚於牢獄ㅎ니 牢獄은 猶有赦釋之期어니와 妻子는 無離散之心이라ㅎ니, 妻獄子鎖之說이 從此起焉ㅎ야 後世白足이 釋迦를 本ㅎ며 畜妻治産은 修道에 妨害라ㅎ고,

又曰 哀我라, 此身이여! 九孔常流로다. 革囊盛糞이오 濃血之醜니 無貪惜之어다. 何況百年을 終養이나 一瞬背思이라ㅎ니, 此는 無我無相之說이 起홈이라. 父母遺體가 何其賤世오. 若使無數衆生으로 盡歸佛界ㅎ야 不農不商ㅎ며 不娶不産ㅎ고 視身如屣ㅎ면 人種은 自滅ㅎ고 倫常이 斁絶ㅎ리니, 何處에셔 善男善女를 更得ㅎ리오.

故로 日本 親鸞은 眞宗을 改ㅎ고 西藏 蓮華子는 紅敎를 變ㅎ엿시니, 如此 高見은 法界의 不逮홈을 喚起홈이라ㅎᄂᆞ이다.

第三章
仙教道理의 要素

仙教界圖書

○ 仙也者는 道教之別稱이니, 九十六種과 三千六百旁門이 有ᄒᆞ고 修行法門은 從法界ᄒᆞ야 歸攝色身과 從色身ᄒᆞ야 透出法界라.

老子曰, 道可道非常道 名可名非常名이라. 無는 名天地之始요, 有는 名萬物之母라. 故로 常無에欲以觀其妙ᄒᆞ고 常有에欲以觀其徼라. 元之又元이 衆妙之門이라 ᄒᆞ고, 又曰 有物混成이先天地生ᄒᆞ니寂兮寥兮여 獨立不改라 周行而不殆ᄒᆞ니 可以爲天下母라 吾不知其名이로ᄃᆡ, 字之曰道요 强爲之名曰大라 大曰逝요 逝曰遠이오 遠曰反이라. 故로 域中에 有四大而王居其一焉이라. 人法地ᄒᆞ고 地法天ᄒᆞ고 天法道ᄒᆞ니 道法自然이라ᄒᆞ고, 又曰 道生一ᄒᆞ고 一生二ᄒᆞ고 二生三ᄒᆞ고 三生萬物ᄒᆞ니 萬物은 負陰而抱陽ᄒᆞ야 冲氣以爲和라ᄒᆞ고

廣成子曰 至陰은 肅肅ᄒᆞ고 至陽은 赫赫ᄒᆞ야 赫赫發乎地ᄒᆞ고 肅肅出乎天이라ᄒᆞ고,

列子曰, 有生不生ᄒᆞ고 有化不化라. 不生者能生生ᄒᆞ고 不化者能化化라ᄒᆞ고,

尹眞人曰 造化間有箇萬古不移之眞宰라ᄒᆞ고 [經曰 創造萬物之主獨一無二無不在無不能也]

黃帝書에 曰, 谷神은 不死ᄒᆞᄂᆞ니 是謂玄牝이라. 玄牝之門을 天地之根이니 綿綿若存ᄒᆞ며 用之不勤이라ᄒᆞ니,

道家에서 庖羲八卦와 太極圖說을 引用ᄒᆞ되 所論은 天地萬物이 由道而生이라ᄒᆞ고 有形者生於無形ᄒᆞ니 無形은 爲無極이요 有形은 爲太極故로 易有太易太初太始太素ᄒᆞ니 太易은 未見氣요 太初는 氣之始요 太始는 形之始요 太素는 質之始也라.

玄玄上人曰, 天地之數有元有會ᄒᆞ야 十二會爲一元이 如一週日之十二分이라ᄒᆞ고, 又曰 凡物之生이 必有胎卵이니 胎卵은 象圓而生於水故로 水涵天外ᄒᆞ고 地爲天包ᄒᆞ야 厥外惟寂ᄒᆞ고 厥中惟靈이라ᄒᆞ고,

〈圖表 ; 八識歸元圖. 생략〉

軒轅稱九鼎 如來標八識, 太極歸無極 境屬風卽五識, 六識屬波, 七識屬浪, 八識屬心海, 九識屬湛性.

兄弟八個 一人痴 獨有一個 最伶俐 伶俐者卽第六意識也. 此識爲五賊 【五行也】 之主司乃輪回之種子. 三界凡大無一人不遭此沉溺 故 圓覺經云 先斷無始輪回根本者 此意識也. 痴者 第七傳送識, 主依者 第八阿賴耶識 此謂之總報. 主投胎時是也 先來 捨身時是也 後去 故曰 去後來先鎭王公.
　八識者皆屬 無名色身 己土事外起九識 名曰 白淨識. 不屬無名 不落因果 不假修證 不受一塵. 故 宗門謂曰 實際理地.
　以上八識屬漸 第九識屬頓 何則色身句化不假修證, 法身無相猶若虛空. 故不假修爲也.

　○ 釋氏謂人之受生이 必從父精母血與前生之識神ᄒᆞ야 三相合而後에 成胎라ᄒᆞ니 精氣는 受之父母ᄒᆞ고 神識은 不受之父母也라. 盖從無始刼流來ᄒᆞ야 赤謂之生滅性이니 故로 曰 生滅이 與不生滅노 和合而成八識이요.
　大地正中에 有山이 極峻若天柱ᄒᆞ니 名曰 須彌라 下有一泉ᄒᆞ야 分萬道注八溟而爲天地ᄒᆞ니 其外에 有大瀛海環之ᄒᆞ고 復有黑洋碧洋ᄒᆞ야 層層抱圍ᄒᆞ고 八極之際에 有弱水ᄒᆞ니 性楽不能負芥요 海中에 涵浸四大洲汀ᄒᆞ니 南曰閻浮提요 東曰 弗于逮요 北曰 鬱單越이요 西曰 瞿耶尼라ᄒᆞ고,
　黃老曰 天包地外가 如卵之殼膜이요 人附地而生ᄒᆞ니 地有九重이라. 一曰 秀氣요, 二曰 丘陵이오, 三曰 槁壤이오, 四曰 卑濕이오, 五曰 川澤이오, 六曰 流沙요, 七曰 黃泉이오, 八曰 沉淵이오, 九曰 薄徵이니, 如霧如漚ᄒᆞ야 相薄于虛無ᄒᆞ고 天有九天ᄒᆞ니, 一曰 太虛요 二曰 施化요, 三曰 月輪이오, 四曰 遊道요, 五曰 陽明이오, 六曰 列宿이오, 七曰 斗樞이오, 八曰 不勤이오, 九曰 穹隆이라ᄒᆞ고, 又曰 形氣色十天이 有ᄒᆞ니 曰 靑蒼陽朱旻幽玄昊鈞黃이오. 六神山이 有ᄒᆞ니, 一曰 岱輿요, 二曰 員嶠요 三曰 方壺요, 四曰 瀛洲요, 五曰 方丈이오, 六曰 流波라ᄒᆞ니, 仙界의 四大洲說과 九地十天의 論은 釋敎의 四天下와 卄八天의 說과 略同ᄒᆞ고 十二元會와 無極太極의 理는 儒論과 近似ᄒᆞ나 理論의 差

가 有ᄒ고, 道生萬物의 語는 約翰首章十二節과 近似ᄒ나 不須强辨이로다.

仙術의 要諦를 括言ᄒ면 修心煉性으로 內外二藥을 修ᄒ나니 三家 [身心意] 相見ᄒ며, 三元合一 [精氣神] ᄒ야 胎圓丹成ᄒ며, 嬰兒를 結ᄒ야 飛昇冲擧ᄒ고 出有入無ᄒᄂ지라. 元牝谷神으로 天地의 根을 作ᄒ며 採精念呪로 眞訣의 門을 立ᄒ며 化氣分身과 投胎奪舍로 拔宅上昇에 至ᄒᄂ듸, 五等의 仙과 九品의 別이 有ᄒ다. 一曰 九天眞王이오, 二曰 三天眞王이오, 三曰 太上眞人이오, 四曰 飛天眞人이오, 五曰 靈仙이오, 六曰 眞人이오, 七曰 靈人이오, 八曰 飛仙이오, 九曰 仙人이라. 三精九靈을 取ᄒ야 靈府靈關에 超越入虛ᄒᄂ니, 自地仙으로 天仙神仙에 至ᄒ며, 眞聖人虛無洞天에 及ᄒ면 自然橐籥에 河車升降이라ᄒ나니라.

第一回에 仙門之修心鍊性과 三精九靈의 眞訣을 槪論ᄒ엿거니와 今에 其要素를 續論컨듸 仙也者는 道敎의 別名이라.

〈圖表 ; 先天陰陽混成圖, 생략〉
谷神不死是謂元牝 元牝之門是謂天地根
有物混成先天地生 吾不知其名强名曰道

〈圖表 ; 逆運先天結丹圖, 생략〉

一, 道祖의 略史

老子者는 太上老君이니, 混元圖에 曰, 三皇初葉에 化身ᄒ야 號爲萬法天師요, 中葉에 爲盤古先生이요, 伏羲時에 爲欝華子요, 女媧時에 爲欝密子요, 神農時에 爲太成子요, 軒轅時에 爲廣成子요, 少皡時에 爲隨應子요, 顓頊時에 爲赤精子요, 帝嚳時에 爲錄圖子요 帝堯時에 爲務成子요, 帝舜時에 爲尹壽子요, 夏禹時에 爲眞行子요, 殷湯時에 爲錫則子라. 老君이 雖累世化身이나 誕生之迹이 有ᄒ더니, 商朝 陽甲王 庚申歲에 錫則子自太淸仙境으로 分身化氣ᄒ야 玄妙玉女의게 寄胎ᄒᆯ시 玉女時年八十에 無婿라. 執身如玉ᄒ며 貞靜自守러니 忽然 受氣

於天ᄒ야 常有詳光이 覆於左右라. 懷孕 八十一年에 不覺其久러니 武丁 二十四祀 庚辰二月十五日 卯時 日出時에 楚之苦竹縣 瀨鄕 曲仁里 渦水園中에셔 玉女가 手攀李樹하고 對日凝想이러니 日精所化에 五色流星이如珠墜下여늘 奉而呑之ᄒ니 忽從左脇生子라ᄒ고, [稽古年表에 曰 周定王三年丁巳에 老子生이라ᄒ니, 其間相距가 六百九十八年이라. 二說이 若是不同ᄒ니 未詳孰是이라]

仙鑑으로 論컨듸 救主降生前 一千三百一年이오, 日本紀元前 六百四十一年이오, 朝鮮檀君 一千三十三年이라. 生時에 卽行九步ᄒ니 步生蓮花ᄒ고 左手指天ᄒ며 右手指地 曰, 天上天下에 惟道獨尊이라. 我揚無上道法ᄒ야 一切動植衆生과 十方九獄에 普度未度라ᄒ고, 李樹下에 趺坐ᄒ야 指樹曰, 此吾姓이라ᄒ니 萬鶴이 翔空ᄒ고 九天이 稱慶이라. 生得美眉廣顙에 鶴髮龍顔이오, 足蹈三五ᄒ고 手把十文ᄒ야 七十二相과 八十一好가 有ᄒ며 浴於池中ᄒ니 九龍이 化鯉噴水ᄒ며 龍出之地는 因成九井이라. 遂能言笑行動ᄒ니 人皆爲怪ᄒ야 或勸坑之호듸 玉女之父曰 靈飛라. 性이 極爲慈祥ᄒ며 精修大道ᄒ야 周遊五嶽터니 玉女의 無夫生子ᄒ음을 聞ᄒ고 知有聖徵ᄒ야 命女撫養ᄒᆞᆯ새 生甫九日에 身有九變ᄒ며 天冠天衣가 自然被體라. 至六齡에 自謂耳大故로 取名重耳라ᄒ고 字는 伯陽이라ᄒ되 居民들은 以其白首故로 號之曰老子라ᄒ고 後稱老聃이라ᄒ니 身長이 十二尺이오, 形如喬木ᄒ며 齒有四十八이러라.

二, 老子의 修鍊

聖母玉女가 道身을 誕育ᄒ 後에 靈飛와 昇化ᄒ거늘 聖母謂 伯陽曰, 我將行矣로다. 太乙元君이 當語汝丹方ᄒ리라. 言訖에 千乘萬騎五帝上眞이 下降ᄒ야 聖母를 擁入玉輿昇天ᄒ니, 證爲無上元君이라. 老子再拜目送ᄒ고 遠遊山澤ᄒ야 求鍊神丹ᄒᆞᆯ새 一位高眞을 遇ᄒ니 五色斑麟을 乘ᄒ엿스며 侍官이 數十이라. 老子從容問道ᄒ니 高眞이 曰, 吾는 太乙元君이라. 道之要는 還丹金液에 在ᄒ다ᄒ고, 授以秘訣이어늘 老子 退而修之ᄒ다. 翌年에 復會歷山ᄒᆞᆯ새 元君이 白鹿을 乘ᄒ고 樹下에셔 遊ᄒ거늘, 老子 神丹之方을 感謝하니, 元君曰, 我爲萬法之主ᄒ야 玄靈秘術은 惟吾本分이라. 奚辱謝焉이리오. 老子曰, 死者甚衆ᄒ야 泣血悲傷ᄒ니 賜以神藥ᄒ야 令得長生이 可乎아! 元君曰, 不可ᄒ다. 生道至重ᄒ니 凡夫의게 不可ᄒ고 오직 大賢과 孝友篤實ᄒ 人의게 當ᄒ리라. 吾於每年 子月子日에 降世敷敎라고, 言畢에 雲擁鹿足而去여늘, 老子ㅣ 이에 垂法勸世ᄒᆞᆯ새 神仙之道는 必假修煉而成이라. 守眞抱一ᄒ며 煉丹服氣然後에 飛空凌虛ᄒ

야 隨意所適에 人莫能測이라ᄒ더라.

三, 老子의 遊世

當殷紂暴虐之時ᄒ야 比干은 諫死ᄒ고 商容은 被黜이라. 伯陽의 道德이 高妙홈을 聞ᄒ고 毫邑에 往來홀ᄉᆡ 皓首美髥翁을 見ᄒ니 忽忽有遠行之色이라. 商容曰, 先生은 弟子의게 遺敎가 無乎잇가? 伯陽이 曰, 將語子ᄒ리라. 過故鄕而下車를 知乎아! 曰, 非謂不忘故鄕耶아! 曰, 過喬木而趨를 知乎아! 曰, 謂其敬老니라. 曰, 子爲上卿ᄒ야 何逸於此오. 容이 不答ᄒ고 張口吐舌ᄒ되, 老子曰, 噫라! 舌以柔存ᄒ고 齒以剛墮ᄒᄂ니 子得愼言ᄒ라.

其後에 老子復至臨溪ᄒ야 謂姜子牙曰, 汝迷不却本性ᄒ니 何能理會리오. 我의 覺元丹을 食ᄒ라. 手拈一丹擲之ᄒ니 一道赤光이 投入懷中이라. 子牙食之에 悅然大悟ᄒ야, 二人이 不言而諭러라.

周文王이 爲西伯時에 老子被召ᄒ야 爲守藏史ᄒ고, 武王時에 遷爲柱下史ᄒ고, 成王時에 亦爲柱下史라. 西極으로 大秦 竺乾 等國에 遊ᄒ니 號爲古先生이라. 路經雪山積石홀ᄉᆡ 伴作蹣跚ᄒ야 不能上山ᄒ니 樵者葛由 惻憐其老ᄒ야 負過危險ᄒ며 不憚勞苦여늘, 老子 感其力行ᄒ야 問其姓名ᄒ니, 對云葛由라. 老子曰, 蜀中 綏山에 有桃皆實ᄒ니 可以謀食이나 綏山이 高峻ᄒ야 難可履步라ᄒ고 借斧斫松ᄒ야 斲成木羊ᄒ고 吸氣使活ᄒ며 敎以行法ᄒ니 陟險越嶺에 少無蹉跌이라. 老子 遂別西行ᄒ니 步履如飛러라.

四, 老子의 隱世

周康王時에 老子가 天竺 等國 三萬里를 行ᄒ며 諸國에 仁義道德을 敎化ᄒ고, 還于周ᄒ야 柱下史가 되엿더니, 康王이 崩ᄒ고 昭王이 立ᄒ매 周道가 漸衰여늘, 老子 復隱於毫홀ᄉᆡ 宛丘生 李凝陽 二人으로 談道盤桓ᄒ고 授以眞訣ᄒ니, 宛丘 曰, 華山之陰에 靑鳥公이 有ᄒ니 曾爲彭祖之徒라. 精審妙理ᄒ야 修道가 己過四百七十餘歲矣라. 吾嘗以色聲香味感喜怒憂思悲驚恐 十二品으로 試之搖之ᄒ니 喜怒感을 不脫ᄒ야 未得昇擧ᄒ고 下地仙人에 在ᄒ더니, 今에는 金液을 服ᄒ고 濁體를 欲脫ᄒᄂ이다. 老子 欣然贊成ᄒ니 宛丘生이 弟子 姜若春을 招之ᄒ야 負之西去여늘, 老子曰 太極은 有飛步之法ᄒ고 宛丘는 有負行之徒ᄒ니 我ᄂ 牽靑牛作脚力ᄒ리라. 凝陽이 拔牛角大呼曰 諸公은 何不挈我乎아! 其徒郞令을 囑ᄒ여 曰, 我가 華山에 從遊코져ᄒ노니 魂若七日不返이여든 焚屍ᄒ

라. 郞숙曰, 諾다. 未至七日에 其母病危라. 乃兄의 脅迫을 不耐ᄒ야 第七日에 不待日哺而焚之ᄒ고, 母家로 往ᄒ니 凝陽이 失魄無依라. 見老子訴情ᄒ니, 老子 曰 形身四大는 有時而盡이나 神則長存ᄒ고 神爲形之制요 形爲神之居라. 煉法 에 守眞丹이 有ᄒ니 服之면 隨處可安이라. 何必求原身이리오. 凝陽이 拜受壺 盧ᄒ고 帶笑下山이러니 見林中에 有一餓殍라. 凝陽이 從顧門入之ᄒ야 跳起四 顧ᄒ니 視聽言動이 悉我前身이나 凝陽이 仰視ᄒ니 有一醜惡黑臉者라. 老子 拍 手 曰, 茅簷陋室에 何堪寓寄오. 凝陽이 愧之ᄒ야 復欲跳出ᄒ니, 老子急止曰, 我有金箍ᄒ니 束汝亂髮ᄒ리라. 手捫雨眼ᄒ니 眼珠如鐶ᄒ야 遂號李孔目이라. 世稱 異相眞仙世也러라.

五, 老子의 出關

周昭王 壬子歲에 老子謂請衆曰, 吾將開化西域ᄒ야 白淨梵王의 善果를 結ᄒ 리라. 遂乘輿駕牛ᄒ고 僱工徐甲으로 爲御ᄒ니 宛丘가 贈一竹杖이어늘 老子受 之西行ᄒᆯᄉᆡ 宛丘는 姜若春과 同居ᄒ야 女媧를 黃河濱에 會遊ᄒ더라.

必喜者는 庖羲之後이니 周成王 丁酉四月八日에 生於成紀라. 生時에 祥光이 滿室ᄒ고 地生蓮花러니 及長에 垂臂過膝ᄒ고 眼有日精이라. 施德行仁ᄒ고 損 身濟物ᄒ며 不求聞達이러니, 康王이 擧爲大夫라. 素善於天文秘緯ᄒ야 神鬼도 不得匿其狀이라.

昭王 十二年 冬十月에 登高四望이라가 極東에 紫氣가 西邁ᄒᆷ을 見ᄒ고 暗 喜曰, 必有聖人過京이로다. 地廣人多ᄒ야 恐難相値요 函谷은 道隘ᄒ니 可以得 見이라ᄒ고, 求爲函關令ᄒ야 每朝에 占風望氣러니, 七月十一日夜에 見紫氣漸迫 이라. 喜曰, 旦夕에 必有異人이 至此로다. 關吏孫景을 預刺ᄒ야 曰, 形容이 殊 俗ᄒ고 車服이 異常한 者여든 勿聽過去ᄒ라. 洒掃四十里以待러니, 十二日 甲 子에 老子乘白輿駕靑牛ᄒ고 叩關欲度여늘, 孫景이 入白尹喜ᄒᆫᄃᆡ 喜即具朝服ᄒ 고 出迎於途ᄒ야 叩頭跪伏 曰, 願丈人은 暫留神駕ᄒ쇼셔. 老君이 謝曰, 吾는 貧賤老叟라. 居在關東ᄒ고 田在關西일ᄉᆡ 欲往取薪이어ᄂᆞᆯ 何故見留오. 喜復稽 首曰, 久知大聖이 當來西遊일ᄉᆡ 勞神暴露오니 願懇神駕ᄒ쇼셔. 老君曰, 遠聞開 導竺乾에 古先生이 有ᄒ야 善入無爲ᄒ며 永存綿綿일ᄉᆡ 是以昇就여늘 子何苦留 오. 喜曰, 今觀丈人에 聖姿超絶ᄒ니 天上至尊이라. 少垂哀愍ᄒ쇼셔. 老君曰, 子何所見而知吾乎아! 喜曰, 去冬十月에 天理星이 西行過昴ᄒ고 自今月朔日로 融風이 三至ᄒ며 東方眞炁가 狀如龍蛇而西度ᄒ오니, 此는 大聖人의 異徵이라.

故로 聖人의 度關을 知ᄒᆞ오니 丈人은 垂敎ᄒᆞ쇼셔. 老子 怡然一笑 曰, 善哉라. 子之知吾여! 吾赤己知子矣라. 子有神見ᄒᆞ니 當得度世로다. 喜再拜曰, 大聖姓字를 敢得聞乎잇가. 老君曰, 吾姓은 渺渺ᄒᆞ야 從刼至刼ᄒᆞ니 非可盡說이나 吾之今姓은 李요 字는 伯陽이요 號曰 老聃이라ᄒᆞ니, 喜遂設供於官舍ᄒᆞ고 行弟子禮ᄒᆞ다. 老君이 乃留關下百餘日에 內外修鍊之法을 盡傳ᄒᆞ니 九丹入石玉醴金液과 治兵養性絶穀變化役神之術이 有ᄒᆞ지라. 喜가 養性道書九百三十卷과 符書七十卷을 得ᄒᆞ엿더라.

六, 老子의 異迹

老君의 御者徐甲은 少賃於老子ᄒᆞ야 日傭 百錢을 約ᄒᆞ엿더니, 至函關時에 欠이 七百三十萬錢이라. 老君의 去官遠適ᄒᆞᆷ을 見ᄒᆞ고 亟來索錢이어늘, 老君曰, 吾徃西海諸國ᄒᆞ야 還歸時에 當以安息黃金으로 計直償爾ᄒᆞ리라. 甲이 如約出關ᄒᆞ야 飯牛於野ᄒᆞᆯᄉᆡ 老君이 欲試之ᄒᆞ야 以吉詳草로 化一美女至牧所ᄒᆞ야 輒以言戱ᄒᆞ니, 甲이 惑之欲留ᄒᆞ야 遂負約索償ᄒᆞᆯᄉᆡ 詣關令ᄒᆞ야 訟老君이어늘, 老君曰, 汝가 隨我二百餘載에 汝應死久로ᄃᆡ 我以太玄生符로 賜汝ᄒᆞ야 得至今日이어늘 汝何不忍ᄒᆞ야 訟我若是乎아! 言訖에 使甲張口ᄒᆞ니 太玄眞符가 立地飛出ᄒᆞ야 丹篆如新이오, 甲은 卽成一聚白骨이라. 尹喜叩頭ᄒᆞ야 請赦其罪ᄒᆞ니, 老君이 復以眞符로 投骨ᄒᆞ야 符入口中에 甲卽更生이라. 老君曰, 吾欲以金丹으로 度汝長生이러니 汝가 貪財好色ᄒᆞ고 趨利忘義ᄒᆞ니 焉可度化리오. 尹喜金二百萬으로 償之ᄒᆞ니, 甲이 慚愧謝去ᄒᆞ니라.

尹喜는 道를 傾心聽受ᄒᆞ니, 老子曰 道生之ᄒᆞ고 德育之ᄒᆞ며 物形之ᄒᆞ고 勢成之ᄒᆞ나니, 是以로 萬物이 莫不尊道而貴德이라ᄒᆞ고, 授以五千餘言이어늘, 喜退而書之ᄒᆞ니 後爲道德經이라.

一日에 老君이 謂喜曰, 吾嘗化乎乾竺ᄒᆞ니 古先生者는 卽吾之托名이라. 今將返神ᄒᆞ야 還乎無名ᄒᆞ리니 吾今逝矣로다. 喜叩頭請隨ᄒᆞ니, 老君曰, 吾遊乎天地之表ᄒᆞ며 嬉乎玄冥之間ᄒᆞ야 四維八極에 上下無邊ᄒᆞ리니 子欲試之나 烏可得爲이리오. 喜曰, 入火赴淵ᄒᆞ며 下地上天ᄒᆞ야 灰身殁命이라도 願隨大仙ᄒᆞᄂᆞ이다. 老君曰, 汝雖骨相이 合道나 受道日淺에 未能通神ᄒᆞ니 安得變化隨吾리오. 汝尙精修ᄒᆞ야 體入自然이면 可與行化諸國이라ᄒᆞ고, 遂自御靑牛여늘, 喜送至石樓山ᄒᆞ니, 老子 復以五千言으로 指明義理ᄒᆞ며 煉出仙丹ᄒᆞ야 七日乃成이라. 與尹喜로 同服ᄒᆞ고 更期曰, 千月之外에 尋吾於蜀中靑羊之肆ᄒᆞ라. 言訖에 聳身空中ᄒ

야 坐於雲華之上ᄒᆞ니 面放五明ᄒᆞ며 身現金光ᄒᆞ야 洞然十方ᄒᆞ니 五色玄黃이라. 冉冉而沒이어늘, 尹喜目斷雲霄ᄒᆞ고 涕泣攀戀이러니, 白輿靑牛忽焉不見이라. 山川이 震動ᄒᆞ며 江河汎漲ᄒᆞ고 炁貫紫微ᄒᆞ야 徧及四方ᄒᆞ니, 時則 周昭王十四 年四月也러라.

○ 今按老君之史컨듸 上自太古로 至于秦漢ᄒᆞ야 化炁分身으로 從刼至刼ᄒᆞ야 渺渺名姓은 恍惚莫測이오, 寄胎玉女時에 生卽能言ᄒᆞ며 左右手로 天地를 指ᄒᆞ여 曰, 天上天下에 惟道獨尊이라. 我揚無上道法ᄒᆞ야 一切衆生을 十方九獄에서 普度未度라ᄒᆞ니, 釋迦世尊의 說과 大同小異ᄒᆞ지라.
　惟道之道ᄂᆞᆫ 何를 指證ᄒᆞᆷ이뇨. 經에 曰, 元始有道라. 道卽上帝라. 萬物이 由 道而造라ᄒᆞ엿스니, 老子之惟道가 若以上主로 爲道則誠是大聖之高見이오 敎祖之 明證이라ᄒᆞ겟고, 至若太乙元君의 秘訣을 受ᄒᆞᆷ과 姜子牙의게 覺元丹을 與ᄒᆞ다 ᄒᆞᆷ은 方術士에 近하고, 葛由의 斧로 斲木成羊ᄒᆞ며, 凝陽의 眼을 手捫爲鏶ᄒᆞᆷ 과 吉詳草로 美人을 化ᄒᆞ며, 徐甲의 白骨을 更生케ᄒᆞᆷ은 赤是奇行異迹이라. 古 昔 先知者와 如ᄒᆞ되 萬一 上主의 能力을 依賴치 아니ᄒᆞ고 自己의 術能과 太 玄眞符만 行ᄒᆞ엿스면 怪誕虛無에 近ᄒᆞ니, 當時에 其道術을 仰慕ᄒᆞᄂᆞᆫ 徒弟들 이 先生의 異能을 誇張ᄒᆞᆷ인가ᄒᆞ노라.

七, 老子의 化身隱顯

關令尹喜가 老君의 理國修身의 要와 去奢滅欲의 言을 編集ᄒᆞ니 凡爲三十六 章이오, 名曰 西昇經이라. 三年之間에 人事를 屛絶ᄒᆞ고 修煉에 臻妙ᄒᆞ니 號를 關尹子라. 丁巳歲에 至ᄒᆞ야 老君의 約을 踐ᄒᆞᆯ시 西蜀에 往ᄒᆞ야 靑羊肆를 訪 ᄒᆞ더니, 是時에 老君이 復從太微宮ᄒᆞ야 蜀國大官 季氏家에 分身降生ᄒᆞ지라.
　尹喜가 一童子ㅣ 靑色羊을 牽ᄒᆞ고 自市歸來ᄒᆞᆷ을 見ᄒᆞ고 誰家羊이뇨 問한 즉, 答云 吾家夫人이 一兒를 生ᄒᆞ엿ᄂᆞᆫ듸 兒愛此羊이러니 失羊兒啼故로 尋羊還 家라ᄒᆞ거늘, 喜가 그 家에 隨入ᄒᆞ야 喜來를 告ᄒᆞ니, 兒曰 令喜前來ᄒᆞ라ᄒᆞ더 니, 其家庭宇가 忽焉高大ᄒᆞ며 蓮花座가 涌出ᄒᆞ고, 兒化數丈白金身ᄒᆞ니 光明如 日ᄒᆞ고 頂有圓光이라. 建七曜冠ᄒᆞ고 衣晨精服ᄒᆞ며 坐蓮花座上ᄒᆞ니 擧家驚怪ᄒᆞ 되, 喜ᄂᆞᆫ 慰歡無量이라.
　老君曰, 今子保形煉氣ᄒᆞ야 己造眞妙ᄒᆞ엿스니 心結紫絡ᄒᆞ고 面有神光이라. 金名은 表於玄圖ᄒᆞ고 玉札은 繫於紫房이라ᄒᆞ고, 三界衆眞과 諸天帝君과 十方

神王을 命호야 各執香花호고 五老上帝와 四極鑑眞을 勅호야, 尹喜의게 玉丹金文을 授호고 號를 文始先生이라호니, 位躋無上眞人이라. 卄四天王의 上에 居호야 八萬仙士를 統領케호엿더라.

老君이 周穆王時에 復還中夏호고, 平王時에 復爲出關호야 蘇隣諸國을 開化호고, 敬王十七年에 復還中國이러니, 孔子有問禮之事호고, 烈王三年에 過秦호니 秦獻公이 問以曆數호고, 赧王九年에 復出散關호야 飛昇崑崙호고, 秦皇時에 降於峽河之濱호니 號를 河上公이라. 授道於安期生호고, 漢文帝時에 老子의 旨를 好호야 遣使問道혼딕, 公曰 道尊德貴호니 非可遙問이니라. 帝卽詣之호야 曰, 普天之下ㅣ 莫非王土요, 率土之濱이 莫非王臣이라. 子雖有道나 朕의 臣民이어늘 何乃自高乎아. 公이 拊掌坐躍호야 冉冉在空호며 玄虛에 入호엿다가 良久에 俛首答禮曰 上不至天호고 中不類人호고 下不居地호니 何民之有리오. 文帝의게 道德二經을 授호엿고, 成帝時에 曲陽泉에 降호야 于吉의게 太平眞經을 授호고, 章帝時에 于吉의게 一百八十大戒를 授호엿고 安帝時에 劉圖의게 罪福新科를 授호고 順帝時에 天師三洞經籙을 授호엿고, 桓帝時에 天台山에 降호야 葛孝元의게 上淸靈寶大洞諸經을 授호고, 魏明皇時에 嵩山에 降호야 天師寇謙之의게 新科符籙을 授호고, 唐高祖時에 羊角山에 降호야 唐公의게 受命符를 語호고, 玄宗天寶初年에 丹鳳門에 降호거늘 帝親亨之하고, 田同秀의게 又降호야 函谷에 藏호엿던 金櫃靈符를 語호고, 又妙眞符를 王元翼의게 語호엿스며, 宋政和二年에 華陽洞天에 降호야 梁先生의게 天童護命符를 授호엿스며 無世不出호야 先塵劫而行化호고 後無極而常存이라. 隱顯莫測호며 變化無窮호야 普度人天호니 不可盡述世러라.

尹眞人詩에 曰,
金臺玉局繞彤雲　　上有眞人稱老君
八十一好長生訣　　五千餘言不朽文

八, 仙家의 異術

彭宗은 彭城人이라. 嘗從杜沖호야 採藥山中이라가 忽墜深谷호야 手足이 受損호고 良久甦息이로딕 肅恭如初여늘, 杜仲이 愛之호야 乃以丹經五千文으로 授之호니 宗이 修之幽妙故로 夜有神燈數球호야 浮空暎席호고 或瞑目僵臥호야 一年不動호니 塵委其上호야 積厚如指로딕 及起에 顔色이 愈鮮호고 一氣로 能

誦五千文兩遍이라. 山有毒蛇猛獸여늘 宗이 以氣禁伏이라가 解之後에 去也러라.
嘗有一獵者ᄒᆞ야 空然毁罵ᄒᆞ며 及門凌辱이어늘 宗이 用氣禁之ᄒᆞ니 獵者의 手足이 自拘하야 蠢然尸立이오, 使幽靈擊之ᄒᆞ니 傍人이 推聞叩頭聲이라. 侯其悔過ᄒᆞ야 乃釋之ᄒᆞ니라. 年至一百五十에 常如二十許靑年이러니, 周厲王 十三年 正月에 老君이 遣仙官下迎ᄒᆞ니라.

■ 太玄女者는 顓和也ㅣ니 少喪夫ᄒᆞ고 乃學道ᄒᆞ야 玉子의 術을 通ᄒᆞ야 入水不濡ᄒᆞ고 盛寒時에 單衣로 行氷上호ᄃᆡ 身體溫暖이라. 指鎖鑰自開ᄒᆞ며 指山山崩ᄒᆞ고 指樹樹死라가 更指則皆如故라. 一日에 與弟子로 行山間ᄒᆞᆯᄉᆡ 以杖擊岩石ᄒᆞ니 石開有戶ᄒᆞ고 入其中ᄒᆞ니 房屋床几와 帷帳廩厨이 有ᄒᆞ야 酒食如常ᄒᆞ니 雖行萬里라도 與此無異ᄒᆞ고 能令小物로 如屋大ᄒᆞ며 使大物노 爲小毫ᄒᆞ고 野火漲天에 嘘之即滅ᄒᆞ며 能坐火炎中ᄒᆞ야 衣裳이 不燃ᄒᆞ고 須臾間에 化爲老翁小兒車馬ᄒᆞ야 無所不爲라. 三十六術을 行ᄒᆞ되 甚有神異ᄒᆞ야 起死者無數라. 鬢髮如鴉러니 忽白日昇天ᄒᆞ니라.

■ 姚光者는 不知何許人이로ᄃᆡ 得神丹ᄒᆞ야 分形散影故로 坐在立亡ᄒᆞ며 火之不焦ᄒᆞ고 刃之不傷ᄒᆞ니, 吳王이 親視之ᄒᆞᆯᄉᆡ 積薪數千束ᄒᆞ고 令光으로 坐其中後에 四面發火焚之ᄒᆞ니 烟焰蔽天이라. 觀者滿城ᄒᆞ야 謂光必爐이러니 火息後에 光이 灰中을 從ᄒᆞ야 振衣而起호ᄃᆡ 神容이 晏如也라. 手把一卷書어늘 吳王이 雖讀不解ᄒᆞ엿고, 其後에 唐武德年間에 復現ᄒᆞ니라.

■ 張道陵者는 東漢 豊縣人이니, 子房의 八世孫이라. 母生之日에 黃雲이 覆室ᄒᆞ고 紫氣盈庭ᄒᆞ고 室中이 光華러니 及長에 身長이 九尺二寸이오 龐展廣顙과 隆準方頤며 伏犀貫腦ᄒᆞ고 玉枕峯起라. 七歲에 道德經을 通ᄒᆞ며 天文地理河格圖緯之書를 皆極其妙라. 志在修煉ᄒᆞ야 隱於北邙山ᄒᆞ니 有白虎啣符文ᄒᆞ야 置於傍이라. 後隱於蜀山ᄒᆞ야 苦節學道ᄒᆞ야 煉龍虎大丹ᄒᆞ니 有紅光이 照室이라. 三年後 丹成하야 入嵩山ᄒᆞᆯᄉᆡ 有繡衣使者曰 中峯石室에 黃帝九鼎과 太淸丹經이 藏在ᄒᆞ엿스니 得以修之者ᄂᆞᆫ 可昇天也ㅣ니라. 眞人이 乃齋戒七日後에 入其室ᄒᆞ니 履處登然有聲이라. 掘其地得丹書ᄒᆞ야 精思修煉ᄒᆞ니 能飛行遠聽이라. 分形散影의 妙術을 得ᄒᆞ니 泛舟池中ᄒᆞ며 誦經堂上ᄒᆞ고 隱几對客ᄒᆞ며 杖藜行吟을 一時並行ᄒᆞ니 人이 莫測其靈異라. 西域房陵間에 白虎神이 有ᄒᆞ야 好飮人血이

라ᄒᆞ야 其鄕人等이 每歲에 殺人祭之어늘 眞人이 召神戒之ᄒᆞ야 遂滅之ᄒᆞ고, 梓州에 有大蛇ᄒᆞ야 鳴則山振ᄒᆞ고 吐霧則行人이 中毒輒死여ᄂᆞᆯ 眞人이 以法禁之ᄒᆞ니 不復爲害러라. 一日에 在鶴鳴山이러니 紫雲이 滿空ᄒᆞ고 天樂이 隱隱ᄒᆞ되 太上老君이 臨ᄒᆞ야 曰, 近日 蜀中에 天鬼가 狂暴ᄒᆞ야 生民이 痛苦ᄒᆞ니 子能代吾治之ᄒᆞ야 以福生靈케ᄒᆞ라. 名在丹臺ᄒᆞ리라. 三淸衆經九百三十卷과 丹竈秘訣七十二卷과 雌雄劍二把와 都功印一校와 朱履一部로 授之ᄒᆞ고 千日後 閬苑으로 爲期ᄒᆞ거늘 眞人이 叩頭訖ᄒᆞ야 按法修行이러니, 是時에 果有八部鬼帥ᄒᆞ야 各領鬼兵ᄒᆞ고 暴殺萬民이어늘 眞人이 老君의 命令을 奉ᄒᆞ야 三千六部眞經을 左右에 置ᄒᆞ며 十絶靈幡을 建ᄒᆞ고 鳴鍾叩磬ᄒᆞ야 龍虎神兵을 指揮ᄒᆞ니 衆鬼가 來攻이어늘 眞人이 擧手一指에 一大蓮花가 化而拒之ᄒᆞ고 衆鬼把千炬火이어늘 眞人이 一指에 鬼反自燒라. 鬼帥曰, 師與我로 無關이어늘 何來侵奪我居乎아! [마八〇二十九對照] 眞人曰, 汝等이 殘害衆生일ᄉᆡ 西方不毛地로 擯逐ᄒᆞ리니 此是老君命也ᅵ니라. 鬼帥元達等八王이 千萬兵馬를 合ᄒᆞ야 上山圍繞어늘, 眞人이 丹筆노 一陣을 畵ᄒᆞ니 鬼卒이 皆倒ᄒᆞ고 八王이 叩頭라. 眞人이 丹筆을 倒畵ᄒᆞ야 鬼衆을 還甦케ᄒᆞ고 鬼王을 嚴戒ᄒᆞ야 勿復行病人間ᄒᆞ라. 鬼王이 不服ᄒᆞ고 翌日에 再來環攻이어늘, 眞人이 復以丹筆노 畵陣ᄒᆞ야 使魔王으로 倒地不起케ᄒᆞ니, 魔王이 計窮ᄒᆞ야 西方娑羅國에 往居ᄒᆞ기를 哀乞ᄒᆞ거늘, 眞人이 許之ᄒᆞ고 丹筆을 再畵ᄒᆞ니 衆魔悉起라. 眞人이 其心服을 得코져ᄒᆞ야 神符一道를 呪ᄒᆞ며 左手로 指鬼則盡斃ᄒᆞ고 右手로 復指則復生이라. 元達이 化爲八大虎ᄒᆞ야 奔攫이여ᄂᆞᆯ, 眞人이 化二獅逐之ᄒᆞ고, 鬼帥가 又化大龍來擒이여ᄂᆞᆯ 眞人이 化金翅鳥ᄒᆞ야 啄龍目睛ᄒᆞ니 其龍이 乃遁이라. 鬼帥가 五色雲을 作ᄒᆞ야 天地를 昏暗케 ᄒᆞ거늘 眞人이 化五色日ᄒᆞ야 炎光이 輝射ᄒᆞ니 雲散天晴이라. 眞人이 乃命八部鬼帥ᄒᆞ야 竄于西域ᄒᆞᆯᄉᆡ 衆鬼猶躊躇不去여ᄂᆞᆯ 眞人이 口勅神符ᄒᆞ야 須臾에 天仙風雨와 兵馬風刀가 畢至ᄒᆞ야 衆魔絶影而走ᄒᆞ니라.

老君이 神駕再臨ᄒᆞ야 謂眞人曰, 卿之功業은 合得上仙이나 君이 擅興風雨ᄒᆞ며 殺鬼過多ᄒᆞ니 此非大道好生之意라. 上帝必責之ᄒᆞ시니 吾不得近子로다. 當於三千六百日謝過後에 無何鄕에서 子를 待ᄒᆞ리라. 言訖에 聖駕復昇ᄒᆞ니라.

■ 推南子는 推南王 劉安이니 素好學術ᄒᆞ야 內書三十一篇을 作ᄒᆞ야 變化의 道를 論ᄒᆞ더니 其後에 八公道士를 遇ᄒᆞ야 其老衰ᄒᆞᆷ을 潮笑ᄒᆞ매, 道士가 忽然 變爲靑年ᄒᆞ니 綠髮紅顏이 桃花와 如ᄒᆞ지라. 王이 驚異ᄒᆞ야 象牙床을 設ᄒᆞ며

百和香을 焚ᄒᆞ고 弟子履를 穿ᄒᆞ며 北面拱手ᄒᆞ야 聽道ᄒᆞ기를 請ᄒᆞ니, 八公이 復成老大ᄒᆞ야 日, 聞王好道故로 特來從이나 王의 所相欲을 未知ᄒᆞ나이다. 我는 能致風雨起雲霧ᄒᆞ며 畫地爲江ᄒᆞ고 撮土爲山ᄒᆞ며 乘虛步空ᄒᆞ고 致龍虎役鬼神ᄒᆞ며 入火不焦ᄒᆞ고 入水不濡ᄒᆞ며 刃之不傷ᄒᆞ오니, 王은 所欲대로 行ᄒᆞ쇼셔.

王이 試之皆驗이라. 三十六水銀方으로 成藥ᄒᆞ야 未及盡服에 適有告變者어늘 王이 遂與八公으로 登山大祭ᄒᆞ고 埋金於之後에 白日昇天ᄒᆞ니 所踐之石이 皆陷入ᄒᆞ야 至今도 有馬迹ᄒᆞ니라. 王이 昇天之日에 所棄藥鼎을 鷄犬이 舐之러니 並得輕擧ᄒᆞ야 鷄鳴雲中ᄒᆞ고 犬吠天上이라. 故로 後人이 有言曰, 淮南鷄犬이 盡響雲中이라ᄒᆞ니라.

九, 仙道의 要訣

今按仙術컨디 佛理가 多ᄒᆞ야 道釋이 原無二致라. 仙有五等ᄒᆞ고 佛有三乘이나 但其修持功行이 不齊ᄒᆞᆷ으로 超脫도 梢異ᄒᆞᆯ지라. 故로 釋氏가 言ᄒᆞ기를 人之初에 父精母血과 前生識神을 因ᄒᆞ야 成胎라ᄒᆞ니, 此는 無始劫으로 流來ᄒᆞ야 生滅性을 成ᄒᆞ고 生減이 不生滅노 和合ᄒᆞ야 八識을 成ᄒᆞ다ᄒᆞᆷ이라. 吾教道理에 人之靈魂은 上主의 稟賦ᄒᆞ심을 受ᄒᆞ고 血肉은 父母의게 受ᄒᆞ다ᄒᆞᆷ과 無異ᄒᆞ도다.

易에 日 乾道變化에 各定性命이라ᄒᆞ고, 中庸에 日 天命之謂性이라ᄒᆞ니, 人生의 原因은 主宰의 命令을 受ᄒᆞ야 人類의 心性을 成ᄒᆞᆷ이라. 有命이면 便有性ᄒᆞ고 有性이면 必有命ᄒᆞ야 命非性이면 不存ᄒᆞ고, 性非命이면 不立ᄒᆞ야 性命의 理가 渾然合一ᄒᆞᄂᆞ니, 性也者는 元始眞如에 一靈炯炯ᄒᆞᆫ 것이오, 命也者는 先天至精에 一氣氤氳ᄒᆞᆫ 것이라. 性命의 理를 實不可分이어늘 玄門에셔는 專혀 氣로 爲命ᄒᆞ며 以修命으로 爲宗ᄒᆞ고 水府求玄으로 立教ᄒᆞ야 詳言命而略言命ᄒᆞ엿스니, 此는 性을 不究ᄒᆞᆷ이오,

禪門에셔는 專혀 神으로 爲性ᄒᆞ고 以修性으로 爲宗ᄒᆞ며 出宮修正으로 立教ᄒᆞ야 詳言性而略言命ᄒᆞ엿스니, 此ᄂᆞᆫ 命을 不究ᄒᆞᆷ이라. 神與氣가 雖有二用이나 性命은 決不可分이니라.

尹眞人이 有言曰, 身心意를 謂之三家니 三家相見者는 胎圓也요, 精氣神을 謂之三元이니 三元合一者는 丹成也라ᄒᆞ고, 性合情을 謂之金木並이요, 精合神을 謂之水火交요 意大定을 謂之五行全이라ᄒᆞ니, 此는 元精元氣元神을 煉ᄒᆞ야 呼吸의 氣를 不漏ᄒᆞ며 安靜ᄒᆞᆫ 中에셔 身心意를 合ᄒᆞᆫ즉 三家가 相見ᄒᆞ야 嬰兒를

結홈다홈이요. 內外二藥으로 論호면 修煉호는 者ㅣ 先修外藥호고 後修內藥이어니와 高尙호 者는 夙植靈根홈으로 內藥을 先修호느니, 內藥은 無爲無方호고 外藥은 有爲有以爲라. 內藥은 無形無質이로디 實效가 有호고 外藥은 有體有用이로디 實力은 少홀지라. 外藥은 可以治病이며 可以長生久視요, 內藥은 可以超越이며 可以出有入無니라. 內外二藥을 兼修호면 元神과 思慮之神이 自然泰靜하야 成仙이 必矣라호니라.

■ 列仙譜傳을 探考호건디 從古至今에 成仙者十萬餘人이오, 拔宅者八千餘處이라. 飛昇冲擧者는 上也요, 坐化尸解者는 次也요, 投胎奪舍者는 又其次也라. 乘龍上昇者는 黃帝 茅濛이 是也요, 駕雲上昇者는 藍采和孫不二是也요, 飛鸞上昇者는 子晉鄧郁이 是也요, 駕鶴上昇者는 桓闓屈處靜이 是也요, 御風上昇者는 葛由武夷君이 是也요, 拔宅飛昇者는 淮南王許旌陽이 是也ㅣ니, 如斯飛仙을 指不可勝數요 變化莫測호며 神出鬼幻호야 奇事異蹟을 行호는 者는 車載斗量이라. 仙門의 歷史가 極히 虛誕호야 難可準信이로디, 雲接法師 有言曰, 未達其境에 不敢妄談이라 호엿스니 吾儕는 其境에 未入호고 局外漢이 되야 但以謊說로 拋棄호면 孤寡의 歎이 不無호다호나이다.

○ 詩曰
日用常行道在身　　虛靈不昧是原因
萬般色相都離去　　始見當年舊主人

第四章
回敎道理의 要素

　第一回에 回回敎槪要를 說ᄒᆞ엿거니와 今에 其敎理를 續論컨ᄃᆡ, 敎祖 摩哈默의 所著ᄒᆞᆫ 古蘭經을 擬據ᄒᆞᆯ지라. 道理의 大綱이 有ᄒᆞ니, 一曰 相信이요, 二曰 行道니라.

第一綱, 相信을 六目에 分ᄒᆞ니.
　(一)은 眞神이 有惟一이오.
　(二)는 聖潔한 天使의 形像이 不同ᄒᆞ야 男女를 不分ᄒᆞ며 身體는 皆以火로 造成ᄒᆞ엿ᄂᆞᆫᄃᆡ 不飮不食ᄒᆞ며 無生育ᄒᆞ며 或立或跪ᄒᆞ야 眞神을 敬禮讚頌ᄒᆞ며 職分이 各異ᄒᆞ야 或爲人祝福ᄒᆞ며 人의 所行을 載於管策ᄒᆞ며 神座를 或擔흠이오.
　(三)은 眞神이 古昔先知로 訓人ᄒᆞ신 記書를 人必遵信이라. 記書가 一百四編이 有ᄒᆞᄃᆡ, 十編은 아담[亞當]의게 傳ᄒᆞ고 五十編은 셋[設]의게 傳ᄒᆞ고 三十編은 에녹[以諾]의게 傳ᄒᆞ고 十編은 亞當羅含의게 傳ᄒᆞ고 一編은 摩西의게 傳ᄒᆞ엿ᄂᆞᆫᄃᆡ, 此編을 五卷으로 分ᄒᆞ니 卽 創世記 出埃及記 民數記 利未記 申命記라ᄒᆞ고, 一編은 大衛王의게 傳ᄒᆞ고 一編은 耶穌의게 傳ᄒᆞ고 一編은 摩哈默의게 傳ᄒᆞ엿시니 卽古蘭經이라. 然ᄒᆞᆫ즉 摩西와 大衛와 耶穌의게 所傳ᄒᆞᆫ 三編은 猶太人들과 耶穌의 信徒들이 添註点竄ᄒᆞ야 眞僞를 莫辨이니 置之勿論이 可ᄒᆞ고, 古蘭經外에는 感發人心ᄒᆞᆯ 他書가 無ᄒᆞ다ᄒᆞ며,
　(四)는 天父ᄭᅴ셔 先知를 遣ᄒᆞ샤 降世케ᄒᆞ이가 二十二萬四千人인ᄃᆡ 其中에 三百十三人은 使徒라. 特別히 命令을 奉ᄒᆞ야 世人을 開導ᄒᆞ야 僞神惡事를 棄ᄒᆞ고 眞神ᄭᅴ로 歸케ᄒᆞᄂᆞᆫ者이오. ᄯᅩᄒᆞᆫ 奉命者ㅣ 六人이 有ᄒᆞ야 人民들의게 新法을 傳ᄒᆞ엿스니 此六人은 亞當과 魯亞와 亞富羅含과 摩西와 耶穌와 摩哈默이라. 此先知者들은 皆眞實無妄者요 新法을 傳ᄒᆞᄂᆞᆫ 者라ᄒᆞ고,
　(五)는 人必復活ᄒᆞ야 皆受審判이오. 其日其時는 人無知者요, 天使도 亦不知로ᄃᆡ 惟眞神이 知之시라. 摩氏가 天使 加富利列의게 時日을 問ᄒᆞᆫ則 答云 不知라ᄒᆞ니라.

摩氏曰 眞神끠셔 世人을 審判ᄒ시되 其人의 善惡을 天秤으로 權ᄒ야 輕重대로 報ᄒ시ᄂ니, 今生에 害人未報者는 審判時에 其善으로 被害者의 債를 償ᄒ되 天使가 告ᄒ기를 主歟吾儕가 公義의 命令을 遵行ᄒᄂᄃᆡ 此害人ᄒᆫ 人의 餘善이 猶有如鎧라ᄒ면 神必憐之ᄒ샤 其善에 一倍를 加ᄒ야 使赴樂園케ᄒ시고, 其善이 不足ᄒ야 不能以償債라ᄒ면 神必怒之ᄒ샤 其欠의 一倍를 加ᄒ야 使沉地獄케ᄒ시ᄂ니, 此ᄂ 自己의 罪만 有ᄒᆯᄲᅮᆫ아니라 其未償ᄒᆫ 債로 其苦를 並受ᄒ야 畜類ᄀᆞ치 審判을 受ᄒᆫ 後에 泥土가된다ᄒ며, 審判을 畢後에 天堂으로 赴ᄒᆯ者ᄂ 右路로 由ᄒ고 地獄으로 赴ᄒᄂ者ᄂ 左路로 行ᄒ되 善惡者가 地獄橋ᄂ 皆過去케ᄒ신지라. 此橋ᄂ 毛髮보다 細ᄒ고 刀刃보다 窄ᄒ며 兩傍에 荊棘과 勾藤이 有ᄒ야 惡者가 過橋時에ᄂ 光明이 變爲幽暗ᄒ고 勾藤에 拘碍ᄒ야 失足墮獄ᄒ고 善者ᄂ 過橋時에 光明이 有ᄒ며 疾如風電ᄒᄃᆡ 摩氏가 반ᄃᆞ시 樂園으로 引導ᄒ다ᄒ고, 又曰 地獄이 有七層ᄒ니, 一은 惟一ᄒ신 眞神을 旣知ᄒ고도 信奉치 아니ᄒᄂ 者의 居處이오, 二ᄂ 猶太人民의 所居處오, 三은 耶穌信徒들의 居處이오, 四ᄂ 싸이푸리안[隋畢安]黨의 所居處이오 【싸이푸리안[隋畢安]은 主後 二百四十五年에 出ᄒᆫ 黨派이니 眞神이 非三位요 只一位며 耶穌ᄂ 人也요 非神이라ᄒᄂ 黨이라】, 五ᄂ 巴西博士들의 所居處이오, 六은 拜偶者들의 所居요, 七은 最末至苦의 地獄이니 僞善者들의 居處ㅣ라ᄒ고, 各層에 天使十九位가 有ᄒ야 監守ᄒᄂ니 受苦人들이 刑罰의 公義를 雖言ᄒ나 監守者가 代爲祈禱ᄒ야 其罰을 減케ᄒ고 不然ᄒᆫ 者ᄂ 即歸滅亡이라ᄒ엿고,

ᄯᅩᄒᆫ 古蘭經에 地獄苦楚를 詳言ᄒ엿ᄂᄃᆡ, 今에 其一二條만 擧ᄒ건ᄃᆡ 受苦者有時乎甚熱ᄒ며 有時乎甚寒ᄒ고 其中에 至輕ᄒᆫ 刑은 使罪人으로 心着火履ᄒ야 頭腦ᄭᅡ지 蒸鬱케ᄒ고 其人의 罪之輕重을 權衡ᄒ야 施罰ᄒ다ᄒ고, 今生에 一位眞神을 知ᄒ며 摩氏를 先知者라ᄒ던者ᄂ 刑期旣滿ᄒ매 摩氏가 代爲祈禱ᄒ면 神必應求ᄒ샤 其身의 垢汚와 煙火의 氣를 樂園의 生命水로 洗滌ᄒ야 淨潔에 至케ᄒ시ᄂ니, 輕者ᄂ 九百年을 在獄ᄒ고 稍重者ᄂ 七千年을 在牢ᄒ고 至重者ᄂ 永不得出이라ᄒ고,

義人은 初至樂園ᄒ야 摩氏의 湖中水를 必飮ᄒᄂ니 此湖ᄂ 至大ᄒ야 一周를 環行ᄒ랴면 三旬日을 費ᄒᆫ다ᄒ고 湖水ᄂ 潔於玉白於雪ᄒ며 芬芳의 香은 勝於麝ᄒ고 湖傍에 飮盃가 有ᄒᄃᆡ 盃의 數ᄂ 天星ᄀᆞ치 多ᄒ다ᄒ고, 樂園은 天上第七層眞神寶座下에 在ᄒᆫᄃᆡ 其土ᄂ 膩於粉ᄒ며 芬如麝라ᄒ고 石은 眞珠나 寶石이오, 房柱ᄂ 銀金으로 飾ᄒ엿고 樹木은 盡是黃金이오, 其中에 第一 奇異ᄒᆫ

木은 曰 福氣樹이니 傳에 云호딕, 此樹가 摩氏宮中에셔 發生ᄒ야 各枝가 各人 房中에 達ᄒ엿ᄂᆞᆫ딕 石榴와 葡萄와 棗子와 他果實을 常結ᄒ며 果味는 世人意 想에 及치못홀바ㅣ라. 各房 居人이 何果를 思食ᄒ면 所願ᄒᆞᆫ 果가 樹枝에 卽垂ᄒ야 可以取食이요, 且思食肉ᄒ면 烹熟鳥雀이 樹上에 卽有라ᄒ고, 此樹가 各人의 食物만 供給흠이아니라 人의 衣服도 供ᄒ며, 甚至於 馬畜을 乘코쟈ᄒ 면 鞍轡俱備ᄒ 駿馬가 果中으로 由出하야 隨意乘馳로딕 但 此樹陰邊에셔 彼 樹陰邊에 到ᄒ랴면 百年이라도 不能達이라ᄒ며, 且數江河가 有ᄒ야 樹根에셔 流出ᄒᆞᆫ딕 爲酥爲酒ᄒ며 爲蜜爲水者ㅣ 各有ᄒ야 類各不同ᄒ고, 第一幸福이 更有ᄒ니 各人이 窈窕淑女가 皆有ᄒ야 夫妻의 樂을 作ᄒᆞᆫ딕 此女의 身은 香 麝로 造成ᄒ엿고 貞潔自守ᄒ고 長生不老ᄒᄂᆞ니 樂園의 福은 人마다 能享치 못ᄒ되 摩氏가 令人으로 百倍의 氣力을 加ᄒ야 享福케흔다ᄒ고,

(六)은 眞神이 萬古不易의 命道를 按行ᄒ시며 將來萬事를 預定ᄒ샤 人의 善 惡과 畢生所爲가 總是前定이오, 人生은 自由自主를 不得ᄒ야 奴僕과 如ᄒ다ᄒ 니라.

○ 第二綱 行道를 四目에 分ᄒ엿스니,

(一)은 祝告홀 時에 盥手潔身의 事가 有ᄒ고 祝時에 麥加城 聖殿을 必向홀 것이오【摩哈默墓所在處】

(二)는 施濟흠이니, 分二端이라. 一은 所有中에 十分之二分을 取ᄒ야 施恤 ᄒᄂᆞᆫ 法이오, 一은 人心의 所願대로 任ᄒᄂᆞᆫ 法이오.

(三) 禁食흠이니 摩氏訓에 曰, 禁食은 虔誠의 門인 故로 吐氣如蘭이라ᄒ며 禁食의 道는 有三ᄒ니, 一은 腹厭과 心慾을 禁흠이오, 二는 五官百骸를 禁ᄒ 야 陷罪치 안케흠이오, 三은 俗緣의 羈絆을 禁ᄒ야 眞神을 黙念케흠이더라.

(四)는 回敎信徒가 一生에 반ᄃᆞ시 一次는 麥加城에 至ᄒ야 敬拜흠이니 摩氏가 言ᄒ기를 何信徒를 勿論ᄒ고 平生에 麥加城에 未至ᄒᆞᆫ 者는 死時에 猶太人 과 耶穌의 信徒와 無異ᄒ야 永永히 樂園의 所望이 無ᄒ다 ᄒ니라.

回世界圖書

回敎說에 曰 太初에 上主ᄭᅴ셔 天地萬物을 創造ᄒ실ᄉᆡ 運命과 記標를 先造

ᄒ셨스니 實노 不可思議라. 此記標에는 過去와 現在와 未來의 事와 永遠無限ᄒ 人生의 運命을 記錄ᄒ엿스니 卽人類의 幸不幸과 貧富榮瘁와 眞信者의 入天國과 不信者의 落地獄을 昭評盡記ᄒ지라. 此記標는 白色眞珠로 成ᄒ엿는ᄃᆡ 門楔柱와 如히 兩個가 有ᄒ고, 上主ᄭ셔 眞珠로 一個 大鋠筆을 造ᄒ시니 極히 長遠ᄒ야 此端에서 彼端을 施行ᄒ려면 五百年만에 到達ᄒ다고 鐵筆尖末에셔 光線의 射出흠이 잉크墨이 펜ᄭᆺ에셔 湧出흠과 如ᄒ고, 上主의 語音이 其筆을 振動케ᄒ시며 忽然히 出動ᄒ야 記標右便으로 左便ᄭ지 古今未來事를 記錄ᄒ되 餘白이 無ᄒ니 鐵筆은 枯渴ᄒ야 抛棄되고 記標는 上主庫間에 收藏ᄒ셧스니, 此事는 上主外에 知者가 無ᄒ다고, 其後에 上主ᄭ셔 쪼흔 大眞珠를 白色으로 造ᄒ시고 上主의 語訓을 紀錄ᄒ신즉 眞珠가 雷震ᄀᆺ치 動ᄒ며 澌鮮爲濤ᄒ니 汹湧浙瀝이라. 上主ᄭ셔 命令ᄒ시매 波浪이 潺潺ᄒ야 無風ᄒ 鏡面ᄀᆺ치된다ᄒ고, 上主ᄭ셔 當身의 居ᄒ실 宮殿을 建ᄒ시고 寶座二所를 寶玉으로 造ᄒ샤 水面에 浮在케ᄒ시다ᄒ고 寶座周圍에 大蛇를 造ᄒ셧ᄉ니, 頭는 白色의 眞珠요 身體는 黃金이오 兩眼은 靑玉이라. 其宏大흠은 上主外에 知者가 無ᄒ니 如此ᄒ 宮闕과 寶座를 造ᄒ심은 永遠ᄒ신 偉力을 示ᄒ심이오. 風雷로 海水를 鼓蕩ᄒ시며 蒸氣로 空中에 浮上ᄒ야 雲雨를 行ᄒ신다ᄒ고, 上主ᄭ셔 地球表面에 在ᄒ 滙水를 七海로 分造ᄒ샤 其中에 諸般水族을 捿息케ᄒ시고, 쪼흔 七大陸을 造ᄒ샤 各各 氣候와 風土가 不同케ᄒ시고 萬般動植物을 各大陸에 居生케ᄒ시니 此는 二日間에 造成ᄒ심이라

地球가 海上에 浮在ᄒ기를 舟와 如ᄒᄃᆡ 生物들이 多病ᄒ거늘 主ᄭ셔 有力ᄒ 天使로 地球를 支持ᄒ시니 天使가 東西로 手를 張ᄒ야 地球를 支撑ᄒ거늘 主ᄭ셔 靑色大岩을 造ᄒ샤 天使의 足凳을 作ᄒ시니, 此岩이 天使의 足下에셔 不息輪轉ᄒ야 天使를 不躓케ᄒ고, 大牝牛를 又造ᄒ샤 岩石을 支戴케ᄒ시니 牝牛가 岩石을 左角에셔 右角으로 轉戴ᄒᆯ 時는 地震이 必生ᄒ다ᄒ며, 牝牛의 目은 赤如火光ᄒ야 人若觸目이면 卽成瞽盲ᄒᄂ니 此牛의 名은 比而牟底라. 大洋에셔 游泳ᄒᄂ 大鯨의 背를 跨住ᄒ엿스니, 此鯨은 主ᄭ셔 世界를 維支기 爲ᄒ샤 創造ᄒ신것이라. 大洋과 地球下에는 包含ᄒ 空氣가 有ᄒ고 空氣는 黑暗ᄒ 位置를 占據ᄒ고 日月星辰은 定期ᄒ야 此暗境으로 運行ᄒᄂ니, 此는 地球의 光線이 照射ᄒ기를 爲흠이라. 日月蝕의 現象을 論ᄒ여 曰, 滿月될 時에는 其光이 大海隅에 落ᄒ면 大鯨이 張口呑月ᄒᄂ것이오, 此時에 上主ᄭ 敬拜ᄒᄂ 信徒들이 大聲으로 祈禱ᄒ면 忽地에 大鯨이 其呑月을 還吐ᄒ야 月色

이 如前ᄒ고, 日蝕의 原因은 上主끠셔 許ᄒ신 記標로 對罪嚴誡ᄒ심이라. 最初에 上主끠셔 阿富羅含의게 訓命ᄒ신ᄃᆡ 對ᄒ야 其心이 恒在케ᄒ심이오. 其後에ᄂᆞᆫ 以朔의게 訓誥ᄒ신 것을 行ᄒ게ᄒ것이오, 今日ᄭᅡ지 時時로 日蝕이 되ᄂᆞᆫ것은 世上人民으로 ᄒ여곰 上主의 先知들이 敎訓ᄒᆫ 것을 專心專力ᄒ야 戒嚴케ᄒ심이라ᄒ엿더라.

〈圖表 ; 回敎世界, 생략〉

回回敎祖의 略史

前回에는 回敎의 道理를 先述ᄒ엿거니와 今에 敎祖史를 論컨ᄃᆡ

一, 摩哈默의 出處

摩哈默은 主後 五百七十年으로 六百三十三年ᄭᅡ지 亞拉比亞에셔 預言者로 回回敎를 創設ᄒᆫ 者이라. 主後 五百七十年 八月 卄日에 亞拉比亞 麥加城에셔 誕生ᄒ엿스니 其處는 베시아河水와 紅海ᄉᆞ이에 在ᄒᆫ 半島이요, 南北에 大沙漠이 有ᄒ고 中央은 豊饒ᄒ니 居民은 大槪 牧畜과 商業을 崇尙ᄒᄂᆞᆫ지라. 馬哈默은 亞富羅含의 庶子 이스마엘의 後裔요 고리싸잇스族屬이니 此族이 最爲强大ᄒ야 政權을 執ᄒ며 伽阿巴라ᄒᄂᆞᆫ 大神廟의 祭司長이라. 摩哈默은 압드알무탈립의 孫이오 憂拿波亞의 子이며 母親은 亞馬拿이니 同族의 女人이라. 摩哈默을 孕胎時에 憂拿波亞ᄂᆞᆫ 早卒ᄒ고 遺腹子로 生ᄒ엿시니 家業이 淸貧ᄒ야 所有는 駝五匹과 羊幾頭와 女婢 一名이더라. 遺傳에 曰, 摩哈默은 母胎在時에 割禮를 受ᄒ엿고 生時에 母臍로 誕生ᄒ엿스며 生卽伏地ᄒ야 爲民祈禱ᄒ엿스며, 其背上에 上主遣者 四字의 文이 有ᄒ다ᄒ니 至今까지 亞拉比亞人들이 信從ᄒᄂᆞᆫ지라.

摩氏가 六歲時에 其母親이 메듸압나城에 往ᄒ야 親族을 訪見ᄒ고 回路에 道中에셔 客死ᄒ니 其婢가 穉兒를 護歸ᄒ야 其祖父 압드알무탈립의게 付養ᄒ고 其祖沒後에는 其伯父 押塔立의게 受養ᄒ엿스며 幼時에 野棗로 充飢ᄒ고 爲人炊雇ᄒ엿더라.

二, 摩哈默의 少壯時代

伽阿巴廟中에 一石이 有ᄒ야 人民들이 崇祀ᄒ며 聖石이라ᄒ고 接吻ᄒᄂ니 其石의 高는 六寸이오 廣은 八寸이라. 上圓下方ᄒ야 其形이 如此圖ᄒ고 其色이 如墨ᄒᄃ 自天隕下라ᄒ고, 廟中에 三百六十의 塑像이 有ᄒ고 其大는 四萬五千人을 可容ᄒ며 其中에 聖所가 有ᄒᄃ 教法이 嚴密ᄒ야 他教人으로 廟內遊覽을 不許ᄒ더라. 摩哈默이 少時에 牧羊業으로 從事ᄒ며 言ᄒ기를, 昔者에 摩西와 大衛王도 牧羊者라ᄒ고, ᄯ 叙利亞地方에 隊商을 隨ᄒ야 行商ᄒᆯ시 沙漠의 流牧人을 多數히 交遊ᄒ지라. 此時 고리싸잇스 族屬中에 才多西라ᄂᄂ 寡婦가 有ᄒ니, 家産이 富饒ᄒᄃ 其侄의 紹介로 摩哈默을 隊商의 監督을 삼아 叙利亞로 行商케ᄒ더라. 寡婦가 摩哈默의 爲人이 奇傑홈을 愛ᄒ야 析薪의 媒를 請ᄒ거ᄂᆯ 摩哈默이 곳 結婚禮를 成ᄒ니, 時年이 二十五요 寡婦는 四十歲라.【主後 六百十五年】然ᄒ나 琴瑟이 和合ᄒ야 數十年間에 六子를 生ᄒ며 家庭이 和樂ᄒ고 産業이 益昌ᄒ더니, 一日은 亞拉比亞人의 殘忍홈과 惡毒홈을 見ᄒ고 心中에 刺激이 되엿스며, 廟宇中 聖石과 諸神을 不信者가 多홈을 見ᄒ고 獨一無二ᄒ신 眞神을 信奉ᄒᆯ 思想이 起ᄒ엿더라.

三, 摩氏의 成道

摩哈默이 叙利亞 等地로 行商ᄒᆯ 時에 猶太教와 예수教와 摩西와 諸先知者의 異蹟을 得聞ᄒ엿시나 心中에 疑訝가 有홈은 三位一體 上主를 聖父 聖子와 聖母 馬利亞라고도ᄒ고, 一說은 三位一體의 神이 聖父 聖子 聖靈이시오 馬利亞는 不過是 예수 肉身의 母라ᄒ매, 摩氏가 胸中에 質握이 無ᄒ더니 以實南【英語이스람】教中人이 至尊無對ᄒ신 一位眞神만 敬奉홈을 見ᄒ고 志意甚悅ᄒ야 世間塵慮를 謝却ᄒ고 獨一無二의 眞神을 信奉코져ᄒ니 活潑自存ᄒ시고 天上地下를 管理ᄒ시ᄂ 神이시오, 來生의 審判大期를 此生에 預備홈이더라. 獨自遊山ᄒ야 思來思去ᄒ며 僻居清靜ᄒ야 人群鬧塵을 避코져ᄒ더니, 曠野에 突兀高峻ᄒ 山을 得ᄒ니 中有石洞이오 名曰 何伊拿라. 麥加城에셔 相距가 略十里인ᄃ 摩氏가 神靈界의 光明ᄒ 黙示感應을 得ᄒ기 爲ᄒ야 禁食祈禱ᄒ며 黙坐黙想ᄒᆯ시, 一日은 忽然이 空中으로 異象ᄒ 가온ᄃ셔 有聲ᄒ야 摩哈默을 呼ᄒ여 曰 讀ᄒ라. 造化의 主 하ᄂ님의 號를 侍讀ᄒ라. 人民을 創造ᄒ신 하ᄂ님의 號를 侍讀ᄒ라. 抗手秉筆ᄒ시고 不知ᄒᄂ바를 人民의게 指示ᄒ시ᄂ 하ᄂ님을 侍讀ᄒ라ᄒ거늘, 摩氏가 魔鬼의 迷心인가 恐懼ᄒ야 歸語其妻ᄒ니 妻

曰 勿懼ᄒ라. 此是 上主의 命召라ᄒ매, 摩氏가 再往山洞ᄒ야 抵死前進터니 天使가 上主의 命令을 傳ᄒ여 曰, 摩哈默아 汝는 上主의 擇ᄒ신 先知者요 我는 天使 加富列이라ᄒ거늘, 摩哈默이 宇宙의 眞神上主신줄 覺悟ᄒ고 大喜ᄒ야, 自稱 上主ᄭᅴ 受命ᄒᆫ 先知者라 宣言ᄒ고, 以實南敎理로 世俗을 改良코져ᄒ야, 何伊拿山에서 出還ᄒ니 時年이 四十이라. 學識은 無ᄒ나 加富列의 默示를 得ᄒ야 古蘭經 四千八百餘言을 著述ᄒ고 二十三年間에 播道ᄒ고 六十三歲에 卒ᄒ엿시니 遺傳書가 五萬言이 有ᄒ더라.

四, 回回敎의 傳道됨

摩哈默이 傳道를 親戚으로브터 始作ᄒ야 其妻와 女婢가 先從ᄒ고, 其後에 親友가 從ᄒ고 他敎人도 信從ᄒ는 者 多ᄒ매, 四十四歲에 至ᄒ야 伽阿巴 廟中에 塑像을 滅ᄒᆷ으로 고리싸잇스族屬의게 大窘逐을 當ᄒ니 甚히 危險ᄒᆷ으로 弟子들을 率ᄒ고 메듸나城으로 逃避ᄒ지라. 其後에 麥加城에 還至ᄒ야 고리싸잇스族을 勝ᄒ니 時年이 五十二歲요 主後 六百二十二年 六月 二十日이라. 敎會가 크게 發展됨으로 回回敎의 創立이 此時라ᄒ고, 六百二十二年으로 紀元을 定ᄒ고 惠智라 名ᄒ니 卽回敎曆書이더라. 十二年間에는 純全히 宗敎ᄲᅮᆫ 傳播ᄒ더니 其後브터는 宗敎ᄲᅮᆫ아니라 政治와 軍事의 大活動을 開始ᄒ엿스니, 一은 敎堂을 建築ᄒ며 敎會를 組織ᄒ고, 二는 敎規와 禮式을 制定ᄒ며, 三은 고리싸잇스의게 傳道ᄒᆯᄉᆡ, 部下의게 拔劍諭之曰, 以實南道를 爲ᄒ야 奮鬪ᄒ되 不順者를 殺ᄒ고 他宗敎가 無ᄒ기ᄭᅡ지 戰鬪ᄒ라. 部下를 指揮ᄒ야 兵力으로 隊商等을 襲擊ᄒ야 物貨를 攘奪ᄒ고 猶太人 六百名을 殺ᄒ며 其妻拏는 婢妾을 삼고, 六百二十四年에 고리싸잇스族을 大捷함으로 全境이 摩哈默을 信從케 되엿스며, 六百二十七年에 麥加城을 攻擊ᄒ야 偶像을 盡滅ᄒ고 翌年브터는 外國에 傳道를 始作ᄒᆯᄉᆡ 羅馬皇帝 惠羅乞利字氏의게 送書ᄒ야 예수와 馬利亞의 墮落된 道를 崇拜치말고 一神의 正敎 以實南道를 信從ᄒ라 勸告ᄒ엿고 西斐時利亞와 埃及等國에도 傳道文을 送達ᄒ며 麥加에서 權利를 掌ᄒᆷ으로 國王이 掌中에 入ᄒ엿스며 敎人들에게 稅金과 奉納金을 受ᄒ고 예수敎人의게는 貢物을 受ᄒ매 宗敎上 法王이 되고 政治上 國王의 權을 執ᄒ엿더라.

摩氏의 持身行政

　(一)은 **摩哈默**의 禀行이니, 一生에 儉樸ᄒᆞ야 好樓臺極富貴를 不願ᄒᆞ고 食品은 野棗와 沒藥을 嗜ᄒᆞ엿고, 自言ᄒᆞ기를 平生所願이 食色臭三事인듸 色臭는 得ᄒᆞ고 食은 不得이라ᄒᆞ엿스며, 二十五歲에 寡婦才多西를 娶ᄒᆞ고 其後에 十三妻를 又取ᄒᆞ엿스니 妻妾이 合十四이라. 創言ᄒᆞ기를, 一夫多妻는 上主의 黙示라ᄒᆞ고, 妾을 甚愛ᄒᆞ야 腐敗에 漸入ᄒᆞ엿고 夢象의 吉凶을 信ᄒᆞ며 戰鬪時에 揚言ᄒᆞ기를 永生天國은 前에 在ᄒᆞ고 永滅地獄은 後에 在하다ᄒᆞ야 衆心을 激惹ᄒᆞᆷ으로 回教人이 言ᄒᆞ기를 **摩哈默**은 手指中에셔 生水케ᄒᆞ며 死者를 還甦ᄒᆞ고 所過處에 木石이 羅拜ᄒᆞ며 戰鬪於沙漠時에 磐石이 出水ᄒᆞ야 萬軍이 解渴ᄒᆞ엿다ᄒᆞᄂᆞ니라.

　(二)는 回教禮式이니, 摩氏가 言ᄒᆞ기를 上主는 本無妻ᄒᆞ시니 豈有其子乎아! 예수ᄂᆞᆫ 天使 加富列의 感應으로 生ᄒᆞ엿고 十字架에 死ᄒᆞᆷ은 基督이 아니라 基督의 貌樣과 如ᄒᆞᆫ 者가 死ᄒᆞ다ᄒᆞ고, 禮拜의 規例를 定ᄒᆞ되 吹角과 鳴鍾을 不用ᄒᆞ고 會堂側에 一高臺를 築ᄒᆞ고 禮拜時에 使人登臺ᄒᆞ야 大呼揚聲ᄒᆞ기를, 一齊히 祈禱ᄒᆞᆸ시다. 祈禱ᄒᆞ여 曰, 全能ᄒᆞ신 上主시라. 四番式呼ᄒᆞ고 上主 外에는 他神이 無ᄒᆞ다고 二番式呼ᄒᆞ고, **摩哈默**은 上主의 遣하신 先知者라 四番式呼ᄒᆞ고, 救援ᄒᆞᆷ을 밧으시오 二番式呼ᄒᆞ고, 再次로 全能ᄒᆞ신 上主시라 他上主가 無ᄒᆞ다고 二番式呼ᄒᆞ고, 每日淸晨에 大呼祈禱ᄒᆞᄂᆞᆫ 것은 勝於寢睡라ᄒᆞ엿고, 祈禱時期를 一日五回式 一定ᄒᆞ게 設立ᄒᆞ엿스니 淸晨과 午前과 午後와 日沒時와 下午八時可量이오, 聖堂內에 偶像이나 畵本이나 古物又흔 것은 嚴禁ᄒᆞ고 昇堂時에 반드시 脫靴하며 洗水ᄒᆞ되 缸水가 若無ᄒᆞ면 細沙로 摩擦後에 入堂祈禱ᄒᆞ며, 女子는 聖所에서 祈禱ᄒᆞᆷ을 不許ᄒᆞ고 猪肉과 飮酒를 禁止ᄒᆞᄂᆞᆫ것이오, 至今까지 割禮를 行ᄒᆞ며 禮拜는 金曜日로 직히ᄂᆞ니라.

　(三)은 教會의 戰爭이니, 傳道者가 一手로 把劍ᄒᆞ고 一手에 持經ᄒᆞ야 不從者를 擊之ᄒᆞ며 曰, 不信者의 血를 一滴이라도 流케ᄒᆞ면 二朔동안 禁食ᄒᆞᄂᆞᆫ것보다 勝ᄒᆞ다ᄒᆞ며, 環刀는 天堂과 地獄의 開金이라ᄒᆞ고, 一生에 凶器로 傳道ᄒᆞᆯᄉᆡ 六百三十二年에 四萬兵을 率ᄒᆞ고 希臘國과 戰爭ᄒᆞ기를 準備ᄒᆞ다가 同年 六月 八日에 熱病으로 卒ᄒᆞᆫ지라. 臨終에 左右侍妾드려 語ᄒᆞ여 曰, 自古로 先知者는 凡人과 不同ᄒᆞ야 甚히 苦痛ᄒᆞᆷ으로 死ᄒᆞ다ᄒᆞ고 祈禱ᄒᆞ여 曰, 아 主여 全世界에 基督信者를 盡滅ᄒᆞ시고 以實南教外에는 他宗教가 無케ᄒᆞ여주시옵쇼

셔흔지라. 沒흔 後에 信徒들이 府를 建築ᄒ고 **摩哈默**을 尊崇ᄒᆞᆯᄉᆡ 其宗統을 繼承흔자를 겔립이라ᄒ니, 譯하면 王이라ᄒᆞᆷ이더라.

○ 今按回教之理컨딕 可히 取尙ᄒᆞᆯ 處도 有ᄒ고 可히 痛嘆ᄒᆞᆯ 點도 有흔지라. 獨一無二ᄒ신 眞神上主를 崇拜ᄒ며 邪鬼偶像을 크게 拒絶ᄒᆞᆷ은 宗教의 根本이 되겟스나, 一夫多妻의 惡習과 拔劍傳道의 威脅과, 摩氏 宮中의 福氣樹가 各人의 所願대로 衣食物을 供給ᄒᆞᆷ과 天上의 窈窕淑女가 夫婦의 樂이 有ᄒ다 ᄒᆞᆷ은 實로 可憎흔 誘惑說이라. 主예수 ᄀᆞᆯ아샤딕, 復活時에는 不娶不嫁ᄒᆞᆷ이 在天흔 天使와 如ᄒ다ᄒ시고【太 卄二O三十】, 勝ᄒᄂ 者는 我가 上主樂園에 生命樹實果로 食케ᄒ리라ᄒ셧시니【黙 二O七】, 天上의 不活흔 人이 무삼 夫婦가 有ᄒ며 무삼 福氣樹가 有ᄒ리오.

ᄯᅩ흔 世界의 創造說을 論컨딕, 地球는 天使肩에 在ᄒ고 天使는 青色岩上에 在ᄒ고 岩石은 牝牛角上에 在ᄒ고 牝牛는 大鯨背上에 載ᄒ엿ᄂᆞ딕, 大鯨은 海中에 在ᄒ고 大海는 黑暗흔 空氣中에 包在ᄒ야 天體가 時時로 過暗得光이라 ᄒ니, 未知케라, 黑暗흔 空氣外에는 何物이 有ᄒ뇨. 杜撰臆說이 多ᄒ고,

彼의 傳道는 專以戰鬪로 爲能事ᄒ야 講和時에 使敗北者로 貢物을 獻흔 後에 財産保護權을 得케ᄒ고, 回教를 信從ᄒᄂ 者는 權利를 賜ᄒ고 不貢不信者는 殺之無赦ᄒ엿스니, 是豈大慈悲를 行ᄒᄂ 眞宗教의 道理료. 且偏唱ᄒ기를 人類의 運命은 上主의 專在ᄒ다ᄒ니, 此는 人生自由의 奮鬪進力을 無케ᄒᆞᆷ이라. 西哲이 有言ᄒ되 天助自助人이라ᄒ고, 經에曰 上主를 近히ᄒ라 然ᄒ면 爾等을 近히ᄒ시리라【야고보四O八】ᄒ엿스니, 삭개오ᄀᆞ치 救主를 보기願ᄒᄂ 者의게 主가 施恩ᄒ시ᄂ 것이라. 然ᄒ나 **摩哈默**氏가 遺腹早孤로 平原突起ᄒ야 商業을 發展ᄒ며 宗教를 創立ᄒ야 萬古의 偉大흔 業을 成就ᄒ엿스니 實로 罕世흔 雄豪라 아니치못ᄒ리로다.

第五章
姿教道理의 要素

印度 婆羅門敎

總論에 印度 婆羅門敎와 其他 各宗敎를 略言ᄒ엿거니와, 今에 其宗旨를 續論컨ᄃᆡ, 婆羅門敎는 卽印度舊敎이니 梵天敎 是也라. 印度 古史에 曰, 有四種民族ᄒ니, 一曰 婆羅門種이라. 卽淨行이니 守道潔白ᄒᄂᆞᆫ 祭祀族이오. 二曰 刹帝理鍾이니 卽王種이라. 漢書의 塞種이 此也ㅣ니 釋迦氏가 出于此種ᄒ엿고, 三曰 吠奢種이니 外來種이라. 卽商賈也요. 四曰 戌陀羅種이니 印度土人이라. 卽農民也ㅣ러라. 阿含部經에 曰, 此四種人이 皆從梵天王生이라ᄒ니【大梵天王이 能生一切萬物云】, 第一種은 從梵口生ᄒ고, 第二種은 從梵絹生ᄒ고, 第三種은 從梵臍생ᄒ고, 第四種은 從梵足生이라. 故로 此四種民의 貴賤이 不同ᄒ며 執業이 亦異ᄒ야 不相婚嫁ᄒ며 不相往來ᄒ고, 印度梵文은 婆羅門人이 自以爲梵天王의 所傳이라ᄒ며, 其後에 四韋陀書가 有ᄒ니 亦以爲梵天王의 所製라. 一曰 阿由韋陀이니,【或云理哈費大】譯卽壽也라. 謂養生繕性이오. 二曰 殊夜韋陀이니,【或云 雅古費大】譯卽祠也ㅣ라. 謂享祭祈禱이오. 三曰 婆磨韋陀이니,【或云 薩馬費大】譯卽平也라. 謂禮儀占卜과 一切武事요. 四曰 阿達韋陀이니,【或云 阿大法費大】譯卽術也라. 異能技數와 梵呪醫方이라 稱ᄒ니, 婆羅門人이 此四韋陀를 守爲經典ᄒ야 謂以梵王이 現四面所說이라ᄒ니, 救主降生前 略二千에 婆羅門人의 智識이 大進ᄒ며 學說이 群起ᄒ야 散於佛經者隨派不同ᄒ며, 並無一定이나 爲各派之原者ㅣ 有三家ᄒ니, 一曰 僧佉派요, 二曰 吠世史迦派요, 三曰 尼犍陀弗咀囉派라.

■ 僧佉派者는 成劫之初에【此亦神話】有外道ᄒ야 名曰 迦毗羅이니【此云 黃亦色】, 時人이 號曰 黃亦色仙人이라. 其後 弟子中에 上首十八部가 有ᄒ니 部首者名은 伐里沙라 譯卽 爲雨이니, 雨時出生故로 爲名홈이오. 其徒曰, 雨衆外道라. 梵云 僧佉【佉音구 國名】요 譯卽 爲數니, 卽智慧數라. 諸法根本을 數度ᄒ야

從數起論을 立ᄒᆞ니 名爲數論이라. 此師所造金七十論에 其學說이 二十五諦에 分ᄒᆞ엿스니 曰 自性과 大와 我慢과 五大와[地水火風空], 五唯와[色聲香味觸], 五知根과[眼耳鼻舌皮], 五作根과[舌根,手根, 足根, 男女根, 大遺根], 心平等根과 神我也요.

■ 吠世史迦派者는 成劫之初에 人壽無量ᄒᆞ야 外道出世ᄒᆞ니 名曰 嗢露迦이라. 此云 鵂鶹이니 晝避聲色ᄒᆞ야 匿迹山藪ᄒᆞ다가 夜絶視聽이면 方行乞食ᄒᆞᄂᆞ니 時人이 謂之鵂鶹라ᄒᆞ야 因以名之ᄒᆞ며 又名羯拏僕이니 羯拏는 譯云 米요 僕은 食이니 先爲夜遊ᄒᆞ야 驚他婦稚ᄒᆞ고 場碓糠粃之中에 米를 收之齊食故로 名之ᄒᆞ니 時人이 食米齊仙人이라ᄒᆞ며 亦名吠世史迦이니 譯爲勝이라. 造六句論ᄒᆞ야 諸他論에 罕近故로 勝論이라ᄒᆞ지라. 師將入滅에 但嗟所悟ᄒᆞ고 未有傳人이러니 後住多劫ᄒᆞ야 婆羅門 名摩納縛迦를 得하니 此云儒童이오, 童子의 名은 般遮尸棄이니 此云五頂이라. 頂髮이 五旋ᄒᆞ야 頭有五角이라. 經無星歲ᄒᆞ야 俟其根熟ᄒᆞ야 後三千年에 仙人이 化之ᄒᆞ되 五頂이 不從하고, 又三千年에 化之ᄒᆞ되 又不得ᄒᆞ고, 又三千年에 仰念空仙이어늘 仙人이 應時ᄒᆞ야 迎往山中ᄒᆞ야 說所悟六句義ᄒᆞ다. 其學說을 名爲勝宗十句義라ᄒᆞ니, 一曰 實九種이오[地, 水, 火, 風, 空, 時, 方, 我, 想], 二曰 德二十四種이오[色, 味, 香, 觸, 數, 量, 別體, 合, 離, 彼體, 此體, 覺, 樂, 共, 欲, 瞋, 勤, 勇, 重體, 液體, 潤, 行, 法, 非法, 聲], 三曰 業五種이오[取業, 捨業, 屈業, 伸業, 行業], 四曰 同이요, 五曰 異요, 六曰 和合이요, 七曰 有能이요, 八曰 無能이요, 九曰 俱分이요, 十曰 無說五種이니라[未生無, 已滅無, 更互無, 不會無, 畢竟無].

■ 尼犍陀弗咀囉派者는 謂有外道名이니 譯云離繫子라. 苦行修勝因ᄒᆞ야 名爲離繫者니 露形少耻ᄒᆞ야 亦名無慙이라. 本師는 離繫라 稱ᄒᆞ고 門徒는 名之爲子라. 其學說이 分爲十六諦ᄒᆞ니 主苦行生天ᄒᆞ야 爲婆羅門舊說이라. 開慧八段이 有ᄒᆞ고[天文地理, 祚數, 醫方, 呪術, 四韋陀書], 修慧八段이 有하니[修六天行, 事星數天, 修長仙行], 其後에 分爲六種苦行外道ᄒᆞ야 皆屬於尼犍陀派ᄒᆞ지라.
一曰 饑外道니 謂其修行에 不羨飮食ᄒᆞ며 長忍飢餓ᄒᆞ며 執此苦行ᄒᆞ야 以爲生天之因이오, 二曰 投淵外道니 謂其修行에 寒入深淵ᄒᆞ야 忍受凍苦ᄒᆞ고 執此苦行ᄒᆞ야 以爲生天之因이오, 三曰 赴火外道이니 謂其修行에 炙身熏鼻ᄒᆞ야 甘受熱惱ᄒᆞ며 執此苦行ᄒᆞ야 以爲生天之因이오, 四曰 自坐外道이니 謂其修行이 常

自裸形ᄒᆞ야 不拘寒署ᄒ고 露地而坐ᄒᆞ야 執此苦行으로 以爲生天之因이오, 五曰 寂滅外道이니 謂其修行이 屍林塚間으로 以爲住處ᄒᆞ야 寂然不語ᄒ고 執此苦行 ᄒᆞ야 以爲生天之因이오, 六曰 牛狗外道이니 謂其修行이 其前世에 牛狗中從來 를 自記ᄒᆞ야 牛狗戒를 持ᄒ며 齕草噉汚ᄒᆞ야 執此苦行으로 以爲生天之因이라. 【現世印度에 尙有此敎ᄒᆞ야 或投水自死ᄒ며 或拜蛇獸ᄒᆞᄂᆞ니】, 以上 三種外道는 一切 大宗이오, 其他各宗은 此宗의 餘葉이니 皆瑣屑不足道也라. 所謂外道는 九十六 種이 有ᄒᆞ되 六師가 十五種식 各有ᄒ고 弟子가 六乘을 加ᄒᆞᆫ 것이라. 佛典中 에 二十餘派가 有ᄒ니 所謂 斷見外道와 常見外道와 自然外道 等이 是也니라.

○ 今按婆羅門敎宗旨컨되 四韋陀中에 盡在ᄒᆞ엿스니 即曰 人當事天이라. 尼 犍陀則 生天之道를 明호되 可以我力으로 成之라ᄒ고, 吠世史迦則 又知一切이 皆以我之業力으로 外境離合을 與成이라ᄒ고, 僧佉則更明除我之外에 別無境界 라ᄒᆞ야 其學說이 相引而上ᄒᆞ야 如曲綫然ᄒ고, 婆羅門敎人은 以爲天地萬有가 皆梵天所造요 人之靈魂은 不死ᄒ며 身死之後에 仍與梵天相合이라ᄒᆞ야 梵天을 祈祠ᄒᆞᄂᆞ니, 大梵天王은 何神인지 未知커니와 天地萬有를 皆造成이라ᄒ니 基 督信徒의 崇奉ᄒᆞᄂᆞ 耶華和 上主를 印度人들이 梵天王으로 別名ᄒᆞᆷ이오, 我之法 力으로 一切를 知ᄒ며 生天의 道를 我力으로 能成이라ᄒᆞᆷ은 다만 大面觀의 偏 說이라. 自己의 力進으로만 天城의 樂을 得ᄒᆞᆷ이 아니요 贖罪重生ᄒᆞ시ᄂᆞ 眞理 로 得享ᄒᆞᄂᆞ니, 此는 萬古不變의 一定ᄒᆞᆫ 原素라. 四韋陀의 學說이 上古時代 에 出ᄒᆞ야 救主贖罪의 智慧와 權能을 不聞不知ᄒᆞ엿스니 邃古鴻濛의 說이 不 無ᄒ다ᄒᆞᄂᆞ이다.

第六章
其他 各敎道理의 要素

○ 神敎는 朝鮮 檀君時代와 中華 神農黃帝時와 日本 素盞嗚尊時代에 並出ᄒ엿스니, 日本에는 天照皇大神을 尊奉ᄒ야 二千餘年來로 國敎를 成ᄒ엿고, 朝鮮은 桓因 桓雄 檀君의 三身을 一體로 神敎를 創立ᄒ야 于今四千餘年에 人民들이 慣習으로 神道를 流傳ᄒ엿고, 支那에는 伊耆氏가 蜡祭를 作ᄒ야 天神을 事ᄒ엿스며, 帝嚳이 祭禮를 始祭ᄒ야 神鬼를 崇尙ᄒ엿ᄂᆞᆫ듸, 書에 曰 肆類于上帝ᄒ시며 禋于六種ᄒ시며 望于山川ᄒ시며 徧于群神이라ᄒ고, 周語에 曰 有神이 人面白毛虎爪로 執鉞ᄒ야 天의 刑神이 되엿스니 是爲蓐收라ᄒ고, 周禮春官䟽에 曰 昊天上帝最貴ᄒ야 化爲靑帝ᄒ니 靈爲仰이오, 赤帝曰 赤熛怒요, 白帝曰 白招拒요, 黑帝曰 汁光紀요, 黃帝曰 含樞紐라. 爲王者所出ᄒ야 佐以日月星辰司中司命風師雨師라ᄒ고, 又云大宗伯曰 掌建邦之天神과 人鬼地示之禮니 祀大神享大鬼祭大示之大禮라ᄒ고, 終篇에 曰 冬至日로 天神人鬼를 致ᄒ며 夏至日로 地示物魅를 致ᄒᄂᆞ니, 社稷五祀는 皆地示라. 社卽后土이니 是爲勾龍이라. 共工氏之子요 稷爲柱이니 烈山氏之子요 木正勾芒은 是爲重이오 金正蓐收는 是爲該요 水正玄冥은 是爲熙及修니, 此三官은 皆少皞氏之子요 火正祝融은 是爲黎니 顓頊之子요 土正은 卽勾龍이라. 是는 以一體로 兼神鬼矣라ᄒ니, 神敎의 道를 槪論컨대 糅雜不純ᄒ야 歸納과 演繹의 條理가 無ᄒ다ᄒ리로다.

○ 天理敎는 日本 明治天皇 初葉에 中山美基子라ᄒᄂᆞᆫ 女子가 創設ᄒᆫ 敎이니, 該女子는 原來 神敎佛敎를 篤信ᄒᄂᆞᆫ 人이라. 一朝에 高明ᄒᆫ 胡僧의 說法을 聽ᄒ고 心中에 感想이 起ᄒ야 此敎를 主唱ᄒᆫ지라. 屢次警廳의 取締로 縲絏의 困厄과 逼迫을 當ᄒ엿스나, 其敎說이 無妄ᄒᆷ으로 隨意信仰을 認許ᄒ엿스니, 該敎要旨는 十神을 一神으로 奉事ᄒ며 人生의 八塵을 洗祛ᄒᆷ이니, 敎規는 勞働을 甘心ᄒ며 神의 財를 神의 役에 樂用ᄒᆷ이오, 說敎時에 神樂歌를 唱ᄒᆷ이 有ᄒ니라.

○ 波斯敎는 火敎이니, 印度 上古에 赴火外道와 同ᄒᆫ지라. 其說에 曰 太初

에 二神이 有ᄒᆞ니, 一曰 和爾摩라. 天地萬有를 創造ᄒᆞ며 恒常 維支ᄒᆞ기에 努力ᄒᆞ고, 一曰 阿利曼이니 宇宙萬物을 毁滅코자ᄒᆞ야 二神이 相鬪ᄒᆞ되 二萬二千歲에 至ᄒᆞ면 阿利曼이 반ᄃᆞ시 敗亡ᄒᆞ고 和爾摩를 信奉者ᄂᆞᆫ 死後에 即時 極樂界로 往ᄒᆞᆫ다ᄒᆞ며, 該教에셔 多神을 崇奉ᄒᆞᆷ도 有ᄒᆞ니라.

○ 喇嘛教의 宗旨ᄂᆞᆫ 佛教와 大相乖違ᄒᆞ니, 如來家法이 아니라 該教祖曰 巴思八이니, 吐蕃 故地西番 烏斯藏人이라. 自青海로 西去五千里되ᄂᆞᆫ 湟中土坡에 一女子가 晨出汲ᄒᆞᆯᄉᆡ 見有尺帕浮水ᄒᆞ고 撈取爲佩러니 久之오. 漸化爲凝脂ᄒᆞ야 有異香ᄒᆞ며 食而甘美러니 遂爲人道之感ᄒᆞ야 有娠而生巴思八ᄒᆞ니 生而神聖이라. 幼時에 能誦楞伽諸經萬卷ᄒᆞ야 慧智圓朗ᄒᆞ고 法身清香ᄒᆞ며 步合天神ᄒᆞ고 音中鍾品이라. 蒙古新字를 造ᄒᆞ야 天下에 頒示하니, 元世祖 忽必烈이 賜號ᄒᆞ야 大寶法王이라ᄒᆞ니 僧侶法王之稱이 自此始有ᄒᆞᆫ지라. 及其歿에 賜諡曰, 皇天之下二人之上宣文大聖至德眞智大元帝師라ᄒᆞ다.

其後에 請傘壓魔之戲가 有ᄒᆞ니 數萬卒을 發ᄒᆞ야 執袴繡袍와 幡幢寶盖를 皆綾羅珠玉으로 飾ᄒᆞ야 皇城을 圍列ᄒᆞ고 四門에 游歷ᄒᆞ며 番漢細樂으로 迎繳入宮ᄒᆞ니 謂之巴思八教라. 自是로 元帝元后와 王公貴人이 皆素食齋戒ᄒᆞ고 迎繳膜拜ᄒᆞ야 與億兆導福ᄒᆞ니, 稱之曰 打斯哥兒라. 巴思八 遊日을 値ᄒᆞ면 不遠萬里ᄒᆞ고 來叅者如雲ᄒᆞ니, 元末ᄭᅡ지 常俗을 成ᄒᆞ엿고,

明朝洪武初에 喇嘛僧 巴珈藏卜者 遣使入貢ᄒᆞᆯᄉᆡ 自稱 帝師及大寶法王이라ᄒᆞ니, 此ᄂᆞᆫ 元祖錫號也라. 明太祖가 改帝師爲國師ᄒᆞ고 賜玉印ᄒᆞ니 其文에 有出天行地宣文大聖等字ᄒᆞ고, 賜法駕半仗ᄒᆞ니 僭擬天子요 賞賚金帛은 不可殫記라. 其梵祕神通은 類多幻術ᄒᆞ야 能役小鬼ᄒᆞ며 頃刻에 萬里外에 在ᄒᆞᆫ 非時難得物을 立致ᄒᆞ니 怪妄眩變이 非人思議요 難可測度러라.

當時 諸番에 大慈大乘의 法王號를 稱ᄒᆞᄂᆞᆫ者多ᄒᆞ고, 其中에 闡教闡化等 五法王이 有ᄒᆞ야 貢使連絡ᄒᆞ니 中國이 亦苦其煩費라. 萬曆中에 有神僧 鎖蘭堅者ᄒᆞ야 稱活佛ᄒᆞ니 活佛之稱이 明朝中葉에 始起ᄒᆞᆫ지라. 投胎奪舍와 輪回相續의 說이 有하엿고,

清高宗乾隆己亥에 班禪喇嘛 活佛을 迎ᄒᆞ야 黃金宮殿에 處ᄒᆞ니 崇奉이 無上ᄒᆞ야 與皇帝抗禮ᄒᆞ고, 西番諸王의 所居ᄂᆞᆫ 皆黃金瓦白玉階요, 窓楹欄檻은 皆沉香降眞烏木이요, 清凉金殿에 玻瓈水晶이 極其奢麗라. 其後에 班禪大法王을 迎來ᄒᆞ니 所謂 大寶法王의 十四世投胎化身者라. 自言比諸元明컨ᄃᆡ 迎我細杖이

不成儀라ᄒᆞ야늘 於是에 悉發雲衛使鸞儀十二司駕仗ᄒᆞᆯᄉᆡ 太常法樂 清眞樂 黑龍江鼓吹 盛京鼓吹等으로 前來奉迎ᄒᆞ니, 班禪이 在途中에 謂伴使曰, 昔에 趙王이 在寶雲殿東廂下ᄒᆞ야 爲我書金剛經ᄒᆞᆯᄉᆡ 纔書二十九字時에 嘉慶門이 焚이라. 趙王이 驚惶不能書ᄒᆞ엿스나 當時에 爲天下寶러니 今에 其書安在오. 伴使以聞ᄒᆞ니, 趙王者는 元時趙孟頫요 二十九字는 貝葉漆書이라. 初藏於聖安寺佛腹中이러니, 明天啓年間에 江南大賈祝姓者改塑佛軀라가 潛持歸去라. 康熙帝南巡時에 有耆儒李某者ᄒᆞ야 奉獻此書어늘 遂作祕府珍藏이라. 是時에 貝葉眞蹟을 出示ᄒᆞ니, 班禪이 大喜曰 此書는 眞初正本이라ᄒᆞ고, 又言 明朝永樂天子與我로 靈谷寺에셔 燒香時에 天子觸斷瓔珞ᄒᆞ야 逸二珠여늘 琉璃國師가 騎白象而至ᄒᆞ야 以太監淚로 爲珠還上이라ᄒᆞ더라.

乾隆時에 活佛은 神通妙法이 多ᄒᆞ야 人之臟腑를 洞見ᄒᆞ엿ᄂᆞ니 一大火齊寶鏡을 堂中에 掛ᄒᆞ고 人心을 照辨ᄒᆞ되 姦淫을 懷ᄒᆞᆫ者는 必現靑色照ᄒᆞ고, 貪賊을 懷ᄒᆞᆫ者는 必現黑色照ᄒᆞ고, 危禍慘毒을 懷ᄒᆞᆫ者는 必現白色照ᄒᆞ고, 忠孝順良ᄒᆞ야 一心能佛者의게는 必現紅霞帶黃ᄒᆞ야 慶雲曇華가 鏡面에 氤氳홈과 如ᄒᆞ니, 此五色鏡은 人皆畏避라.

蒙古 四十八部 人民이 最畏活佛ᄒᆞ야 皆服事之ᄒᆞ니, 其俗에 曰 所謂活佛은 投胎脫舍ᄒᆞ며 遞相輪換ᄒᆞ야 生卽神聖이라.

乾隆帝 送六皇子ᄒᆞ야 備法駕儀仗ᄒᆞ고 迎活佛時에 佛이 預知來迎ᄒᆞ엿스며, 神妙術이 多흠으로 所經沿路에 諸番王이 奔走膜拜ᄒᆞ야 爇體燒頂ᄒᆞ며 斷指刻膚ᄒᆞ야 焚香趨迎호ᄃᆡ, 其中에 不孝不弟者와 陰懷惡心者와 奸譎欺詐者들은 一見活佛ᄒᆞ면 便發悲心良性ᄒᆞ야 悔改前罪ᄒᆞ고 變化善人이라.

適有大虎ᄒᆞ야 伏途搖尾라가 虎嘶其裾라. 活佛이 隨去ᄒᆞ야 至石窟ᄒᆞ니 虎方乳子라. 有大蛇兩頭ᄒᆞ야 圍繞虎ᄒᆞ고 欲呑虎子ᄒᆞᆯᄉᆡ 一頭는 拒乳虎ᄒᆞ고 一頭는 拒雄虎ᄒᆞ니 虎號氣盡이라. 活佛이 住(柱, 拄)杖說呪에 蛇自觸石碎死ᄒᆞ고 腦中有珠ᄒᆞ야 光明不夜라. 以珠로 獻與皇子라ᄒᆞ니 此皆出於法術神通也러라.

● 今按喇嘛敎槪要컨ᄃᆡ, 喇嘛者는 番語에 道德之稱이니 達賴喇嘛와 班禪喇嘛【一名班禪額爾德尼】 二門이 有흔지라. 達賴所居曰 衛니 古之烏斯오. 班禪所居曰 藏이니 唐時玄奘法師의 入三藏이 乃其地也ㅣ라. 該地居人이 皆奉藏敎ᄒᆞ니 亦名黃敎라ᄒᆞ고, 又有紅禪之稱ᄒᆞ니 達賴班禪을 以衣色別之나 其實은 一門也라. 自元明以來로 蒙古人爲僧者를 統稱喇嘛僧이라ᄒᆞ고, 滿漢人도 投入者多ᄒᆞ니 其

實은 衣食을 仰賴홈이오. 人人이 皆活佛의 神通을 得홈이 아니오. 坯혼 巴思八氏의 法王尊號와 巴珈藏卜의 國師玉印은 皆元明皇帝의 寵賜에서 得호엿스니 亦是世權에 屬호다호느이다.

○ 印度 迷信敎는 國中에 大廟宇가 有호고 廟中에 大偶像이 有호듸 乘車出外時에 經過호는 地마다 人民들이 其子女를 將호야 偶車輪下에 投호야 轢死케호느니, 此는 其偶像神에게 大福을 獲호다호고, 坯혼 鉛絶斯[연절사, 젠지스] 大江을 聖江이라호야 此江에셔 洗沐호는 者는 一身의 罪過를 能滌호다호며 子女를 江中에 投호야 鱷魚를 食之則 佛이 無量호 福을 賜호다호더니, 西曆 一千八百六十年에 英國牧師 麥克氏가 太平洋羣島 野人에게 傳道홀식, 印度에도 牧師들이 예수敎의 眞理를 傳播호야 土人의 迷信을 破호엿고,

○ 埃及의 迷信敎는 上等人類들도 牛馬獅犬괴 羊狼蛇鼠와 天鵝鳶鶴과 獺鱷鳥雀 等, 物을 敬拜호야 聖禽聖獸라 稱호고, 鱷魚는 一生에 無聲호니 天이 不言호듸 四時行호며 萬物이 生홈갓다호고, 敬雀者와 敬犬者가 互相訾毁호느니 歲挪波利城에셔 一敬犬이 他邑人의 敬禽을 殺호매 敬雀者 大怒호야 此犬을 殺코쟈호니 敬犬者赤大怒호야 干戈로 相聚爭鬪라. 羅馬에셔 興兵討之호야 解散케호엿고, 西曆 五十年間에 羅馬欽使가 該地에 遊覽홀식 一兵弁이 某家聖猫를 誤傷호엿더니, 百姓이 麕集호야 此兵을 殺호엿시며, 家中에 敬拜호는 聖猫가 死호면 擧家가 其眉를 剪호야 哀吊호고, 聖犬이 死호면 擧家가 其髮을 薙호야 悲悼홀 意를 表호며, 回祿의 災가 有호면 其家의 聖猫와 聖鼠를 先救호 後에 其子女를 救出호며 굴으듸, 聖猫聖鼠가 吾의의 子女를 庇護호다호고, 萬一 産娩이 有호면 新生兒를 聖猫前에 携至호야 許願호듸, 我以生孩로 汝에게 奉獻호느니 汝其治理호야 日後에 汝를 奉事케호라호니, 自此로 富强호 國이 漸漸 貧弱호야 他國의 羈絆을 不免케호느니라.

○ 希臘古敎는 西曆紀元 六百五十年前에 敎祖 朓利細底 굴오듸, 世界草昧호 初에 一大神이 有호니 卽吾人의 稱頌호는바 上帝시라. 才能이 全備호샤 水陸을 先開호시니 江海山嶽이 各各一方에 處호야 一動一靜홀 際에 水火氣를 生호시니 此三行이 五行을 生호고 五行이 五神을 生호엿스니, 一曰 星神이오, 二曰 氣神이오, 三曰 地神이오, 四曰 海神이오, 五曰 蛇神이라. 火의 熱과 水

의 寒과 風의 燥와 雨의 濕이 自行自爲흠이 아니라 神의 所爲시라. 天地萬物이 各有至理ᄒ야 其成也도 自爲之오요 其敗也도 赤自爲로듸 其實은 全知全能ᄒ신 上帝씌로 從來ᄒ야 始終이 된다ᄒ니라.

○ 希臘의 火敎는 西歷紀元 五百三年間에 敎祖 希拉基督士[헤라클레토스] 글오듸 萬物의 生生흠이 以氣로 爲主라. 其始也에 氣生之ᄒ고 其繼也에 氣長之ᄒ고 其終也에 氣運之ᄒᄂᆞ니 氣本屬暖ᄒ야 以火爲根이오. 火가 能히 萬物을 變化케ᄒ되 火는 萬物에게 變化를 不受ᄒᄂᆞ 故로 尊爲上帝라ᄒ고, 又曰 火가 萬物을 變化케흘섇아니라 能히 萬物의 弱흔 者를 強케ᄒ며 小흔者를 大케ᄒ고 死者를 復生케ᄒ나니, 彼日中의 火는 萬邦에 照臨ᄒ야 五穀을 暢茂케ᄒ며, 百卉를 敷榮케ᄒ고 胎卵濕化로 生生不已케ᄒ며 爐中의 火는 一隙明에 不過ᄒ되 人이 써 炊爨ᄒ며 身體가 써 壯大ᄒ여지고 性命이 힘닙어 壽考흔다ᄒ엿더라.

○ 世界宗敎大同會는 中華民國 四年三月七日에 西川夾江人 唐煥章이 特蒙上帝默示ᄒ니 世界拯救大任을 上帝가 眞道者의게 親臨授之라. 基督敎猶太敎回回敎儒敎佛敎道敎를 總合ᄒ엿다. 摩西의耶和華 基督의天父 回敎의眞主 孔子의昊天上帝 佛陀의南無大慈 老子의無名이 皆合一이라ᄒ니라.

○ 白蓮敎者는 明朝時人 徐鴻儒의 創立흔것이니, 其槪要는 不過是 符呪와 妖怪흔 術數로 能昇空ᄒ며 能隱身ᄒ며 能取物흠이오.
又有黃天敎者ᄒ니 漢末에 天公將軍張角의 天書遺蘗이오.
又有裡敎者ᄒ니 尹某者遇一異人ᄒ야 付之故曰, 裡敎이니 該敎大旨는 敬事三寶라ᄒ며 襍以地術ᄒ니 擧皆外敎邪道라. 不足齒論이오.

○ 太極敎는 即儒敎也니 嶺南尙州文學家 一齊 呂永祚氏가 太極圖說을 依ᄒ야 特立一宗흠이라. 按其說컨듸 大極이 肇判後에 天地人 三才가 有흔 故로 太極者는 萬里之原이라. 道統相傳圖說에 云, 孔子曰 易有太極이오. 朱子曰 無極而太極이오, 朱子曰 聖人全體爲太極이니 孔子는 爲一太極이라ᄒ고.

○ 大倧敎는 即檀君敎의 別名이니 據其說컨듸 倧者는 上古神人之稱이라.

檀祖事考에 曰, 三神은 桓因桓雄桓儉이니, 桓因은 神聖이라 位無上之上ᄒᆞ야 體無形之形ᄒᆞ며 作無爲之爲ᄒᆞ며 用無言之言ᄒᆞ야 大世界를 主宰ᄒᆞ니 卽上帝요, 桓雄은 以上帝之性으로 造化萬物ᄒᆞ시니 卽 天王이요, 桓儉은 以天王之命精으로 敎化萬民ᄒᆞ니 卽人宗也라. 此三神이 爲一體ᄒᆞ시니 上帝三神은 非各有其神이라. 主體則爲一上帝요 作用則爲三神이라ᄒᆞ며 維神上帝以無形으로 生有形ᄒᆞ시니 虛空이 存ᄒᆞ며 世界가 出焉이오, 維神上帝以無爲로 化有爲ᄒᆞ시니 萬物이 生焉이오, 維神上帝以無言으로 成有言ᄒᆞ시니 萬民이 化焉이라ᄒᆞ고, 又曰 一性이 三神이요 三神이 一性이니 無一이면 無其體ᄒᆞ고 爲三이면 無其用이라. 體以三으로 爲用ᄒᆞ고 用以一노 爲體也라. 有一ᄒᆞ야 有其生ᄒᆞ고 有三ᄒᆞ야 有其成ᄒᆞᄂᆞ니 成以生爲一ᄒᆞ고 生以成爲三也라. 一由二而及三ᄒᆞ고 三由二而承一二니 雖不言二나 二在一三之中이오, 體由作而能用ᄒᆞ고 用由作而知體하니 雖不言作이나 作在體用之中이요 生由化而能成ᄒᆞ고 成由化而知生ᄒᆞ니 雖不言化나 化在生成之中이라. 主宰神之形은 無形之形而體之生之ᄒᆞ고 敎化神之言은 無言之言而用之成之ᄒᆞ니 皆一而三이오 三而一之眞理라. 雖不言造化神作之化之理나 其屬於二而在體用生成之中ᄒᆞ야 承上化下而爲無爲之爲者라ᄒᆞ니라.

○ 三國遺事에 曰, 桓因은 天帝니 卽所謂壇人이요, 桓雄은 天帝之庶子이니 卽所謂檀雄이라ᄒᆞ고, 古今記에 曰, 桓因은 天也요 桓雄은 神也요 檀君은 神人이니 所請 三神이라ᄒᆞ고, 修山李種徽 神事志에 曰 朝鮮之初에 有桓國ᄒᆞ니 帝釋庶子桓雄이 受三符三印ᄒᆞ야 與其徒三千으로 降于太白山ᄒᆞ니 上有神壇하고 壇樹가 在其下故로 桓雄이 爲神市天主而雄之子는 號를 檀君이라ᄒᆞ니라.

○ 人天敎는 敎主 李禧龍이 創言ᄒᆞ되, 白頭山에셔 神의 暗示로 受道ᄒᆞ지 多年이라ᄒᆞ고, 大正十二年五月에 金仁炫等으로 京城積善洞에 大本院을 設ᄒᆞ고 開敎式을 行ᄒᆞ다.

◉ 今按大倧敎槪要를 論컨뒤, 東方始祖三神壇君이 素以天神으로 化人降世ᄒᆞ야 生育人民ᄒᆞ고 設敎化世故로 曰, 大倧敎라ᄒᆞ고, 九月山 三聖祠에 桓因天帝 桓雄天王檀君父王의 三神位가 有ᄒᆞ야, 四千餘年을 崇奉ᄒᆞ엿ᄂᆞ듸 往在明治四十二年 己酉에 士子 兪鎭九, 鄭薰模, 羅喆, 吳赫 等 十三人이 白頭山大崇殿에셔 大宗師 白峰氏를 遇拜ᄒᆞ고 聞極立道로 檀君敎를 創設ᄒᆞ고 植君影幀을 奉安瞻

拜ᄒ야 一敎門을 立ᄒ엿더니, 其後에 羅喆, 吳赫 等이 不拜偶像의 主義로, 翻然改論ᄒ야 影幀에 不祭不拜ᄒ고 大宗敎라 名稱ᄒ니 其實은 檀君敎라. 上帝三神은 體一用三이라ᄒᆞᆷ과 桓因上帝와 桓雄天王이 造化万物이라ᄒᆞᆷ은 實노 創敎者의 臆見에서 出ᄒᆞᆫ것이라ᄒᆞᄂᆞ이다.

○ 天道敎와 侍天敎는 同原而分派者也니 濟世主 水雲先生 崔濟愚氏의 創立이라. 距今 九十六年前에 先生이 嶺南 慶州郡 稼亭里에셔 誕生ᄒ엿ᄂᆞᆫᄃᆡ, 李朝 哲宗 十一年 庚申 春에 梁山郡 通道寺 天上山에 入ᄒ야 禱天ᄒᆞ지 四十九日에 有一異僧이 天書를 傅ᄒ거늘 因得悟道ᄒ야 東道를創設ᄒ고 東經大全을 述作ᄒ니 其要旨는 天人一體요 儒佛仙三門을 合ᄒ야 五萬年 無極大道를 設ᄒ엿스니, 其呪文에 曰 侍天主造化定永世不忘萬事知요, 修道要訣에 曰 至氣今至願爲大降이라ᄒ고, 大全에 曰 口稱長生之呪ᄒ니 三七其字라ᄒ고, 先生垂訓에 曰 仁義禮智는 先聖所敎요 守心正己는 由我更張이라 後에 妖道惑衆의 罪로 甲子 春 二月初七日에 嶺營大邱에셔 受刑ᄒ엿고, 第二世神師曰 海月先生崔時亨이니 赤以異端으로 被刑ᄒ엿고, 第三世聖師毅菴孫秉熙氏에게 至ᄒ야 李容九 宋秉畯氏가 分門別立ᄒ야 侍天敎라 稱ᄒ엿더라.

◉ 今按天道敎컨ᄃᆡ 天約宗正에 曰 異僧이 至ᄒ야 天書를 遺ᄒᆞᆫ 後에 因ᄒ야 因忽不見이라ᄒ고, 又曰 大神師 方夜讀書ᄒᆞᆯᄉᆡ 洞口樹上에 有嬋娟美人ᄒ야 綠衣紅裝而坐라ᄒ고, 海月神師在山時에 有虎來護라ᄒ고, 又曰 神師以半鍾油로 經二十一夜ᄒᆞᄃᆡ 不見油減矣러니, 有人이 送油一壺而是夕에 半鍾油乾盡無餘라ᄒᆞ니, 自古修道之士가 魔試를 當ᄒᆞ며 異蹟도 行ᄒᆞᆷ이 有ᄒ거니와 距今二十七年前 癸巳 春二月에 余會過中學門前ᄒᆞᆯᄉᆡ 有揭示曰 東道疏廳이라. 探其由則 東道人 朴升浩 等이 崔濟愚 伸冤事로 伏閣上疏ᄒᆞᆷ이라. 事意不成이러니 翌年 甲午春에 東亂이 大起ᄒᆞᆯ지라. 其時書籍은 只有東經大全布德文ᄒ고, 其術은 有符水療病弓乙歌而已러니, 以來十數年에 東道가 天道敎라 侍天敎라 改稱ᄒ고, 濟世主大神師 海月神師 毅菴聖師라ᄒ고, 大全外에 天道太乙經 天約宗正 侍天歌 等 諸般書文을 著作ᄒ고 日曜日을 侍日이라ᄒ고 敎規禮式을 稍稍 制整ᄒ야 濟世主降生으로 紀元을 表ᄒ엿시니 可謂 半島江山에 特色인 宗敎라ᄒ리로다.

○ 大宗敎는 湖西連山郡溪谷里 士人 金恒氏의 創導ᄒᆞᆯ것인ᄃᆡ 先生의 號는

一夫라. 年三十六에 李雲圭先生을 從遊ᄒᆞ야 斯道를 受ᄒᆞ엿스니, 所著正易에 曰 道乃分三理自然ᄒᆞ니 斯儒斯佛又斯仙이라. 誰識一夫眞蹈此오. 無人則守有人傳이라. 該敎信士金貞鉉이 註其時曰 儒者ᄂᆞᆫ 需人이니 謂道由於人而行仁也오, 佛者ᄂᆞᆫ 弗人이니 謂道不在人而在空也요, 仙者ᄂᆞᆫ 山人이니 謂道遯於人而遊無也ㅣ라. 儒主精而貫通ᄒᆞ고 佛主神而頓悟ᄒᆞ고 仙主氣而修鍊ᄒᆞᄂᆞ니, 此精氣神三者ᄂᆞᆫ 皆根於心法인 故로 儒曰 存心養性이오, 釋曰 明心見性이오, 仙曰 修心鍊性이라ᄒᆞᆫ지라. 該敎에 詠歌舞蹈術이 有ᄒᆞ니 吟哦啞呼晤 五母音을 一一依法ᄒᆞ야 高聲以唱ᄒᆞ기를 歌曲과 如히 緩急節奏ᄒᆞ면 自然感應하야 手舞足蹈를 不覺ᄒᆞ며 心和氣平ᄒᆞ야 靈理를 通ᄒᆞ고 儒佛仙三道를 貫澈ᄒᆞ며 河洛理數와 先天易理와 陰陽五行을 敷衍ᄒᆞ야 後天幻化의 數를 推測흠이라. 五音正義에 曰【吟음】은 土音이니 聲出於脾ᄒᆞ야 合口而通之를 謂之宮이오,【哦아】ᄂᆞᆫ 金音이니 聲出於肺ᄒᆞ야 聞口而吐之를 謂之商이오,【啞어】ᄂᆞᆫ 木音이니 聲出於肝ᄒᆞ야 張齒而湧吻을 謂之角이오.【呼이】ᄂᆞᆫ 火音이니 聲出於心ᄒᆞ야 齒合吻開를 謂之徵이요,【晤오】ᄂᆞᆫ 水音이니 聲出於腎ᄒᆞ야 齒開而吻聚를 謂之羽라. 此五音은 出於五行ᄒᆞ야 天聲의 本原이라ᄒᆞ니라.

○ 太乙敎ᄂᆞᆫ 一名 欽致敎이니 略五十餘年前에 甑山人 姜一淳이라ᄒᆞᄂᆞᆫ 先生의 創導ᄒᆞᆫ 敎術이라. 沒ᄒᆞᆫ 後에 其妻高氏가 呪文을 傳誦ᄒᆞ니 曰 欽致欽致太乙天上元君欽呢致我到來欽呢喊呢斯婆哦不任이라. 其槩要ᄂᆞᆫ 疾病을 呪文으로 療케ᄒᆞ며 幻術이 有ᄒᆞ야 七日만 呪禱ᄒᆞ면 玉皇上帝를 能見叅拜ᄒᆞ며 己逝ᄒᆞᆫ 父祖와 親戚을 所願대로 接見ᄒᆞ며 冥府에 來往ᄒᆞᆫ다고 此敎信者들은 何方에 往ᄒᆞ던지 山神水靈이 隨處陪護라ᄒᆞ며, 崇拜ᄒᆞᄂᆞᆫ 神은 上帝와 上帝夫人과 釋迦牟尼와 李瑪寶와 龍王이오. 祭物은 五種을 必需ᄒᆞᄂᆞ니 膳肉【上帝ᄭᅴ】 藿羹【上帝夫人ᄭᅴ】 油藿【釋迦의게】 生鮮【李瑪寶ᄭᅴ】 白雪餠【龍王ᄭᅴ】을 奠ᄒᆞᄂᆞᆫ지라. 敎理가 極히 荒迷ᄒᆞ나 去甲午年間에 車景錫이란 奸雄이 起ᄒᆞ야 太乙敎를 傳布ᄒᆞ며 暗中飛躍ᄒᆞ야 鷄龍山 新都이 天子가 立極ᄒᆞ면 國運이 回泰라ᄒᆞ야 半島愚民을 祕密團結흠으로 其徒가 數百萬에 己過ᄒᆞ며 人人마다 車氏를 一面코져ᄒᆞ야 紹介金을 多數히 費ᄒᆞᄂᆞᆫ 者도 有ᄒᆞ나 車氏의 行止가 極히 隱祕ᄒᆞ야 其處를 知키 難ᄒᆞ더니 近日에 李榮魯敎長이 敎理를 宣傳ᄒᆞ야 復元性養精神正倫綱이라ᄒᆞ고 布敎ᄒᆞᄂᆞᆫ 것이오.

○ 普天教는 即太乙敎니 所謂大時國天子 車景錫이 本一進會支部長으로 卜者 姜甑山과 相議ᄒ야 太乙普化丹藥을 造ᄒ고 普天敎를 創設ᄒ고 暗示호ᄃᆡ 朝鮮이 大時國時에 自己는 天子信者開國功臣이된다ᄒ야 斯民騙財ᄒ니라.

○ 意大利 哲學家 놈섈르氏의 心靈學과 日本 哲學家 田中守平氏의 泰靈道와 哲理學 靈理學은 皆心理學 支流唾餘라 不可爲敎이오.

○ 敬天敎는 湖南士人 鄭光德氏의 主創이오. 靑林敎는 囑托 金相尙氏의 分門이오. 濟世敎는 金在鉉氏의 設立이오 濟化敎는 濟愚敎와 同ᄒ니 韓秉洙, 李鎔夑氏의 別立이라.
以上 各敎는 皆天道敎와 侍天敎의 派分ᄒᆫ 名稱이니 其實은 水雲大神師를 尊崇ᄒ며 三七字呪文을 誦ᄒ야 人間魔障을 剿滅ᄒ다ᄒᄂ니 團體를 結ᄒ며 群衆을 羅ᄒ야 時機를 待ᄒ다ᄒ고.

○ 白白敎는 未知何人創導로ᄃᆡ 其敎主가 亦是 潛身隱伏ᄒ야 十數年前에 東學ᄒᄂ 者를 剿滅故로 改稱白白敎라ᄒ니 本社가 文川郡雲林寺에 在ᄒ지라. 互相口傳ᄒᄂᄃᆡ 其徒가 數十萬에 達ᄒ엿스며 敎理는 大槩 天道敎와 略同ᄒ고.

○ 統天敎는 梁起鐸 康星九氏等 四十七人의 發起로 創設한 敎인ᄃᆡ 其槩要는 大道歸一로 主體를 立ᄒ고 存天理ᄒ며 正人道로 宗旨를 作ᄒ며 布德六洲ᄒ고 垂敎萬世ᄒ기로 目的을 定ᄒ고 各宗敎를 聯合ᄒ야 一大宗敎를 成立코져 ᄒ이라. 庚申三月에 趣旨書를 宣傳ᄒ엿스나 不過一年에 寥寥無聞이오.

○ 三聖無極敎는 男爵 李根澔氏의 主唱으로 儒佛仙三敎를 合ᄒ고 耶穌敎의 道理ᄭ지 混取ᄒ야 人民을 敎導ᄒ며 危迫을 救活ᄒ기로 目的ᄒ엿ᄂᄃᆡ 幾月이 不久에 烏有先生이 되야 虛空으로 歸ᄒ고 蜃樓浮榮을 作ᄒ야 泡沫에 消ᄒ니 使人噴飯이라ᄒᄂ이다.

覺世道는 大正十二年五月에 唐珠洞에 會ᄒ야 道理를 宣傳ᄒ엿더라.

第七章
基督教道理의 要素

○ 天主教는 卽西羅馬敎 加特力이라. 中華에 至ᄒᆞ야 天神天子의 名號를 避ᄒᆞ야 天主敎라 稱ᄒᆞ엿시니, 現今 希臘敎와 安息敎와 耶穌敎와 基督敎가 同其原而分其派라. 天主敎의 政治와 沿革을 槪論컨듸 耶穌敎를 裂敎라 指目ᄒᆞ며 仇怨ᄌᆞ치 傾軋ᄒᆞᆷ이 薰猶와 如ᄒᆞ나 其本原인즉 惟一無二ᄒᆞ신 眞神을 崇拜ᄒᆞ며 獨生聖子 예수를 信仰ᄒᆞ더니 其後에 敎規를 屢變ᄒᆞ엿더라.

■ (一) 降生 七百年에 舊規를 變ᄒᆞ야 敎會聖人으로 中保를 삼고 信男信女들ᄂᆞ 祈禱時에 約變 馬利亞와 베드로 바울 等을 불너 各各 所願대로 呼訴케ᄒᆞ엿시니, 此는 救主예수의 中保되신 聖意를 違反ᄒᆞᆷ이오.【듸모듸前書 二○五】

■ (二) 七百八十七年에 敎規를 又變ᄒᆞ야 約變 馬利亞와 十二使徒 等의 肖像을 堂中에 設立ᄒᆞ고 敎友들노 敬禮崇拜케ᄒᆞ엿스니 實로 主의 誡命을 犯ᄒᆞᆷ이오.

■ (三) 一千七十六年에 舊規를 又變ᄒᆞ야 敎中王을 設立ᄒᆞ고 예수基督의 位를 代理ᄒᆞ며 敎務를 總攬케ᄒᆞ엿시니 法皇의 號가 此로 生ᄒᆞ엿고,

■ (四) 一千二百十五年에 舊規를 又改ᄒᆞ야 曰, 聖餐時에 神父가 餠酒를 祝禱ᄒᆞ면 卽時 變化ᄒᆞ야 예수의 眞體眞血을 成ᄒᆞᄂᆞ니 使食其肉飮其血者로 必有痛苦信仰이라ᄒᆞ니, 餠酒가 眞體血이 된다ᄒᆞᆷ은 無理의 說이오.

■ (五) 一千二百十七年에 敎王이 敎權을 擴張ᄒᆞ야 曰, 天主ᄭᅴ셔 我의게 權柄을 賜ᄒᆞ샤 一面으로 萬國敎會를 治理ᄒᆞ고 一面으로 萬國帝王의 政治를 干預케ᄒᆞ셧다ᄒᆞ야 英王의 不服ᄒᆞᆷ을 討罪ᄒᆞᆯᄉᆡ 法王 腓力[필립]으로 ᄒᆞ여곰 發兵擊之케ᄒᆞ엿스니 此는 萬王의 王이 되고쟈ᄒᆞᆷ이오.
■ (六) 一千四百三十八年에 敎王이 煉獄設을 始創ᄒᆞ여 曰, 聖人外에는 善惡人을 勿論ᄒᆞ고 死後에는 반드시 煉獄에 先至ᄒᆞ야 受苦後에 脫出ᄒᆞᄂᆞ니 生存

者가 死亡者를 爲ᄒᆞ야 出資念經ᄒᆞ면 神父가 能히 亡魂을 超度ᄒᆞ야 煉獄을 早脫케ᄒᆞᆫ다ᄒᆞ니, 此ᄂᆞᆫ 聖經에 無ᄒᆞᆫ바 贅說이오.

■ (七) 一千五百四十七年에 敎王이 告解法을 始設ᄒᆞ야 使神父로 各男女信徒의게 告罪를 受ᄒᆞ며 赦免도 行케ᄒᆞ엿스니, 此赤聖經中에 無ᄒᆞᆫ 敎理라ᄒᆞ겟고.

■ (八) 一千八百四十八年에 ᄯᅩᄒᆞᆫ 舊規를 變ᄒᆞ야 曰, 聖母 馬利我는 畢生에 淸潔無罪ᄒᆞ야 肉身이 死後에 復活升天이라ᄒᆞ고 馬利我는 大慈大悲ᄒᆞᆷ으로 爲人中保라ᄒᆞ니 此赤聖經에 無ᄒᆞᆫ 杜撰之說이오.
此外에 彌斯祭를 設ᄒᆞ며 主의 眞血肉이 된 餠酒를 獻ᄒᆞ야 生者死者의 罪를 挽回ᄒᆞᆫ다ᄒᆞ고, 古昔聖人의 骨牙를 堂中에 安置ᄒᆞ야 人의 疾病을 一切로 治療ᄒᆞᆫ다ᄒᆞ며, 截木爲段ᄒᆞ야 主예수의 釘死ᄒᆞ시던 十字架 原木이라ᄒᆞ야 敎人의게 賣ᄒᆞ며 使敎徒로 隨意佩帶ᄒᆞ야 護身木을 作ᄒᆞ엿시니, 如此謬說은 欺人이 實甚ᄒᆞᆫ지라. 不可勝記라ᄒᆞᄂᆞ이다.

◉ 以上에 世界宗敎를 槪論ᄒᆞ엿거니와 維我同胞는 箇中에 眞宗敎를 硏究ᄒᆞ야 來頭善果를 結ᄒᆞᆷ이 可ᄒᆞᆯ지라. 如何ᄒᆞᆫ 宗敎는 宇宙萬有의 主宰를 尊崇ᄒᆞ야 宗敎를 稱ᄒᆞ나 伐齊의 名으로 上帝를 知證ᄒᆞ며 其實은 他神偶像을 拜ᄒᆞ야 多神敎에 近ᄒᆞ고 來世的觀念이 無ᄒᆞ며, 如何ᄒᆞᆫ 宗敎는 來世의 觀念도 有ᄒᆞ고 信仰도 有ᄒᆞ되 自己의 道와 自己가 獨尊ᄒᆞ다ᄒᆞ야 萬有의 主宰로 自尊ᄒᆞ며 糸戒沙諦에 入ᄒᆞ야는 無我相 無人相 無衆生 無壽者相이라ᄒᆞ니, 無我無人者의게 倫常의 理를 論키 不合ᄒᆞ고 出有入無ᄒᆞ며 起脫飛昇者의게 愛人如已의 義를 言키 誠難ᄒᆞ도다. 然則 眞宗敎의 善果ᄂᆞᆫ 奧妙深賾과 浮華勢力에 不在ᄒᆞ고 投胎奪舍와 奇行異蹟에도 赤不在ᄒᆞ고 上主權能과 智慧救贖에 在ᄒᆞ니 世上이 愚蠢ᄒᆞ다ᄒᆞᄂᆞᆫ 傳道로 信者를 救援ᄒᆞ심이라.

今에 他宗敎를 擧ᄒᆞ야 基督敎에 對照컨듸,

■ (一)曰, 孔夫子는 魯大夫 叔梁紇의 子요 門徒가 三千人에 達ᄒᆞ고 位品이 大成至聖文宣王이시며, 釋迦世尊은 迦毘羅國 淨飯王의 子요 舍衛國 祇樹給孤獨園에 大比丘衆 一千二百五十人이 有ᄒᆞ엿고 位品은 天中天聖中聖이오, 三界大

師와 四慈生父라ᄒᆞ엿거늘, 예수基督ᄭᅴ셔는 王公貴人의 子도 아니오, 賤人木手의 收養子며 誕生時에 國都나 王宮華筵이아니라 伯利恒[베들레헴] 小邑 馬廐間에셔 生ᄒᆞ샤 窮鄕僻村 拿撒勒[나사렛]에셔 長成ᄒᆞ엿시며, 天國眞理를 播傳時에 門徒는 不過 十二人인ᄃᆡ 無識ᄒᆞᆫ 海陬 漁夫들노 精通六藝者가 一人도 無ᄒᆞ엿스니 他宗敎에 比ᄒᆞ면 極히 微弱ᄒᆞ고 無力ᄒᆞ도다. 然ᄒᆞᆫ 故로 예수 ᄀᆞᄅᆞ샤ᄃᆡ 天國은 맛치 芥種一粒과 如ᄒᆞ야 諸種中에 第一微ᄒᆞ되 長後에는 菜蔬中에 第一大ᄒᆞ다시고, 使徒 바울書에 曰 上主ᄭᅴ셔 世上에 愚蠢ᄒᆞᆫ것을 擇ᄒᆞ샤 智慧가 有ᄒᆞᆫ 者를 愧케ᄒᆞ시고, 世上에 弱ᄒᆞᆫ것을 擇ᄒᆞ샤 强ᄒᆞᆫ것을 愧케ᄒᆞ신다ᄒᆞ엿시니【고前 一〇廿七】, 예수基督ᄭᅴ셔는 我等의 智慧와 義와 聖ᄒᆞ심과 贖罪ᄒᆞᆷ이 되신지라. 此는 萬世前에 預定ᄒᆞ신 智慧인ᄃᆡ 此世上에셔는 知者全無ᄒᆞᆫ지라. 然이나 現今世界에는 基督敎가 不及ᄒᆞᆫ 地方이 無ᄒᆞ야 太平洋群島 苗人들과 南北極冷帶에 酋族이라도 眞理福音을 不聞不知者가 無ᄒᆞ고.

■ (二)曰, 宗敎는 奇行異蹟에 不在ᄒᆞ니 主예수ᄭᅴ셔 瞽者를 明ᄒᆞ며 跛者行 癩者潔ᄒᆞ며 聾者聽 死者甦ᄒᆞ고 邪鬼를 逐ᄒᆞ샤 異蹟을 行ᄒᆞ셧고, 使徒들도 死者를 甦ᄒᆞ며 病者를 癒ᄒᆞ엿스나, 他宗敎의 異蹟奇事ᄂᆞᆫ 尤多ᄒᆞ야 不可勝記라. 釋迦世尊은 伽闍山 火窟에 毒龍을 御禦ᄒᆞ야 鉢中에 藏ᄒᆞ엿고 達麻尊師는 小林石壁에 七年默坐ᄒᆞ고 海東元曉는 擲盤救僧ᄒᆞ엿스며, 老君伯陽은 吉祥草로 美人을 成ᄒᆞ며 眞靈符로 徐甲의 白骨을 還甦케ᄒᆞ고 欒巴는 噀酒救火ᄒᆞ고 葛玄은 吐飯爲蜂ᄒᆞ며 初平은 叱石成羊ᄒᆞ엿시니, 仙佛家의 異蹟은 可謂車載斗量이라도 不可勝數라. 然則 世界를 救授ᄒᆞᄂᆞᆫ 眞宗敎는 異蹟에 不在ᄒᆞ고 贖罪救靈에 잇ᄂᆞ니 三位一體의 神性位品과 新舊聖經의 要旨는 哲學博士의 高明釋義가 多ᄒᆞ야 愚僕의 贅論ᄒᆞᆯ바아니오, 다만 宗敎의 善果를 分辨코쟈ᄒᆞᆷ이라. 主예수 ᄀᆞᄅᆞ샤ᄃᆡ, 盡心盡性盡意하야 主 爾等의 上主를 愛ᄒᆞᆷ이 誡命中에 首大者요, 其次는 愛人如己이니 此兩誡는 律法과 先知의 大綱領이라ᄒᆞ시고【마 二十二 〇三十七~四十, 딤前 一〇五, 벳前 四〇】, 使徒 바울이 ᄀᆞᄅᆞᄃᆡ, 何事던지 勿以虛華ᄒᆞ며 勿以爭鬪ᄒᆞ고 惟以遜心으로 各各 他人을 自己보다 勝케 녁이라. 爾等은 各各 自己事만 顧치말고 他人의 事도 顧ᄒᆞ라. 此即 基督예수의心이라ᄒᆞ엿시니【빌 二〇三~四】, 損己利人과 卑己尊人은 基督敎의 原理라.

南美洲에 宣敎를 創始ᄒᆞ던 賈德拿氏와 亞斐利加를 開拓ᄒᆞ던 達士敦氏의 苦心血誠은 天國에 獻身ᄒᆞ야 一生을 犧牲으로 危險에 甘心ᄒᆞ며 患難에 從事ᄒᆞ

야 臺上의 燈이 昏衢를 燭ᄒᆞ며 世上에 鹽이 鹹味를 不失ᄒᆞ야 兩大洲의 頑愚ᄒᆞᆫ 民族을 聖域으로 引導ᄒᆞ엿스며, 太平洋群島의 卉服文身ᄒᆞᄂᆞᆫ 蠻苗와 人肉을 相食ᄒᆞᄂᆞᆫ 禽獸의 類라도 英國宣敎會에서 同胞로 視ᄒᆞ고 基督의 慈悲心으로 牧師를 派遣ᄒᆞ야 魔陣을 剿討ᄒᆞᆯ시, 第一 先鋒 安得烈은 苗人의게 被殺ᄒᆞ야 燔食ᄒᆞ며 相語曰, 白人이 有味라ᄒᆞ지라. 雖然이나 爲主損命者와 愛人如己者 繼續入島ᄒᆞ야 方言을 解ᄒᆞ며 文字를 造ᄒᆞ야 聖經을 譯出ᄒᆞ니 各島土民이 文字를 學ᄒᆞ며 聖經을 讀ᄒᆞ야 現在則食人者變爲賢哲ᄒᆞ며, 頑愚者化爲智識ᄒᆞ야 聖域에 達ᄒᆞ엿스니 是誰之力인고.

　勇將樊噲 有言 曰 死且不避라ᄒᆞ더니, 如此ᄒᆞᆫ 敎役者들은 他人의 救靈을 爲ᄒᆞ야 自己에 身命을 不顧ᄒᆞᄂᆞᆫ者라. 上主의 權能과 基督의 眞理가 아니면 如此ᄒᆞᆫ 善果를 結ᄒᆞᆯ수 無ᄒᆞ니, 他宗敎의 信仰으로는 食人者들의게 冒險傳道ᄒᆞ기를 生意도 못ᄒᆞ리라ᄒᆞ여도 過言이아니오.

　大悲經에曰 佛이 過去世에 爲商人ᄒᆞ야 與衆商으로 渡海ᄒᆞᆯ시 中路船壞ᄒᆞ야 或溺或浮라. 余以囊으로 穩渡러니 五商人이 向余求救어늘, 余曰 勿憂勿怖ᄒᆞ라. 我以爾等으로 安穩渡海케ᄒᆞ리니, 汝等은 皆堅持我身體하라. 彼等이 或騎背ᄒᆞ며 或抱肩ᄒᆞ며 或捉脛이라. 余於此時에 以身帶利劒으로 斷損我命ᄒᆞ니 商人等이 皆依我屍ᄒᆞ야 得渡上陸이라ᄒᆞ지라. 是赤損命救人이로되 五商人에 不過ᄒᆞ고 救活은 只是肉體生命이라. 以若商人으로ᄂᆞᆫ 萬民의 罪를 贖ᄒᆞᆯ수 無ᄒᆞ고 永生을 得케ᄒᆞᆯ 權能이 赤無ᄒᆞ거니와, 예수基督은 上主와 三位一體시오 獨生聖子이신 故로 降世爲人ᄒᆞ시며 釘流寶血로 萬民의 罪를 代贖ᄒᆞ시며 死後復活ᄒᆞ샤 陰府의 權을 勝ᄒᆞ심은 無論貴賤男女ᄒᆞ고 信者로 得救케ᄒᆞ신지라. 然ᄒᆞᆫ 故로 基督敎의 信仰者들은 何國何人何等何種人을 不計ᄒᆞ고 兄弟姉妹로 視ᄒᆞ며 仇讎ᄭᆞ지 愛ᄒᆞ야 自己를 舍ᄒᆞ고 他人을 助ᄒᆞ되, 强者가 弱者를 扶護ᄒᆞ고 安者가 災者를 救恤ᄒᆞ며 愚者를 敎導ᄒᆞ고 病者를 治療ᄒᆞ야 憂者로 同憂ᄒᆞ며, 樂者로 同樂ᄒᆞᄂᆞ니, 此是 眞宗敎에 善果이라.

　孔子ㅣ曰, 三人行에 必有我師焉이라. 汎愛衆호ᄃᆡ 而親仁이라. 篤信好學ᄒᆞ며 守死善道라ᄒᆞ엿스니, 以此論之컨ᄃᆡ 苦使孔夫子로 基督의 眞理를 見ᄒᆞ엿더면 必也信從이시오. 釋迦氏로 損己利人의 善果를 嘗ᄒᆞ엿더면 苦行林中에 六年風霜을 虛勞치 아니실지라. 萬一 眞宗敎旨가 自己利益을 求ᄒᆞ고 他人을 愛恤치 아니ᄒᆞ면 基督ᄭᅴ셔 苦海塵世에 降生ᄒᆞ실 理도 無ᄒᆞ고 十字架上에 受難ᄒᆞ실 事도 無ᄒᆞ다ᄒᆞᄂᆞ이다. 아멘

信梯德行

經에 曰 信者得救라ᄒᆞ셧스니 例를 擧論컨디, 約翰 야곱과 稅吏馬太는 蒙召ᄒᆞ던 卽時에 父親과 所有物을 全棄ᄒᆞ고 예수를 從ᄒᆞ엿스며 【마四○二十二, 눅五○二十八】, 빌닙보城에 獄司掌이는 全家가 一時에 主를 信從ᄒᆞ엿스니 譬컨디 佛家所謂廣額屠兒가 立地成佛ᄒᆞ며 一超直入如來界者也라. 雖然이나 致遠者는 必自邇ᄒᆞ고 昇高者는 必自卑ᄒᆞ며 由淺入深ᄒᆞ고 移愚成智ᄒᆞᄂᆞ니, 此는 學而知之와 困而得之에 自然ᄒᆞᆫ 原理라.

宗敎界에 眞理를 修學ᄒᆞᄂᆞᆫ 聖徒들이 前日 慣習을 棄ᄒᆞ며 小心翼翼ᄒᆞ야 見善從之ᄒᆞ며 聞義卽服ᄒᆞ고 朝益暮習故로 學而得之ᄒᆞ며 信而行之ᄒᆞ야 變齊爲魯者也요 志母虛邪ᄒᆞ며 行必正直ᄒᆞ고 誠心禱告ᄒᆞ며 修身立德者는 升堂入室ᄒᆞ야 豁然貫通으로 完全히 聖潔ᄒᆞᆫ 班에 躋ᄒᆞᆯ지라. 然ᄒᆞᆫ 故로 初階에 立ᄒᆞᆫ 者는 雖有熱心이나 徃徃히 魔障과 世窘에 落ᄒᆞ며 風雨 潦水에 倒ᄒᆞ야 救主를 背却ᄒᆞ며 罪戾에 陷ᄒᆞᄂᆞ니 此誠曷故오. 信仰은 有ᄒᆞ나 重生을 不得ᄒᆞ며 贖罪를 蒙하엿스나 聖潔에 不入ᄒᆞᆷ이라. 故로 吾主는 基督이시오 生存ᄒᆞ신 上主의 子시라고 對證ᄒᆞ던 베드로도 患難을 當ᄒᆞᆯ 時에 主를 三回나 不知라ᄒᆞ더니, 聖神을 受ᄒᆞᆫ 後에는 强硬ᄒᆞ게 主를 證據ᄒᆞ야 講道ᄒᆞ고 十字架에 釘死도 不避ᄒᆞ엿스며, 大馬色에서 主의 命召ᄒᆞ심을 親接ᄒᆞᆫ 바울도 아라비아에 가셔 三年이나 修養ᄒᆞ야 默想과 靜考와 交通으로 聖神의 同化를 受ᄒᆞᆫ 後에, 萬般危險과 百難苦楚를 能히 忍耐ᄒᆞ며 主의 使役에 鞠躬至死ᄒᆞ엿스며, 三層天에 默示를 得ᄒᆞ엿스니, 由此觀之컨디 信者의 德義와 品行의 完潔ᄒᆞᆷ이 先後高卑의 階梯가 必有ᄒᆞ다ᄒᆞᄂᆞ이다.

圈點標가 如左ᄒᆞᆷ.

◉ 1. 以色列民의 外邦人이니,
上主의 許諾ᄒᆞ심과 諸言約이 無ᄒᆞᆫ 者들이오, 處世에 所望이 無ᄒᆞ고 死後에 何處로 徃ᄒᆞᄂᆞᆫ지 不知者들이오. 【에베소 二○十一】

2. 生於罪長於罪ᄒ며 老於罪死於罪者들이니, 黑暗中에 在ᄒ며 死地와 陰翳에 坐ᄒ야 不義惡毒과 貪心暴虐이 充滿ᄒ며 猜忌殺人과 分爭騙邪와 刻薄陰害가 充溢ᄒ 者이오, 凌辱驕慢과 自矜作惡ᄒ며 父母를 拒逆ᄒᄂ 者요, 愚蠢背約ᄒ며 無情無恤者들이오.【마 四〇十六, 롬 一〇卅九~卅一】

3. 魔鬼에 屬ᄒ 者들이니, 爾等의 父 魔鬼의게 出ᄒ야 父의 欲心을 行ᄒ며 自初로 殺人者요 眞理에 不屬ᄒ며 彼心에 眞理가 無ᄒ고 謊言이 心에셔 出ᄒ야 言ᄒᄂ니 謊言者도 되고 謊言者의 父도 되엿ᄂ니라.【요 八〇四四】

淫行汚穢와 爭鬪猜忌와 忿怒作黨과 醉酒放蕩ᄒ며 偶像을 奉事ᄒ고 以腹爲主ᄒ며 永死於地獄ᄒ 者들이라【갈 五〇十九~卅一, 뒷 一〇十二】.

● 1. 知罪哀痛者이라.

虛心者 福이 有ᄒ니 天國이 彼等의 것이오, 哀痛者福이 有ᄒ니 慰勞를 受할 것이오【마 五〇三~四, 눅 三〇十二~十四】, 眞理를 聞ᄒ고 心에 刺흠을 受ᄒ야 日 我等이 엇지ᄒᆯ고ᄒᄂ 者와 悔罪改過者들과 改絃易轍者들이니, 自己의 所有에셔 半으로 貧ᄒ 者의게 分給ᄒ며 何人의게던지 討索ᄒ엿시면 四倍로 償ᄒᄂ 者들이오【힝 二〇卅七, 눅 十九〇八】.

2. 그 棄暗投明者들이니, 베드로의 言을 聽ᄒ고 洗禮를 受ᄒ매 弟子의 數가 三千이나 加ᄒ엿고, 其夜에 獄司掌長이가 二人의 傷處를 洗ᄒ야 주고 擧家가 다 洗禮를 受ᄒ엿스며 에베소 兄弟들이 約翰에게 洗禮를 受ᄒ엿스나 聖神의 賜ᄒ심을 不聞ᄒ고 但只 悔改흠이오【힝 二〇四一~四七, 十九〇十八~十九, 十六〇卅三~三四, 十九〇二~四】.

● 1. 以信稱義者이라.

溫柔者 福이 有하니 彼等이 地를 得ᄒᆯ 것이오. 飢渴과 ᄀᆞ치 義를 思慕ᄒᄂ 者 福이 有ᄒ니 彼等이 飽를 得ᄒᆯ 것이오, 義人은 由信得生ᄒ리라 ᄒ셧스며【마 五〇五~六, 롬 一〇十七, 三〇卅二~卅八, 갈 三〇十一, 롬 三〇卅二~卅八】,

그 眞理의 屬ᄒ 者들이니, 彼等이 世上에 不屬흠이 我가 世上에 不屬흠과 如ᄒ다ᄒ시고【요 十七〇十六】爾等은 上主ᄭ 順服ᄒᆯ지어다. 魔鬼를 對敵ᄒ라. 爾等을 避ᄒᆯ것이오, 上主를 近히ᄒ라. 主께셔 爾等을 近히ᄒ시리라【약 四〇七~八】.

◉ 1. 神으로 重生흔 者이니,

此는 血氣로 生흔것도 아니오, 情慾으로 生흔것도 아니오, 人意로 生흔것도 아니오, 上主끠로 生흔것이오[요 一○十三]. 慈悲흔심을 受흔 者요, 上主의셔 召호샤 賞賜호심을 得코져호야 標竿을 向호고 疾走호는 者이오, 手에 耒耜를 執호고 後를 不顧호는 者들이오[마 五○七, 빌 三○十四, 눅 九○六十二].

義와 敬虔과 仁愛와 忍耐와 溫柔를 從호며, 信의 善戰을 勇力善鬪호야 永生을 取호는 者이오[딈前 六○十一~十二].

善果를 結호는 者이니, 聖神의 果實은 愛와 喜樂和平과 忍耐慈悲와 良善忠誠과 溫柔撙節을 行호는 者이오[갈 五○卄二~卄三], 예수그리스도 內에 在호야 罪定홈이 無흔 者이오[롬 八○一].

◉ 1. 上主를 見호는 者이니,

盡心盡性호고 盡意盡力호야 上主를愛호며, 愛隣如己호야 上主의誡命을 守호는者들이오, 心이 淸潔흔者는 福이有호니 彼等이 上主를見홀것이오[마 五○八, 卄二○卅七~四十],

光中에 在호야 예수基督의 血노 諸罪를 潔洗흔者이오[요一書 一○七~九],

聖神을 充滿히 受흔 者이오[힝 十九○六, 四○卅一],

物件의 有無를 互相通用호는 者요, 各國方言을 能言호는 者들이라[힝 二○四十三~四十四, 二○四].

◉ 1. 上主의 子가 된 者이니,

和睦흔 者는 福이 有호니 上主의 子라 稱홀 것이오, 救主를 接待호는 者와 其名을 信호는 者는 權勢를 賜호샤 上主의 子女가 되게호시느니, 神으로 生흔 者이오[마 五○九, 요 一○十二].

聖神이 親히 我等의 神으로 더브러 我等이 上主의 子女된것을 證據호시느니, 子女가 된즉 後嗣가되야 上主의 後嗣가 된 者요[롬 八○十六~十七],

上主의 衆子女 榮光을 得호야 自主호는 者들이오.

◉ 1. 完全히 聖潔흔 者이니,

我等이 다 上主의 子를 信호며 知호는 事에 爲一호야 完全흔 人을 成호야 基督의 長成흔 分量이 充滿호되신지 至흔 者이오[엡 四○十三].

水로 洗한것ᄀ치 聖潔케ᄒ시고, 瑕疵나 皺文이나 欠이나 缺點이 無ᄒ야 聖潔ᄒ 者이오【엡 五○卄七, 삼전 十二○三~四】.

先知者와 使徒ᄀ치 奇事異蹟을 行ᄒᄂ 者요, 埃田園에 在ᄒ 者ᄀ치 上主와 同化同行ᄒᄂ 者이오【창 二○八, 五○卄四, 왕上 十七○卄一~卄二, 왕下 四○卅四~卅五, 五○十四, 힝 三○七~八, 九○四十, 十九○十二, 卄○十】.

救主와 ᄀ치 十二寶座에 坐ᄒ야 以色列 十二支派를 審判ᄒ 者들이오, 第一次 復活에 參預ᄒ야 上主와 基督의 祭司長이 되야 千年동안 基督으로 더브러 王노릇ᄒ며 世世에 王이될 者이더라【마 十九○卄八, 묵 卄○六, 卄二○五】.

濯斯子有詩曰
元祖當年罪在身,　원조당년에 죄가 몸에 잇스니
蒼生性惡是原因,　창생들의 성품 악ᄒ 것이 이에 원인이 되엿더라
若蒙聖血成純潔,　만일 거룩ᄒ 피를 입어 슌결ᄒᆷ을 일우면
更得埃園舊住人,　다시 에연원에 녜젼 사람이 되리로다
靈臺寶鏡素無塵,　령ᄃᆡ에 보ᄇᆡ거울이 근본 ᄯᅴᄯᅳᆯ이 업더니
中間埋沒竟失眞,　중간에 ᄆᆡ몰ᄒ야 ᄆᆞᄎᆞᆷ내 ᄎᆞᆷ 것을 일헛더라.
血水洗成新面目,　피와 물노 씨셔 새면목을 일웟스니
潔身還作復初人.　경결한 몸이 도로 처음을 회복ᄒᆫ 사ᄅᆞᆷ을 지엿더라.

萬宗一臠
終

부록

1. 참고문헌
2. 찾아보기

1. 참고문헌

1) 단행본

갈홍 저, 이준영 해역, 《포박자(抱朴子)》(서울; 자유문고, 2014)
葛洪稚川 著, 李民樹 譯, 《신선전(神仙傳)》(서울; 명문당, 1994)
경인문회사 편집부, 《국역 고려사》(서울; 경인문화사, 2011)
顧炎武 著, 黃汝成 集成, 《日知錄》[刊記: 同治八年(1869) 廣州述古堂重刊, 국립중앙도서관 소장 영인본]
顾长声, 《从马礼逊到司徒雷登》(上海; 上海书店出版社, 2005)
《고려사》[권58, 지 권 제12, 地理 三](서울대 규장각 소장본)
《고려사》[권80, 지 권 제34, 食貨 三](서울대 규장각 소장본)
광덕 역, 《父母恩重經 · 觀音經》(서울: 불광출판사, 2008)
금장태, 《유교사상과 종교문화》(서울: 서울대학교 출판부, 1997)
기세춘 옮김, 《장자(莊子)》(서울; 바이북스, 2007)
김교헌 · 박은식 · 유근 엮음, 김동환 해제, 《단조사고(檀祖事攷)》(서울; 한뿌리, 2006)
김기주 외 역주, 《공자성적도(孔子聖蹟圖)》(서울; 예문서원, 2003)
김대문 각훈 저, 여성구 옮김, 《화랑세기/해동고승전》(서울; 지식을 만드는 지식, 2012)
김도련 역주, 《논어》(서울; 현음사, 2008)
김부식 지음, 신호열 역해, 《삼국사기》(서울; 동서문화사, 2010)
김석진 저, 《대산주역강의 1》(서울: 한길사, 2004)
김석진 저, 《대산주역강의 3》(서울: 한길사, 1999)
김성원 교열, 《小學集註》(서울; 명문당, 2000)
김시천 역주, 《노자 도덕경》(서울; 전통문화연구회, 2020)
김용선 역주, 《코란》(서울; 명문당, 2020)

김종서 저, 조선사편수회 편, 《高麗史節要》·〈卷之一〉〔경성제국대학 규장각 소장, 1932년 영인본〕
김진철 외 옮김, 《大乘入楞伽經 外》·〈佛說太子瑞應本起經〉(서울; 동국역경원, 2004)
김학주 역주, 《孟子》(서울: 명문당, 2002)
김학주 역주, 《書經》(서울: 명문당, 2009)
김학주 역주, 《荀子》(서울; 을유문화사, 2009년)
김학주 역주, 《詩經》(서울: 명문당, 2012)
김학주 역주, 《전습록(傳習錄)》(서울; 명문당, 2005)
김혁제 교열, 《論語集註》(서울; 명문당, 2003)
김혁제 교열, 《大學集註》(서울; 명문당, 2001)
김혁제 교열, 《孟子集註》(서울; 명문당, 2004)
김혁제 교열, 《中庸》(서울; 명문당, 2001)
김혁제 교열, 《詩傳》(서울; 명문당, 2000)
나련제야사(那連提耶舍) 한역(漢譯), 《대비경(大悲經)》〔불교기록문화유산 아카이브 소장, 팔만대장경 영인자료〕
노자 지음, 김학목 옮김, 《노자도덕경과 왕필의 주(註)》(서울; 홍익출판사, 2006)
湛若水 著, 鍾彩鈞 游騰達 點校, 《泉翁大全集》(台北; 中硏院-中國文哲硏究所, 2017)
도올 김용옥 역, 《용담유사》(서울; 통나무, 2022)
동중서 저, 남기현 해역, 《春秋繁露》(서울: 자유문고, 2005년)
명문당 편찬, 《正本周易》(서울; 명문당, 2001)
B. 러셀 著, 최민홍 譯, 《서양철학사 上》(서울: 집문당, 1989)
黎靖德 編, 《朱子語類 (第一冊)》(香港; 中華書局, 1983)
마노 다카야 지음, 이만옥 역, 《도교의 신들》(서울; 도서출판 들녘. 2007)
메리 보이스, 공원국 역, 《조로아스터교의 역사》(서울; 민음사, 2020)
無一 우학 감수, 《華嚴經 (제1권)》(대구 : 좋은인연, 2010)
문석윤, 《호락논쟁 형성과 전개》(서울: 동과서, 2006)
문선규 역저, 《春秋左氏傳 下》(서울: 명문당, 2009)
민족문화추진위원회, 《국역 신증동국여지승람(2권)》(파주; 한국학술정보, 2007)
민족문화추진위원회, 《국역 신증동국여지승람(10권)》(파주; 한국학술정보, 2007)
박인호, 《천약종정(天約宗正)》〔普文社 藏版, 1907년 발간, 국립중앙도서관 소장도서〕
박지명 이서경 주해, 《베다》(서울; 동문선, 2020)
박지원, 김혈조 옮김, 《열하일기(熱河日記) 2권》(서울: 돌베개, 2011)

班固 撰,《白虎通義》(北京; 中國書店, 2018)
班固 撰, 김만원 역주,《백호통의(白虎通義)》(서울; 역락, 2018)
법륜,《금강경 강의》(서울; 정토출판, 2012)
佛光大藏經編修委員會 編,《佛光大藏經 本緣藏》·〈修行本起經〉(臺灣 高雄; 佛光出版社, 2016)
사마천 지음, 김기주 외 역주,《공자세가·중니제자열전》(서울; 예문서원, 2003)
사마천 지음, 김진연 편역,《사기(史記) 2》(서울; 서해문집, 2007)
성균관대학교 대동문화연구원 편,《栗谷全書》(서울; 성균관대학교, 1958)
성백효 역주,《近思錄集解 1》(서울; 전통문화연구회, 2011)
성백효 역주,《論語集註》(서울; 전통문화연구회, 2002)
성백효 역주,《大學·中庸 集註》(서울; 전통문화연구회, 2011)
성백효 역주,《童蒙先習·擊蒙要訣》(서울; 전통문화연구회, 2001)
성백효 역주,《孟子集註》(서울; 전통문화연구회, 2006)
성백효 역주,《明心寶鑑》(서울; 전통문화연구회, 2002)
성백효 역주,《書經集傳 上》(서울; 전통문화연구회, 2011)
성백효 역주,《書經集傳 下》(서울; 전통문화연구회, 2011)
성백효 역주,《小學集註》(서울; 전통문화연구회, 2011)
성백효 역주,《詩經集傳 下》(서울; 전통문화연구회, 2002)
성백효 역주,《譯註 心經附註》(서울; 전통문화연구회, 2018)
성백효 신상후 역주,《주역정의(周易正義)》(서울; 전통문화연구회, 2021)
邵康節,《伊川擊壤集》〔출판연대미상, 국립중앙도서관 고서(古書) 소장본〕
邵康節,《皇極經世書》(上海; 中華書局, 未詳)〔국립중앙도서관 소장본〕
송혜경 역주,《신약 외경》·〈상권; 복음서〉(의정부; 한님성서연구소, 2016)
H. J. 슈퇴릭히 著《세계철학사 上》, 임석진 譯(왜관: 분도출판사, 1989)
신동준 역주,《국어(國語)》(고양: 인간사랑, 2005)
안동림 역주,《벽암록》(서울; 현암사, 2018)
安鍾和 著,《東史節要》〔출판사항 미상, 국립중앙도서관 소장본 고서(古書)〕
양웅 저, 박승주 해역,《揚子法言 (1)》(서울; 전통문화연구회, 2017)
역경위원회,《한글대장경 11, 방광대장엄경 外》(서울; 동국역경원, 1972)
역경위원회,《한글대장경 18, 과거현재인과경 外 8경》(서울; 동국역경원, 1973)
역경위원회,《한글대장경 20, 법구경 外》(서울; 동국역경원, 1993)
역경위원회,《한글대장경 77, 조당집》(서울; 동국역경원, 2004)

열자 지음, 김학주 옮김, 《열자(列子)》(고양; 연암서가, 2011)
오강남 풀이, 《도덕경》(서울; 현암사, 2000)
오강남, 《세계 종교 둘러보기》(서울: 현암사, 2010)
오세종, 《탁사 최병헌 목사의 생애와 사상》(서울; 삼필문화사, 2021)
오세종 외 엮음, 《서양의 하늘이 곧 동양의 하늘이다》(서울; 삼필문화사, 2020)
오세종 편저, 《천자문 새 강해》(서울; 삼필문화사, 2002)
吳澄, 《吳文正集》〔欽定四庫全書 本, 浙江大學圖書館 所藏 古書〕
王明 校注, 《无能子校注》(北京: 中華書局, 1997)
汪應蛟, 《汪子中詮》〔敬思堂藏板, 萬曆戊午年(1618年) 鐫〕
汪應蛟, 《汪子中詮》(臺北: 中國子學名著集成編印基金會, 民國67[1978])
요아힘 그닐카 지음, 오희천 옮김, 《성경과 코란》(서울; 중심, 2005)
유안 편저, 안길환 편역, 《淮南子 上》(서울: 명문당, 2013)
유안 편저, 안길환 편역, 《淮南子 下》(서울: 명문당, 2013)
유정기, 《동양사상사전》(서울: 대한공보사, 1975)
尹繼先 編, 《性命圭旨》〔萬曆二年(1574년) 간행, 국립중앙도서관 소장본 고서(古書)〕
윤석산 주해, 《주해 동경대전》(서울; 모시는 사람들, 2021)
윤진인의 제자 지음, 이윤홍 번역, 《性命圭旨》(서울; 한국문화사, 1995)
윤진인의 제자 씀, 이윤희 옮김, 《性命圭旨》(파주 : 한울, 2017)
이기동 역해, 《周易講說 上》(서울; 성균관대학교출판부, 2002)
이능화 저, 《백교회통(百敎會通)》(경성; 불교서관, 1912년) 48 참조
이능화 저, 《조선불교통사(上·中·下)》(서울; 경희출판사, 1968)
이명권, 《베다》(서울; 한길사, 2021)
이상옥 역저, 《禮記 上》(서울; 명문당, 2014)
이운허 역주, 《楞嚴經 註解》(서울; 동국역경원, 2018)
이운허 옮김, 《涅槃經 Ⅰ》(서울: 동국역경원, 2021)
이현주 정리, 《노자 이야기(1)》(서울; 다산글방, 1993)
이황 저, 윤사순 역주, 《退溪選集》(서울; 현암사, 1993)
이준영 해역, 《주례(周禮)》(서울: 자유문고, 2020)
일연 지음, 김원중 옮김, 《삼국유사》(서울; 을유문화사, 2002)
장기근 역저, 《논어》(서울; 명문당, 2002)
장기근 역저, 《퇴계집》(서울; 명문당, 2003)
장덕린 저, 박상리 외 역, 《정명도의 철학》(서울; 예문서원, 2004)

장재 저, 정해왕 역주,《正蒙》(서울; 명문당, 1991)
程瑤田,《論學小記》〔간행처 미상, 1803년 간행, 국립중앙도서관 所藏 影印本〕
정재남,《중국 소수민족 연구》(서울; 한국학술정보, 2007)
정태현 역주,《譯註 唐宋八大家文鈔 韓愈2》(서울; 전통문화연구회, 2017)
정호 정이 지음, 최석기 강도현 옮김,《二程全書(3권)》(서울; 전통문화연구회, 2021)
J. B. 노스 지음, 윤이흠 역,《세계종교사 上》(서울: 현음사, 1988)
J. B. 노스 지음, 윤이흠 역,《세계종교사 下》(서울: 현음사, 1988)
趙全陽眞人 編輯,《歷世眞仙體道通鑑》〔臺灣; 中華民國 九十九年(2010년)〕
지재희 해역,《예기(禮記), 中》(서울: 자유문고, 2000)
진기환 역,《漢書, 四》(서울: 명문당, 2016)
陳龍正,《程子詳本》〔慶應義塾大學校, 古書 所藏本〕
진현종,《한 권으로 읽는 팔만대장경》(서울: 들녘, 2001)
최박광 옮김,《일본서기/고서기》(서울; 동서문화동판, 2021)
최제우 지음, 도올 김용옥 역주,《도올 심득 동경대전(1)》(서울; 통나무, 2004)
편집실 편,《성리대전(性理大全)》(서울; 보경문화사, 1984)
하르트무트 보브친 지음, 염정용 옮김,《무함마드는 이렇게 말했다》(서울; 들녘, 2005)
허경진 외 번역,《譯註 孔子家語(1)》(서울: 전통문화연구회, 2019)
허경진 외 번역,《譯註 孔子家語(2)》(서울; 전통문화연구회, 2019)
헤로도토스 지음, 천병희 옮김,《역사》(파주; 숲, 2017)
헤시오도스 지음, 김원익 옮김,《신통기(神統記)》(서울; 민음사, 2018)
혜초 지음, 정수일 역주,《왕오천축국전》(서울; 학고재, 2020)
홍영의·김달진 옮김,《불본행경(佛本行經) 外》(서울; 동국역경원, 1995)
휴정(休靜) 지음, 한국불교대학교재편찬위원회 편저,《선가귀감(禪家龜鑑)》(대구; 도서출판 좋은인연, 2007년)
Methodist Episcopal Church. Korea Conference,《Official Journal Minutes of the Korea Annual Conference of the Methodist Episcopal Church(1915)》(Seoul; Press of the Methodist Publishing House, 1915)

2) 사전

경북대학교퇴계학연구소 편, 《동양고전번역용어용례사전》·〈1권-7권〉(대구; 경북대학
　　　교퇴계학연구소, 2016)
곽철환, 《시공 불교사전》(서울; 시공사, 2003)
국토지리정보원 편, 《한국지명유래집: 중부편》(서울; 진한M&B, 2016)
한국문학평론가협회 편, 《문학비평용어사전》(서울; 국학자료원, 2006)
김승동, 《도교사상사전》(부산; 부산대학교출판부, 2009)
김승동, 《불교·인도사상사전》(부산; 부산대학교출판부, 2000)
김승동, 《유교·중국사상사전》(부산; 부산대학교출판부, 2003)
단국대학교출판부, 《漢韓大辭典(3권)》(서울; 단국대학교동양학연구소. 2006)
단국대학교출판부, 《漢韓大辭典(6권)》(서울; 단국대학교동양학연구소. 2006)
단국대학교출판부, 《漢韓大辭典(8권)》(서울; 단국대학교동양학연구소. 2006)
단국대학교출판부, 《漢韓大辭典(13권)》(서울; 단국대학교동양학연구소. 2006)
단국대학교출판부, 《漢韓大辭典(14권)》(서울; 단국대학교동양학연구소. 2006)
두산동아백과사전연구소, 《두산세계대백과사전》(서울; 두산동아출판사, 2002년)
賴永海主編, 《中華佛教百科全書》(上海; 古籍出版社, 2000)
박문각 시사상식 편집부, 《시사상식사전》(서울; 박문각, 2013)
서울대학교교육연구소, 《교육학용어사전》(서울; 하우동설, 1995)
송방송 지음, 《한겨레음악대사전》(서울; 도서출판 보고사, 2012)
오승은 저, 《서유기사전》, 서울대학교서유기번역연구회 역(서울: 솔출판사, 2004)
원광대학교 원불교사상연구회, 《원불교대사전》(익산; 원불교출판사, 2013)
유정기, 《동양사상사전》(서울; 대한공보사, 1975)
이현국, 《중국시사문화사전》(서울; 인포차이나, 2008)
인명사전편찬위원회, 《인명사전》(서울; 민중서관. 2002)
임종욱 김해명, 《중국역대인명사전》(서울; 이회문화사, 2010)
장세경, 《한국 고대 인명사전》(서울; 역락, 2007)
전관수, 《한시어사전》(서울; 국학자료원, 2007)
정수일, 《실크로드사전》(서울; 창비사, 2013)
諸橋轍次, 《大漢和辭典》(東京; 大修舘書店, 昭和 43年)
조기형, 《한자성어·고사명언구사전》(서울; 이담북스, 2011)
철학사전편찬위원회, 《철학사전》(서울; 중원문화, 2009)

평화문제연구소, 《조선향토대백과(11권)》(서울; 평화문제연구소, 2006)
한국가톨릭대사전 편찬위원회, 《한국가톨릭대사전(1권)》(서울; 한국교회사연구소, 1995)
한국가톨릭대사전 편찬위원회, 《한국가톨릭대사전(9권)》(서울; 한국교회사연구소, 2002)
한국고전용어사전 편찬위원회, 《한국고전용어사전》(서울; 세종대왕기념사업회, 2001)
한국사전연구사, 《국어국문학자료사전》(서울; 한국사전연구사, 1998)
한국사전연구사, 《종교학대사전》(서울; 한국사전연구사, 1998)
한국사전연구사 엮음, 《미술대사전; 용어편》(서울; 한국사전연구사, 1998)
한국정신문화연구원 편집부, 《한국민족문화대백과사전》(서울; 한국정신문화연구원, 1995)
한국지구과학회, 《지구과학사전》(서울; 북스힐, 2009)
한국학 중앙연구원, 《한국향토문화전자대전》(http://www.grandculture.net/)
한보광 임종욱, 《중국역대불교인명사전》(서울; 이회문화사, 2011)
한의학대사전편찬위원회, 《한의학대사전》(서울; 정담, 2001)

3) 논문

오세종, 〈최병헌 목사의 한시에 대한 일고〉, 아펜젤러·최병헌 목사 탄생 150주년 기념사업위원회 편, 《탁사 최병헌 목사의 생애와 신학》(서울: 정동삼문출판사, 2008)
최병헌 저, 〈宗教辨證說(종교변증설)〉, 차옥숭 편, 《한국종교사 자료집 대계 - 기독교 사료집(권1)》(서울: 한국종교사회연구소, 1993)

2. 찾아보기

ㄱ

가경문(嘉慶門) 346, 475
가니색가왕(加膩色迦王) 174, 437
가덕나(賈德拿) 382, 484
가란타가(迦蘭陀伽) 161, 162, 434
가브리엘[加富列, 加富利列] 37, 302, 315, 318, 461, 467, 468
가비라(迦毗羅), 가비라국(迦毗羅國) 31, 141, 327, 401, 428, 432, 435, 470, 483
가사산(伽闍山) 160, 380, 434, 484
가상대사(嘉祥大師) 183, 439
가섭마등(迦葉摩騰) 177
가섭불연좌석(迦葉佛宴坐石) 200
가섭파 160, 161
가야가섭파(伽倻迦葉波) 160, 434
가야산(伽倻山) 210, 443
가톨릭[加特力] 374, 482
간성(杆城) 201, 203
갈나복(羯拏僕, Kala-bhuj) 329, 471
갈유(葛由) 258, 296, 452, 455, 460
갈현(葛玄) 381, 481
갈효원(葛孝元) 276, 456
감리회(監理會) 39, 403
감산덕청(憨山德淸) 191, 440
감자(甘蔗, 사탕수수), 감자씨(甘蔗氏), 감자왕(甘蔗王) 141, 142, 428
강경원(講經院) 190, 440
강남해(康南海, 강유위) 227, 445
강약춘(姜若春) 260, 262, 452, 453
강자아(姜子牙, 강태공) 257, 452, 455
강회백(姜淮伯) 221, 444
강희제(康熙帝) 346, 475
개국사(開國寺) 214, 216, 443
거란[契丹] 218, 444
거백옥(蘧伯玉) 54, 407

부록 | 499

건륭(乾隆), 건륭제(乾隆帝) 345, 347, 348, 474, 475
건연자(犍連子) 162
건척마(乾陟馬, 칸타카), 간닥가 151, 431
걸주(桀紂) 96, 417
격대하나(格大呀哪) 160, 434
격물(格物) 105, 112, 421
경공(景公) 52, 407
경덕왕(景德王) 210, 443
경시청[警廳] 339, 473
경왕(敬王) 274, 456
경주군(慶州郡) 361, 479
계단(戒壇) 190, 215, 216, 440, 443, 444
《계림고기(鷄林古記)》 200
계사(繫辭) 47, 70, 405, 410
계원사(鷄園寺) 172, 192, 437, 440
계윤부(鷄胤部) 173, 437
계율종(戒律宗) 184, 192, 439, 440
계환자(季桓子) 54, 407
고구려(高句麗) 196, 206, 441, 442
《고금기(古今記)》 359, 478
코란(古蘭, 古蘭經) 24, 36, 300, 301, 303, 315, 319, 396, 402, 461, 462, 467
고려(高麗) 121, 201, 211, 424, 442, 443, 444, 445
고려 태조(太祖) 211, 212
〈고린도전서〉 380, 466
고리싸잇스 311, 313, 316, 317, 465, 467
고선생(古先生) 258, 264, 452~454
고소자(高昭子) 52, 407
고염무(顧炎武) 68, 116, 119, 410, 423
고자(告子) 72, 74, 411, 412
고죽현(苦竹縣) 253, 451
고해법(告解法) 376, 483
곡부현(曲阜縣) 50, 406
곡양천(曲陽泉) 276, 456
곡인리(曲仁里) 253, 451
곤륜(崑崙) 274, 456
공공씨(共工氏) 338, 473
공맹(孔孟, 공자와 맹자) 401, 410, 415
공보가(孔父嘉) 49, 406

공알(恭謁)　206, 442
공자(孔子), 공부자(孔夫子)　29, 49~58, 91, 111, 354, 384, 406~410, 412, 416, 421, 456, 477, 485
관윤자(關尹子)　272, 451
광개토왕(廣開土王)　206, 442
광명사(廣明寺)　212, 443
광성자(廣成子)　238, 251, 448, 450
교왕(敎王, 교황)　41, 375, 376, 403, 482, 483
교장도감(敎藏都監)　221, 444
교종(敎宗)　224
교진여(憍陳如, 곤쟈야)　159, 433
구겸지(寇謙之)　276, 456
구담(瞿曇, 고타마)　141, 428
구라파(歐羅巴, 유럽)　173, 437
구룡(勾龍)　338, 473
구마라집(鳩摩羅什)　179, 438
구산사(龜山寺)　213
구옥(九獄)　253, 270, 451, 455
구정(球庭)　218, 443, 444
굴처정(屈處靜)　296, 460
굴현(屈絢)　200, 442
궁을가(弓乙歌)　364, 479
그리스도[基督]　39, 40, 41, 228, 318, 354, 375, 388, 393, 403, 445, 468, 477, 482, 484~486, 488, 489
금강경(金剛經)　31, 346, 401
금강반야바라밀(金剛般若波羅密)　31
금강신(金剛身)　287
금강지(金剛智)　185
금궤영부(金櫃靈符)　277
금라가사(金羅袈裟)　215
금시조(金翅鳥)　287, 458
금인(金人)　177, 195, 438, 440
금정욕수(金正蓐收)　338, 473
금하신(衿荷臣)　209, 226, 443, 445
기독교(基督敎)　230, 333, 373, 374, 383, 402, 445, 446, 477, 482, 483, 484
기드온[긔드온]　130, 426
그레고리[基禮古利]　40, 403
기복도량(祈福道場)　217, 444
기신론(起信論)　182, 439

부록　| 501

기외도(饑外道) 331, 471
기원정사(祇園精舍) 163, 164, 203, 434, 435, 442
기유(杞柳, 버드나무) 74, 77
기자조선[箕朝鮮, 箕朝] 50
기허(騎虛) 225, 444
길상초(吉祥草) 155, 267, 381, 432, 484
김정현(金貞鉉) 365, 480
김항(金恒) 365, 480

ㄴ

나까야마 미끼꼬(中山美基子, なかやま みきこ) 399, 473
나사렛[拿撒勒] 379, 484
나옹(懶翁) 223, 444
나제가섭파(那提迦葉波) 160, 434
나철(羅喆) 360, 478, 479
나한(羅漢), 아라한 212, 227, 443, 445
낙서(洛書) 406
낙양(洛陽) 177, 438
난야(蘭若) 199
난왕(赧王) 274, 456
난의위(鸞儀衛), 난의(鸞儀) 345, 475
난타(難陀) 155, 432
난파(欒巴) 381, 484
남·북종(南·北宗) 184
남비니(嵐毘尼) 142, 428
남악(南岳) 회양(懷讓) 186, 439
남해왕(南解王) 202, 442
내물왕(奈勿王) 196, 205, 206, 441, 442
내사(內史) 207, 443
네로[利老] 231, 446
노국(魯國), 노나라 53, 55, 56, 58
노군(老君), 노자 23, 51, 81, 93, 238, 250, 253~274, 277, 279, 288, 354
노담(老聃, 노자) 168, 254, 266, 436, 451, 454
노백양(老伯陽, 노자) 33, 60, 502, 561
노부(鹵簿) 219, 444
노불(老佛, 노자와 석가) 93, 416

노아   130, 302
노준(盧俊)   202
녹도자(錄圖子)   251, 450
녹야원(鹿野園), 무렁아다푸   157, 433
놈뿌르(롬브로스)   369
뇌향(瀨鄕)   253, 451
〈누가복음〉   386, 390, 391
눌지왕(訥祗王)   203, 442
능가(楞伽),《능가경(楞伽經)》 163, 342, 435, 474
능엄(楞嚴),《능엄경(楞嚴經)》 137, 163, 435
능인적묵(能仁寂默)   143
니건타불저라파(尼犍陀弗咀囉派)   326, 470, 471
니연선하(尼連禪河, 네란자라 강), 니연하(泥連河, 선하수禪河水)   154, 156

ㄷ

다나까 모리히라(田中守平, たなか もりひら)   369, 481
다문부(多聞部)   173, 437
다비(茶毘)   167, 435
다윗[大衛]   67, 130, 301, 313, 426
〈단(彖)〉   70, 410
단견외도(斷見外道)   332, 472
단군(檀君), 단군교, 단군시대   42, 253, 336, 356, 359, 360, 451, 473, 478, 479
단봉문(丹鳳門)   277, 456
단웅(檀雄)   358, 478
《단조사고(檀祖事攷)》 357
단조비결(丹竈祕訣)   284, 458
달가(達可, 정몽주)   122, 424
달뢰라마(達賴喇嘛, 달라이라마)   349, 475
달마존사(達摩尊師)   181, 381, 438
담감천(湛甘泉), 담약수(湛若水)   108, 114, 420, 422
담란(曇鸞)   183, 439
담무참(曇無讖)   180, 438
당공(唐公)   277, 456
대각국사(大覺國師)   218, 444
대범천왕(大梵天王)   34, 325, 333, 402, 470, 472
대보법왕(大寶法王)   342, 343, 345, 474, 475

《대비경(大悲經)》 383, 485
대사문빙(大赦文憑) 41, 403
대성지성문선왕(大成至聖文宣王) 58, 379, 408, 483
대숭전(大崇殿) 360, 478
대승(大乘), 대승론(大乘論) 163, 182, 192, 198, 199, 438, 439, 440, 441, 442
대승교(大乘教), 대승불교(大乘佛教) 174, 175, 192, 438, 440
대승법왕(大乘法王) 344
대승유심연기론(大乘惟心緣起論), 대승연기론(大乘緣起論) 176, 192
대신사(大神師) 363, 364, 370, 479, 481
대열반(大涅槃) 156, 165, 433, 435
대일경(大日經) 185, 439
대종교(大宗教) 42, 365, 404, 479, 480
대종교(大倧教) 42, 356, 360, 478
대종백(大宗伯) 338, 473
대종사(大宗師) 360, 479
대중부(大衆部) 172, 437
대지도론(大智度論) 179, 438
대진(大秦) 258, 452
《대학(大學)》 30, 401
대흥사(大興寺) 211, 443
덕국(德國, 독일), 덕국인 21, 397
《도덕경(道德經)》 33, 268, 454, 457
도리천(忉利天) 136, 166, 427, 435
도생(道生) 180, 438
도석(道釋, 도교와 불교) 291, 396, 459
도선(道宣) 184, 439
도선(道詵) 210, 443
도솔천(兜率天), 도솔타천, 도솔천궁 136, 142, 168, 428, 436
도안(道安) 178, 438
도융(道融) 180, 438
도작(道綽) 183, 439
도척(盜跖) 120, 121, 424
도통상전도설(道統相傳圖說) 356
《동경대전(東經大全)》 361, 362, 364, 479
동라마교(東羅馬教, 동로마교) 39, 403
동룡궁(東龍宮) 200, 442
《동사강요(東史綱要)》 196, 441
《동사절요(東史節要)》 203, 442
동산(洞山) 양개(良价) 188, 439

동자(董子), 동중서(董仲舒)　78, 80, 81, 83, 84, 413, 414
동진(東晉)　178
두충(杜沖)　278
등계선사(登階禪師)　224, 444
등욱(鄧郁)　295, 460
〈디모데전서〉　375, 381, 391

ㄹ

라마교(喇嘛敎)　340, 345, 349, 440, 474, 475
라마승(喇嘛僧)　343, 349, 474, 476
라마종(喇嘛宗)　190
라후라(羅喉羅, 라홀라)　145, 151, 176, 429, 431
〈레위기[利未記]〉　301, 461
려왕(厲王)　198, 279, 441, 457
련야(練若), 아련야　199
로득(路得, 루터), 로득마정(路得馬丁, 마르틴 루터)　41, 403
로마[羅馬]　40, 41, 228, 231, 232, 317, 351, 403, 445, 446, 467, 476
〈로마서〉　389, 391, 392
룸비니[藍毘尼]　142, 428
륜돈교(倫敦敎, 런던교)　39, 403
륵나마데(勒那摩提)　181, 438
리그베다(理哈費大, Rig Veda)　35, 325, 402, 470
리그베다[阿由韋陀, 아유위타]　325, 470
리빙스턴[逢士敦]　382

ㅁ

마가타(摩迦陀), 마가타국(摩迦陀國)　153, 434
마격아나(馬格牙拿)　160, 434
마납박가(摩納縛迦)　329, 471
마달가사가(馬達加斯加)　231, 446
마라난타(摩羅難陀)　205, 442
마래도(馬來島)　173, 437
마리아(馬利亞)　40, 314, 317, 375, 376, 403, 466, 467, 482
마명보살(馬鳴菩薩)　174, 438

마야부인(摩耶夫人) 141, 428, 429, 436
마조(馬祖) 도일(道一) 186, 439
마태(馬太) 386
《마태복음》 285, 320, 381, 386, 389~393
마하가섭(摩訶迦葉) 166, 435, 437, 440
마하파제(摩訶波提, 마하프라자파티) 143, 166, 429, 435
《만국통감(萬國通鑑)》 5, 9
만력(萬曆) 344, 474
만법천사(萬法天師) 250, 450
만수대사(曼殊大師) 198, 441, 442
맥극(麥克, 마이크) 350, 476
맹자(孟子) 23, 29, 61, 66~68, 72, 74, 75, 77, 91, 105, 111, 121, 127, 408~412, 420, 424, 425
《맹자집주》 127
메디나 312, 316
메카[麥加城] 168, 305, 306, 311, 315~317, 436, 463, 465, 466, 467
명승왕(明勝王) 153, 432
명심견성(明心見性) 30, 131, 366, 401, 426, 480
명제(明帝) 177, 193, 438, 440, 442
명치천황(明治天皇) 339, 473
모몽(茅濛) 295, 460
모세[摩西] 38, 130, 301, 302, 354, 403, 426, 461, 466, 477
《모시(毛詩)》 64, 409
목건련(目犍連) 166
목왕(穆王) 165, 274, 435, 456
목정구망(木正勾芒) 338, 473
목탁(木鐸) 58, 408
몽고(蒙古), 몽고족(蒙古族), 몽고인(蒙古人) 342, 347, 349, 474, 475, 476
묘법륜(妙法輪) 157, 433
묘인(苗人, 식인종) 232, 380, 446, 484, 485
묘진부(妙眞符) 277, 456
무극대도(無極大道) 361, 479
무능자(无能子) 82, 84, 85, 414
무상원군(無上元君) 255, 451
무상진인(無上眞人) 274, 456
무성자(務成子) 251, 450
무왕(武王) 57, 67, 258, 452
무우수(無憂樹) 142, 428
무이군(武夷君) 296, 460

무착보살(無着菩薩) 176, 438
무참(無慙) 330, 471
무평(武平) 199, 441
무하향(無何鄕) 288, 458
무함마드[摩哈默] 36, 168, 300~302, 305, 312, 314, 402, 436, 461, 463, 465~469
묵호자(墨胡子) 204, 442
문성공(文成公) 122
문성니부(文聖尼父) 58, 408
문수사리보살(文殊舍利菩薩) 201, 442
문시선생(文始先生) 274, 456
문왕(文王) 57, 67, 258, 409, 452
문제(文帝) 275, 275, 456
문조(文祖) 627
물매(物魅, 요괴) 338
미사[彌斯祭, 彌撒, 彌撒祭] 40, 376, 403, 483
메시아[彌賽亞] 39, 403
맹피(孟皮) 49, 406
미얀마[緬甸] 173, 437
미자개(微子啓) 49, 406
〈민수기(民數記)〉 301, 461
밀교(密敎) 176, 185, 438, 439

ㅂ

바라나사(波羅奈斯) 157
바라문종(婆羅門種, 브라만) 324
바리새인[哖唎賽] 38
페르시아[波斯國] 41, 303
바울로, 바울[保羅], 바울書 375, 380, 381, 388, 482, 484, 486
박염촉(朴厭觸) 207, 226, 443, 445
반고(盤古), 반고선생(盤古先生) 250, 450
반련(攀戀) 270, 455
반선대법왕(班禪大法王) 345, 474
반선라마(班禪喇嘛, 판첸라마) 349, 474, 475
반선액이덕니(班禪額爾德尼) 349, 475
반야경(般若經) 175, 178, 438
반야대승(般若大乘) 163

발가파(跋伽婆)　152, 431
발사팔(發思八)　190, 440
발제하(跋提河)　165, 435
발택비승(拔宅飛昇)　296, 460
방릉(房陵)　284, 457
방숙(防叔)　49, 406
방책대장경(方冊大藏經)　191, 440
백련교(白蓮教)　354, 477
백련사(白蓮社)　179, 438
베들레헴[伯利恒]　379, 484
백마(白馬), 백마사(白馬寺)　177, 178, 438
백봉(白峰)　360, 479
백양(伯陽)　254, 255, 257, 266, 381, 451, 452, 454, 484
백어(伯魚), 이(鯉)　51, 406
백정(白淨)　261
백제(白帝)　337, 473
백제(百濟)　205, 206, 442
백좌(百座), 백좌강(百座講)　217, 227, 443, 444, 445
백좌도량(百座道場)　220, 444
백좌설강(百座說講)　212, 443
백초거(白招拒)　337, 473
백하(伯夏)　49, 406
버들 소쿠리[桮棬]　74, 77, 411, 412
번쾌(樊噲)　383, 485
벌리사(伐里沙, varṣa)　327, 470
범문(梵文, 산스크리트어 문자)　325, 470
범왕(梵王)　261, 326, 470
범천교(梵天敎), 범천왕(梵天王)　324, 325, 470, 472
범천제석(梵天帝釋)　157, 433
법로나아(法路那哦)　35
법륜비대방광불(法輪庇大方廣佛)　157
법변(法辯) 대덕사(大德師)　177, 438
법상종(法相宗)　184, 192, 439, 440
법안종(法眼宗)　188, 192, 439, 440
법운(法雲)　208, 443, 445
법추사(法楸寺)　208, 443
법황(法皇, 교황)　375, 482
법흥왕(法興王)　200, 206, 226, 442, 445
법희거사(法喜居士) 민지(閔漬)　201, 442

베다[韋陀, Veda], 비대서(費大書) 24, 34~36, 325, 326, 332, 333, 402, 470~472
베드로 375, 388, 390, 482, 486, 487
〈베드로전서〉 361
베시하 311
벽송선사(碧松禪師) 224, 444
보데류지[菩提流支] 181, 438
보살사중(菩薩四衆) 166, 435
보우화상(普愚和尙) 222, 444
보운전(寶雲殿) 346, 475
복기수(福氣樹) 25, 304, 320, 396, 463, 469
복합상소(伏閤上疏) 364, 479
복희(伏羲), 복희씨(伏羲氏) 48, 250, 406, 450
복희(宓喜) 262, 453
봉은사(奉恩寺) 220, 444
부견(符堅) 196, 441
부도(浮屠) 196, 441
부도법(浮屠法) 213, 443
부정모혈(父精母血) 291, 449, 459
부화외도(赴火外道) 331, 339, 471, 474
부활(復活) 39, 384, 403
부휴(浮休), 부휴대사 225, 444
북망산(北邙山) 282, 457
북산주부(北山主部) 173
분황사(芬皇寺) 210, 443
불공(不空) 185
불립문자(不立文字) 187
불상(不尙) 182
불아(佛牙) 216, 443
불야상동(佛耶相同) 227, 445
불정골(佛頂骨) 216
불타(佛陀), 부처[佛陀] 30, 32, 141, 150, 151, 155, 157, 163, 171, 234, 354, 401
　　　 428, 431~437, 447, 477
불타행록(佛陀行錄) 160, 433
불하진기(不暇盡記) 228
브라만[婆羅門] 143, 148, 161, 325, 326, 329, 330, 429~431, 434, 470, 471
브라만교[婆羅門敎], 브라만교인[婆羅門敎人] 11, 34, 324, 332, 333, 402, 472
비간(比干) 256, 452
비담(毘曇, 아비달마) 180
비로(毘盧), 비로자나불(毘盧遮那佛) 199, 200

비쉬누(衛世努, Vishinu) 35, 402
비시파범선(毘尸婆梵仙) 149, 430
비이모저(比而牟底) 309, 464
비파라산(毘婆羅山) 172, 437
빈비사라(頻毘沙羅) 161, 434, 435
빌립보, 빌립보교회, 빌립보 성(城) 386
〈빌립보서〉 382, 391

ㅅ

사공(司空) 53, 407
사도(使徒) 37, 40, 82, 301, 375, 380, 381, 393, 402, 403, 413, 461, 482, 484, 489
〈사도행전〉 390, 392, 393
사라국(娑羅國) 286, 458
사라쌍수(沙羅雙樹) 165, 435
사리불(舍利佛) 162, 435
사명(四溟), 사명당(四溟堂) 225, 444
사무엘[삽우엘] 130, 426
사문(斯文, 유교) 123, 424
사사(士師) 130, 426
사생자부(四生慈父) 32, 379, 401, 484
사성정자(司城貞子) 55, 407
사수(泗水) 56, 407
사위국(舍衛國) 379, 483
사인(舍人) 207, 443
사제(蜡祭) 336, 473
사제(四諦) 560, 629, 642, 710
사좌(獅座) 215, 443
사직(社稷) 338, 473
사직리(司樴吏) 51, 407
사천왕사(四天王寺) 208, 443
사마베다[薩馬費大, Sama Veda] 35, 326, 470
살파 실달다(薩婆 悉達多) 143, 144, 165, 168, 428, 429, 431, 435, 436
살합목나(薩哈木那) 146, 152, 431
삼강(三綱) 47
삼강오상(三綱五常) 29, 401

삼계대사(三界大師)　32, 379, 401, 484
《삼국사(三國史)》,《삼국사기(三國史記)》　203, 442
《삼국유사(三國遺事)》　358, 442, 478
삼귀(三歸)　30, 131, 158, 159, 230, 401, 426, 433, 446
삼론종(三論宗)　179, 183, 192, 438, 439, 440
삼부(三符)　359, 478
삼성무극교(三聖無極敎)　371, 481
삼성사(三聖祠)　360, 478
삼손(參孫)　130, 426
삼위일체(三位一體)　26, 39, 314, 381, 384, 396, 403, 466, 485
삼인(三印)　359, 478
삼천대천세계(三千大千世界)　134, 427
삼청중경(三淸衆經)　284, 458
삼층천(三層天)　388, 486
삼황(三皇)　250, 450
상견외도(常見外道)　332, 472
상관씨(上官氏)　51, 406
상균(商均)　77, 412
상서(尙書)　64, 215, 409, 443
상선(上仙)　288, 458
상용(商容)　257, 452
상인[商賈]　324, 470
상좌부(上座部)　172, 437
상주(商紂)　424
상주(尙州)　120, 794
상주견자(上主遣者)　312, 465
상진(上眞)　255, 451
상청영보대동제경(上淸靈寶大洞諸經)　275, 456
색종(塞種, 샤카종족)　324, 470
서갑(徐甲)　261, 267, 268, 271, 381, 453~455, 484
《서경(書經)》,《서전(書傳)》　53, 55, 62, 336
서로마교[西羅馬敎]　39, 374, 403, 482
서리아(叙利亞, 시리아)　313, 314, 466
서백(西伯)　257, 452
〈서백감려(西伯戡黎)〉　69, 410
서번(西番)　341, 342, 474
서비시리아(西斐時利亞)　317, 467
서산(西山), 서산대사(西山大師) 휴정(休靜)　225, 444
서산주부(西山住部)　173, 437

부록 | 511

서승경(西昇經)　272, 455
서장(西藏, 티베트)　191, 235, 440, 447
서홍유(徐鴻儒)　354, 477
석가모니(釋迦牟尼), 석가(釋迦)　31, 137, 141, 143, 324, 368, 401, 427, 428, 429 433, 442, 447, 470, 480, 485
석가세존(釋迦世尊)　270, 379, 380, 455, 483, 484
석두(石頭) 희천(希遷)　186, 439
석루산(石樓山)　269, 454
석옥청공(石屋淸珙)　222, 444
석전화상(石顚和尙), 석전씨(石顚氏)　227, 229, 445, 446
석제환인(釋提桓因)　155, 432
석칙자(錫則子), 석칙(錫則)　252, 450
〈석혹편(析惑篇)〉　84, 414
선가(仙家), 선도(仙道), 선문(仙門), 도교　34, 248, 278, 291, 296, 381, 401, 450 456, 459, 460
선감(仙鑑)　253, 451
선니씨(宣尼氏)　49, 406
선리방(宣利防)　193, 440
선사니부(先師尼父)　58, 408
선산(善山)　204, 442
선종(禪宗)　182, 184~187, 192, 214, 224, 439, 440, 443
선지자(先知者)　37, 39, 61, 67, 82, 130, 270, 301~303, 309, 310, 315, 319, 320 381, 393, 402, 403, 408, 410, 413, 426, 455, 461, 462, 465, 466, 467 468, 484, 489
선현비(善賢妃)　142, 428
설가부(說假部)　173, 437
섭론종(攝論宗)　192, 440
성경고취(盛京鼓吹)　345, 475
《성리대전(性理大全)》　87, 414
성리설(性理說)　102, 419
성문(省門), 성문사　197, 441
성사(聖師), 의암성사　363, 364, 479
《성산명경(聖山明鏡)》　6, 10
성선니공(成宣尼公)　58, 408
성실론(成實論)　179, 438
성실종(成實宗)　192, 440
성안사(聖安寺)　346, 475
성왕(成王)　258, 262, 452, 453
성찬(聖餐)　375, 482, 484

성황(城隍)　130, 426
세친보살(世親菩薩), 세친(世親)　176, 177, 192, 438, 440
소린제국(蘇隣諸國)　274, 456
소림산(少林山), 소림석벽(少林石壁)　182, 438, 484
소수림왕(小獸林王)　196, 441
소승(小乘), 소승교, 소승부(小乘部)　163, 174, 175, 192, 437, 438, 440
소왕(昭王)　55, 142, 259, 261, 262, 270, 407, 428, 452, 453, 456
소자(邵子, 소강절)　86, 88, 414, 415
소정묘(少正卯)　54, 407
소호(少皥), 소호씨(少皥氏)　251, 338, 473
손경(孫景)　263, 453
손병희(孫秉熙)　363, 479
손불이(孫不二)　295, 460
손타리(孫陀利)　149, 430
솔로몬[所羅門]　67, 130, 410
송병준(宋秉畯)　363, 479
송운(松雲)　225, 444
쇄난견(鎖蘭堅)　344, 474
수달장자(須達長者)　163, 434
수명부(受命符)　277, 456
수산(綏山)　258, 452
수심연성(修心鍊性)　248, 366, 401, 450, 480
수응자(隨應子)　251, 450
수의사자(繡衣使者)　282, 457
수정현명(水正玄冥)　338, 473
수제치평(修齊治平)　30, 48, 401, 406
수타라종(戍陀羅種, 수드라)　324, 470
숙량흘(叔梁紇)　49, 50, 379, 406, 483
숙손씨(叔孫氏)　56, 407
순도(順道)　196, 197, 441
순(舜)임금　56, 62, 67, 91, 104, 129, 408~412, 415, 419, 426, 435
순자(荀子)　23, 72, 75, 77, 78, 411
〈순전(舜典)〉　64, 409
《술성편(述性篇)》　116, 423
숭산(嵩山)　212, 276, 282, 443, 456, 457
스리랑카[錫蘭]　163, 434
스사노오 미코토[素盞嗚尊, , すさのおの みこと]　336, 473
승거(僧佉), 승거파(僧佉派)　326, 328, 333, 470, 472
승려법왕(僧侶法王)　324, 474

부록　| 513

승예(僧叡) 180, 438
승조(僧肇) 180, 438
승종(勝宗) 10구의(十句義) 329, 471
《시경(詩經)》,《시전(詩傳)》 53, 55, 60, 65, 296, 404, 407~410
시내산[西乃山] 39, 403
시림(屍林) 331, 472
〈시천가(侍天歌)〉 364, 479
시천교(侍天敎) 42, 361, 363, 404, 479, 481
〈시편(詩篇)〉 130, 426
식미제선인(食米齊仙人) 329, 471
신과부록(新科符籙) 276, 456
쉬바[息罷, Shiva] 35, 402
신과부록(新科符籙) 276, 456
신광(申光) 182, 438
신농(神農), 신농씨, 신농황제 251, 336, 450, 473
신락가(神樂歌) 339, 473
신란(親鸞, しんらん) 235, 447
〈신명기(申命記)〉 7, 301, 461
신사(神師) 362, 363, 479
《신사지(神事志)》 359, 478
신선감(神仙鑑) 167, 435
신수(神秀) 184, 439
실리방(室利防) 177, 438
심령학(心靈學) 369, 481
심리학(心理學) 369, 481
십계명(十誡命) 39, 403
십이문론(十二門論) 179, 438
십지론(十地論) 181, 438
쌍부천폭륜(雙趺千輻輪) 167, 435

ㅇ

아난타(阿難陀) 165, 435
아뇩다라삼먁삼보리(阿耨多羅三藐三菩提) 31, 401
아담[亞當] 37, 115, 130, 301, 302, 402, 413, 423, 426, 461
아도(阿度), 아도화상(阿度和尙) 197, 200, 441, 442
아라라(阿羅邏) 153, 432

아라비아[亞拉比亞, 亞喇非亞]　37, 311, 312, 314, 388, 402, 465, 466, 486
아라한(阿羅漢)　166, 435
아란야법보리장(阿蘭若法菩提場)　157
아리만(阿利曼)　340, 474
아마나(亞馬拿)　312, 465
아미산(峨嵋山)　190, 440
아브라함[亞富羅含]　37~39, 130, 301, 302, 309, 311, 461
아프리가[亞非利加]　173, 382, 437
아사세(阿闍世)　164, 435
아사타(阿私陀)　144, 429
아쇼다라[耶輸陀羅]　145, 151, 167, 429, 431, 434, 435, 447
아육왕(阿育王)　173, 177, 198, 437, 438, 441
아주르베다[雅古費大, Yajur Veda]　35, 326, 402, 470
아타르바베다[阿達韋陀, 아달위타]　326, 470
아타르바베다[阿大費大, Atharva Veda]　35, 326, 402, 470
아타르바베다[阿大法費大, 아대법비대]　326, 402
아함부경(阿含部經)　325, 470
〈악기(樂記)〉　70, 71, 410
안기생(安期生)　274, 456
안드레[安得烈]　382, 485
안식(安息), 안식국(安息國)　178, 438, 454
안식교(安息敎)　374, 482
안연(顏淵)　57, 408
안영(晏嬰)　52, 407
안유(安裕)　122, 424
안창현(安昌縣)　201, 442
안탁추(顏濁鄒)　54, 407
알나파아(戛拿波亞)　312, 465
압드알무탈립　312, 465
압탑립(押塔立)　312, 465
앙산혜적(仰山慧寂)　188, 439
애공(哀公)　55, 56, 58, 407, 408
애장왕(哀莊王)　210, 443
야고보, 야곱　386, 486
〈야고보서〉　321, 391, 469
야주르베다[殊夜韋陀]　326, 470
양호(陽虎)　53, 407
여호와[耶和華]　38, 39, 67, 354, 403, 409, 477
약사(藥師)　210, 443

부록 | 515

약색비(約塞斐)　158, 436
양각산(羊角山)　277, 456
양갑왕(陽甲王)　252, 450
양산군(梁山郡)　361, 479
양자(楊子)　78, 80, 82, 413
에녹[以諾]　301, 461
에덴동산[埃田, 埃田園]　37, 393, 394, 402, 489
에베소,〈에베소서〉　389, 390, 393, 486, 487
엘리야[엘니아]　130, 426
여래(如來)　31, 32, 230, 401, 486
여래가(如來家)　340, 474
여산(廬山)　178, 190, 438, 440
여성왕(女聖王)　211, 443
여영조(呂永祚)　356, 477
여와씨(女媧氏), 여와(女媧)　250, 262, 450, 453
여호수아　130, 426
《역(易)》,《주역(周易)》　44, 56, 62, 70, 405, 407, 408, 410, 459
역경원(譯經院)　190, 440
역리(易理)　366, 480
역수(曆數)　274, 456
연등(燃燈), 연등회(燃燈會)　213, 214, 219, 443, 444
연옥(煉獄), 연옥설(煉獄說)　40, 376, 403, 482, 483
연화자(蓮華子)　235, 447
연회(緣會)　210, 443, 482
열교(裂敎)　41, 374, 404
열반경(涅槃經)　180, 438
열반종(涅槃宗)　181, 192, 440
열산씨(烈山氏)　338, 473
열자(列子)　85, 240, 414, 448
염부수(閻浮樹)　145, 150, 429, 431
염불종(念佛宗)　184, 439
영가무도(詠歌舞蹈)　366, 480
영곡사(靈谷寺)　347, 475
영국(英國)　350, 376, 382, 476, 485
영대(靈臺)　151, 431
영락천자(永樂天子)　347, 475
영리학(靈理學)　369, 481
영명사(永明寺)　214, 443
영봉지욱(靈峯智旭)　191, 440

영취산(靈鷲山) 165, 435
《영환지략(瀛環志略)》 5, 9
예수[耶穌] 40, 41, 63, 68, 168, 228, 232, 301~303, 306, 314, 317, 318, 320
　　　374, 375, 377, 379~382, 384, 386, 391, 392, 403, 404, 409, 410, 436
　　　445, 447, 461~463, 466~469, 476, 482~486, 488
예수교[耶蘇教], 예수교회[耶穌教會], 예수教 39, 41, 67, 129, 231, 233, 314, 350,
　　　371, 374, 409, 426, 466, 481, 482
예수그리스도[耶穌基督] 228, 445
오관백해(五官百骸) 305, 463
오국성(五國城) 195, 441
오대산(五臺山) 190, 440
오사(五祀) 338, 473
오사(烏斯), 오사장(烏斯藏) 341, 349, 474, 475
오성육정(五性六情) 83, 413
오월(吳越) 189, 439, 440
오음정의(五音正義) 367, 480
오자징(吳子澄) 102, 103, 419
오장경(吳長慶) 551
오장육부(五臟六腑) 83, 413
오제(五帝) 52, 255, 407, 451
오종(五宗) 188, 439
오주(五洲) 29, 401
오천(五天) 175, 438
오항하(五恒河) 167, 435
오혁(吳赫) 360, 478, 479
옥룡자(玉龍子) 210, 443
옥녀(玉女) 253~255, 270, 401, 450, 451, 455
옥자(玉子) 279, 457
옥황(玉皇), 옥황상제(玉皇上帝) 67, 368, 403, 480
와수원(渦水園) 253, 451
완구생(宛丘生) 259, 452
왕발(王勃) 58, 408
왕사성(王舍城) 160, 434
왕선(王仙) 141, 428
왕양명(王陽明), 왕자(王子, 왕양명) 106, 107, 420
왕원익(王元翼) 277, 456
왕응교(汪應蛟) 68, 108, 114, 410, 422
〈왕자류편(汪子類篇)〉 109, 421
왕준(王遵) 177, 438

외제석원(外帝釋院) 217, 444
요광(姚光) 280, 457
요셉[約燮] 375, 482
요한[約翰] 386, 390, 436, 486, 487
〈요한복음〉 247, 389, 391, 392, 450
〈요한1서〉 391, 392
〈요한계시록〉 393
요순(堯舜) 408~411, 415, 419
요(堯) 임금 56, 91, 104
욕수(蓐收) 337, 473
용수(龍樹), 용수보살(龍樹菩薩) 175, 177, 180, 192, 438, 440
용지(龍智) 176, 438
우구외도(牛狗外道) 332, 472
우길(于吉) 276, 456
우루빈라가섭파(優樓頻羅迦葉波) 160, 434
우세승통(祐世僧統) 218, 220, 444
우전왕(優塡王) 165, 435
우중외도(雨衆外道) 328, 470
우타이(優他夷) 148, 149, 162, 430, 434
《운림필기(雲林筆記)》 198, 441
운문(雲門) 문언(文偃) 169, 188, 436, 439
운문종(雲門宗) 188, 192, 439, 440
운서주굉(雲棲珠宏) 191, 440
운접대사(雲接大師) 230, 460
울밀자(蔚密子) 251, 450
울타라마(鬱陀羅摩) 153, 432
울화자(鬱華子) 250, 450
원각(圓覺) 154, 163, 435
《원각경(圓覺經)》 234, 449
원성왕(元聖王) 210, 443
원시천존(元始天尊, 元是天尊) 67, 409
원효(元曉) 381, 484
월성(月城) 200, 208, 442, 443
월지(月氏), 월지국(月氏國) 178, 438
월지국(月支國), 월지(月支) 177, 203, 438, 442
월초(越椒) 120, 121, 424
위리(委吏) 51, 407
위산(潙山) 대원(大圓) 188, 439
위앙종(潙仰宗) 188, 192, 439, 440

유대, 유대인, 유대교　38, 39, 67, 228, 301, 303, 306, 314, 317, 354, 402, 403
　　　410, 445, 461~463, 466, 467, 477
유도(劉圖)　276, 456
유리국사(琉璃國師)　347, 475
유마(維摩), 유마경(維摩經)　163, 435
유신교(維新敎, 개신교)　41, 403
유신론(有神論)　42, 129, 130, 404, 426
유안(劉安)　288, 458
유약(有若)　57, 408
유점사(楡岾寺)　202, 442
유진구(俞鎭九)　360, 478
육종고행(六種苦行)　331, 471
윤봉구(尹鳳九)　126, 425
윤수(尹壽), 윤수자(尹壽子)　25, 450
윤회(輪回)　153, 156, 158, 165, 243, 344, 449
윤희(尹喜)　262~273, 453~456
은탕(殷湯)　450
음양오행(陰陽五行)　366, 480
의대리(意大利), 의대리국(意大利國, 이탈리아)　369, 481
의암(毅菴), 의암성사(毅菴聖師)　363, 364, 479
의천(義天)　218, 444
이가도(李可道)　215, 443
이간(李柬)　125, 425
이계자(離繫子)　330, 471
이공목(李孔目)　261, 453
이교(裡敎)　354, 355, 477
이기씨(伊耆氏)　336, 473
이목은(李牧隱), 이색(李穡)　122, 221, 424, 444
이불란(伊佛蘭, 이불란사)　197, 441
이삭(以朔)　309, 465
이상진선(異相眞仙)　261, 453
이사야[以塞亞]　130, 426
이스라엘[以色列]　38, 389, 393, 403, 486, 489
이수(李樹, 자두나무)　168, 253, 436, 451
이스마엘　311, 465
이슬람[以實南], 이슬람교[以實南敎, 回回敎], 이슬람교인[回敎人]　11, 24, 36~38, 299
　　　300, 307, 311, 314~321, 354, 402, 403, 456, 461, 463, 465~469, 467
이용구(李容九)　363, 479
이원중(李愿中)　86, 87, 414

이율곡(李栗谷), 이이, 율곡(栗谷) 124, 125, 424, 425
이응양(李凝陽) 259, 452
이재(李縡) 125, 425
이종휘(李種徽) 359, 478
이집트[埃及] 121, 317, 350, 424, 467, 476
이차돈(異次頓) 207, 208, 226, 443
이퇴계(李退溪), 이황(李滉) 123, 124, 128, 424, 425
이학(理學), 성리학 82, 122, 413, 424
인비수(隣鞞樹) 142, 428
인왕경(仁王經) 215, 221, 443, 444
일선군(一善郡 선산) 200, 204, 442
일설부(一說部) 173, 437
일월사(日月寺) 212, 443
일종씨(日種氏), 일종(日種) 141, 142, 428
일체개공(一切皆空) 175, 438
일제의성(一切義成) 143, 428
임제(臨濟) 의현(義玄), 임제종(臨濟宗) 187, 439
《임진별록(壬辰別錄)》 225, 444
임창사(林昌寺) 216, 443

ㅈ

《자경문(自警文)》 129, 425
자공(子貢) 57, 61, 72, 408, 410
자로(子路) 54, 55, 407
자미, 자미성(紫微星), 자미방(紫微房) 270, 273, 455
자방(子房), 장자방 281, 457
자백달관(紫栢達觀) 191, 440
자사(子思), 자사자(子思子) 42, 56, 72, 73, 404, 408, 410, 411
자서상(子鉏商) 56, 407
자여씨(子輿氏) 23, 396
자연외도(自然外道) 332, 472
자웅검(雌雄劍) 284, 458
자좌외도(自坐外道) 331, 471
자진(子晉) 295, 460
장각(張角) 354, 477
장굉(萇宏) 51, 407

장도릉(張道陵) 281, 457
장자(莊子) 23, 81, 396, 413
재아(宰我) 57, 408
적멸외도(寂滅外道) 331, 472
적정자(赤精子) 251, 450
적제(赤帝) 337, 473
적청위(赤青位) 226, 445
적표노(赤熛怒) 337, 473
전동수(田同秀) 277, 456
전류(錢鏐) 189, 439
전륜왕(轉輪王) 142, 428
전숙(錢俶) 189, 439
전욱(顓頊) 129, 251, 338, 426, 450, 473
《절성론(節性論)》 119, 423
정경왕(貞敬王) 198, 441
정고보(正考甫) 49, 406
정관(貞觀) 183, 439
정도전(鄭道傳) 221, 445
정명도(程明道) 63, 89, 90, 93, 409, 415, 416
정반왕(淨飯王) 141, 379, 428, 430, 434, 436, 483
《정역(正易)》 365, 480
정요전(程瑤田) 68, 116, 128, 410, 423, 425
정이천(程伊川) 93, 96, 413, 417
정자(程子) 46, 67, 89, 93, 405, 416
정자와 주자[程朱] 122, 410, 415, 424
정토(淨土) 175, 438
정포은(鄭圃隱), 정몽주 221, 445
정훈모(鄭薰模) 360, 478
제곡(帝嚳) 251, 450, 473
제다산부(製多山部) 173, 437
제바(提婆) 176, 438
제바달다(提婆達多) 164, 435
제법실상론(諸法實相論) 175, 438
제사(帝師, 황제의 스승) 343, 474
제사족(祭祀族, 사제) 324, 470
제석구담(帝釋瞿曇) 149, 430
제세주(濟世主) 361, 364, 479
제순(帝舜) 251, 450
제요(帝堯) 251, 450

조계산(曹溪山)　199, 442
조귀진(趙歸眞)　187, 439
조동종(曹洞宗)　188, 192, 439, 440
조로아스터교[火敎]　399, 473
조맹부(趙孟頫)　345, 479
조수제왕(鳥獸諸王)　166, 435
조왕(趙王)　345, 475
조정암(趙靜菴, 조광조)　123, 424
존심양성(存心養性)　29, 366, 401, 480
종고교(宗古敎)　39, 41, 403, 404
종밀주봉(宗密主峰)　185, 439
죄복신과(罪福新科)　276, 456
주렴계(周濂溪)　86, 88, 415
《주례(周禮)》　337, 473
주문공(朱文公), 주자(朱子)　62, 64, 95, 100, 408, 409, 416, 418, 419
《주역(周易)》　44, 62, 70, 407
주재신(主宰神)　358
주하사(柱下史)　258, 259, 452
중관론(中觀論)　175, 179, 438
중니(仲尼)　49, 406
《중용(中庸)》　30, 62, 71, 72, 127, 291 401, 408, 410, 425, 459
중이(重耳)　254, 421
즉천무후(則天武后)　185, 439
즙광기(汁光紀)　337, 473
지각선사(智覺禪師)　214, 443
지공(指空)　223, 444
지광(智光)　176, 438
지기(地示, 땅 귀신)　338, 473
지나(支那, 중국)　336, 438~440, 442, 443, 473
지론종(地論宗)　181, 192, 438, 440
지수급(祇樹給)　379, 483
지자대사(智者大師)　182, 439
지증(智證)　211, 443
진감(眞鑑)　211, 443
진북계(陳北溪)　102, 419
진시황(秦始皇)　177, 274, 438, 440
진영부(眞靈符)　381, 484
진종(眞宗)　235, 447
진체(眞諦)　182, 439

진행자(眞行子) 252, 450
진흥왕(眞興王) 208, 443
징관청량(澄觀淸凉) 국사(國師) 185, 439
징재(徵在) 50, 406

ㅊ

차익(車匿, 찬타카), 쟌나 151, 431
크샤트리아[刹帝利, 刹帝利鍾] 14, 428
〈창세기(創世記)〉 138, 301, 393, 427, 462
채음(蔡愔) 177, 438
천공장군(天公將軍) 354, 477
천도교(天道敎) 42, 361, 363, 364, 370, 404, 479, 481
《천도태을경(天道太乙經)》 364, 479
천동호명부(天童護命符) 277, 456
천리교(天理敎) 42, 339, 404, 473
천사삼동경록(天師三洞經籙) 276, 456
천상산(天上山) 361, 479
천선(天仙) 248, 287, 450, 458
천신(天神) 37, 85, 170, 207, 336, 338, 360, 374, 402, 414, 429, 431, 437, 443
         473, 478, 482
《천약종정(天約宗正)》 363, 364, 479
천인팔부(天人八部) 166, 435
천조황대신(天照皇大神) 336, 473
천주교(天主敎), 천주교인 39, 374, 403, 404, 482
천축국(天竺國), 축국(竺國) 172~174, 176, 178, 185, 190, 192, 213, 259
         437~440, 443, 452
천태산(天台山) 182, 276, 439, 456
천태종(天台宗) 183, 185, 192, 439, 440, 444
철리학(哲理學) 369, 481
철옹(鐵翁) 198, 441
철종(哲宗) 361, 479
청량(淸凉) 문익(文益) 188, 439
청량산(淸凉山) 199, 200, 442
청림교(靑林敎) 42, 404
청목(靑木) 176, 438
청변대사(淸辯大師) 192, 440

청양사(青羊肆)　736
청원(青原) 행사(行思)　186, 439
청제(青帝)　337, 473
청진악(淸眞樂)　345, 475
청허(淸虛), 청허대사　225, 444
초평(初平)　381, 484
촉산(蜀山)　282, 457
최시형(崔時亨)　362, 479
최제우(崔濟愚)　361, 364, 479
최충(崔沖)　122, 424
추뉴(樞紐)　102, 419, 473
추족(酋族)　380, 384
축건(竺乾)　258, 264, 268, 452, 453
축법란(竺法蘭)　177, 438
〈춘관(春官)〉　337, 473
출세무(出世部)　173, 437
〈출애굽기(出埃及記)〉　301, 461
칠엽암굴(七葉岩窟)　172, 437
침류왕(枕流王)　205, 442

ㅋ

카바[迦阿巴]　37, 311, 312, 402

ㅌ

타사가아(打斯哥兒)　343, 474
싸이푸리안[隋畢安] 당(黨)　303, 462
〈탕고(湯誥)〉　65, 409
〈탕서(湯誓)〉　64, 409
탕(湯)임금, 탕왕(湯王)　67, 252, 409, 450
태고보우(太古普愚) 화상(和尙)　222, 444
태극(太極)　44, 45, 47, 63, 88, 241, 247, 356, 405, 406, 408, 409, 415, 449
　　452, 477
태극교(太極敎)　355, 477
태극도설(太極圖說)　240, 356, 448, 477

태령도(泰靈道) 369, 481
태미궁(太微宮) 272, 455
태사융도공(太師隆道公) 58, 408
태상노군(太上老君) 250, 284, 450, 458
태성자(太成子) 251, 450
태양교(太陽敎) 41, 42, 404
태을교(太乙敎) 42, 367~369, 404, 480, 481
태을원군(太乙元君) 255, 271, 451, 455
태청단경(太淸丹經) 282, 457
태청선경(太淸仙境) 252, 450
태평양(太平洋) 군도(群島) 232, 282, 350, 446, 476, 484, 485
태평진경(太平眞經) 276, 456
태현녀(太玄女) 279, 457
태현생부(太玄生符) 267, 454
태현진부(太玄眞符) 267, 271, 455
통도사(通道寺) 361, 479
투연외도(投淵外道) 331, 471
투태(投胎), 투태탈사(投胎脫舍), 투태화신자(投胎化身者) 244, 248, 344, 345, 347, 378 449, 450, 460, 474, 475, 483
티베트[吐蕃] 340, 474

ㅍ

파가장복(巴珈藏卜) 343, 349, 474, 476
파라제목차(波羅提木叉) 166, 435
파라타(婆羅墮) 149, 430
페르시아[波斯] 41, 404
파사교(波斯敎), 화교(火敎) 399, 404, 473
파사팔(巴思八, 파스파), 파사팔교 341~343, 349, 785, 786, 791
팔공도사(八公道士) 289, 458
팔관재(八關齋) 217, 444
팔관회(八關會) 213, 214, 227, 443, 445
패엽경(貝葉經) 200, 442
패엽칠서(貝葉柒書) 346, 347, 475
팽성(彭城) 278, 456
팽종(彭宗) 278, 456
폐세사가파(吠世史迦派) 326, 470, 471

〈포덕문(布德文)〉 364, 479
포락(炮烙) 120, 424
풍현(豊縣) 281, 457
프랑스왕[法王] 376, 482
필리프[腓力], 필립 376, 482

ㅎ

하디자[才多西] 313, 318, 466, 468
하락도서(河洛圖書) 44, 405
하락도위지서(河洛圖緯之書) 282, 457
하락이수(河洛理數) 366, 480
하력보(河力補) 160, 434
하리발마(訶梨跋摩) 179, 438
하무산(霞霧山) 222, 444
하상공(河上公) 274, 275, 456
하안거(夏安居) 160, 434
한문공(韓文公) 70, 410
한원진(韓元震) 125, 425
한산(漢山) 205, 442
함곡(函谷), 함곡관, 함관(函關) 33, 263, 267, 277, 401, 453, 454, 456
함구축(含樞紐) 337, 473
항주(杭州) 214, 443
해린(海麟) 218, 444
해인사(海印寺) 200, 210, 442, 443
향유미(香乳麋) 155, 432
허자(許子), 허노재(許魯齋) 106, 420
허령불매(虛靈不昧) 297, 460
허정양(許旌陽) 296, 460
헌강왕(憲康王) 211, 443
헌원(軒轅), 헌원씨 33, 251, 401, 449, 450
헤라클리우스[惠羅乞利字] 317, 467
현묘옥녀(玄妙玉女) 252, 450
현문(玄門, 도교) 24, 292, 396, 459
현빈(玄牝) 33, 401, 448
현수법장(賢首法藏) 대사(大師) 185, 439
현성(玄聖) 현성문성왕(玄聖文宣王) 58, 408

현원성군(玄元聖君) 33, 401
현장법사(玄奘法師) 183, 184, 213, 349, 439, 475
현장삼장(玄奘三藏) 183, 439
현천상제(玄天上帝) 67, 409
현화사(玄化寺) 215, 443
현현상인(玄玄上人) 241, 448
형신(刑神, 형벌 신) 337, 473
혜가(慧可) 182, 439
혜관(慧觀) 180, 438
혜능(慧能) 184, 186, 439
혜명(慧命) 225, 444
혜엄(慧嚴) 180, 438
혜원(慧遠) 178, 438
호락(湖洛) 25, 68, 125, 396, 410, 425
호법론사(護法論師) 177, 192, 438
호승(胡僧) 205, 208, 339, 442, 443, 473
호읍(毫邑) 257, 452
호주(湖州) 222, 444
호천상제(昊天上帝) 337, 354473, 477
혼원도(混元圖) 250, 450
홍경(洪慶) 212, 443
홍교(紅敎) 235, 447
홍려시(鴻臚寺) 178, 438
홍무(洪武) 343, 474
홍선(紅禪) 349, 475
홍인(弘忍) 184, 439
홍해(洪海), 홍해바다 311, 465
화교(火敎, 조로아스터교) 399, 473
화리마(和爾摩) 339, 340, 474
화산(華山) 260, 452
화씨성(華氏城) 172, 437
화엄(華嚴) 183, 185, 439
화엄경(華嚴經) 134, 136, 157, 427, 433
화엄종(華嚴宗) 186, 192, 439, 440
화정축융(火正祝融) 338, 473
환개(桓闓) 296, 460
환검(桓檢) 357, 478
환웅(桓雄) 336, 357, 358, 359, 360, 473, 478, 479
환인(桓因) 336, 357, 358, 359, 360, 473, 478, 479

부록 | 527

환퇴(桓魋)　55, 407
활불(活佛)　344, 345, 347~349, 474~476
황교(黃教)　349, 475
황룡사(黃龍寺)　208, 443
황룡사(皇龍寺), 황룡사지(皇龍寺地)　201, 209, 212, 442, 443
황제(黃帝, 헌원씨)　33, 295, 337, 401, 460, 473
황제구정(皇帝九鼎)　282, 457
《황제서(黃帝書)》　240, 448
황중(湟中)　341, 474
황천교(黃天教)　354, 477
황하(黃河), 황하수(黃河水)　104, 262, 419, 453
해심밀경(解深密經)　176, 438
형계대사(荊溪大師)　185, 439
회경전(會慶殿)　220, 221, 444
회남왕(淮南王)　288, 296, 460
회남자(淮南子)　78, 81, 288, 412, 413
회독(會督)　40, 403
회수[淮]　78, 412
회우례(會遇禮)　197, 441
횡거(橫渠, 장횡거)　93, 416
후경(侯景)　194, 441
후토(后土, 땅의 신)　338, 473
훈유(薰蕕)　23, 374, 396, 482
휘종(徽宗)　195, 440, 441
〈휘참(彙參)〉　146m 429
휘흠(徽欽, 흠종과 휘종)　190, 440, 441
흑검자(黑臉者)　261, 453
흑룡강(黑龍江)　345, 475
흑제(黑帝)　337, 473
흠종(欽宗)　195, 440, 441
흠치교(欽致教)　367, 480
흥륜사(興輪寺)　208, 443
흥왕사(興王寺)　219, 221, 444
《희경(羲經)》　71, 410
희급수(熙及修)　338, 473
희랍교인(希臘教人), 희랍교(希臘教)　39, 41, 67, 320, 352, 353, 374, 403, 404, 410 468, 476, 477, 482